선교사
열전*

루스 터커 지음 • 오현미 옮김

복 있는 사람

선교사 열전

2015년 1월 7일 초판 1쇄 발행
2022년 3월 14일 초판 5쇄 발행

지은이 루스 터커
옮긴이 오현미
펴낸이 박종현

(주) 복 있는 사람
주소 서울특별시 마포구 연남동 246-21(성미산로23길 26-6)
전화 02-723-7183(편집), 7734(영업·마케팅)
팩스 02-723-7184
이메일 hismessage@naver.com
등록 1998년 1월 19일 제1-2280호

ISBN 978-89-6360-148-9 03230

이 도서의 국립중앙도서관 출판시도서목록(CIP)은
서지정보유통지원시스템 홈페이지(http://seoji.nl.go.kr)와 국가자료공동목록시스템(http://www.nl.go.kr/
kolisnet)에서 이용하실 수 있습니다. (CIP제어번호 : CIP2014037412)

From Jerusalem to Irian Jaya
by Ruth A. Tucker

복 있는 사람

오직 여호와의 율법을 즐거워하여 그 율법을 주야로 묵상하는 자로다.
저는 시냇가에 심은 나무가 시절을 좇아 과실을 맺으며 그 잎사귀가 마르지 아니함 같으니
그 행사가 다 형통하리로다. (시편 1:2-3)

선교사 열전

Ruth A. Tucker

From Jerusalem to Irian Jaya

: A Biographical History of Christian Missions

에콰도르 키토에서 오랜 세월 신실하게 선교사로 일하고 있는

내 사촌 밸러리 스텔렉트에게

II. 위대한 세기

III. 선교의 지평이 확장되다

IV. 새로운 천 년의 시대

18세기까지의 선교

	0	100	200	300	400	500	600	700	800	900

지중해 세계

- **64** 네로의 박해 시작
- **67** 베드로와 바울 순교
- **70** 예루살렘 멸망
- **156** 폴리카르포스 순교
- **165** 유스티누스 순교
- **203** 페르페투아 순교
- **303** 디오클레티아누스의 박해 시작
- **313** 콘스탄티누스, 밀라노 칙령 공표
- **325** 니케아 공의회
- **340** 울필라스, 고트족 사역 시작
- **595** 그레고리우스 대제, 아우구스티누스 임명
- **638** 이슬람, 예루살렘 정복

북부·서부 유럽

- **361** 투르의 마르탱, 선교 사역 시작
- **432** 패트릭, 아일랜드 도착
- **496** 클로드비히 회심
- **563** 콜럼바, 스코틀랜드 도착
- **716** 보니파티우스, 선교 사역 시작
- **732** 투르 전투
- **744** 풀다 수도원 창설
- **800** 카롤루스, 황제 즉위
- **827** 앙스카르, 덴마크 도착

아시아·아프리카

- **635** 네스토리우스파, 중국 도착

신대륙

	1000	1100	1200	1300	1400	1500	1600	1700	1800

1095 십자군 전쟁 시작
1276 마요르카 수도원 창설
1316 라몬 룰 사망

1212 아시시의 프란체스코, 시리아 선교 시작
1216 도미니크회 창설
1219 프란체스코회, 북아프리카에 선교사 파송
1534 예수회 창설
1622 포교성성 설립
1705 덴마크 할레선교회 창설
1722 친첸도르프, 헤른후트 설립
1773 교황, 예수회 활동 억압

1219 몬테 코르비노, 베이징 도착
1542 사비에르, 인도 도착
1583 마테오 리치, 중국 도착
1606 데 노빌리, 인도 도착
1706 지겐발크, 인도 도착
1737 게오르게 슈미트, 남아프리카 도착
1750 슈바르츠, 인도 도착

1510 도미니크회 선교사들, 아이티 도착
1523 라스 카사스, 도미니크회 합류
1555 칼뱅, 브라질에 식민지 이주자들 보냄
1625 브레뵈프, 캐나다 도착
1646 존 엘리엇, 인디언에게 설교
1675 필립 왕의 전쟁
1722 에게데, 그린란드 도착
1732 헤른후트교, 버진아일랜드에 선교사 파송
1733 크리스티안 다비트, 그린란드 도착
1743 브레이너드, 선교 사역 시작
1744 차이스베르거, 인디언 선교 시작

19세기 선교

	1800	1810	1820	1830	1840
인도·중앙아시아	1793 윌리엄 캐리, 인도 도착 1806 헨리 마틴, 인도 도착 1812 최초의 미국인 선교사 파송 1819 세람포르 대학 설립 1824 저드슨 투옥 1830 알렉산더 더프, 인도 도착 1834 캐리 사망 1836 존 스커더, 마드라스에서 사역 시작				
아프리카	1799 판 데르 켐프, 케이프 도착 1816 모펫, 선교 사역 시작 1825 모펫, 쿠루만에 정착				1841 리빙스턴, 아프리카 도착
극동 아시아	1807 모리슨, 광둥 도착 1814 모리슨, 첫 회심자 세례				1840 귀츨라프, 중국 연안에서 사역 시작 1842 난징조약
태평양 제도	1796 더프호, 남태평양 항해 1817 윌리엄스, 남태평양 도착 1819 포마레의 세례 1820 하와이 선교 시작				1837 코언, 하와이 부흥 시작 1838 타히티에서 성경 출판 1839 윌리엄스 순교
유럽·북아메리카	1795 런던 선교회 설립 1799 기독교 선교회 설립 1810 아메리칸 해외선교위원회 설립				1835 휘트먼, 오리건으로 출발 1837 체로키족 이주

1845 저드슨, 미국으로 휴가
　　1850 저드슨 사망
　　　　　　　　　　　1870 클라라 스웨인, 인도 도착
　　　　　　　　　　　　　　1878 존 클러프, 집단 세례를 줌
　　　　　　　　　　　　　　　　　　　　　　1896 에이미 카마이클,
　　　　　　　　　　　　　　　　　　　　　　　　티네벨리에서 사역 시작

1844 크라프, 케냐 도착
　　1852 리빙스턴, 아프리카 횡단 시작
　　　　1864 크로우서, 주교에 임명됨
　　　　　　1873 리빙스턴 사망
　　　　　　1874 스탠리, 999일 탐사 여정 시작
　　　　　1875 그렌펠, 콩고 도착
　　　　　1876 매카이, 우간다 도착
　　　　　　　　　　　1890 터커 주교, 우간다 도착
　　　　　　　　　　　1892 영국 부영사로 메리 슬레서 임명
　　　　　　　　　　　1896 캐머런 스콧 사망

　　1854 테일러, 상하이 도착
　　　1859 개신교 선교사, 일본 도착
　　　　1865 최초의 개신교 선교사, 한국 도착
　　　1867 그레이시 테일러 사망
　　　1868 양저우 사건
　　　1870 마리아 테일러 사망
　　　　1873 로티 문, 중국 도착
　　　　1877 제니 테일러, 중국으로 돌아옴
　　　　　　1885 케임브리지 7인 중국행
　　　　　1888 고포스 부부 중국행
　　　　　　　　　　　1900 의화단 운동

　1848 게디, 아네이튬 도착
　　1855 페터슨, 남태평양 항해
　　1858 페이턴, 탄나 도착
　　　1866 차머스, 남태평양 항해
　　　1871 패터슨 순교
　　　1873 다미앵 신부, 몰로카이 도착
　　　　1882 플로렌스 영, 페어리미드에서 사역 시작
　　　　　　　　　1901 차머스
　　　　　　　　　　순교

1847 와일랏푸 학살 사건
　　1865 중국내지선교회 설립
　　　　　　1886 대학생 자원운동 탄생
　　　　　　1887 기독교선교사연합 설립
　　　　　　1890 중앙아메리카선교회 설립
　　　　　　1890 복음주의연합선교회 설립
　　　　　1892 그렌펠, 래브라도 도착
　　　　　1893 수단내지선교회 설립
　　　　　1895 아프리카내지선교회
　　　　　　설립

20세기 선교

	1900	1910	1920	1930	1940

아프리카

- **1910** C. T. 스터드, 아프리카 도착
- **1913** 슈바이처, 아프리카 도착
- **1915** 메리 슬레서 사망
- **1928** 칼 베커, 콩고로 출항
- **1931** C. T. 스터드 사망

극동·태평양 제도

- **1905** 엘리너 체스넛 순교
- **1907** 고포스, 한국·만주 부흥회
- **1930** 글래디스 에일워드, 중국으로 출발
- **1932** 팀선교회 선교사 11명, 중국에서 순교
- **1934** 스탬 부부 순교

라틴아메리카

- **1917** 타운센드, 과테말라 도착
- **1929** 타운센드, 깍치켈어 신약성경 완성
- **1931** HCJB, 키토에서 방송 시작
- **1936** 켄 파이크, 멕시코에서 사역 시작

근동·북아프리카·중앙아시아

- **1900** 스커더, 인도에서 의료선교 시작
- **1901** 모드 케리, 모로코로 출항
- **1907** 스탠리 존스, 인도 도착
- **1912** 즈웨머, 카이로에서 사역 시작
- **1918** 스커더, 벨로르 의대 설립
- **1928** 예루살렘 세계선교대회
- **1933** 조해나 빈스트라 사망
- **1938** 마드라스 세계선교대회

유럽·북아메리카

- **1908** 유빙에서 그렌펠 구조
- **1910** 에든버러 선교대회
- **1920** 대학생 자원운동 디모인 대회
- **1932** 『선교의 재고』 발간
- **1934** 하계언어학연구소 설립
- **1939** 가스펠 레코딩 설립

	1940	1950	1960	1970	1980

1953 헬렌 로즈비어, 콩고 도착
1960 콩고 독립
1964 심바 반란
1964 폴 칼슨 사망
1964 선교기지 킬로미터에이트 습격
1977 페스토 키벤제레, 우간다 탈출

1940 글래디스 에일워드 피신
1945 재프리, 일본 포로수용소에서 사망
1945 에릭 리들 사망
1948 FEBC, 마닐라에서 방송 시작
1954 마이런 브롬리, 발림 계곡 도착
1958 조용기, 한국에서 천막 목회 시작
1962 던 리처드슨, 이리안자야 도착
1962 미첼·거버·비에티 납치
1968 베티 올센 사망

1941 월터 헤런, 항공 사역 시작
1943 부족선교회 선교사 5명, 볼리비아에서 순교
1948 네이트 세인트, 에콰도르 도착
1956 아우카족의 학살 사건
1956 마리안나 슬로쿰, 첼탈어 신약성경 완성
1957 레이첼 세인트와 다유마, 미국 순회
1964 TWR, 보나이러에서 방송 시작
1981 쳇 비터맨 순교

1951 에이미 카마이클 사망
1962 비고 올센, 동파키스탄 도착
1967 모로코가 선교사 추방
1972 정글항공무선통신선교회 비행기, 뉴기니에 추락
1973 스탠리 존스 사망

1942 부족선교회 설립
1945 항공선교회 설립
1946 기독학생회 어바나 선교대회
1950 월드비전 설립
1954 트랜스월드라디오 설립
1955 존 모트 사망
1974 로잔 세계복음화대회
1976 미국 세계선교센터 설립

2판 서문

이 책 초판이 발행된 지 20년이 넘었다. 당시 나는 선교 연구학 분야의 신참이었다. 3년 전, 내가 선교사(史) 강좌 하나를 맡게 되자 한 동료가 이렇게 말했다. "중요한 강의이기는 한데, 주제가 너무 지루하다는 건 어쩔 수 없지요." 그의 말이 맞았다. 당시 세계 기독교 선교에 관해 우리가 사용할 수 있는 교재는 일종의 백과사전 같아서, 온갖 이름과 날짜와 통계로 가득했고 선교기관과 지리적 위치에 관해 엄청난 양의 시시콜콜한 사실들을 쭉 나열해 보여주었다. 나에게는 학생들의 관심을 끌 만한 교재가 필요했다. 학생들을 가르치는 사람으로서 나 자신은 골치 아픈 문제들과 잔인하리만치 솔직한 일대기가 펼쳐지는 내용에 저절로 마음이 이끌리는 유형이었다.

강의를 준비하면서 내가 곧 깨달은 것은, 교회사에서 가장 흥미로운 논의와 논쟁은 선교 현장 및 복음전도 활동과 관련되어 있다는 것이었다. 준비 과정에서 생생한 인물 유형까지 덤으로 알게 되었다. 선교 역사를 연구하면서 종종 궁금했던 것은; 그렇게 수많은 '미친 사람들'로 가득했던 분야가 선교 분야 말고 과연 또 있을까 하는 것이었다. 내가 보기에 선교 분야의 사람들은 세상 그 어떤 영역의 사람들보다 엉뚱하고 무모하며, 개성 있고 투지가 넘쳤다. 흔히 이들은 극한까지 자기를 희생했지만, 박식한 체하고 비판적이고 쩨쩨해서 동료들이나 자신이 섬기고자 하는 사람들과 조화를 이뤄 살지 못하는 이들도 많았다.

과거 세대의 선교사들을 생각할 때면 로버트 듀발의 영화 「사도」^{The Apostle}의 주인공 소니 목사와 마이클 야코넬리의 책 『뒤엉킨 영성』^{Messy Spirituality}이 떠오른다. 소니 목사는 설교자이자 복음 전도자로서 비길 데 없이 헌신적으로 사역했다. 하지만 그에게는 과실이 있었다. 그의 죄는 그의 열심만큼 컸다. 그는 폭주했다. 그 무엇도 그를 제지하지 못했다. 사람들 눈에 비치는 그의 모습 전부라 할 수 있는 그 뒤엉킨 영성도 그를 가로막지 못했다. 결국 그는 법의 추적을 따돌리지 못했고, 엔딩 크레디트가 올라가는 영화의 마지막 장면에서는 소니 목사가 다른 죄수들과 함께 쇠사슬에 묶인 채 여전히 복음을 설교하는 모습을 보여준다.

소니와 뒤엉킨 영성에 얽힌 이 흥미진진한 이야기는 선교 현장에서 자주 되풀이하여 연출된다. 흔히 문화에 대한 오해 그 한가운데서 소용돌이치는 중요 논쟁거리들과 더불어서 말이다. 여기서 신학은 날것 그대로의 기본적 신학이다. 다른 종교에 비추어 볼 때 하나님은 어떤 분인가? 복음을 한 번도 들어본 적 없는 그 사람들은 어떤 운명인가? 메시지는 현지 상황에 맞춘 메시지인가 아니면 변용된 메시지인가? 경쟁은 어디에서 끝나고 교파 간의 조화는 어디에서 시작되는가? 과거에 선교사들을 곤혹스럽게 했던 문제들은 오늘날의 우리까지 여전히 곤혹스럽게 한다. 단순히 '선교 현장'에서뿐만 아니라 고국에서도 말이다.

하지만 '고국'이 어디인가? 20년 전에는 고국과 해외가 지금에 비해 좀 더 확실히 구별되었다. 그러나 선교사들이 지구촌을 종횡무진으로 왕래하는 오늘날에는 그런 구별이 유보된다. 이 개정판은 세계화 현상을 반영하고 있으며, 가톨릭에서부터 오순절교회에 이르기까지 기독교 전 교파의 선교사들을 더욱 철저히 다루고 있다. 적절하고도 새로운 정보가 추가된 부분에서는 자료가 쇄신되었고, 믿을 수 없을 만큼 멋진 이야기를 독자들에게 들려주려는 겸손한 노력 가운데 모든 과정이 진행되었다.

서문

기독교 선교의 역사는 어떻게 기록하는가? 수백여 개 선교단체가 약 2,000년 동안 세계 각 나라에 수만 명의 주목할 만한 전문가들을 파송한 이야기가 수반되는 한 역사를 말이다. 선교 역사라는 거대한 주제는 너무 많은 날짜·사건·기관·이름을 한 권의 책에 억지로 쥐어짜 넣으려 했던 역사가들에 의해 불행히도 거의 괴멸되어 왔다. 선교의 역사는 무미건조한 사실들만을 편집해 낸 것이 아니다. 이는 인간의 몸부림과 감정을 비극과 모험과 사랑과 호기심과 슬픔과 버무려 직조해 낸 매혹적인 이야기다.

기독교는 오로지 선교사들의 지칠 줄 모르는 노고를 통해서만 세계 최대의 종교가 되었으니, 이는 지구촌의 면모를 바꾸어 놓은 하나의 요소였다. 레슬리 뉴비긴은 이렇게 말한다. "세계 기독교는 지난 2세기 동안 선교 사역이 엄청나게 팽창한 결과다. 사람이 기독교를 어떤 태도로 대하든, 기독교가 그렇게 확산된 것은 인류 역사에서 가장 주목할 만한 사실로 손꼽는다. 그런데 최근에는……이 일이 자꾸 등한시되거나 평가절하되는 기이한 현상이 벌어지고 있다."

기독교가 눈에 띄게 팽창한 사실이 등한시되거나 평가절하되어 온 것만큼, 이 팽창에 큰 역할을 한 사람들 또한 그런 취급을 받아 왔다. 그들은 일편단심에다, 자신들이 성취한 과업을 온전히 감당할 능력을 갖추고, 가장 애국적이고 군사적인 대의명분을 지닌 사람들에게서도 보기 힘든 절박감을 가지고 행동한 사람들이었다. "초기의 선교사들은 태어날 때부터 전사요 아주 위대한 인물로 태어난 사람들이었다"고 작가 펄 벅$^{Pearl\ Buck}$은 말했다(펄 벅은 선교사에 호의적이었다고 말할 수 있는 사람이 아니다). "신앙을 기치 삼지 않는 한 유약하거나 소심한 사람은 바다 건너 낯선 땅에 가서 죽음과 위험을 무릅쓸 수 없으니, 그 깃발 아래서는 죽음 그 자체마저도 하나의 영광스러운 최후가 될 터였다. 앞으로 나아가 소리 높이 외치고, 경고하고, 사람들을 구하는 것, 이것은 이미 구원받은 이들에게는 대단히 긴급한 일이었다. 그들에게는 아주 미칠 듯한 긴박함이 있었다. 그것은 구원에 따르는 고뇌였다."

땅끝까지 복음을 전하기 위해 참으로 많은 것을 희생한 이들 선교사는 어떤 사람들이었는가? 이들은 눈앞의 장애물을 멋지게 극복해 낸 영적 거인들이었는가? 아니다. 이들은 인간적 약점과 실패로 괴로워하던 평범한 사람들이었다. 이들은 초(超)성인이 아니었다. 창세기에서 시작되어 신약성경을 관통해 쭉 이어지는 다채로운 성경 속 인물들과 마찬가지로 이들 역시 인간적 약점에도 불구하고 기꺼이 하나님께 쓰임받고자 했으며, 바로 그 의미에서 이들은 지워지지 않을 그런 흔적을 세상에 남길 수 있었다.

지난 여러 세기 동안 세상에 영향력을 끼친 위대한 선교사들을 생각해 볼 때 일반적으로 가장 먼저 떠오르는 이름은 데이비드 브레이너드, 윌리엄 캐리, 아도니럼 저드슨, 데이비드 리빙스턴, 혹은 허드슨 테일러 같은 위대한 인물들이다. 하지만 북미 선교사군의 2/3를 차지한 것은 미혼과 기혼의 여성 선교사들이었다. 가정생활과 자녀 문제는 선교 사역에 지대한 영향을 끼쳤다. 교회 성장 전문가 해럴드 J. 웨스팅Harold J. Westing은 "가정 문제가 선교사들을 사역 현장에서 이탈케 하는 가장 주된 원인"이라고 말한다. 그러므로 기독교 선교의 역사를 기술할 때 가정생활을 강력히 역설한다 해도 충분히 그럴 법하다.

기독교 선교 운동의 역사를 전기(傳記)의 방식으로 서술해 나갈 때 가장 어려운 문제는 그 역사에서 다뤄야 할 사람들의 숫자를 제한하는 문제다. 결국, 어떤 인물을 다룰 것이며 그들의 삶에서 어떤 쟁점과 사건들을 강조할지 선택하는 것은 저자의 주관적 결단에 달려 있다. 그 결과 수많은 위대한 선교사들과 선교단체가 누락되고 별로 신빙성이 없는 이름들이 그 역사에 포함되는 상황이 벌어지기도 한다. 부디 이 책이 기독교가 전진해 나간 역사의 제일선에서 영웅적으로 일했던 사람들의 대표적이고 의미 있는 면면을 다루게 되기를 바란다.

전기가 기독교 선교의 역사를 하나로 묶는 요소일 것이라는 말은 전적으로 타당한 말이다. 랠프 월도 에머슨^{Ralph Waldo Emerson, 1803-1882}이 한번은 "엄밀히 말해 역사는 없고 전기만 있을 뿐"이라고 말했는데, 이는 본질적으로 그 어떤 분야의 역사에든 다 해당되는 통찰이다. 전기는 선교의 역사를 그리는 데 특히 적합하다. 수세기 동안 기독교 선교 운동은 선교사 전기에 의해 존속되어 왔다. 언론인 제프리 무어하우스^{Geoffrey Moorhouse}의 말에 따르면, 19세기에는 선교사 전기가 선교사라는 소명을 일깨우는 "가장 효과적인……자극이 되었다"고 한다. 따라서 이 책이 독자들에게 정보를 제공하고 교훈을 줄 뿐만 아니라 인간의 모든 역사에서 가장 위대한 대의인 이 선교라는 일에 하나님께 쓰임받고자 하는 마음을 불러일으키기를 바라는 바이다.

I. 멈출 수 없는 전진

예수께서 제자들에게 내리신 지상명령이 얼마나 긴박한 명령인지 신약시대 신자들은 아마도 잘 이해하지 못했을 것이다. 게다가 이 긴박한 명령은 초기 몇 세기 동안 교회가 급속히 성장하게 된 주요 동력도 아니었다. 신자들은 핍박 때문에 지중해 연안 전역으로 흩어졌고, 기독교는 초기에는 주로 회당을 중심으로 이방인 구도자들에게 신속히 뿌리를 내렸다. 1세기 말, 교회는 유럽·아프리카·아시아로 이동하기 시작했다. 역사가 램지 맥멀렌 Ramsay MacMullen 은 말하기를, "1세기 말에는 교회의 존재가 거의 눈에 띄지 않았던 만큼, 설령 그때 교회가 지상에서 일소되었더라도 교회의 소멸은 로마 제국에 그 어떤 혼란도 초래하지 않았을 것이다.……3세기 후에야 교회는 제국 시민들의 다른 종교를 성공적으로 대체 혹은 저지시켰다"고 한다.[1]

신약시대의 교회에서는 복음을 전하고 교회를 개척하는 일이 최우선 순위가 되기는 했지만, 콘스탄티누스 황제 시대에는 신학적 쟁점들이 곧 대두되었고, 기독교 지도자들은 밖으로부터는 이단의 영향력에, 안으로부터는 교리 논쟁에 휩싸이게 되었다. 이에 신학자들은 신조creeds를 타결했고, 공의회에서는 그리스도의 신성에서부터 부활절의 정확한 날짜에 이르기까지 모든 문제에 대해 의논했다. 그 과정에서 신약시대 선교사들의 열정은 사그라졌다. 콘스탄티누스 이후 수세기 동안 선교사들의 전도 활동은 주로 수도회를 통해 계속되었다. 개중에는 비교적 정중하고 적절한 태도를 지닌 이들도 있었다. 예를 들어 5세기의 가장 유명한 복음 전도자로 손꼽히는 이로, 주상성자 시메온Symeon Stylites, 약 389-459으로 알려진 특이한 성자가 있다. 그는 안디옥 근처의 높은 기둥을 거처 삼아 그 기둥에 서서 "찌는 듯한 더위에도 불구하고 날이면 날마다……그 큰 명성으로 아주 먼 곳에서부터 각양각색의 내방객들을 끌어모았다."[2] 테오도레투스 감독은 시메온의 기둥 밑 작은 울타리 안에서 지내면서 이 높디높은 최선봉에서 울려 퍼지는 복음의 호소에 대해 다음과 같이 기록했다.

> 불신앙이라는 암흑에 속박되어 있던 수천 명의 사람들이(베두인족까지도) 기둥 위에 있는 복음의 기지 덕분에 눈이 뜨였다.……이들은 200명씩 혹은 300명씩, 때로는 1,000명씩 무리 지어 도착했다. 이들은 그때까지 지녀 왔던 전통적 오류들을 큰 고함과 함께 내버렸다. 그 큰 빛 앞에서 이들은 그때까지 경배해 왔던 우상을 깨부쉈다. 황홀경에 빠져 아프로디테 신에게 경배하던 예식을 그만두기로 맹세했으니, 그 신을 섬기는 것은 이들이 오랫동안 받아들여 왔던 전통이었다. 이들은 거룩한 신앙에 입문하는 것을 즐거워했고, 우상 대신 시메온의 그 거룩한 입에서 나오는 율법을 받아들였다.……이들이 조상 대대로 내려온 불신앙을 포기하고 복음의 가르침에 순복할 때 나 자신이 이 모든 것을 직접 보고 들었다.[3]

야만족의 침략과 뒤이은 로마 제국 멸망으로 서유럽은 혼돈에 빠졌고, 이에 따라 교회를 안정시키고 선교 활동을 다시 활성화시키기 위해서는 로마 주교 그레고리우스 Gregory the Great, 재위 590-604 같은 사람의 재능과 능력이 요구되었다. 그는 정치적 동맹의 필요성을 깨닫고 교회와 국가 사이에 수세기 동안 지속된 협력의 한 유형을 확립했으며, 교회는 세속 통치자의 군사적 지원 없이는 적대적 사람들 사이에서 그 존재를 유지할 수 없다고 납득시켰다.

프랑크족의 위대한 왕 카롤루스 대제^{Carolus, 742-814}는 기독교를 군사적으로 지원한 자로서는 다른 모든 왕들 중 으뜸이다. 성경 사본을 만들어 전파하는 일에 카롤루스 대제만큼 많은 관심을 쏟은 통치자는 그 전에도 그 후에도 없었다. 카롤루스는 명목상의 기독교를 유럽 상당 지역에 전파시켰고, 학문을 육성하며 기독교의 활동을 폭넓고 다양하게 증진시킨 카롤링거 르네상스의 원동력이었다.

중부 유럽에서 야만족과 함께 기독교 운동이 서서히 진전을 보이고 있는 것 같았지만, 이슬람교가 동에서 서로 확산되며 팔레스타인을 지나고 아프리카를 건너 스페인에까지 이르면서 기독교는 이슬람의 위세에 눌려 급속히 기반을 잃어 가고 있었다. 무슬림의 기세는 732년 투르^{Tours} 전투에서 군사력으로 저지되었고, 이 시기의 포괄적 위협에 대항할 수 있는 가시적 수단은 무력밖에 없다는 것이 당시 대다수 통치자들의 시선이었다. 십자군¹⁰⁹⁵⁻¹²⁹¹을 일컬어 미국의 선교학자 랄프 윈터는 "전 역사를 통틀어 기독교의 사명을 가장 대규모로, 가장 비극적으로 곡해한 것"이라고 했는데,[4] 잃어버린 영토를 되찾기 위해 바로 이 십자군이 출범했다. 하지만 이들의 시도는 결국 실패로 끝났으며, 뿐만 아니라 이는 진정한 선교 사역에 쓸 수도 있었을 기독교 세계의 엄청난 자원을 다른 곳에 쓰는 결과를 낳았다.

그렇다고 해서 중세 시대에는 선교를 위한 진지한 시도가 전혀 없었다는 말은 아니다. 켈트족과 아리우스파 선교사들이 위험을 무릅쓰고 복음을 전하는 주목할 만한 활약을 보여 엄청난 수의 야만족을 교회로 인도했다. 수많은 로마가톨릭 수도사들도 야만족을 복음화하는 일에 적극적으로 나섰다. 베네딕트회 수도사들은 외딴 지역에 선교기지를 설립하는 활동으로 특별히 영향력을 갖게 되었지만, 점차 부가 축적되면서 결국 쇠퇴의 길을 걷게 되어, 수도사들은 영적인 일에서 관심이 멀어져 갔고 이들의 수도원은 바이킹의 주요 약탈 표적이 되었다.

로마 제국을 파멸시킨 고트족, 서고트족, 반달족의 공격은 훗날 바이킹의 약탈에 비하면 그래도 가벼운 편이었다. 바다를 무대로 하는 이 전사들은 "영국과 유럽 대륙의 고민거리였다"고 허버트 케인^{Herbert Kane}은 말한다. "이들의 습격 행위가 수도원과 교회에 얼마나 치명적이었던지 한동안 영국 교회의 선교 활동이 종식될 위기에 처할 정도였다."⁵ "3세기 동안 화산처럼 뜨거운 불을 쏟아 냈던 아일랜드의 복음전도 활동은 차갑게 식다 못해 거의 꺼질 지경이었다"고 랄프 윈터는 말한다. 하지만 수도원이 무너졌다 해서 이들이 증거한 복음이 무효가 된 것은 아니었다. 랄프 윈터가 지적하다시피, "기독교의 괄목할 만한 능력"은 파괴될 수 없었다. "정복자들은 정복당한 자들의 신앙에 거꾸로 정복당하게 되었다. 대개 노예로 팔린 수도사 혹은 강압에 의해 정복자들의 아내나 정부(情婦)가 된 그리스도인 처녀들이 결국 북방의 이 야만인들을 설복시켰다."⁶ 그럼에도 불구하고 바이킹의 공격은 영국 섬들과 중부 유럽 켈트족과 로마의 전통의 안정에 치명타였다.

수도원과 교회가 파괴되면서 성경 필사본들이 멸실된 것도 선교에 부정적인 영향을 끼쳤지만, 중세 시대에는 이것 말고 또 다른 요소들이 복음이 전파되는 것을 더욱 심하게 방해한 것이 틀림없다. 중세의 상당 기간 동안 교회 지도자들은 비참한 상태에 있었다. 교황의 권세는 오랫동안 남용을 불러왔고, 10세기 교황들의 타락상은 전대미문의 지경에 이르렀다. 일부 교황은 사회에서 가장 악질적인 무뢰한들이었다. 교황 스테파누스 4세[772 사망]는 이미 고인이 된 전임 교황을 재판에 회부했고(주교회의 참석자들을 마주볼 수 있도록 시신을 의자에 앉혀 놓고), 그 자신도 투옥되어 1년이 조금 못되게 복역하다가 대적자들의 지시에 의해 살해당했다. 다른 교황들도 재위 기간 동안 공공연히 부도덕 행위와 범죄를 저질렀다. 14세기와 15세기의 교회 대분열 Great Schism 은 두 사람의 교황, 그리고 한동안은 세 사람의 교황이 등장하는 결과를 낳았는데, 이는 교황직의 이미지 혹은 교회 지도자들의 경건을 향상시키는 데 아무 역할도 하지 못했다.

이렇게 정치화된 기독교가 엉뚱한 문제들에 골몰하느라 선교에 신경을 쓰지 못한 것이 사실이라면 학문적 전통에 대해서도 마찬가지였다. 스콜라주의라고 알려진 사변적이고 철학 지향적인 중세신학이 최고 지성들의 생각을 점거하고 있었다. 교육은 실천에는 등을 돌렸고, 대신 교리를 이성과 조화시키는 일에만 골몰했다. 필립 샤프 Philip Schaff 는 "이 분주한 사상가들은 두려움을 모르는 확신으로 고상하기 짝이 없는 사색에 뛰어들었고, 온갖 종류의 의문을 제기하고 답했으며, 일반적으로 인정되고 있는 모든 교리를 격렬한 시험대에 올려 검증함으로써 그 교리가 무엇으로도 논파할 수 없는 본질을 지녔음을 보여주려고 했다. 교리는 신학의 기사(騎士)였고……철학은 신학의 시녀"였으며, "논리학은 신학의 칼과 창"이었다.[7]

긍정적인 측면으로는, 교회를 정화시키려 하는 여러 가지 움직임이 있었다. 교황제도 개혁을 목표로 여러 시도들이 있었고, 그중에는 비교적 성공적인 것도 있었으며, 수도원에도 의미 있는 개혁이 이루어졌다. 이런 개혁은 흔히 복음전도 활동을 더욱 활발하게 하는 결과를 낳았다. 910년 프랑스 중부 클뤼니 수도원에서 시작된 클뤼니파의 개혁이 수도원제도 영적 갱신의 시발점이었다. 뒤이어 클레르보의 베르나르두스[Bernard of Clairvaux, 1090-1153]의 신령한 사역이 이어졌고 시토 수도회가 창설되었으며, 이 수도회는 유럽에 복음전도 활동을 더욱 활발하게 부활시켰다. 하지만 로마가톨릭 교단의 선교 활동이 가장 활발하게 전개된 것은 탁발수사들이 등장하면서부터였다. 이들은 중세 후기 전도 활동을 촉진시킨 설교 수사들이었다. 프란체스코회[1209]와 도미니크회[1216], 그리고 후의 예수회[1534]가 유럽과 세계 전역에 교회와 수도원을 개척했다.

이러한 개혁 시도는 많은 그리스도인들이 충분하다 여길 만큼 이행되지 못했으며, 중세 시대 내내 그리스도의 몸된 교회를 정화하려는 움직임이 계속되었고 이는 로마가톨릭교회에 정면으로 맞서는 움직임이었다. 왈도파[Waldensians]가 대표적인 사례다. 비록 이단이라는 딱지가 붙어 있었지만, 이들은 대다수 로마가톨릭교도보다 더 엄밀하게 신약시대의 기독교를 반영하려고 애썼다. 이들은 복음전도와 성경공부, 그리스도께 대한 인격적 헌신을 강조했으며, 12세기에서부터 15세기 말까지 중부와 동부 유럽에 자신들의 존재를 알렸다. 14세기 초에는 위클리프와 후스를 따르는 이들이 이와 유사한 개혁을 일으켜, 프로테스탄트 개혁을 위한 길을 닦았다.

16세기 프로테스탄트 개혁은 사람들의 마음을 강하게 움직이고 기독교 세계의 근간을 뒤흔들었지만, 이미 기독교 지역이 되었다고 여겨지는 땅 그 너머로 복음을 전하는 일에는 별로 기여한 게 없다. 유럽 땅의 영적 갱신은 그 지역 주민 상당수에게 의미 있는 신앙을 안겨 주었지만, 다른 이들에게 긴급히 복음을 전해야 한다는 사실은 최우선 순위로 인식되지 않았다. 개신교도는 자신들의 생존을 위해 (그것도 자기들끼리) 싸우는 것으로 기운을 소진했고, 어떤 경우 지상명령은 거의 잊히다시피 했다.

프로테스탄트 개혁은 교회사 전체의 다른 모든 개혁 운동과 마찬가지로 그 영적 활력을 유지하는 데 어려움을 겪었다. 루터·칼뱅·멜란히톤·츠빙글리가 불러일으킨 열정은 이내 사그라지기 시작했고, 많은 프로테스탄트 교회들이 국가의 종속물이 되어 갔다. 그러나 과거 수세기 동안 그랬던 것처럼, 기존 교회가 제아무리 바닥 상태일지라도 삶에서 좀 더 깊은 영적 의미를 찾으려고 하는 이들은 늘 있기 마련이다. 형제단과 메노나이트 교회를 낳은 재세례파 운동은 복음을 전하려는 열심으로 전도에 나섰고, 17세기와 18세기에는 복음의 부흥이 선교 발전을 촉진시켰다. 유럽 대륙의 경건주의와 영국 및 미국에서의 복음주의 운동은 기독교의 활성화로 이어졌고, 여기서 선교에 대한 열정이 생겨 나왔다. 경건주의와 이들을 계승한 헤른후트 형제단은 세계 전역으로 퍼져 나갔고, 영국과 미국의 그리스도인들은 아메리카 원주민들에게 영적 관심을 갖고 행동에 나서게 되었다. 그러한 불확실성의 시대를 지난 연후에야 비로소 근대 선교사 운동의 여명이 밝기 시작했다.

OI

초기 선교

: 로마 제국을 복음화하다

기독교 신앙의 핵심에 복음화에 대한 열정이 자리 잡고 있지 않았더라면 비단 기독교회뿐만 아니라 오늘날의 세상은 크게 달라졌을 것이다. 기독교와 선교는 떼려야 뗄 수 없는 관계다. 오순절 이후 생겨난 활발한 선교 활동 없이는 살아 있는 종교로서의 기독교를 상상할 수 없다. 선교에 대한 이런 시각은 교회의 생명의 일부이자 한 구획이었다. 신약성경 기자들은 교리 문제에 관해 사색하는 종교 사상가들이 아니었다. 오히려 신학은 필요성에서 태어났다. 복음을 설교해야 할 필요성 말이다. 신약성경은 바로 그 열정의 결과물이다. 선교학자 데이비드 보쉬^{David Bosch}는 이렇게 말한다. "복음은 특별히 역사와 관련한 충동에 의해 생겨난 기록이 아니라 예수 그리스도를 지중해 세계에 천거하려는 목적으로 기록한, 뜨거운 신앙의 표현으로 보아야 한다."[1]

세상을 뒤집어엎은 것은 오순절 후세대로, 이들은 기독교를 팔레스타인 경계 너머 로마까지, 그리고 사실상 로마 제국 동부의 모든 주요 도심부까지 확산시켰다. 선교학자이자 역사가인 허버트 케인은 "A.D. 30년 유대교의 한 분파로 시작되었던 것이 A.D. 60년쯤에는 세계종교로 성장했다"고 말한다.[2] 베드로와 바울 같은 위대한 그리스도인의 리더십에 영감을 받고 핍박에 의해, 그리고 A.D. 70년 예루살렘 성전이 파괴됨에 따라, 널리 밖으로 내몰린 다수의 숙련된 평신도 복음 전도자들이 그리스도의 메시지를 가지고 퍼져 나갔다. 성공회 선교사이자 주교인 스티븐 닐^{Stephen Neill}은 "그리스도인은 모두 복음의 증인이었으며, 이들 이름 없는 초기 선교사들보다 더 주목할 만한 것은 없다"고 말한다.[3]

다행히 당시 상황은 이 초기 선교사들이 기독교 신앙을 확산시키기에 아주 이상적이었다. 가망 없는 상황에 종종 직면하곤 했던 후대 선교사들과 비교해 볼 때 초기의 복음 전도자들은 이들 사역의 길을 닦아 주는 하나의 체계 안에서 일했다. 그리스도 이후 몇 세기가 지난 로마 제국에는 기동성 있게 이동할 수 있는 기회가 많았다. 놀라우리만치 조직적으로 구축된 로마의 도로는 어디든 마음껏 돌아다니라고 사람들을 공공연히 손짓했고, 비교적 평화로웠던 당시 정세 또한 여행에 더욱 마음이 끌리게 만들었다. 게다가, 후대의 대다수 선교사들과 달리 초기의 복음 전도자들은 오랜 세월 동안 힘들게 언어를 공부하지 않아도 되었다. 헬라어가 로마 제국에서 보편적으로 쓰이는 언어였기에 그리스도인들은 어디를 가든 거칠 것 없이 복음을 전할 수 있었다.

대중적으로 기독교를 증거할 수 있는 길을 닦아 준 또 하나의 요소는 회당을 사용할 수 있다는 점이었다. 사도행전에서는 유대인 회당에서 설교가 이뤄졌다는 사실을 여러 번 언급하는데, 이 공공장소가 있었기에 기독교의 이상(理想)은 그리스도 사후 한 세대 이상 지속적으로 제국 전역에 보급될 수 있었다. 핍박은 상존하는 현실이었지만, 그래도 로마 사회에는 공개 토론의 여지가 있었다. 새로운 사상에 대한 개방적 자세가 있어서 "이성적이고 도덕주의적인 일신교 쪽으로 움직여 가는" 동시에 "변덕스럽고 심술궂은 신들이 버티고 있는 다신교"로부터는 벗어났다.[4]

기독교는 그 배타주의적인 측면에서 다른 고대 종교들과 뚜렷이 구별되었다. 대다수 신참 회심자들은 교리에 대한 지식이 얕기는 했지만, 이 새 종교의 독특성에 관한 한 애매모호함 따위는 없었다. 추종자들에게 참 하나님 한분 외에 다른 모든 신을 부인할 것을 요구하는 종교는 기독교뿐이었다. 복음은 "예 아니면 아니요, 흑 아니면 백, 친구 아니면 적이라는 준엄한 관점에서 제시되었다. 긴박함, 복음전도, 그리고 오직 한분 외에는 그 어떤 것도 신이라 호칭하지 말라는 요구 등이 어우러져 다른 어떤 대안적 신앙도 견줄 수 없는 위력을 이루어 냈다." 새로운 신앙의 성장세는 주목할 만했다. "1세기 말부터 시작해 기독교에 대한 관용령이 선포될 때까지 한 세대마다 대략 50만 명"씩 신자가 늘어났다.[5]

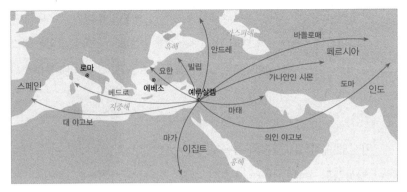

사도들의 선교 전통

기독교는 다섯 가지 주요 수단을 통해 로마 세계에 침투했는데 그것은 복음 전도자들의 설교와 가르침, 신자들 개인의 복음증거, 자비와 사랑을 보이는 행위, 핍박당하고 죽을 때 보여준 믿음, 초기 변증가들의 지적 추론이었다.

당대 사람들의 이야기에서 우리가 알 수 있는 것은, 초기 몇 세기의 그리스도인들은 자기 신앙을 아주 열심히 다른 이들과 나누었다는 것이다. 회당이 이들에게 문을 닫자 가르침과 설교는 개인 가정에서 주로 순회 평신도 사역자들에 의해 이뤄졌다. 가이사랴의 유세비우스Eusebius of Caesarea, 약 263-339는 2세기 초 이런 순회 복음 전도자들의 헌신에 대해 다음과 같이 이야기한다.

당시 많은 그리스도인들은 완전 상태에 대한 뜨거운 소원과 더불어 거룩한 말씀으로 자기 영혼이 감화되는 것을 느꼈다. 구주의 가르침에 대한 순종으로 이들이 가장 먼저 취한 행동은 자기 재산을 팔아 가난한 이들에게 나누어 주는 것이었다. 그런 다음 이들은 자기 집을 떠나 전도자의 일을 이행하는 길에 나섰으니, 믿음의 말씀에 대해 아직 전혀 들어보지 못한 자들에게 그 말씀을 선포하고 거룩한 복음이 담긴 책을 전해 주려는 것이 이들의 포부였다. 이들은 이방 사람들에게 그저 믿음의 토대를 놓아 주는 것에 만족했다. 그런 다음 이들은 다른 목회자를 세워, 이제 막 신앙을 갖게 된 이들을 양육할 책임을 맡겼다. 그러고는 곧 하나님의 은혜와 도우심을 가지고 다른 나라와 민족들을 향해 나아갔다.[6]

평신도 순회 설교자들의 복음전도 활동보다 더 중요한 것은 아마 신자들이 일상생활 속에서 비공식적으로 복음을 증거한 행위였을 것이다. "그 시대에는 모든 그리스도인이 선교사였다"고 존 폭스[John Foxe, 1517-1587]는 그의 고전적 저서 『순교자 열전』[Book of Martyrs]에서 말했다. "군인은 신병을 설득하려 애썼고, 옥에 갇힌 사람은 간수에게 그리스도를 전하려고 했다. 계집종은 주인마님의 귀에 복음을 속삭였고, 젊은 아내는 남편에게 세례 받기를 간청했다.……믿는 기쁨을 경험한 이들은 하나같이 다른 사람을 믿음으로 인도하려고 했다."[7] 그리스도인을 가장 모질게 비난하는 이들조차도 복음을 전하고자 하는 그들의 뜨거운 열심을 인정했다. 예를 들어 켈수스[Celsus]의 설명은 비록 매우 편향되어 있기는 하지만 그래도 아주 감동적이다.

그들의 목표는 그저 쓸모없고 한심한 사람들, 멍청이, 종, 가난한 여자들, 아이들을 설득하는 것이었다.……그들은 똑똑한 남자 청중들을 향해서는 감히 말하려고 하지 않는다.……하지만 젊은 사람들 무리나 종들 혹은 본데없는 사람들만 보면 막무가내로 끼어들어 그들의 청송을 얻어 내려고 한다. 개인 가정에서도 마찬가지다. 양모 짜는 사람, 신발 수선공, 세탁업자, 더할 수 없이 무식하고 배운 것 없는 사람들만 보인다.[8]

이렇게 말로써 복음을 증거하는 것도 중요했지만, 말이 아닌 행동으로 기독교의 사랑을 증거하는 것은 이보다 더 큰 효과를 냈을 것이다. 그리스도인은 타인을 사랑하고 염려해 주는 이들로 유명했고, 이에 대한 가장 인상적인 증언 역시 그리스도인 자신이 아니라 기독교를 비판하는 사람들의 입에서 나왔다. 율리아누스 황제는 그리스도인들이 황제인 자신을 섬기는 자들보다 더 훌륭하게 보일 것을 염려했다. 그는 기독교가 "낯선 사람들을 사랑으로 섬기고 죽은 자를 정성스럽게 장사 지내 주는 행동을 통해 그 세를 넓혀 가고 있는 것"을 분하게 여겼다. 그는 "로마의 신을 믿지 않는 갈릴리 사람들은 자기들 가운데 있는 가난한 이들뿐만 아니라 우리 중에 있는 가난한 이들까지 돌보는데, 그에 비해 우리는 우리가 마땅히 도와야 할 사람들을 실속 없이 바라보기만 한다"고 수치스러워 했다.[9]

초기의 그리스도인들이 삶 가운데서 보여주었던 증거는 죽음에서도 확연히 드러났다. 4세기, 곧 콘스탄티누스 황제가 공개적으로 기독교 신앙을 고백하게 되기까지, 핍박은 공공연히 신앙을 고백하는 신자들에게 하나의 실제적 위협이었다. 전체 순교자 숫자는 인구 비례로 볼 때 대단히 많지 않았고, 핍박은 산발적으로 발생했고 그조차도 대개 국지적 성격을 띠었지만, 그리스도인치고 공식적 징벌에서 전적으로 안전한 사람은 아무도 없었다. 스데반이 돌에 맞아 죽은 사건에서 시작하여 이들은 자기도 그런 운명이 될 수 있다는 무시무시한 현실에 직면했다. 이런 생각에 정신이 번쩍 들면서 명목만의 그리스도인은 이들 무리에서 빠져나가게 되었다. 핍박의 불길이 교회를 정화시켰고, 무고하게 핍박당하는 이들이 보여주는 용기는 불신자들이 안 보려야 안 볼 수 없는 장엄한 광경이었다. "그리스도인들이 유죄판결을 받고 죽임당하는 것을 목격한 바로 그 순간 확실하게 회심한 이교도들의 사례"가 많았다고 스티븐 닐은 말한다.[10] 2세기의 변증가 테르툴리아누스Tertullianus의 말이 아마도 이 같은 상황을 가장 잘 표현해 준다 할 것이다. "순교자의 피가 교회의 씨앗이다."

핍박과 순교의 현장이 정서적 감동을 통해 많은 불신자들을 기독교로 이끌었다면, 초기 변증가들의 조리 있고 잘 다듬어진 논증은 지식을 통해 사람들을 설득시켰다. 아덴의 사도 바울^{행 17:16-34}을 비롯해 그리스도인들은 학식 있는 이교도 철학자들에게 복음을 증거할 때는 이 지적인 요소만으로도 관심을 끌 수 있다는 것을 깨달았다. 오리게네스, 테르툴리아누스, 순교자 유스티누스를 포함해 이들 기독교 변론가들은 교양인들의 눈에 기독교가 더욱 합리적으로 보일 수 있도록 강력한 영향을 끼쳤고, 그 결과 교양인들 중 다수가 회심했다.

교회는 이런 다양한 수단을 통해 팽창하는 한편, 그와 동시에 후퇴해야 할 상황에 직면하기도 했다. 핍박은 불굴의 신앙을 증거할 수 있는 장이 되어 주기도 했지만, 반대로 신앙을 부인하는 무대가 되기도 했다. A.D. 112년경 소아시아의 경우가 바로 그러했다. 당시 비두니아 총독이었던 소(小) 플리니우스^{Pliny the Younger}는 트라야누스 황제에게 보내는 편지에서, 그리스도인이라는 이유로 고소당해 자기 앞에 끌려온 사람들을 어떻게 대했는지 간략하게 설명했다. "그리스도인이라고 고발당한 사람들이 제 앞에 끌려올 때 지금까지 저는 다음과 같은 절차를 밟았습니다. 먼저 너희가 그리스도인이냐고 피고인들에게 직접 물었습니다. '그렇다'고 대답하면 똑같은 질문을 두 번 세 번 거듭하면서 어떤 처벌을 받게 될지 경고했습니다. 그래도 끈질기게 그렇다고 대답하면 끌고 나가서 처형하라고 지시했습니다."[11]

소 플리니우스는 몇 번이나 처형을 집행했는지 구체적으로 말하지는 않지만, 죽음의 위협 앞에서 많은 이들이 신앙을 부인했고 또 황제와 신들의 형상에게 경의를 표하고 그리스도를 저주함으로써 자신의 부인 행위를 입증했다. 사실 신앙을 부인한 사람이 그렇지 않은 사람보다 훨씬 많았던 것이 분명하다. 소 플리니우스가 황제에게 보고하기를 "거의 버려지다시피 했던 신전들에 다시 사람들의 발길이 잦아지기 시작했고, 제물용 짐승에게 먹일 꼴이 다시 판매되기 시작합니다"라고 하기 때문이다. 그리고 그는 자신이 거둔 성공을 다음과 같이 요약한다. "이 모든 상황을 바탕으로 쉬이 판단해 보건대, 만일 기독교 신앙을 포기할 기회를 허락하기만 한다면 참으로 많은 사람들을 개심시킬 수 있다는 것입니다."[12]

3세기 중반 데키우스 황제의 핍박 때 알렉산드리아에서도 비슷한 결과가 보고되었다. 유세비우스의 기록에 따르면, 남자나 여자 할 것 없이 잔혹하게 핍박받았다. 그중에 퀸타, 아폴로니아, 메트라, 세라피온은 끔찍한 고문을 당하다가 결국 죽음을 맞았다. "엄청난 공포가 지금 우리를 위협하고 있다"고 유세비우스는 말한다. "그래서, 그래도 되기만 한다면, 정말 선택받은 자도 걸려 넘어질 것"이라고 말이다. 실제로 몇몇 사람은 넘어졌다. 이들은 이교의 제단에 나아가 "자신들은 절대 그리스도인이었던 적이 없다고 뻔뻔스럽게 주장했다." 어떤 이들은 "며칠간 옥에 갇혔다가 그 뒤 믿음을 저버렸고" 또 어떤 이들은 "한동안 고문을 당하고 나서 결국 신앙을 포기했다."[13]

초대교회의 성장을 지체시킨 또 하나의 요인은 교리 논쟁이었다. "처음 5세기 동안 벌어진 주요 교리 논쟁만 해도 그 목록이 길다"고 밀턴 루드닉 Milton Rudnick 은 말한다. "위험할 만큼 그릇된 교리를 주장한다고 여겨진 그룹으로는 유대교 복귀주의자Judaizer, 가현론자Docetists, 영지주의자Gnostics, 마르시온주의자Marcionists, 몬타누스주의자Montanists, 단일신론자Monarchians, 노바티안파Novationists, 도나투스파Donatists, 아리우스파Arians, 네스토리우스파Nestorians 그리고 단성론자Monophysites가 있다." 이들 그룹 외에도 교회 안에는 부활절 날짜와 성직자 임명 같은 문제들을 두고 싸움을 벌이는 파벌들이 있었다. "이런 논쟁의 부정적 영향은 이루 다 헤아릴 수조차 없다"고 루드닉은 말한다. "이와 유사한 다른 문제에서도 그 폐해는 상당했다."[14]

그러나 속(續)사도시대에 활발히 이뤄졌던 복음전도 활동이 4세기 초 콘스탄티누스 황제의 치세 때는 시들해지기 시작했다. 기독교는 국교(國敎)

가 되었고, 그 결과 교회는 영적 문제보다 정치사회적 위신에 더 관심 많은 명목상의 그리스도인들로 넘쳐 났다. 기독교는 시대 풍조가 되었다. 단순한 주택 교회당 대신 공들여 지은 건축물이 들어섰고, 자연스러운 간증과 기도 대신 신조가 자리 잡았다. 공격적 복음전도 같은 것은 쓸데없어 보였다. 적어도 문명화된 로마 세계 안에서는 말이다.

하지만 제국 변경에서는 야만족들이 로마 제국의 바로 그 안정을 위협하고 있었다. 이 야만족을 기독교로 회심시키는 것이 정부 관리들의 간절한 목표가 되었고 그래서 이들은 투르 주교 마르탱^{Martin} 같은 적극적 복음 전도자들의 사역을 강력히 지지했다. 본래 군인이었던 4세기 인물 마르탱은 수도원에 들어갔다가 나온 뒤 프랑스의 전원 지역을 두루 다니며 복음을 전했다. 초기의 아주 유능한 '외국인' 선교사들 중에는 로마 제국이나 로마 교회와 그 어떤 식으로도 제휴하지 않았던 이들도 있다. 울필라스(아리우스파), 패트릭과 콜럼바(둘 다 켈트족)는 로마 교회나 로마 제국과 직접적 연관 관계가 없었다. 비록 복음을 전하려는 이들의 노력 덕분에 유럽 일부 지역이 로마의 체제에 좀 더 쉽게 순응할 수 있었지만 말이다. 이들의 주목표는 복음을 전하는 것, 그리고 거기에 수반되는 영적 성장이었다. 이 목표는 그 뒤 수세기 동안에는 흔히 부차적인 것이 되는 경우가 많았다.

사도 바울^{약 10-67}　　　　기독교 선교의 출발 지점은 물론 신약 시대의 교회다. 주님께서 십자가에서 고통스러운 시간을 보내고 있는 동안 두려움과 회의에 휩싸여 멀리 도망가 있던 제자들은 오순절에 성령의 능력을 받았고, 그리하여 이제 기독교 선교 운동이 태어났다. 이 새로운 전도 활동에 대한 가장 상세하고 정확한 기록은 사도행전에 담겨 있고, 거기서 단연 두드러지는 인물은 사도 바울이며,

베드로·바나바·실라·마가·빌립·아볼로를 비롯해 그 외 인물들도 중요한 역할을 한다. 하지만 성경에 기록된 내용을 제외하면 이들 인물에 대해 알려진 것이 거의 없다. 전승에 따르면, 예수께서 죽으시고 부활하신 지 얼마 뒤 제자들이 다락방이나 감람산에서 만났고, 거기서 베드로 혹은 다른 제자들이 세상을 일정 구획으로 나눠 분담한 뒤 전도 활동에 나섰다고 한다.[15] 어떤 설명에 의하면, 마태는 구스(에티오피아)로 갔다고 하고, 안드레는 스구디아(흑해와 카스피해 동북부 지방)로, 바돌로매는 아라비아와 인도로, 도마 또한 인도로, 그리고 나머지 제자들은 그 밖의 지역으로 갔다고 한다.

많은 역사가들이 이런 전승은 전설에 지나지 않는다며 평가절하하지만, 이 이야기의 중요성은 이야기 자체의 실제 역사성을 넘어선다. 복음을 들고 땅끝까지 가는 사도들에 대해 널리 회자되는 이야기들은 초대교회에 선교 정신을 불어넣어 주었고, 이는 수세기 동안 전해 내려져 오고 있다.

사도 바울은 의심할 바 없이 초대교회에서 가장 위대한 선교사로 자리매김한다. 교회사가(教會史家) 케네스 스콧 라투레트Kenneth Scott Latourette의 말을 빌리면, 바울은 "수많은 후대 선교사들에게 원형이자 모델인 동시에 영감이 되어 왔다."[16] 바울은 많은 이들에게 만대의 최고 선교사, 곧 풀뿌리 단계에서 기독교를 확립하는 비범한 사역을 행하여 이후 수세기 동안 견실하게 성장할 수 있게 한 이로 인식되고 있다. 그러나 인간적 견지에서 엄밀히 말할 때 바울은 그를 열성적으로 추종하는 사람들이 생각하는 것만큼 그렇게 대단한 사람이 아니다. 여러 가지 면에서 그는 아주 평범한 사람으로서, 그 역시 후대 선교사들이 늘 봉착해 온 평범한 문제들에 직면했다.

바울의 생애와 사역에 관한 성경의 기록은 익히 잘 알려져 있다. 다소의 유대인 집안에서 태어난 그는 엄격한 바리새인으로 성장했고, 유대교를 위협하는 최신의 위협적 존재, 곧 '예수 숭배교'에 격렬하게 맞섰다. 그는 스데반의 순교를 목격했고, 대제사장에게 권한을 위임받아 그런 이단들을 잡아들이는 데 앞장섰다. 그는 바로 이 사명을 이행하려고 다메섹으로 가는 길에 갑자기, 그리고 기적적으로 회심했다. 앞으로 이행해야 할 과업을 위해 더할 나위 없이 훌륭한 자격 조건을 갖추었던, 곧 유대교의 유산에 철저히 침잠했던 유대인인 그는 이제 약속된 메시아가 정말로 세상에 임했다는 것을 세상에 알릴 준비가 되었다. N. T. 라이트[Wright]는 옛것과 새것을 그토록 깊이 있게 하나로 아우른 바울의 포괄적 사명을 다음과 같이 요약한다.

> 사울이 다메섹 도상에서 본 환상은 이렇게 전혀 새로운 관점으로 그를 구비시켰다. 비록 그 관점이 그가 지금까지 지녀온 언약신학에 여전히 확고하고도 깊게 뿌리내리고 있는 것이긴 했지만 말이다. 이스라엘의 운명은 메시아 예수 안에서 요약되고 성취되었다. 다가올 세대가 시작되었다. 사울 자신이 그 세대의 매개자로 소환되었다. 그는 야웨[YHWH], 곧 이스라엘의 하나님이 온 세상의 유일한 참 하나님이심을 이방 세계에 선포해야 했다.[17]

선교 분야에서 바울의 성취가 워낙 비범한 탓에 선교학자들은 오늘날 그의 방식을 정확하게, 아니면 면밀하게 모방해야 한다고 주장해 왔다. 롤런드 앨런[Roland Allen]은 『바울의 선교 vs. 우리의 선교』[Missionary Methods: St. Paul's or Ours?]라는 저서에서 이에 대해 강력한 옹호론을 편다. 바울의 방식이 효과가 있었다는 사실 그 한 가지 이유만으로도 말이다.

> 10년이 조금 넘는 기간 동안 바울은 갈라디아·마게도냐·아가야·아시아 등 로마 제국의 네 개 지역에 교회를 세웠다. A.D. 47년 전에는 이 지역에 교회가 하나도 없었는데, A.D. 57년 바울은 이 지역에서의 사역이 완료되었다는 식으로 말할 수 있었다.……정말 놀라운 일이 아닐 수 없다. 이곳의 교회들이 그토록 신속하게, 그토록 확고하게 터를 잡았다는 것은 온갖 난관과 불확실함과 실

패와 비참한 퇴보 일색인 오늘날의 선교 현장에 익숙해져 있는 우리가 보기에 거의 믿을 수 없는 일에 가깝다.……바울이 그런 놀라운 결과를 얻어낸 그 방식에 오늘날 우리가 면밀히 관심을 가져 볼 만한 요소가 있다고 어떤 사람이 용감하게 말한다면 그 사람은 혁명가 성향이 있다고 비난받을지도 모른다.[18]

앨런은 바울이 후대의 수많은 선교사들과 달리 전략적으로 인구밀집 지역에서의 사역에 집중했다는 점을 지적한다. 인구밀집 지역은 교역의 중심지이자 정치적 영향력이 집결되는 곳인 만큼, 복음은 바로 그곳에서부터 외진 곳으로 신속하게 퍼져 나갈 터였다. 게다가 그는 사회 각계각층 사람들을 전도함으로써 교회가 폭넓은 기반을 갖출 수 있게 했다. 그리고 무엇보다도 그는 선교기지mission stations가 아닌 독자적 교회를 세웠다. 그는 "단순히 사람들을 끌어모은 게 아니라 교회를 세웠으며", "복잡하고 낯선 교회 조직 체계"는 피했다.[19] 선교학자들은 다른 영역에서도 바울의 방식이 오늘날 특별히 적용될 수 있다고 본다. 크리스티 윌슨Christy Wilson은 『현대의 자비량 선교사들』Today's Tentmakers이라는 저서에서, 선교사는 바울처럼 일반 직업을 갖고 생계를 유지하면서 복음을 전하고 교회를 세우는 것에 어떤 장점이 있는지 고려해 보아야 한다고 주장한다. 하지만 바울은 단순히 장막 만드는 자가 되기만 한 것이 아니었다. 신약학자 벤 위더링턴 3세Ben Witherington III의 말에 따르면, 바울은 의식적으로 '하향 이동' 경로를 추구했다. "바울은 가능한 한 더 광범위한 계층에게 복음을 전하기 위해 의도적으로 사회적 사다리의 아래층으로 내려왔다."[20]

또한 바울은 용기와 헌신의 본보기이기도 하다. 그리스도인으로서 섬김의 일을 하면서 도저히 극복할 수 없어 보이는 장애물을 만난 사람에게는 특히 더 그렇다. 그는 옥에 갇히기도 하고 채찍질을 당하기도 했으며, 필설로 다할 수 없는 핍박과 역경을 겪어 냈다.

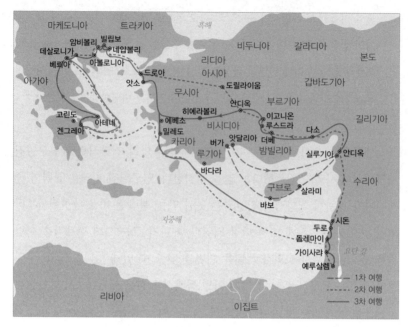

마케도니아 　트라키아　 흑해
암비볼리 빌립보
데살로니가 　 네압볼리　 비두니아　 갈라디아
베뢰아 아볼로니아 　 본도
아가야 드로아 리디아
아시아 갑바도기아
앗소 무시아 도릴라이움
안디옥 부르기아
고린도 히에라볼리 이고니온 길리기아
겐그레아 아테네 에베소 루스드라 다소
밀레도 비시디아
카리아 버가 앗달리아 더베 안디옥
루기아 밤빌리아 실루기아
바다라 수리아
구브로 살라미
바보
지중해 두로 시돈
돌레마이
가이사랴 요단 강
예루살렘
리비아 ----- 1차 여행
.... 2차 여행
───── 3차 여행
이집트

바울의 선교 여정

세 번 태장으로 맞고 한 번 돌로 맞고 세 번 파선하고 일 주야를 깊은 바다에서 지냈으며 여러 번 여행하면서 강의 위험과 강도의 위험과 동족의 위험과 이방인의 위험과 시내의 위험과 광야의 위험과 바다의 위험과 거짓 형제 중의 위험을 당하고 또 수고하며 애쓰고 여러 번 자지 못하고 주리며 목마르고 여러 번 굶고 춥고 헐벗었노라. 이 외의 일은 고사하고 아직도 날마다 내 속에 눌리는 일이 있으니 곧 모든 교회를 위하여 염려하는 것이라^{고후 11:25-28}.

그는 유대교 지도자들뿐만 아니라 예수님의 제자들에게까지 배척당하는 정서적 상처도 입었다. 요한 마가가 선교사로서 동행할 만한 인물이냐를 두고 바나바와 논쟁을 벌인 일에서 보다시피 인간관계에서의 갈등도 겪었다. 그 뒤에 이어진 첨예한 의견 대립은 바울과 바나바 사이가 갈라지는 결

과를 낳았고, 이와 때를 같이하여 새로운 선교팀이 출범했다. 바나바는 조카인 요한 마가와 함께 떠났고, 바울은 실라와 함께 길을 나섰다. 문화적이고 종교적인 전통을 대하는 문제 또한 갈등을 일으켰다. 바울은 우상에게 바쳤던 고기를 먹는 문제와 할례 문제에 솔직담백하게 직면했다. 그렇게 함으로써 그는 복음을 상황화^{contextualizing}할 때 율법보다는 자유라는 선례를 세움으로써 후대를 위해 하나의 기준을 제시했다. 사실 복음을 한 번도 들어본 적이 없는 사람들에게 문화의 차이를 넘어 효과적으로 다가갈 수 있는 하나의 유형을 만들었다는 점에서 사도 바울의 중요성은 아무리 강조해도 지나치지 않다.

하지만 일부 사람들은 바울을 성공의 전형으로 보아서는 안 된다고 주장하기도 한다. 작가 마이클 덩컨$^{Michael Duncan}$은 '바울의 이면'$^{The Other Side of Paul}$이라는 글에서 바울이 겪은 실패를 강조한다. "바울의 초기 사역은 결실이 별로 없었던 것처럼 보인다.……물론 그는 엄청난 사역을 했다. 그러나 승리만능주의라는 이 시대의 이단을 바울의 삶에서 다시 읽어내서는 안 된다." 덩컨은 바울의 삶과 사역에서 '실패의 신학'을 도출해 낸다. "바울의 사역은 고통스러운 신학 논쟁, 깨어진 우정, 엉망이 된 교회 성장, 수많은 역경, 사역의 성공에 대한 반신반의로 점철된 수많은 세월이라는 토양에서 서서히 성장했다." 그러나 실패에도 불구하고 "바울은 그 모든 실패와 고통과 역경을 돌아보면서 자신이 그 무엇보다도 대단한 경주를 해왔다고 결론 내릴 수 있었다."[21]

그러나 실패의 신학보다 더 중요한 것으로, 바울은 선교신학을 제시했다. 독일 신학자 마르틴 켈러$^{Martin Kähler, 1835-1912}$는 선교는 "신학의 어머니"라고 1908년에 쓴 글에서 담대히 주장했다. 유아기 교회에서 신학은 사치가 아니라 필수품이었다. 이 사실은 바울의 글에 심도 있게 드러나 있다. 선교학자 데이비드 보쉬의 말에 따르면, "바울의 신학에서 선교의 중요성이 늘 인식되어 온 것은 아니다. 오랜 세월 동안 그는 주로 교리 체계를 만들어 낸 사람으로 인식되었다.……바울이 최초의 기독교 신학자였던 것은 바로 그가 최초의 기독교 선교사였기 때문이라는 사실이 오늘날에는 널리 알려져 있다."[22]

후대의 선교사들은 메시지와 방식 두 가지 면에서 모두 바울의 유산을 계승했다. 유세비우스의 글과 『디다케』*Didache*를 보면 바울의 모범을 좇아 사역한 2세기의 순회 선교사들에 대한 기록이 있다. 3세기의 오리게네스도 비슷한 관측을 했다. "그들 중에는 도시뿐만 아니라 마을과 촌락을 집집마다 찾아다니며 주민들을 하나님께로 회심시키는 것을 자기 일로 삼는 이들이 있었다."[23]

바울은 삶에서나 죽음에서나 차후 선교 2,000년을 위한 무대를 제공했다. 그를 따른 수많은 복음 전도자들과 마찬가지로 그 역시 끔찍한 죽음을 맞았다. 전승에 따르면 그는 A.D. 67년 네로 황제 치하의 피에 굶주린 핍박 때 베드로를 비롯한 다른 많은 그리스도인들과 함께 순교했다. 바울은 죽을 때 보여준 본을 통해서도 목숨을 소중히 여기지 않는 자세를 후대에게 교훈했다. 고난당하면 그들 또한 그리스도와 함께 다스리게 될 것이니 말이다.

폴리카르포스약69-155   교회 역사 처음 몇 세기 동안 그리스도인들이 보여준 불굴의 믿음은 이방 세계에 빛나는 본보기로 우뚝 섰다. 십자가에 못 박힌 예수가 하나님이시라는 이야기가 하나의 신화에 불과하다면 사람이 어떻게 죽음 앞에서 끄떡도 않고 그 예수가 하나님이심을 주장할 수 있겠는가? 보이지 않는 하나님에 대한 절대적 믿음은 이방 사람들이 보기에는 이해할 수 없는 일이었다. 그러한 용기의 원천은 무엇인가? 많은 사람들이 바로 그런 질문을 하면서 믿음의 여정을 시작했다.

속사도시대에 널리 알려진 최초의 순교자로, 많은 이들에게 사랑받은 서머나 주교 폴리카르포스Polykarpos가 있다. 고대의 모든 인물들과 마찬가지로 폴리카르포스에 얽힌 이야기도 수백 년 세월의 간극 때문에 어렴풋하게 남아 있을 뿐이고, 그의 생애에 대한 최신의 연구도 독자들에게 해답보다는 의문만을 더 많이 남겨 준다. 전해지는 이야기는 익히 알려져 있다. "그는 존경할 만한 인물이었다"고 F. F. 브루스Bruce는 말한다. "그는 육신으로 계신 그리스도를 직접 본 사람들과 마지막으로 연결되어 있었다. 그리스도께서 사랑하신 제자 요한의 발치에 앉아 있었기 때문이다."[24] 그가 언제 혹은 어떻게 그리스도인이 되었는지는 알려져 있지 않지만, 2세기 초까지 그는 서머나에서 훌륭하게 사역을 이어갔다. W. H. C. 프렌드Frend의 말에 따르면, "종, 지방 귀족들, 그리고……속주 총독의 참모들까지 서로 긴밀히 결합하여 아주 조직적으로 그의 회중을 구성했다"고 한다.[25]

그의 사역이 이교 신앙을 얼마나 격렬하게 배격했는지 그는 소아시아 전역에서 "무신론자"로, "아시아의 선생이요, 우리 신들을 파괴하는 자"로 맹비난받았다.[26] 이교도의 눈에 그는 죽은 사람을 높이는 자였고, 예수님의 가르침과 그분께서 보이신 기적에 관한 그의 선동적 설교, 요한에게서 직접 들은 그 설교가 특히 그들을 불편하게 만들었다. 그가 쓴 글 역시 그들을 격앙시켰다. 그의 글 가운데 현재까지 남아 있는 유일한 문서는 빌립보 교회에 보낸 편지로, 이 편지는 기독론이 그의 메시지의 중심축이었음을 보여준다. "이 편지는 그리스도를 주님으로 극구 높이며, 그가 하나님 오른편에 앉아 계시며 하늘과 땅의 만물이 그분께 순복한다고 말한다."[27]

하지만 폴리카르포스는 과연 사도 요한의 제자였을까? 신약학자 프레더릭 위드만Frederick Weidmann은 『폴리카르포스와 요한』Polycarp and John에서 고대 문헌을 논평하면서 폴리카르포스에 관해 콥트어로 기록된 단편적 문서를 영어로 번역하여 보여준다. 전에는 구할 수 없던 이 자료를 통해 그는 폴리카르포스의 글이 요한보다는 바울의 글과 더욱 밀접하게 일치하며, 그가 요한의 발치에서 말씀을 배웠다는 언급은 사도 요한이 아닌 다른 요한을 말하는 것일 수도 있다는 점을 지적한다.[28] 확실히 그는 사도들, 특히 바울을 존경했으며, 이 사실은 그가 빌립보 교인들에게 보낸 편지에 분명히 나타나 있다. "형제들이여, 내가 이 편지를 쓰는 것은 교만해서가 아니라 여러분들이 내게 요청을 했기 때문입니다. 나도, 그리고 나와 비슷한 다른 어느 누구도 복되고 훌륭한 바울의 지혜에 이르지 못할지니, 그는 여러분 가운데 있었고……진리의 말씀을 단호히 가르쳤습니다."[29]

그러나 그런 불일치에도 불구하고 이 자료는 시종일관 폴리카르포스를 사도들이 전해준 참신앙을 보존할 뿐만 아니라 사도들이 그랬던 것처럼 그 신앙을 널리 확신시키는 일에도 깊이 헌신한 사람으로 보여준다. 사실 이 시대의 다른 많은 신학자들과 마찬가지로 폴리카르포스는 복음 전도자이자 선교사로서 주변의 이방 문화와 상호작용해야 할 긴박한 필요를 깊이 인식하고 있었다. 서머나에서 그는 교사로 알려져 있었으며, 특정한 장소에 신자와 불신자들과 함께 자리 잡고 앉아 그들의 이야기를 경청하고 토론하는 모습을 볼 수 있었다. 하지만 그는 자신의 사역을 한 지역에만 국한시키지 않았다. 그는 노구를 이끌고 로마에 갔으며, 이레니우스[Irenaeus, 약 135-202]의 말에 따르면, 로마를 방문하는 동안 "수많은 영지주의 이단자들을 설득하여 기독교회로 끌어들였다"고 한다.[30]

폴리카르포스는 약 50년 동안 주교 직분을 가지고 막강한 영향력을 휘둘렀다. 그러나 작가 엘리엇 라이트[Elliot Wright]의 말을 빌리면 "그는 온유하고도 온유한 사람이요……겸손하기로는 사례 연구감이었다."[31] 그는 기도의 사람으로도 알려져 있는데, 한 고대 자료에 따르면 "밤낮으로 줄곧 기도하는" 사람이었으며, 그렇게 기도해도 낮에 가르치는 일과 밤에 성경을 공부

서머나에서 화형 당하는 폴리카르포스

하는 데 지장을 받지 않았던 것으로 보인다.[32]

    대략 156년 무렵, 아시아 지역에서 기독교를 적대하는 이들이 그리스
도인을 핍박하는 사건이 발생했다. 당국에서는 명확한 이유도 없이 일부 그
리스도인을 죽이기로 결정했다. 자신이 표적이라는 것을 깨달은 폴리카르
포스는 그 지역 신자들의 도움으로 몸을 숨겼다. 그러나 전하는 말에 따르
면 군인들이 하인을 고문한 끝에 폴리카르포스가 건초를 쌓아 두는 다락에
숨어 있다는 것을 알아내고는 그를 잡아 구금했다고 한다.

    하지만 처형은 당국자들이 원하는 것이 아니었다. 사실 늙디늙은 노인인 폴리카르포스를 죽여서 이득될 게 무엇이었겠는가? 그들이 진짜 원했던 것은 그가 자기 신앙을 부인하는 것이었다. 그렇게 만들 수만 있다면 이교도들로서는 얼마나 큰 승리이겠으며 '예수 숭배교'에게 얼마나 큰 치명타이겠는가? 관리들은 그를 구금시켜 놓고 "자, '가이사가 내 주인'이라고 말하고 분향을 한 뒤 그대 목숨을 부지한들 무어 해될 게 있겠는가"라고 회유했다. 총독은 "그대의 나이를 생각해 보라"고 설득했다. "가이사가 신임을 맹세하라. 회개하고 '무신론자들을 쫓아내라'고 말하라.……서약을 하라. 그러면 풀어 주겠노라." 그러나 폴리카르포스의 입장은 단호했다. 그리고 폴리카르포스라는 이름과 함께 언제나 기억될 유명한 말을 남겼다. "내가 86년 동안 그분의 종이었는데 그분은 단 한 번도 내게 잘못하신 적이 없다. 그런데 내가 어떻게 나를 구원하신 내 왕을 모독할 수 있다는 말인가?"[33]

당국자들은 협박했던 대로 실행에 옮겼고, 폴리카르포스는 화형당했다. 그러나 이 사건의 최종 결과는 그리스도인들의 승리였다. 많은 이들에게 존경받는 이 노인, 어떤 이는 86세라고도 하고 어떤 이는 104세라고도 하는 이 노인이 화형당하는 것을 지켜본 많은 불신자들이 공포에 사로잡혔다. 그의 죽음은 신자와 불신자 모두에게 그리스도의 고난과 그리스도를 따르는 이들의 담대한 헌신을 증거하는 역할을 했다.

페르페투아^{약 181-202} 폴리카르포스가 죽은 뒤로 소아시아 지역에서 핍박이 그치긴 했지만, 로마 제국 전체가 다 그런 것은 아니었다. 핍박은 다른 곳에서 여전히 계속되었고, 3세기 초에는 아주 조직적이고 광범위하게 핍박이 이루어졌다. 특히 북아프리카에서는 페르페투아^{Perpetua}와 여종 펠리키타스^{Felicitas}가 처형당하는 일이 벌어졌다. 그러나 이런 극심한 핍박 기간이 시작되기 전, 아주 대대적으로 알려진 개별적 핍박 사례들이 있었다. 그중 하나는 폴리카르포스 사후 겨우 10년 만에 일어났다. 이번 희생자는 유스티누스^{약 100-165}로, 사후에 그는 순교자 유스티누스^{Justin Martyr}로 일컬어져 오고 있다.

플라톤 철학을 교육받은 유스티누스는 젊은 시절에 기독교로 회심한 뒤 곧 기독교 신앙의 가장 유능한 변론자가 되었다. 그는 설득력 있는 문장 가로서 이방 독자들에게 기독교를 지적으로 제시했고 동료 신자들이 핍박 당하는 현실을 공공연히 고발했다. 로마에서 그는 개인 가정을 돌아다니며 신자들과 탐구자들을 가르쳤는데, 다른 것보다 이것이 죄목이 되어 순교당 하기에 이르렀던 것이 분명하다. 심문이 끝난 뒤 재판관이 사형선고를 내렸고, 유스티누스는 남자 죄수 다섯, 여자 죄수 한 명과 함께 참수당했다.

몇십 년 뒤, 셉티미우스 세베루스 황제 치하에서 최초의 광범위하고 강력한 기독교 박해가 시작되었다. 202년 그는 기독교나 유대교로의 개종을 금하는 칙령을 반포했다. 황제 자신은 죽은 자의 신인 이집트의 세라피스를 섬겼는데, 그는 기독교가 자신의 종교에 위협이 될 것을 두려워했다. 그가 반포한 칙령은 주로 개종할 가능성이 있는 사람들을 겨냥한 것이었지만, 칙령이 낳은 결과를 가장 절실하게 느낀 이들은 신참 신자들과 성숙한 믿음을 지닌 교회 지도자들이었다.

황제의 핍박은 카르타고에서 유독 가혹하게 체감되었다. 북아프리카에 자리 잡고 있는 이 위대한 로마령 도시에서 기독교의 성장세는 관리들을 경악시킬 정도였고, 황제의 칙령은 "회심자들을 가르치거나 회심하게 만드는" 이들에게까지 효력이 미쳤다.[34] 당시 카르타고의 그리스도인들 중에 사투루스^{Saturus}라는 집사가 일단의 회심자들을 대상으로 교리 수업을 진행하고 있었는데, 어린 아들을 키우고 있는 22세의 비비아 페르페투아와 그녀의 몸종 펠리키타스(당시 임신 8개월)가 이 수업에 참석하면서 황제의 칙령을 어기게 되었다. 페르페투아의 남편에 대해서는 전혀 알려진 게 없지만, 역사가들은 남편이 죽었거나 혹은 아내가 새로 발견한 신앙 때문에 그가 아내를 버렸을 것이라고 추측한다. 사형을 선고받은 다른 이들로는 교리 교사인 사투루스와 남자 세 명이 더 있다.

페르페투아가 어떤 곤경에 처했었는지는 3세기의 문서 『페르페투아와 펠리키타스의 수난』에 기록되어 있는데, 이 문서는 페르페투아와 사투루스의 일기와 기록을 근거로 한 것으로 보인다. 엘리엇 라이트는 "일부 내용은 전설일 수도 있다"고 하면서도 "3세기 순교자들을 성인(聖人) 취급하는 대다수 전기와 비교해 볼 때 이 문서는 설득력 있는 인간적 필치로 가득하다"는 점에 주목한다.[35] 이 기록에서 페르페투아는 외동딸인 자신이 상습 범죄자처럼 체포되어 옥에 갇혔다는 소식을 듣고 존경받는 귀족이었던 자기 아버지가 얼마나 비통함과 굴욕감을 느꼈는지에 대해 이야기한다. 아버지는 즉시 감옥으로 딸을 찾아와 그때까지 배운 새 신앙을 포기하라고 애원했다. 그럴 수는 없다고 딸이 거절하자 아버지는 격노하여 딸을 두들겨 패려고까지 했지만 페르페투아는 요지부동이었다.

그러나 아버지의 눈에 심히 멍청해 보이는 페르페투아의 그 완강한 태도는 곧 무너지고 말았다. 완고한 아버지가 하지 못했던 일을 아무 힘없는 그녀의 아들은 해낼 수 있었다. 동료 그리스도인 두 사람이 어찌어찌 그녀의 아기를 감옥으로 데려와 만나게 해주었는데, 아기를 본 그녀는 아기에 대한 "염려로 괴로워하며" 거의 인내의 한계에 이르렀다. "젖을 굶어서 기운을 잃은 아기에게 젖을 물렸다. 걱정스런 마음으로 어머니에게 아기에 대해 말씀드렸고, 오빠를 애써 위로한 뒤 아기를 두 분에게 맡겼다. 내가 가여워 어쩔 줄 모르는 두 사람을 보면서 내 마음도 괴로웠다. 여러 날 동안 이런 시련을 견뎌야 했다. 그 뒤 아기를 감옥에 데려와 함께 있어도 좋다는 허락을 받았다. 아기에 대한 염려와 불안을 덜게 되자 나는 그 즉시 건강이 회복되었다."[36]

그녀가 처형될 날짜가 다가오자 가족들은 점점 더 초조해져 갔다. 아버지는 다시 감옥으로 찾아와 신앙보다는 가족들을 먼저 생각해 달라고 딸에게 애원했다. "가족들을 전부 다 잘라 내지 말거라. 너한테 무슨 일이 일어나면 우리 식구들은 고개를 들고 살 수가 없을 것이다." 그러나 이 젊은 여인은 뜻을 굽히지 않고 태연히 말했다. "처형대 위에서 하나님께서 하시고자 하는 일이 벌어질 거예요. 제가 알기로 우리는 우리 능력 안에 있지 않고 하나님의 능력 안에 있기 때문이지요."[37] 다음 날, 딸이 맹수들이 버티고 있는 원형 투기장에 던져질 것이라는 소식을 들은 페르페투아의 아버지는 딸을 구해 내려고 했다. 딸을 가엾이 여긴 영웅적 행동이었지만, 당국자들은 이 노인에게 태형을 가할 것을 명령했다. 참으로 애처로운 광경이었다. 페르페투아는 이렇게 기록했다. "아버지가 고초당하시는 것이 슬펐다. 마치 나 자신이 매질을 당하는 것처럼."[38]

페르페투아의 아버지는 끈질겼다. 그는 다시 감옥으로 딸을 찾아가 딸에게 극한의 죄책감을 안겨 주었다. "아버지는 딸의 목 위에 아기를 뉘여 놓고는……말했다. '우리를 불쌍히 여겨다오, 딸아. 우리와 함께 살자꾸나!'" 이때 페르페투아가 보인 반응은 이방 세상에 기독교 신앙의 실제를 증거하는 불요불굴의 믿음과 따로 떼어 놓고서는 도저히 이해할 수 없는 반응이었다. 초기의 자료를 바탕으로 13세기에 기록된 한 문서는 그녀가 한 말과 그녀의 행동을 다음과 같이 무심하게 묘사한다. "그러나 그녀는 아기를 한쪽으로 내려놓고 가족들을 물리치며 말했다. '내게서 물러가시오, 하나님의 원수들이여. 내가 그대들을 알지 못함이니이다!'"[39]

심문이 일단 끝나자 죄수들의 운명이 정해졌고, 이들은 처형일까지 남은 시간을 개인적 묵상으로 보냈으며, "눈앞에 닥친 고난보다는 자신들의 가치, 그리스도께 대한 충성을 더 많이 생각했다"고 엘리엇 라이트는 말한다.[40] 이들은 모여서 기도했고, 마지막 식사(아가페 사랑의 애찬)를 함께 나누었으며, 밖에 모인 군중에게 자신들의 신앙을 증거했다.

처형일이 되자 죄수들은 투기장으로 끌려 나왔고, 로마의 풍습에 따라 남자 죄수들은 처형 전에 먼저 고문을 당하는 광경으로 관중들에게 눈요기를 제공해야 했다. 사투루스는 투기장 입구에 멈춰 서서 전옥 푸덴스Pudens에게 마지막으로 신앙을 증거하는 말을 한마디 했는데, 푸덴스는 나중에 그리스도께로 돌아서서 그 자신도 순교자가 되었다. 남자 죄수들은 곧 곰 · 표범 · 멧돼지와 함께 투기장으로 들여보내졌다. 사투루스가 짐승들에게 물어뜯겨 온몸이 찢기고 피가 낭자해지자 관중들은 그를 조롱하며 소리쳤다. "세례 한번 제대로 받는구나!" 페르페투아와 감옥에서 아기를 출산한 펠리키타스는 발가벗긴 채 투기장으로 들여보내져 "미친 암소"와 마주섰다. 유혈이 낭자한 고문이 관중들에게도 너무 지나치게 보였는지 그들은 "그만하면 됐다!"고 소리치기 시작했다.[41]

이렇게 서막 격의 구경거리가 끝나고 두 여인은 사형집행인에게 끌려갔다. 이때 페르페투아는 슬퍼하고 있는 그리스도인 친구들을 향해 소리쳤다. "형제자매들에게 말씀 전해 주세요. 믿음에 굳게 서고, 서로 사랑하고, 우리가 당하는 고난이 여러분에게 걸림돌이 되지 않게 하시라고요."[42] 그런 다음 그녀는 참수형을 받기 위해 검투사 앞으로 끌려갔다. 머뭇거렸던 탓인지 아니면 칼 쓰는 솜씨가 미숙해서였는지 검투사가 휘두른 칼날은 그녀의 목을 단번에 베지 못했다. 페르페투아는 고통스런 비명을 지르며 검투사의 떨리는 손을 잡고는 칼이 곧바로 자기 목을 향하게 했고, 그것으로 처형은 끝났다.

이 핍박의 파도가 밀려간 뒤 50년 동안 비교적 평화로운 시간이 이어졌고, 그동안 교회는 꾸준히 성장했다. 사람들은 정작 자기 자신은 그와 같은 믿음의 시험을 쉽게 통과할 수 없을 터였지만, 그럼에도 불구하고 페르페투아와 그녀의 동무들이 보여준 모범을 기억하며 그러한 평정과 용기를 드러내 보인 신앙에 매료되었다.

울필라스³¹¹⁻³⁸³

312년 콘스탄티누스 황제의 그 유명한 회심 이후 로마 제국은 명목상 기독교화 되었고, 그리스도인들의 활발한 복음증거 사역은 쇠퇴하는 것 같았다. 그들은 이제 신앙 때문에 고난당하지 않았다. 그리스도인이 되는 게 유행이었기 때문이다. 그리고 그 결과 영적인 열심은 약화되었다. 공식적인 박해로 순교당하는 공포는 이제 옛말이 되어 버렸다. 교회와 국가는 밀접히 연합했고, 기독교는 점점 더 제국의 팽창을 위한 수단으로 이용되고 있었다. 복음을 전하려는 선교사들의 노력이 변경 지역을 로마 관할로 끌어들일 수 있다는 기대 가운데 선교사들까지도 정치적 견지에서 바라보게 되었다.

울필라스^{Ulfilas}는 그런 선교사 중 하나였다. 그 자신은 복음을 널리 전하려는 마음에서 선교 사역에 나섰지만, 로마 당국의 시선으로 볼 때 그의 사명은 영토 확장에 아주 제격이었다. 울필라스는 초대교회의 가장 위대한 이(異)문화 선교사 중 한 사람이었다. 그가 사역할 대상은 고트족, 곧 로마 제국 밖 현재의 루마니아 지역에 살고 있던 야만족이었다.

311년에 태어난 울필라스는 고트족의 이교적 환경에서 자라났다. 그의 어머니는 고트족이었던 것 같고 아버지는 고트족의 약탈 때 포로로 끌려간 갑바도기아의 그리스도인이었던 것으로 보인다. 울필라스는 20대 초반에 콘스탄티노플로 파송되어 외교관으로 일했다. 그곳에서 몇 년간 지내면서 그는 니코메디아의 유세비우스 주교의 영향을 받게 되었는데, 주교는 그에게 헬라어와 라틴어로 성경을 가르쳤다. 유세비우스 밑에서 그는 '낭독자'^{reader}로 봉사했으며, 아마도 로마 군대의 고트족 병사들에게 성경을 읽어 주는 일을 했을 것이다.

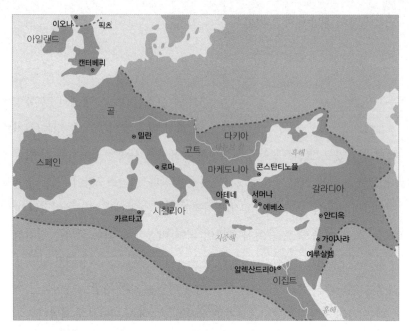

4세기의 로마 제국

유세비우스는 당대의 대다수 비잔틴 주교들과 마찬가지로 아리우스파이거나 아니면 적어도 반(半)아리우스파였으며, 그래서 이 이단적 가르침이 울필라스에게도 전수되었다. 울필라스와 동시대인인 아리우스는 인기 높고 설득력 있는 그리스도인 설교가로서, 주로 그리스도의 신성에 관한 신학적 주장으로 유명하다. 그는 그리스도를 "아버지의 독생자"요 "모든 창조물보다 먼저 나신 자"로 말하는 성경구절을 근거로, 그리스도가 비록 무죄하고 불변하시는 분이며 인류의 구주이시기는 하지만 성부와는 본질적으로 다르고, 그러므로 하나님이 아니라고 결론 내렸다. 이 교리는 니케아 공의회에서 기각되었지만, 그래도 많은 성직자들 특히 로마 제국 동부의 성직자들은 여전히 이 입장을 견지했고, 울필라스도 그중 하나였다. 하지만 케네스 스콧 라투레트의 말에 따르면 "그가 고백한 신앙은 온건한 형태의 아리우스주의

였다"고 한다.[43]

콘스탄티노플에서 거의 10여 년을 지낸 뒤, 30세의 울필라스는 고트족의 주교로 임명되었다. 고트족은 로마 제국 경계 밖 다뉴브 강 북쪽에 살고 있던 종족으로, 그가 할 일은 "거칠고 제멋대로인" 이 야만인들, "무례하고 버릇없으며, 일정한 거처가 없는 탓에 흔히 '짐마차'에서 기거하며 생활 수준이 비교적 낮은" 이 사람들을 복음화하는 것이었다.[44] 스티븐 닐은 그런 "단순한 사람들"에게 아리우스주의는 "상당히 단순화된 형태로 제시되었을 것이다. 술 취하지 않고 의롭고 경건한 삶을 익히는 것만으로도 이미 어려우므로, 단순해야만 그리스도의 본질과 위격에 관한 골치 아픈 논쟁에서 벗어나 그분을 그냥 한 지도자로 따르며 이와 같은 힘든 과제에 집중할 수 있기 때문"이었다고 말한다.[45]

울필라스는 40년 동안 고트족을 상대로 복음 사역을 펼쳤다. 비록 핍박 때문에 훼방을 받긴 했지만, 아주 성공적인 사역이었다. 348년, 고트족이 로마의 지배를 받게 만들려 한다고 울필라스를 의심했던 고트족 추장의 격렬한 대적으로 전체 선교 활동이 거의 말살되었다. 울필라스는 아리우스파인 콘스탄티우스 황제의 허락을 받아 고트족 그리스도인 무리를 이끌고 다뉴브 강을 건너 비교적 안전한 로마 영토로 들어왔다. 후에 이들 그리스도인들 중 일부가 동족들에게 돌아가 선교사로서 직접 그들을 섬겼다.

울필라스가 고트족에게 행한 가장 지속적인 사랑의 수고는 성경을 그들의 모어(母語)로 번역한 일이었다. 고트족의 언어에는 문자가 없었기 때문에 울필라스는 직접 알파벳을 만들어야 했다. 케네스 스콧 라투레트의 말에 따르면 이는 "기독교 선교사들이 특정 언어를 글로 만들고 그 글을 매개로 성경을 일부 혹은 전부 번역했던 수백여 사례 중 아마도 첫 번째나 두 번째에 해당될 것"이라고 한다.[46] 울필라스는 고트족 언어의 숙어를 놓치지 않으면서도 헬라어를 거의 글자 그대로 면밀하고도 정확하게 고트어로 옮겼고, 고트족과 반달족은 유럽 이곳저곳을 옮겨 다닐 때 이 성경을 가지고 다녔다.

울필라스의 성경번역은 초기 몇 세기의 기독교 선교에 기념비적인 공헌을 하기는 했지만, 그의 이 사역조차도 맹비난을 받아 왔다. 그는 사무엘서와 열왕기를 의도적으로 누락시켰는데, 한 초대교회 역사가의 말을 빌리면 "사무엘서와 열왕기는 단순히 군사적 위업에 대한 설명일 뿐이고, 고트족은 특히 전쟁에 몰두하는 종족이었기 때문이다. 이들에게 필요한 것은 전쟁 행위를 촉구하며 다그치는 게 아니라 그 호전적 기질을 억제시키는 것이었다"고 한다.[47]

울필라스는 고트족 왕의 특사로 콘스탄티노플에 가 있던 도중 70세로 세상을 떠났다. 고트족과 로마 제국 사이의 오랜 세월에 걸친 군사적 경쟁관계는 그의 사후에도 계속되었다. 서고트족이 제국을 공격해 큰 피해를 입혔고, 이들의 약탈 행위는 수십 년간 지속되다가 410년 8월 24일 밤, 알라리크[Alaric]가 이끄는 군대가 로마를 급습한 사건에서 절정을 이루었다. 그러나 이런 군사적 행동에도 불구하고 복음은 울필라스를 충실히 계승한 이들에 의해 그들에게 계속 선포되었다. 이들이 이리저리 헤매 다니는 고트족 사람들과 동행하여 전쟁터까지 갔고, 다른 어느 곳으로 이동하든 고트족은 이들을 데리고 다녔다. 그래서 반(反)아리우스파인 밀라노의 암브로시우스는 이렇게 비아냥거렸다. "전에는 마차를 집으로 삼던 자들이 이제는 마차를 교회로 사용한다." 그러나 전 휘턴 대학 총장 레이먼드 에드먼[Raymond Edman]은 이렇게 말한다. 비아냥대는 것은 그렇다 쳐도, "신랄한 독설은 바울처럼 '아무쪼록 몇 사람이라도 구원'하려고 '여러 사람에게 여러 모습'[고전 9:22]을 보이는 믿음의 사람들에게는 칭찬과 다름없다. 이들의 교리에는 결함이 있었을지 몰라도 이들의 마음은 그렇지 않았다. 이들은 안전한 길이 아니라 섬김의 길을 찾았다. 화려한 예배당이 아니라 그리스도 안에서 동행하기를 원했다. 지배하려고 하지 않고 제자를 만들기를 원했다."[48]

패트릭약 389-461   전설 속에 가려진 채 성인으로 숭앙되는 5세기 아일랜드의 위대한 선교사
패트릭Patrick은 교회 역사에서 가장 오해되고 있는 인물 가운데 하나다. 많은
사람들의 견해와 달리 패트릭은 로마가톨릭교도도 아니고 아일랜드인도 아
니며, 성인으로 시성(諡聖)된 것도 그가 세상을 떠난 지 2세기가 지난 휘트
비 공의회에서였으며, 이는 켈트 교회를 로마가톨릭의 지배 아래 두기 위한
유인책이었을 가능성이 크다.

하지만 오늘날 그는 코에 걸면 코걸이 귀에 걸면 귀걸이와 같은 인물이
되어 버렸다. 칼럼니스트 데이비드 플로츠David Plotz는 그의 명성과 인기를 다
음과 같이 요약한다.

성 패트릭은 그 생애에 관해 알려진 사실이 별로 없다는 점 때문에 아무 옷이
나 입힐 수 있는 인형과 같은 인물이 되었다. 즉, 누구든 자기만의 성 패트릭을
만들어 낼 수 있는 것이다. 아일랜드의 가톨릭교도와 개신교도들은 패트릭이
라는 인물을 두고 오랫동안 반목해 왔고, 각각 자기들 고유의 이미지로 성 패
트릭이라는 인물을 만들어 왔다. 가톨릭교도들은 패디Paddy를 가톨릭 아일랜드
의 시조로 소중히 여긴다. 이들은 패트릭이 주교로 임명되었으며 이교도인 아
일랜드 사람들을 개종시키려고 교황이 친히 그를 아일랜드로 보냈다고 말한
다.……이와 반대로, 아일랜드의 소수파 개신교도들은 패트릭이 주교였다는
것, 혹은 그가 로마의 파송을 받았다는 것을 부인한다. 이들은 패트릭을 반(反)
로마가톨릭적 인물로 묘사하며, 그가 켈트족 고유의 상징과 관행으로 켈트 교
회를 창안했다고 믿는다.……복음주의적 개신교도들은 그가 자기들 진영 인물

이라고 주장한다. 사실인즉 패트릭은 성경을 읽었으며, 환상을 통해 신앙을 갖게 되었다고 말이다.……미국 유타 주의 신문들은 패트릭이 불경한 자들을 회심시키려고 해외로 파송받은 선교사였음을 강조하며, 패트릭의 이 이미지는 몰몬교가 지배하는 이 지역에서 널리 공감되고 있다. 뉴에이지 그리스도인들은 그를 실질적 수호성인으로 숭배한다.……패트릭은 심지어 동성애자들의 권리 옹호 운동에도 그 이름이 오르내린다.……그는 교회가 여성을 무시하던 시대에 여성을 소중히 여긴 최초의 페미니스트였다.……그것도 부족해 이제 텔레비전에서는 또 다른 패트릭을 만들어 내고 있다.[49]

출생 연월일은 정확히 알려져 있지 않고 사망 날짜도 학자들마다 제각각의 의견을 내놓기 때문에 어떤 이들은 패트릭이 사실상 패트릭과 노(老) 패트릭 두 사람이었고, 패트릭은 461년에 죽고 노 패트릭은 그 뒤 493년에 죽은 것 아닌가 추측하기도 한다. 어쩌면 그럴 수도 있다. 하지만 이 두 패트릭 중 한 사람은 자전적 글을 남겼고, 늙어서 죽었든 젊어서 죽었든 그가 남긴 유산은 기독교회와 서구 문명 역사에서 크나큰 중요성을 지녀 왔다.[50]

패트릭은 389년경 로마령 브리튼의 한 그리스도인 집안에서 태어났다. 그의 아버지는 켈트 교회의 부제(副祭)였고 할아버지는 사제였다(로마의 지배가 시작되기 전에는 성직자들이 대부분 결혼을 했다). 그의 어린 시절에 대해서는 별로 알려진 게 없고, 그가 십대 중반이었을 때 브리튼 서안 근방이었던 그의 마을에 아일랜드 해적떼가 습격해 와서는 패트릭을 포함해 많은 청년들을 끌고 가서 노예로 팔아 버렸다. 패트릭은 북아일랜드 슬레미쉬의 한 농부에게 팔려 가 6년 동안 돼지를 치며 살았다.

패트릭은 자신이 비록 그리스도인 가정에서 자라기는 했지만 포로로 잡혀 종살이할 당시 "참 하나님을 몰랐다"고 고백한다. 그러나 그 시절 그는 자신의 영적 상태를 깊이 성찰하기 시작했고, 그 후 그의 삶은 변했다. "주님께서 내 불신앙을 깨우쳐 주셨기에, 비록 늦었지만 나는 내 허물을 기억하고 전심으로 주 나의 하나님께로 돌이킬 수 있었습니다. 그분은 내 비천한 상태에 주목하셨고, 내 젊음과 무지를 불쌍히 여기셨으며, 내가 그분을 알기도 전, 내가 선과 악을 분별할 지혜에 이르기도 전에 나를 보호하셨습니다. 그리고 마치 아버지가 아들에게 하듯 나를 강하게 하시고 위로해 주셨습니다."[51]

F. F. 브루스는 그때로부터 "패트릭의 삶은 집중적이고 끈질긴 기도로 특징지어졌고, 그는 자신의 기도에 대한 하나님의 응답을……의식하게 되었다"고 말한다. 하나님의 인도하심을 인식한 그는 이에 자극받아 항구로 도망쳐 귀향길에 올랐다. "그는 내면의 음성이 미리 알려준 그 배를 발견한 것이 확실하다."[52] 자유의 몸이 된 패트릭은 프랑스 리비에라 해안에서 떨어진 한 섬으로 가서 그곳 수도원에 은신했다.

얼마 후 그는 고향으로 돌아갔으며, 자신의 『고백록』에서 말하기를, 그곳에서 하나님께서 "깊은 밤에" 자신을 부르셨다고 한다. 이것이 그에게는 마게도냐로의 부르심[행 16:9]이었다. "나는 빅토리쿠스라는 사람이 아일랜드에서 수많은 편지를 가지고 오는 것 같은 모습을 보았습니다. 그는 편지 하나를 내게 주었고……그 편지 서두를 읽고 있는 중, 바로 그 순간 서쪽 바다 근처 포클루스 숲가에 서 있는 사람들의 음성이 들리는 것 같았습니다. 그들은 '거룩한 자여, 부디 우리에게로 와서 다시 함께 어울리시오'라고 외쳤습니다. 그들이 나를 부르는 소리가 내 가슴을 파고들었고, 나는 편지를 더 읽을 수가 없었으며, 그러다가 정신이 들었습니다."[53]

이 부르심을 받은 후 패트릭은 골(오늘날 프랑스)에 있는 오세르 교회에서 사역자 훈련을 받았다. 하지만 과정이 순조롭지는 않았다. 부제로 안수받은 뒤에도 상부에서는 그가 아일랜드에서 선교 사역을 하기에 적당치 않은 인물이라고 여겼다. 그리하여 패트릭 대신 팔라디우스[Palladius]가 아일랜드로 가게 되었지만 그는 도착한 지 1년이 채 지나지 않아 세상을 떠났고, 이에 패트릭에게 사역의 길이 열렸으니 이때 그의 나이 마흔이 넘어 있었다.

432년 아일랜드에 도착한 패트릭은 그곳을 가리켜 "바로 땅끝"이라고 했다. 그는 로마 제국 경계 밖에 나와 있었다. "이제 그는 바로 땅끝까지, 아무도 가까이 갈 수 없는 나라까지 갔다."[54] 실제로 그곳은 외딴 지역이었다. 그가 도착하기 전에도 소수의 그리스도인들이 있기는 했지만, 대다수 주민들은 여전히 이교 신앙에 깊이 침잠해 있었다. 그들은 해·달·바람·물·불·돌에게 경배했고, 온갖 종류의 선하고 악한 영들이 나무와 산에 깃들어 산다고 믿고 있었다. 드루이드(고대 켈트족 사이에서 사제·교사·법관 역할을 하던 이들—옮긴이)나 제사장이 거행하는 종교의식의 일부로 사람을 제물로 바치는 제사를 포함해 희생 제사와 주술이 행해졌다.

아일랜드에 도착하자마자 패트릭은 당연히 드루이드들의 맹렬한 저항에 부딪쳤다. 하지만 그는 이들의 사회적·정치적 질서를 받아들였고, 마침내 유력한 드루이드 추장 몇 명이 기독교로 개종했다. 그리고 오래지 않아 한 계층으로서의 드루이드들은 권세를 잃기 시작했지만, 패트릭이 이교 신앙과 명백히 타협함으로 말미암아 이들의 주술적 신앙은 지속되었다. F. F. 브루스의 말에 따르면, 그는 이들의 위세를 축소시키려 하되 "기독교 메시지의 능력으로써가 아니라 자신이 이교의 드루이드보다 더 강력한 드루이드임을 입증함으로써" 그렇게 하려고 했다.[55] 이런 현상을 일컬어 선교학자들은 '능력대결'power encounter이라고 한다. 이런 유형의 미신적 주술은 켈트 기독교에서 수세기 동안 지속되었다.

패트릭은 아일랜드에 도착한 지 얼마 안되어 로이게어 왕을 설득해 그리스도인들에게 종교적 관용을 베풀도록 하는 의미 있는 승리를 거두었다. 그 후 얼마 지나지 않아 왕의 동생이 회심자가 되었고, 패트릭에게 땅을 하사해 자기 영지 안에 교회를 짓게 했다. 교회를 세운 뒤 패트릭은 복음이 전혀 전해진 적이 없는 새 지역으로 갔다. 그리고 그가 15년간 복음을 설교한 447년 무렵에는 아일랜드 상당수 지역이 복음화되어 있었다. 이 무렵 패트릭은 아일랜드 전역에 위대한 하나님의 사람으로 알려져 있기는 했지만 그의 인기와 명성은 쉽게 얻은 게 아니었다. 『고백록』에서 그는 자신이 살아온 험난한 삶을 자세히 이야기했다. 목숨을 위협받는 상황을 12번 겪었으며, 그중에는 납치당해 고초를 당한 적도 있고 2주 동안 감금당한 적도 있었다. 그럼에도 불구하고 그는 30년이 넘도록 사역을 계속 이어 나갔으니, 그 주된 동기는 다른 무엇보다도 두려움이었다. "맡은 바 소임을 시작했다가 그것을 유지하지 못해 하나님께서 나를 죄인으로 지목하시지 않을까 두렵습니다."[56]

> 양떼를 돌보는 것이 매일 내가 하는 일이었다. 그리고 낮 시간에는 쉬지 않고 기도하곤 했다. 하나님께 대한 사랑과 두려움이 점점 나를 에워쌌다. 믿음이 자라고 성령이 불일 듯 일어났으며, 그래서 어느 날은 기도를 100번이나 했고 날이 어두워진 뒤에도 또 그만큼 기도했으며, 숲 속이나 산 위에 있을 때도 기도했다. 눈이 오나 비가 오나, 서리가 맺히거나 동트기 전에 잠이 깨어 기도하곤 했으며, 내게는 요즘 겪는 것 같은 무기력감이 전혀 없었으니 그때는 내 안에 성령이 뜨겁게 역사했기 때문이다.

패트릭의 전도 방식은 어떤 면에서 패트릭 이전과 이후의 수많은 선교사들의 방식과 비슷하다. 낯선 지역에 가서 복음을 전할 때 그가 가장 먼저 하는 일은 그 지역의 정치 지도자들의 호의를 얻고 그렇게 함으로써 그의 부하들도 뒤따라오게 하는 것이었다. 또한 그는 지역 통치자들에게 사치스러운 선물 공세를 펼치는 데에도 거리낌이 없었다. 하지만 수많은 로마가톨릭 선교사들과 달리 패트릭과 그 이후 켈트족 선교사들은 영적 성장을 크게 중시했다. 회심자들은 강도 높은 성경교육을 받았고, 그들 자신도 섬김의 일에 참여해야 했다. 여성들은 켈트 교회에서 중요한 역할을 했다. 패트릭이 독신 선교사인 만큼 "혹여라도 추문이 발생할까 봐 믿음 좋은 여성들의 선물을 거절하면서" 여성도와의 관계에 매우 신중하긴 했지만 말이다.[57]

복음을 전하는 선교사로서 패트릭이 거둔 성공은 그가 약 200여 개의 교회를 개척했고 그가 세례를 베푼 회심자가 10만여 명으로 추산된다는 사실에서 잘 나타났다. 하지만 그는 자신의 부족함을 잘 알았고, 자신의 모든 성취를 하나님의 공로로 돌리면서 다음과 같은 고백으로 『고백록』을 마무리했다. "하지만 나는 기도합니다. 하나님을 믿고 경외하는 이들 누구든 황송하게도 이 글, 곧 죄인이요 무지한 자가 확실한 패트릭이 아일랜드에서 쓴 이 글을 꼼꼼히 읽거나 받아들이는 이들 중 내가 하나님의 뜻에 따라 무언가 보잘것없는 것을 행하거나 나타내 보였을진대 무지한 내가 그것을 이루었다고 말하는 이가 하나도 없기를. 그것은 하나님의 선물이었다 판단할 것이며, 또 진심으로 그렇게 믿으시기를 말입니다. 이것이 세상을 떠나기 전 저의 고백입니다."[58]

콜럼바[약 521-597]　　　　　　　　　　　패트릭을 비롯한 그 외 선교사들이 아일랜드에서 행한 복음전도 활동은 중세 시대의 가장 현저한 선교 업적으로 손꼽히는 결과를 낳았다. 서구 로마 교회와 비교해 볼 때 이는 주로 켈트 교회에 의해 시행된 선교적 모험이었다. "아일랜드 신자들의 맹렬한 열심에는 해외선교에 대한 열정이 있었다"고 레이먼드 에드먼은 말하는데, 이는 "당시로서는 흔하지 않은 열심이었다. 그리스도에 대한 사랑으로 불타오르고, 그 어떤 위험도 두려워하지 않으며, 역경을 피하지 않는 이들은 복음을 가지고 어디든지 갔다."[59] 그들은 중부 유럽 전역과 북쪽으로 아이슬란드까지 퍼져 나갔지만, 이들의 첫 번째 '해외 선교지'가 된 곳은 바로 브리튼, 곧 아일랜드 최초의 위대한 선교사의 본국이었다. 브리튼 교회는 나중에 로마가톨릭 신앙을 갖게 되지만, 몇 세기 후인 19세기에 개신교가 전 세계를 대상으로 복음전도 활동에 나설 기동력을 제공해 주게 되는 곳이 바로 그 땅이었다.

E. H. 브로드벤트[Broadbent]의 말에 따르면, 선교에 나선 켈트족 수도사들은 로마에서 파송된 선교사들에 비해 "더 순수한 형태의 선교 사역"을 펼쳤다고 한다.

이들의 선교 방식은 한 지역을 찾아가, 적당하다고 여겨지는 곳에 선교사 마을을 세우는 것이었다. 이들은 마을 중심부에 소박한 목조 예배당을 세우고, 예배당을 중심으로 그 주변에 교실과 수도사들을 위한 오두막을 지었다. 이 수도사들은 집 짓는 자이자 설교자이며 교사였다. 이 구역 외곽으로 필요에 따라 학생들과 그 가족들이 살 집을 짓자 이들이 점점 이곳으로 모여들게 되었다. 공동체 마을 주변으로 담을 두르긴 했지만 처음 세운 담장 너머로 영역이 확장되는 경우가 자주 있었다. 12명씩 짝을 이룬 수도사들은 각 그룹마다 수도원장의 지도 아래 밖으로 나가 복음을 위해 새로운 장(場)들을 개척했다. 마을에 남은 이들은 학교에서 가르치는 일을 했는데, 이들은 그 지역 사람들이 쓰는 언어를 충분히 익힌 뒤 곧 성경과 찬송가를 그 언어로 번역하고 기록하여 학생들에게 가르쳤다. 이들은 결혼을 하든지 독신으로 살든지 자유였지만, 좀 더 자유롭게 사역할 수 있기 위해 독신으로 지내는 이들이 많았다. 회심자가 생기면 그중에서 능력 있는 젊은 남자들을 뽑아 수공 기술과 언어를 특별훈련시켰으며, 성경 및 성경을 다른 이들에게 설명하는 법을 가르쳐 동족들에게 가서 사역할 수 있게 했다. 선교사들은 이렇게 신앙을 고백하는 이들이 일정한 교육을 이수하고 믿음이 확고해졌다는 증거를 보인 후에야 그들에게 세례를 베풀었다. 이들은 주민들의 기존 종교를 비난하는 일은 자제했다. 그들의 잘못을 지적하기보다는 진리를 설명하고 전해 주는 게 더 유익하다고 여겼기 때문이다. 이들은 성경을 믿음과 삶의 근원으로 받아들였고, 이신칭의를 설교했다. 이들은 정치에 참여하지 않았고 국가에 도움을 호소하지도 않았다. 모든 사역은 그 기원과 전개 면에서 신약성경의 가르침과 사도들이 보인 모범과는 다른 특성들을 드러내기도 했지만, 로마와 무관하게 독자적으로 진행되었고 몇 가지 중요 사항에서도 로마가톨릭의 방식과는 달랐다.[60]

이들 켈트족 수도원장 선교사 중 가장 유명한 이가 콜럼바^{Columba}로, 그는 521년 아일랜드의 한 귀족 집안에서 태어나 기독교 신앙으로 양육되었다. 청년 시절 수도원에 들어가 부제 안수를 받고 그 뒤 사제가 되었다. 복음 전도에 대한 열심은 그의 사역 초기부터 뚜렷이 드러나서, 데리, 더로우, 켈스를 비롯해 아일랜드 여러 곳의 유명한 교회와 수도원은 그가 세운 것으로 알려져 있다.

콜럼바 전기를 쓴 7세기의 전기작가의 말에 따르면, 그가 42세의 나이에 자국선교에서 해외선교로 눈을 돌린 것은 "그리스도에 대한 사랑"이 동기였다고 하지만, 여기에는 또 다른 요인이 개입되어 있었던 것이 확실하다. 전기작가는 콜럼바가 교회 회의에서 파문당했음을 인정하면서도 이는 사소한 문제에 대한 부당한 조처였다고 주장한다. 하지만 문명사학자 윌 듀런트$^{Will\ Durant}$는 콜럼바가 파문당하고 영국으로 가게 된 동기는 단순히 사소한 문제 때문이 아니었다고 주장한다. "그는 성도일 뿐만 아니라 전사요, '건장한 체구와 쩌렁쩌렁한 목소리를 지닌 사람'이었다. 그는 성미가 불 같아서 싸움을 많이 벌였고, 급기야 디아무이드 왕과 전쟁을 벌였으며 한 전투에서는 5,000명의 군인이 죽었다고 한다. 콜럼바는 전쟁에서 승리하기는 했지만 563년 아일랜드로 달아나, 쿨드레브나에서 벌어진 그 교전에서 쓰러져 간

군인 숫자만큼의 영혼들을 회심시키기로 작정했다."[61]

　해외선교 현장으로 나간 이유가 무엇이든, 그가 어쨌든 그곳으로 갔고 그 섬김의 시간 동안 브리튼 땅에 의미 있는 영향을 끼쳤다는 것은 여전한 사실로 남는다. 그는 휘하의 12명 동역자와 함께 스코틀랜드 해안에서 약간 떨어진 이오나 섬에 본부를 차렸다. 1년 내내 파도가 철썩이는 어둡고 황량하고 안개 자욱한 이 섬에 수도원을 세우고 기도·금식·묵상·성경공부·허드렛일이 날마다 반복되는 수도사의 삶을 일구어 나갔다. 그런데 여기서 더 중요한 것은, 이 수도원이 당시 복음을 전하러 외부 세상으로 나가는 전도자들에게 교회를 짓고 더 많은 수도원을 세우는 훈련을 시켰다는 것이다.

　콜럼바 자신도 활발하게 선교 사역을 펼쳤다. 스코틀랜드 본토에도 여러 번 갔다. 당시 스코틀랜드 산악지대에 살던 픽트족에게 복음을 전한 것도 콜럼바였던 것으로 알려지고 있다. 북부 픽트족을 다스리던 브루드 왕도 콜럼바가 증거하는 복음을 듣고 회심했다. 처음에 브루드는 콜럼바가 자신의 도성에 들어오는 것을 허락하지 않았지만, 콜럼바는 성 밖에 머물며 왕의 마음이 누그러질 때까지 기도했다. 한 세기 전의 패트릭과 마찬가지로 콜럼바도 드루이드들의 격렬한 반발에 부딪혔고, 그 선배처럼 콜럼바도 "너희의 궤계로 하나님의 권능에 맞서 보라"고 그들에게 도전을 던졌다. 라투레트의 말에 따르면 콜럼바의 신학은 "윤리의 신앙 못지않은 기적의 신앙이었고, 심지어 공식적 신조의 신앙보다도 기적의 신앙 성격이 강했다"고 한다.[62]

　선교사로서 콜럼바의 노력이 중요한 의미를 지니기는 했지만, 오늘날 많은 학자들은 콜럼바를 비롯해 이오나에서 그에게 훈련받은 선교사들만의 수고로 잉글랜드와 스코틀랜드에 복음이 전해졌다는 7세기 콜럼바 전기 작가의 찬양에는 동의하지 않을 것이다. 아일랜드와 그 외 지역에서 온 다른 많은 선교사들도 이 지역에 와서 복음전도 활동을 했으며 그들은 콜럼바와 아무런 연관 관계가 없었다. 콜럼바의 공헌도 문제는 로마가톨릭 선교사들의 위상과 일부 관계있으며, 후대의 많은 역사가들은 교황의 파송을 받은 이 선교사들에게 일반적으로 인정되는 것보다 더 큰 공을 돌리려고 한다. 로마가톨릭 선교사들과 켈트 교회 선교사들 사이에는 강력한 경쟁 관계가 존재했고, 그러다가 가톨릭 측이 마침내 우위를 점했지만, 초반에 영국과 중부 유럽 상당 지역을 복음화한 것은 활기 넘치고 신실한 켈트족 수도사들의 업적이었다.

02

로마가톨릭 선교

: 집단 세례를 베풀다

시간이 흐르면 발전이라는 것이 있다고 생각하는 게(특히 서구의 단선적 관점에서 볼 때) 당연하다. 예를 들어 600년 무렵의 지중해 세계는 수백 년 전에 비해 훨씬 진보했을 것이라고 말이다. 그러나 사실은 그렇지 않았다. 서유럽은 그리스도 시대의 그레코로만 세계에 비해 덜 문명화되어 있었다. 신약학자 필립 휴스^{Philip Hughes}는 "떠오르는 새로운 서구 세계, 중세 전반기의 세상은 시골이 도회지보다 훨씬 더 중요한 세상이었다. 도회지는 사실 점점 규모가 줄어들어 거의 사라질 지경이었다"고 말한다. 이 세계는 문맹의 시골뜨기와 "촌에서 자란 호전적 용사 영주들"의 세계로, 이들은 "교회가 태어나 처음 400년 동안 발전해 온 동쪽 헬레니즘 세계의 수세기에 걸친 도시문명"에서 멀리 격리되어 있었다.

로마의 멸망과 함께 세상은 달라졌다. 한때 평화로웠던 곳, 평신도 선교사들이 사통팔달의 로마 도로망을 따라 돌아다녔고 근대와 거의 다름없는 우편 체계를 통해 성경이 전달되던 곳에 이제 폭력과 범죄가 난무했다. 기반시설은 퇴락했고 곳곳에 위험이 도사리고 있었다. 세상은 이제 야만인의 세상이 되었고, 이들은 로마 제국의 옛 경계 너머로까지 손을 뻗쳤다. "이 광활한 서구 오지, 이 광활한 변경에서의 삶은 힘들고 잔인했다."[1]

'중세'라는 이 새로운 세상에서 선교사들의 노력은 전 세대 선교사들의 그것과는 아주 달라 보였다. 실제로 이 시대를 기점으로 이제 선교사들의 역할은 주로 개척자 혹은 탐험가의 역할이 될 터였다. 내륙 깊은 곳, 오지 혹은 경계 너머까지 위험을 무릅쓰고 들어가는 사람, 곧 먼 사막과 산지와 정글까지 군인이나 외교관 혹은 상인들과 일행을 이루어 들어가는 해외 선교사가 되는 것이다. 이런 물리적·지리적 변화에는 영적 변화가 병행되었다.

현대인의 사고 구조로서는 이런 대중적 기독교의 상상의 세계로 들어가기가 매우 어렵다.……이 기독교는 사방에 만연해 있는 야만적 환경의 영향력과 맞서 싸우는 사회 속에서의 기독교다. 이 어둠의 세계에서 기독교 수도사와 성자들은 필연적으로 이교의 무당이나 반신(半神)의 몇 가지 특징을 몸에 익혀야 했다. 즉, 그의 명망은 기적을 행하는 사람으로서 얼마나 큰 능력이 있느냐에 달려 있었고, 사람들은 전에 이교의 신탁 제단에 도움을 호소했던 식으로 그에게 와서 결정을 내려 주기를 청했다. 그럼에도 불구하고 기독교 신앙과 윤리는 바로 이런 기독교 신화의 세계, 성자와 그의 유물과 그가 일으키는 기적을 숭배하는 종교를 통해서만 서유럽 주민들의 야만적 전통에 생명력 있게 주입될 수 있었다. 이곳 사람들이 철학이나 기록된 문헌의 어떤 전통 없이 아우구스티누스나 비잔틴 세계의 위대한 스승들의 미묘하고 심오한 신학적 원리 체계에 곧장 동화되기는 분명 불가능했다. 야만족들은 초자연적 특성을 부여받은 것으로 보이는 사람들의 삶과 행위를 통해 이 새 종교의 정신이 가시적으로 드러날 때에만 이 종교의 정신을 이해하고 받아들일 수 있었다. 서유럽의 회심은 새 교리의 가르침보다는 새 능력을 드러내 보임으로써 성취되었다.[2]

하지만 '능력대결'은 두 가지 형태로 나타났고, 그중 가장 가시적인 것은 군사력이었다. 중세 가톨릭의 선교는 처음부터 정치적·군사적 행위와 밀접하게 연관되어 있었다. 대중은 개종을 강요당했고, 그렇게 강제로 개종한 대중은 교회 성장의 합법적 수단으로 여겨졌다. 하지만 그보다는 외교적 타협이 개종의 길을 닦아 놓는 경우가 더 많았다. 정치 지도자는 군사적 지원 약속에 유인당했고, 신민들은 대개 그를 따라갔다. 어떤 경우 군사적 보호에 대한 필요성은, 전쟁 때는 기독교의 하나님이 이교의 신들보다 더 나은 동맹이라고 하는 미신적 믿음과 뒤섞이기도 했다. 5세기 프랑크족의 왕 클로드비히[466-511]가 그 한 예다. 그는 그리스도인인 한 공주와 결혼했지만 계속 이방신을 섬기다가 자신의 군대가 전쟁에서 패배할 위기에 몰리자 그제야 기독교의 하나님을 섬기겠다고 서약하고 그 대가로 승리를 얻었다고 전해진다. 496년 성탄절, 전쟁에서 승리한 왕은 휘하 군사 3,000명과 함께 세례를 받았다.

클로드비히 군대의 이 집단 개종은 중세 시대 수많은 집단 개종의 효시였으며, 브루스 셸리[Bruce Shelley]는 "이런 방식이 유럽을 개종시켰다"고 말한다. 개인적 회심 개념은 "19세기 복음주의 운동 때 개신교 선교사들이 사용한 방식으로, 여기에는 개개인의 마음의 변화가" 뒤따른 반면, 집단 개종은 중세 시대 로마가톨릭교회를 팽창시키는 역할을 했다.[3]

하지만 이 당시에도 기독교 선교에 진정으로 관심이 있는 이들이 있었다. 그레고리우스 대제[540-604]가 바로 그런 사람으로, 그는 중세 시대 전체에 걸쳐 가장 능력 있고 영향력 있는 교황으로 손꼽힌다. 전하는 이야기에 의하면 그는 노예 시장에서 금발의 브리튼 소년들을 보고 "저들은 천사다. 저들로 천사를 삼으라"고 말했다고 한다.[4] 바로 그때부터 그레고리우스는 머나먼 브리튼에 복음을 전하는 것을 최우선 순위로 삼았다. 596년 그는 캔터베리의 아우구스티누스와 일단의 수도사들에게 복음을 들려서 그 먼 미개 지역으로 파송했다.

아우구스티누스는 성실하고 경건한 사람이기는 했지만 애초에 강한 지도자는 못 되었다. 영국으로 가는 길에 골 지방을 지나던 그는 수도사들과 함께 발걸음을 돌리면서 이렇게 주장했다. 이처럼 "야만적이고 사나운 불신앙의 땅"을 지나야 하는 "지극히 위험하고 고되고 불확실한 여정에 이들을 내몰아서는 안 될 것입니다." 그러나 그레고리우스의 태도는 확실했다. 그는 아우구스티누스에게 답신을 보내어 가던 길을 계속 가라고 했다. 아우구스티누스 일행은 그의 지시를 따랐고, 이들은 영국에 로마가톨릭교회를 세우는 데 가장 큰 공헌을 했다.

아우구스티누스와 그가 이끄는 수도사 일행은 영국을 복음화하고 수천여 회심자들에게 세례를 베풀면서 이교의 전통과 관련된 복잡한 문제들에 봉착했다. 예를 들어, 이교의 예식이 기독교의 관례로 변형될 수 있는가? 이교의 신전은 어떻게 해야 하는가? 부숴 버려야 하는가, 방치해 놓을 것인가? 그레고리우스의 답변은 복음을 상황화하는 하나의 틀을 제공해 주었고, 이 틀은 차후 수세기 동안 하나의 본보기 역할을 했다.

이 사람들의 이교 신전을 파괴할 필요는 없고, 거기 있는 우상들만 치우면 된다.……튼튼하게 잘 지어진 신전이라면, 마귀를 섬기는 용도가 아니라 참되신 하나님을 경배하는 곳으로 개조해서 사용하는 것도 좋은 생각이다.……그곳 주민들이 마귀에게 제사를 바치려고 모여서 황소를 죽이는 풍습이 있으므로 그런 풍습 대신 축제일을 정해 주는 것도 좋을 것이다. 주민들은 마귀를 기리기 위해서가 아니라 하나님을 높이고 자기 먹을 양식을 위해 가축을 죽이는 법을 배워야 할 것이다.……그들에게 이런 외적 즐거움을 허용하면 진정한 내적 즐거움에 이르는 길을 발견할 가능성이 좀 더 커질 것이다.……무지한 심령들에게서 모든 악습을 한꺼번에 잘라 내기란 불가능하다. 높은 산에 오르려는 사람이 껑충껑충 뛰어서 오르는 게 아니라 한 걸음 한 걸음 속도 조절을 해가며 오르는 것과 마찬가지 이치다.[5]

중세 초기 선교라는 대의를 위해 봉사한 또 다른 수도사들 중 가장 유명한 이로는 "독일의 사도"로 알려진 보니파티우스가 있다. 그러나 중세 후기가 되어서야 비로소 대규모의 로마가톨릭 성직자들이 선교를 우선시하는 수도회에 가입했는데, 이런 수도회로는 프란체스코회, 도미니크회, 아우구스티누스회, 예수회가 유명하다. 이들 수도회를 통해 로마가톨릭 신앙이 세계 전역으로 퍼져 나가 교회를 세웠으며, 이 교회들이 여러 지역에서 신앙의 현장을 지배하게 될 터였다.

로마가톨릭이 중세 시대 기독교 선교 영역을 지배하기는 했지만, 로마가톨릭 선교사들만이 중세 시대 유일의 선교사는 아니었다. 성 패트릭과 콜 럼바를 비롯해 그 외 인물들이 대표하는 켈트 교회도 복음전도에 대한 열 정으로 불타올랐으며, 아시아 전역에 확산된 동방정교회나 네스토리우스파 교회도 그러했다. 네스토리우스파 교회를 동방정교회와 혼동하지 않기 위 해 기억해 두어야 할 것으로, 역사가 존 스튜어트^{John Stewart}의 말에 의하면 네 스토리우스파 교회는 "세상에서 가장 선교 지향적인 교회"였다는 점이다. 이들은 로마 관리들과 가톨릭교회 지도자들의 핍박을 피해 소아시아의 본 거지를 떠나 페르시아와 아라비아 반도로 피신했다. 하지만 그곳에서 이들 은 조로아스터교의 격렬한 저항에 부딪쳤고, 후에는 무슬림에게도 적대당 하다가 결국 동쪽으로 계속 밀고 나가 중앙아시아·인도·아프가니스탄·티 베트까지 갔으며, 이들 지역이 "기독교 활동의 중심지"가 되었다. 네스토리 우스파는 "큰 믿음"을 지닌 그리스도인들이었으며, "성경에 능통해서 성경 상당 부분을 암기하고 있었다." 이들은 학교를 세워 젊은이들을 교육시켰 고, 현대의 성경 연구소와 비슷한 수도원을 세워 청년들에게 전업으로 복음 전도 활동에 나서게 했다.⁶

　네스토리우스파는 중앙아시아에서 계속 동쪽으로 이동하여 9세기경에 는 중국에 이르렀고 거기서 다시 한국, 일본, 동남아시아까지 갔다. 이들의 영향력은 계속 커져서, 13세기 무렵에는 중국과 그 주변 지역에 27곳이나 되는 주교관구의 총주교들과 그 밑에 200명의 주교들이 있었던 것으로 추 산된다. 그러나 그 뒤 몇 세기 동안 이들 교회는 급속히 쇠락했다. 평화 의식 이 있는 네스토리우스파는 호전적인 무슬림들과 상대가 되지 않았고, 설상 가상으로 칭기즈칸과 기타 야만족들이 네스토리우스파 기독교의 주요 중심 지를 포함해 아시아의 상당 지역을 초토화시켰다.

　기독교 선교 시대는 끝났고, 거의 잊혀졌다. 일찍이 그리스도의 두 가 지 본성에 대한 네스토리우스파와 서구 교회의 견해차 때문에 네스토리우스파는 이단으로 여겨졌고, 복음을 전파하고자 하는 이들의 크나큰 수고도 평가절하되었다. 학자들은 최근에 와서야 이들의 이단 혐의가 과장되었다는 것과 네스토리우스파가 기독교 선교 유산에 없어서는 안될 부분이었다는 것을 인식했다.

네스토리우스파가 동진하는 동안 로마가톨릭교회는 북진을 해서 마침내 바다를 건넜다. 가족에게 매이지 않은 이들 선교사들은 하나의 참교회를 땅끝까지 전하기 위해 용기와 열정을 가지고 퍼져 나갔다.

보니파티우스^{약 672-754}

보니파티우스^{약 672-754} 중세 초기 중부 유럽에 로마가톨릭의 선교 활동이 확산된 것은 다른 어떤 사람보다 보니파티우스Bonifatius와 관계가 깊다. 그는 "암흑시대 선교사들 중 가장 위대한 선교사", "기독교 확장의 역사를 통틀어 가장 주목할 만한 선교사 중 하나", "유럽 역사에 지금까지 그 어떤 영국인보다 더 깊은 영향을 끼친 사람" 등 여러 가지로 묘사된다.[7] 하지만 그가 모든 이들에게 한결같이 호평을 받는 것은 아니다. 레이먼드 에드먼의 말에 따르면, 보니파티우스의 이력은 "영국과 유럽 대륙 기독교의 하급 영적 기조를 반영하며, 이 기조는 그리스도보다는 교회를, 성경보다는 성례를 강조하기 시작했다"고 한다.[8]

보니파티우스는 7세기 후반, 영국의 데번셔에서 태어났다. 청년 때 수도원에 들어간 그는 나이 30세에 사제 안수를 받았다. "비범한 재능"을 갖고 있던 이 젊은 성직자에게는 고국에서 두각을 나타낼 수 있는 기회가 많았다. 그는 인정받는 지도자였으며 "가르치고 설교하고 감독하는 일에 딱 어울리는" 인물이었지만, 그의 소명은 유럽 대륙의 이교도를 복음화하는 일이었다.[9]

하지만 프리슬란트로 떠난 첫 번째 전도 여정은 정치적 적대와 혼란 때

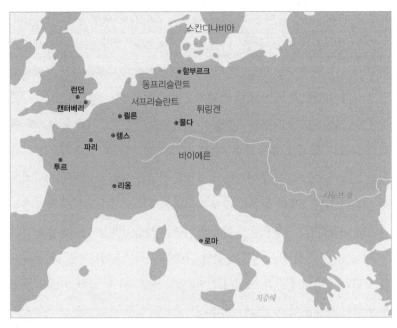

스칸디나비아

함부르크

동프리슬란트

런던

서프리슬란트

캔터베리

쾰른   튀링겐

랭스   풀다

파리

바이에른

투르

리옹   다뉴브 강

로마

지중해

중세 유럽

문에 실패로 끝났다. 고국으로 돌아온 그는 수도원장직을 수락하여 그냥 머물러 살고 싶은 유혹을 느꼈다. 그러나 해외선교에 대한 마음의 짐을 좀처럼 내려놓을 수 없었던 그는 718년, 첫 번째 모험에 나선 지 3년 만에 다시 유럽 대륙으로 들어갔다. 이번에는 로마로 먼저 갔다. 첫 번째 경험에서 교훈을 얻은 게 있었기 때문이다. 즉, 해외선교에는 교황의 인정과 후원이 필수적이었기에 그는 로마에서 바로 그것을 얻으려 했고 실제로 이것을 확보했다. 그리고 이것은 그의 전 생애를 특징짓는 일종의 보증서였다. 이제 그는 독립 선교사로서 단순히 이교 세계를 복음화하러 가는 것이 아니었다. 그는 로마의 사자(使者)로서, 중부 유럽 교회에 교황의 권위를 확립할 임무를 지게 되었다.

보니파티우스는 먼저 오늘날의 독일 땅으로 갔다가 거기서 프리슬란트로 돌아와 3년가량 머문 뒤 다시 독일로 돌아가서 평생 동안 사역했다. 723년 그는 두 번째 로마행에 나섰으며, 이때 교황 그레고리우스 2세에게 선교 주교missionary bishop로 임명받았다. 독일로 돌아간 보니파티우스는 열심히 선교 사역에 임했고, 라인 지방 전역에서 용기 있는 자로 명성을 얻었다. 이곳에서 그는 지도자 자질을 유감없이 발휘했고, 이는 그의 사역 성공의 열쇠가 되었다. 실제로 그는 주변 사람들의 충실한 협조를 얻어 내는 불가사의한 능력이 있었다. 그는 편지나 직접적인 만남을 통해 자신이 하나님에게서 받은 장엄한 소명에 동참할 것을 사람들에게 촉구했다. 로마를 방문했을 때에는 교황뿐만 아니라 자기 말을 들어주는 사람이라면 누구에게나 자신의 이상vision을 제시했다. 성지를 찾되 단순히 순례자로서가 아니라 동역자를 모집하기 위해서 갔다. 그곳에 가면 장차 선교사가 될 만한 이들을 찾을 수 있다는 사실을 알고 있었던 것이다.[10]

독일로 돌아온 그는 먼저 상류층 사람들에게 초점을 맞추었다. 이들이 회심하면 대중은 두려움 혹은 존경심 때문에 이들을 따를 것임을 알고 있었기 때문이다. 그는 주민들의 신앙을 진지하게 여기고 이들이 이해할 만한 방식으로 이들과 소통하고자 했다. 이 지역의 명목상 그리스도인들 중에는 이교의 풍습으로 다시 돌아가 정령숭배와 마술 등에 빠져드는 경우가 많았다. 보니파티우스는 이런 신성모독 행위에 대응하려면 특단의 방책이 필요하다고 생각했다. 그래서 그는 이 지역 이교예배 행위의 핵심에 일격을 날렸다.

튀링겐 가이스마르에는 천둥신이 깃들어 있다는 신성한 참나무가 있었는데, 그는 그곳에 군중들을 모아 놓고는 공포에 질린 그들이 바라보는 가운데 그 참나무를 도끼로 난도질하기 시작했다. 참으로 도전적인 행위였지만, 이로 말미암아 사람들은 참나무에도 그리고 그 나무가 삼가 받드는 신에게도 초자연적 능력 같은 것은 없다는 사실에 주목하게 되었다. 그와

신성한 참나무를 찍어 낸 보니파티우스

동시에 이는 보니파티우스의 위세를 드높여 주었고, 얼마 안 가 이 사건과 관련하여 기상천외한 이야기가 떠돌기 시작했다. 즉, "거대한 괴목이 쓰러지면서 둥치가 네 조각났고, 땅에 닿는 순간 그 네 조각은 십자가 형상이 되는 기적이 일어났다"는 것이다.[11]

　필립 샤프의 말에 따르면 이는 "선교 정책상의 결정적 한 수"였으며, 이 일을 계기로 수많은 사람들이 기독교의 하나님의 우월함을 인식하고 세례를 받게 되었다고 한다.[12] 이러한 긍정적 반응에 고무된 보니파티우스는 안심하고 신전과 제단을 부수고 신성한 돌을 산산조각 내는 행동을 계속해 나갔다. 그러나 점차 그는 이런 공격적 방식의 유효성에 의문을 품기 시작했다. 그는 마음속 회의를 동료 주교에게 털어놓았고, 그 주교는 강압적 방식은 지혜롭지 않으며 "사람들이 섬기는 신에 대해 그들에게 질문하고, 그

신의 기원, 인간과 닮아 보이는 그 신의 속성, 세상의 시초와 그 신과의 관계에 대해 물어보고, 그렇게 해서 그들 자신의 답변에서 모순과 불합리성을 유도해 내어 혼란스럽고 부끄럽게 만드는 게" 더 의미 있고 지속적인 접근 방식일 것이라고 조언했다.[13]

신성한 나무를 베어 내고 신당을 박살 내는 것이 초기의 복음전도 활동에 어떤 영향을 끼쳤든, 지속성 있는 교회를 세우기 위해서는 분명 그 이상의 것이 필요했다. 앞서의 켈트족 선교사들과 마찬가지로 보니파티우스도 선교 거점이 될 수도원을 세운 뒤 동역하는 수도사들로 하여금 새 회심자들에게 사역 준비를 시키는 교육 장소로 삼게 했다. 그의 사역에서 유일하게 혁신적인 점이라면 선교 분야에서 일할 여성 인력을 적극적으로 발굴했다는 것이다. "수세기만에 처음으로 여성들이 선교 영역에 적극 참여하는 모습을 보게 된다"고 케네스 스콧 라투레트는 말한다.[14]

이 여성들 중 가장 유명한 이는 보니파티우스의 사촌 리오바Lioba, 약 700-782로, 그녀는 보니파티우스와 편지를 주고받으면서 독일 선교 사역에 관심을 드러냈다. 이에 리오바가 속해 있는 영국 웨식스의 대수녀원장과의 협약을 통해 30명의 수녀들이 독일로 와서 선교 사역에 합류했다. 보니파티우스는 이들에게 수도원 하나를 양도했고, 이곳은 타우버비숍스하임 수녀원으로 알려지게 되었으며 리오바가 수녀원장으로 일했다. 이들은 선교 수녀missionary nuns로 여겨졌지만, 이 시대의 많은 선교사들과 마찬가지로 전도를 하러 돌아다니지는 않았다. 이들은 수녀원 밖으로 나가지 않았다. 이들의 복음전도 활동이란 원주민 여성들의 관심을 끌어 수녀가 되게 하는 것이었다. 리오바는 보니파티우스가 세상을 떠나고 오랜 후까지 수십 년 동안 충실하게 일했다. 비록 수녀원에 갇힌 삶이었지만 그녀는 마을 주민에서부터 주교에 이르기까지 각 계층 사람들을 주기적으로 만났으며, 이들은 교회 문제에 대해 조언을 얻으려고 자주 그녀를 찾곤 했다.[15]

737년 세 번째로 로마를 방문하고 나서 바이에른 지역 전역에 주교관구를 조직할 권한을 갖게 된 보니파티우스는 744년 저 유명한 풀다 수도원을 창설했다. 이 수도원은 지금까지도 독일 로마가톨릭 신앙의 중심으로 남아 있다. 보니파티우스는 괄목할 만한 업적을 남긴 것으로 인정되지만, 그 업적은 카롤루스 마르텔Carolus Martel, 689-741의 강력한 지원이 없었다면 불가능했을 것이다. 카롤루스 마르텔이 732년 투르 전투에서 무슬림을 상대로 거둔 승리는 이슬람과의 투쟁에서 하나의 전환점을 기록했다. "그 프랑크 왕의 보호가 없었더라면 나는 사람들이나 교회를 다스릴 수도 없었을 것이고 사제와 성직자, 수도사와 수녀들을 지킬 수도 없었을 것이다. 또한 그의 위임령과 그의 이름이 불러일으키는 경외감이 아니었더라면 나는 이교의식과 신성모독적인 우상숭배를 막을 수 없었을 것"이라고 보니파티우스는 기록했다.[16]

최후까지도 보니파티우스의 사역은 로마가톨릭교회를 강화시키려는 것, 곧 "이교도인 색슨족의 마음을 가톨릭 신앙으로 돌이키고 이들을 어머니 교회Mother Church의 자녀들 가운데로 모아들이는 것"이었다.[17] 그런 관점에서 보면 보니파티우스의 사역이 켈트족과 프랑크족 수도사들의 선교적 노력과 충돌한 것도 놀라운 일이 아니다. 샤프의 말에 따르면, 보니파티우스는 "그들의 수고로 맺혀진 열매를 수확한 뒤 그들을 용도 폐기했다. 관대한 정책으로 그들을 쓸모 있게 활용할 수도 있었을 텐데 말이다. 보니파티우스는 개별성을 지니는 것은 무조건 싫어했다.……그에게 진정한 기독교란 곧 로마가톨릭과 동의어였다"고 한다.[18]

켈트족 선교사들이 성직자의 결혼을 옹호했고 실제 결혼해서 아내가 있는 이들이 많았다는 사실은 보니파티우스의 입장에서 매우 혐오스러운 일이었다. 하지만 일치에 대한 로마가톨릭의 열심에 젖어 있던 그는 부활절 날짜나 특정한 고기를 먹을 권리, 그리고 미사 중에 십자가 성호를 몇 번이나 그어야 하는가와 같은 비본질적인 문제 때문에 그들을 거짓 선지자로 공공연히 비난했다.

사역 말년, 보니파티우스는 오랫동안 엄청난 에너지를 소진시켜 왔던 교회 행정 일을 그만두고 개척 선교사 일로 다시 돌아왔다. 스티븐 닐은 "선교사 정신이 충만해진 그는 아직 그리스도의 이름이 불리지 않는 땅으로 다시 나아갔다"고 말한다.[19] 753년 그는 프리슬란트로 돌아갔다. 그곳은 아직도 대부분 이교의 땅이었다. 그는 50명가량의 조력자 및 추종자들과 함께 보르너 강둑에 천막을 치고 새 신자들에게 견신례를 베풀 준비를 했다. 그러나 예식은 진행되지 못했다. 보니파티우스와 그 일행은 일단의 무장강도의 습격을 받고 살해당했으며, 이렇게 해서 중세 유럽에서 가장 활발하고 외관상 가장 성공적이었던 선교사의 사역은 막을 내렸다.

771년, 보니파티우스가 세상을 떠난 지 20년이 채 지나지 않았을 때 카롤루스 대제가 왕위에 올랐고, 거의 반세기에 이르는 치세 기간 동안 그는 로마가톨릭의 선교를 가장 강력하게 장려했다. 카롤루스 대제는 선교 활동과 군사력을 자유자재로 조합해서 신성로마제국의 영역을 확장시켜 나갔다. 라투레트는 "선교에 대한 그의 열정이 과연 얼마나 신앙적인 확신에서 비롯되었고 얼마나 정치 정책에 바탕을 두었는지는 카롤루스 대제 자신도 아마 말하기 힘들었을 것"이라고 한다.[20]

그러나 카롤루스 대제가 제국을 확장시키고 있는 동안에도 외곽 지역에서 야만족과 온갖 부류의 약탈자들이 약탈 행위를 계속함에 따라 제국의 경계가 후퇴하기도 했다. 이런 파괴 행위는 카롤루스 대제 이후 황제와 교황의 힘이 둘 다 바닥 상태이던 세대에도 계속 이어졌다. 스칸디나비아와 그 외 지역 약탈자들의 무도한 행위는 때로 기독교 유럽의 미래 자체를 위협하는 것처럼 보이기도 했다.

앙스카르⁸⁰¹⁻⁸⁶⁵ 로마가톨릭의 초기 스칸디나비아 선
교는 독일 선교와 마찬가지로 정치
적·군사적 착취 행위와 아주 밀접하게 연결되어 있었다. 기독교가 이 지역
에 처음 알려진 것은 상인들을 통해서였다. 그러다가 826년 덴마크의 하롤
드 왕은 프랑크 왕국의 군사 원조를 기대하고 자기 아내와 약 400명가량의
조신 및 부하들과 함께 세례를 받았다. 그런 집단 개종은 영적 헌신에 대한
아무런 증거도 제시하지 못했지만, 어쨌든 이들은 선교사들에게 문호를 개
방했고, 국왕이 그리스도인이 된 후 앙스카르^{Anskar}가 이곳 스칸디나비아에서
전도 활동을 시작할 자로 부름받았다.

흔히 "북방의 사도"로 불리는 앙스카르는 801년 프랑스에서 태어나, 2
세기 전 콜럼바가 세운 코르비 수도원에서 다섯 살 때부터 교육받았다. 꿈
과 이상의 감동을 받는 신비주의자였던 앙스카르의 가장 큰 열망은 순교자
의 면류관을 쓰는 것이었다. 그래서 그는 간절한 마음으로 자신에게 주어진
그 새롭고도 위험한 과업을 받아들였다. 그러나 덴마크 사람들을 회심시키
려는 그의 소망은 하롤드 왕이 정치적으로나 군사적으로 무력한 왕이라는
사실이 명백해짐에 따라 전망이 어두워졌다. 그리고 3년이 채 지나지 않아
앙스카르는 왕과 함께 덴마크에서 추방당했다.

그가 덴마크에서 쫓겨난 지 얼마 안되어 스웨덴 왕이 선교사들을 보내
달라는 요청을 보내왔다. 앙스카르와 몇 명의 수도사들은 즉시 이 요청을
받아들여 스웨덴을 향해 나섰지만 항해 도중 해적의 습격을 받아 가진 것을
모두 빼앗겼다. 스웨덴에 도착하자 비외른 왕은 이들을 따뜻하게 맞아들이
며 마음껏 설교할 수 있게 해주었다. 이들의 사역으로 많은 이들이 개종하
게 되었고, 특히 귀족들 중에 개종자가 많았다. 그러나 하롤드 왕의 경우가
그랬던 것처럼 이들의 개종은 정치적 동기에서 이루어졌던 것이 분명했다.

앙스카르의 사역이 정치적 관점에서 얼마나 중요했던지 경건왕 루트

비히 황제는 교황 그레고리우스 4세와 협상을 벌여, 북유럽의 스칸디나비아와 슬라브 국가를 위해 앙스카르를 함부르크 대주교로 임명해 주기를 청했다. 루트비히는 앙스카르를 돕기 위해 서(西)플랑드르의 한 부유한 수도원을 그에게 하사했고, 그는 이 수도원을 재원 삼아 지방 영주들에게 선물 공세를 펼칠 수 있었다. 그는 자신을 도울 수도사들을 발굴했고, 가톨릭 신앙은 이후 10여 년 동안 장족의 발전을 했다. 하지만 종교와 정치 사이의 경계는 여전히 종이 한 장 차이만큼 미세했고, 이럴 경우 여기서 얻어지는 이득은 본질상 대개 정치적인 이득이었다. 사람들은 기독교의 하나님과 세상 통치자들이 자기에게 무엇을 줄 수 있는지 생각해 보고 그에 따라 행동하기 때문이다. 라투레트는 앙스카르의 동료이자 그의 전기를 쓴 랭베르[Rimbert]의 글에서 바로 그런 사례를 인용한다.

스웨덴의 한 군대가 어떤 성읍을 포위 공격하던 중 낙심스러운 전망에 봉착했다. 이들은 자기 신들 중 누가 과연 도움을 줄 수 있겠는지 알아보려고 제비뽑기를 했다. 그러나 결과는 흉조로 나왔고, 스웨덴 군인들은 크게 상심했다. 그러나 몇몇 상인들이 앙스카르의 가르침을 떠올리고는 그리스도인들의 하나님인 그리스도가 과연 자신들을 도와줄 수 있을지 제비뽑기를 해보자고 제안했다. 결과는 길조로 나왔고, 포위된 사람들은 평화를 얻었으며, 승자들은 본국으로 돌아가 금식을 하고 가난한 이들을 구제함으로써 그리스도를 높였다.[21]

정치적·군사적 승리는 로마가톨릭의 영향력 범위를 넓혀준 반면, 패배는 흔히 이교 신앙으로의 회귀라는 결과를 낳았다. 845년, 14년에 걸친 앙스카르의 수고가 북쪽 덴마크 약탈자들의 공격에 궤멸된 것이 바로 그런 경우였다. 이들은 함부르크 전역을 휩쓸고 다니며 약탈하고 방화했으며, 급기야 앙스카르는 몸을 숨겨야 했다. 그는 근방의 주교에게 보호를 받고자 했지만 주교는 정치적 적대 관계 때문에 그를 도와주기를 거부했다.

그러나 일련의 정치적 연합과 군사적 승리 이후 함부르크는 다시 기독교의 지배 아래 있게 되었고, 앙스카르는 전보다 더 큰 권한을 부여받았다. 군사적 위협이 줄어들자 그는 영적 사역에 더 많은 시간을 할애할 수 있었다. 그는 기도와 금식을 무엇보다 중요하게 여기는 금욕주의자였다. 일상적으로 해야 할 일을 희생하면서까지 기도와 금식을 하지는 않았지만 말이다. 그는 단 한시도 일을 손에서 놓아서는 안 된다고 휘하의 수도사들에게 역설했고, 그 자신도 뜨개질을 하며 기도하는 모습을 종종 보여주었다. 중세의 대다수 영적 지도자들과 마찬가지로 그도 큰 기적들을 행했던 것으로 보이지만, 개인적으로는 일절 그런 칭찬을 받지 않으려 했고 "하나님이 자신을 철저히 경건한 사람으로 만들어 주신다면 그것이 바로 자기 인생 최대의 기적일 것"이라고 말했다.[22]

앙스카르는 865년, 그가 그토록 오래 갈망하던 순교자의 면류관 없이 평화롭게 눈을 감았다. 그러나 그를 피해간 최대의 상(賞)은 그게 아니었다. 그는 그 모든 수고에도 불구하고 스칸디나비아에 기독교의 영원한 기반을 확립하지 못했다. 그가 세상을 떠난 후 사람들은 다시 이교 신앙으로 돌아섰고, 10세기가 되어서야 비로소 가톨릭교회가 그 지역에 확실한 기반을 다질 수 있었다.

국경을 방어하고 유지하는 일은 카롤루스 후계자들에게 하나의 계속적인 투쟁이었다. 어느 한 영역을 확보하면 다른 영역이 적들에게 공격받았다. 중부 유럽의 경우가 특히 더 그랬는데, 이 지역은 오랜 시간 동쪽의 침략에 시달렸다. 교전 중인 양측의 인종적 요인과 정치적 적대 관계 때문에 상황은 더욱더 복잡해지고 있었다. "한쪽은 게르만 제국주의 혹은 교황의 야심이었고 다른 한쪽은 비잔틴 제국주의였다."[23] 바울이 8세기 전에 방문했던 도시 데살로니가에서 온 두 형제를 떠올려 보자.

키릴로스[810-867] 중세의 대다수 선교 모험이 그러했듯, 키릴로스[Kyrillos]와 메토디우스[Methodius]의 사역 역시 정치적 흥정에 매여 있었다. 동방과 서방 사이에 끼인 모라비아의 한 제후는 자신의 영토에 서방 세력이 침입하자 콘스탄티노플에 연락을 취했다. 군사력의 도움을 받으려는 게 아니라 선교사를 요청한 것이다. 그는 고유의 언어로 사람들을 가르칠 수 있는 선교사를 원했다.

키릴로스와 그의 형제 메토디우스는 이미 많은 경험을 거친 노련한 선교사였다. 비록 두 사람 모두에게 선교는 부차적 직업이었지만 말이다. 이들은 기독교 가정에서 군 고위장교의 아들로 자라났다. 키릴로스는 철학자와 교육자가 되었는데, 무슬림을 상대로 기독교 변증가 역할을 한 것이 선교사로서의 첫 경험이었고 나중에는 복음 전도자로 러시아의 하자르족을 대상으로 사역했으며, 다수의 하자르족이 그의 가르침을 통해 회심한 것이 분명했다. 공무원이었던 메토디우스는 수도원에 들어갔다가 나중에 형과 합류하여 하자르족 선교에 나섰다.

860년대 초, 콘스탄티노플의 황제 미카엘 3세는 키릴로스와 메토디우스가 명목상 그리스도인들인 중부 유럽의 슬라브족에게로 가서 새로운 임무에 착수할 수 있도록 조처했다. 이전과 이후의 수많은 사람들과 마찬가지로 기독교 신앙은 이 사람들에게 완전히 낯선 신앙이었다. 이제 그들은 키릴로스가 만들어 낸 그들 고유의 알파벳을 갖게 될 터였고, 그들 고유의 언어로 기록된 복음과 예배 의례집을 갖게 될 터였다. 두 형제의 사역은 이 지역에 깊은 영적 영향을 끼쳤고, 슬라브족 사람들에게 전에 없던 정체성 의식을 심어 주었다. 라투레트는 이들의 업적이 "중부 유럽과 발칸 지역뿐만 아니라 러시아의 슬라브 문학에까지 지속적인 결과를 남겼다"고 말한다.[24]

하지만 이들 형제가 선교사 직분을 유지한 것에 대해서는 논란이 없지 않았다. 로마가톨릭 성직자들은 이 외부인들의 존재와 이들이 지방어로 복음을 번역한 것에 분개했다. 두 형제는 자신들을 향한 이런 반감을 해결하기 위해 867년 로마로 가서 황제의 인준을 받았다. 그러나 키릴로스는 그후 슬라브 선교지로 돌아오지 못한 채 사망했고, 메토디우스 혼자 선교지로 돌아왔지만 그 후 평생 동안 정치적·종교적 적대 관계에 얽혀 고생했다. 어쨌든, 제자들의 도움으로 그는 성경을 비롯해 다른 문헌들을 계속 번역해 나갔다. 오늘날 두 형제는 로마가톨릭과 동방정교회 모두에게 칭송을 받고 있으며, 마르틴 루터와 근대 선교 시대 성경 번역자들의 선구자로 인정받고 있다.

라몬 룰[1232-1315]   중세 로마가톨릭교회의 정치 지향적 선교 사역은 수많은 지역을 속속 기독교의 영향권으로 끌어들였다. 그러나 그와 동시에 교회는 기반을 잃고 있었다. 그것은 그저 여느 기반이 아니었다. 성지, 곧 초기 몇 세기 기독교의 참된 중심이었던 그 땅이 이슬람군의 침략으로 철저히 유린당했다. 허버트 케인은 "그들이 번개 같은 속도로 다메섹[635], 안디옥[636], 예루살렘[638], 가이사랴[640], 알렉산드리아[642]를 정복했다"고 말한다. 2세기 전, 약탈을 목적으로 돌아다니며 로마 제국을 붕괴시킨 야만족들과 달리, 무슬림은 흔히 문화를 지니고 왔다. "아랍 문명이 최고조에 달했던" 때가 바로 이때였으니, 당시 "바그다드는 26개의 공공 도서관과 수를 헤아릴 수 없이 많은 개인 도서관을 자랑했다."[25]

그러나 제아무리 풍성한 문화와 문명일지라도 서유럽이 야만족의 침략에 맞서 간신히 지탱하고 있던 그 고유의 문화와 문명을 일시에 잃은 것을 벌충해 줄 수는 없었다. 732년 카롤루스 마르텔이 투르 전투에서 승리를 거두지 않았더라면 프랑스를 비롯해 서유럽 전체가 무슬림의 지배 아래 들어갔을지도 모른다. 그리스도인들은 확실히 수세에 몰려 있었다. 이런 비극적 상황 앞에서 오래 지체하다가 대책을 내놓기는 했지만 그 대책 자체가 또 하나의 엄청난 비극이었으니 십자군이 바로 그것이다. 어떤 전략적 계획도 없이 시작되었던 십자군 전쟁에는 눈덩이 효과가 있어서, 이 전쟁의 결과는 오늘날까지도 여전히 체감되고 있는 중이다. 200년이 넘는 기간 동안 1095-1291 성지를 향해 출정한 수많은 사람들은 말로 다할 수 없는 피해를 초래했고, 수만 명이 목숨을 잃었다. 초기의 십자군은 전쟁에서 거둔 어느 정도의 승리 덕분에 지지를 받았지만, 종내에는 그조차도 다 잃고 말았다. 이때 무슬림이 그리스도인을 향해 품은 적개심이 얼마나 강했던지 오늘날까지도 이때의 기억은 지워지지 않고 있다.

하지만 이 시기의 모든 그리스도인이 그렇게 무력만이 무슬림을 다룰 수 있는 적절한 방법이라고 생각한 것은 아니었다. 13세기 초, 십자군 정신이 최고조에 달해 있을 때, 아시시의 프란체스코Francesco d'Assisi는 증오가 아닌 사랑으로 무슬림을 이겨야 한다고 주장했다. 무슬림을 복음화하려는 처음 두 차례 시도는 완전히 실패였지만, 1219년의 세 번째 시도로 그는 이집트의 술탄과 마주했다. 언어 장벽 때문에 제약이 있기는 했지만, 그럼에도 불구하고 프란체스코는 미진하나마 복음을 제시하고자 했다. 그의 이런 노력의 결과로 무슬림 중에 실제로 회심한 사례가 생겼다는 증거는 없지만, 그가 보여준 모범 덕분에 무슬림도 그리스도 안에서 형제가 될 수 있다고 여기는 이들이 생기게 되었다.

라몬 룰Ramon Llull은 1232년 지중해의 스페인 연안에 있는 섬인 마요르카의 부유한 로마가톨릭 가정에서 태어났다. 마요르카는 룰이 태어나기 얼마 전 무슬림에게서 되찾은 곳이었다. 청년 시절 그는 스페인 왕 아라곤의 궁정에서 일했다. 결혼해서 아이들까지 있었음에도 그는 정부(情婦)를 두고 있었고, "더할 수 없이 부도덕한 삶을 살았다고 자기 입으로 고백했다."[26] 하지만 그는 학문이나 문학적 재능으로는 인정을 받았다.

30대 초반에 룰은 마요르카로 돌아가 깊은 신앙적 체험을 했다. 환상을 보는 신비주의적 체험이었다. 첫 번째 환상은 어느 날 저녁 그가 색정적인 노래 가사를 쓰고 있을 때 임했다. 그는 "십자가에 달린 구주께서 손과 발과 이마에 피를 뚝뚝 흘리면서 책망하시는 듯한 얼굴로 자신을 바라보시는 것"을 보았다. 이 환상에 마음이 움직이기는 했지만 그는 다음 주에 다시 노래 가사를 쓰기 시작했다. 그러자 환상이 또 한 번 보였고, 결국 그는 그리스도께 삶을 바치기로 했다. 하지만 곧 회의가 생겼다. "부도덕함으로 더럽혀진 내가 어떻게 그 더러움을 떨치고 일어나 거룩한 삶을 살 수 있단 말인가?"[27] 죄책감에 사로잡힌 그는 부와 명예를 버리고 하나님께 자신을 바치기로 결단했다.

룰은 하나님의 부르심을 수도원에 들어가 금욕 생활을 하라는 것으로 이해했다. 하나님께 대한 사랑을 궁극적으로 드러내 보이는 것은 세상의 유혹을 완전히 등지고 은둔하는 수도사로서 살아가는 것이라고 생각했다. 그는 환상을 한 번 더 보고서야 타인에 대한 책임을 인식하게 되었다. 자신의 저서 『사랑의 나무』*The Tree of Love*에서 그는 자신에게 선교사의 소명을 준 환상에 대해 이야기한다. 숲에 홀로 있던 룰은 한 순례자를 만나는데, 그는 룰이 어떤 직업을 선택했는지를 알고 룰의 자기중심적 태도를 꾸짖으며 세상으로 나가 사람들에게 그리스도의 메시지를 전하라는 도전을 준다. 이 환상으로 그는 하나님께서 유목생활을 하는 무슬림 사라센인들을 복음화하라고 지시하고 계심을 깨달았다. 그 사람들은 기독교 세계에서 가장 증오하고 두려워하는 이들이었다. "나는 많은 기사들이 바다 저편 성지로 가고 있는 것을 본다. 그들은 무력으로 그 땅을 손에 넣을 수 있다고 생각하지만, 결국에는 그들이 손에 넣어야겠다고 생각하는 그곳에 이르기도 전에 모든 게 다 파괴되고 만다. 이것으로 볼 때 성지 정복은……사랑과 기도로, 그리고 피와 눈물을 쏟음으로써……시도되어야 한다고 생각된다."[28]

이 환상을 본 후 룰은 아랍어를 공부했다. 그러나 9년간의 고생은 한 가지 불운한 사건으로 엉망이 되고, 이 사건은 장차 선교사로서의 그의 이력까지 파멸시킬 뻔했다. 그는 아랍어 공부에 도움을 받을 생각으로 사라센 노예 한 명을 샀는데, 어느 날 그 노예가 그리스도를 저주하여 룰의 심기를 상하게 했다. 화가 난 룰이 노예를 치자 노예는 흉기를 집어 들어 그에게 중상을 입혔다. 그 범죄행위로 무슬림 노예는 옥에 갇혔고, 앞으로 더 고초를 당할 것이 두려워 얼마 뒤 자살을 하고 말았다. 이 사건은 룰에게 정신적 외상을 남긴 시련이었지만, 무슬림에게 그리스도를 전해야겠다는 열망이 더 뜨거워지는 계기가 되기도 했다.

룰은 마흔이 넘어서야 실제 선교사 일을 시작했고, 그 결정에 어떤 희생이 뒤따랐는지 말년에 이렇게 회상했다. "내게는 아내와 아이들이 있었다. 나는 꽤 부자이기도 했다. 나는 세속적 삶을 살았다. 나는 공통의 선을 진작시키고 거룩한 믿음을 널리 확산시키기 위해 기쁜 마음으로 이 모든 것을 포기했다."[29] 그는 아내와 아이들의 생계를 위해 얼마간의 돈을 따로 떼어 놓고 남은 돈은 다 가난한 사람들에게 주었다.

룰의 선교 사역은 세 가지 방향으로 전개되었다. 그 세 가지는 변증, 교육, 그리고 복음전도였다. "그는 비그리스도인들에게 기독교의 진리를 납득시키기 위해……하나의 철학 체계를 고안해 냈다. 그는 선교 대학을 설립했다. 그리고 그 자신이 직접 무슬림을 찾아가 복음을 설교했다."[30] 무슬림들에게 기독교를 변증하는 변증가로서 그의 업적은 실로 엄청났다. 무려 60권의 신학서를 썼으니 말이다. 그는 "성자의 성육신과 거룩한 본질의 연합 가운데 계신 복되신 삼위일체의 세 위격(位格)을 믿을 수 있도록 무슬림을 설득할 수 있는지 직접 실험하는 것"이 자신의 사명이라고 생각했다. 그는 "신앙에 대해 토론하는 모임"을 만들고자 했고 "이슬람의 단조로운 일신론을 성부·성자·성령의 계시와 직접 맞대면시키기를 바랐다."[31]

　선교사 교육 영역에서는 콜럼바의 전통을 따라 수도원을 이상적인 전도자 훈련기지로 삼았다. 그는 여러 곳을 두루 돌아다니며 교회와 정치 지도자들에게 이 일을 후원해 줄 것을 호소했다. 그의 꿈에 관심을 보인 사람 중에 스페인 왕 제임스 2세도 있었다. 1276년, 룰은 제임스 왕의 뜨거운 지지와 재정 기부에 힘입어 마요르카에 수도원을 세운 뒤 아랍어와 '선교지리' 강좌가 포함된 교과과정을 개설하고 13명의 프란체스코회 수도사를 받아들였다. 그의 꿈은 유럽 전역에 선교사 훈련기관을 세우는 것이었지만, 그렇게 하기 위해서는 로마가톨릭의 고위 성직자들에게 그 기관의 가치를 설득시켜야 하는데, 결코 쉬운 일이 아니었다. 여러 차례 로마를 방문하여 자신의 이상을 설명했지만, 선교보다는 세상의 쾌락과 자기 개인의 권력 확대에 더 관심 있는 고위 성직자들에게 그 이상은 웃음거리가 되거나 무시당하기 일쑤였다. 하지만 그는 프랑스 비엔 공의회에 영향력을 행사하여 유럽의 대학들에 아랍어 과목을 설치하도록 하는 안을 가결시키는 데 성공했다. 그는 이 조치로 그리스도인과 무슬림 사이에 대화의 창구가 열릴 것이라 믿었다.

　롤이 선교에 대해 여러 가지 꿈을 가지고 열정적으로 활동했으므로 당연히 선교 활동 자체에도 재능이 있었을 것이라고 기대할 수 있지만, 선교사로서의 그의 이력은 그런 재능으로 시작되지 않았다. 사람들에게 선교의 가치를 전하는 것과 직접 나가서 선교하는 것은 전혀 다른 일임을 깨닫게 된 사건이 있다. 그가 튀니스로 갈 차비를 하고 제노바 항으로 갔을 때였다. 모든 짐을 배에 실었고, 많은 지지자들이 모여 뜨겁게 그를 환송할 준비를 하고 있었다. 그러나 그는 마지막 순간 "공포에 사로잡혔다"고 나중에 술회했다. "자기 앞에 어떤 일이 벌어질지 생각하니" 온몸이 마비되었다. 짐은 도로 내려졌고, 배는 그를 놔둔 채 출항했다. 배가 떠나자마자 곧 후회가 밀려왔고, 그는 결과가 어떻게 되든 다음 배를 타기로 마음먹었다. 그가 겪고 있는 정서적 소용돌이 때문이었는지 고열이 올라 괴로웠음에도 불구하고 그는 다음 배에 올랐고, 이렇게 해서 그의 선교 사역은 시작되었다.

튀니스에서 선교 활동을 펼치는 것에 대해 룰이 느끼는 두려움은 전혀 근거가 없는 게 아니었다. 튀니스는 십자군의 거듭되는 공격에도 끄떡없는 북아프리카 이슬람의 강력한 중심지였다. 이곳에서 십자군은 증오와 적대의 대상이었다. 하지만 그가 도착했을 때 이곳 사람들은 그가 예상했던 것만큼의 적대감으로 그를 맞이하지는 않았다. 그는 먼저 유력한 무슬림 학자들에게 자신의 존재를 알린 후 기독교와 이슬람의 상대적 장점들에 대해 토론하는 회의를 소집했다. 만일 이슬람이 기독교보다 우월하다는 것을 입증해 보이면 이슬람을 자신의 신앙으로 포용하겠다고 약속하면서 말이다. 무슬림 지도자들은 그의 조건을 수락했다.

룰이 변론하는 기독교에 대해 이들은 복합적인 반응을 보였다. 많은 이들이 그의 논증을 받아들이는 것 같았고, 적어도 더 들어보고 싶다는 관심은 보였다. 하지만 대다수는 그의 공격적 언사에 마음이 상했다. 당연히 그는 투옥되어 공포에 질린 채 사형당할 날을 기다리는 신세가 되었다. 그러나 사형 대신 그는 군중들에게 돌팔매질을 당한 뒤 그곳을 떠나가라는 명령을 받았다. 그는 이 명령에 은밀히 불복했다. 석 달 동안 그는 "부두의 부랑자로 위장한 채" 골레타의 해안 도시에서 숨어 지냈다.[33] 그러나 행동이 자유롭지 못한 것에 좌절한 그는 유럽으로 돌아가 나폴리와 프랑스에서 몇 년을 지내면서 자신의 "새 선교 방법"에 관해 강의하고 책을 쓰는 한편, 자신의 선교 사역에 합류할 새로운 인물들을 꾸준히 발굴하고자 했다.

룰의 그 뜨거운 선교 열정의 주 대상은 무슬림이었지만, 유대인 또한 그의 관심을 끌었다. 12-13세기는 반(反)유대주의에 얽힌 공포스러운 이야기로 얼룩진 시대였다. 유대인은 거의 모든 사회악의 요인으로 비난받았고,

그 결과 이들은 프랑스와 영국에서 추방당했다. 그러나 스페인의 이단 심문소에서 유대인들에게 내린 벌에 비하면 이는 가벼운 축에 속했다. 이때 여기저기서 유대인들을 변호하는 솔직한 목소리들이 들려왔으며, 그중에 룰도 있었다. 그는 사라센들에게 다가갔던 것처럼 그들에게 다가가 그리스도를 메시아로 제시했다.

유럽에서 이곳저곳을 돌아다니며 다양하게 활동하느라 늘 분주했지만, 1307년 그는 75세의 나이로 15년 만에 북아프리카로 다시 갔다. 이번에는 알제 동쪽의 뷔기아였다. 오래전 튀니스에서처럼, 그는 곧 공개 토론회 자리를 마련하여, 무슬림 신앙과 기독교를 비교해 보라고 그들에게 담대하게 도전을 던졌다. 그는 사랑으로 무슬림에게 다가가야 한다고 주장하기는 했지만, 그의 메시지는 매우 공격적일 때가 많았다. 그래서 어쩌면 무슬림들이 기독교에 대해 더욱 반감을 갖게 되었을 수도 있다. 흔히 "이슬람의 사도"라고 불리는 새뮤얼 즈웨머는 말하기를, 십계명을 "하나님의 완전한 율법으로" 굳게 붙든 뒤 마호메트가 이 계율을 하나도 빠짐없이 다 범했음을 무슬림의 경전을 근거로 보여주는 것이 그의 논증법이었다고 한다. "또 다른 접근법은 일곱 가지 기본 덕목(믿음·소망·사랑·지혜·용기·절제·정의)과 일곱 가지 대죄(교만·인색·시기·분노·음욕·탐식·나태)를 설명해 놓고는 이슬람 세계에는 이 덕목이 얼마나 드물고 이 대죄는 얼마나 편만한지 증명하는 것이었다!" 룰의 공개 토론은 이번에도 역시 오래가지 못했다. 그는 옥에 갇혔고, 그를 잡아넣은 이는 여섯 달 동안 "이슬람의 관능적 유혹거리를 다 동원해……그를 귀찮게 했다."[34]

옥에서 풀려난 후 그는 유럽으로 송환되었다. 하지만 해외 선교사로서의 그의 이력은 끝난 게 아니었다. 1314년, 80세가 지난 나이로 그는 튀니스로 다시 갔다. 이제 그를 다소나마 보호해 줄 수 있는 것은 고령의 나이뿐인 듯했다. 또한 전에 비해 좀 더 많은 자유를 부여받은 것으로 보건대 연륜 덕분에 태도가 부드러워졌던 것도 같다. 그는 몇몇 사람을 회심시키기도 했다. 그게 얼마나 힘든 일인지 어느 때보다 절실하게 의식하기는 했지만 말이다. 그는 "사라센 한 사람이 그리스도인이 된다면, 그리스도인 열 명 이상이 이슬람교도가 된다"고 말했다.[35]

튀니스에 체류한 보람이 없지 않았지만, 룰은 마지막 상급, 곧 순교의 면류관은 끝내 얻지 못했다. 주님을 섬기다가 죽는 것은 크고도 큰 특권이 될 터였다. 1314년 이렇게 그는 뷔기아로 돌아가 자신이 회심시킨 몇몇 사람들을 돌보는 한편 마지막까지 기독교 신앙을 변론했다.

> 노(老) 선교사는 열 달 넘게 숨어 지내면서 회심자들과 더불어 이야기도 나누고 기도도 했다.……은둔 생활에 지친 데다가 순교에 대한 열망까지 더해진 그는 마침내 저잣거리로 나가 자신이 바로 전에 이 마을에서 쫓겨난 그 사람임을 드러냈다.……그의 이 당돌함을 보고 격렬한 분노에 휩싸인, 그리고 그의 논증에 답변할 수 없었던 그곳 주민들은 그를 붙잡아 마을 밖으로 끌고 나갔다. 그리고 왕의 명령에 따라, 아니 적어도 왕의 묵인 아래 1315년 6월 30일, 그는 돌팔매질을 당했다.[36]

그는 그 직후 숨을 거두었다. 룰의 선교는 주로 변증에 초점을 맞춘 선교였다. 즉, 기독교 신앙이 참된 신앙이므로 그것을 받아들이라고 사람들을 설득하는 것이었다. 다른 가톨릭 선교사들은 대개 사회정의나 선행에 초점을 맞추곤 했던 반면, 참지식은 체계적인 가르침과 합리적 논증 위에 세워진다는 것이 그의 믿음이었다.

바르톨로메 데 라스 카사스[1474-1566]   15세기 후반에 시작된 '대발견의 시
대'는 로마가톨릭교회에 해외선교 시
대의 도래를 알렸다. 사람들은 신대륙을 영토 확장의 관점에서 보았고, 교황
과 정치 지도자 모두 이 신세계를 가톨릭의 지배 아래 두려고 열심히 제 역
할을 했다. 스페인의 이사벨라 여왕은 인디언 복음화야말로 식민지 확장을
정당화시켜 줄 가장 중요한 근거라 여겼고, 그래서 사제와 탁발수사들을 신
대륙에 가장 먼저 정착시켜야 한다고 주장했다. 프란체스코회와 도미니크
회는(그리고 나중에 예수회도) 이 힘든 과제를 적극적으로 받아들였다. 일부 지
역에서는 집단 개종이 다반사로 일어났다. 1529년, 멕시코의 한 프란체스
코회 선교사는 자신과 또 한 수도사가 "20만 명 이상에게" 세례를 주었으
며, "세례 받은 사람이 너무 많아 사실상 정확한 숫자를 헤아릴 수 없다. 하
루에 1만 4천 명에게 세례를 줄 때도 많았고, 어떤 날은 1만 명, 어떤 날은
8,000명에게 세례를 주었다"고 기록했다.[37]

신대륙 선교의 가장 큰 장애물은 식민지 개척자들 자신, 그리고 원주민
인 인디언에 대한 이들의 가혹한 처사임이 드러났다. 이사벨라 여왕은 인디
언들의 자유를 존중하라는 칙령을 내렸지만, 인디언은 자신들을 사실상 노
예로 만드는 체제 속에서 비인간적인 대접을 받았다. 선교사들은 이런 처사
에 주목했고, 그래서 일부 선교사들은 생명의 위험을 무릅쓰고 원주민 보호
에 나섰다. 그중 한 사람이 바르톨로메 데 라스 카사스[Bartolomé de Las Casas]였다. 그
는 이런 악폐를 뒤늦게 인지하고 인정했지만, 스페인이 신대륙을 지배하던
시기 인디언 원주민의 권익을 위해 싸운 가장 위대한 투사였다.

라스 카사스는 1474년 스페인에서 한 상인의 아들로 태어났다. 그의
아버지는 콜럼버스의 2차 항해에 동행한 사람이었다. 라스 카사스는 법학
사 학위를 받은 뒤 에스파뇰라 섬에 가서 그곳 총독의 법률고문 역할을 했
다. 그는 금세 식민지 이주자의 풍요로운 생활방식에 안주하여, 원주민을 보

는 상투적인 시각을 거부감 없이 받아들여 그들을 급습하는 일에 참여하기도 하고, 자신의 식민농장에 그들을 노예로 부리기도 했다. 1510년, 30대 중반의 그는 한 가지 영적 체험을 한 뒤 마음이 감동되어 사제 서품을 받았다. 그러나 겉으로는 달라진 게 거의 없이, 대다수 성직자들의 특징인 사치스러운 생활을 즐겼다. 그러나 그는 점차 마음이 변화했다. 특히 인디언들을 노예로 부리며 가혹하게 대하는 처사를 공공연히 비난하는 도미니크회 선교사들의 영향이 컸다.

1514년, 40세의 라스 카사스는 이제 쿠바에 주재하는 사제로서 오순절 주일을 앞두고 설교를 준비하고 있었다. 그런데 성경을 읽는 중에 그는 "양심의 가책"을 느끼면서, 외적으로 정의를 실천하지 않으면 참된 기도와 예배도 있을 수 없다는 것을 깨달았다. 그 변화의 순간, 그는 진심으로 "고통 중에 있는 사람들의 참상과 노예 상태에 대해 생각하기" 시작했다. 며칠간의 묵상 뒤 그는 지금까지와는 다른 경로의 삶을 살기로 서약했다. "오순절, 성령의 임재를 다시 떠올리는 그 절기에 라스 카사스는 그 자신만이 이행할 수 있는 책임이 무엇인지 깨달았다."[38]

라스 카사스는 도미니크회에 들어갔고, 이듬해에는 신대륙에서 인디언의 권익을 옹호하기 위해 가장 큰 목소리를 내는 사람이 되었다. 그 역할을 하느라 그는 스페인을 여러 번 오가며 정부 관리는 물론 듣고자 하는 사람이라면 누구에게든 자신의 생각을 납득시켰고, 때로는 다음과 같이 아주 순진하고 지나치게 단순화된 논거를 제시하기도 했다.

하나님은 이 사람들을 악도 없고 간사한 꾀도 없이 창조하셨습니다. 이들은 자기 추장에게, 자기가 섬기는 그리스도인에게 지극히 순종하고 충성합니다. 이들은 아주 순종적이고, 참을성 있고, 온순하며, 도덕적입니다. 이들은 다투기를 좋아한다거나, 악의가 있다거나, 불평을 일삼는다거나, 앙심을 품는다거나 하지 않습니다. 이들은 세상적 부를 소유하지도 않고, 소유하고 싶어 하지도 않습니다. 참 하나님을 예배하기만 한다면 이들은 세상에서 가장 복된 사람들일 것입니다.[39]

하지만 라스 카사스의 사역은 단순히 인도주의적인 것만은 아니었다. 그에게는 복음을 전하는 것이 우선순위였고, 여러 해 동안 중앙아메리카 지역을 두루 다니며 개척 사역을 했다. 한번은 식민지 이주자들을 공포에 떨게 하는 한 원주민 추장을 설득하여 무기를 내려놓고 모든 부족민이 다 세례를 받도록 한 일도 있었다. 그러나 식민지 지배에 대한 반감 때문에 개종자를 얻는다는 것은 그렇게 쉬운 일이 아니었다.

라스 카사스는 70세에 치아파스 주교로 임명되었다. 치아파스는 서부 멕시코의 아주 빈궁한 지역으로, 케네스 스콧 라투레트의 말에 따르면 "그는 이곳 사역이 자신의 선교사 이력에서 가장 힘든 과제가 될 것을 알고 있었던 게 분명하지만",[40] 그럼에도 불구하고 훨씬 더 부유한 교구를 놔두고 이곳을 선택했다고 한다. 치아파스 지역의 대다수 스페인 개척자들은 스페인 국왕이 인디언을 보호하고 이들에게 자유를 줄 생각으로 신법New Law을 제정한 것에 대해 라스 카사스에게 책임을 돌리며 비난했다. 스페인 토지소유주들의 말대로라면, 이 법이 시행될 경우 식민농장 경제는 파탄날 것이며, 그래서 그들은 이 법을 그냥 무시했다. 이에 라스 카사스는 그 범법자들을 사면해 주지 말 것을 교구 사제들에게 지시했고, 이리하여 농장주들과의 사이에 전선이 형성되었다. 그러나 라스 카사스 휘하의 많은 사제들이 공공연히 그에게 반기를 들었고, 3년 후 그는 결국 주교직을 내놓고 낙심한 채 뜻을 꺾었다. 1547년 그는 73세의 나이로 신대륙을 떠나 다시는 돌아가지 않았다. 하지만 인권을 위한 그의 싸움은 스페인에서 거의 20년 후 그가 세상을 떠날 때까지 계속되었고, 여전히 그는 기독교 세계의 가장 인도주의적인 선교사로서 기억되고 있다.

도미니크회 소속이라고 해서 모두가 다 사회정의와 인도주의적 복음 전도를 위해 힘쓴 것은 아니었다. 이들도 프란체스코회나 다른 교단과 더불어 종교재판소Inquisition에서 적극적인 역할을 했으니, 이들에게 그 일은 교회를 이단에서 자유롭게 하기 위한 하나의 '사명'이었다. 이 모든 것은 유럽에서의 이른바 '국내 사역'의 중요한 일부분이었다. 그러나 대발견의 시대에는 이제 가톨릭교회가 유럽과 신대륙 훨씬 너머에까지 개척되는 것을 보게될 터였다.

프란시스코 사비에르1506-1552   16세기는 흔히 프로테스탄트 종교개혁에 지배당한 시기로 인식되지만, 가톨릭의 개혁 또한 이 시기의 특징이었다. 이는 개신교도가 늘어나는 현상에 대응하고, 무너져 내리는 중세 교회의 성벽을 강화하며, 먼 땅에 중세 교회를 확장시키려는 개혁이었다. 이 확장은 서유럽뿐만 아니라 인도와 극동 지역까지 목표로 했으며, 때마침 이들 지역에는 돈벌이가 되는 교역로가 개설되고 있는 중이었다. 가톨릭교회는 해외여행이라는 이 새로운 유행의 물결을 잘 이용하기 위해 고심이었고, 모험을 좋아하는 선교 수도사와 탁발수사들은 열렬히 이 일에 자원했다. 중세 후기 교파인 도미니크회와 프란체스코회에서 이런 용기 있는 자원자들이 계속 나왔지만, 반(反)종교개혁에 가장 적극적으로 참여하게 된 것은 1534년에 창설된 예수회였다. 스티븐 닐은이 수도회가 창설된 것이 "아마 로마가톨릭교회 선교 역사에서 가장 중요한 사건일 것"이라고 말한다.[41]

스페인 귀족 이그나티우스 로욜라Ignatius Loyola, 1491-1556가 예수회의 창설자로, 그의 주도 아래 소규모의 열심 있는 제자들이 마치 군사조직처럼 고도로 중앙집권화된 단체로 규모를 키워 나갔으며, 이들은 교황과 로마가톨릭 교회에 충성하는 것을 최고의 이상으로 삼았다. 이 수도회는 급속히 세를 불려가, 1556년 로욜라가 세상을 떠날 무렵에는 소속 수도사 숫자가 1,000 명이 넘었고 창설된 지 한 세기가 채 지나지 않아 1만 5천 명 이상의 수도사들이 세계 전역에 퍼져 있었다. 이들 초기 예수회 선교사 중 가장 유명한 이는 프란시스코 사비에르Francisco Xavier로, 그는 여섯 명으로 구성된 로욜라의 핵심 측근 중 하나요 이 수도회의 창립 구성원이었다. 1541년 그는 교황과 포르투갈 국왕의 대사 자격으로 인도를 향해 출항하며 짧지만 특별했던 선교사 이력을 시작했다.

사비에르는 1506년 스페인의 한 귀족 집안에서 태어나 바스크 전원 지방의 성에서 자랐다. 청년 시절에는 파리 대학에 다니면서 철학과 신학 쪽에 관심을 갖게 되었다. 대학에서 그는 일단의 개신교도들과 어울리기 시작했는데, 이들은 가톨릭 신앙의 강력한 보루인 파리에서 생명의 위험을 무릅쓰고 개신교 신앙을 지키는 신실한 젊은이들이었다. 그러나 그 뒤 사비에르는 로욜라를 만나게 되었으니, 그는 로마가톨릭교회에 열렬히 헌신한 사람으로, 그 역동적인 성격은 아직 영적으로 불안정한 젊은 학생인 사비에르를 마치 자석처럼 끌어당기며 강력한 영향을 끼쳤다. 오래지 않아 사비에르는 로욜라와 손을 잡고, 개신교도 친구들은 물론 그가 가톨릭교회 안에서 누릴수도 있었던 사치스런 삶에 등을 돌렸다. 대신 그는 청빈과 금욕의 삶을 맹세했고, 가톨릭 신앙을 전파하는 일에 전적으로 헌신하기로 했다.

해외선교에 대한 소명은 갑자기 임했다. 하지만 환상이 보이거나 음성이 들린 것은 아니었다. 예수회 소속의 다른 수도사 두 명이 인도 선교사로 선정되었는데, 그중 한 사람이 병이 나는 바람에 사비에르가 그 자리에 대신 들어가게 된 것이다. 1542년 인도의 항구도시 고아에 도착한 그는 신앙보다는 유럽 문화의 영향을 훨씬 더 많이 받아 도덕적으로 부패한 사회를 보았다. 사비에르는 그런 사람들을 어떻게 그리스도에게로 인도해야 할지 몰라 좌절했다. 그는 어린아이들에게 초점을 맞추는 게 어른들을 중심으로 하는 것보다 더 효과적이라는 것을 곧 깨달았다. 아이들은 부모들에 비해 쉽게 마음이 움직였고, 그래서 동행한 사제들과 힘을 합해 아이들을 어릴 때부터 교육시켜 그들 사회에서 영향력 있는 그리스도인 지도자로 자라게 하려는 것이 그의 소망이었다. 그는 선교사로 사역하는 동안 거의 늘 이 전략에 따라 일했다.

사비에르는 고아에 오래 머물지 않았다. 유대인과 무슬림이 뒤섞여 서구화된 그 사회는 그의 기호에 맞지 않았다. 자신의 권면이 그 사회에 영향을 끼치지 못하자 그는 사람들이 강제로라도 가톨릭 교리와 도덕률에 충실할 수 있도록 종교재판소를 도입해 달라고 포르투갈 왕에게 청원했다. 그러나 그 청원이 처리되기도 전에 그는 좀 더 결실이 많은 포도원을 찾아 그곳을 떠났다. "나는 철저한 이교도들이……있는 곳을 원한다"고 그는 말했다. 그런 환경이어야 회심이 좀 더 쉽게 이뤄진다고 생각했던 것이다.[42]

고아를 떠난 사비에르는 인도 남쪽으로 더 내려가 해안가의 진주조개 잡이 어부들 가운데서 사역하게 되었다. 이곳 사람들은 힌두교도들로, 기독교에 대한 이들의 반응은 대개 신분 서열상 어디에 속하느냐에 따라 달랐다. 최상위 계급인 브라만은 기독교에 적대적이었지만, 하위 계급인 파라바 족은 변화에 대해 훨씬 개방적이었다. 종교가 달라져도 자신들의 사회적 지위가 현재보다 더 낮아질 수는 없다는 것을 알고 있기 때문이었다. 많은 군중들이 몰려와 신조를 배우고 암송했으며, 많은 이들이 세례를 받았다. 어느 날은 몰려드는 사람들이 얼마나 많은지 사비에르는 세례를 베풀다 지쳐 팔을 들어올릴 수조차 없을 정도였다. 하지만 세례는 그에게 가장 중요한 사역이었기에 아무리 피곤하고 지쳐도 그는 단 한 사람도 그냥 돌려보내지 않았다. 그는 로욜라에게 편지를 보내 일꾼들을 더 많이 보내 주기를 청하면

인도와 일본으로 간 선교사 프란시스코 사비에르

서 이렇게 썼다. "이 이교도의 땅에서 일할 사람에게 꼭 필요한 교육은, 기도를 가르칠 수 있어야 한다는 것, 그리고 마을을 돌아다니며 세례를 베풀수 있어야 한다는 것입니다. 우리가 일손이 부족한 탓에 세례도 받지 못하고 죽어 가는 어린아이들이 부지기수입니다."[43]

사비에르는 세례를 중시하고 어린이 사역에 집중했으며, 이 두 가지는 늘 병행되었다. 동료 사역자에게 그는 이렇게 말했다. "어린아이들을 가르칠 것, 그리고 신생아들에게 부지런히 세례를 베풀 것을 간절히 권합니다. 어른들은 불행한 삶에서 도피하기 위해서든 혹은 행복에 이르기 위해서든 도무지 낙원에 대한 동경이 없으므로, 적어도 어린아이들만은 죽기 전에 세례를 받게 해서 천국에 가게 해야 할 것입니다."[44] 사비에르가 이렇게 어린이들을 중시한 덕분에 아이들이 그저 천국에 한자리를 확보하기만 한 것은 아니었다. 그가 개종시킨 아이들이 복음 전도자가 된 것이다.

> 부르는 곳은 점점 많아지는데 내가 개인적으로 그 부름에 다 응한다는 것은 불가능하기에……나는 다음과 같은 방법에 의지했다. 기독교 교리를 외우고 있는 아이들을 불러 병자가 있는 집을 찾아가라고 했다. 그리고 그 집 식구들과 이웃들을 가능한 한 많이 불러 모아 놓고 신조를 몇 차례 이야기해 준 뒤, 믿으면 병이 나을 것이라고 병자를 안심시켜 주라고 했다.……이런 식으로 나는 나를 찾는 사람들의 요구에 간신히 부응했고, 그와 동시에 주민들이 집과 길거리에서 교리와 십계명과 기도문을 배울 수 있는 길을 확보했다.[45]

아이들의 입장에서는 병자의 집을 찾아가 신조를 암송해 주는 것보다 사비에르 덕분에 여러 유형의 신앙 활동에 관여하게 된 것이 훨씬 더 흥미로웠을 것이다. "아이들은 자기 동족의 우상숭배를 끔찍이 싫어하며, 그 문제에 대해 동족들과 싸움을 벌인다"고 사비에르는 자랑스러워했다. "아이들은 자기 부모라 할지라도 우상을 찾아가는 것에 대해서는 따지고 든다. 그리고 나를 찾아와 그에 대해 알려 준다. 아이들을 통해 나는 마을에서 우상숭배 의식이 벌어지고 있다는 소식을 듣는다.……그러면 최대한 아이들을 다 불러 모아 함께 그 현장으로 간다.……어린 친구들은 흙으로 만든 작은 우상들을 낚아채서 부서뜨리고 산산조각 낸 다음 침을 뱉고 발로 짓밟는다."[46]

　사비에르가 인도에서 벌인 복음전도 활동은 사실 표피적인 것에 지나지 않았다. 세례를 받은 어린아이들이나 어른들이 과연 기독교의 가장 기본적인 진리나마 제대로 깨우쳤는지조차 의심스럽다. 타밀어가 워낙 까다로워서였는지 해안 마을의 조개잡이 어부들 틈에서 3년을 사역했음에도 불구하고 그는 언어에 통달하지 못했고, 그가 주민들에게 가르쳐 준 아주 간단한 기도문이나 신조조차도 번역이 아주 엉망이었음이 나중에 드러났다. 사비에르 자신이 지적하다시피, 교회에서 드리는 예배도 의례적이고 반복적이었다.

　주일이면 남자와 여자, 젊은이와 노인 등 모든 사람을 다 모아 놓고 이들의 언어로 기도문을 암송시킨다. 이들은 그렇게 하는 것을 아주 즐거워하며, 기쁘게 모임에 참석한다.……내가 제1계명을 불러 주면 이들이 복창을 하고, 그런 다음 다 함께 "예수 그리스도, 하나님의 아들이시여. 우리가 만물보다 주님을 더 사랑할 수 있는 은혜를 허락하소서"라고 말한다. 이 은혜를 구할 때 우리는 라틴어로 된 주기도문을 암송하고, 이어서 한목소리로 "거룩한 마리아, 예수 그리스도의 어머니시여. 우리가 당신의 아들에게서 제1계명을 지킬 수 있는 은혜를 얻게 하소서"라고 외친다. 다음으로 우리는 아베마리아를 부르고, 나머지 아홉 계명도 이와 같은 식으로 하나씩 진행한다. 신조의 12항목을 기념하여 주기도문과 아베마리아를 12번 외치는 것처럼, 십계명을 기념해서도 주기도문과 아베마리아를 열 번 외치면서 우리가 그것을 잘 지킬 수 있는 은혜를 주시기를 하나님께 간구한다.[47]

　사비에르가 인도에 온 것은 어느 한 지역에 정착해 자기 사역을 하기 위해서가 아니었다. 그는 자기 자신을 개척자로 여겼고, 그래서 다른 곳으로 이동해 다니면서 예수회 선교사들을 위해 터를 닦기에 힘썼다. 1545년, 극동 지역으로 가기 위해 그가 인도를 떠났을 때 그의 자리는 곧 다른 사람들로 대체되었고, 십여 년이 지나지 않아 인도에는 열두어 곳의 그리스도인 마을이 형성되었다.

어린아이들을 만나든 어른을 만나든 사비에르는 늘 복음을 증거할 준비를 하고 다녔다. 인도를 떠나기 전 한번은 이런 일이 있었다. "물건 싣고 다니는 배를 소유한 한 상인을 만났습니다. 저는 그에게 하나님의 일들에 대해 이야기했고, 하나님께서는 그 상인의 영혼 안에 그가 한 번도 취급해 보지 않은 것들이 있다는 사실을 깨닫게 하셨습니다." 그 상인은 배와 물건들을 버려두고 사비에르와 함께 다니며 복음을 전하는 자가 되었다. "그는 35세입니다. 평생 세상의 군사로 살아온 그가 이제는 그리스도의 군사이지요. 그는 진심으로 여러분이 그를 위해 기도해 주기를 바라고 있습니다. 그의 이름은 요아오 데이로입니다."[48]

인도를 떠난 사비에르는 말레이 반도의 말라카로 가서 한동안 사역했다. 하지만 그의 꿈은 일본에 가서 복음을 전하는 것이었다. 1548년 고아에 있을 때 그는 안지로라는 일본인을 만난 적이 있는데, 적절한 처신과 논리적 추론을 갖춘 선교사라면 일본에서 큰 결실을 기대할 수 있을 것이라고 사비에르를 설득시킨 사람이었다. "그는 왕과 귀족, 그리고 지각 있는 사람이라면 모두 다 그리스도인이 될 것이라고 했다. 일본인은 전적으로 이성이라는 법의 지도를 받기 때문이라고 말이다."[49]

사비에르는 1549년 일본에 도착했지만 가슴 부풀게 했던 전망과 달리 그곳에서의 사역이 매우 힘들 것임을 곧 깨달았다. 언어 장벽이 복음을 전하려는 그 모든 시도를 가로막았다. "우리는 일본에 숱하게 많은 신상들하고 똑같다. 사람들은 우리에게 여러 가지 일에 대해 이야기하고 말하지만, 그 말을 하나도 알아듣지 못하는 우리는 꿀 먹은 벙어리일 뿐이다." 하지만 도착한 지 몇 달 만에 사비에르는 사람들이 하나님의 일에 대해 이야기 듣기를 아주 좋아한다고 보고할 수 있었다. "주로 알아들을 수 있을 때"에 한해서지만 말이다.[50] 2년 후 사비에르가 일본을 떠날 때 약 100여 명의 개종자들이 있던 것으로 보아 일부 사람들은 사비에르의 말을 알아들었던 것이 분명하다.

사비에르 일행이 일본에서 만난 자유는 일본의 불안정한 정치 환경의 산물이었다. 당시 일본에는 중앙집권적 정부도 없었고, 불교는 사양길에 접어들어 있었다. 그런 상황은 사비에르가 일본을 떠난 뒤에도 계속되었고, 그래서 사비에르에 뒤이어 일본으로 온 예수회 선교사들은 인상적인 결과를 목격할 수 있었다. 1570년대에는 엄청나게 많은 일본인들이 가톨릭 신앙으로 귀의하기 시작했다. 한 지역에서만 약 5만 명이 세례를 받았고, 16세기 말에는 신앙을 공언하는 그리스도인이 약 30만 명이었던 것으로 추산된다. 이는 일본의 정치 상황이 크게 변화되었는데도 불구하고 일어난 현상이었다. 선교사는 더 이상 환영받지 못했고, 일본인 그리스도인들은 심각한 핍박에 직면하여, 때로는 십자가형을 당하는 경우도 있었다. 1638년에는 수천 명의 그리스도인들이 '시마바라의 난'에 가담하여 핍박과 지나친 과세에 항거하기도 했다. 이들은 한 성에 피신하여 몇 주 동안 그곳을 장악하고 저항하다가 결국 진압되어 몰살당했다. 하지만 이런 어려움에도 불구하고 가톨릭 신앙은 일본에서 2세기 이상 계속 영향력을 끼쳤다.

사비에르는 일본을 떠나 고아로 돌아간 뒤 거기서 다시 중국으로 갈 계획을 세웠다. 복음을 가지고 그 나라를 파고들 생각이었다. 그러나 중국 선교를 개척하는 일은 다른 예수회 선교사의 몫으로 남겨졌다. 사비에르는 중국 입국을 추진하는 사이 열병에 걸려 중국 해안의 한 섬에서 세상을 떠났으니, 선교사 사역을 시작한 지 겨우 10년이 지났을 때였다.

마테오 리치[1552-1610]

'오랑캐 사절.' 다른 무엇보다도 바로 이 표어가 중국 역사의 상당 부분을 대변해 주었다. 중국은 기독교가 그 토양에 뿌리내리는 것을 저지한, 자존심 강한 고립주의자의 땅이었다. 복음을 전하려는 시도가 있기는 했지만, 성공한 예는 없었다. 6세기에 육로를 통해 시리아에서 건너온 네스토리우스파가 최초의 중국 선교사로 알려져 있다. 최초의 로마가톨릭 선교사인 조반니 디 몬테 코르비노[Giovanni di Monte Corvino, 1247-1328]가 13세기경 도착했을 때 이들의 영향력은 쇠퇴하기 시작하던 중이었다. 몬테 코르비노는 당시 중국을 지배하고 있던 몽골족의 보호 아래 상당히 자유롭게 설교할 수 있었고, 수천 명이 세례를 받았다. 그러나 14세기, 명(明) 왕조가 권력을 잡자 선교사들은 추방되었다. 16세기 말이 되어서야 기독교가 중국에서 사실상 영구적 기반을 획득했고, 이탈리아 예수회 소속인 마테오 리치[Matteo Ricci]는 "그런 획기적 발전에 가장 크게 기여하여 중국 문학에서 가장 존경받는 외국인으로 남게 되었다."[51]

리치는 사비에르가 세상을 떠난 해인 1552년에 태어났다. 이탈리아 귀족인 리치의 아버지는 그를 로마로 보내 법률을 공부시켰다. 그러나 로마에서 젊은 리치는 예수회의 영향을 받게 되었고, 3년 만에 세속에서의 이력 추구를 모두 포기하고 예수회에 들어갔다. 이 소식을 듣고 크게 낙심한 그의 아버지는 아들을 빼내려고 즉시 로마로 향했다. 그런데 로마로 가던 도중 그는 심하게 병이 나서 계속 길을 갈 수가 없었다. 이것이 하나님의 진노의 표가 아닐까 하는 두려움에 휩싸인 그는 집으로 발걸음을 돌렸다. 리치가 예수회에 들어갔다고 해서 세속 학문 연구가 끝났다는 신호는 아니었다. 그는 당대의 주도적인 수학자 밑에서 공부를 계속했고, 이때 받은 교육이 훗날 중국의 지식인들과 교류할 수 있는 문을 열어 주었다.

13명의 다른 선교사들을 대동한 리치는 먼저 인도 고아로 파송받았다. 그곳은 사비에르가 선교사로서 사역을 시작했던 곳이었다. 사비에르와 마찬가지로 리치 일행도 아이들에게 세례를 주고 교육을 시켰지만, 이것이 자기만의 독특한 사역이라는 느낌은 없었다. 인도에서 4년을 지낸 후 그는 "그토록 오래 기도하던 진군 명령을 받았다."[52] 그는 곧 중국 연안에 있는 포르투갈령 항구도시인 마카오를 향해 출발했다. 먼저 그곳에 가 있는 친구 루지에리Ruggieri가 언어 공부 때문에 힘들어 하며 이러지도 저러지도 못하는 절망 상태에 빠져 있었음에도 불구하고 그는 기대감을 안고 이 새 사역지를 향해 항해에 나섰다.

그의 중국 도착은 오랫동안 고대해 왔던 획기적 변화의 신호탄이었다. 선교사 일행은 한동안 마카오에 머물다가 정식 허가를 받지 않은 채 중국으로 들어갔다. 그러나 리치가 수학·천문학·지리 분야에 전문지식을 갖고 있다는 소문이 자오칭 총독 왕판의 귀에 들어가자 왕판은 루지에리와 리치를 청하여 자기 관내에 들어와 살게 했다. 처음에는 이것이 자신들을 죽이려는 음모 아닌가 하여 두려워하던 이들은 그 위험조차 받아들이기로 하고 성으로 들어갔다. 하지만 그 초청은 속임수가 아닌 진심이었고, 이에 리치는 세속에서 갈고닦은 학문의 가치를 이 해외선교 사역에서 곧 유감없이 발휘해 보였다. 그는 시계나 악기, 천문학 기구나 항해 기구 같은 기계장치를 포함해 책·그림·지도 등도 가지고 갔는데, 이는 하나같이 학자들의 폭넓은 관심을 끄는 물건들이었다. 지도는 세상이 중국과 그 인접 이웃들로만 구성되어 있다고 생각하던 사람들에게 특히 더 호기심거리였다.

리치의 주목표는 서구 학문을 소개하는 것이 아니라 복음을 전해 주는 것이었다. 그 점을 확실히 하기 위해 리치와 루지에리 두 사람 모두 머리를 밀고 불교승 옷차림을 했다. 2년 만에 개종자가 생겼고, 두 선교사는 중국인 일꾼들의 도움으로 작은 교회당과 개인 거처를 지어 봉헌했다. 1588년, 중국에 정식으로 입국한 지 5년 만에 루지에리는 유럽으로 돌아갔고, 리치는 예수회의 다른 선교사들과 함께 중국 사역을 책임졌다.

중국을 떠나기 전, 루지에리 신부는 성적 추문의 주인공이 되었다. 한 중국인 회심자가 루지에리가 남편 있는 여자와 간음을 저질렀다고 고소했고, 여인의 남편도 그의 이 혐의에 동의했다. "이는 철저한 수사의 전범이 되는 사건이었고, 루지에리는 깨끗이 혐의를 벗을 수 있었다"고 조나단 스펜스^{Jonathan Spence}는 말한다. 성적 방탕이 일상화되어 있는 이 적대적 풍토에서 또 다른 사제들도 비슷한 혐의를 뒤집어썼다. "중국인들은 그런 소문을 자꾸 만들어 냈고, 이들은 마을 장날 이를 소재로 연극을 공연하며 그리스도인들과 포르투갈인들이 칼과 묵주를 함께 휘두르면서 사제들을 마을 여인들과 무차별로 뒤섞여 다니게 한다고 조롱했다. 여기에 한술 더 떠 예수회 선교사들과 개종자들을 헐뜯는 내용의 우스꽝스러운 그림들이 날개 돋친 듯 팔려 나갔다."[53]

한편 리치는 유학자 복장으로 옷차림을 바꾸었다. 유교는 중국 지식인들의 종교였으며, 리치는 이제 이 지식인 계층에 관심을 집중했다. 중국인들이 유교를 단순히 하나의 철학으로 볼 수만 있다면 그들의 전통을 버리지 않으면서도 기독교를 받아들일 수 있으리라는 것이 리치의 계산이었다.

리치는 기독교를 중국의 상황에 맞춰서 전하려 했고, 로베르트 데 노빌리^{Robert De Nobili, 1577-1656} 같은 예수회의 다른 선교사도 인도에서 똑같은 노력을 하고 있었다. 노빌리는 브라만 계급에 다가가기 위해 사실상 그 자신이 브라만이 되었다. 그는 브라만 계급의 계율을 준수하고 브라만 복장을 했으며, 기존 기독교회와 교제를 끊었다. 물론 비난의 포화를 맞지 않은 것은 아니었다. 노빌리와 리치 두 사람 모두 로마가톨릭교회 내에서 논쟁의 여지가 많은 인물들이었다.

유교를 기독교와 양립 가능하게 만들려는 리치의 노력이 중국인들의 흥미를 끌어 마침내 그들을 개종시킬 수 있는 길이 열렸다. 그러나 그를 비난하는 이들은 그가 기독교의 기본 교리에 충실하지 않다고 주장했다. 예를 들어 그는 중국 고전을 바탕으로 하나님의 이름을 "하늘의 주권적 주인"이라는 뜻의 천상제(天上帝)라는 용어로 표현했다. 또한 리치는 조상에게 바치는 제사를 포기해야 한다고 고집하지도 않았다. 그는 그런 전통이 다만 세상을 떠난 가족들을 존중하는 건전한 관습일 뿐이라고 주장했다.

당연히 그의 방식은 등장하자마자 빈축을 샀다. 경쟁 수도회인 도미니크회와 프란체스코회 사람들이 특히 더했다. 중국에 가톨릭을 전파하는 일을 예수회가 여러 해 동안 사실상 독점해 온 것에 불만이었던 다른 두 수도회는 기회를 놓치지 않고 트집을 잡았다. 17세기 초, 이 문제는 '중국 전례 논쟁'으로 확대되었으며, 이는 아마도 로마가톨릭 선교를 상대로 벌어진 가장 치열한 논쟁일 것이다. 교황측은 대체적으로 도미니크회와 프란체스코회의 편을 들어, 그리스도인이 공자나 자기 조상에게 제사를 드리는 것을 금했다. 반면 중국 황제는 예수회의 편을 들면서 조상 제사를 반대하는 자들은 중국에서 추방하겠다고 위협했다. 이 논쟁은 수세기를 끌면서도 제대로 해결을 보지 못했다.

리치를 변호하기 위해 한 가지 주목하자면, 그는 논쟁을 원치 않았다는 것, 그리고 그가 유학자들을 향해 관용적인 태도를 보인 것은 그와 친분이 있던 중국 지식인들의 영향 때문이었으리라는 것이다. A. J. 브룸홀Broomhall은 "지식인들에게는 이런 전례가 지닌 의식과 예절, 정치 측면이 종교나 미신과는 구별되는 것일 수도 있었지만, 정령신앙을 지닌 평범한 중국인들에게는 그렇지 않았다고 생각할 수 있다"고 말한다.

리치 자신은 유학자들의 생각을 받아들이는 게 어렵지 않았다. 중국 고전을 공부하고 번역하면서 그는 이 고대 문화가 인간에게 제공해 준 것에 대해 큰 존경심을 품게 되었다. 그는 타불라 라사tabula rasa 정책, 곧 기독교가 효과적으로 도입되기 위해서는 먼저 비기독교적 철학과 종교가 철저히 근절되어야 한다는 믿음을 일축해 버렸다. 그것은 사비에르가 일본인 및 고도로 발달된 일본 문화를 접하고 나서 내린 결론이기도 했다. 사비에르는 일찍이 인도에서 비기독교적 체계를 폄하하려고 했다가 별 성공을 거두지 못했다. 그래서 현지 문화에 맞추어 가는 것이 예수회 선교사들의 정책 방향이 되었고, 이를 반대하는 이들과의 논쟁은 오늘날까지도 계속되고 있다. 복음을 상황화한다는 이 노선을 일부 사람들은 혼합주의, 곧 기독교 신앙과 비기독교 신앙을 뒤섞은 이단으로 인식한다.

중국인들을 지극히 존중하는 태도, 그리고 자신의 과학적 지식을 이들에게 전해 주고자 하는 성실한 자세 덕분에 리치 앞에는 보기 드문 기회들이 펼쳐졌으며, 이런 기회를 누린 외국인은 리치 이전이나 이후에도 거의 없었다. 1601년, 명 황제 만력제의 초청으로 그는 베이징에 자리를 잡고 황궁 가까이에서 선교 사역을 계속하면서 제국 정부에서 주는 급료로 생활할 수 있게 되었다. 그는 중국에 올 때 가져온 대형 괘종시계를 황제에게 바쳤고, 이어 동료 사제들과 함께 궁정에서 "시계태엽 감는 자"로 공식 직분을 갖게 되었다. "반대자들이 그를 축출하려고 하자 권세 있는 환관들은 시계를 유지 관리할 수 없게 될 것이 두려워 리치가 절대 쫓겨나지 않도록 조치했다"고 브룸홀은 말한다.[55] "이는 지존자의 전능한 손이 일으킨 기적"이라고 리치는 기록했으며 "우리가 베이징에 살게 된 것뿐만 아니라 여기서 논의의 여지없는 권한을 누리게 된 것에서도 기적이 더욱더 크게 나타난다"고 했다.[56]

리치는 1611년, 베이징에 도착한 뒤 거의 10년 만에 세상을 떠날 때까지 그곳에서 사역했다. 그 10년 동안 상당수의 학자들과 정부 관리들이 그리스도를 믿는 믿음을 고백했으며, 그중에는 중국의 지도적 지식인이자 한림원 회원인 바오로 수(서광계)도 있었다. 그의 신앙은 진실했고, 자녀에게 그 믿음을 전수했으며, 그들은 수세대 동안 이 믿음을 생생하게 유지했다.

그의 딸은 전문적인 이야기꾼들을 훈련시킨 뒤 복음을 가지고 마을마다 다니게 했다. 바오로의 후손 중 결혼을 통해 유명인사가 된 이들이 둘 있는데, 한 사람은 쑨원 부인이고 또 한 사람은 장제스 부인이다. 리치가 세상을 떠날 당시 중국인 회심자 수(약 2,000명)는 중국의 거대 인구에 비하면 아주 미미한 숫자였지만, 이들의 사회적 지위 덕분에 영향력은 그 숫자에 비해 훨씬 컸고, 17세기와 18세기에 들어 주기적으로 심한 핍박이 있었음에도 불구하고 기독교는 계속 성장해 나갔다. 리치가 세상을 떠난 뒤 반세기 동안 교회는 100배로 성장했다.

리치는 다른 무엇보다도 먼저 신실한 로마가톨릭 신자였고, 그가 회심시킨 사람들도 마찬가지였다. 자신의 일지에서 그는 바오로 수가 한 예수회 사제의 거처에 들어가기 전 "성모 마리아 상 앞에" 고개 숙여 절을 했으며, 세례 받은 뒤 그가 "날마다 미사에 참석했고", "고해하러 가면서 얼마나 큰 위로를 받았는지"에 대해 이야기한다.[57] 미사 의례에는 복음의 메시지를 전하는 순서가 있었으며, 브룸홀의 말에 따르면, "다른 무엇이 더해졌든 그보다 훨씬 더 순수한 복음이 가르쳐졌다"고 한다.[58]

이 시기에 한 예수회 사제가 하나님에 관해 쓴 소책자가 그 지역에 널리 유포되었는데, 후에 개신교 선교사들도 이 책자를 활용했다. 이런 문헌이 있었기에 1724년 선교사들을 추방하고 중국 그리스도인들로 하여금 비밀 예배를 드리게 만든 칙령이 반포된 후에도 복음의 메시지가 생생히 살아 있을 수 있었다.

03

아메리카 인디언 선교
: '고상한 미개족속'을 찾아다니다

그들을 가리키는 말은 다양하다. "레드스킨족"Redskins, "원주민"Aborigines, "고결한 야만인"The noble savage, "잃어버린 이스라엘 지파". 아메리카 인디언만큼 정부 관리와 정치인과 교회 지도자들에게 꾀임당하고 이리저리 휘둘린 원주민은 세상에 다시없다. 아메리카 원주민들은 수세기 동안 기독교의 주요 전도 대상이었다. 가톨릭과 개신교 두 교파 모두 아메리카 원주민 선교를 위해 엄청난 노력을 쏟아부었다. 아메리카 인디언 선교에 얽힌 이야기는 깊은 감동과 큰 용기, 영적 헌신이 담긴 이야기지만, 궁극적으로는 실패의 이야기다. 그렇게 집중적으로 노력했는데 어떻게 그토록 결실이 없을 수 있었을까? 2세기에 걸친 공격적 토지 수탈, 문화 충돌, 점진적 인종 말살 정책이 그 전말을 알려 준다.

북아메리카 최초의 선교사는 로마가톨릭 선교사들이었다. 16세기에 주로 프란체스코회 소속 스페인 사제들이 현재의 미국 남서쪽 지역에 살던 푸에블로족을 대상으로 사역을 시작했다. 수많은 선교회가 세워졌고, 원주민들은 탁발 수도사들이 소개하는 새로운 삶의 방식에 큰 관심을 보였다. 선교사들은 가축, 다양한 식용 식물, 철제 기구, 무기류를 가져왔다. 푸에블로족은 이런 것들을 받는 대신 세례를 받고 미사에 참석했지만, 여전히 전통적인 신앙 풍습을 따랐다. 프란체스코회 수사들은 전례문(典禮文)이나 성경을 원주민 언어로 번역하려는 노력을 거의 하지 않았고, 이곳에서 저곳으로, 이 언어군에서 저 언어군으로 자주 옮겨 다녔다. 하지만 1625년 무렵 이들은 엄청난 규모의 개종자 수를 보고했다. 선교 사역 불과 몇십 년 만에 수만 명의 개종자가 생긴 것이다.[1]

가톨릭이든 개신교든, 유럽계 선교사들은 자신들과 아메리카 원주민들 사이에 큰 문화적 차이가 존재한다는 것을 곧 깨달았다. '땅'은 중차대한 의미를 지닌 개념이었다. 이것은 푸에블로족에게도 그러했고 태평양 연안의 다른 모든 부족에게도 마찬가지였다. 땅, 곧 주변의 자연 세상을 자기 이득의 근원으로 보는 유럽인들과 달리 원주민들은 땅을 영적인 관점에서 보았다. 이들은 땅을 성스러운 것으로 보았고, 주변 환경과 일체감을 느꼈다. 땅은 이들 조상의 땅이었다. 땅은 사거나 팔 수 있는 게 아니었고, 산 자와 죽은 자 모두에게 속한 것이었다. 그리고 원주민들 자신은 하나의 공동사회 단위였다. 이들은 유럽인들의 개인주의 같은 것은 알지 못했다. "누구든 자기를 남과 구별하는 자는 존중받기보다는 조롱거리가 되었다."[2] 초기의 대다수 선교사들은 아메리카 원주민에게 개별적 개종은 있을 법하지 않다는 것을 인식하고 이들의 삶이 지닌 공동체적 속성에 적응했다.

프란체스코회가 북아메리카 남서부에 온 지 한 세기 후, 프랑스의 예수회 선교사들이 장 드 브레뵈프[Jean de Brébeuf, 1593-1649]의 지도 아래 세인트로렌스 밸리(오늘날 캐나다 온타리오 주)에 들어와 휴런족을 대상으로 사역을 시작했다. 이들은 예수회의 선교 전략에 충실하게 이 부족의 세계관을 연구하고 인정했다. 예수회 선교사들은 원주민들의 종교가 여러 가지 면에서 기독교와 양립 가능하다고 믿었다. 원주민들의 종교와 기독교 모두 "위에 있는 신"과 일상생활에 깃든 신의 힘을 인정했고, 의례와 의식을 매우 중시했으며, 꿈과 환상 같은 초자연적 경험을 크게 강조했다. 헨리 보던[Henry Bowden]은 "원주민들은 호수에 그물을 치기 전에 먼저 담배가루를 흩뿌리고 물고기 정령들에게 말을 걸었으며, 그리스도인들은 성자를 숭배하고 9일기도(개인이나 공동체가 특별한 은총을 받기 위하여 9일 동안 드리는 기도)[Novena]를 했지만, 사실 이들의 일상적 행동 방식은 서로 쉽게 이해가 가능했다"고 말한다.[3]

원주민들에게 복음을 제시하기 위해 예수회 선교사들은 중요한 영역에서 기꺼이 타협을 하고자 했다. 예를 들어 이들은 그리스도의 몸을 먹고 피를 마시는 것(미사의 본질적 측면)에 대해 언급하지 않았다. 휴런족에게 이는 식인(食人) 의식을 연상시킬 것이기 때문이었다. 그보다 브레뵈프는 감사를 드리는 행위로서 미사를 제시했다. 원주민들이 붉은 색에 긍정적 의미를 두는 것을 보고 예수회 선교사들은 붉은 색을 마음껏 활용했다. 특히 십자가를 설명할 때 아주 좋았다. 마찬가지로 꿈 해석에 대한 휴런족의 믿음을 활용해, 이들이 어떤 꿈을 꾸었다고 하면 그 꿈이 이들을 기독교 신앙으로 인도하고 있다고 해석하게 부추겼다.[4]

　휴런족을 대상으로 한 예수회 사역의 독특한 측면은 바로 성경번역이다. 흔히 성경 번역가 역할까지 겸했던 초기 개신교 선교사들과 달리 가톨릭은 대개 예배 전례문과 신조를 번역하는 데 만족했다. 어쩌면 성경을 여기저기 조금씩 번역했을 수도 있다.

폴 르 죈[1591-1664]

가장 가까운 도시라고 해도 1,200km나 떨어져 있는 휴런족 마을의 이 외딴 선교기지는 유럽인들의 기준으로 볼 때 미개하기 짝이 없었다. 1632년 무렵 폴 르 죈[Paul Le Jeune]이 이곳에 도착했을 때, 예수회는 원주민 아이들을 위해 학교 하나를 세워 놓았을 뿐 7년간의 사역을 보여줄 만한 것이 달리 없었다. 1591년에 태어난 르 죈은 당면한 과제에 어울리지 않는 사람으로 보였을 수도 있다. 파리 대학에서 신학과 철학을 공부한 학문적 배경에, 나이가 마흔인 그는 그곳에서 겪게 될 궁핍한 생활에 전혀 준비가 안되어 있었다. 그가 그곳에 온 이유는 그저 순종하기 위해서였다. "이곳에 파송될 때 나는 캐나다에 갈 생각은 전혀 하지 않았다. 미개족속들에 대해 특별한 애정 같은 건 없었고, 다만 순종의 의무에 묶였을 뿐"이라고 그는 고백했다.[5] 그에게 주어진 과제는 성경번역이었다.

　겨울은 혹독하게 추웠으며 여름은 덥고 습하고 벌레가 들끓었다. 그만두고 싶다는 유혹이 온몸을 휘감을 때도 있었다. "하나님은 자신이 정복당하는 것을 허락하지 않으신다고 하는데, 맞는 말이다. 주는 것이 많을수록 얻는 것도 많다는 말도 맞는 말이다. 하지만 때로 하나님은 자기를 숨기기도 하신다. 그러면 그 잔은 매우 쓰다"라고 그는 기록했다.[6] 르 쿈의 푸념은 선교사라면 누구나 하는 말이었다. 사역의 결과가 지지부진할수록 더 희생적으로 일해야 할 뿐이었다. 이런 역경의 외중에 하나님은 어디 계셨는가?

언어학자로나 번역자로서 아무 준비가 안되어 있던 르 쿈은 까다롭기 그지없는 휴런어를 붙들고 어떻게든 해보려고 몸부림을 쳤다. 상황을 더 복잡하게 만든 것은, 휴런어 공부에 도움을 받기 위해 고용한 원주민들이 교활한 사람에서부터 무기력한 사람에 이르기까지 가지각색이었다는 것이다. 어떤 때는 "적절한 단어를 놔두고 외설스러운 단어를 그에게 가르치다가" 발각되는 경우도 있었고, 어떤 때는 공부가 아무 진척도 없이 교착 상태에 빠지는 경우도 있었다. "단어 하나의 뜻을 알려고 질문을 스무 번이나 해야 했던 때도 있다. 휴런족 선생의 교수 방식은 그처럼 변덕스러웠다." 르 쿈은 원주민들의 지적 능력은 인정했다. 가장 큰 문제는 그들에게 동기부여가 안되어 있다는 점이었다. 해결책은 본국에서 보내온 물품 속에서 뜻하지 않게 발견되었다. "오, 작년에 내게 담배를 보내준 분들에게 얼마나 감사하던지. 원주민들은 담배를 미칠 만큼 좋아한다. 뭔가 어려운 문제를 만날 때마다 나는 선생에게 담배를 주면서 나를 가르치는 일에 좀 더 집중하게 만들었다."[7]

르 쿈이 그렇게 끈질기게 노력한 목적은 바로 회심자를 얻는 것이었다. 때로 상황이 지극히 절망적으로 보이기도 했지만, 그가 자신의 일지에 기록하고 있다시피 낙관적인 순간도 있었다.

11월 14일, 우리와 함께 지내는 부족민 라 나스에게 천지창조, 성육신, 성자의 수난에 대해 가르쳤다. 밤이 깊어 모두 다 잠든 시각까지 진지하게 이야기를 들려줬다. 자기 방으로 돌아가면서 그는 피에르에게 말했다. 이런 이야기를 들는 게 정말 재미있다고. 어느 날 저녁 식사 후에 우리가 하나님께 기도하는 모습을 본 그는 깊은 한숨을 내쉬며 말했다. "아, 여러분처럼 하나님께 기도하지 못하는 나는 얼마나 불행한지요!" 라 나스는 피에르에게 종종 이런 말을 했다. "저분에 대해 빨리 알려 주세요." '저분'이란 나를 두고 하는 말이다. "그래야 저분이 하는 말을 우리가 알아들을 수 있지요."[8]

르 쥔이 사역을 시작한 지 7년이 지난 1639년, 인구 만여 명의 이 부족 가운데 약 100명 정도의 회심자가 나왔다. 열 명의 예수회 선교사들이 이룬 성과였다. 그 뒤로 또 20년, 선교사 숫자가 늘어나면서 부족민의 절반 정도가 회심한 것으로 추산되었다. 그러나 그때 한 가지 재앙이 닥쳤다. 이로쿼이 연맹(외세의 침략에 공동 대응하려는 목적으로 모호크족·오나이다족·오논다가족·카유가족·세네카족이 맺은 인디언 연맹)Iroquois League이 휴런족을 상대로 전면적인 군사작전에 나섰고, 전쟁이 끝나기 전 회심자들 대다수가 살해당하거나 흩어졌다. 장 드 브레뵈프는 고문당한 뒤 살해되었고, 휴런족을 상대로 한 예수회의 선교 시대는 막을 내렸다. 퀘벡을 비롯한 다른 지역에서 사역은 계속되었지만, 그 전과 같은 열정은 사라지고 없었다.

후에 로마가톨릭 선교사들은 대평원 지대Great Plains와 오리건 준주(準州)에서 사역을 시작했지만, 북아메리카 인디언들에게 지속적으로 영향을 남긴 것은 로마가톨릭보다는 개신교 선교사들의 모험적 사역이었다.

존 엘리엇[1604-1690]　　　　　신대륙을 탐사하기 시작하던 바로 그 때부터 영국인들에게는 원주민들을 기독교로 끌어들이려는 강력한 열망이 있었다. 원주민 복음화는 식민지주의를 정당화하는 강력한 논거가 되었고, 식민지 개척 인가서에서도 이 점이 강조되었다. 1606년의 버지니아 칙허장Virginia charter은 "아직 흑암과 비참한 무지 가운데 살고 있는 사람들에게 기독교를 보급하는" 식민지 개척자들에게 국왕이 전하는 축복의 말로 시작된다. 매사추세츠 베이 칙허장은 "이 지역의 원주민들이 유일한 참 하나님과 인류의 구주를 알고 순종하며, 기독교 신앙을 가질 수 있도록 설득하고 격려"할 것을 서약했다. 식민지 문장(紋章)이 이런 필요성을 공공연히 선언했다. 이 문장에는 한 인디언이 "건너와서 우리를 도우라"행 16:9고 외치는 모습이 그려져 있다. 코네티컷 칙허장은 복음화가 식민지 개척의 "유일하고 주된 목적"임을 주장했다. 펜실베이니아와 다른 식민주도 인디언 개종이라는 목적을 천명하면서 개척되었다.

하지만 대부분의 경우 이런 선언은 아무 의미도 없었다. 식민지 이주자들이 그 땅을 자기 땅이라 주장하며 울타리를 둘러 나감에 따라 "가엾은 야만인들"은 그들에게 위협이자 장애물이 되었다. 인도주의와 복음전도의 정서는 탐욕의 기세에 위압당했고, 선교사들이 하는 일은 공공연히 멸시받았다. 이리하여 선교사들은 원주민들의 적대에 시달렸을 뿐만 아니라 자국민들과도 심히 반목하게 되었다. 물론 예외도 있었다. 매사추세츠는 칙허장에서 천명한 의무를 다른 어떤 식민주보다도 성실하게 이행하고자 했다. 목회자들은 회중을 섬기고 인디언을 복음화해야 한다는 이중의 책임을 이행했다. 그러나 대부분 너무 바빠서 이 두 가지 일 모두에 시간을 할애할 수 없었고, 그래서 두 번째 책무는 등한시했다.

두 가지 역할을 다 하겠다고 진지하게 결단한 사람이 있었는데, 그가 바로 존 엘리엇John Eliot으로, 흔히 "인디언의 사도"라 일컬어진다. 선교사로서 많은 업적을 남기긴 했지만 그의 주 소명은 록스베리 교회 사역이었다. 엘리엇은 잉글랜드에서 태어나 케임브리지에서 목회자 교육을 받고 1622년에 졸업했다. 성공회에서 서품을 받기는 했지만 그는 비국교도였고, 그래서 잉글랜드에서는 사역 기회에 제한을 받았다. 한동안 교사로 일하던 그는

1631년 잉글랜드를 떠나 매사추세츠로 왔다. 1년이 지나지 않아 그의 세 형제와 세 누이가 합류했고 그의 약혼녀도 함께 왔다.

엘리엇은 곧 보스턴 외곽으로 3km 떨어진, 록스베리라는 변경의 작은 정착지 교회의 목사가 되었다. 그리고 1632년 10월, 그곳에서 해나 멈퍼드 Hanna Mumford와 결혼했다. 사역 초기에는 회중들의 갖가지 필요를 채워 주는 일에 몰두했다. 지척에 인디언들이 있었지만, 그들이 이따금 록스베리를 찾아와도 별 관심을 끌지 못했다. 인디언들은 온순했고, 정착민들은 인디언의 존재를 그냥 받아들일 뿐 그들을 복음화하겠다는 생각 같은 것은 하지 않았다. 사실 목회자를 비롯해 뉴잉글랜드 정착민들은 인디언 사망률이 급증하는 것은 하나님께서 "자신의 백성들을 위해 이 땅을 정결케 하는" 수단으로 유럽의 질병이 들어오게 하신 때문이라고 보았다.

1644년, 나이 마흔이 되어서야 비로소 엘리엇은 진지하게 선교사 사역을 시작했다. 선교사로의 부르심[행 16:1-11] 같은 것은 없었다. 엄숙한 사명 같은 것도 없었다. 그저 선교사에 대한 필요가 있었고, 마침 그가 거기에 있었을 뿐이었다. 첫 번째 단계는 언어 공부였다. 알곤킨Algonquin 언어의 매사추세츠 방언을 배우느라 2년간 정신적으로 몹시 힘들었다. 알곤킨어는 문자가 없이 후음(喉音)과 목소리 억양만으로 구성된 언어였다. 이 힘든 과제에 도움을 준 사람은 피쿼트 전쟁(1634년에서 1638년까지 코네티컷 강 계곡 소유권을 둘러싸고 피쿼트족과 뉴잉글랜드 정착민 사이에 벌어진 전쟁—옮긴이) 때 포로로 잡혀 온 젊은 인디언 코체노였다. 코체노는 엘리엇의 선생 역할을 했고, 통역사이자 조수로 그와 동행했다.

1646년 가을, 엘리엇은 근처에 사는 일단의 인디언들에게 첫 설교를 했다. 이는 인디언들과 효율적으로 의사소통을 할 능력이 있는지 알아보는 첫 번째 시험대였다. 그러나 최선을 다했음에도 불구하고 그의 메시지는 쇠귀에 경 읽기였다. 인디언들은 설교에 "주목하지도 않았고, 주의를 기울이

알곤킨 인디언을 섬긴 청교도 선교사 존 엘리엇

지도 않았으며, 내가 하는 말을 지루해하며 멸시했다." 한 달 후 엘리엇은 또 한 번 설교했다. 이번에는 와반(매사추세츠 주 뉴턴 근처의 마을)의 천막 오두막에 모인 조금 큰 규모의 인디언들이 대상이었다. 이번 설교는 인디언들이 한 시간 이상 집중해서 들었고, 설교가 끝나자 질문을 하기도 했다. 후에 엘리엇은 이 질문이 "신기하고 놀랍고 흥미로웠다"고 했다. 엘리엇은 몇몇 질문에는 대답했지만, 선교사다운 눈치를 발휘해 곧 질문 시간을 마감한 뒤 "더 알고 싶은 마음이 있을 때 끝내서 아쉬움을 남겨 두기로 했다." 집회를 마치고 돌아가기 전 그는 아이들에게는 사탕과 사과를, 남자들에게는 담배를 대접했다. 처음으로 그는 성공을 맛보았고, "많은 이들의 환송을 받으며 오두막을 나섰다."

이 집회를 통해 힘을 얻은 그는 2주 뒤, 첫 방문 때 그랬던 것처럼 다른 두 목사와 일반 성도 한 사람을 대동하고 다시 한 번 그곳을 찾았다. 기도로 집회를 시작한 그는 아이들에게 요리문답을 반복해서 가르쳐 외우게 했고, 부모들은 아이들이 배우는 것을 지켜보면서 함께 배웠다. 그러고 나서 그가 십계명에 대해, 그리고 그리스도의 사랑에 대해 설교하자 일부 인디언들은 눈물과 울음으로 반응을 보이기도 했다. 집회가 끝나자 이번에도 질문이 이어졌다. 그중 가장 대답하기 힘들었던 것은 "백인들이 왜 전에는 우리에게 이런 이야기를 해주지 않았느냐?"는 것이었다.

엘리엇은 그 뒤 몇 달간 2주에 한 번씩 와반의 오두막을 찾아가 요리문답 수업을 하고 복음을 전하는 설교를 했다. 물론 복잡한 알곤킨어로 세심하게 연습하고 준비한 내용이었다. 그는 혼자서 무거운 사역의 짐을 감당했지만, 근방의 목회자와 자기 교구민을 비롯해 다른 이들의 도움을 적극적으로 받았다. 그들의 열심 덕분에 그는 사기가 높아졌고, 힘든 시간 중에도 사역을 이어갈 수 있었다. 인디언 마을을 돌아다니는 일은 늘 더디고 지루했다. 험악한 황무지 길을 터벅터벅 걸어 다니려면 몹시 고단했지만, 그의 낙관적 태도는 무뎌지지 않았다. "겨우내 인디언들에게 설교하러 다녔지만 날씨가 안 좋은 날은 한 번도 없었다. 주님을 찬양할지어다."[10]

몇 주가 지나고 몇 달이 지나면서 몇몇 인디언이 회심했고, 그들의 삶에 눈에 띄는 변화가 나타났다. 엘리엇의 첫 번째 집회가 있은 지 1년이 지나지 않아 발행된 한 선교 보고서는 다음과 같은 진전이 있음을 기록하고 있다.

인디언들은 주술 의식을 철저히 버렸다.

이들은 천막 오두막에서 아침 기도와 저녁 기도를 드린다.

이들은 스스로 안식일을 지킬 뿐만 아니라, 안식일을 지키지 않는 자들을 처벌하는 법까지 만들었다.

누구든 안식일의 거룩함을 더럽히는 자는 20실링의 벌금을 내야 한다.

이들은 점점 더 부지런해지고 있으며, 1년 내내 장에 내다 팔 물건들을 만든다. 겨울에는 빗자루, 화로, 뱀장어 통발, 바구니를 만들고 봄에는 크랜베리, 물고기, 딸기를 내다 판다.

여인들은 실 잣는 법을 배우고 있다.[11]

엘리엇의 첫 번째 관심사 중 하나는 그리스도인이 된 인디언들을 위해 특별히 지정된 일정 영역의 땅을 갖는 것이었다. 그런 땅이 필요한 이유는,

갓 회심한 이들을 복음에 관심 없는 이들과 격리시킬 필요가 있기 때문이라는 것이었다. 당사자인 인디언들도 자기들만의 구역을 갖고 싶어 했다. 백인 정착민들이 집을 짓고 울타리를 두르는 바람에 인디언들은 사냥하고 물고기를 잡는 데 제약이 있었다. 엘리엇은 인디언들을 위해 입법 의회^{General Court}에 이 문제를 호소했고, 이에 인디언들은 보스턴 남서쪽에서 30km 떨어진 지역에 수백만 평방미터의 땅을 교부받아 네이틱 부락을 세웠으며, 이곳은 흔히 '기도 마을'^{praying town}이라 불렸다.

네이틱은 전형적인 인디언 부락이 아니었다. 거리 구획이 생기고, 각 가정마다 일정 넓이의 땅이 주어졌다. 엘리엇의 권고에 따라 몇몇 건물들은 유럽식으로 지어졌지만, 대다수 인디언들은 천막 오두막의 주거 형태를 선택했다. 엘리엇은 출애굽기 18:21에서 볼 수 있는 이드로의 구상을 바탕으로 성경적 행정조직을 만들었다. 마을 사람을 10명, 50명, 100명으로 묶고 각 그룹마다 성인 남자를 관리자로 세웠다. 백인 문명이 기준이 되었고, 그리스도인 인디언들은 그냥 그 기준을 받아들여야 했다. 엘리엇에게 참 기독교란 마음과 생각을 바꾸는 것일 뿐만 아니라 생활양식과 문화를 바꾸는 것이기도 했다. 그로서는 유럽 문화와 동떨어진 참 그리스도인 공동체는 상상할 수 없었다. 많은 시간이 지나고 나서 볼 때 이 요소는 그의 사역의 중대한 약점으로 여겨진다.

마을을 만들어 나갈 때 문제점도 물론 있었다. 특히 백인들은 자기들 정착지 안에 인디언들의 영구적 거주지가 생긴다는 것에 분개했다. 하지만 엘리엇은 이에 아랑곳하지 않고 땅을 좀 더 교부해 달라고 주기적으로 매사추세츠 입법 의회에 청원했고, 그래서 1671년 무렵에는 1,100명 이상의 인디언들을 열네 곳의 '기도 마을'에 모아들일 수 있었다. 그의 사역은 입법 의회에게 꼼꼼히 조사받았고, 그는 의회가 자신의 프로젝트를 위해 책정하는 모든 공공 자금을 적극적으로 수용했다.

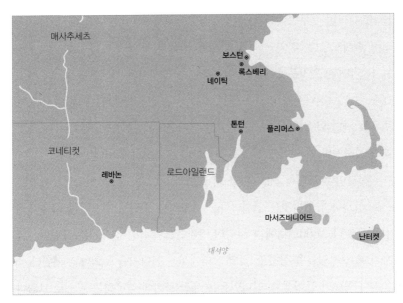

매사추세츠

보스턴
록스베리
네이틱

톤턴
플리머스

코네티컷

레바논
로드아일랜드

마서즈비니어드

난터켓

대서양

뉴잉글랜드의 인디언 선교지

    엘리엇은 이렇게 현실적인 문제에도 시간과 노력을 쏟았지만, 그의 주된 관심사는 인디언들의 영적 복락이었다. 그는 천천히, 그리고 꼼꼼하게 복음을 전했고, 겨우 설교 세 번 만에 첫 번째 회심자가 생기는 것을 목격했으면서도 절대 그 과정을 서두르지 않았다. 사실 그는 이들이 새로운 신앙에 완전히 전념한다는 것을 확신한 후에야 비로소 세례를 베풀고 교인 자격을 주었다. 그리하여 첫 번째 세례식은 첫 번째 회심자가 생긴 지 5년 뒤인 1651년에야 있었다. 마찬가지로 교회를 세우는 것도 그와 동료 사역자들이 보기에 인디언들이 교회 직분을 맡을 준비를 제대로 갖추었다고 판단될 때까지 유보했다.

    엘리엇은 신앙고백 그 이상의 것에 관심이 있었다. 그는 인디언들이 영적으로 성숙할 수 있기를 바랐고, 그가 보기에 그 영적 성숙은 인디언들이 자기들 언어로 성경을 읽고 공부할 수 있어야만 이뤄질 수 있었다. 그래서

1649년, 와반 오두막에서 첫 번째 설교를 한 지 3년이 지났을 때, 몹시 바쁜 일정 중에도 그는 번역 사역을 시작했다. 그가 첫 번째로 완료한 프로젝트는 1654년판 요리문답이었다. 이듬해에는 창세기와 마태복음을 출판했고, 1661년에는 신약성경 번역을 완료했으며, 구약성경은 2년 후에 마쳤다. 이주목할 만한 업적에도 불구하고 그는 인디언에게 영어를 가르칠 수도 있는데 공연히 인디언 언어에 시간을 허비한다고 가혹하게 비난받았다.

시간이 흐르면서 '기도 마을'이 늘어나고 그리스도인 인디언들이 영적으로 성숙하자 엘리엇은 인디언들을 지도자로 훈련시키는 일에 더욱더 중점을 두었다. 1660년경에는 24명의 인디언들이 복음 전도자로 훈련받은 뒤자기 부족 사람들을 섬겼고, 몇몇 교회에서는 인디언을 목회자로 세웠다. 마을마다 학교가 들어섰고, 인디언들은 유럽 문화에 적응하는 것으로 보였다. 겉으로 보기에는 밝은 미래가 펼쳐질 것처럼 보였다. 그러나 평화로운 시간은 이제 그 시한을 다해 가고 있었다. 수십 년 동안 인디언들의 땅을 불법으로 점거해 온 유럽인들의 행태가 언제까지나 아무 저지도 받지 않고 계속될 수는 없었다. 백인들의 토지 수탈, 정직하지 못한 거래, 인디언을 학대하는 행위는 필연적으로 보복을 부르게 되어 있었다. 북동부 인디언들 사이에 동요가 있었고, '기도 마을'의 인디언들도 곧 다가올 전쟁의 공포를 피할 수 없었다. 아메리카 식민 역사상 가장 끔찍한 유혈 전쟁이 벌어질 터였다.

필립 왕(왐파노아그족 인디언 추장 메타코메트의 영어 이름)의 전쟁은 1675년 여름 발발했다. 이 인디언 추장의 공격 계획을 식민지 총독에게 밀고한 한 인디언 첩자를 추장의 용사 세 명이 살해했고, 그 때문에 세 용사가 교수형을 당한 지 3년 만이었다. 전쟁은 거의 백인 정착민 쪽의 승리였고, 시작된 지 1년 이상 지나 싸움이 끝날 즈음 열세 곳의 인디언 마을과 그보다 더 많은 백인 정착지가 완전히 황폐화되었다. 할아버지, 할머니, 숙모와 삼촌, 그리고 어린아이들까지 온 가족이 식민지 당국의 인명부에서 지워졌다.

이 유혈 전쟁 당시 '기도 마을' 인디언들의 비극적 무용담은 아메리카 역사에서 거듭 전해지고 있는 스토리다. '기도 마을' 인디언들은 자기들 땅이 계속 잠식되고 있는 것에 대해 심하게 불평했고, 엘리엇의 말을 빌리면 "땅과 관련된 비즈니스는 이들에게 결코 사소한 문젯거리가 아니었지만",[12] 그럼에도 불구하고 이들은 왐파노아그족과 그 후 다른 부족들이 백인 정착민들을 공격했을 때 백인들 편에 섰다. 사실 이들은 정찰병과 전사로서 식민지군을 도왔고, 이들의 도움 덕분에 전세가 정착민들 쪽으로 유리하게 기울 정도였다. 하지만 이들의 이런 도움은 무시되었고, 긴장이 고조되었다. 수백 명의 그리스도인 인디언들이 보스턴 하버의 "황량하고 휑한 섬"으로 추방되었다. "거듭 공격을 당해" 가진 것도 챙기지 못하고 쫓겨난 이들은 식량과 필수품이 부족한 채 혹독한 겨울을 견뎌야 했다.

엘리엇은 그 끔찍했던 겨울 그들을 찾아갔고, 식량과 의약품을 더 달라고 그들 대신 관리들에게 청원했지만, 그의 이런 행동에 공감해 주는 이가 별로 없었다. 하지만 이들 추방된 인디언들은 뒤에 남겨 두고 온 가족들에 비해서는 형편이 나은 편이었다. 남아 있던 인디언들은 겁먹은 정착민들에 의해 무차별로 살해당했다. 폭력 사태가 그치자, 살아남은 대다수 그리스도인 인디언들은 드문드문 폐허가 된 마을로 돌아왔다. 이들은 마을을 재건하려 애썼지만, 삶은 결코 전과 같지 않았다. 인디언들은 수적으로만 약세가 된 게 아니라 영적으로도 약해졌다. 군인이 된 인디언들 중에는 백인들의 술에 유혹되는 경우가 많았다.

'필립 왕의 전쟁'은 전쟁에 직접 관계된 많은 인디언과 백인들뿐만 아니라 72세 노인인 존 엘리엇에게도 비극이었다. 수십 년 세월 동안 자기를 돌보지 않고 선교 사역에 삶을 바친 그는 전쟁으로 그 모든 것이 파괴된 것을 차마 볼 수가 없었다. 하지만 그는 포기할 사람이 아니었다. "내가 할 수 있는 일이 별로 없지만, 그리스도의 은혜로 나는 결단한다. 두 다리로 걸을 수 있는 한 절대 사역을 포기하지 않겠다고."[13] 나이가 점점 더 들어감에 따라 사역의 성과도 줄어들었지만, 1690년 여든다섯의 나이로 세상을 떠날 때까지 그는 여전히 충실하게 자신의 일을 감당했다.

엘리엇의 사역은 전쟁의 참화로 상당 부분 피해를 입었지만, 복음 전도자요 성경 번역가로서 그가 보여준 본은 원주민 선교를 발전시키는 길을 닦아 주었고, 아메리카 식민지에서 활발하게 활동한 성공회 선교 기구인 복음 전도협회[SPG]가 창설되는 데에도 지대한 영향을 끼쳤다.

엘리엇이 그렇게 특별한 섬김의 삶을 살 수 있었던 비결은 무엇일까? 무엇이 그로 하여금 적대와 역경과 낙담의 세월을 이겨 나갈 수 있게 했을까? 세 가지 특징을 주목해 볼 만한데, 불굴의 낙관주의, 주변의 도움을 얻어낼 수 있는 능력, 그리고 영혼을 구원하고 좋을 때나 나쁠 때나 상황을 주관하는 것은 자기가 아니라 하나님이시라고 하는 절대적 확신이 바로 그것이었다.

메이휴 일가

아메리카 뉴잉글랜드 지역의 목회자들 중 인디언을 상대로 효과적으로 사역한 이가 엘리엇 한 사람만은 아니었다. 또 하나의 주목할 만한 원주민 선교 사역으로 메이휴 일가[The Mayhews]가 마서즈비니어드 섬에서 행한 사역을 들 수 있다. 토머스 메이휴 1세는 1630년대에 엘리엇과 거의 동시에 아메리카에 왔다. 도착 후 곧 그는 마서즈비니어드에 정착하여 섬의 소유권을 사들인 후 총독이 되었다. 그의 아들 토머스 메이휴 2세는 목회학을 공부한 뒤 20대 초에 안수를 받고 고향인 마서즈비니어드로 돌아와 목회자로 일했다.

젊은 메이휴의 주 사역은 백인 정착민들을 대상으로 한 것이었지만, 엘리엇처럼 그도 근처 인디언들을 전도하러 다녔다. 그가 처음으로 회심시킨 인디언 히아쿠메스^{Hiacoomes, 약 1610-1690}는 통역사이자 복음 전도자가 되었고, 10년이 채 안되어 그 지역에 거의 300여 명의 회심자가 생겼다. 메이휴는 학교를 열고 이 일을 후원해 줄 사람들을 찾아다녔다. 1655년, 30대 초반의 그는 이 사역을 홍보할 생각으로 잉글랜드행 배에 올랐다. 하지만 항해 중 그는 아내와 아이들을 남겨둔 채 실종되었다.

70세의 마서즈비니어드 총독이자 지주인 토머스 메이휴 1세는 아들이 돌아오지 못할 것이 확실해지자 아들의 선교 사역을 떠맡았다. 목회자는 아니었지만, 인디언들의 토지 소유권과 사회구조를 존중해 준 덕분에 그는 인디언들의 존경을 받았다. 막중한 책임감으로 그는 아들이 하던 일을 떠맡아 22년 동안 선교사로 섬기다가 92세의 나이로 세상을 떠났다. 그의 손자 존 메이휴 또한 이 일과 연관을 맺었다. 그리고 존 메이휴가 세상을 떠난 뒤에는 메이휴가의 4대손인 익스피리언스 메이휴¹⁶⁷³⁻¹⁷⁵⁸가 이 일을 맡아 32년 동안 헌신했다.

데이비드 브레이너드¹⁷¹⁸⁻¹⁷⁴⁷　　　아메리카 인디언을 대상으로 사역한 가장 유명한 선교사는 데이비드 브레이너드^{David Brainerd}로, 그는 뉴잉글랜드 청교도 신앙의 계승자이자 대각성운동이 낳은 성과다. 흩어져 떠돌아다니는 인디언 부족들에게 복음을 전하는 것이 그의 유일한 사명이었다. 그는 평생 그 일을 위해 살았다. 하지만 교회 역사에서 그의 위치는 그의 개인적 삶이 다른 이들에게 끼친 영감에 주로 기반을 두고 있다. 조나단 에드워즈가 펴낸 그의 일기와 전기는 기독교 문학의 고전이며, 윌리엄 캐리와 헨리 마틴을 포함해 수세기 동안 많은 선교사들이 그의 생애에 깊은 영향을 받았다. 하지만 브레이너드의 복음전도 방식은 그의 선배 선교사인 존 엘리엇의 방식과 뚜렷이 달라, 지금까지 논란이 되고 있다. 그렇게 강도 높게 수고했음에도 불구하고 사역의 결과는 미미했으니 말이다. 그는 겨우 5년간 사역한 뒤 스물아홉 나이에 격무를 이기지 못하고 세상을 떠났다.

데이비드 브레이너드는 1718년 코네티컷 주의 해덤에서 태어났다. 아버지는 지방의 대지주로, 아내와 아홉 자녀를 거느리고 코네티컷 강을 굽어보는 대저택에서 살았다. 데이비드가 여덟 살 되던 해 아버지가 세상을 떠났고, 그로부터 6년 후 어머니도 세상을 떠났다. 그래서 죽음은 그에게 아주 현실적인 것이었고, 여러 면에서 그는 행복하고 아무 걱정 없는 어린 시절의 즐거움을 놓치고 살았다. 그는 침착하고 학구적이었으며, 자기 영혼의 상태에 깊은 관심을 보였다. 어린 시절부터 그는 더할 수 없이 높은 경지의 경건에서부터 굴욕적인 절망의 골짜기에 이르기까지 기복 심한 영적 여정을 거쳤다. 스무 살이 된 그는 누이와 함께 한 농장에서 일하며 살던 삶을 뒤로하고 해덤으로 돌아가 한 노목사의 집에서 공부를 했는데, 그 노목사는 "젊은이들을 멀리하고 진중하고 나이 많은 사람들과 친해지라"고 충고했다.[14]

1739년, 21세의 브레이너드는 당시 과도기에 있던 예일 대학에 등록했다. 학교에 처음 들어갔을 때 그는 신앙적 차이 때문에 괴로웠지만 곧 조지 윗필드와 대각성운동의 영향을 받아 학교 분위기가 달라지기 시작했다. 하룻밤 사이에 기도 모임과 성경공부 모임들이 생겨났지만, 이 때문에 종종 학교 당국자들의 심기가 불편해졌다. 이들은 "종교적 열광"이 두려웠던 것이다. 바로 이런 분위기에서 브레이너드는 한 강사에 대해 조심성 없는 발언을 했다. 그 강사를 가리켜 "의자만큼의 자비심도 없다"고 했고, 위선자라고 비판한 것이다. 브레이너드의 이런 발언이 학교 관리자들의 귀에 들어갔고, 그는 학교 당국의 공개 사과 요구를 거절한 뒤 퇴학당했다.

이는 브레이너드에게 불운한 상황이었다. 그 후 수년간 그에게 고통을 안기면서 그가 우울질이 되는 데 일조했기 때문이다. 그 자신은 물론 영향력 있는 친구들의 노력에도 불구하고 그는 복학이 안되었고, 졸업도 허락되지 않았다. 그런데 재학 시절 그는 에버니저 펨버턴Ebenezer Pemberton, 1704-1777이 인디언 선교에 대해 가슴을 울리는 메시지를 전하는 것을 들은 적이 있었다. 이 메시지를 잊지 않고 있던 그는 1742년 11월 예일에서 퇴학당한 뒤 펨버턴을 만나 선교사로 사역할 기회가 있는지 의논했다. 펨버턴은 아메리카의 목회자로 스코틀랜드 기독교지식보급회SSPCK 연락원으로도 일하고 있었다. 이 단체는 그 즈음에야 인디언 사역을 시작한 참이었고, 브레이너드는 이 단체가 재정 후원을 하기로 한 두 명의 선교사 후보 중 하나로 고려되고 있었다.

브레이너드 자신은 그 일을 맡을 만한 자격이 안된다고 생각했지만, 위원들의 생각은 달랐다. 그들은 적극적으로 이 자리를 그에게 권유했다. 몇 달간 순회 설교를 마친 후 그는 베이 콜로니 원주민들에게 가서 사역하라는 과제를 부여받았다. 그의 선교기지는 스톡브리지에서 하룻길 거리였는데, 스톡브리지는 베테랑 선교사 존 서전트John Sergeant가 아내 애비게일과 함께 사역하고 있는 곳이었다. "브레이너드는 숲길을 지나 선교기지로 가기 전에 많은 것을 배워 둘 수도 있었다"고 데이비드 윈비크David Wynbeek는 기록했다. "하지만 그는 그곳에서 꾸물거리지 않았다."15 독립심이 강했고 하루라도 빨리 회심자를 얻고 싶었던 그는 혼자서 그 일에 몸을 던졌다.

선교사로서 맞은 처음 며칠은 외롭고 우울했다. "마음이 깊이 가라앉았다.……인디언들 사이에서 그 어떤 성공도 거둘 수 없을 듯했다. 내 영혼은 내 삶에 넌덜머리를 냈다. 나는 죽음을 갈망했다. 간절히." 나중에 스톡브리지에서 온 인디언 통역사의 도움을 받기는 했지만, 처음 몇 주간 그는 통역사 없이 인디언들에게 설교를 해보았다. 하지만 그런 시도에는 아무 결실이 없었고, 그의 삶은 비참했다.

나는 세상에서 제일 고독하고 우울한 황무지에 살고 있다.……한 가난한 스코틀랜드인의 집에 하숙하고 있는데, 그의 아내는 영어를 거의 한 마디도 못한다. 식사는 대개 대충 만든 푸딩, 찐 옥수수, 재 속에서 구운 빵 등이 전부다.……숙소라고 해봤자 널빤지 위에 짚을 약간 쌓아 놓은 것일 뿐이다. 일은 너무 힘들고 고되다. 험하디 험한 길을 날마다 2.4km씩 걸어갔다 돌아온다. 인디언들과 그만큼 멀리 떨어져 살고 있기 때문이다.[16]

여름이 되자 브레이너드는 인디언 마을 가까이에 오두막을 하나 짓고 거기 머물며 사역했지만 인디언을 복음화하려는 그의 노력은 여전히 아무 열매가 없었다. 황무지에서 첫 번째 맞는 겨울은 힘도 들고 몸도 아팠다. 한 번은 숲 속에서 길을 잃기도 했고, 또 한번은 "강에 빠져서 온몸이 홀랑 젖기도 했다." 1744년 3월, 사역을 시작한 지 1년이 지났지만 그는 여전히 깊은 실의에 잠겨 있었다. 여러 교회들에서 목회자로 와 달라는 제안을 받았음에도 불구하고 그는 "인디언 사역을 계속하기로 마음먹었다."[17]

브레이너드의 그 다음 사역지는 펜실베이니아 주 필라델피아 북부의 델라웨어 강 유역의 포크스였다. 이곳에서는 인디언들에게 큰 환영을 받았고, 추장의 허락을 받고 그의 집에서 설교도 자주 했다. 하지만 진척은 여전히 느렸다. 새로 고용한 인디언 통역사 타타미는 음주 문제가 심각했고, 브레이너드가 생각하기에 회심자를 얻는다는 것은 "한밤중만큼 어두운" 전망이었다.

델라웨어 포크스에서 몇 달을 지낸 후 그는 서쪽으로 이동해 서스쿼해나 강 유역의 인디언들에게 복음을 전했다. "우리는 황무지로 들어갔다. 그때까지 우리가 경험한 여정 중 가장 힘들고 위험한 길이었다. 가도 가도 높은 산과 깊은 골짜기, 그리고 큰 바위들뿐인 길을 뚫고 가야 했다." 설상가상으로, 타고 가던 말이 넘어져 다리가 부러지자 브레이너드는 하는 수 없이 말을 죽이고 가장 가까운 인가까지 약 48km를 걸어서 갔다. 그곳에서 별 성과도 없는 설교를 마친 후 델라웨어 포크스로 돌아온 그는 간간히 주변 지역을 돌아다닌 것을 제외하고는 사역 2년차로 접어든 그해 내내 그곳에 머물렀다.[18]

질병과 우울감은 여전히 그를 괴롭혔다. 인디언의 신앙부흥이라는 그의 큰 소망은 빛을 잃은 지 오래였다. 타타미와 그의 아내가 회심하여 뚜렷한 영적 진보를 보이고 있기는 했지만, 브레이너드가 보기에 이들을 제외하면 델라웨어 포크스에서 보낸 시간은 실패였다. 그는 재정만 후원받고 이룬 것은 아무것도 없다는 생각에 죄책감에 사로잡혔고, 모든 것을 그만두고 싶은 마음이 들었다. 종교사가 윌리엄 허친슨William Hutchinson의 말에 따르면, 그는 "자기몰입이 너무 심각해서 인디언들에 대한 책임이나 그들의 문제는 그에게 있어 몰입을 간섭하는 것에 지나지 않았다"고 한다.[19]

브레이너드는 사역에 성과가 없는 것에 대해 자책을 하면서도 한편으로는 인디언들을 탓하기도 했다. 그가 보기에 인디언들은 "짐승처럼 어리석고 거룩한 일에 대해 무지"했으며, "천박하고 무례한 질문"을 하는 버릇이 있었다. 하지만, 지금에 와서 생각해 보면 그들의 질문은 통찰력 있는 질문이었던 것 같다. 예를 들어 그들은 그리스도인이 인디언보다 더 나쁘게 행동하는데 브레이너드는 왜 자기들을 기독교로 개종시키려 하느냐고 물었다. 인디언들이 생각하기에 백인들이 자신들을 개종시키려는 것은 자기들의 땅을 빼앗고 노예로 만들기 위해서였다. 브레이너드의 개인적인 감상으로 이들은 "세상에서 가장 경계심 많은 사람들이고 예속 상태를 극도로 싫어하며", 자기들 고유의 생활방식이 "백인들의 방식보다 훨씬 더 낫다"고 여긴다는 것이었다. 또한 이들은 백인들이 말하는 천국에 가고 싶은 마음도 없었고, 그보다는 "죽어서 자기 조상들과 함께 있는 편"을 더 좋아했다.[20] 허친슨은 브레이너드가 아메리카 원주민을 대하는 태도를 요약하면서 다음과

인디언들에게 설교하는 데이비드 브레이너드

같이 말한다. "현대 독자들은 이렇게 생각할지도 모르겠다.······예일 대학이
브레이너드를 퇴학시킨 공식적 이유는 무례함이었만, 사실은 유독 음울한
학생 하나를 없애 버리려 한 것은 아니었나 하고 말이다."²¹

　　1745년 여름이 되자 브레이너드는 다시 밝아졌다. 그는 남쪽으로

135km 떨어진 뉴저지 주 크로스윅성의 인디언들이 기독교의 메시지에 비교적 호의적이라는 소식을 들었다. 그는 다시 한 번 텐트를 걷어들고 길을 떠났다. 이번에는 뭔가 될 것 같았다. 뉴저지 인디언들은 좀 더 적극적으로 복음을 들으려고 했다. 얼마 지나지 않아 인디언뿐만 아니라 백인들도 수킬로미터 밖에서 그의 설교를 들으러 왔다. 하루 바삐 사역의 성과를 내고 싶었던 그는 몇 주 사이에 25명에게 세례를 주었고, 이어지는 겨울에는 학교까지 세웠다.

그해 여름 늦게 브레이너드는 인디언들 사이에서 신앙부흥이 일어나는 것을 목격했다. 그는 여전히 통역사에게 의지하고 있었고 인디언들은 기독교 교리의 가장 기본적인 부분만 겨우 알아듣는 수준이었지만, 이들은 감정과 몸으로 그의 설교에 반응했으며, 이는 대각성운동의 뚜렷한 특징이기도 했다. 이 당시 브레이너드의 일기는 자신의 설교를 들은 사람들이 나타내는 결과들을 목격하면서 그가 얼마나 기분이 들떴는지 잘 보여주고 있다.

8월 6일, 아침에 우리가 묵고 있는 집에서 인디언들에게 강론했다. 많은 이들이 감동받았고 놀라울 정도로 마음이 부드러워진 것처럼 보였다. 그래서 그들의 영혼과 관련하여 몇 마디 말만 해도 눈물을 줄줄 흘렸고, 쉽게 흐느끼면서 탄식하는 이들도 많았다. 오후에 내가 자주 설교하곤 하는 곳으로 인디언들이 찾아왔기에 그곳에서 또 한 번 설교했다. 약 55명쯤 모였는데, 40명 정도는 내가 무슨 말을 하는지 알아들으며 예배를 드릴 수 있었다. 요한일서 4:10의 "사랑은 여기 있으니"라는 말씀을 역설했다. 모두 열심히 듣는 것 같았지만, 집중해서 듣는다는 것 말고는 그다지 주목할 만한 현상이 없었다. 그러다가 강론이 끝나갈 무렵, 거룩한 진리가 놀라운 힘으로 임하여 크나큰 슬픔을 불러일으켰다. 40명 중에서 세 사람만 빼고 모두들 눈물과 비통한 부르짖음을 억제하지 못했다. 하나같이 그리스도께 관심을 갖기 위해 영혼이 고뇌에 빠진 것 같왔다.……나와서 그분의 사랑에 참예하라고 청하면 청할수록 그들의 괴로움은 가중되었다. 왜냐하면 그들은 나올 수 없다고 생각했기 때문에……가엾은 인디언들, 며칠 전만 해도 우상의 잔치에서 소리치고 고함지르고 술 취하여 야단 법석이던 이들이 이제 하나님께 부르짖고 있었다.[22]

1746년 봄, 브레이너드는 뉴저지에 흩어져 있는 인디언들을 근처 크랜 베리에 모아 정착시키기로 했고, 그 후 곧 교회를 설립했다. 부흥의 역사가 계속 이어졌고, 회심자 수가 100여 명이 넘었다. 하지만 브레이너드는 건강을 잃고 말았다. 서스쿼해나 지역으로 4차, 5차 전도여행을 가서 이전의 순회 설교 때보다 큰 성과를 얻기는 했지만, 허약해질 대로 허약해진 그의 건강 상태에서 이는 무리한 여정이었다. 그는 결핵으로 죽어 가고 있었다. 선교 사역은 끝이 났다.

뉴저지의 한 친구 집에서 겨울을 난 브레이너드는 매사추세츠 주 노샘프턴으로 가서 위대한 설교자이자 신학자인 조나단 에드워즈의 집에서 마지막 몇 달을 보냈다. 그는 에드워즈의 딸 제루샤와 결혼하고 싶어 했지만, 그의 꿈은 이뤄지지 못했다. 제루샤가 19주 동안 정성을 다해 그를 간호했지만, 아무 소용이 없었다. 1747년 10월 9일, 브레이너드는 세상을 떠났다. 이듬해 밸런타인데이(2월 14일), 제루샤도 그의 곁으로 갔다. 사인은 폐결핵이었고, 브레이너드에게서 감염된 것이 분명했다.

엘리저 윌락[1711-1779]

브레이너드가 계획도 없고 방향성도 없이 사역했다고 한다면, 그와 동시대인 중에 아메리카 원주민 선교를 위한 체계적 전략을 제시한 이들도 있었다. 그중 한 사람이 바로 엘리저 윌락Eleazer Wheelock으로, 1733년 예일 대학을 졸업한 목회자이자 교육가이다. 졸업한 지 10년 뒤인 1743년, 그는 샘슨 오컴Samson Occum이라는 인디언 청년을 자기 집으로 데려와 4년간 함께 지내며 교육시켰다. 오컴을 잘 교육시킬 수 있었던 데 힘입어 그는 한 가지 개념을 개발해 냈는데, 역사가 R. 피어스 비버Pierce Beaver는 이 개념을 가리켜 "뉴잉글랜드 인디언 선교 역사상 가장 독창적인 선교 전략 체계"라고 했다.[23]

월락의 계획은 인디언들과 백인들을 함께 데려와 선교사 훈련을 시키는 것이었다. 그 과정에서 백인 학생들은 인디언 언어와 문화를 배울 것이고, 인디언 청년들은 고전 교육을 받으며 백인들의 생활방식을 습득할 터였다. 인디언과 백인 모두 인디언에게 복음 전하는 법을 훈련받을 것이었다. 비록 문화 장벽을 극복할 필요가 없고, 백인 선교사에 비해 재정 지원을 훨씬 덜 받아도 충분히 생계를 이어가며 사역할 수 있는 원주민 사역자를 발굴하는 데 주안점이 주어질 터였지만 말이다.

월락은 1754년 코네티컷 주 레바논에서 인디언 학생 두 명으로 학교를 개설했다. 그 두 학생은 데이비드 브레이너드의 뒤를 이어 뉴저지에서 사역하고 있는 존 브레이너드(그는 널리 알려진 그의 형에 비해 훨씬 더 성공적인 사역을 펼치고 있었다)가 보내준 학생이었다. 학교 수업은 조슈아 무어Joshua Moor가 기증한 집에서 진행되었고, 그래서 이 학교는 후에 무어 훈련학교로 알려지게 되었다. 한창 때는 등록 학생 수가 22명이나 되었고, 월락의 선교 사역은 뉴잉글랜드의 어느 선교사보다도 광범위하게 진행되었다. 그가 훈련시킨 인디언 학생은 거의 50여 명에 달했고, 그중 약 1/3가량이 자기 부족에게로 돌아가 복음 전도자나 교사로 봉사했다.

하지만 월락의 실험은 찬란한 성공담이 아니었다. 그의 프로젝트가 혁신적 아이디어인 것은 사실이었지만 거기에는 효율적 리더십이 결여되어 있었다. 월락의 거만한 성격이 이 프로젝트의 진전을 가로막았다. 그가 세운 학교는 인디언과 백인이 서로의 문화를 상호 공유하지 못하고 백인 문화에 지배당하게 되었다. 윌락은 인디언과 그들의 문화를 멸시하는 태도를 끝내 극복하지 못했다. 인디언 학생들을 훈련시켜 사역자로 파송하기는 했지만, 그들과 동등한 입장에서 동역하지 못했다. 특히 그의 첫 번째 학생이었다가 혼자 힘으로 크게 존경받는 선교사가 된 샘슨 오컴과의 관계에서 더욱 그랬다. 세월이 흐르면서 윌락의 학교는 학생 숫자가 점점 줄어들어 드레든으로 옮겨 갔다가 결국은 다트머스 대학으로 변모했다.

다비트 차이스베르거[1721-1808]

식민지 시대 인디언 선교를 추진하는 가장 큰 힘은 뉴잉글랜드에서 왔지만, 식민지 다른 지역에서도 효과적인 인디언 선교가 진행되고 있었다. 그리고 많은 경우 이 사역은 유럽인 선교사들, 특히 헤른후트 선교사들이 이행하고 있었다. 인디언을 대상으로 사역한 가장 유명한 헤른후트 선교사는 다비트 차이스베르거[David Zeisberger]로, 그는 63년 동안 온갖 비극과 역경 가운데서 수고했다. 하지만 그에 얽힌 이야기는 식민주의자들이 아메리카 땅을 접수하면서 원주민들을 얼마나 가혹하고 부당하게 대했는지를 생생하게 보여주는 여러 가지 사건 중 하나에 불과하다.

1744년 차이스베르거가 허드슨 강 계곡에서 사역을 시작한 지 얼마 안되어 그와 그의 동료들은 당국에 체포되어 몇 주간 감금당했다. 아메리카 원주민에게 복음을 전하는 선교사로서 그는 그 소명을 대적하는 이들의 강력한 반대를 겪어 내야 했을 뿐만 아니라 그 자신의 신앙에 대한 편견에도 직면해야 했다. 헤른후트인들은 개신교 교단에 속한 이들에게 '분파인'[sect people]이라고 멸시를 당했다. 그런 방해에도 불구하고 차이스베르거는 굽히지 않았다. 1746년 그는 펜실베이니아에 그나덴휘텐(독일어로 '은총의 오두막')[Gnadenhuetten]이라는 그리스도인 인디언 마을이 세워지는 것을 도왔고, 이 마을은 약 500명의 인디언 주민들이 모여 사는 번창하는 농장이 되었다. 인디언 주민들은 그를 크게 존경하여 추장으로 추대하며 "문서^{archives} 지키는 이"로 삼았다.

그러나 좋은 시절은 오래 가지 않다. 백인들은 물론 비우호적 인디언들이 그나덴휘텐을 의혹의 시선으로 보기 시작했고, 1755년 프렌치-인디언 전쟁이 발발하자 일단의 인디언들이 마을을 급습하여 11명의 주민을 죽이고 건물들에 불을 질렀다. 대다수 주민들이 목숨을 부지하려 도망쳤지만, 차이스베르거는 흩어지지 않은 몇몇 인디언들과 함께 남아 펜실베이니아에 영구 정착지를 만들기 위해 애썼다. 그러나 그의 노력은 실패했고, 결국 그는 1770년대에 이르러서야 오하이오에 약간의 땅을 확보할 수 있었다.

그와 인디언들은 새 땅에서 수년간 평화롭게 살면서 번영을 구가했지만 그 평화는 다시 깨지고 말았다. 미국 독립혁명이 일어나 변경 지역이 정치·사회적으로 불안정해졌고, 1781년 차이스베르거와 그의 동료들은 스파이 혐의로 잉글랜드 군에게 고소당했다. 인디언들은 샌더스키 강 쪽으로 소개(疏開)되어 혹독한 겨울을 나면서 거의 굶어 죽을 지경에 이르렀다. 이듬해 봄 그리스도인 인디언 중 100여 명 이상이 지난 가을 미처 추수하지 못한 옥수수를 거둬들이려고 오하이오의 정착지로 돌아왔다. 그러나 옥수수밭에 나가 있던 이들 중 90명이(34명의 아이들까지 포함해) 미국군에게 잔혹하게 살해당했다. 이 사건에 대해 차이스베르거는 다음과 같이 기록했다.

군인들이 포로 한 명을 데리고 왔고, 우리는 그에게서 그나덴휘텐과 살렘의 우리 인디언들이 모두 몰살당해 한 사람도 살아남지 못했다는 소식을 듣게 되었다. 그는 군인들이 90개의 머리 가죽을 갖고 있었다고 했지만, 밭에 나가 있던 우리 인디언들은 86명뿐이었다. 나머지 네 명은 아마 우리 마을 주민이 아니라 친구들이었을 것이다. 그 소식은 우리 마음에 무겁게 내려앉았다. 그래서 순교자로서 모두 함께 구주 앞으로 간 우리 형제들은 밤이나 낮이나 늘 우리 눈앞에 그리고 우리 생각 속에 있었고, 우리는 그들을 절대 잊지 못했다.[24]

차이스베르거와 그의 그리스도인 동료들은 그 후 10년 동안 북 오하이오와 남 미시간을 여기저기 옮겨 다니다가 1792년 마침내 온타리오에 정착했다. 이때 차이스베르거는 나이가 70세를 넘어 있었음에도 그곳에 선교기지를 세웠고 이 기지는 한 세기 이상 존속했다. 1798년 그는 오하이오 인디언들에게로 다시 돌아가 10년 후 세상을 떠날 때까지 그곳에 머물며 사역했다.

아이작 맥코이[1784-1846]

18세기 후반에는 아메리카 인디언을 대상으로 하는 개신교 선교가 상당한 변화를 보였다. 식민지 선교의 불길이 타오르게 했던 대각성운동은 소멸되었고, 미국 독립전쟁 후 여러 해 동안 개신교 선교는 소강상태에 들어갔다. 식민지 개척 움직임이 꾸준히 서진(西進)함에 따라 인디언들은 아직 식민지 개척 허가가 나지 않은 황무지 쪽으로 계속 밀려 나갔다. 그래서 인디언에게 복음을 전하고자 하는 이들은 서진하는 짐마차를 좇으며 백인 정착지 너머로 인디언들을 찾아다녔다.

인디언들이 서쪽으로 밀려나면서 인디언 선교에 대해 새로운 관심이 생겨났다. 아마도 이는 집 가까운 곳보다는 먼 곳에서의 선교 사역에 더 강한 흥미를 느끼는 이들이 많기 때문일 것이다. 존 스튜어트[John Stewart, 1786-1823]는 이 시기 최초의 감리교 선교사 중 한 사람이다. 오하이오 출신의 흑인인 그는 한 막사 집회에서 회심한 뒤 오하이오 주 어퍼 샌더스키(오하이오 중서부의 샌더스키 강기슭에 있는 도시) 지역의 와이언도트족 인디언들에게 복음을 전하라는 소명이 임하는 것을 느꼈다. 1816년에 그곳에 도착한 그는 인디언들에게 반갑게 환영받은 한편, 켄터키 주에서 도망친 흑인 노예 조나단 페인터^Jonathan Painter가 이 부족과 함께 살고 있는 것을 보고 깜짝 놀랐다. 스튜어트는 페인터에게 통역사로 일해 달라고 부탁했지만 페인터는 거절했다. "나 자신이 아무 신앙도 없는데 어떻게 인디언들에게 복음을 통역할 수 있는가?" 하는 것이 거절의 이유였다. 그러나 바로 그날 밤 그는 "신앙을 갖게" 되었고, 스튜어트는 그와 함께 인디언들에게 복음을 전했다. 스튜어트는 감리교 설교자 자격을 갖고 있었고, 1819년 감리교 선교회^MMS가 결성됨에 따라 이 두 선교사는 어퍼 샌더스키 지역 전담 선교사로 임명받았다.

침례교의 인디언 선교는 아이작 맥코이^Isaac McCoy와 그의 아내와 더불어 시작되었다. 이들은 1820년 포트웨인(인디애나 주 북동부에 있는 도시)에 선교회를 열었다가 거기서 남부 미시간으로 이동한 뒤 정부의 대대적 자금 지원을 받아 캐리 선교회^Carey Mission를 창설했다. 그런데 선교회가 설립된 지 겨우 일곱 달 지났을 때 한 미국인 군장교가 이곳을 찾아와 보고는 커다란 선교회 건물과 학교, 대장간, 게다가 울타리 안에 잘 가꿔진 정원과 목장까지 갖춘 이 선교회가 효율적으로 운영되는 것을 보고 큰 감명을 받았다. 학교에는 약 40명 정도의 어린아이들이 다니고 있었고, 선교회는 어느 모로 보든 성공의 징후들을 다 갖추고 있었다. 그러나 2년이 지나지 않아 맥코이는 다시 한 번 이동을 감행했다. 백인들이 그 땅을 잠식해 들어오고, 그 결과 인디언들에게 무서운 일이 닥칠 것이 두려웠기 때문이었다.

맥코이는 인디언들을 이동시키는 것만이 유일한 해결책이라고 생각했다. 그의 증언에 의하면, 1823년 그는 "하나님의 섭리가 허용하는 한 이후 미주리 주 서쪽, 영원히 원주민들의 땅이 될 한 지역에 그들을 이주시킬 계획을 계속 염두에 두고 실천에 옮기기 위해 노력하기로 결단했다"고 한다.[25] 1824년 그는 침례교 선교위원회 연례회의에 이 계획안을 제출하기 위해 워싱턴으로 갔다. 위원회의 승인을 얻은 그는 육군 장관 존 C. 칼훈^{John C. Calhoun}과 회합을 가졌고, 장관은 그의 제안을 지지했다. 그 회합 이후 맥코이는 주로 정치 로비스트로 활동했다. 그는 한 위원회를 이끌고 캔자스로 가서 당시 미시간의 본토에서 이주한 포타와토미족이 정착할 땅을 물색했다.

침례교도는 역사적으로 교회와 국가를 분리시키려 투쟁해 왔지만, 역설적이게도 맥코이의 영향으로 침례교의 인디언 선교는 정부와 긴밀히 제휴하게 되었다. 인디언들을 자기 땅에서 강제로 이주시키는 일에서 특히 더 그랬다. 맥코이가 연루된 가장 악명 높은 사례는 체로키족 인디언이 조지아 주에서 이주한 일이었다. 인디언이 기독교화 되기 위해서는 백인과 격리되어야 한다는 것이 인디언 강제 이주에 대한 맥코이의 논리였으며, 그는 조지아 주가 체로키족의 땅에 대한 소유권을 주장하는 것을 지지했다. 그는 논쟁의 여지가 있는 이 과감한 조치를 주도하는 데 아무 주저함이 없었고, 서부에 인디언 이주지로 적당한 땅이 있는지 답사하고 조사해 보라는 정부 위원회의 제안을 즉각 수락했다.

체로키족 이주는 미국 역사상 정부가 저지른 가장 부당한 행위 중 하나였다. 체로키족의 땅에서 금이 발견된 지 몇 년 후인 1837년, 평화를 사랑하고 문화적으로 진보된 인디언이었던 이들 부족은 정부의 명령에 따라 9,000명의 군 병력에 의해 고향 땅 조지아에서 강제로 내몰렸다. 이들은 모든 자산을 공매당하고 마치 가축떼처럼 방책이 둘린 땅으로 쫓겨 들어갔다. 수천여 명은 강을 따라 배편으로 이송되었고, 어떤 이들은 미시시피 강 너머로 육로를 따라 행군해야 했다. 참으로 위험한 여정이었다.

맥코이처럼 이 이주 정책을 강력히 지지하는 것이 모든 선교사들의 입장은 아니었다. 오히려 많은 선교사들이 용감히 이 조치에 맞서 싸웠다. 장로교 선교사 네 사람, 감리교 선교사 두 사람이 이 문제로 체포되어 심문당하면서 예리한 논리로 항변하다가 그 때문에 유죄판결을 받고 중노동형에 처해졌다. 선교사들이 사슬에 묶여 집에서 끌려 나오는 광경에 대한 이야기들을 드물지 않게 들을 수 있었다. 선교사들은 체로키족이 서쪽을 향해 '눈물의 행진'을 하는 데도 동행했다. 그중에는 아메리카 해외선교위원회 소속 의료 선교사인 엘리저 버틀러Elizur Butler, 1794-1857 박사도 있었다. 그는 이렇게 말했다. "하나님은 아신다. 어떤 요소들이 작당하여 이 사람들에게 고통을 끼쳤는지. 심지어 모진 비바람까지." 그가 추산하기로는 체로키족 다섯 명 중 하나가 죽었다고 한다. "6월 첫날부터 내가 죽음 한가운데 있다는 것이 느껴졌다."[26]

맥코이는 강제 이주를 강력히 지지한 사람 중 하나였지만, 정부의 명령을 이행하는 과정 중 인디언들에게 이유 없이 가혹 행위를 하는 것에 대해서는 용기 있게 규탄했다. 그는 체로키족을 이주시키면서 개인적으로 이득을 취하지 않았지만, 조지아에 있던 그의 동료 침례교도 중에는 원주민들이 떠나자 즉각 그 땅에 대한 소유권을 주장한 이들이 많았다. 결국 이 강제 이주는 선교 사역을 후퇴시키는 결과를 낳았다. 뒤늦게야 맥코이는 "자신이 그렇게 열심히, 끈질기게 옹호했던 정책이 자신이 바라는 결과를 낳지 못하리라는 것을 깨달았다." 실제로 인디언들이 아직 '눈물의 행진'을 하고 있는 중에도 "백인 정착민들은 그들을 뒤따라와 그들의 땅을 불법점거했다."[27]

마커스 휘트먼1802-1847   미국이 프랑스령이었던 루이지애나를 사들이고, 또 서부 멀리까지 탐험해 들어가면서 새로운 유형의 선교사들이 탄생했다. 모험 정신을 지닌 용기 있는 남녀 선교사들이 바로 그들이다. 대표적인 인물로 마커스 휘트먼Marcus Whitman과 나르시사 휘트먼Narcissa Whitman, 1808-1847이 있는데, 오리건 준주에서 이들이 펼친 선교 사역은 오늘날 거의 다 잊히고 그 서글픈 종말만 기억되고 있다.

두 사람은 19세기 초에 태어나 청년 시절에 영적 각성을 경험했다(나르시사는 뉴욕에서 태어났고 마커스는 매사추세츠에서 태어났다). 나르시사는 판사인 스티븐 프렌티스의 딸로, 유치원 교사로 일하다가 선교사로 부름받았다는 소명 의식을 갖게 되었다. 선교사로 헌신하라는 새뮤얼 파커 목사의 권고, 그리고 누군가 자신들에게 '생명의 책'을 가져다주기를 간청하는 네페르세족(프랑스어로 '구멍 뚫린 코')

마커스 휘트먼

Nez Percé 인디언들의 이야기가 거듭 들려오면서 이것이 나르시사의 마음을 무겁게 짓눌렀다. 파커 목사는 동부 지역을 두루 돌아다니며 아메리카 해외선교위원회를 위해 기금을 모으고 선교사 후보를 발굴해 내고 있었다. 그러나 선교위원회는 자원자가 크게 필요한 상황이기는 했어도 독신 여성은 받아들이지 않았다.

마커스 또한 오랫동안 선교에 관심을 갖고 있었지만 신학교에 다닐 만한 재정적 여유가 없었다. 의학 분야에 입문하는 것이 더 현실적인 선택이었기에 21세 때 "한 의사와 친구가 되기" 시작했다. 그 뒤 몇 년간 그는 시간제 근무로 학교 교사 일을 하면서 정식으로 의학 공부를 했다. 그러던 중 그도 나르시사처럼 새뮤얼 파커의 영향을 받고 인디언 선교 쪽으로 방향을 바꾸게 되었다. 마커스는 친구들을 통해 나르시사 프렌티스라는 신붓감이 있다는 말을 들었으면서도 독신 남성 신분으로 아메리카 해외선교위원회에 선교사 후보로 지원했다. 그 후 그는 결혼 가능성을 염두에 두고 나르시사를 찾아가 선교 사역에 대해 의논했다. 그는 서부로 답사 여행을 갈 계획이었고, 만일 여성에게도 무리가 없는 여정이라고 판단되면 돌아와서 나르시사와 결혼할 생각이었다. 그는 나르시사에게 아무런 약속도 하지 않고 길을 떠났다. 그것은 연애도 아니었고 약혼도 아니었다. 그저 사무적인 협정일 뿐이었다.

1835년 봄, 나르시사와의 만남 후 33세의 휘트먼은 파커 목사를 대동하고 미주리 주로 가서 아메리카 모피회사와 합류하여 서부 선교지 답사에 나섰다. 예정된 목적지는 오리건이었지만 8월 말 휘트먼은 가던 길을 돌아 모피 상인들과 함께 겨우 몇 달 만에 집으로 돌아왔다. 마커스와 나르시사 두 사람은 1836년 2월 결혼했고, 결혼식 다음 날 미주리로 출발했다. 봄철 오리건 탐사 여정에 합류하기 위해서였다.

그해 봄 오리건을 향하는 아메리카 선교위원회 소속 선교사는 휘트먼 부부 말고도 또 있었다. 헨리 스폴딩^{Henry Spalding, 1803–1874}과 엘리자 스폴딩^{Eliza Spalding, 1807–1851} 부부도 그들과 동행했다. 스폴딩은 잘 훈련받은 목회자이긴 했지만 오리건 프로젝트에서 요구하는 팀워크에 적합한 성격이 아니었다. 게다가 그는 수년 전 나르시사에게 청혼했다가 거절당한 적이 있어서 그 일 때문에 마음속에 남아 있던 앙금이 이제 곧 수면 위로 드러날 터였다.

고단한 여정, 질병, 그리고 성격 문제 등이 어우러지는 바람에 이 육로 여행은 아주 힘들었지만, 그래도 길을 가는 동안 즐거운 순간도 있었다. 나르시사는 여행이 예상만큼 힘들지 않다고 생각했고, 그래서 길을 가면서 만나는 아름다운 풍경들을 자주 글로 남기기도 했다. 그녀는 행복했고, 사랑에 빠져 있었으며, 엘크혼과 루프 사이 어느 곳의 밤하늘 아래서 첫째이자 하나뿐인 아이를 잉태했다.

거의 3,220km에 달하는 힘든 여정 끝에 선교사 일행은 마침내 목적지에 가까워졌지만, 이들은 길을 떠날 때에 비하면 거의 빈털터리가 되어 있었다. 값나가는 물건들은 짐을 줄이기 위해 오는 도중에 다 버리고 왔다. 나르시사는 아무것도 지닌 것 없이 길을 가는 게 더 나을 것이라고 판단하며 이렇게 애석해 했다. "길에다 다 버린다. 그러면 잃을 게 아무것도 없을 것이므로."[28] 스폴딩 선교사 부부도 아마 똑같은 결론을 내렸을 것이다. 오리건에 도착할 즈음, 휘트먼 부부는 이미 스폴딩 부부와 헤어지기로 마음먹고 있었다. 거의 다섯 달 동안 함께 길을 가고 한 텐트 안에서 잠을 자면

나르시사 휘트먼

서 이들 사이에 너무 긴장감이 생겼는지라 더는 함께 일할 수가 없었다. 그 당시의 기록을 보면 이들의 관계가 이렇게 틀어진 것을 대부분 스폴딩의 탓으로, 그리고 휘트먼에 대한 그의 질투심 탓으로 돌리고 있다. 여러 가지 설명으로 볼 때 휘트먼 자신도 그다지 대하기 쉬운 사람은 아니었지만 말이다.

어쨌든 선교사를 요청하는 인디언 부족이 하나만은 아니었기에 이들이 각자 사역하기로 한 것은 잘한 결정이었다. 휘트먼은 수풀이 우거진 초록색 계곡 와일랏푸에 자리 잡았고, 스폴딩은 황량하고 건조한 산악 지대인 라프와이에 정착했다. 스폴딩은 휘트먼이 와일랏푸에 자리 잡은 것을 부러움 어린 시선으로 바라보았을 것이다. 나중에 자신이 자리 잡은 곳이 더 좋은 곳으로 입증될 것을 알지 못한 채 말이다. 스폴딩의 선교 대상은 네페르세족 인디언으로, 이들은 스폴딩을 따뜻하게 환영했으며 스폴딩이 전하는 하나님을 열심히 배우려고 했던 것 같다. 반면 휘트먼은 카이유스족을 전도

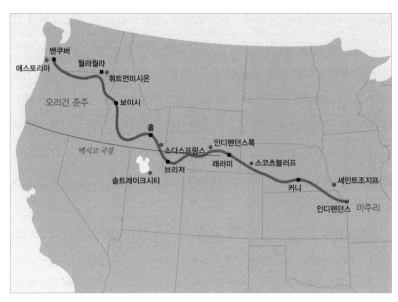

휘트먼의 선교 여정

하고자 했는데, 이들은 인구가 몇백 명밖에 안되는 호전적 부족으로, 백인이 자기들 땅에 찾아온 것을 싫어했다.

12월 10일 휘트먼 부부는 새집으로 이사했다. 변변한 설비도 없이 뒷집에 기대어 지은 집이었다. 그해 겨울 와일랏푸는 적막하고 쓸쓸했지만, 봄이 되자 새 희망이 생겼다. 1837년 3월 14일, 나르시사의 29번째 생일 전날, 딸 앨리스 클라리사가 태어난 것이다.

오리건에서 맞은 첫 여름은 건물과 울타리를 세우고 작물을 심고 거두느라 바빠 의료 사역과 언어 공부, 복음을 전할 시간이 거의 없었다. 단순하게 살면서 인디언들이 돌아다닐 때 따라다니며 선교하던 가톨릭 선교사들과 달리 개신교 선교사들은 흔히 여러 가지 시설들을 지었고 또 어떤 경우에는 대규모 영농사업을 하기도 했다. 해야 할 일이 엄청나게 많았던지라 휘트먼 부부는 신참 선교사를 충원해 줄 것을 선교회에 요청했다. 그리하여

1838년 가을 세 쌍의 선교사 부부가 도착했지만, 이들의 존재는 오히려 갈등을 가중시키기만 했다. 한 전기작가의 말을 빌리면, "인력 증원은 도움이 못되고 의견 충돌만 일으켰던 것 같다"고 한다. 이 선교사들의 공동 기획회의는 교제와 화합의 시간이 아니라 격렬하고 씁쓸한 논쟁의 시간이 될 때가 많았다. 한 선교사의 아내는 서로 울끈불끈하기 일쑤인 이런 회의의 전형적인 모습을 다음과 같이 묘사했다. "분위기가 너무 날카로워져서 밖으로 나올 수밖에 없었다.……이 선교지 상태가 어떤지 두 눈으로 보는 사람은 메스꺼워 구역질이 나고도 남을 것이다."[29]

선교관에 식구들이 너무 많다는 것도 여러 가지 어려움 가운데 하나였지만, 나르시사는 다른 여자들에게 도움을 받지 못하고 있었다. 하지만 나르시사에게도 잘못이 없지 않았다. 그녀는 여자들에게 트집을 잡기만 할 뿐 그들이 무슨 일을 해야 하는지 설명해 주지 않았고, 어떤 때는 하루 종일 자기 방에서 나오지 않는 날도 있었다. 리더십 부재가 이 선교사들 사이의 가장 절박한 문제였다. 그리고 리더십 부재는 단순히 나르시사와 선교관 살림에만 얽힌 문제가 아니었다. 아메리카 선교위원회에서 정해준 리더도 없었고, 이 말썽 많은 시기에 누구 한 사람도 리더의 자질을 갖추고 떨쳐 일어나 선교 사역을 지도하지 못했다. "분명한 목표를 세우고 선교의 에너지가 어느 방향을 향해야 할지 지도해 주는 리더가 전혀 없는 상황에서, 서로 이익을 다투고 개성이 충돌하면서 악감정이 생겨났다"고 역사가 줄리 로이 제프리Julie Roy Jeffrey는 기록한다.[30]

물론 한마음이 될 때도 있었지만, 그것은 이따금 비극적인 일이 있을 때뿐이었다. 1839년 여름의 경우가 바로 그랬다. 휘트먼 부부가 가슴 미어지는 비극을 당해 고통스러워함에 따라 두 사람에 대한 연민과 슬픔이 그간의 불화로 인한 상처를 치유해 주었다. 6월 말 와일랏푸에서의 어느 주일 오후, 일주일간의 중노동에서 벗어나 휴식하던 그날 마커스와 나르시사 부부

네페르세족 인디언을 섬긴 선교사 헨리 스폴딩

는 독서에 몰두해 있었고 앨리스는 곁에서 놀고 있었다. 아니, 두 사람은 그렇게 생각했다. 문득 아이가 없어진 것을 깨달은 순간, 때는 이미 늦어 있었다. 두 살배기 아이는 혼자 돌아다니다가 근처 시냇물에 빠져 죽고 말았다. 스폴딩 부부가 곧 달려와 오리건 선교사들에게는 첫 번째가 될 장례식에서 슬픔을 함께 나누었다. 1년 후 나르시사가 친정어머니에게 부탁했던 작은 구두와 드레스가 동부의 고향으로부터 소포로 도착했다. 마음 약한 여자라면 슬픔을 견뎌낼 수 없었겠지만 나르시사는 냉철했다. 이 일은 하나님의 거룩한 뜻이었고, 나르시사는 결연히 그분의 뜻을 받아들였다. 문 밖을 나설 때마다 보이는 언덕 위 작은 무덤을 차마 쳐다보지는 못했지만, 사랑하는 앨리스가 하나님의 품에서 돌봄을 받고 있다는 것을 그녀는 알고 있었다. "딸아이를 찾으려고 내 마음이 그 언덕을 배회하는 일은 거의 없었다."[31] 하지만 딸을 잃은 나르시사의 슬픔은 그 후 수년 동안 육신의 질병과 발작적으로 찾아오는 우울증으로 자주 표출되었다. 그녀는 "불평하는 마음 없이" 그 비극을 받아들이려 애를 썼지만, 나중에 아버지에게 쓴 편지에서는 "의기소침함으로 상당히" 괴로웠고 "낙심과 낙담"을 느꼈다고 했다. 게다가 그녀는 이렇게 탄식했다. "내 사랑하는 아기가 가 있는 그 안식처를 자주 올려다보며 나도 곧 따라가게 될 것이라는 생각을 한다."[32]

그러는 사이에도 시간은 흘러갔다. 해야 할 일은 많았고, 슬픔 때문에 주저앉아 있을 시간이 없었다. 휘트먼 부부는 무엇보다도 의료선교에 몰두

아메리카 인디언 선교

했다. 이들은 또 농군이기도 했다. 그것도 아주 번창하는 농장의 농부였다. 와일랏푸에 온 지 겨우 6년이 지났을 뿐인데 이들의 농장에는 흰색 회벽돌로 지은 선교관, 게스트하우스, 방앗간, 대장간 등이 들어서 있었고, 그 주변으로는 잘 경작된 들판이 펼쳐져 있었다. 오리건에서 땅이 주는 부요함에 유혹당한 개신교 선교사가 휘트먼 박사만은 아니었다. 감리교 선교사인 제이슨 리^{Jason Lee}는 물질주의의 먹이가 되어 정치, 이주 사업, 땅 투기를 하느라 시간 가는 줄 몰랐다.

휘트먼의 경우, 드러내 놓고 물질주의를 추구하지는 않았지만, 결과는 훨씬 엄청났다. 와일랏푸는 새 선교사들과 이주민들을 받아들이는 수신 기지가 되었고 인디언과 백인 아이들의 학교가 되었다. 바로 그 이유 때문에 휘트먼은 자급자족 수준 이상의 농사를 지을 수밖에 없었다. 얼마 안 가 와일랏푸는 선교 시설보다는 이주민들이 머무는 여관 같은 곳이 되었다. 휘트먼 부부는 그곳에 머물다 가는 이주민들에게 자신들이 생산한 물품을 팔기 시작했고, 가격을 터무니없이 높게 매기고 선교 시설을 부당하게 활용한다고 자주 비난받았다. 그런 소문을 들은 아메리카 선교위원회는 선교를 세속화한다고 휘트먼을 질책하는 편지를 써 보냈지만, 편지가 도착하기까지 시간도 오래 걸렸을 뿐만 아니라 사실 그들은 휘트먼이 실제 어떤 상황에서 일하고 있는지 거의 알지 못했다.

더 큰 비난의 말은 휘트먼 부부가 섬기러 온 카이유스 인디언들의 입에서 나왔다. 마커스가 선교사요 의사로서 그들 가운데서 희생적으로 일했음에도 불구하고 인디언들은 그가 부자가 되어 가는 것에 분개했고, 마커스가 이 백인 이주자들을 다 자기들의 땅으로 끌어들이고 있는 것이라고 생각했다. 나르시사는 인디언들이 이렇게 분노하는 것에 대해 말하기를, 이들은 "우리가 살고 있는 집, 우리가 일주일에 한 번씩 세탁해서 널었다가 입는 옷, 식구들끼리 먹는 곡물을 보고 우리가 부자이며 또 부자가 되어 가고 있

다고 생각한다"고 했다.[33]

헨리 스폴딩은 상황이 달랐다. 그는 세상적인 일을 추구할 시간이 별로 없었다. 선교 활동만으로도 너무 바빴다. 그는 네페르세족 마을에 교회당을 세웠고, 엘리자는 아이들을 위해 학교를 운영하며 손으로 직접 색칠한 책을 만들고 찬송가를 인디언 언어로 번역했다. 엘리자는 자신의 예술적 재능을 이용해, 성경의 진리를 설명하는 밝은색의 커다란 도표를 만들었다. 그녀는 프랑수아 블랑쉐(프랑스령 캐나다 출신의 로마가톨릭 선교사—옮긴이)François Blanchet, 1795-1883 신부가 성경 역사를 설명하기 위해 만든 그 유명한 '가톨릭 사다리' Catholic Ladder 그림이 얼마나 인디언들의 호기심을 끌었는지 들어서 알고 있고, 게다가 시각 교재를 만드는 일에 관한 한 그녀를 능가할 이가 없었다. 스폴딩 부부도 인디언들의 적대에 부딪쳤으나, 인디언 부흥집회에서 그들이 신앙을 고백하는 소리를 듣기도 했다.

1844년, 오리건에 온 지 8년이 조금 안되었을 때, 온갖 실용적 목적을 위한 휘트먼 부부의 선교 사역은 끝이 났다. 나르시사는 인디언 선교에 대해 애초에 느꼈던 흥분과 열정을 잃은 지 오래였다. 그녀는 이주민들을 먹이고 재우며 동부에서 이곳으로 오는 도중 사망한 세이거 부부의 일곱 아이들을 포함해 입양한 아이들을 돌보기에 바빴다. 마커스 역시 백인 이주민들의 이런저런 요구를 맞춰 주느라 시간이 없었다. 인디언들의 물질적 필요를 채워 주는 일은 계속하고 있었지만, 영적으로 중요한 문제들에 대해 그들이 아무 반응을 보이지 않는 것 때문에 낙심에 빠졌고, 역사상의 다른 수많은 선교사들과 마찬가지로 마커스 역시 구원과 문명화를 따로 떼어 생각하지 못했다. 인디언들이 마커스 자신의 노동 윤리를 포함해 백인 문명을 거절한다면 도대체 어떻게 구원받을 수 있느냐는 것이 그의 생각이었다.

와일랏푸와 휘트먼 부부에게는 시간이 다해 가고 있었다. 거듭되는 경고에도 불구하고 이들은 카이유스족이 배신을 잘하기로 유명하다는 사실을 제대로 인식하지 못했다. 이 시기는 카이유스족에게 아주 힘든 시기였다. 1847년, 이주민 수가 4,000여 명이 넘으면서 이들과 함께 질병도 들어왔다. 카이유스 마을은 전염병으로 황폐화되었고, 8주라는 시간 동안 400명 부족민 중 거의 절반 정도가 고통스러운 죽음을 맞았다. 휘트먼이 도움을 주려고 했지만 상황은 더 악화되기만 했고, 인디언들 사이에서는 휘트먼이 그의 약으로 자신들을 독살하고 있다는 의혹이 커져 갔다.

와일랏푸의 종말은 갑자기 찾아왔다. 1847년 11월 말의 어느 음울한 오후, 인디언 두 사람이 선교관 문 앞에 모습을 드러냈다. 두 사람 중 하나는 마커스에게 개인적으로 원한을 품고 있는 자였다. 이들 말고 다른 인디언들은 밖에서 대기 중이었다. 학살은 경고도 없이 시작되었다. 이것은 포악한 인디언 무리가 무방비 상태의 선교 시설로 갑자기 내려와 일으킨 집단 폭동이 아니었다. 시설에는 남자 열두어 명을 포함해 72명이 살고 있었고, 이 살인자들은 마커스도 잘 알고 있는 인디언이었다. 가지고 온 담요 속에서 돌도끼를 꺼내 든 이 소규모 인디언 일당은 휘트먼 박사부터 시작해 살육을

1847년 와일랏푸에서의 학살

저지르기 시작했다. 소용돌이가 다 지나고 보니 14명이 죽어 있었다. 나르시사를 제외한 여자와 아이들은 무사했지만 이들은 공포에 질린 채 잡혀 있다가 5주 후에야 풀려났다.

휘트먼 학살 소식은 순식간에 퍼져 나갔다. 미국 군대가 와일랏푸로 투입되었고, 시설 안의 선교사들에게는 퇴거 명령이 내려졌다. 1850년 봄, 다섯 명의 카이유스 인디언들이 살인 혐의로 재판에 회부되어 유죄판결을 받고 사형선고를 받았다. 사형 집행일인 6월 3일에는 교수형이 집행되는 것을 구경하려고 온 오리건 주민들이 다 나온 것 같았다.

학살 사건 이후 몇 세대 동안 개신교도들은 휘트먼 부부를 "신앙 때문에 죽임당한 고귀한 순교자"로 추앙했다. 그러나 최근 몇십 년 사이에는 아메리카 원주민들의 입장이 더욱 진지하게 고려되어 왔다. 나르시사 휘트먼 전기를 쓴 줄리 로이 제프리는 마지막 페이지에서 브라질의 한 로마가톨릭

주교가 미사를 집전하며 했던 말을 인용한다. 선교 사역을 보는 한 서글픈 관점을 제공해 주는 인용문이다.

> 그리고 우리는 그대들에게 복음을 전했으니
> 복음의 오류를 드러내며
> 그대들 삶에 십자가를 들이댔도다.
> 마치 칼처럼,
> 조종(弔鐘)을 울리는 '기쁜 소식'을.[34]

스폴딩은 1871년, 퇴거 명령을 받은 지 24년이 지나서야 라프와이로 돌아왔다. 엘리자는 오래전에 세상을 떠나고 없어서 이번에는 혼자였다. 다시 돌아온 그는 네페르세족과 스포캔족 인디언 가운데 신앙부흥이 일어난 것을 목격했으며 1,000명이 넘는 인디언들에게 세례를 주었다고 말했다. 그렇게 3년간 사역한 뒤 스폴딩은 그토록 사랑한 인디언들 곁에서 세상을 떠났고, 이리하여 힘들고도 논쟁의 여지가 많았던 오리건에서의 개신교 선교 시대는 막을 내렸다.

라프와이 사역은 독신의 자매 케이트 맥베스Kate McBeth, 1833-1915와 수 맥베스Sue McBeth, 1830-1893에게로 넘어갔다. 인디언 설교자들을 훈련시키는 학교가 설립되었고, 아마 다른 어느 부족보다도 네페르세족이 더욱 적극적으로 다른 인디언 부족에게 복음을 전하게 되었을 것이다. 수가 이 사역에서 주도적 역할을 맡았는데, 자신이 가르치는 네페르세족 학생들에 대해 그녀는 이렇게 기록했다. "세상에 이보다 더 흥미 있어 하고 열심 있고 부지런한 학생들은 없을 것이다.……이들은 다 농사짓는 이들로, 거의 날마다 밭 갈고 씨 뿌리느라 바쁘다. 그런데도 아침 7시면 어김없이 학교에 도착한다." 이들의 부지런함은 자신들을 가르치는 선생에게서 보고 배운 것이 틀림없다. 로버트 스피어^{Robert Speer}는 수 맥베스를 가리켜 "사도적 열심"을 지닌 여인으로서 "설교자를 훈련시켰고, 가르치며 설교했다"고 말했다.[35]

19세기 들어 인디언 선교 사역은 퇴조했다. 대신, 원주민들이 미국 사회의 진전을 방해하지 못하는 이국적인 땅에서의 선교가 강조되었다. 인디언 복음화는 전반적으로 볼 때 성공 스토리가 아니며, 가장 큰 이유는 두 문화가 땅에 대한 우월적 지위를 놓고 격렬한 갈등을 벌인 것이라는 데에 많은 학자들이 동의한다. 그러나 이 못지않게 중요한 사실은 인디언이 인종적으로 자신들보다 열등하며 인디언 문화는 구원받을 만한 가치가 없다고 하는 믿음이 백인들 사이에 깊이 자리 잡고 있었다는 점일 것이다.

04

혜른후트의 전진
: 개신교 선교의 여명

16세기 가톨릭의 반(反)종교개혁 당시 로마가톨릭은 짧은 시간 동안 선교 사역을 크게 확대시켰지만, 개신교 진영에서는 이에 필적할 만한 움직임이 없었다. 대다수 개혁자들에게 세계 선교는 주 관심사가 아니었다. 로마가톨릭의 핍박 앞에서 꿋꿋이 버티어 내며 유럽에서 기반을 닦는 것만도 이들 입장에서는 크나큰 성취였고, 이들에게는 해외에서 모험적 선교를 할 시간도 인물도 없었다. 게다가 로마가톨릭은 항해를 업으로 삼는 나라들의 신앙적 배경을 지배하고 있었고 그래서 탐험가와 상사(商社)들의 군사적 보호 아래 먼 나라들을 돌아다니며 살 수 있어서 언제라도 해외선교에 나설 수 있었지만, 개신교는 이런 기회를 누릴 수 없었다. 초기 프로테스탄티즘의 본거지였던 스위스와 독일은 육지로 둘러싸인 나라여서 바다 건너 땅에 접근할 통로가 없었다. 더욱이 개신교에는 로마가톨릭의 수도회 같은 기존의 선교단체가 없었다.

프로테스탄트 신학은 선교 활동의 시야를 제한하는 또 하나의 요소였다. 마르틴 루터는 그리스도의 재림이 임박했다고 확신한 탓에 해외선교의 필요성을 간과했다. 더 나아가 그는 그리스도의 지상명령이 신약시대의 사도들에게만 주어진 것이라 주장함으로써 자신의 입장을 정당화하고자 했다. 사도들이 당시 사람들이 알고 있던 세상에 복음을 전함으로써 의무를 이행했고, 그래서 이후 세대에게는 선교에 대한 책임이 없다고 말이다. 칼뱅주의자들도 대체적으로 비슷한 맥락의 논리를 주장하되 거기에 '선택 교리'를 추가했다. 하나님께서 구원하실 자를 이미 선택해 놓으셨다면 선교는 비본질적인 것으로 보일 수 있다. 그러나 칼뱅 자신은 적어도 겉으로 보기에는 모든 개혁자들 중 가장 투철한 선교사 정신을 갖고 있었다. 그는 자신의 고국 프랑스에 열 명도 넘는 복음 전도자들을 파송했을 뿐만 아니라 다수의 프랑스 위그노들Huguenots과 더불어 네 명의 선교사를 남미 브라질로 보내 식민지를 개척하고 원주민들에게 복음을 전하게 했다. 그러나 1555년에 시작된 이 개척 선교는 얼마 지나지 않아 실패로 끝났다. 리더였던 니콜라 뒤랑 드 빌가뇽^{Nikola Durand de Villegangon, 1510-1571}이 변절하여 포르투갈 쪽으로 붙었고, 포르투갈인들은 이 선교팀이 갓 개척한 식민지를 약탈했으며, 살아남은 몇몇 사람들은 무방비 상태로 예수회 선교사들의 위세에 눌려 아무 일도 할 수 없었다.

17세기에 접어들면서 개신교 선교사들이 과거에 비해 비교적 여러 지역에 흩어져 활동하는 것을 볼 수 있지만, 아메리카 식민지에서 사역한 이들 말고는 저력 있게 개척 선교를 한 사람들이 전혀 없었다. 퀘이커교도들이 해외선교에 비교적 지속적 관심을 가졌다. 1661년 조지 폭스^{George Fox, 1624-1691}가 자신의 제자 세 사람을 선교사로 세워 중국으로 보냈지만, 이들은 끝내 목적지에 도착하지 못했다. 몇 년 후 최초의 루터파 해외 선교사 유스티니안 폰 벨츠^{Justinian von Weltz, 1621-1668}가 남아메리카 대서양 연안의 수리남에 가서 평생을 바쳐 선교기지를 세우려 애썼으나 결국 실패하고 말았다.

개신교의 선교는 18세기에 들어서 본격적으로 추진되기 시작했다. 그제야 개신교 내 여러 진영들이 복음을 듣지 못한 이들에게 복음을 전해야 할 책임을 인식하기 시작했기 때문이다. 성경에서 말하는 이 의무를 가장 먼저 깨달은 이들로 필립 야코프 슈페너^{Philip Jacob Spener}와 아우구스트 헤르만 프랑케^{August Hermann Francke} 같은 루터파 경건주의자들이 있으며, 이들은 국교회를 갱신시키고자 했다. 할레 대학 교수였던 프랑케는 이 학교를 유럽 경건주의의 중심지요, 복음전도와 해외선교의 중심지로 만들었다. 하지만 18세기의 대다수 교회 지도자들은 해외선교를 별로 탐탁지 않아 했고, 경건주의자들은 흔히 '열광주의자'라고 조롱받았다. 그러나 성경의 명령을 추진력 삼아 이들은 복음을 전하러 나갔다.

개신교 선교 최초의 의미 있는 발전은, 그 자신이 경건주의자였던 덴마크 왕 페르디난트 4세가 해외에 있는 덴마크 영토 백성들에게 선교사를 보내 복음을 전하게 해달라고 할레 대학에 요청한 데서 시작되었다. 특히 그가 부탁한 곳은 인도 남동쪽 연안에 있는 트란크바르(오늘날 인도 타밀나두 주의 타랑감바디) 지역이었다. 이에 따라 덴마크 할레 선교회의 후원을 받는 루터파 선교사 바르톨로메우스 지겐발크^{Bartholomäus Ziegenbalg, 1682-1719}와 하인리히 플뤼차우^{Heinrich Plütschau, 1676-1752}가 최초로 파송받았다. 이들은 트란크바의 인도 남단 근처에서 사역을 시작했다. 상업적 이익을 추구하는 덴마크 동인도회사의 훼방을 받긴 했지만, 그럼에도 불구하고 이들은 사역 기간 동안 의미 있는 발전을 이루었고 많은 이들이 회심하는 것을 목격했다. 건강이 안 좋아진 플뤼차우는 6년 후 본국으로 돌아갔고, 지겐발크 혼자 남아 아직 유아기의 교회를 감독하고 신약성경 전체와 구약성경 상당 부분을 인도의 여러 언어 가운데 한 언어로 번역했다. 그는 14년간 사역한 뒤 1719년 세상을 떠났다.

지겐발크의 성경번역 사역은 덴마크 할레 선교회 소속의 또 다른 선교사가 마무리 지었고, 이 선교사의 영향으로 크리스티안 프리드리히 슈바르츠^{Christian Friedrich Schwartz, 1726-1798}가 인도에 와서 사역했다. 독실한 루터파 교인이었던 슈바르츠는 18세기에 덴마크 할레 선교회와 더불어 사역한 가장 유명한 선교사였다. 그는 1750년에 인도에 도착하여 48년 후 세상을 떠날 때까지 신실하게 사역했다. 그는 선교사 생활 대부분을 인도 연안을 따라 이동하면서 복음을 설교하고 교회를 개척하며 지냈는데, 이는 그가 몇 가지 언어와 방언을 능숙하게 사용하지 못했더라면 불가능했을 업적이다. 그는 평생 미혼으로 지냈고 자녀도 없었지만(앞서의 로마가톨릭 선교사들처럼), 어린이 사역을 효과적으로 해낸 덕분에 아이들의 믿음이 성장했고, 덕분에 탄조르(코베리 강 연변에 있는 인도 타밀나두 주의 도시로 '탄자부르'라고도 한다)에 그가 개척한 교회의 교인 수가 약 2,000여 명까지 불어났다. 그의 생전에 덴마크 할레 선교회는 할레에서만 거의 60명의 선교사를 배출할 정도로 크게 성장했지만, 초기의 열정은 식어 가고 있었다. 그가 세상을 떠날 무렵에는 그의 빈자리를 메울 자원자도 거의 없을 정도였다.

하지만 이 초기 개신교 선교 운동에 또 하나의 그룹이 생겨났다. 역시 할레의 경건주의에 영향을 받은 이들 헤른후트 형제단(영어로는 모라비아 형제단)은 기독교 역사상 가장 주목할 만한 '선교하는 교회'missionary church로 손꼽힌다. 지상명령을 마음에 새긴 친첸도르프 백작의 주도 아래 헤른후트교는 위대한 근대 선교의 시기로 향하는 길을 닦았다. 헤른후트교는 18세기만 해도 버진아일랜드[1732], 그린란드[1733], 북아메리카[1734], 라플란드와 남아메리카[1735], 남아프리카[1736], 래브라도[1771] 등에 선교기지를 세우고 사역했다. 이들이 온몸과 마음을 바쳐 이루고자 했던 목표는 땅끝까지 복음을 전하는 것이었으며, 이러한 열정은 선교사와 일반 성도의 비율이 약 1:60이라는 데에서도 확연히 드러난다.

선교사 비율이 그렇게 높을 수 있었던 것은 헤른후트에 한 가지 독특한 특징이 있기 때문이었는데, 그것은 이들에게 자비량 선교를 기대할 수 있었다는 점이다. 헤른후트교도들은 주로 장인과 농민들이었고, 그래서 자연히 선교사들은 외국에 나가서도 저마다 직업을 가졌을 것이며 거기 따르는 노동 윤리도 지니고 있었을 것이다. 헤른후트의 선교 이론에 따르면, 자발적 기부는 세계 복음화 과업을 이루기 위해 필요한 재정을 마련하는 데 충분하지 않은 방법이었다. 그렇다면 유일한 대안은 그리스도인들이 자기 생업에 종사하면서 선교사 일을 하는 것뿐이었다.

래브라도의 헤른후트 선교사들은 장사를 해서 생계를 유지하는 한편, 남는 돈으로는 가난한 에스키모인들에게 기본 생필품을 제공해 주었다. 이들은 선박과 가게를 소유했으며, 생활에 모범을 보임으로써 에스키모인들이 생산적인 일에 관심을 갖게 만들었다. 이들이 이렇게 사역한 결과, 원주민들에게 복음이 전해졌을 뿐만 아니라 원주민 경제와 사회 상황에까지 영향을 끼쳤다. 수리남의 헤른후트교도들은 양복점, 시계 제조업, 빵집 등을 포함해 다양한 사업을 펼쳤다. 이들의 경제적 영향력이 커지면서 영적 영향력도 함께 커져 갔고, 그래서 이 나라에서 헤른후트 교회는 하루가 다르게 성장해 갔다.

신약학자 윌리엄 덴커^{William Denker}는 "헤른후트의 가장 중요한 공헌은, 그리스도인은 모두 선교사이며 자기 직업을 통해 복음을 증거해야 한다고 강조했다는 점"이라고 말한다. "그리스도인들이 헤른후트가 보인 모범을 좀더 면밀히 연구했다면, 설교자와 교사, 의사뿐만 아니라 사업가도 기독교의 세계 선교가 확장해 나가는 데 명예로이 일익을 담당할 수 있었을 것이다."[1]

친첸도르프 백작¹⁷⁰⁰⁻¹⁷⁶⁰

니콜라우스 루트비히 폰 친첸도르프 Nicolaus Ludwig von Zinzendorf 백작은 근대 개신교 선교사 운동에서 가장 영향력 있는 선교 지도자로 손꼽힌다. 그는 초교파적 복음전도 운동의 선구자였고, 헤른후트 교회를 설립했으며, 수많은 찬송가를 작사했다. 그러나 무엇보다도 그는 윌리엄 캐리의 활동 무대이자 그 이후 펼쳐질 선교 역사상 '위대한 세기'^{Great Century}의 발판이 되는 범세계적 선교 운동을 출범시켰다. 하지만 여러 면에서 그는 지도자로서의 역량이 부족했다. 그래서 그가 전 생애를 바친 그 운동이 거의 망할 지경까지 간 적도 한두 번이 아니었는데, 이는 계획을 세우고 의사결정을 하는 능력이 부족한 탓이었다.

친첸도르프는 1700년 부유한 귀족 가문에서 태어났다. 아버지가 세상을 떠나고 뒤이어 어머니가 재혼하면서 그는 할머니와 숙모 밑에서 자랐는데, 이 두 사람의 따뜻한 복음주의적 경건주의 신앙 덕분에 그는 영적인 일들에 관심을 갖게 되었다. 어렸을 때 이분들에게 배운 것은 정규교육을 받으며 더욱 공고해졌다. 할머니와 숙모는 그가 열 살이 되자 할레로 보내 공부를 시켰고, 이곳에서 그는 위대한 루터파 경건주의자 아우구스트 헤르만 프랑케 밑에서 영감 있는 가르침을 받게 된다. 또한 일단의 신실한 젊은이들과 어울리게 되는데, 바로 여기서 '겨자씨 선교단'이라는, "온 세계 인류"를 사랑하고 복음을 전하는 데 헌신하는 기독교 형제단이 생겨났다.

친첸도르프는 할레에서 공부를 마친 뒤 법률을 공부해 공무원이 되려고 비텐베르크로 갔다. 공무원은 귀족에게만 허락되는 직업이었지만, 그는 자신의 이런 미래 전망에 행복을 못 느꼈다. 그는 사역자의 길을 가고 싶었다. 하지만 집안의 전통을 깬다는 것은 생각할 수도 없는 일이었다. 결단을 내리지 못하고 무거운 마음으로 지내던 중, 1719년 유럽 일주 여행에서 생긴 한 가지 사건이 그의 인생 경로를 바꿔 놓았다. 한 미술 전시관을 찾아간 그는 가시 면류관을 쓰신 그리스도를 묘사한 도메니코 페티의 「이 사람을 보라」*Ecce Homo*와 거기 새겨진 "내 너를 위해 이 모든 일을 했건만 너는 무엇을 하느냐?"는 글을 보았다.[2] 이 경험은 그의 장래 직업뿐만 아니라 그의 신학과 신앙이 형성되는 데에도 큰 영향을 끼쳤다.

1722년에는 친첸도르프가 사역자로 부르심 받는 과정에서 하나의 전환점이 될 사건이 일어났다. 몇몇 프로테스탄트 피난민들이 베르텔스도르프에 있는 그의 사유지에서 쉼터를 얻고자 했다. 베르텔스도르프는 나중에 "주님이 보호하시는 곳"이라는 뜻의 헤른후트*Herrnhut*로 이름이 바뀐다. 그는 피난민들을 불러 헤른후트에 정착할 수 있게 했고, 백작이 갈 곳 없는 사람들에게 호의를 베푼다는 소문이 퍼지면서 헤른후트는 급속히 규모가 커져 갔다. 신앙의 자유를 찾아 떠나온 난민들이 속속 도착했고, 그의 사유지는 새로 지은 주택과 상점들이 산재하여 날로 번창하는 공동체 마을이 되었다. 그러나 사람들이 불어나면서 문제도 생겼다. 주민들의 신앙적 배경이 다양하다 보니 이런저런 불화가 생겼고, 그래서 헤른후트의 존재 자체가 위협받는 경우도 한두 번이 아니었다.

그러다가 1727년, 최초의 난민들이 도착한 지 5년 만에 공동체의 분위기가 완전히 바뀌었다. 헤른후트의 영적 갱신은 8월 13일 이곳에서 진행된 성찬식 때 절정을 이루었고, 이 성찬 참석자들의 말에 따르면 성령께서 임하신 것이 이때 일어난 큰 신앙부흥의 특징이었다고 한다. 신앙의 영역에 어떤 일이 일어났든, 이날 밤 일어난 신앙부흥으로 선교에 대한 새로운 열정이 생겨난 것이 틀림없으며, 이는 그 후 헤른후트 운동의 주된 특징이 되었다. 또한 주민들 사이에 연합 의식과 하나님을 의지하는 마음이 고조되었다. 이때부터 철야 기도회가 시작되어 일주일 내내 24시간 계속되었으며, 이 기도의 전통은 100년이 넘도록 중단 없이 이어졌다.

이들이 해외선교에 직접적으로 나선 것은 이 영적 각성이 일어난 지 몇 년 후였다. 친첸도르프는 덴마크 왕 크리스티안 6세의 대관식[1730]에 참석했다가 연회에서 그린란드 원주민 두 사람(한스 에게데가 회심시킨)과 서인도제도에서 온 아프리카인 노예 한 사람을 알게 되었다. 선교사를 보내 달라는 그들의 호소에 깊은 인상을 받은 친첸도르프는 그 아프리카인 노예를 헤른후트로 초대하는 한편, 그 자신은 세계 복음화가 절실히 필요하다는 인식을 가지고 귀국했다. 그로부터 1년이 지나지 않아 최초의 헤른후트 선교사 두 사람이 버진아일랜드로 파송되었고, 그 후 20년 동안 헤른후트는 개신교 진영 전체가 지난 2세기 동안 파송한 선교사보다 더 많은 수의 선교사들을 파송했다.

1738년, 최초의 선교사가 카리브해에 도착한 지 몇 년 후, 친첸도르프는 이들과 합류시킬 세 명의 신참 선교사들을 대동하고 카리브해로 향했다. 그러나 이들이 목적지에 도착해 보니 먼저 와 있던 선교사들은 모두 감옥에 갇혀 있었다. 친첸도르프는 신속히 조치를 취했다. 귀족으로서의 명성과 권한을 이용해 이들을 석방시킨 것이다. 또한 이곳에 머무는 동안 그는 아프

니콜라우스 루트비히 폰 친첸도르프 백작

리카인들을 위해 날마다 예배를 인도했으며, 선교사들을 위해 선교회 조직을 쇄신하고 선교 구역을 개편했다. 그는 선교 사역이 견고한 토대 위에 서게 된 것을 보고 흡족한 마음으로 유럽으로 돌아갔다. 2년 뒤 그는 아메리카 식민지로 와서 인디언들을 대상으로 선교 사역이 펼쳐지는 것을 관찰했다.

친첸도르프는 귀족으로서의 인생은 포기했지만 유복한 삶에 대한 취향은 결코 억제하지 못했고, 평범한 선교사의 삶을 살 수 있을 만큼 자신을 낮추기를 힘들어했다. 그는 선교사로서 황무지에서 하루하루 고달프게 사는 삶을 싫어한다는 것을 굳이 감추지 않았다. 그는 아메리카 원주민을 미개하고 거친 사람들로 여겼고, 이들이 자신의 사생활을 침해하는 것에 분개했다. 하지만 그가 이들과 관계를 맺지 못한다고 해서, 더 나아가 이들과 원만히 지내지 못한다고 해서 이들을 복음화하려는 열정이 약해지는 것은 아니었다. 아메리카를 떠나기 전 그는 아메리카 인디언 선교 사역을 위해 선교사를 20명이나 더 증원했다.

선교 행정가로서 친첸도르프는 자신을 지도자로 여기는 세계 전역의 선교사 네트워크를 두루 살피고 감독하며 33년을 지냈다. 감독자로서 그가 사용한 방법은 단순하고 실제적이어서, 그저 시간이라는 시험대를 견뎌 내는 방식이었다. 그가 파송한 선교사들은 신학자가 아니라 복음 전도자로 훈련받은 일반 성도였다. 자기 힘으로 생계를 해결하는 기능공이요 노동자인 이들은 전도 대상자의 삶의 현장에서 그들과 함께 지내면서 말뿐만 아니라

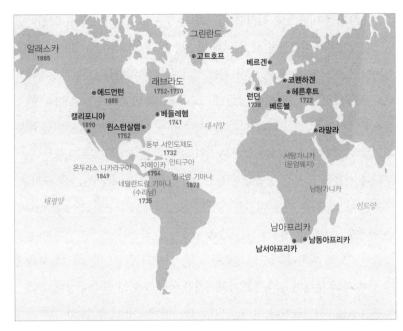

그린란드
알래스카 1885
고트호프
베르겐
코펜하겐
에드먼턴 1885
래브라도 1752-1770
런던 1738 헤른후트 1722
베들레헴 1741
캘리포니아 1890
윈스턴살렘 1752
대서양
라말라
동부 서인도제도 1732
서탕가니카 (운얌웨지)
온두라스 니카라구아 1849
자메이카 1754 안티구아
영국령 기아나 1878
남탕가니카
네덜란드령 기아나 (수리남) 1735
태평양
인도양
남아프리카
남동아프리카
남서아프리카

세계 전역의 헤른후트 교회

모범적인 삶으로도 믿음을 증거했으며, 언제나 그들보다 우월한 자가 아니라 그들과 똑같은 사람으로서 자신의 정체성을 인식하고자 했다. 이들의 과제는 오로지 복음을 전하는 것뿐이어서, 그 지역의 정치나 경제와 관련된 일에는 절대 관여하지 않았다. 이들이 전하는 메시지는 그리스도의 사랑으로, 이 단순한 복음의 메시지를 전하되 전도 대상자가 회심할 때까지 교리에 대한 이야기는 의도적으로 삼갔다. 그리고 회심한 후에도 신학적 가르침보다는 감격적인 신비 체험이 우선했다. 다른 무엇보다도 헤른후트 선교사들은 일편단심이었다. 이들은 선교 사역을 다른 어떤 일보다 우선으로 여겼다. 복음전도를 위해서는 아내와 아이들도 버렸다. 청년들은 독신으로 지내라는 권유를 받았고, 결혼을 허락받더라도 배우자는 흔히 제비뽑기로 선택했다.

오로지 한마음으로 사역한 최고의 사례는 바로 친첸도르프 자신이었다. 그는 아내와 아이들을 남겨둔 채 빈번히 유럽 전역과 바다 건너 땅을 돌아다녔고, 이렇게 10여 년 이상 집을 떠나 유랑을 하면서 그의 가정생활은 더욱 복잡해졌다. 집을 비우는 동안 그의 사업과 법적인 일들은 아내 에르트무테Erdmuthe, 1700-1756가 처리했다. 그녀는 아주 유능한 여인이긴 했지만 부부 관계를 온전하게 유지하는 일에는 능숙하지 못했다. 친첸도르프와 에르트무테가 서로에게 점점 냉담해져 갔고 결혼 생활 마지막 15년간은 그저 이름뿐인 부부였다는 것은 비밀도 아니었다. 그럼에도 불구하고 아내의 죽음은 친첸도르프에게 견디기 힘든 시련이었다. 존 와인리크John Weinlick는 이렇게 말한다. "회한 때문에 백작의 슬픔은 더욱 가중되었다. 그는 에르트무테에게 잘해 주지 못했다. 금욕주의자였던지라 아내와 오래 떨어져 살던 중에도 부정(不貞)을 저지르거나 하지는 않았지만, 아내에게 더할 수 없이 무신경했다. 그는 그녀가 한 여인이자 아내요 어머니라는 사실을 잊고 살았다."[3]

적당한 애도 기간이 지나자 친첸도르프는 안나 니취만Anna Nitschmann, 1715-1760과 재혼했다. 시골 출신의 안나는 다른 이들과 함께 여러 해 동안 친첸도르프의 여정에 동행했던 여인이었다. 그녀와의 결혼은 1년 이상 비밀에 부쳐졌는데, 자신보다 사회적 지위가 훨씬 낮은 여자와 결혼한 것을 두고 집안에서 말들이 많을 것을 피하려는 이유도 있었다. 안나는 관념적인 면, 특히 신비주의 영역에서 친첸도르프에게 강력한 영향을 끼쳤으며, 이 신비주의 특성은 선교 사역에 중대한 문제점으로 이어졌다.

친첸도르프의 지도 아래 헤른후트 교회는 그리스도의 죽음에 큰 강조점을 두었다. 친첸도르프는 어렸을 때부터 주님의 죽음과 고통을 묵상했고, 자신이 사역자로 부름받았다고 여기게 된 것도 그리스도의 고통을 묘사하는 한 그림을 본 영향이 컸다. 그러나 한때 강조점이었던 것이 시간이 흐르면서 집착이 되었고, 헤른후트는 온통 극단적 형태의 신비주의에 휩쓸린 것

친첸도르프 백작의 아내 에르트무테 친첸도르프

같아 보였다. 친첸도르프를 그대로 본받은 헤른후트교도들은 그리스도의 죽음을 병적으로 묵상하면서 자기 자신을 비하했다. 친첸도르프와 결혼하기 몇 해 전 교회들에게 보내는 회람용 편지에서 안나는 "보잘것없는 작은 벌레처럼 저는 그분의 상처 속으로 들어가고 싶습니다"라고 말했고, 친첸도르프 자신은 헤른후트 형제들을 가리켜 "은혜의 바다 가운데 있는 붉은 지렁이떼"라고 했다. 교인들이 '작은 바보회'를 결성하자 이들을 향해 권면하기를, 어린아이처럼 행동하고 자기 자신을 "보혈의 웅덩이 속에서 헤엄치는 작은 물고기"로, 혹은 "그리스도의 상처에서 피를 빠는 작은 벌"로 여기라고 했다.[4]

헤른후트의 이런 신비주의는 선교에 부정적인 영향을 끼쳤다. 그리스도의 육체적 고통을 자신의 고통으로 느끼려고 하며 점점 더 신비주의적이고 내면 성찰적인 성향이 되어 갈수록 세계 복음화와 이웃 구제에 대해서는 관심이 멀어져 갔다. 적극적으로 사역하는 선교사라 할지라도 깊은 차원의 신비주의 영성에 도달하지 못했다는 이유로 신뢰하지 않는 경우도 있었고, 따라서 선교라는 목표도 피해를 입었다.

헤른후트의 이런 변화는 이들의 선교 운동이 급격히 쇠퇴하는 결과를 낳을 수도 있었지만, 백작은 그런 사태가 벌어지기 전에 문제점을 깨달았다. 교회의 상태가 "크게 퇴보했고 그렇게 만든 장본인이 아마도" 자기 자신일 것이라고 시인한 친첸도르프는 "짧지만 두려웠던" 그 시기를 뒤로하고 자신을 따르는 사람들을 다시 정상 경로로 인도할 수 있었다.

하지만 또 다른 문제가 곧 부상했다. 1750년경 친첸도르프가 재정 관리를 잘못한 탓에 헤른후트 교회는 빚더미에 앉게 되었다. 헤른후트 연구가 J. C. S. 메이슨^{Mason}의 말에 따르면 "이들이 교세를 확장하고, 토지를 매입하고, 커다란 건물을 짓고, 그 밖에 새롭고도 중요한 계획들을 세우면서 많은 비용이 들어간 것은 이보다 훨씬 더 큰 문제의 일부에 지나지 않았지만, 이 비용조차도 거의 빚으로 충당되었다"고 한다.[6]

영국과 유럽 대륙에서는 헤른후트를 비난하는 "책과 팸플릿이 쏟아져 나왔고", 이는 "거의 파괴적인" 결과를 낳았다. 헤른후트를 비판하는 이들은 지난 세월의 신비주의 신학까지 거론하며 현재 재정 위기에 직면한 이 운동을 향해 비난의 화살을 쏘았다. 하인리히 리미우스^{Heinrich Rimius}는 "헤른후트주의^{Herrnhutism}는 가증스럽기 짝이 없는 어리석은 행동에 연관됨으로써 기독교의 품격을 떨어뜨렸고, 심각하게 오염된 교리를 표방하고 있다"고 말했다. 이런 비웃음은 쉽게 가라앉지 않았다. 오랜 후인 1808년에 발간된 복음주의 잡지 『크리스천 옵저버』^{Christian Observer}는 비교적 최근의 헤른후트가 초기의 재세례파처럼 "한심스러울 만큼 방탕한 행습을 보였다"고 독자들에게 일깨워 주었다.[7]

이런 결점과 실패가 있었고 그로 인해 명성이 손상되었음에도 불구하고 친첸도르프는 그의 사후 오랜 뒤까지 지속된 유산을 남겼다. 그가 선교 분야에 얼마나 크게 공헌했는지는 세계 선교를 위해 가족과 고국을 등진 수많은 남녀 선교사들의 삶에 아마 가장 잘 나타나 있다고 할 것이다.

크리스티안 다비트¹⁶⁹⁰⁻¹⁷⁵¹

친첸도르프 백작을 제외하고 헤른후트 설립에 가장 깊이 관여한 사람은 크리스티안 다비트$^{Christian\ David}$로서, 신앙의 자유를 찾아 고국을 떠난 유럽 전역의 난민들을 친첸도르프의 사유지로 데려온 주 책임자가 바로 그였다. 다비트는 1690년 모라비아의 로마가톨릭 집안에서 태어났다. 젊은 시절 그는 신실한 가톨릭교도로서 의례와 절기를 지키고 동정녀 마리아를 찬미하는 데 열심이었다. 그는 당시 자기 마음이 종교적 헌신으로 화덕처럼 뜨겁게 타오르고 있었다고 회상했다. 그리고 그 헌신은 도제 신분으로 주인을 섬기며 주인의 가족들과 함께 살면서 복음을 전하고자 하는 열정으로 나타났다. 그러나 그때조차도 기독교의 가르침을 접할 기회는 제한되어 있었다. 그는 스무 살이 되어서야 성경책을 한 권 가질 수 있었는데, 그것은 그가 그때까지 한 번도 본 적이 없는 책이었다.

1717년, 27세의 다비트는 복음주의적 회심을 경험했고, 그 후 곧 아내 안나의 격려에 힘입어 순회 평신도 설교자가 되었다. 여러 곳을 돌아다니는 동안 그는 핍박받으며 낙심에 빠진 그리스도인들을 수없이 많이 만났다. 그들은 자유롭게 예배드릴 수 있는 피난처를 갈망하고 있었다. 그런 상황을 배경으로 다비트는 1722년 친첸도르프를 만났고, 이에 두 사람은 서로 뜻을 모아 헤른후트를 설립하기에 이르렀다. 그 뒤 몇 년 동안 다비트는 헤른후트를 대표하여 유럽 전역을 돌아다니며 이주민들을 모아들였다.

크리스티안 다비트는 목수라는 직업을 갖고 있었고 이주민들을 찾아내는 일을 잘하기는 했지만 복음 전하는 일에 좀 더 직접적으로 뛰어들고 싶어 했다. 그리고 1733년 기회가 왔다. 그는 다른 두 사람의 헤른후트교도와 함께 그린란드로 가서 선교 사역을 다시 활성화하라는 사명을 부여받았다. 이보다 두 해 전, 친첸도르프는 그린란드에서 사역하는 루터파 선교사 한스 에게데$^{Hans\ Egede,\ 1686-1758}$가 그곳 사역을 포기하기 직전이라는 잘못된 소문을 듣고 이 상황을 해결해야겠다는 마음을 먹게 되었다. 그는 지체 없이 그린란드로 가서 에게데의 빈자리를 메울 자원자를 모집했고 다비트는 이 자원자의 리더로 뽑혔다.

다비트를 비롯한 헤른후트 선교사들이 도착하자 에게데는 깜짝 놀랐다. 비록 그들을 반갑게 맞아들이기는 했지만 그들의 도착과 함께 이런저런 문제점과 오해들이 발생하기 시작했다. 에게데와 다비트 두 사람 모두 자기 생각이 강한 사람들인데다가 언어 장벽까지 겹쳐 문제가 더 복잡해졌다. 노르웨이 태생인 에게데는 헤른후트의 신참 선교사들이 발음하는 독일어를 알아듣기 힘들었고, 반대로 이 선교사들은 에게데의 노르웨이어를 도통 이해하지 못했다. 하지만 다비트 일행은 에게데가 그린란드 사역을 포기할 생각이 전혀 없다는 것만은 곧 알아차렸다.

헤른후트 선교사들이 그린란드에 도착했을 당시 한스 에게데와 그의 가족은 10년 넘게 그곳에 살고 있었고, 비록 사역에 진전이 없긴 했어도 여전히 그 일에 전폭적으로 헌신하고 있었다. 다비트보다 4년 먼저인 1686년 노르웨이에서 태어난 에게데는 신실한 루터파 교인 가정에서 자라났고, 당시 스칸디나비아 나라들에 깊이 스며들어 있던 따뜻한 경건주의 정신에 깊이 영향 받았다. 그는 목회학을 공부한 뒤 실제 목회 현장에서 산전수전 다 겪으며 10년 세월을 보냈다. 돈 문제 때문에 교구 내의 다른 목회자와 갈등이 생겨 교회 법정에서 벌금형을 선고받은 것도 한두 번이 아니었다. 그는 교회에서 받는 생활비가 가족들의 기본 생계비에도 못 미친다고 항변했지만, 법정은 그가 법정의 권위를 존중하지 않는 태도를 보인다고 판단했다.

어렸을 때부터 에게데는 그린란드에서 전해져 오는 이야기, 수세기 전에 스칸디나비아에서 그린란드로 이주한 그리스도인들의 이야기를 들으며 자랐다. 그런데 그 그리스도인들의 후예가 그 후 200년이 넘는 동안 어떻게 살고 있는지는 전혀 알려지지 않았다. 그는 노르웨이에서 전해지는 말을 듣고 수백 년 전 행운의 사나이 라이프(본명은 레이프르 에이릭손, 아이슬란드 태생 탐험가로 바이킹 시대인 1000년경 북아메리카를 최초로 발견한 유럽인─옮긴이)가 그

린란드에 복음을 전달했다는 것을 알
게 되었다. 라이프는 한 사제와 동행
해 와서 그린란드 사람들에게 기독교
를 전했고, 그렇게 생겨난 교회는 12
세기경에 주교가 부임해 올 정도로
성장했다. 그러나 시간이 흐르면서 이
곳 교회는 이교 신앙의 길에 빠지고
말았다.

해른후트 선교사 크리스티안 다비트

　이런 이야기들은 경건주의적 선
교 열정과 어우러져 이 젊은 노르웨
이인 목회자에게 도전을 던졌다. "한
때 그리스도인이었고 기독교 신앙으
로 깨어 있던 사람들, 그러나 이제는 가르침도 없고 가르치는 이도 없어 다
시 이교의 몽매함과 야만 상태로 되돌아간 이 가엾은 사람들"을 위해 그린
란드에 선교의 문을 열 가능성을 탐구해 보라고 말이다.[8] 자신을 후원해 줄
선교위원회도 없이 그는 덴마크-노르웨이 연합왕국의 왕과 교회 당국에
"그린란드 사람들의 회심과 교화를 위한" 제안서를 보냈다.[9] 그러나 당시
연합왕국은 스웨덴과 전쟁 중이었던지라 그의 청원서 처리는 몇 해 지연되
었다.

　그사이 에게데는 가족들이 그 계획에 강하게 반대하고 나서는 상황에
직면했다. 그의 장모는 그가 그린란드 선교사로 갈 작정이라는 소식을 듣고
깊은 상심에 빠졌고, 열세 살 연상인 아내 기르트루[Giertrud]는 너무도 놀란 나
머지 그와 결혼한 것을 후회한다는 말까지 했다. 그러나 남편과 더불어 이
문제에 대해 의논하고 기도한 끝에 결국 그녀는 남편에게 가장 충실한 지지
자가 되었고, 두 사람은 공통의 소명이 될 일을 향해 함께 나아가게 되었다.

다른 이들이 계획을 포기하라고 종용할 때도 그녀는 남편을 지지하는 입장을 굽히지 않았다. "사랑하는 아내는 이미 결정된 일을 후회해 봤자 이제 때는 늦었다고 하며 큰 믿음과 지조의 증거를 보여주었다. 아내가 이렇게 말해 주어서, 그리고 연약한 여인임에도 오히려 나보다 더 큰 믿음과 씩씩함을 보여주어서 얼마나 격려가 되었는지 모른다."[10]

1718년 여름, 에게데는 아내와 네 자녀를 데리고 배편으로 노르웨이 북부의 교구를 떠나 남쪽의 베르겐 항구로 갔다. 거기서 그린란드로 가는 안전한 항로를 택하려 했던 것이다. 위험한 노르웨이 해안을 따라가는 이 첫 번째 구간의 여정은 헌신의 결단이 약한 사람이라면 그 결단이 무너져 내릴 수도 있을 만큼 위험하기 짝이 없는 악몽의 구간이었다. 한번은 배 밖으로 떨어져 익사할 뻔하다가 한 어부가 위험을 무릅쓰고 구조해 준 덕에 살아난 적도 있었다. 그러나 그는 이런 사고로 낙심하기는커녕 오히려 믿음이 고무되었고, 죽을 위기에서 구조된 것은 하나님께서 거룩한 목적을 위해 자신의 목숨을 부지시키셨다는 분명한 증표라고 확신했다.

에게데 일가는 그렇게 베르겐에 도착했고, 불확실한 상황 가운데 2년을 지체한 끝에 마침내 베르겐상사를 통해 통행 허가를 얻어 1721년 여름 그린란드에 도착했다. 추위가 닥치기 전에 가족들이 거처할 곳부터 서둘러 지어 놓은 에게데는 그렇게 해서 낭만이라고는 전혀 없는 해외 선교사 생활을 시작했다. 여름 날씨는 쾌적했지만 어디를 가든 쫓아다니는 각다귀떼가 문제였다. 그러나 각다귀떼보다 더 골치 아픈 문제는 언어 장벽이었다. 에게데는 수세기 전 자신의 동족들이 노르웨이어를 그린란드에 전했을 것이므로 이곳 언어가 자신의 모국어와 비슷할 것이라고 기대했다. 그러나 그의 기대는 무참히 꺾이고 말았다. 가장 간단한 말 몇 마디를 나누는 것마저도 지루하고 고된 시련이었는데, 더 절망스러운 사실은 수세기 동안 그대로 전해 내려왔기를 바랐던 기독교 신앙이 그 흔적조차 찾을 수 없게 되었다는 것이었다.

에게데가 극복해야 할 문화 장벽은 언어 소통만이 아니었다. 에스키모의 생활방식은 에게데의 그것과 판이하게 달랐다. 그들은 1.2-1.8m 높이의 원시적 주거에서 생활했고, 겨울이면 여러 가정이 한 집에 비좁게 모여 살면서 고통스러울 만큼 과하게 난방을 했다. 고기와 생선이 상하면서 내뿜는 역겨운 악취는 가죽을 담가 놓기 위해 받아 놓은 소변통의 불쾌한 냄새와 어우러져 이 노르웨이인 설교자를 거의 미칠 지경으로 만들었다. 하지만 긴 겨울을 나는 동안 에스키모인들과 효과적으로 접촉할 수 있는 길은 그런 냄새나는 집들을 일일이 찾아다니는 방법밖에 없었다.

에게데의 에스키모인 사역은 시작이 더뎠다. 어린 두 아들 파울과 닐스는 그 어려운 에스키모 언어를 재빨리 습득해 원주민 친구들과 어울려 놀았지만, 에게데는 복잡한 에스키모어 문법을 붙들고 몇 년을 씨름했고, 그러한 중에도 그는 이렇게 해서는 영적인 가치들을 그들에게 전달하기가 매우 힘들겠다는 것을 깨달았다. 이에 그는 파울과 닐스에게 크게 의지했고, 두 아이는 그의 사역에 엄청난 자산이 되었다. 그린란드에서의 처음 몇 년 동안 에스키모인 친구를 사귀고 청중을 모으는 데 가장 효과적으로 사용된 수단은 음악이었다. 에게데 전기를 쓴 루이스 보베[Louis Bobé]의 말에 따르면 "그는 사람들에게 노래를 불러줌으로써 그들의 마음을 얻었다"고 한다.[11]

그럼에도 불구하고 복음전도의 과정은 고통스러울 만큼 느렸다. 에게데는 기독교와 이교 신앙 사이에 절충점은 있을 수 없다고 주장하면서 에스키모인들에게 이교적 관습을 버릴 것을 요구했다. 이들이 신성시하는 보호 부적, 미신적 북춤과 노래, "악마적 마술"을 폐하라고 요구했다. 이들의 신앙에 대한 이해가 거의 없었기에 그는 이들의 신앙 전통과 기독교 사이에 어떤 공통적 토대도 세울 수 없었다. 이렇게 막다른 골목에 이르자 그는 어린이 사역에 집중하게 되었다. 아이들은 아직 토착 미신 신앙에 말려들어 있지 않기 때문이었다. 그는 부모의 허락 아래 아이들에게 세례를 주었고, 아이들이 기독교 교리의 의미를 파악할 능력이 있다고 여겨지자 곧 교리를 가르치기 시작했다.

에게데는 자신의 고국 노르웨이에서 발원한 영적 유산을 지닌 그린란드인을 꼭 찾을 수 있을 것이라는 꿈을 버리지 않았다. 그런 탐색 작업을 통해 그는 유럽식 건축의 유물을 찾을 수 있었고, 그중에는 고대 노르웨이 유적지에 보존된 교회당 터도 있었지만, 과거 세대 그리스도인들에게서 전승된 신앙의 흔적은 결국 찾아내지 못했다.

선교 사역의 진전이 더디고 베르겐상사의 장사도 별 수익을 내지 못하면서 그린란드 선교에 대한 애초의 열정이 식어 철수의 위기에 직면했다. 그러던 1730년, 그린란드 선교 사업의 강력한 지지자였던 프레데리크 4세가 죽고 뒤이어 크리스티안 6세가 왕위에 올랐다. 그리고 이듬해 크리스티안 6세는 그린란드에서의 상업 활동을 포기하기로 결정하고 상사의 관리들과 일꾼들을 다 소환했다. 에게데 자신은 계속 머물러도 좋다는 허락을 받았지만 그의 잔류 여부도 사실 확실치 않았다. 상황이 이러니 그가 선교 사역을 포기한다는 소문이 돌았고, 이 소문을 들은 친첸도르프가 크리스티안 다비트를 비롯해 동료 모라비아 교인을 파송해 에게데가 시작해 놓은 사역을 계속 이어가게 했던 것이다.

갓 도착한 모라비아 교인들과 베테랑 선교사 한스 에게데 사이에 문제가 생기는 것은 사실상 불가피한 일이었다. 에게데는 거칠고 남을 지배하기 좋아하는 성격이어서 부드러운 방식으로 복음을 전해야 한다고 믿는 모라비아 선교사들에게 불쾌감을 주었다. 역사가 스티븐 닐은 "먼저 온 선교사가 이미 자리 잡고 있는 땅에 새 선교사가 들어올 때 거의 늘 일어나는 전형적인 일이 이들 사이에도 벌어졌다. 신참 선교사는 기존 선교사가 개척자로서 어떤 과정을 감내해 왔는지 고려하지 않고 그의 약점만 들춘다"고 했다.[12]

두 그룹 사이의 갈등은 주로 복음전도 방식에 관한 것이었다. 헤른후트 선교사들이 보기에 에게데는 융통성 없고 교조주의적인 루터파 교인으로, 영혼 구원보다는 냉랭한 정통 교리를 가르치는 데 치중했다. 그들은 하나님께서 구원의 빛을 주시지 않는 한 어떻게 에스키모들이 그 복잡한 교리를 이해하기를 기대할 수 있겠느냐고 물었다. 반면 에게데는 헤른후트 선교사들이 한심할 만큼 감상적인 신앙을 설파할 뿐 기독교 교리나 미신적 신앙을 근절하는 데에는 별 관심이 없는 것으로 보았다. 그리스도의 사랑만을 전하고, 거룩하시고 의로우시고 전능하신 하나님은 거의 언급하지 않는 그 편파적 복음은 기독교를 참모습 그대로 제시하지 못한다는 게 그의 주장이었다.

이런 차이에도 불구하고 에게데와 헤른후트 선교사들은 어깨를 나란히 사역하면서 때로 꽤 친밀한 관계를 유지하기도 했다. 에게데는 언어를 깨우치려고 몸부림치는 모라비아 선교사들에게 자신이 지금까지 모아온 언어학 메모와 자료들을 다 나누어 주었다(비록 서로 간의 언어 장벽 때문에 이 자료들이 별 쓸모가 없긴 했지만). 그리고 이들이 괴혈병을 앓을 때에는 자주 찾아가 자신이 할 수 있는 모든 방법을 다 동원해 이들의 고통을 덜어 주고자 했다. 그의 아내 기르트루 또한 이들을 친절히 대하며 이들에게 사랑과 존경을 받았다. 그럼에도 불구하고 이들 사이에는 늘 갈등이 상존했다. 그래서 오늘날의 시선으로 지켜보면, 그린란드 사람들이 "기독교 신앙 전체를 의심하며 '당신들끼리도 그렇게 이러쿵저러쿵 다투는데 그 신앙이 어떻게 진리일 수 있는가?'라고 말할 것 같다"고 한마디 하게 된다.[13]

에게데의 에스키모 사역의 첫 번째 획기적 도약은 1733년, 크리스티안 다비트와 그의 동료들이 도착했을 무렵 찾아왔다. 덴마크의 새 국왕이 그린란드 선교 사역을 계속 이어가기로 결정했다는 반가운 소식이 들려왔다. 그런데 덴마크에 갔다가 이 반가운 소식을 가지고 돌아온 그린란드인 회심자는 천연두 바이러스까지 함께 가지고 왔다. 고국으로 돌아온 그는 이 마을에서 저 마을로 에게데와 함께 돌아다니면서 자기도 모르는 사이에 그 치명적 병균을 곳곳에 퍼뜨렸다. 에스키모인들 사이에 곧 이 질병이 창궐했고, 이들이 병과 사투를 벌이자 평소에 엄격하기만 했던 이 목회자는 그제야 이들에게 온화함과 희생적 사랑을 유감없이 드러내 보였다. 천연두가 계속 맹위를 떨치면서, 그가 그동안 말로는 전할 수 없었던 것들이 자기 몸을 개의치 않는 섬김을 통해 몇 주 몇 달간 그들 눈앞에 드러났다. 그는 사람들이 자신을 찾을 때마다 달려갔다. 마을에 나가 병자들을 간호하지 않을 때에는 집에서 환자들에게 둘러싸여 그들을 돌봤다. 그가 이렇게 병자들을 따뜻하게 대하고 있다는 소식을 듣고 에스키모들은 먼 길을 마다하지 않고 그를 찾아왔고, 그는 그중 가장 병세가 위중한 사람을 집 안으로 들여 침상을 내준 뒤 아내와 함께 정성으로 간호했다.

위험한 순간들이 지나가고 마을이 평온을 되찾자 에게데는 사람들 사이에서 영적인 일에 대한 관심이 더 커져 가는 것을 목격했다. 사람들은 에게데를 소중히 여기기 시작했고, 에스키모들은 이제 그를 찾아와 영적인 조언을 구했다. 건강할 때 에게데의 가르침을 무시했다가 이제 죽음을 눈앞에 두게 된 한 그린란드인이 이 노르웨이인 선교사에 대한 동족들의 소회를 다음과 같이 대변했다. "당신이 우리에게 보여준 친절은 우리가 서로에게 보인 친절보다 더 컸습니다. 우리가 굶주릴 때 당신은 우리를 먹였고, 우리가 죽으면 장사 지내 주었습니다.……당신은 우리에게 하나님 이야기를 해주었습니다.……그래서 이제 우리는 기쁘게, 이 세상보다 더 좋은 삶을 기대하며 죽을 수 있습니다."[14] 1733년에 발생한 그 끔찍한 유행병은 1년 정도밖에 지속되지 않았지만, 그 후로도 오래 계속되는 상흔을 남겼다. 에게데는 예전과 같은 건강을 회복하지 못했고, 그의 아내는 1736년까지 앓다가 세상을 떠났다.

그사이 헤른후트 선교사들은 선교 사역을 확실하게 정착시켰고 설교에 대해 반응이 오는 것을 확인하기 시작했다. 1738년에는 신앙부흥이 일어났고, 이후 몇 년 동안 수백 명의 에스키모들이 신앙고백을 했다. 화가 난 에게데는 "밭은 내가 일궈 놓았는데 수확은" 크리스티안 다비트가 했다고 비난했다.[15] 그의 비난에도 일리는 있지만 에스키모들에게는 헤른후트의 단순한 메시지와 복음전도 방식이 에게데의 그것보다 더 잘 들어맞았다. 이들이 제시하는 복음은 감정에 호소하는 감상성으로 가득 차 있어, 신비주의적 미신을 섬기던 에스키모들에게 호소력을 가질 수 있었다. 그 미신이 헤른후트의 신비주의에 아직까지 남아 있던 어떤 요소들과 일맥상통하는 부분이 있었던 것이다. 뉴헤른후트의 작은 예배당이 차고 넘칠 만큼 교인이 불어나자 선교사이자 목수인 크리스티안 다비트는 새 예배당을 건축했다.

아내가 세상을 떠난 뒤 한스 에게데는 코펜하겐으로 돌아와 재혼했다. 그는 코펜하겐에 머물며 그린란드 선교 사역을 감독하고 젊은이들을 선교사로 훈련시키는 일을 했다. 그러나 수고의 성과는 별로 없었다. 자신의 아들이 선교 사역을 이어가는 것을 지켜보는 게 가장 큰 낙이었다. 특히 파울은 디스코만(灣) 지역에서 아주 성공적인 사역을 이행했는데, 신앙부흥이 일어나면서 사람들이 그의 설교를 듣기 위해 먼 곳에서도 찾아왔다. 하지만 시력이 약해지는 바람에 그의 사역은 단명하고 말았다. 파울 역시 코펜하겐으로 돌아와 성경번역 사역을 계속하며 아버지가 그린란드 사람들을 위해 교리 안내서를 만드는 일을 도왔다. 한스 에게데는 1758년 일흔둘의 나이로 세상을 떠났다. 아들 파울은 30년을 더 살면서 죽는 날까지 그린란드 선교를 뒤에서 도왔다.

게오르게 슈미트 [1709-1785]

그린란드에 기독교의 씨앗이 뿌려지고 있던 바로 그때, 멀리 남아프리카에서도 헌신적인 헤른후트 선교사들이 기독교를 소개하고 있었다. 미혼의 헤른후트 형제 게오르게 슈미트^{George Schmidt}는 그곳 원주민들에게 복음을 전한다는 거의 승산 없는 일에 매달려 몸부림치고 있었다. 1709년 모라비아에서 태어난 슈미트는 헤른후트 형제단에 신앙부흥이 일어나고 있을 16세의 나이에 회심했다. 그는 회심한 지 얼마 뒤 헤른후트로 왔고, 1727년 8월 13일 대부흥이 일어날 당시 바로 그곳에 있었다.

헤른후트에서 슈미트는 다른 두 형제와 함께 모라비아의 고향으로 돌아가라는 임무를 받았다. 그곳은 가톨릭과 개신교 사이의 적개심이 깊이 자리 잡고 있는 곳으로, 소수 그룹인 개신교도들이 가톨릭 당국에게 극심한 핍박을 당하고 있었다. 고향에 도착한 지 얼마 뒤 이들은 집회를 갖다가 발각되어 옥에 갇혔다. 옥에서 풀려난 뒤 세 사람의 젊은 헤른후트교도들은 다시 헤른후트로 갔고, 얼마 안되어 슈미트는 다시 설교자로 파송되었다. 이번에 갈 곳은 오스트리아로, 더욱 가혹한 핍박이 벌어지고 있는 곳이었다. 슈미트와 그의 동료들은 이번에도 가톨릭 당국의 눈을 피해 다니며 은밀히 신앙 집회를 가졌고, 그러다 또다시 체포되어 옥에 갇혔다.

그는 3년간 지하 감방에 갇혀 비참하게 지냈다. 지하 감방의 형편은 참으로 참혹해서, 함께 갇혔던 동료는 채 1년이 지나지 않아 사망했고 그는 혼자 남아 고통스럽게 지냈다. 고통이 육체적인 것뿐이었다면 옥살이가 그토록 견디기 힘들지는 않았을 것이다. 그는 정신적으로도 괴롭힘을 당했다. 그를 억류시킨 예수회 사람들이 날마다 찾아와 신앙을 부인할 것을 강요했지만, 그는 꿋꿋이 버티며 거부했다. 3년간 그렇게 비참하고 고통스러운 세월을 보낸 끝에 그는 중노동형을 선고받고 다시 3년을 지내다가 결국 더 버티지 못하고 자신의 신앙을 철회하겠다는 서약서에 서명을 하여 당국자들을 만족시킨 후 석방되었다.

수많은 고통과 굴욕을 겪은 슈미트는 형제들이 따뜻하게 맞아들여 줄 것을 기대하며 헤른후트로 발길을 옮겼다. 그러나 그곳에서 그를 기다리고 있는 것은 냉대뿐이었다. 그들은 슈미트가 신앙을 지키려는 의지가 "박약했다"며 그를 배교자 취급했다. 망연자실한 그는 자신이 신앙을 버린 사람이 아니라는 것을 증명하기 위해 다시 한 번 헤른후트에서의 안정된 삶을 버리고 로마가톨릭의 본거지로 가서 설교 활동을 했다. 하지만 그는 행복하지 않았고, 그래서 1736년 그에게 주어진 변화를 반갑게 받아들였다. 그 변화란 네덜란드로 가서 네덜란드어를 배운 다음 1737년 남아프리카로 파송되어 호텐토트족에게 복음을 전하는 것이었다. 앞서 지겐발크와 플뤼차우가 인도로 가는 길에 이들 압제받는 아프리카인들의 형편을 알고 마음의 짐을 지게 되었다고 보고하자 친첸도르프가 이런 조치를 취한 것이다.

18세기 초의 남아프리카는 선교하기 매우 힘든 환경이었다. 네덜란드 식민지 개척자들은 선교사들이 아프리카인들의 사회적 지위를 높여 줄 수도 있다고 생각하여 그들의 활동을 호의적으로 보지 않았고, 그래서 슈미트가 아프리카인들을 찾아온 것을 적대감을 가지고 바라보았다. 게다가 케이프 식민지Cape Colony에서 활동하던 칼뱅주의적인 네덜란드 개혁교회 선교사들은 헤른후트의 감정적이고 감상적인 경건주의를 통렬히 비판했다. 그러나 슈미트 자신은 그들의 마음에 들려는 노력을 별로 하지 않았다. 한 기록에 의하면 그는 "위선자에다 사기꾼으로, 가끔 나지막한 지붕에 올라갔다.……거기서 무릎 꿇고 앉아 모두가……다 보이도록 한 뒤 기도하는 척했다"고 한다.[16]

군사 주둔지에 한동안 머물던 슈미트는 내륙으로 들어가 호텐토트족에게 복음을 전하기 시작했는데, 식민지 개척자들은 이 부족을 사람이 아니라 '검은 소'로 여겨 마치 짐승 사냥하듯 잡아가서 노예로 삼았다. 호텐토트족은 조심스럽게 슈미트를 맞아들였고, 호텐토트족 통역사의 도움으로 그는 이들에게 설교를 하기 시작했다. 그리고 얼마 지나지 않아 학교를 세우고 약 50명가량의 학생을 받아들였다.

다른 헤른후트 선교사들과 마찬가지로 슈미트도 본국에서 전혀 재정 지원을 받지 않았다. 헤른후트교도들은 모두 선교사가 되어야 했고, 국내에서 사역하는 이와 외국에서 사역하는 이들 간에 아무것도 다를 게 없었다. 슈미트는 부족과 어울려 일했고, 개인적 복음전도는 그저 날마다 그들과 접촉하는 중에 이뤄졌다. 한동안 그는 일용 노동자로서 푸줏간 일, 가죽 무두질, 밀 타작, 과일나무 가지치기를 비롯한 농장 허드렛일을 했다. 어느 정도 시간이 흐른 뒤 그는 자기 소유의 가축과 밭을 가질 수 있었다.

슈미트의 남아프리카 생활은 수월하지 않았다. 1740년 겨울은 먹을 것이 부족해 특히 더 힘들었는데, 슈미트와 그의 이웃들은 평상시 식용으로 삼지 않던 하마를 잡아먹으며 연명했다. 그러나 하루하루 살아 나가는 문제는 슈미트에게 부차적인 문제였다. 그가 아프리카에 와 있는 유일한 목적은 복음전도였다. 그리고 이곳에서도 그는 역경과 정체 상태를 겪어야 했다. 몇 안되는 그의 양 무리는 믿음이 불안정하여 걸핏하면 과거의 악습으로 돌아갔다. 그의 통역사이자 가장 앞날이 기대되는 회심자 중 하나인 아프리코조차도 옛 생활로 다시 돌아갔다. 친구들과 어울려 술 마시고 취해 갓 태어난 교회를 거의 망쳐 놓기도 했다. 슈미트가 엄하게 야단치자 관련된 이들이 잘못을 뉘우치긴 했지만, 영적 무기력 상태는 계속되었다. 깊이 낙심한 슈미트는 친첸도르프에게 편지를 보내 고국으로 돌아갈 생각임을 알렸다.

안정적인 그리스도인 공동체를 세우고자 하는 슈미트의 계획에 문제가 생긴 것은 아프리카인들뿐 아니라 네덜란드인 이주민과 식민지 당국자들과의 관계 때문이기도 했다. 지역 농장주들은 그의 명성에 흠집을 낼 생각으로 그가 호텐토트족 여인과 동거하고 있다고 헛소문을 내기도 했고 또 어떤 이는 그가 첩자 노릇을 하고 있다고도 주장했다. 그리고 식민지 종교 당국이나 일반 당국자들 모두 그가 안수도 받지 않은 일개 노동자 신분으로 주제넘게 신앙 지도자 행세를 한다며 그의 존재를 불쾌히 여겼다.

　이런 상황을 안정시키려고 친첸도르프가 개입했다. 그는 슈미트에게 편지를 보내 이런저런 조언을 주고 선교 정책을 간략히 지시해 주는 동시에, 궐석(闕席)으로 그에게 안수를 줌으로써 세인들의 비난을 잠재우고자 했다.

　영아 사망이 많은 호텐토트족 아이들에게 왜 미리 세례를 주지 않습니까? 우리를 위해 물과 피를 흘리신 분은 그 아이들을 위해서도 죽으셨습니다. 세례나 성찬을 베풀게 될 경우를 위해······성부와 성자와 성령의 이름으로 그대를······우리 교회의 교역자로 안수합니다. 아멘.······나는 그대가 매우 마음에 듭니다. 그러나 사랑하는 형제여, 그대는 호텐토트족의 외피만 겨냥할 뿐 그들의 중심을 움직이지는 못하고 있습니다.······호텐토트족에게, 특히 어린아이들에게 하나님의 아들 이야기를 해야 합니다. 만일 그들에게 뭔가 감동이 있다면 그들과 함께 기도할 것이며, 아무 감동도 없다면 그들을 위해 기도하십시오. 그리고 그 감동이 지속된다면, 하마를 잡던 곳에서 그들에게 세례를 주십시오.[17]

　안수를 받고 크게 사기가 오른 슈미트는 성례를 집행할 수 있는 권리를 즉시 활용하여 호텐토트족 최초의 회심자 빌헬름에게 세례를 주었다. 곧이어 다른 이들에게도 세례를 베풀었고, 이 소문은 네덜란드 관리들의 귀에도 들어갔다. 그러나 슈미트가 안수를 받았다는 사실은 상황을 진정시키기보다 그를 향한 네덜란드 관리들의 적대감을 오히려 더 심화시킬 뿐이었다. 케이프타운의 개혁파 목회자들은 그가 베푼 세례가 무효라고 주장했다. 그들은 슈미트가 회심시킨 사람 두 명을 불러들여 표준 요리문답 교육을 받게 했다. 그러나 이 회심자들이 개혁파에서 가르쳐서 세례 후보자가 된 사람들 못지않게 교리에 정통하다는 사실을 알고 이들은 크게 놀랐다. 이런 사실에도 불구하고 슈미트는 남아프리카를 떠나 네덜란드에서 다시 관리들과 대면하라는 지시를 받았다. 이에 1744년 봄, 그는 유럽으로 가 네덜란드 당국자들 앞에서 자기 사역의 유효성을 주장하게 되었다.

헤른후트의 다른 지도자들까지 나서서 애썼음에도 불구하고 슈미트가 남아프리카로 다시 돌아가 사역해도 좋다는 허락은 떨어지지 않았고, 호텐토트족의 작은 교회는 1792년까지 거의 반세기 동안 목회자의 지도가 없는 상태로 있었다. 그해에 몇몇 헤른후트 교인들이 그 계곡으로 돌아와 보니 놀랍게도 50년 전에 슈미트에게 세례 받은 한 노파가 당시 슈미트가 준 신약성경을 그때까지 소중히 간직하고 있는 것을 보았다.

헤른후트가 케이프 식민지에 두 번째로 파송한 선교사의 사역은 첫 번째에 비해 성공적이었다. 한스 페터 할벡Hans Peter Hallbeck, 1784-1840의 능력 있는 지도 아래 이들의 선교 사역은 확장되어 나갔고, 20세기 중반에는 헤른후트 관할 38곳의 선교기지에 헤른후트 신앙을 고백한 그리스도인이 거의 5만 명을 헤아리게 되었다.

세계를 상대로 한 헤른후트 선교 사역의 성공은 그 자체로도 의미가 있었지만, 이는 개신교 선교기관들에게 하나의 모델이 되어 근대 선교 운동을 위한 길을 닦아 주었다. 1800년 근대 선교 운동이 시작될 때만 해도 개신교 진영에서 고유의 선교 모델로 쉽게 떠올릴 수 있는 다른 모델이 없었다. 가톨릭 교단은 세계 전역에서 선교 활동을 펼치고 있었지만, 이는 로마에 본부를 둔 강력한 종교 관료주의의 확장으로 여겨졌다. 반면 헤른후트는 비교적 더 독립적인 선교기관이었고, 이들이 파송하는 선교사들 중에는 결혼해서 가족이 딸린 이들도 있었다. 실제 선교 사역이 어떻게 이뤄져야 하는지 헤른후트는 세계 전역에 흩어져 있는 선교기지에서 시행착오를 통해 본을 보였고, 이들이 남긴 기록은 새로이 등장하는 선교기관들에게 값을 따질 수 없이 소중한 자료가 되었다.

"헤른후트 교회는 잉글랜드 개신교도들에게 앞으로 나아갈 길을 보여주었다"고 J. C. S. 메이슨은 기록한다. 침례교 선교회, 런던 선교회, 기독교회 선교회 창설자들은 "자신들도 해외선교를 할 수 있으며 외국에 교회를 세워 성공적으로 유지시킬 수 있다고 회원들을 설득시키는 데 필요한 바로 그 증거"를 발견했다.[18] 윌리엄 캐리는 헤른후트를 세계 선교를 위한 당대 최고의 모델로 여겨, 세계 복음화 시대는 오래전에 끝났다거나 혹은 아직 오지 않았다고 주장하는 이들을 상대로 더욱 강력한 반대 이론을 펼쳤다.

아우구스트 고트리프 슈팡겐베르크August Gottlieb Spangenberg, 1704-1792는 최초의 헤른후트 선교학자로서, 그의 글은 초기의 수많은 선교사 후보들이 꼭 읽어야 할 글이 되었다. 그의 선교신학은 주로 사도 바울에게서 채용한 것으로서, 바울의 자비량 선교는 헤른후트의 선교 방법론에 특히 적절했다. 하지만 슈팡겐베르크가 모든 개척 선교의 토대로서 강조한 것은 바울처럼 복음을 변증하는 것, 그리고 복음을 전하기 위해 모든 것을 다 바치는 그의 열정이었다. 초기의 복음 전도자들은 문화가 다른 곳에도 쉽게 전달할 수 있는 단순한 복음 메시지를 가지고 왔으며, 그것이 바로 모든 시대의 선교 모델이라고 그는 주장했다.

헤른후트 선교사들은 19세기와 20세기에도 선교 활동을 이어가고자 했다. 교파별 선교회와 독자적 선교회가 급속히 등장하기 시작하면서 종종 그 그늘에 가리긴 했지만 말이다. 그리고 시간이 흐르면서 복음전도에 대한 초기 세대의 열정도 점차 식어 갔다.

II. 위대한 세기

종교개혁 이후 3세기 동안 개신교가 확산된 것은 비록 주목할 만한 현상이긴 했어도, 19세기에 일어날 일에 대한 별다른 암시는 주지 못했다. 스티븐 닐의 말에 따르면, 1800년에는 "기독교가 세계종교로 자리 잡을 것이라고 아직 확실히 말할 수 없었다"고 한다.[1] 기독교는 서구 세계를 휩쓸고 있는 합리주의의 물결에 가혹하게 난타당하고 있는 백인들의 종교에 지나지 않는 것으로 보였다. 18세기의 복음주의 대각성운동이 어떤 변화를 만들어 낼 것인가? 기독교가 현대에도 살아남을 수 있을까? 그런 의미에서 19세기는 중요한 시기였다. 기독교는 계몽주의의 맹공 앞에 쓰러지는 것이 아니라 복음전도에 대한 열정으로 계속 활기를 되찾아 나갔고, 이 열정은 세계 전역의 선교사들에게 추진력을 제공해 주었다. 실로 19세기는 기독교가 확산될 수 있었던 '위대한 세기'였다.

19세기가 범세계적 개신교 선교에 큰 공헌을 하게 된 데에는 수많은 요인이 있었다. 계몽주의 시대와 18세기 합리주의는 낭만주의의 새 시대에 흡수되었다. 이 시대는 이성을 지나치게 의지하는 태도에 이의를 제기하고 감정과 상상력을 좀 더 신뢰해야 하는 시대였다. 갓 산업화된 국가에서 개혁운동이 일어났고, 교회와 기독교 기관은 자원 일꾼들의 참여를 통해 전에 없던 전도 활동을 펼쳤다.

세계 종교 환경의 변화도 19세기 기독교의 급속한 확산에 틀림없이 기여했다. 이 시대는 기독교가 아닌 종교가 쇠퇴하는 시대였다. 종교학자 마틴 마티Martin Marty의 말에 따르면, "19세기에는 힌두교, 불교, 이슬람교의 활동이 과거에 비해 활발하지 않았다. 그리스도인들은 자신들이 그 빈 공간을 채울 수 있음을 지각했다"고 한다.[2] 가톨릭 역시 세계 여러 지역에서 퇴조를 보이고 있었다. 17-18세기 프랑스의 합리주의는 교회에 큰 타격을 입혔고, 프랑스혁명은 실질적으로 로마가톨릭 선교의 돈줄을 끊어 놓았다. 특히 라틴아메리카에서 로마가톨릭은 수많은 퇴조를 목격했다. 민족운동이 일어나면서 로마가톨릭교회는 "시대에 뒤떨어진 억압적 체제의 마지막 보루"로 여겨졌다.[3]

반면 개신교는 승승장구했다. 19세기는 '개신교 시대'였고, 좀 더 구체적으로는 복음주의적 프로테스탄티즘의 시대였다. 영국에서 복음주의적 그리스도인들은 정부와 재계 최고위층에서 막강한 영향력을 행사했고, 19세기 아메리카 교인 수는 10퍼센트에서 40퍼센트로 성장했다. 교파도 급속히 발전했고, 영국과 아메리카에서 주일학교 운동도 빠른 속도로 성장하고 있었다.

정치 면에서도 19세기는 엄청난 변화를 목도했다. 유럽에는 혁명과 사회 격변이 있었고 아메리카에서는 유혈의 남북전쟁이 있었지만, 그래도 세계적으로는 비교적 평화로운 시대였다. 서구 국가들은 과학과 기술의 발전을 통해 신속히 세계열강으로 자리 잡았고, 이들의 부와 위세는 많은 후진국들에게 부러움과 찬탄의 대상이었다. 정치적으로 이 시기는 세속화의 시대이기도 했다. 마티는 "콘스탄티누스와 로마 제국이 기독교화된 시대로부터 근대 18세기에 이르기까지 서구인들은……종교란 법률로 세워지고 국가의 법적 권력으로 제재를 받아야 한다고 생각했다"고 말한다.[4] 그러나 19세기에 이르면서 사정이 달라졌다. 개인이 자기 자신의 영적 상황 및 전도에 대한 책임을 제어하는 시대가 되었다.

잉글랜드에서 윗필드와 웨슬리와 더불어 시작된 18세기 복음주의 부흥운동은 기독교 지도자와 일반 성도들에게 범세계적 복음전도의 책임을 일깨워 주는 중요한 역할을 했다. 역사가 해럴드 쿡Harold Cook의 말에 따르면 "국가는 이제 기독교 신앙을 보급하는 일에 어떤 의미로도 책임을 지지 않았다."[5] 복음을 전하는 것은 교회와 교회 지도자들의 책무였고, 다시 한 번 재발견한 이 진리 덕분에 잉글랜드의 윌리엄 캐리, 미국의 새뮤얼 밀스와 더불어 근대 선교사 운동이 출범했다.

그러나 신앙만으로는 충분치 않았다. 신앙을 행동화할 장치가 필요해졌고, 그 장치는 선교회mission society라는 형태로 등장했다. 어떤 경우에는 교파와 상관없이 독자적으로 조직되기도 하고 또 어떤 경우에는 교파 지향적이기도 했던 이들 자발적 선교회들이 기독교 선교의 형태를 변모시켜 초교파 활동과 평신도 참여의 문을 열어 놓았다. 케네스 스콧 라투레트는 "과거에는 기독교든 다른 어떤 종교든 개인이 그렇게 전 삶을 다 바쳐 자신의 신앙을 널리 선전하는 경우가 없었다. 그렇게 수많은 사람들이 자발적으로 자기 가진 것을 다 바쳐 기독교나 다른 어떤 종교를 확산시키려고 한 적이 없었다"고 한다.[6] 가장 먼저 등장한 선교회는 침례교 선교회BMS, 1792였고, 곧이어 런던 선교회LMS, 1795, 기독교회 선교회CMS, 1799가 등장했다. 유럽 대륙에서는 네덜란드 선교회[NMS, 1797]와 바젤 선교회[BM, 1815]가, 미국에서는 아메리칸 해외 선교위원회[ABCFM, 1810]와 아메리칸 침례교 선교위원회[ABMB, 1814]가 결성되었다. 시간이 지나면서 10여 개 이상의 선교회가 더 생겨났으며, 스티븐 닐이 지적하는 것처럼 이 시대는 "위대한 선교회의 시대"였다.[7]

복음주의적 각성과 새로운 형태의 선교회가 등장하며 복음이 세계적으로 확산되는 데 중요한 역할을 했지만, 당시 세상의 특정 추세가 아니었더라면 해외선교 규모가 크게 줄어들었을 것이다. 식민지주의와 산업화 모두 기독교의 확산에 지대한 영향을 끼쳤다. 산업혁명은 유럽에 새로운 권력을 안겨 주었고, 그 권력과 함께 정복의 욕구가 뒤따랐다. 식민지주의와 제국주의가 정부 시책이 되었고, 그런 시책들은 선교 활동에도 의미심장한 영향을 끼쳤다. R. H. 글러버[Glover]는 말하기를, "통상 정책과 식민화 정책 덕분에 땅끝 세상과 새로이 접촉하게 되었다"고 한다. "네덜란드와 영국의 동인도회사는(사실 의도하지도 않았고 바란 것도 아니지만) 동양 나라들을 좀 더 실제적이고 안전하게 돌아다니며 거주할 수 있게 만들어 놓음으로써 선교사들에게 선교 활동의 길을 열어 주었다."[8]

식민지주의와 선교 사역이 이렇게 밀접하게 결합된 것을 보고 역사가들은 선교사들이 제국주의의 "깃발을 뒤따라가며" 도구 노릇을 했다고 비난했다. 역사가들은 이 쟁점을 놓고 열띤 논쟁을 벌였다. 실제로 선교사들이 "깃발을 뒤따라가서" 식민지 정책과 제국주의 정책을 도운 경우가 많았다. 깃발을 앞서 간 이들도 있었지만, 이런 경우에도 결과적으로 식민지주의를 강화시킨 예가 많았다. 특히 리빙스턴 같은 이는 유럽인들이 아프리카에 와서 상업 활동을 하며 정착해 살 것을 호소하기도 했고, 선교사들은 호의적인 식민지 권력자들이 부여하는 특권을 서슴없이 받아들였다. 개신교 선교사들은 개신교가 지배하는 나라를 선호하고 가톨릭이 지배하는 나라는 두려워했으며, 그 반대 경우도 마찬가지였다. 하지만 1900년 무렵에는 대다수 선교사들이 자기 본국이 지배하는 식민 영토에서 사역하지 않았다.

선교사와 제국주의 하수인들 사이에 간혹 이렇게 지나칠 만큼 편안한 관계가 형성되기도 했지만, 그럼에도 불구하고 이 두 그룹은 서로 크게 불화할 때가 많았다. 상사(商社)들이 선교사의 사역을 가로막을 때도 많았고, 선교사들은 거의 예외 없이 무역상과 식민주의자들의 생활방식을 공공연히 비난했다. 두 그룹이 조화로운 연합을 이루는 경우가 드물었다. "선교와 식민지 팽창 현상 사이에는 복잡한 관계가 얽혀 있다"고 선교학자 앤드루 월스[Andrew Walls]는 말한다. "그러나 한 가지 분명한 사실이 있다. 기독교 선교가 제국주의 발흥과 연관되어 있을진대 제국주의를 멸망시킨 요인과도 연관되어 있다는 것이다."[9] 마찬가지로, 기독교 선교는 후진국의 사회 발전과도 연관되어 있다. 랄프 윈터의 말에 따르면, "이 시기 개신교 선교사들의 수고는 세계 전역의 신생국가들에서 민주적 정부 기구와 정치적 토대, 학교, 병원, 대학이 수립되는 길을 이끌었다."[10]

사회적 발전이 소중하기는 했지만, 그 나라에 서구 문화가 소개되지 않았더라면 이런 발전은 이뤄지지 않았을 것이며, 이렇게 서구 문화가 도입되면서 토착 전통과 풍습이 배격되는 경우도 있었다. 선교사들은 아프리카 전역과 아시아, 그리고 섬나라들로 퍼져 나가면서 자국의 문화를 함께 가지고 갔다. 스티븐 닐은 "서구인만이 온전한 의미에서의 인간이었다. 서구인은 지혜롭고 선했으며, 다른 인종은 서구화가 되는 한에서만 이 지혜와 선함을 공유할 수 있었다. 그래서 지도자는 여전히 서구인이었고, 이런 상황은 아주 오랫동안, 어쩌면 영원히 계속될 터였다"라고 말한다.[11]

비록 이렇게 불완전하기는 했지만, 쇠퇴해 가는 백인들만의 종교로 여겨질 수도 있었던 기독교를 비교적 단기간에 세계 최대이자 가장 역동적인 신앙으로 변모시킨 이들이 바로 19세기의 선교사들이었다. 비(非)서구 사회에 영향을 끼친 다른 세력들에 비교해 볼 때 참으로 작고 보잘것없는 무리였던 이들이 말이다. 이들은 평범한 사람에서 영웅이 되었고, 이들의 헌신과 용기는 후세대들을 감동시켜 이들을 본받게 만들었다. 19세기는 어린아이들이 윌리엄 캐리, 데이비드 리빙스턴, 아도니럼 저드슨, 페이턴, 메리슬레서, 혹은 허드슨 테일러 같은 참 위인을 꿈꾼 시대였다.

05

중앙아시아 남부
: 고대 신앙과 대면하다

개신교 선교사 운동의 시작은 편의상 1800년으로 거슬러 올라간다. 윌리엄 캐리가 개신교 선교의 시조이고, 무대는 인도 아대륙, 곧 세상에서 가장 오래되고 가장 복잡한 종교가 태어난 곳, 신앙이 사회 모든 국면에 속속들이 스며 있는 곳이었다. 서구인의 관점에서 볼 때 (그리고 돌이켜 보건대) 이는 기독교 선교사상 중대한 순간이었다. 그러나 인도인들, 붐비는 시장통에서 팔꿈치로 사람들을 밀어젖히고 다니는 이 사람들의 눈으로 볼 때는 아무 일도 일어나지 않았다. 무슨 일이 일어나고 있는지 알았다 해도 자신들에게 새 종교를 안겨 주려는 사람들을 멸시나 무관심으로 바라보았을 것이다. '서양 종교'는 힌두교·불교·이슬람교·시크교·자이나교가 줄 수 없었던 그 무엇을 이들에게 줄 수 있었을까? 오직 자신들에게만 진리가 있다고 주장하는 이들의 종교에 어떤 호소력이 있을 수 있었을까? 수천의 신을 모시는 힌두교도들은 관용을 자랑으로 여겼다.

윌리엄 캐리가 인도에 도착했을 때, 이 거대한 나라는 외부 세계와의 관계에서 변화의 시기를 겪고 있었다. 거의 200여 년 전, 엘리자베스 1세는 동인도회사에 식민지 개발 칙허장을 주었다. 캐리 전기를 쓴 메리 드루어리 Mary Drewery 는 "영국이 영토를 확장할 생각으로 주도면밀하게 인도 정복에 나섰다는 것만큼 잘못된 생각도 없을 것"이라고 말한다.[1] 영국이 원하는 것은 교역이었다. 다른 나라들, 특히 프랑스는 돈벌이가 되는 교역을 원했다. 무역 활동을 보호하기 위해서는 군대가 필요했고, 1784년의 인도법 India Act 으로 영국 정부는 공식적으로 동인도회사와 연합하여 인도 아대륙에 통제권을 행사하고자 했다.

윌리엄 캐리 사역의 중요성은 그 사역이 인도인에게 끼친 영향보다는 개신교 선교에 끼친 영향에서 찾아볼 수 있다. 비록 그가 그 이전과 이후의 많은 선교사들과 달리 사회·정치 개혁에 영향을 끼칠 수 있었긴 하지만 말이다. 기독교는 인도의 뿌리 깊은 계급제도 caste system 에 대안을 제공했고 끝없이 반복되는 윤회의 굴레에서 벗어나게 해주었다. 특히 '불가촉천민'이 그 대상이었다. 엄청난 장벽에도 불구하고 기독교는 인도를 비롯해 중앙아시아 남부에 뿌리를 내렸다. 돌이켜 보건대, 해외선교의 '위대한 세기'가 도래했음을 알린 윌리엄 캐리의 영향을 통해 세계 복음화가 기독교회의 주요 의무로 인식되기 시작했다. 하지만 중앙아시아 남부는 기독교에게 절대 비옥한 토양이 되지 못할 터였으니, 지금까지도 그곳에서 기독교 신앙을 고백하는 이는 전체 인구의 극소수에 불과하다.

윌리엄 캐리[1761-1834]

때는 1800년, 무대는 인도의 가장 신성한 강 갠지스 강둑을 따라 인도 북동쪽에 자리 잡은 벵골 지방이었다. 각종 오염물로 더러운 그 강물 속으로 인도 원주민 한 사람과 영국인 한 사람이 들어갔다. 그 영국인은 "온 천하에 다니며 복음을 전파하고 세례를 주라"는 예수님의 말씀을 진지하게 가슴에 새긴 사람이었다. 7년이라는 오랜 세월 끝에 드디어 윌리엄 캐리[William Carey]는 최초의 힌두교도 회심자 크리슈나 팔[Krishna Pal, 1764-1822]에게 세례를 주었다. "근대 선교의 아버지"가 자신이 첫 번째로 회심시킨 사람에게 세례를 베풀고 있으니 이 얼마나 중요한 순간인가. 기독교 선교 역사상 획기적인 사건으로 기억되어야 할 순간이었다.

그러나 이 장엄한 현장은 전체 그림의 일부일 뿐이다. 자신의 뜻과 상관없이 인도로 와야 했던 윌리엄 캐리의 아내는 이즈음 "완전히 정신이 나간" 것으로 보였고, 윌리엄 캐리의 동역자로 신용 문제 때문에 사역이 지연되었던 존 토머스[John Thomas, 1757-1801]도 미쳐 버렸다. 이 중대한 순간을 설명하는 한 관측자의 글은 영웅적 선교사를 다루는 우리 이야기에 포함시키고 싶지 않은 내용을 상세히 기록하고 있다. "윌리엄 캐리가 크리슈나 팔과 자신의 아들 펠릭스를 이끌고 물속으로 들어가고 있을 때, 학교 사택 한구석에서는 존 토머스의 헛소리가, 또 한구석에서는 캐리 부인의 허튼소리가 벵골인들의 찬양 선율과 뒤섞여 들려왔다."[2]

잉글랜드의 가난한 구두장이였던 윌리엄 캐리는 "근대 선교의 아버지"로 명명될 만한 인물이 될 것 같지 않았다. 실제로 최근 몇몇 사람들은 그에게 그런 호칭이 적합하지 않다고 강력히 주장하기도 한다. 이 시기와 그 전 세대에 기독교 선교에 의미 있는 기여를 한 다른 이들도 많았고, 윌리엄 캐리의 업적이 아무리 위대해도 그것은 다 팀워크의 결과였다고 말이다. 크리스토퍼 스미스Christopher Smith의 말에 따르면, "빅토리아 전(前) 시대 선교 지도자로서의 그의 이력을 밝혀내기 전, 아직까지 켜켜이 남아 있는 대중 신화를 파헤쳐야 한다"고 한다.[3]

그러나 대중 신화에 바탕을 두었든 그렇지 않든, 윌리엄 캐리는 이 시기의 다른 어떤 선교사보다 기독교 세계의 상상력을 자극시켰고, 세계 복음화라는 대의를 진작시킬 다양하고 폭넓은 방법들로 과연 어떤 일을 이룰 수 있는지 그 자신이 겸손히 본을 보였다. 40년 선교사 생활 동안 도저히 극복할 수 없어 보이는 많은 시련에 직면했지만, 그는 그것을 이겨 내려는 불굴의 결단력을 보여주었다. 비결이 뭐였을까? "나는 뚜벅뚜벅 내 길을 갈 수 있다. 어떤 분명한 목표만 있으면 끝까지 견딜 수 있다. 내가 이루는 모든 일은 다 그 덕분이다."[4]

캐리는 1761년 잉글랜드 노샘프턴 근처에서 직공의 아들로 태어났다. 그의 아버지는 가족들의 살림집에 직조기를 들여놓고 일했다. 생활은 소박하고 단순했다. 산업혁명이 일어났다고는 하지만 가내수공업이 저임금에 장시간 일해야 하는 노동 착취형 공장과 시끄러운 피륙 공장으로 바뀌기 시작했을 뿐이었다. 캐리의 어린 시절은 판에 박힌 일상이었다. 다만, 알레르기라는 고질병 때문에 정원사가 되려는 꿈에 차질이 생겼다. 정원사 대신 16세에 한 구두장이의 도제가 되어 28세가 될 때까지 그 일을 했다. 그는 동료 도제의 영향으로 회심을 했고, 그때부터 침례교 비국교도들과 적극적으로 교제하면서 시간이 날 때마다 성경공부와 평신도 사역에 헌신했다.

1781년, 스무 번째 생일을 맞기 전 캐리는 스승의 처제 도러시[1756-1807]와 결혼했다. 도러시는 그보다 다섯 살 연상이었고, 같은 배경을 지닌 18세기의 다른 많은 영국 여성들과 마찬가지로 글을 읽고 쓸 줄 몰랐다. 처음부터 이는 어울리지 않는 결합이었고, 시간이 흐르고 캐리의 활동 범위가 넓어짐에 따라 둘 사이의 균열은 점점 깊어져 갔다. 결혼 초는 온통 여러 가지 힘든 일과 가난으로 찌든 나날이었다. 그러나 경제적으로 어려운 때였음에도 불구하고 캐리는 공부와 평신도 설교자 일을 그만두지 않고 아주 작은 침례교회 두 곳에서 설교자로 봉사하면서 구두 만드는 일을 계속해 나갔다. 이렇게 목회를 하는 동안에 그의 선교 철학이 형성되기 시작했는데, 그 발단은 『쿡 선장의 항해일지』*Captain Cook's Voyage*였다. 그러나 선교에 대해 성경적 관점을 갖게 되면서 그는 선교 사역이 교회의 주된 책무임을 확신하게 되었다.

19세기 교인들 중에는 종교개혁의 일부 가르침에 의지해, 지상명령은 사도들에게만 주어졌고 그래서 '이교도'를 회심시키는 것은 자신들이 관여할 일이 아니라고 믿는 이들이 많았다. 특히 그 일이 식민지 개척과 연계되어 있지 않다면 말이다. 캐리가 일단의 목회자들에게 선교에 대한 자신의 이상을 펼쳐 보이자 그중 한 사람이 이렇게 말했다고 한다. "젊은이, 자리에 앉게. 하나님께서 이교도를 회심시키기를 기뻐하신다면 자네나 내 도움 없이도 그리하실 걸세."[5] 그러나 캐리는 잠자코 있으려 하지 않았다. 1792년 봄, 그는 87쪽에 달하는 책자를 발간했는데, 이 책자가 기독교 선교 분야에 영향을 끼치며 광범위한 결과를 낳았다.

짧게 요약한 제목으로 『이교도 회심을 위해 수단을 강구해야 할 그리스도인의 의무를 탐구함』이라는 이 소책자에서 그는 범세계적 선교의 필요성을 매우 훌륭하게 옹호하는 한편, 먼 나라에 선교사를 보내는 것이 현실성 없는 일이라는 과장된 주장을 논박하고자 했다. 얼마 후 캐리는 노팅엄에서 열린 침례교 연합회 모임에서 일단의 목회자들에게 연설을 하게 되었는데, 여기서 그는 이사야 54:2-3 말씀으로 청중들에게 도전을 던지며 윌리엄 캐리 하면 연상되곤 하는 다음 발언을 했다. "하나님께 위대한 일을 기대하십시오. 하나님을 위해 큰일을 시도하십시오." 그의 연설을 들은 목회자들은 다음 날 선교기관을 조직했고, 이 기관은 침례교 선교회^{BMS}로 세상에 알려지게 되었다. 이는 가볍게 결정된 일이 아니었다. 침례교 연합 소속 목회자들은 캐리처럼 대부분 변변찮은 수입에 의존해 살고 있었는데, 그들이 해외선교에 참여한다는 것은 곧 그들 자신과 그들이 섬기고 있는 교회가 막대한 재정적 희생을 하게 된다는 의미였다.

이 새 모임을 지지한 이들 중 가장 유명한 사람인 앤드루 풀러^{Andrew Fuller, 1754-1815} 목사가 초대 총무가 되었고, 첫 번째 선교사로 임명된 이는 존 토머스로, 일반 성도인 그는 영국 해군 군의관으로 인도에 가서 첫 번째 임기를 마친 뒤 계속 인도에 머물면서 무소속 의료 선교사이자 복음 전도자로 사역했다. 윌리엄 캐리는 즉각 존 토머스에게 "어울리는 동역자"로 자원하여 수락을 받았다.

캐리가 비록 오랫동안 적극적으로 선교에 관심을 갖고 있었지만, 해외선교에 자원하기로 한 것은 그야말로 경솔한 결정이었다. 그가 섬기던 교회가 목회자를 잃게 된 것이나 그의 아버지가 아들을 '미친 사람' 취급한 것은 그런대로 보아 넘길 수 있었을지 모르지만, 문제는 그의 아내 또한 강력히 반대하고 나섰다는 것이다. 이미 세 아이가 딸려 있고 곧 또 한 아이를 출산하게 될 도러시로서는, 고국을 떠나 위험하기 짝이 없는 다섯 달의 항해(프랑스가 최근 잉글랜드를 상대로 선전포고를 해서 해상 상황이 더욱 복잡해진 상태에서)를 거쳐 인도에 가서 그 끔찍한 적도기후에서 평생 살아야 한다니 당연히 펄쩍 뛸 수밖에 없었다. 다른 여인들은 기꺼이 그런 희생을 했고, 앞으로도 많은 여성들이 그렇게 할 터였지만, 그녀는 아니었다. 만일 "근대 선교의 어머니"가 있다면 그녀는 도러시 캐리가 아니었다. 그녀는 인도로 가기를 거부했다.

하지만 남편과 동행하기를 거부한다고 해서 남편이 마음을 바꿀 것이라 생각했다면 그것은 도러시의 착각이었다. 캐리의 결심은 단호했다. 설령 그것이 아내 없이 선교지로 가는 것을 의미할지라도 말이다. 그는 계획대로 움직였다. 그 계획에는 여덟 살 아들 펠릭스의 배표를 예약해 놓는 것도 포함되었다. 1793년 3월, 수개월에 걸친 대표단 구성 회의 끝에 윌리엄 캐리와 존 토머스는 선교회의 정식 파송을 받게 되었다. 그리고 그 다음 달 캐리는 아들 펠릭스와 함께, 그리고 토머스는 아내와 딸을 데리고 템스 강에서 인도행 배에 올랐다. 그러나 인도행은 잉글랜드 포츠머스에서 갑자기 중단되었다. 관리들이 배에 올라, 존 토머스가 채권자들의 요구를 충족시키기 전에는 영국을 떠나지 못하도록 이들 일행을 막으셨던 것이다.

출발이 지체되면서 계획에 큰 변화가 생겼다. 3주 전에 출산을 한 도러시가 나머지 자녀들과 함께 이 선교단 일행에 합류하기로 마지못해 결정을 내린 것이다. 단, 여동생 키티가 동행할 수 있어야 한다는 조건이 붙었다. 식구가 늘어나면서 거기 필요한 비용을 조달하는 데 어려움이 있긴 했지만, 1793년 6월 13일 이들은 덴마크 선박에 올라 인도를 향해 출발했다. 희망봉을 돌아서 가는 길고 위험한 여정은 때로 공포스럽기도 했지만, 11월 19일 마침내 이들은 무사히 인도에 도착했다.

이들이 인도에 도착한 시기는 선교 사역이 확실히 자리 잡기에 좋은 때가 아니었다. 당시 이 나라를 실질적으로 지배하고 있던 동인도회사는 선교 사역에 대한 적대감을 곧 분명하게 드러냈다. 동인도회사는 무엇이든 자신들의 상업 활동에 지장을 줄 만한 일은 다 못마땅해 했고, 그런 의미에서 윌리엄 캐리는 아주 달갑지 않은 인물임이 틀림없었다. 동인도회사가 자신을 강제 추방할지도 모른다고 생각한 그는 가족들과 함께 내륙으로 들어갔다. 캐리 일가는 말라리아가 창궐하는 내륙 땅의 비참한 환경에서 생활했다. 도러시와 큰아들과 작은아들이 병이 났고, 그는 가족들을 돌보는 일에 계속 매달릴 수밖에 없었다. 도러시와 키티는 그에게 "끊임없이 격한 불만을 토로"했고, 캘커타에서 자신들보다 풍족하게 살고 있는 토머스 일

근대 선교의 아버지 윌리엄 캐리

가에게 분노를 표출했다. 몇 달이 지나자 동인도회사 관리 쇼트^{Short}의 친절과 호의 덕에 이들 가족은 다소 어려움에서 벗어날 수 있었다. 그가 이들 가족을 안타깝게 여겨 기꺼이 자기 집으로 맞아들여 주었기 때문이다. 그러나 이들 가족은 곧 다시 480km 북쪽의 말다로 이사를 했고, 거기서 윌리엄 캐리는 염료 공장 감독으로 일했다.

말다 생활은 힘들었다. 윌리엄 캐리는 새 업무도 마음에 들었고 염료 공장이 최적의 언어학교이자 복음을 전할 수 있는 현장임이 드러났지만, 가족들의 고생은 계속되었다. 키티가 쇼트와 결혼하기 위해 뒤에 남으면서 도러시는 건강도 계속 나빠지고 정신적으로도 점점 불안정해졌다. 그러던 중 1794년 다섯 살배기 아들 피터가 비극적 죽음을 맞자 그녀는 심각한 정신 질환 증세로 빠져들었다.

도러시는 남편이 외도를 하고 있다는 망상 장애를 앓고 있는 게 분명했다. 존 토머스는 1795년에 일어난 사건에 대해 앤드루 풀러에게 다음과 같

이 편지를 써 보냈다.

> 캐리 부인 때문에 큰 곤경과 낭패를 당하고 있습니다.……부인은 C(캐리)가 엄청난 바람둥이라고 믿고 있으며, 그녀의 질투심은 꺼지지 않는 불처럼 타오릅니다. 이 끔찍한 생각이 지난 9-10개월 동안 밤낮으로 그녀의 마음속을 가득 채우고 있었습니다. 그래서 그녀는 밤이든 낮이든 남편이 외출할 때마다 따라다니며, 그가 하인들, 친구들, 심지어 토머스 부인과 함께 있는 것을 봤다고, 또 그가 매일 밤낮으로 죄를 짓는다고 엄숙하기 그지없는 얼굴로 말합니다.……심지어 그녀는 남편의 목숨을 노리기까지 합니다.[7]

그녀의 망상 증상은 캐리 개인에게 크나큰 혼란을 야기했을 뿐만 아니라 그의 사역과 메시지에 관해서도 혼란과 의문을 불러일으켰다. "그는 기독교의 도덕적 우월성을, 그리고 그리스도께서 어떻게 힌두교도와 무슬림들을 이교 신앙의 비극에서 자유롭게 해줄 수 있는지를 변론하고자 했다"고 제임스 벡[James Beck]은 말한다. "그러나 아내가 길거리를 따라다니며 그가 간음을 저질렀다고 상스럽기 짝이 없는 말로 비난을 퍼붓는데 어떻게 남에게 복음을 전할 수 있었겠는가?"[8] 참으로 괴로운 상황이었다. 훗날 동료들의 말을 빌리면 그녀는 "완전히 정신이 나갔다"고 한다.

이런 상황은 캐리에게 당연히 큰 타격을 입혔고, 이는 1795년 그가 쓴 일지에 뚜렷이 드러난다. "나에게 이는 실로 사망의 그늘 골짜기다.……오, 불모의 심령은 얼마나 큰 짐인가.……오, 이날을 망각으로 몰아넣을 수 있다면……불평할 것이 참으로 많으니, 내가 생각하기에 그런 또 하나의 죽은 영혼은 이 세상에 존재해서는 안 된다.……나는 참으로 외로운 인생이로다.……내 영혼은 우울에 휩싸여 있다."[9]

가정 형편은 이렇게 정신적 외상을 남기고 있었고, 그런 가운데 공장 일도 계속해 나가야 했지만, 그럼에도 불구하고 캐리는 날마다 몇 시간씩 성경을 번역하고 복음을 전했다. 1795년 말경 말다에 침례교 교회당이 세워졌다. 이것은 하나의 출발이었다. 비록 전 교인이 겨우 네 명뿐이었고 그것도 다 영국인이었지만 말이다. 하지만 예배를 드리기 시작하자 뱅골인들 중에서 호기심에 찬 구경꾼들이 모여들었고, 캐리는 "이 이웃들 사이에서 예수 그리스도의 이름은 더 이상 낯설지 않다"고 주장했다. 그러나 사역의 열매는 없었다. 뱅골에서 거의 7년을 수고했지만 캐리는 단 한 명의 인도인 회심자도 얻지 못했다.[10]

눈에 보이는 아무런 성과가 없었음에도 불구하고 캐리는 말다에서의 선교 사역에 만족했다. 그래서 1800년 그곳을 떠나야 했을 때 상당히 낙심했다. 당시 잉글랜드에서 새 선교사들이 도착했는데, 이들은 동인도회사가 계속 애를 먹이는 것을 피하기 위해 캘커타 근처의 덴마크령 세람포르에 정착했다. 이들에게 적합한 새 선교기지를 세우기 위해서는 캐리의 도움이 반드시 필요했기에, 그는 마지못해 말다를 떠나 세람포르로 갔다.

세람포르는 곧 인도 침례교 선교 활동의 중심지가 되었고, 캐리가 34년의 여생을 보내게 될 곳도 바로 이곳이었다. 캐리와 그의 동료 조슈아 마시맨Joshua Marshman, 1768-1837, 윌리엄 워드William Ward, 1769-1823는 세람포르 3인조로 일컬어지면서 역사상 가장 유명한 선교사 팀을 이루게 된다. 그러나 '3인조'는 잘못된 호칭이었다. 해나 마시맨도 남자들과 마찬가지로 이 팀의 일원이었기 때문이다. 그러므로 이 팀은 세람포르 4인조로 부르는 게 더 정확하다. "이들은 놀라울 만큼 리더십으로 긴밀히 결속된 팀이었다"고 크리스토퍼 스미스는 말한다. "사실, 여러 가지 안목이나 새로운 중요 계획 문제에서 캐리가 이 동역자들에게 얼마나 의지했는지 영국 사람들은 거의 알아차리지 못했다."[11] 선교기지에는 열 명의 선교사와 이들에게 딸린 아홉 자녀들이 한 가족 같은 분위기로 모여 살았다. 선교사들은 함께 살면서 거의 모든 것을 공동으로 소유했다. 토요일 저녁이면 함께 모여 기도하고, 불평을 털어놓기도 하면서 "서로 사랑할 것을 굳게 약속했다." 책임은 능력에 따라 분담했고, 그래서 사역은 원만하게 진행되었다.

초기 몇 년간 세람포르 사역이 성공을 거둔 것은 캐리의 다감한 성격 덕분이기도 했다. 물질적 부를 기꺼이 희생하고 맡겨진 일 그 이상을 하고자 하는 그의 모습은 나머지 선교사들에게 끊임없는 본이 되었다. 또한 그는 타인의 허물을 쉽사리 보아주었다. 선교기금 관리를 잘못한 토머스에 대해서도("그는 12명의 하인이 딸린 멋진 집에 살면서 마차를 타고 시내를 돌아다녔다")[12] 캐리는 "나는 그를 사랑합니다. 그리고 우리는 더할 수 없이 조화롭게 살고 있습니다"라고 말할 수 있었다. 그는 동료들에 대해서는 이렇게 말했다. "워드 형제는 우리가 원하던 바로 그 사람입니다.……그는 온 영혼을 바쳐 우리 일에 임합니다. 저는 그에게서 많은 기쁨을 느낍니다.……마시맨 형제는 부지런하고 신중하기로는 따를 사람이 없고, 그의 아내 또한 마찬가지입니다."[13]

세람포르 선교회는 효율적 팀워크를 보여주었고, 결과가 그것을 입증했다. 학교가 세워졌고, 대형 인쇄 시설이 들어섰으며, 캐리의 성경번역 사역은 계속 이어졌다. 세람포르에서 사역하는 동안 그는 벵골어, 산스크리트어, 마라티어로 성경전서를 번역했고, 그 밖의 언어로 성경전서가 번역되는 것을 도왔으며, 신약성경과 구약 일부를 다른 많은 언어와 방언으로 번역했다. 그러나 번역의 질은 양에 미치지 못했다. 선교회 총무 앤드루 풀러는 인쇄를 위해 캐리가 잉글랜드로 보낸 번역 원고를 보고 일관성 없는 철자 표기와 그 밖의 문제점들에 대해 그를 질책했다. "당신처럼 언어를 그렇게 많이 안다고 공언하는 사람치고 영어를 이렇게 못하는 사람은 처음이오.…… 여섯 개로 나누어야 할 문장을 하나로 뭉뚱그리는군요.……벵골어 신약성경도 이와 같다면 그 번역본의 운명이 어떻게 될지 암담합니다."[14] 풀러의 염려는 근거가 충분했고, 캐리는 자신의 역본 일부가 도저히 읽고 이해할 수 없는 수준이라는 것을 깨닫고 낙심천만했다. 하지만 그는 포기하지 않았다. 그는 번역을 고치고 또 고쳐서 자신도 만족하고 읽는 사람도 쉽게 이해할 수 있을 때까지 재작업을 했다.

비록 진전은 더뎠지만 복음을 전하는 일 또한 세람포르 사역의 중요한 부분이었다. 침례교 선교회가 인도에서 사역한 지 25년이 지난 1818년 무렵, 세례 받은 회심자는 약 600명이었고, 성경공부와 예배에 참석하는 인원은 수천 명 정도였다.

성경번역과 전도 사역만으로도 몹시 분주한 일정이었지만 캐리는 시간을 쪼개 더 많은 일을 했다. 캐리의 가장 큰 업적 가운데 하나는 토착민들을 교회 개척자와 복음 전도자로 훈련시키기 위해 1819년 세람포르 대학을 설립한 것이다. 학교는 37명의 인도인 학생들로 개교했으며, 이들 중 절반 이상이 그리스도인이었다. 교육 부문에서 그가 이룬 또 하나의 업적은 캘커타의 포트윌리엄 대학에 동양언어 교수로 초빙받아 학생들을 가르친 일이다. 교수 직분을 갖게 되면서 선교사들에게 그토록 절실했던 수입이 생겼을 뿐만 아니라 동인도회사를 상대하기에 더욱 좋은 위치가 되었고, 학생들에게 이런저런 도전을 받으면서 언어 실력이 더 향상되는 기회가 되기도 했다.

이렇게 바쁘게 살다 보니 캐리는 자녀들을 소홀히 하게 되었다. 아이들은 아버지의 돌봄을 간절히 필요로 했지만 그는 그것을 주지 못했다. 아이들과 함께 있을 때도 성품이 워낙 느긋해서 엄격한 훈육을 하지 못했고, 이렇게 가정교육을 제대로 하지 못한 결과는 아들들의 품행에 그대로 나타났다. 이런 상황에 대해 해나 마시맨은 이렇게 기록했다. "사람 좋은 그는 아이들의 나쁜 행실을 보고 탄식하기는 했지만 성격이 너무 유순해서 그 행실을 제대로 바로잡아 주지 못했다."[15] 해나가 엄히 꾸짖고 윌리엄 워드가 아

버지처럼 관심을 보이지 않았더라면 캐리의 아들들은 완전히 제멋대로가
되었을 것이다.

1807년, 51세의 나이로 도러시 캐리는 세상을 떠났다. 그녀는 선교사
가족의 일원으로 아무 도움이 되지 못한 지 오래였다. 오히려 그녀는 사역
에 장애물이었다. 존 마시맨의 기록을 보면, 캐리는 "제정신이 아닌 아내가
바로 옆방에서 흥분해 날뛰는 고통스러운 상황에서" 번역 작업을 해야 할
때가 많았다고 한다.[16] 마시맨 자신도 정신질환을 앓았는데, "공포와 분노"
증상으로 나타나는 이 질환을 가리켜 캐리는 "병적 우울증"이라고 했다.[17]

세람포르 시절 캐리는 덴마크 왕족인 샬로테 루모아[Charlotte Rumohr, 1761- 1821]
양과 친분을 맺게 되었는데, 건강이 좋지 않았던 그녀는 세람포르의 기후가
건강에 도움이 될까 하여 그곳에서 요양하고 있었다. 세람포르에 처음 올
때 그녀는 회의주의자였지만 선교회 예배에 참석하면서 회심하여 1803년
캐리에게 세례를 받았다. 그 후 그녀는 많은 시간과 물질을 바쳐 선교 사역
에 헌신했다. 1808년, 캐리는 도러시가 세상을 떠난 지 겨우 몇 달 만에 샬
로테 양과의 약혼을 발표하여 평온하기만 했던 선교팀을 발칵 뒤집어 놓았
다. 모두들 얼마나 반대를 했는지 연판장 형식으로 청원서까지 만들어 가며
결혼을 막으려 했지만 아무 소용이 없었다. 그해 5월, 도러시가 영면한 지
겨우 6개월 만에 마시맨의 주례로 결혼식이 거행되었다.

샬로테와의 13년 결혼 생활은 행복했다. 샬로테는 영리한데다가 언어
에 재능이 있어서 캐리의 번역 사역에 소중한 조력자가 되어 주었다. 또한
그녀는 도러시가 낳은 아들들과도 친하게 지내면서 아이들이 난생 처음 엄
마다운 엄마를 경험할 수 있게 해주었다. 1821년 그녀가 세상을 떠났을 때
캐리는 "우리는 지상의 어떤 인간도 누려본 적 없는 위대한 부부애를 나누
었다"고 말했다. 2년 후 캐리는 62세의 나이로 세 번째 결혼을 했는데, 이번
상대는 캐리보다 열 일곱 살이나 어린 과부 그레이스 휴스[Grace Hughes, 1778-1835]였

다. 그레이스는 샬로테만큼 지적으로 뛰어난 여자는 아니었지만, 캐리는 자신이 빈번히 병고에 시달릴 때 그녀가 "쉬지 않고 꾸준히 돌봐 주며 훌륭하게 간호해 주었다"고 칭찬했다.[18]

캐리가 인도에서 40년간 한순간도 쉬지 않고 일하는 동안 겪은 가장 큰 사고라면 1812년 창고 화재로 값을 따질 수 없이 귀한 번역 원고를 잃은 일이었다. 당시 출타 중이던 그는 두꺼운 다국어 사전, 두 권의 문법책, 그리고 성경 완역 원고가 모두 불에 타버렸다는 소식에 망연자실했다. 만일 그의 기질이 달랐더라면 이 충격에서 헤어 나올 수 없었을 것이다. 하지만 그는 이 비극을 주님의 심판으로 받아들이고 더욱 큰 열정으로 이 모든 일을 다시 시작했다.

캐리와 동료들은 인도 문화에 복음을 효율적으로 전달해야 함을 잘 인식하고 있었다. 인도 원주민들이 해낼 수 있는 일에 비교하면 자신들의 노력은 하찮다는 것을 늘 염두에 두었지만 말이다. 문화의 차이를 넘어 소통할 수 있는 한 가지 수단은 바로 음악이었다. "당시 거리와 시장에서는 힌두교의 민간전승 담시ballad를 노래하는 이들을 흔히 볼 수 있었다"고 티머시 조지Timothy George는 말한다. "캐리, 마시맨, 워드는 직접 그 가수 역할을 맡았다. 이들은 분주한 사거리에 서서 '기독교 발라드'를 부르기 시작했다. 사람들은 창밖을 내다보다가 분주한 움직임을 멈추고 놀란 얼굴로 둥글게 모여들었다." 노래 가사는 힌두교의 각종 신을 버리고 그리스도를 믿는 한 인도인에 관한 내용이었다. 이들은 노래 가사를 인쇄하여 호기심 많은 구경꾼들에게 나누어 주었다.[19]

캐리가 세람포르에서 보낸 처음 15년은 협력과 팀워크가 잘 이뤄지는 시간이었다. 이따금씩 생기는 문제, 이를테면 그의 두 번째 결혼과 관련한 파동 같은 것을 제외하면 인도의 이 작은 침례교 공동체는 조화롭게 생활해 나갔다. 그러나 평화는 오래가지 않았고, 차후 15년은 소용돌이의 연속이었다. 새로 도착한 선교사들이 기존의 세람포르 선교사들과 어울려 공동생활을 하려 하지 않으면서 연합 정신은 깨지고 말았다. 한 선교사는 "개별 주택, 마부, 하인"을 요구했다. 새 선교사와 기존 선교사의 다른 점은 이뿐만이 아니었다. 새 선교사들은 선배, 특히 조슈아 마시맨이 독단적으로 자신들의 기호에 맞지 않는 임무와 구역을 지정해 준다고 생각했다. 선배 사역자들은 자신들의 시스템에 익숙해져 있었고, 변화에 대해 열려 있는 태도가 아니었다. 신임 선교사들은 선배 선교사들을 향해 신랄한 비난을 퍼부었고, 그 결과 선교사들은 두 그룹으로 나뉘고 말았다. 신임 선교사들은 캘커타 선교사 연합[CMU]을 결성한 뒤 이들 동료 침례교도들로부터 몇 킬로미터 떨어지지 않은 곳에서 사역을 시작했다. 윌리엄 워드는 이 상황을 "미묘하다"는 말로 설명했다.[20]

본국의 선교회가 이 소식을 접하고 개입하기 시작하면서 상황은 더 복잡해졌다. 앤드루 풀러가 이끌던 초창기 선교회는 이제 존재하지 않았다. 세 명으로 구성되었던 그 작은 모임은 이제 규모가 커져 있었고, 대다수 멤버들은 편지를 통해서만 캐리를 알 뿐이었다. 풀러를 비롯해 초창기 멤버 한 사람은 세상을 떠났고, 뒤에 남은 위원들은 자신들이 직접 파송한 신임 선교사들을 지지한다는 입장을 표명했다. 풀러가 선교회를 책임지고 있던 당시 그는 두 가지 이유에서 세람포르가 자치적으로 사역해야 한다고 주장했었다. "하나는 우리가 이래라저래라 하는 것보다 그들 스스로 훨씬 더 잘해 나갈 수 있다고 생각하기 때문이고, 또 하나는 우리가 지시 내리기를 기다리고 있기에는 그들이 너무 멀리 있기 때문이다."[21] 하지만 새로 구성된 선교회는 전혀 생각이 달랐다. 위원들은 세람포르 선교팀과 관련된 모든 중요한 사항들은 다 자신들의 직접적 관리를 받아야 한다고 생각했다. 1826년, 수년 동안의 지루한 갈등 끝에 세람포르 선교팀은 결국 침례교 선교회와 관계를 끊었다.

세람포르와 침례교 선교회의 궁극적 결별은 세람포르 선교사들에게 재정적인 타격을 입혔다. 세람포르 팀은 그때까지 선교 재정을 대부분 스스로 충당해 왔고 잉글랜드에서 후원받는 비중은 얼마 되지 않았지만, 이제는 상황이 달라져 있었다. 열두 곳 이상의 선교기지에서 후원을 필요로 하는 선교사들이 있었고 의료 지원을 필요로 하는 이들도 있었다. 세람포르 팀 자력으로는 이제 그들을 다 지원할 수가 없었다. 캐리와 마시맨(워드는 세상을 떠나고 없었다)은 자존심을 굽히고 모든 것을 본국 선교회의 권한에 맡길 수밖에 없었다. 그러자 얼마 안되어 본국 선교회에서 상당액의 돈과 친절한 편지가 당도했다. 치유 과정이 시작된 것이다.

윌리엄 캐리는 후대 선교사들이 따라야 할 본을 남기고 1834년 세상을 떠났다. 그는 복음전도·교육·성경번역에 더하여 사회문제에도 관심을 집중했으며, 특히 과부 화형과 유아 살해 관습에 맞서 오래 투쟁했다. 하지만 그 외 문제에 대해서는 인도의 고유문화를 그대로 유지시키고자 했다. 캐리는 선교 방법론 면에서 시대를 앞서 갔다. 그는 인도 문화를 존중했고, 후대의 다른 많은 선교사들이 그랬던 것처럼 토착 문화를 폐하고 서구 문화를 들여오려고 하지 않았다. 그의 목표는 "원주민 설교자라는 수단으로", 그리고 모국어로 된 성경을 제공함으로써 토착 교회를 세우는 것이었으며, 그 목표를 위해 전 생애를 바쳤다.

윌리엄 캐리의 영향력은 인도뿐 아니라 인도 밖에서도 실감할 수 있었다. 잉글랜드뿐만이 아니라 유럽 대륙과 아메리카에서도 그를 그대로 본받아 사역하는 이들이 있었고, 그가 담대히 본보인 삶에서 많은 이들이 영감을 얻었다는 사실은, 중요성 면에서는 그가 인도에서 이룬 모든 업적을 능가하는 것이었다.

아도니럼 저드슨[1788-1850]

윌리엄 캐리와 그의 동료들이 인도에서 선교 사역을 하고 있을 때 저드슨 부부는 버마(오늘날의 미얀마)에서 전도 활동을 시작하고 있었다. 이들의 목적지는 인도였지만, 이전의 많은 선교사들처럼 이들도 동인도회사가 선교 사역의 완고한 장애물임을 깨달았다. 여러 달 동안 복잡한 상황이 얽혀 사역이 지연되던 끝에 이들 부부는 결국 인도를 떠나야만 했다. 이들은 아픈 마음으로 캐리를 비롯한 다른 선교사들과 작별하고 버마로 갔다. 이제 이들은 평생을 극심한 역경과 궁핍 가운데 살면서 배타적이고 폐쇄적인 땅의 주민들에게 복음을 전하려 수고하게 될 터였다.

윌리엄 캐리에게 대중 신화가 겹겹이 둘러쳐 있는 것처럼 앤[Ann]과 아도니럼 저드슨[Adoniram Judson]도 마찬가지여서, 이들은 아메리카에서 최초로 해외 선교에 뛰어든 영웅이 되었다. 이 시대의 다른 많은 선교사들과 마찬가지로 이들에 대한 전기 자료는 원자료의 부족 때문에 제한적이고 찬양 일색이다. 아도니럼 저드슨의 '공식' 전기작가의 말에 따르면, 그는 "특이한 의무감으로" 초기에 가족들끼리 주고받은 편지와 개인 서류들을 다 "파기하게 만들었다"고 한다. 나중에 투옥 기간 중에도 앤은 남편의 그 당시 서신들을 다 파기했는데, 이는 이 편지들이 버마 당국의 손에 들어갈 것을 염려했기 때문임이 틀림없다.[22]

아도니럼 저드슨은 1788년 매사추세츠에서 한 회중교회 목사의 아들로 태어났다. 그는 겨우 16세의 나이로 브라운 대학에 들어가 3년 후 수석으로 졸업했다. 전기작가들의 말에 따르면 학창 시절 그는 동급생인 제이컵 임스[Jacob Eames]와 친해졌는데, 임스는 성경이 말하는 인격적 하나님을 부인하는 이신론[deism]을 지지하는 사람이었다. 임스의 사상은 젊은 저드슨에게 강력한 영향을 끼쳐, 저드슨도 아버지의 성경적 신앙에 만족하지 못하게 되었다. 졸업 후 저드슨은 고향으로 돌아가 학교 교사가 되었지만 마음은 편안하지 못했다. 결국 그는 부모의 애원을 외면한 채 극작가가 될 생각으로 뉴욕으로 갔다.

뉴욕 체류는 짧고 불만족스러웠다. 겨우 몇 주 만에 그는 자신의 미래에 대해 낙심하고 좌절한 채 뉴잉글랜드로 돌아가는 길에 올랐다. 여관에 머물던 어느 날 밤 그는 옆방에서 들려오는 한 병자의 신음 소리에 잠을 이루지 못했다. 아침이 밝아 여관 주인에게 옆방의 그 불운한 여행자에 대해 물어본 그는 그 사람이 제이컵 임스였으며 간밤에 세상을 떠났다는 것을 알게 되었다. 20세의 저드슨에게 그것은 끔찍한 충격이었다. 그는 집을 향해 천천히 발길을 옮기면서 자기를 돌아보는 시간을 가졌다.

1808년 9월 아도니럼이 집에 돌아와 보니 플리머스의 목사관은 흥분에 휩싸여 있었다. 아도니럼의 아버지는 몇몇 목사들과 힘을 합해 앤도버(매사추세츠 주 북동부에 있는 도시)에 새 신학교를 세우는 일을 하고 있었는데, 이들은 이 학교를 하버드나 뉴잉글랜드의 다른 신학교들과 달리 정통 신조를 바탕으로 운영하고자 했다. 아도니럼은 아버지를 비롯해 다른 목사들의 격려에 힘입어 그 신학교에 들어가기로 했다. 그는 특별학생으로 신앙고백 없이 학교에 들어갔지만, 입학 몇 달 만에 하나님께 자신을 바치겠다는 "엄숙한 헌신 서약"을 했다.[23]

헌신 서약을 한 지 얼마 안되어 아도니럼은 한 영국인 목회자가 보내온 감동적인 선교 메시지를 읽게 되었다. 선교 편지에 크게 감동받은 그는 최초의 미국인 해외 선교사가 되겠다고 맹세했다. 앤도버 신학교는 선교사의 열정을 키워 주는 곳이 아니었지만, 몇몇 학생들이 아도니럼의 뜻을 뜨겁게 지지해 주었고 그중 윌리엄스 대학 출신의 새뮤얼 밀스$^{Samuel\ Mills}$는 몇 해 전 '건초더미 기도회' 리더를 지낸 사람이었다. 계획에도 없이 시작된 이 야외 기도 모임은 미국 해외선교 역사상 획기적 사건이었다. 선교사가 될 생각을 갖고 있는 일단의 윌리엄스 대학 학생들이 형제회$^{Society\ of\ Brethren}$라는 이름으

버마 선교 개척자, 아도니럼 저드슨

로 자주 야외 기도 모임을 갖곤 했다. 어느 날 기도 모임 중 폭풍우가 몰아치자 이들은 근처의 건초더미 밑에서 비를 피했다. 그리고 바로 그 건초더미 아래서 장차 선교사로 일하겠다고 서로에게 서약했다. 목회자의 아들인 밀스는 어렸을 때부터 어머니에게 개척 선교사들 이야기를 들으며 자랐다. 그 자신은 해외 선교사로 일한 적이 없지만, 앨런 닐리^Alan Neely^의 말에 따르면 그는 "북아메리카 최초의 해외선교회가 설립되는 데 가장 주된 역할을 한 사람"이었다.[24] 그는 아메리칸 해외선교위원회^ABCFM^, 아메리칸 성경학회^ABS^, 연합해외선교회^UFMS^를 비롯해 여러 자선기관 설립을 주도했다.

갓 결성된 아메리칸 해외선교위원회에서 선교사 임무를 이행하는 데 필요한 기금을 확보할 수 없자 아도니럼 저드슨은 런던 선교회^LMS^에서 자신을 비롯해 다른 여섯 명의 선교사 지망생을 위한 재원을 마련하려는 소망으로 영국으로 향했다. 런던 선교회는 미국인 선교사들을 기꺼이 후원은 하겠지만 아메리칸 선교위원회를 통해서 하지는 않겠다고 했다. 이에 동료들과 함께 런던 선교회에 입회할 준비를 하고 있던 중 그는 아메리칸 선교위원회에서 꽤 큰 액수의 후원을 받을 수 있게 되었다는 소식을 듣고 미국으로 돌아왔다.

영국으로 가기 전 아도니럼은 앤(낸시) 해슬틴과 "교제를 시작했다." 몇 해 전 앤도 아도니럼처럼 인생을 변화시키는 회심을 경험하고 해외선교에 대한 소명을 느끼고 있었는데, 그 소명은 "세상의 어떤 대상", 곧 아도니럼에 대한 애착 때문에 생겨난 것이 아니라 "하나님께 대한 의무" 때문이었으며 "이것이 하나님의 부르심이라는 완전한 확신"이 있었다고 한다.[25] 1812년 2월 앤과 아도니럼은 결혼했고, 13일 후 두 사람은 인도를 향해 출항해 6월 중순 캘커타에 도착했다.

아도니럼과 앤에게 긴 항해는 장기 신혼여행 그 이상이었다. 두 사람은 많은 시간 성경공부에 힘을 썼다. 특히 세례의 의미와 세례 방식에 초점을 두고 공부했는데, 이는 아도니럼

이도니럼 저드슨의 첫 번째 아내인 앤 해슬틴 저드슨

에게 큰 비중을 차지하는 주제였다. 공부를 하면 할수록 그는 물을 뿌려서 세례를 주는 회중교회의 유아세례 방식이 잘못되었다는 확신을 갖게 되었다. 처음에 앤은 그가 세례 문제에 치중하는 것을 걱정했다. 그 문제는 중요한 게 아니라고 주장하면서, 그가 침례교도가 되어도 자신은 침례교도가 되지 않을 것이라고 말했다. 하지만 더 많은 연구와 설득 끝에 앤도 남편의 견해를 받아들였고, 인도에 도착한 뒤 두 사람 모두 세람포르의 윌리엄 워드에게 침례를 받았다.

저드슨 부부는 물론 아메리칸 해외선교위원회가 파송한 다른 여섯 명의 선교사 중 한 사람인 루서 라이스Luther Rice가 침례교도가 되었다는 소식이 고국에 닿자 고향의 회중교회 교인들 사이에서는 일대 소동이 일어났다. 그 스타 선교사에게 얼마나 많은 것을 투자했는데 어떻게 자신들을 버릴 수 있단 말인가? 그러나 침례교 쪽에서는 희색이 만면하여 신속히 독자적 선교회를 조직하여 필요한 후원금 지급을 승인했다.

한편 인도에 계속 머물 수 없었던 저드슨 부부는 이곳저곳을 옮겨 다니다가 마침내 버마에 정착했다. 버마는 아도니럼이 애초에 선교지로 선택했다가 외국인을 무자비하게 대한다는 무시무시한 보고를 듣고 포기했던 곳이었다. 랑군(미얀마의 수도 '양곤'의 옛 이름)에 도착했지만 그곳에서의 시간은 이들에게 우울하고 힘겨운 시간이었다. 항해 중에 아이를 사산한 앤은 몸져 누웠다. 인도와 달리 버마에는 유럽인 마을이 없었다. 사방을 둘러봐도 빈곤뿐이었다. 좁고 더러운 랑군 거리에는 허물어져 가는 오두막이 늘어서 있었다. 버마에 온 개신교 선교사가 이들이 처음은 아니었다. 다른 선교사들은 다 왔다 가고, 윌리엄 캐리의 큰아들인 펠릭스 캐리^{Felix Carey, 1785-1822}와 그의 아내만 남아 있었다. 하지만 이들도 저드슨 부부가 도착한 지 얼마 안되어 곧 떠나갔다. 버마 정부가 펠릭스에게 정부 고위직을 제공했기 때문이다(그의 아버지는 이 일을 두고 "펠릭스가 선교사에서 대사로 타락했다"고 비통하게 말했다). 후에 펠릭스는 인도로 돌아가 아버지와 합류하여 선교 사역을 계속했다.

아메리카에서 배를 타고 온 지 2년, 버마에서는 아도니럼과 앤 부부만이 사역하면서 하루에 12시간씩 언어 공부에 몰두했다. 랑군에 남겨진 커다란 침례교 선교회 선교관이 그들 집이 되었다. 앤은 날마다 버마 여인들과 어울리면서 버마어를 신속히 습득했지만, 아도니럼은 마침표나 대문자도 없고 단어와 문장과 절도 구별되지 않는 버마 글자를 붙들고 힘들게 씨름했다.

저드슨 부부와 버마인들 사이에 가로놓인 것은 언어 장벽만이 아니었다. 버마인들에게는 사람을 인격적으로 돌보시는 영원한 하나님에 대한 개념이 전혀 없었다. 그런 그들에게 복음을 전하려는 첫 번째 시도는 낙심스러울 수밖에 없었다. "참되신 하나님, 그리스도에 의한 구원의 길 개념을 이들에게 납득시키기가 얼마나 힘든지 상상할 수 없을 것이다. 이들의 신 개념은 아주 저급하기 때문이다." 불교가 버마인들의 종교였는데, 이는 의식

을 중시하는 종교, 우상숭배 종교였다. "이들의 최종적 신인 가우타마^{Gautama}가 성불 상태에 들어간 지 이제 2,000년, 지금 그는 이 세상에 없지만 이들은 여전히 그의 머리카락을 숭배하며, 이 머리카락은 거대한 탑에 모셔져 있고 버마인들은 8일마다 그 탑에 경배하러 간다."[26]

버마 유일의 개신교 선교사라는 저드슨 부부의 위치는 그리 오래가지 않았다. 이들이 널찍한 선교관으로 입주한 지 얼마 안되어 조지 휴^{George Hough, 1788-1859}와 피브 휴^{Phebe Hough} 부부, 그리고 이들의 아이들에게 방을 내어 주면서 저드슨 부부의 한갓진 생활은 끝났다. 인쇄공인 휴는 인쇄기와 활자를 가지고 왔고, 그는 곧 아도니럼이 천천히 번역해 나가고 있던 성경의 인쇄를 담당하게 되었다. 2년이 지나지 않아 두 가정이 더 늘어났다. 하지만 병에 걸리고, 죽고, 일찌감치 떠나가기도 해서 선교회는 늘 소규모로 유지되었다.

1812년 2월 18일 캐러밴 호에 올라 매사추세츠 살렘의 크라우닌쉴드 부두를 떠나는 저드슨 부부

　　버마는 선교 사역자들에게는 낙심만 안겨 주는 토양이었다. 사람들이
가끔 복음에 관심을 보이는 고무적인 징후가 나타나기도 했지만, 그러다
가 정부 관리들이 단속에 나선다는 소문이 돌면 호기심이 단번에 뚝 떨어졌
다. 선교사에 대한 관용 정책은 랑군 부왕(副王)이 바뀔 때마다 극에서 극으
로 왔다 갔다 했다. 궁에서 저드슨 부부에게 호의를 보이면 자유로이 복음
을 전할 수 있었고, 버마인들도 통제가 느슨해진 틈을 타 복음에 반응을 보
였다. 그러나 부왕의 눈 밖에 나면 가능한 한 행동을 삼가면서 선교관에 머
물며 번역에만 몰두해야 했다.

　　저드슨 부부는 랑군에 도착했을 때부터 선교관이 너무 외진 곳에 있는
게 불만이었다. 얼마 후 그들은 선교관에서 나와 사람들이 바글거리는 도심
의 한 작은 거처로 이사했지만, 화재가 나 집을 몽땅 태워 버리는 바람에 하
는 수 없이 그 외딴 선교관으로 다시 들어갔다. 하지만 많은 사람들을 끌어

모으려는 그들의 꿈은 자야트^{zayat}라는 개념을 통해 열매를 맺었다. 자야트는 일종의 쉼터로, 원하는 사람은 누구든지 와서 쉴 수도 있고, 그날 일어난 일에 대해 토론도 할 수 있고, 자주 들르는 불교승의 설법도 들을 수 있는 곳이었다. 그곳은 긴장을 풀고 하루의 시름을 잊을 수 있는 곳이었으며, 랑군에는 이런 쉼터가 여러 곳 있었다. 1819년, 버마에 온 지 5년 만에 저드슨 부부는 선교관에서 멀지 않고 사람들 통행도 많은 큰 도로인 파고다 로드에 땅을 확보했다. 이곳에 그들은 지상 몇 미터 높이의 기둥 위에 넓은 베란다가 딸린 6m² 넓이의 오두막을 지었다. 이것은 뉴잉글랜드의 집회소를 아시아식으로 변형한 게 아니었다. 이들은 자리에 앉는 법을 비롯해 그 밖의 문화적 특성에 익숙해지려고 근처 자야트에서 진행되는 종교의식에 직접 참석하기도 했다.

자야트는 효과가 있었다. 선교관에는 도통 들어오려 하지 않던 이들이 자야트에는 완공과 거의 동시에 들르기 시작했고, 이렇게 해서 저드슨 부부의 선교 사역은 새로운 국면으로 접어들었다. 완공 다음 달, 버마인들이 빽빽이 들어찬 자야트에서 드린 주일예배 때 마웅 나우가 신앙고백을 했다. 이것이 랑군의 버마인 교회의 출발이었고, 1820년 여름 무렵에는 침례받은 교인이 열 명이었다. 버마인 회심자들은 처음부터 전도 활동에 적극적으로 나섰다. 한 여성은 자기 집에서 학교를 열었고, 한 청년은 보조 목사가 되어 저드슨을 도왔으며, 또 어떤 이들은 전도책자를 나누어 주러 다녔다. 저드슨이 출타 중일 때도 사역은 계속되었다.

아도니럼과 앤 두 사람 모두 열대성 열병에 자주 걸렸고, 이들이 랑군에 정착한 이듬해에 태어난 아기 로저도 6개월 만에 열병으로 죽었다. 1820년, 앤의 치료를 위해 두 사람은 함께 인도로 갔고, 2년 후 앤은 병가를 연장하고 미국으로 돌아갔다.

앤이 없는 동안 아도니럼은 성경번역에 파묻혀 지내면서 1년이 지나지 않아 신약성경 번역을 완료했다. 그동안 그의 상황은 완전히 달라졌다. 아도니럼과 함께 일하던 의료 선교사 조나단 프라이스^Jonathan Price 박사가 아바에 있는 황제를 알현하라는 명령을 받았다. 아바는 강 상류 쪽으로 몇 주간 가야 하는 곳이었기에 버마어에 능통한 아도니럼은 그와 동행해 주어야겠다는 의무감을 느꼈다. 두 선교사는 한동안 왕궁에서 호의를 누렸지만 1824년 초가 되자 버마의 정치 상황에 암울한 기운이 감돌기 시작했다. 앤이 미국에서 돌아와 아바에 있는 아도니럼에게로 왔지만 두 사람의 재회는 짧게 끝났다. 버마와 영국 사이에 전쟁이 발발했고, 외국인은 모두 스파이 혐의를 받았다. 아도니럼과 프라이스 두 사람 모두 체포되어 사형수 감방에 갇혀 처형될 날을 기다리는 처지가 되었다.

감옥 생활은 끔찍했다. 선교사들은 발목에 족쇄가 채워진 채 해충이 들끓는 더럽고 축축한 감옥에 일반 범죄자들과 함께 투옥되었다. 밤이면 '점박이 얼굴들'(얼굴과 가슴에 이들도 한때 범죄자였다는 낙인이 찍혀 있는 간수들)이 죄수들의 족쇄에 고리를 걸어 천장에 달린 기둥에 감은 뒤 머리와 어깨가 바닥에 닿는 높이까지 거꾸로 들어 올렸다. 아침이 되면 기진맥진한 죄수들은 온몸이 마비되어 뻣뻣해졌지만, 낮이라고 해서 안심할 수 있는 것은 아니었다. 날마다 처형이 이뤄졌고, 누가 다음 순서일지 죄수들은 전혀 알 수 없었다.

아도니럼이 고초를 겪는 것은 앤에게도 견디기 힘든 일이었다. 그녀는 날마다 관리들을 찾아다니면서 아도니럼이 미국 시민이며 영국 정부와 아무 관계도 없다고 해명했다. 탄원과 뇌물 덕분에 가끔 짧은 면회가 허락되어 아도니럼이 잠시 위안을 얻기도 했다. 그러나 어쨌든 그는 내내 감옥에서 비참한 생활을 이어가야 했다. 앤은 한동안 면회를 오지 못하다가 1825년 2월 중순, 아도니럼이 체포된 지 8개월 만에 강보에 싸인 갓난아기를 안고 그를 찾아왔다. 태어난 지 3주가 채 안된 딸 마리아였다.

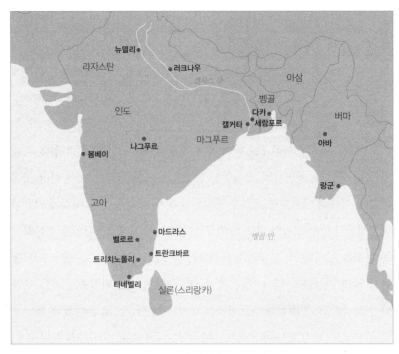

인도와 버마

　그해 5월, 영국군이 아바로 진군해 오자 죄수들은 돌연 감옥에서 끌려 나와 더 북쪽에 있는 어떤 곳을 향해 죽음의 행군을 했다. 1년 가까이 운동 도 못한 채 묶여 있기만 했던 죄수들은 이글거리는 햇빛 아래서 꾸준히 행 군해 나갈 준비가 되어 있지 않았고, 그래서 몇몇 사람들은 행군 중에 죽기 도 했다. 아도니럼의 경우에도 죽는 게 차라리 편안할 듯싶었다. 맨발로 걷 다 보니 발바닥이 벗겨져 피가 나왔고, 한 걸음 한 걸음 옮길 때마다 견딜 수 없는 고통이 밀려왔다. 행군 중 바짝 마른 돌투성이 강바닥에 걸쳐진 다 리를 건널 때에는 한순간 다리 가장자리로 몸을 던져 이 모든 것을 끝내고 싶은 유혹을 느꼈다.

　며칠이 지나 앤도 아도니럼이 끌려온 새 감옥으로 따라와 다시 한 번 남편의 무죄를 탄원하고 다녔다. 그러나 이제 앤 자신과 어린 아기 마리아의 생명이 위태로운 지경이 되었다. 앤은 몸이 너무 안 좋아 더 이상 아기에게 젖을 먹일 수가 없었다. 이를 측은히 여긴 간수들은 아도니럼이 하루에 두 번씩 감옥 밖으로 나가 아기를 데리고 다니며 이웃 여인들에게 젖을 얻어먹일 수 있게 해주었다.

1825년 11월, 거의 1년 반의 투옥 생활 끝에 아도니럼은 마침내 자유의 몸이 되었다. 영국과의 평화협상 통역을 도와야 한다는 것이 석방 조건이었다. 아내와 아기와의 재회도 허락되었다. 이때 일을 앤은 이렇게 기록했다. "세상의 어떤 사람도 우리가 영국군 진지에서 보낸 2주간만큼 행복하지는 못했을 것이다."²⁷ 꿈같은 재회의 시간을 가진 이들 가족은 랑군으로 돌아와 잠깐 머물다가 다시 미국 애머스트로 갔고, 아도니럼은 그곳에 앤과 아기를 남겨둔 채 평화협상을 마무리 짓기 위해 랑군으로 돌아왔다. 협상은 몇 주를 끌다가 몇 달째 이어졌고, 여전히 가족들에게 돌아가지 못하고 있던 아도니럼은 어느 날 검은색 봉인의 편지 한 장을 받았다. 앤이 열병으로 죽고, 몇 달 후 딸 마리아도 앤을 따라갔다는 내용이었다.

아내의 죽음 소식을 듣고 저드슨이 보인 맨 처음 반응은 일에 빠져 슬픔을 잊는 것이었다. 그는 1년 이상 미친 듯이 성경번역과 복음전도에 몰두했다. 하지만 그의 마음은 다른 데가 있었다. 그는 죄책감과 슬픔을 억누르려 했지만, 아내와 아기가 자신을 가장 필요로 할 때 옆에 있어 주지 못한 자기 자신을 용서할 수 없었다. 우울증이 깊어지면서 사역의 성과도 줄어들었고, 그는 사람들과의 접촉도 피했다. 급기야 선교관에서 다른 선교사들과 식사도 함께하지 않았다. 앤이 세상을 떠난 지 약 2년 후, 마침내 그는 정글 깊은 곳으로 들어가 오두막을 짓고 은둔자로 살았다. 무덤을 파고 들어가 앉아 며칠씩 뜬눈으로 밤을 지새우며 병적으로 죽음만 생각했다. 그는 영적으로 황폐해졌다. "하나님은 내게 알 수 없는 크신 분ᴳʳᵉᵃᵗ ᵁⁿᵏⁿᵒʷⁿ이다. 나는 그분을 믿기는 하지만, 그분을 깨닫지는 못한다."[28]

아도니럼의 정신적 문제는 선교사들과 원주민 회심자들 사이에 큰 근심거리였다. 이들은 아도니럼을 찾아가 음식도 가져다주고 그를 위해 기도도 했다. 그러자 그는 자신의 영혼을 마비시킨 그 우울증에서 서서히 회복되기 시작했고, 그와 더불어 그의 경건에도 새로운 깊이가 더해지며 사역에 박차를 가하게 되었다. 그는 버마를 두루 돌아다니며 각 선교기지의 선교사들을 도왔다. 그러는 동안 그는 "버마 땅 동서남북 전체에 대해" 새로운 관심이 생겨나는 것을 느꼈다. 그것은 마음속 깊은 곳에서 용솟음치는 감정이었다. "도저히 제어할 방법이 없는 강력한 엔진이 막 움직이기 시작하는 것을 볼 때처럼 깜짝깜짝 놀라는 기분이다."[29]

순회 사역으로 기운이 나자 저드슨은 자신이 이루어야 할 더 큰 과제가 있다는 것을 깨닫게 되었다. 그것은 버마어 성경을 완성하는 일이었다. 그러려면 따로 2년 정도의 시간이 필요했고, 그 2년 동안 꾸준한 속도로 구약성경을 하루에 25개 절 이상씩 히브리어에서 버마어로 번역해야 했다. 히브리어와 버마어 모두 엄청나게 복잡한 언어였지만 그는 그 목표를 이루어 냈다. 그러나 그 후 몇 년에 걸쳐 번역 원고를 손보는 작업이 뒤따랐다. 그리고 앤이 세상을 떠난 지 14년 뒤인 1840년이 되어서야 비로소 그는 버마어 성경 마지막 원고를 인쇄소에 넘길 수 있었다.

그동안 저드슨은 원고를 수정하는 일 말고 다른 일에도 정성을 쏟았다. 1834년, 44세의 저드슨은 남편이 죽은 뒤에도 선교 사역을 계속하고 있던 30세의 과부 세라 보드먼[Sarah Boardman]과 결혼했다. 결혼하고 처음 10년 동안 그녀는 여덟 자녀를 낳았다(그중 둘은 사망했다). 그러나 정신적·육체적 중압감이 너무 과했던 세라는 막내를 낳은 이듬해인 1845년 미국으로 가는 도중 세상을 떠났다.

세라와 동행하며 가족 및 친구들과의 기쁜 재회를 꿈꾸던 아도니럼과 자녀 셋은 깊은 슬픔에 빠진 채 아메리카에 도착했다. 고국 땅을 떠난 지 33년 만이었다. 그사이 시골 읍내와 낚시하던 부두는 내노시와 항구로 변해 있었다. 한때 구석구석 다 알던 뉴잉글랜드 시골 동네는 이제 어디가 어딘지 알아볼 수 없었다. 33년간의 발전으로 그의 고향도 달라졌고 그도 달라져 있었다. 그는 일약 유명인사가 되어 있었다. 모두들 그를 만나 보고 싶어 하고 그의 이야기를 듣고 싶어 하는 것 같았다. 고향에서 그의 이름은 이제 누구나 아는 이름이 되었고 그의 선교 사역은 전설이 되어 있었다. 대중 앞에 나서기를 꺼리는 그였지만, 지지자들의 열화와 같은 요청을 받아들여 지루한 순회강연 일정을 시작했다.

순회 중에 그는 패니 포레스터라는 필명으로 대중소설을 쓰는 젊은 작가 에밀리 처복Emily Chubbock이라는 여성을 소개받았다. 그는 에밀리의 생동감 있는 문체에 호감을 느꼈지만, 믿음을 고백한 그리스도인(당시 그녀는 침례교인이었다)의 영민한 재능이 세속적인 일에 허비되는 것을 보고 크게 놀랐다. 그가 에밀리에게 세라의 전기를 써 보면 어떻겠냐고 제안하자 그녀는 쾌히 받아들였고, 두 사람 사이에는 곧 우정이 꽃을 피웠다. 그리고 결국 그는 처음 만난 지 채 한 달도 안된 1846년 1월 그녀에게 청혼을 했다. 에밀리와의 결혼 결정은 주변에 물의를 일으켰다. 저드슨은 많은 이들에게 존경받는 프로테스탄트 아메리카의 덕망 높은 인물이었는데 그런 그가 자기 나이의 절반밖에 안되는 20대의 통속작가와 결혼하려 한다는 사실에 많은 이들이 충격을 받고 못마땅해 했다. 그러나 세인들의 비판이라는 장애물도 그의 마음을 바꿔 놓지는 못했고, 1846년 6월 두 사람은 마침내 결혼했다.

다음 달 두 사람은 버마를 향해 출발했다. 아도니럼이 미국으로 올 때 데리고 온 세 자녀는 각각 다른 두 가정에 맡겨 놓은 채였지만, 이제 이 아이들은 다시는 아버지를 못 만나게 될 운명이었다. 그에게는 버마에 세 자녀가 더 있었다. 저드슨에 얽힌 영웅담은 여느 선교사 이야기와 마찬가지로 선교사 가정이 겪어야 하는 정신적 외상에 대해 설명한다. 그 정신적 외상이란 바로 영문도 모른 채 세상 유일의 사랑이요 안전한 곳인 부모의 품에서 떨어지면서 두려움에 질려 울부짖으며 매달리는 어린아이들이다. 어쨌든 아이들은 이런 시련에 단련되며 자라났다. 저드슨과 세라 사이에서 태어나 성인으로 자라난 다섯 자녀 중 둘은 목회자가 되었고 하나는 의사가 되었으며, 또 하나는 학교 교장이 되었다. 나머지 한 명은 미 육군에서 복무하다가 전쟁에서 장애인이 되었다.

1846년 11월, 아도니럼과 새 신부는 버마에 도착했다. 에밀리는 긴 항해를 잘 이겨 냈고 자신의 능력을 최대한 발휘해 세라의 빈자리를 메울 각오가 되어 있었다. 그녀는 저드슨의 어린 자녀들(버마에 남겨졌던 세 아이 중 둘만 살아남았다)의 엄마가 되었고, 열정적으로 언어 공부와 선교 사역에 뛰어들되 자신에게 글재주가 있다는 사실은 절대 잊지 않았다. 그녀의 펜 끝에서는 선교사 생활의 가혹한 현실이 생생하게 그려져 나왔다. "수천수만 마리의 박쥐떼" 때문에 몹시 괴로웠지만, 다른 작은 생물들은 수월하게 받아들일 수 있었다.

바퀴벌레, 딱정벌레, 도마뱀, 쥐, 개미, 모기, 빈대를 여한 없이 볼 수 있으니 우리는 복 받았습니다. 집 안에 나무로 된 부분에는 빈대가 온통 활개를 치고, 엄청나게 많은 개미떼가 온 집 안을 줄지어 돌아다닙니다.……지금 이 글을 쓰고 있는 동안에도 아마 스무 마리 정도가 종이 위를 지나간 것 같군요. 바퀴벌레는 한 마리밖에 안 찾아왔지만, 이 신사들을 본체만체하면 손가락 한 마디만한 검은 벌레 군단이 등장합니다. 이름도 모를 모험가들이지요.[30]

아도니럼과 에밀리는 버마에서 3년 동안 함께 사역했다. 딸이 태어나 행복하기도 했지만 결혼 생활 상당 시간은 병에 시달리며 지내야 했다.

1850년 봄, 에밀리가 또 한 번의 출산을 앞두고 있을 무렵 아도니럼은 심하게 몸이 아픈 상태로 항해에 나섰다. 일주일이 지나지 않아 그는 배에서 숨을 거둔 뒤 수장되었다. 열흘 뒤 에밀리는 사산을 했고, 8월이 되어서야 남편의 사망 소식을 듣게 되었다. 이듬해 1월 그녀는 자신이 낳은 딸과 아도니럼의 어린 두 아들을 미국에 데려가 키우기 위해 보스턴행 배에 올랐다. 그러나 이때는 에밀리 자신도 건강을 잃은 상태였다. 그로부터 3년 후 그녀는 36세의 나이로 세상을 떠났다.

아도니럼 저드슨은 윌리엄 캐리와 달리 후대에 계속 이어질 복음전도 사역의 유산을 남겼다. 그가 네 번째로 회심시킨 버마인 마웅 잉은 아도니럼의 복역 기간 내내 충실하게 그를 따랐고, 석방 후에도 그와 동역했다. 잉의 넷째 딸 메이 포도 그리스도인이었다. 메이는 "왕의 사람"이자 "엄격한 불교도"인 자신의 아들 타 둔 웅에게 목숨의 위협을 받았다. 그러나 자기 어머니를 해치려는 바로 그 순간 타 둔 웅은 갑자기 어머니의 신앙의 힘을 깨닫고 회심했다. 나중에는 그의 자녀와 손자들까지 신앙을 갖게 되었고, 증손자인 틴 마웅 턴이 시작한 '그리스도의 증인'Witnessing for Christ이라는 복음전도 운동은 저드슨 부부가 시작한 사역을 오늘날까지 계속 이어가고 있다.[31]

조지 보드먼1801-1831

세라Sarah와 조지 보드먼George Boardman은 영국과 버마의 전쟁이 막바지에 이를 무렵, 앤 저드슨이 세상을 떠난 직후 미국에서 버마에 도착했다. 이들은 그런 땅에 들어간다는 게 얼마나 위험천만한 일인지 잘 알고 있었다. 사실 이들이 버마 선교에 관심을 갖고 그 사역을 위해 결혼을 하게 된 것은 저드슨의 동료 선교사 제임스 콜먼James Coleman의 때아닌 죽음 때문이었다. 콜먼의 희생에 크게 감동받은 조지 보드먼은 콜비 대학 졸업 후 앤도버 신학교에 등록하여 선교사가 될 준비를 했다. 분별력 있는 십대 소녀이자 열 세 남매의 맏이였던 세라 홀도 조지와 마찬가지로 콜먼의 비극적 죽음에 크게 마음이 움직였다. 그녀는 그 소식을 듣고 콜먼에 관해 시를 한 편 썼는데, 이 시가 장차 그녀의 인생 경로를 바꾸어 놓게 되었다. 보드먼은 한 기독교 잡지에 발표된 이 시를 보고 그녀에게 관심을 갖게 되었다. 관심을 갖는 데 그치지 않고 그녀가 사는 곳까지 찾아가 만났고, 첫 만남 후 몇 달 만에 두 사람은 약혼했다.

보드먼 부부는 카렌족(미얀마 남동부에 분포하는 소수민족) 사역으로 유명한데, 고산지대에 사는 이 부족은 같은 버마인들에게조차 경멸당하는 미개 부족이었다. 카렌족의 전설에 어느 날 백인이 '생명의 책'을 가지고 올 것이라는 이야기가 있어서인지 이들은 책을 가지고 있는 선교사들의 가르침에 호의적으로 반응했다. 버마에 도착한 직후 보드먼 부부는 모울메인의 편안한 선교지를 떠나 카렌족 마을인 타보이(다웨이의 옛 이름)로 이동했다. 코 타뷰^{Ko Tha Byu}라는 사람도 동행했는데, 그는 한때 30명의 인명을 살상하도록 사주한 범죄자였다가 회심한 사람이었다. 카렌족인 그는 자신의 신앙을 생생하게 간증하는, 전염성 있는 신앙을 지닌 사람이었다. 신앙부흥이 일어나고, 사람들이 그를 만나러 몰려드는 통에 그의 집이 무너져 내릴 정도였다. 이 당시 아도니럼 저드슨은 다음과 같이 도움을 요청하는 편지를 받기도 했다. "큰 고민이 생겨 귀하에게 원조를 요청하는 바입니다. 지난 며칠 사이 4.5평 방미터 크기의 저희 집과 코 타 뷰의 집에 인파가 몰려들고 있습니다.……여러 곳에서 카렌족들이 몰려들고 있습니다."[32] 보드먼 부부는 그와 동역하여 복음전도 사역을 했으나 조지 보드먼의 건강이 심각하게 나빠지기 시작했다. 그는 버마에 도착한 지 5년도 안되어 1831년 세상을 떠났다. 수년간 사역한 뒤에도 겨우 회심자 한 사람을 볼까 말까 했던 저드슨과 달리 보드 먼은 수많은 이들이 신앙고백을 하는 광경을 목도하는 특권을 누렸다. 그의 생애 마지막 두 달 동안 57명의 카렌족이 세례를 받았고, 타보이 교회에만 교인 수가 70명이었다. 코 타 뷰는 전도 사역의 이런 성과를 못마땅히 여기는 이들에게 극심한 핍박을 받았음에도 불구하고 이후 수년 동안 사역을 계속 이어 나갔다.

남편이 세상을 떠난 후 세라는 두 살배기 아들 조지를 데리고 미국으로 돌아가고 싶은 마음이 들기도 했지만 저드슨의 강권으로 사역을 계속해 나가기로 했다. 여학교를 설립한 세라는 자신이 떠날 경우 학교가 흔들릴 것을 염려했다. 그녀는 3년 동안 카렌족 곁에 머물며 학생들도 가르치고, 아들과 함께 산지를 돌아다니며 남편이 시작한 순회 사역을 계속해 나갔다. 카렌족은 그녀의 아들을 "꼬마 추장"이라 부르며 귀여워했다.

1834년, 아도니럼은 세라를 만나러 타보이를 찾아왔고, 꽤 오랜 기간을 머무는 동안 두 사람은 마침내 결혼에 이르렀다. 이듬해 이들은 여섯 살배기 "꼬마 추장"이 정규교육을 받을 수 있도록 미국으로 떠나보냈다. 세라는 아이가 "아는 사람에게 붙어 떨어지지 않으려 하는 섬약하고 감수성 예민한 아이라서 낯선 사람 만나는 걸 유독 어려워한다"고 했는데, 그런 아이에게 이는 정신적 외상을 남기는 힘든 경험이었을 것이다.[33] 아이는 그 후 다시는 엄마 얼굴을 보지 못했다. 세라 인생의 빈자리는 곧 그보다 더 어린 아이들로 채워졌고, 그녀는 엄마 노릇하느라 분주해졌지만 버마 사람들을 섬기는 일을 완전히 손에서 놓지는 않았다. 여학교에서 학생들을 가르쳤고, 자신의 언어 실력을 십분 활용하여 버마어 찬송가를 쓰기도 하고 교과과정의 자료를 만들기도 했으며,『천로역정』일부를 비롯해 그 외 문서들을 번역하기도 했다.『천로역정』번역은 그녀가 세상을 떠날 당시까지 손에 잡고 있던 작업이었다.

세라가 저드슨과 결혼했다고 해서 선교사들의 카렌족 사역이 끝났다는 의미는 아니었다. 다른 선교사들이 카렌족에게 와서 성경번역을 계속했고, 1850년대에는 카렌족 교인 수가 1만 명이 넘었다.

알렉산더 더프[1806-1878]　　　　　인도에서 가장 혁신적으로 사역한 선
교사로 손꼽히는 알렉산더 더프[Alexander
Duff]는 1830년 아내와 함께 인도에 도착했다. 더프는 선교사들의 인도 사역
보고에 별 감동을 느끼지 못했다. 개중에는 인도인 복음화가 완전한 실패라
고 주장하는 보고서도 있었다. 인도 사역을 비판하는 이들은 그나마 몇 안
되는 회심자도 주로 사회에서 버림받은 이들 사이에서 나왔고, 이들은 회심
한 다음 자기 나라 사람들에게 아무런 영향도 끼치지 못하고 선교사들이 베
푸는 혜택에 의지해 살아간다고 주장했다. 선교 보고서가 지나치게 비관적
이었을 수도 있지만, 카스트 제도상 신분이 높은 인도인들에게 복음을 전하
려는 집중적인 시도가 없었던 것은 사실이었고, 더프의 사역은 바로 그런
상황을 개선하려는 것이었다.

　　더프는 스코틀랜드에서 태어나 자랐고, 세인트앤드루스 대학에서 공부
했다. 1820년대에 스코틀랜드에서 일어난 복음주의적 대각성운동이 이 젊
은 대학생을 변화시켰고, 23세 나이에 그는 스코틀랜드 국교회 최초의 해외
선교사가 되었다. 그러나 사역을 시작하기도 전에 그는 좌절을 겪었다. 인
도로 항해해 가던 도중 두 번이나 난파를 겪고 그 결과 개인 장서를 몽땅 다
잃은 것이다. 더프처럼 학문과 교육에 열중하는 사람에게 그것은 결정적 타
격이었다.

　　인도에 도착한 더프는 계획을 행동에 옮겼다. 서구 사상과 교육에 매
우 관심이 높은 지식인층 엘리트 인도인들에게 영어로 예술과 과학을 가르
치려는 것이 그의 계획이었다. 더프는 성경 또한 가르치고 공부시킬 작정이
었으며, 이 방식을 통해 기독교가 인도에 확실하게 뿌리내릴 수 있다고 확

신했다. 인도 교육가들은 물론 같은 선교사들 안에도 그의 방식을 비판하는 이들이 많았지만, 그에게는 두 사람의 유명한 지지자가 있었다. 많은 이들에게 높이 존경받는 노(老) 윌리엄 캐리가 그 한 사람이었고, 교육 수준 높고 진보적인 생각을 지닌 브라만 람 모훔 로이Ram Mohum Roy가 또 한 사람이었다. 로이는 여러 계층에 두루 추종자를 지닌 인기 높은 개혁가였으며, 더프 앞에 여러 가지 사역의 기회가 열린 것은 주로 그의 영향력 덕분이었다. 로이는 변화 앞에 열린 마음을 갖고 있는 것에 대해 자부심이 있는 사람으로서, 더프가 성경을 중시하는 것을 반대하지 않았다. 비록 그리스도인이 되지는 않았어도 성경은 읽었고, 또한 더프의 학생들에게도 자기처럼 성경을 읽어 보고 직접 판단해 보기를 권했다.

몇 달 지나지 않아 더프는 학교를 열었다. 시작은 보리수나무 아래 모인 학생 다섯 명이 고작이었지만, 소문은 삽시간에 퍼져 나갔다. 첫 주 주말에는 300명이 넘는 학생들이 모여들어 등록을 받아 달라고 아우성을 쳤다. 학교는 서구식 교육을 퍼뜨리려는 시도 면에서는 성공이었지만, 복음을 널리 퍼뜨리려는 시도 면에서는 조금 부족했다. 3년이 지나지 않아 네 사람의 회심자에게 세례를 베풀었지만, 학교 규모에 비하면 보잘것없는 숫자였다. 그러나 그렇게 몇 안되는 회심자 소식에도 학교 안에 큰 소동이 일어나 학생들이 떠나가면서 그의 사역은 한동안 위기에 빠졌다. 하지만 떠나갔던 학생들이 하나씩 둘씩 돌아왔고, 학교 문을 연 지 10년쯤 되었을 때에는 등록 학생 수가 평균 800명에 이르렀다. 나중에 그는 신분 높은 계층 여학생들을 위한 학교를 개교하여 폭넓은 관심을 모았다.

더프의 사역을 비판하는 이들이 주로 하는 말은, 그가 세운 학교 학생들 거의 대다수가 오로지 일반교육을 받기 위해 학교에 다녔으며, 이들 수천 명 학생들 중에서 회심한 학생은 더프의 평생 겨우 33명뿐이라는 것이었다. 하지만 이 33명은 대다수가 영향력 있는 집안 출신의 청년들로서, 이들 자신이 영향력 있는 그리스도인이 되었다. 이들 중 어떤 이들은 선교사와 목회자가 되었고, 어떤 이는 유명한 평신도 지도자가 되었다.

더프는 견실하고 분별 있고 유머라고는 모르는 장로교인으로, 그가 이룬 기념할 만한 업적은 가정생활을 희생하지 않았더라면 불가능했다. 1839년 첫 번째 휴가를 고향에서 보낸 더프 부부는 아직 유아였던 막내아들을 포함해 어린 네 자녀를 한 과부에게 맡긴 채 인도로 돌아왔다가

인도 선교사이자 교육가인 알렉산더 더프

1850년이 되어서야 고국에 갈 수 있었다. 그사이 열 한 살 소년이 된 아들에게 그날은 복잡한 감정으로 기억되는 날이었다. 더프는 아들을 만나자마자 지체 없이 교리교육을 시키기 시작했다. 그러나 "캘커타의 아빠 학교에 다니는 이교도 아이들도 너보다는 성경을 많이 안다"고 아들을 꾸짖었던 것으로 보아 그는 긍정적으로 사기를 북돋아 주는 교육 방식을 알지 못했던 것이 분명하다.[34]

더프의 막내아들은 후에 아버지를 회상하기를, "위트도 없고 유머도 없는 분이셨고, 흥겨운 재미 같은 건 더더욱 없었다"고 했다. 그는 아버지의 무심함을 원망했다. 1855년 부모님이 다시 인도로 떠나던 날을 회상하는 그의 글에는 아버지에 대한 원망이 고스란히 배어 있다.

어머니와 내가 얼마나 가슴이 찢어질 듯했는지, 런던 브리지에서 어머니와 내가 눈이 통통 붓도록 울고 있는데 아버지는 어떻게 조간지 「타임스」에 몰두해

계셨는지……생생히 기억난다.……그렇게 우리는 헤어졌다.……세상에 이보다 더 슬픈 모자간의 이별은 없었다. 아버지는 「타임스」에 얼굴을 묻은 채…… 아무런 아쉬움도 없이 아들과 이별했다.[35]

더프는 아버지로서는 실패했는지 몰라도 선교 행정가로서는 성공했다. 두 번째 휴가 때 그는 잉글랜드·아일랜드·스코틀랜드·웨일스·미국을 일주했고, 어디를 가든 열렬한 환호를 받았다. 미국에서는 의회 앞에서 설교했고, 대통령과 비공개로 만나기도 했다. 사람들은 그를 일컬어 금세기 "최고 달변의 선교사 웅변가"라고 했고,[36] 해외선교 분야에 그가 끼치는 영향력도 상당했다. 그의 영향으로 수백여 명이 해외 선교사로 자원했고, 수만 명이 해외선교를 위해 기부를 했다. 교육과 복음전도를 접목한다는 그의 구상을 전 세계 선교사들이 모방했다. 비록 이 방식이 빈번히 논쟁을 불러일으키기는 했지만 말이다.

더프가 엘리트들을 전도하는 혁신가로 갈채를 받고 있는 동안 다른 선교사들은 여전히 불가촉천민과 낮은 계급에 속한 사람들과 더불어 사역했다. 1865년 아메리칸 침례교 선교회의 존 클러프John Clough, 1836-1910와 해리엇 클러프Harriet Clough가 인도 옹골 소재 론스타 선교회LSM에서 사역을 시작했다. 이들은 기근을 구제하는 일도 했고, 1878년에는 카스트에 속해 있지조차 않은 불가촉천민들 사이에서 대규모 신앙운동이 일어나 6주 동안 약 9,000명의 회심자가 세례를 받는 모습을 목격하기도 했다. 클러프는 일부 회심자들이 회심 후 선교회 구내를 떠나지 않으려 하는 것을 반대하며 이들이 원래 속한 사회적 환경에 그대로 머물러야 한다고 강력히 주장했다. "이 목적을 위해 그의 복음전도 사역은 마을을 중심으로 이뤄졌다"고 프레더릭 다운스Frederick Downs는 기록한다. "마을에서 그는 가족이나 집단이 함께 세례를 받을 준비가 될 때까지 기다리라고 구도자들에게 권면했다. 그리고 지역 고유의 사회구조에 맞게 교회를 조직했다." 또한 클러프는 원주민 설교자들의 사역을 강력히 장려하면서 "힌두교의 구루^{guru}를 모델로 삼으라고 권면했다."[37]

이들 말고도 인도인 복음 전도자들의 사역을 강력히 권장하면서 대중운동을 일으킨 선교사들이 또 있는데, 그중에는 유명한 감리교 감독 제임스 소번이 있다. 대학생 자원운동^{SVM}의 주도적 인물 셔우드 에디^{Sherwood Eddy}는 자신의 회고록에서 소번의 사역에 담긴 정신을 다음과 같이 포착해 냈다.

> 그를 처음 만난 것은 1890년 노스필드 학생협의회 때였다. 그는 호소력 강한 연설로 인도의 궁핍한 상황을 설명하는 한편, 1년에 30달러로 인도의 천민 일꾼들을 후원할 수 있다고 말했다. 후원금 요청 같은 것은 하지 않았지만 말이다. 무디^{Moody} 씨는 청중들의 박수갈채를 진정시키면서 말하기를, 그저 환호하기보다는 소번 감독의 선교지 일꾼들을 후원하는 게 더 좋을 거라고 했다. 자신과 생키^{Sankey} 씨는 각각 한 사람씩 정기 후원할 것이며, 연단에 있는 리더가 후원 신청을 받을 것이라고 했다. 100여 명이 30달러씩 후원금을 냈고, 그중에는 나도 있었다. 즉석에서 3,000달러를 기부받게 된 소번은 격한 감동으로 숨을 쉬지 못했다. 그해 말, 내가 낸 30달러로 후원을 받은 인도인 일꾼이 100명이 넘는 사람들을 그리스도께로 인도했다는 소식을 듣고 나는 후원계좌를 하나, 또 하나 늘렸고, 급기야는 금으로 만든 시계 케이스까지 팔아서 또 한 사람의 복음 전도자를 후원했다.[38]

제임스 소번¹⁸³⁶⁻¹⁹²²

제임스 소번^{James Thoburn}과 이저벨라 소번^{Isabella Thoburn, 1840-1901} 남매는 오하이오의 아일랜드 이민 가정에서 태어났으며, 제임스는 복음 전도자요 교회 개척가, 목사, 그리고 후에는 감독으로, 그리고 이저벨라는 교육가로 인도에서 선교 활동을 했다. 제임스는 앨러게니 대학에서 공부를 마치고 감리교 목회의 길에 들어서 1859년 아내 세라와 함께 인도로 갔다. 제임스의 권고로 이저벨라도 1866년 러크나우로 와서 인도 선교 사역에 합류했는데, 이곳은 "글을 읽거나 쓸 줄 아는 여성이 단 한 명도 없고, 힌두교인들이 여성 교육에 대해 적의에 가까운 편견을 품고 있는 곳"이었다.[39] 여학생 겨우 여섯 명뿐인 불안한 시작이었지만 등록 학생 수는 순식간에 20명 이상으로 늘어났고, 선교팀은 기숙학교를 짓기 위해 땅을 구입했다. 여자아이들을 모아 함께 살게 하면서 공부를 시킨다는 것은 기념비적인 사업이었다. 문제는 카스트 제도였다. 수세대 동안 지속되면서 인도 선교 사역을 좌절시킬 바로 그 제도 말이다. 제임스 소번은 자기 누이의 전기에서 이 문제를 다음과 같이 설명했다.

때로는 사소하고 때로는 고통스러운 많은 차이점들이 이 혈통 문제에서 이따금씩 생겨 나왔고, 전 생애를 인도에서 보내는 동안 이저벨라는 다른 어떤 것보다 이 문제 때문에 격심한 마음의 고통을 때때로 겪었다. 인도처럼 사회 분위기가 카스트 제도와 계급 정서로 똘똘 뭉쳐 있는 듯한 나라에서는, "한마음 한뜻을 가진" 사람들을 양성해 내는 문제가 실제적으로 해결되지 않는 한 순전하고 과감한 기독교가 그 땅에 확실하게 자리 잡을 수 없다는 것이 이저벨라의 생각이었다. 그녀는 인위적인 개입으로는 이 문제가 절대 해결될 수 없다는 것을 잘 알고 있었다. 가장 높은 계급은 가장 낮은 계급으로 내려올 수 없었고 가장 낮은 계급이 한꺼번에 가장 높은 계급으로 상승할 수도 없었다. 급료·직업·의상·스타일·기호·직분 그 어느 것에도 균일성이 있을 수 없었다. 하지만 모든 이들의 마음을 공통의 가족 관계로 묶어줄 복된 연합이 있을 수 있었고, 또 있어야 했다.[40]

제임스 소번의 사역 또한 카스트 제도 때문에 방해를 받았다. 처음에 그는 마을을 돌아다니며 복음을 전하고 교회를 개척하는 사역을 했는데, 이 사역의 진전이 더디자 새로운 전략을 모색했다. 1870년 그는 윌리엄 테일러[William Taylor]에게서 도움을 얻고자 했다. 논란의 여지가 많은 감리교 목회자인 테일러는 성공적인 복음전도 활동 및 자립형 선교사와 선교하는 교회를 강조한 것으로 유명했다. 테일러는 인도에서 거의 5년 동안 부흥 사역을 이끌면서 자신이 후배 선교사들을 위해 길을 닦고 있다고 생각했다. 그러나 캘커타에서 테일러가 만난 것은 사람들의 무관심이었다. 캘커타 교회는 테일러가 인도를 떠나고 소번이 사역지를 그곳으로 옮기고 나서야 비로소 성장하기 시작했다. 제럴드 앤더슨[Gerald Anderson]의 말에 따르면, 실로 "소번은 인도 감리교의 급속한 성장 시대를 지배했으니, 회심자들이 대거 교회로 이동해 들어왔고 인도 교회의 확장은 동남아시아 지역까지 이어졌다"고 했다.[41]

그사이 이저벨라 소번의 학교도 성장하고 있었고, 젊은 여성들은 이 학교를 졸업한 후에도 교육을 더 받고 싶어 했다. 1880년대, 휴가차 귀국한 그녀는 인도 여성 교육이라는 대의를 역설하면서 다음과 같은 전단을 배포했다. "인도에는 젊은 남성들을 위한 대학은 100여 개가 넘지만 젊은 여성들을 위한 학교는 단 한 곳뿐이고, 그마저도 기독교 대학이 아닙니다. 만일 미국에 여자대학이 단 한 곳뿐이라면 우리가 어떤 노력을 해야 하겠는지 생각해 보십시오. 그리고 보편적 자매애를 인식하고 인도 여성들을 위해서도 어느 정도 동일한 노력을 기울여 주시기 바랍니다."[42]

이리하여 1887년 이저벨라소번 대학이 문을 열었다. 아시아 최초의 기독교 여자대학이었다. 실로 이는 불가능해 보이던 일이었다. 적어도 인도에서 그녀를 지켜본 많은 사람들의 눈에는 그랬다. 위대한 선교사이자 교육가 알렉산더 더프는 "인도 여성들을 교육시키느니 차라리 15m 높이의 담벼락을 기어오르는 게 낫겠다"고 비웃었다.[43] 그러나 수많은 장애에도 불구하고 이저벨라는 꿈을 성취했다. 그녀는 나중에 이 대학 교수가 된 영민한 여학생 릴라바티 싱Lilavati Singh, 1867-1909을 데리고 미국으로 돌아가 많은 지지자들에게 이 꿈을 보여주었다. 싱은 학문적 탁월함과 성경에 대한 뛰어난 안목으로 미국 청중들에게 깊은 인상을 남겼다. 싱이 1900년 뉴욕에서 열린 에큐메니칼 선교사 총회EMC에서 연설했을 때 청중석에 있던 벤저민 해리슨 대통령은 만일 "해외선교를 위해 100만 달러를 기부"하고 그 성과로 나타난 게 싱 한 사람뿐이었다 해도 "충분히 보람을" 느꼈을 것이라고 말했다고 전해진다.[44]

오빠인 제임스와 마찬가지로 이저벨라도 인도인들을 훈련시켜 복음전도 사역자로 만드는 유산을 남기고자 했다. 릴라바티 싱은 자신의 스승 이저벨라에 대해 다음과 같이 말했다.

> 선생님이 우리와 함께하셨던 주일 오후 기도회를 잊을 수가 없다. 영적 나라의 법칙을 얼마나 명쾌하게 설명해 주셨는지.……소번 선생님이 또 한 가지 우리를 특별히 훈련시키신 것은 그리스도인의 자원 사역이었다.……지금도 주일마다 그리스도인 여학생과 선생님들이 둘씩 짝지어……밖으로 나가 러크나우 특유 구역인 제나나[하렘]에 가서 그곳 소녀들에게 복되신 구주를 전한다.[45]

19세기의 마지막 몇십 년은 낙관주의가 지배하던 시간이었다. 제임스 소번은 1879년 버마에서 감리교 선교를 시작했고, 6년 후에는 싱가포르에서, 그리고 1899년에는 필리핀에서 선교를 시작하면서 사역의 지평을 넓혀갔다. 그러는 중에도 인도 사역에서 손을 떼지는 않았으니, 그 땅은 언젠가 "수천만 명의 불가촉천민과 최하층 계급 전체가……빠른 속도로 그리스도께 나아오게 될" 곳이었다.[46]

동남아시아 지역 전체에 관해서도 이와 비슷한 낙관주의적 시각이 존재했다. 1892년 아메리칸 침례교 선교회 연합 서기 헨리 마비^{Henry Mabie}는 버마 등지에서 침례교가 성장한 것을 열정적으로 회상했다. 그는 아도니럼 저드슨이 약 70년 전에 "예수님의 교회가 곧 이 우상숭배 기념물들을 대체하게 될 것이며, 불교 신자들의 찬가 소리는 기독교의 찬양 노래 앞에 사라져 갈 것"이라고 예언했던 말을 자신 있게 인용했다. 마비는 침례교 선교 사역 100주년이 다가올 즈음 확신에 가득 차서 말했다. "동방은 인간과 하나님이 이루어 내는, 온 세상을 진동시키는 떨림으로 맥박치고 있다"고 환호했다.[47] 그러나 몇 세대가 지나 버마와 인도에 선교사 입국이 불허됨에 따라 이 의기양양한 확신의 분위기는 사그라졌다.

06

검은 대륙 아프리카

: 백인의 묘지

앤드루 월스의 말에 따르면, 아프리카 기독교는 "어쩌면 21세기의 대표적 기독교"로 보아야 할 것이다. 아프리카 기독교는 이제 선교사가 전한 기독교가 아니다. 아프리카 기독교는 고유의 특성을 지니고 있고, 이 시대의 기독교 그리고 미래의 기독교가 어떤 모습일지를 예시한다. "21세기의 전형적 기독교는 남쪽 대륙들, 무엇보다도 아프리카에서 일어나는 사건과 변화들에 따라 그 모양이 달라질 것"이라고 월스는 말한다.[1] 아프리카 기독교의 이 역할은 단지 상징적인 것에 지나지 않을지도 모른다. 그러나 선교사들이 아프리카 지역에 관심을 갖고 그곳에 들어가 활동하는 모습을 연구하는 것이 현재와 미래 모두의 교회를 이해하는 데 반드시 필요한 이유는, 아프리카 기독교의 바로 그 상징적 역할 때문이다.

수세기 동안 '백인의 묘지'로 알려져 온 검은 대륙 아프리카는 개신교 선교사들의 목숨을 세계의 다른 어느 지역보다도 많이 앗아 갔다. 복음을 전하는 일이 값비싼 대가를 치르는 일이기는 했지만, 투자에는 풍성한 배당이 뒤따랐다. 개신교 선교는 사하라 이남에서 (아시아에 비해) 뒤늦게 시작되었지만, 그곳은 세상에서 가장 열매가 풍성한 선교지로 손꼽혀 왔다. 비록 처음 몇 세대 동안은 그렇지 않았지만 말이다. 아프리카에서 교회의 급속한 팽창은 주로 20세기에 이루어졌다. 사실 19세기에는 교회 성장이 고통스러울 만큼 더뎠지만, 모든 위험을 무릅쓰고 아프리카에 기독교 확산의 길을 열어준 것은 바로 19세기의 개척 선교사들이었다.

아프리카의 근대 개신교 선교는 18세기에 케이프 식민지에서 헤른후트교도들과 함께 시작되었다. 18세기 말, 런던 선교회(LMS)가 남부 아프리카에 들어왔고, 대다수 선교사들이 오렌지 강 남부의 비교적 안전한 환경에 머물렀던 것과 달리 로버트 모펫은 내륙 깊숙한 곳으로 파고 들어가기 시작했다. 개신교 선교사들의 활동은 남부에서 북부로 뻗어 나갔고, 19세기 중반에는 침례교·성공회·장로교가 대륙 서안에 각각 견고한 발판을 마련했다. 곧이어 동쪽 해안 쪽에도 항구적인 선교기지가 생겨나면서 19세기 말에는 검은 대륙 아프리카 거의 전체가 선교사들에게 문을 열었다.

선교사들의 엄청난 희생에도 불구하고 아프리카 선교는 가혹한 비판을 받아 왔다. 선교사들이 식민지주의와 결탁하고 유럽 문명을 퍼뜨린 것이 특히 비판의 대상이었다. '성경과 경작'이라는 모펫의 선교 철학은 '통상과 기독교'라는 리빙스턴의 철학으로 확장되었고, 메리 슬레서는 아프리카인들의 생활수준을 향상시키고 주민들을 기독교의 윤리 기준에 합치되는 사람으로 만들기 위해서 교역이 반드시 필요하다고까지 주장했다. 선교사들의 눈으로 보기에 아프리카에서 기독교의 미래는 유럽의 영향력과 교역 규모에 달려 있었다. 그 근간에 깔려 있는 제국주의 개념에 반기를 드는 선교사는 거의 없었고, 이 개념은 후대에 빈축을 사게 되었다. 하지만 그러한 비난은 부당한 것일 수도 있다.

많은 선교사들이 식민지주의와 밀접하게 연관을 맺고 부끄러움도 모른 채 유럽 문명을 기독교의 메시지와 동일시한 것은 사실이다. 하지만 그들은 다른 어떤 외부 세력보다도 열심히 식민지주의와 제국주의가 초래한 해악에 맞서 싸웠다. 그들은 인간을 짐짝처럼 실어 나르는 가증스런 무역에 맞서 길고도 격렬한 싸움을 (때로는 육체적으로) 벌였다. 노예무역이 사라진 뒤에는, 벨기에의 레오폴드 왕이 콩고에서 고무를 채취해 가려고 유혈작전을 벌인 것을 비롯해 백인들이 그 땅에서 저지르는 범죄행위에 대해서도 반대의 목소리를 높였다. 대다수 선교사들은 친(親)아프리카 성향이었다. 게다가 철두철미 정의를 추구하는 이들의 입장 때문에 동료 유럽인들이 선교사들을 몹시 싫어하는 경우도 많았다. 사실, 기독교 선교사들의 양심이 아니었다면 식민지주의의 범죄는 훨씬 더 끔찍했을지 모른다 해도 과장이 아니다.

선교사들은 인종차별주의자라고 비난당하기도 했다. 사실 그렇기도

하다. 선교사라 해도 어쩔 수 없이 그 시대에 속한 사람들이었고, 당시는 인종차별주의적 언어와 신념이 보편화된 시대였다. 그러나 그보다 더 중요한 것은, 선교사들은 대다수의 동시대인들에 비해 인종차별주의적 태도가 훨씬 덜했던 것으로 보인다는 것이다. 19세기 상류사회의 지식인들은 아프리카 흑인을 태생적으로 열등한 족속으로 보아서, 인종학의 진화 사다리에서 백인보다 여러 단계 아래에 있다고 여겼다. 반면 선교사들은 인종에 대해 얄팍한 사고를 가졌다고 인종학자들의 저널에서 이따금 조롱을 당하기도 했고, 교육 수준 높은 영국인들은 메리 킹즐리^{Mary Kingsley, 1862-1900}가 당시 널리 유포되던 아프리카 여행기에서 한 말에 대부분 동의했다. 킹즐리는 선교사들이 "아프리카인을 한 인간이요 형제로 여기기 힘들어" 하면서도 "피부 색깔에 관계없이 모든 그리스도인이 다 영적으로 동등하다"고 믿는다고 비난했다.[2]

선교사들의 발언이 만일 19세기 인종차별주의자들의 말처럼 들린다면, 그것은 이들이 아프리카인들(혹은 기독교화 되지 않은 여느 사람들)을 기독교의 도덕적 가르침을 받지 못해 품격을 갖추지 못한 사람들로 보았기 때문이다. 헨리 드러먼드^{Henry Drummond, 1851-1897}의 말이 이런 특징을 잘 보여주고 있다. 그는 아프리카인들을 일컬어 "반은 짐승이고 반은 어린아이요, 전적으로 야만적이고 전적으로 이교적"이라고 했으며, 다만 "이들은 과거 우리의 모습"이라고 하면서 자신의 그 노골적 인종차별주의를 완화시켰다.[3]

아프리카 선교를 가장 심하게 비판한 이들은 아마 사회과학자들과 인류학자들일 텐데, 이들은 기독교 선교가 아프리카 문화의 대파괴를 초래했다고 비난했다. 19세기(심지어 20세기) 선교사들이 낯선 문화의 독특한 특질과 그 가치를 인정하지 못했고 또 기독교를 다른 사회의 풍습과 공존 가능한 것으로 만들지 못한 것은 사실이다. 그러나 예를 들어 쌍둥이 살해, 식인 행위, 주술 등과 같이 건전한 생활환경을 이루는 데 도움이 되지 않는 풍습도 있었다. 이런 관습을 근절하려는 선교사들의 노력은 아프리카의 가장 귀중한 문화 자산, 곧 아프리카 사람들 자체를 보존하는 데 도움이 되었다.

선교사들은 여러모로 아프리카 문화에 깊이 영향을 끼쳤지만 그중에서 가장 의미 있는 기여는 성경번역에 관한 것으로, 이는 아프리카 주민들의 삶 전반에 영향을 끼쳤다. 이는 "유례를 찾기 힘든 공헌으로, 서로 다른 문화 사이의 장벽을 낮춘 하나의 기념물로 우뚝 서야 한다"고 아프리카 감비아 출신 신학자인 예일 대학의 라민 사네Lamin Sanneh는 말한다. "구미의 교회에서 종들을 세우사 아프리카를 비롯해 여러 지역에서 자신의 일을 하게 하신 하나님께 찬양과 영광을 드려야 한다. 이들 수많은 선교사의 마른 뼈가 이름도 없는 무덤에서 일어나 우리 조상들의 존재를 드러내 주었다."[4]

아프리카로 건너간 초기 개신교 선교사들은 인도에서 사역한 윌리엄 캐리와 그의 동료들이 그랬듯 목회자 안수를 받은 이들이 아니었다. 이들은 기능공, 정원사, 공장 노동자들로, 선교 현장에서 많은 시간을 육체 노동자요 기능공으로 일했다. 하는 일은 이렇게 평범했음에도 이들은 복음을 전하는 선교사였고, 어떤 경우에는 유명한 성경 번역자이기도 했다.

로버트 모펫1795-1883 　　　　　로버트 모펫Robert Moffat은 간혹 남아프리카 선교의 시조요, 반세기가 넘도록 그 지역에 의미 있는 영향력을 끼친 사람으로 평가된다. 하지만 생전의 그는 유명한 사위의 그늘에 가려 흔히 "데이비드 리빙스턴의 장인"으로 지칭되었다. 그럼에도 불구하고 모펫은 리빙스턴보다 훨씬 더 훌륭한 선교사였다. 그는 복음 전도자이자 번역가·교육가·외교관·탐험가였으며, 이 역할들을 잘 조화시켜 참으로 위대한 아프리카 선교사의 반열에 올랐다.

1795년 스코틀랜드에서 태어난 모펫은 변변찮은 환경에서 제대로 교육도 못 받고 자랐으며 정식으로 성경을 배운 적도 없었다. 그의 부모는 선교에 대해 강한 열정을 지닌 장로교인이었는데, 어머니는 추운 겨울날 저녁 자녀들을 둘러앉혀 놓고 영웅적 선교사들의 이야기를 큰 소리로 읽어 주곤 했다. 그러나 어린 모펫은 영적인 일에 별 흥미가 없었다. 그는 한동안 "바다로 달아났다"가 열 네 살 때 한 정원사의 도제가 되어 앞으로 평생 써먹게 될 기술을 배웠다.

17세에는 잉글랜드 체셔에서 정원사 일을 시작했다. 1814년에는 근처 한 농장에서 모이는 소규모 감리교 모임에 나가게 되었으며, 이 모임을 통해 스코틀랜드 칼뱅주의와 "감리교의 열정"을 조화롭게 융합시키게 되었다. 이듬해, 런던 선교회 회장 윌리엄 로비William Roby를 만난 뒤 선교사가 되려고 이 단체에 지원했다. 런던 선교회는 "선교사가 되고자 하는 사람을 모두 다 받아들일" 수는 없으며, 그래서 "부득불 가장 장래성 있는 기술을 가진 사람을 선별할 수밖에 없다"고 답변해 왔고, 그들이 보기에 모펫은 선정 대상이 아니었다. 거절을 당한 것이다.[5]

모펫은 퇴짜를 맞고도 의연함을 잃지 않고 로비의 집 근처에 정원사 일자리를 새로 구한 뒤 개인적으로 로비와 함께 신학을 공부하기 시작했다. 그리고 1년 뒤 다시 런던 선교회에 지원했고, 이번에는 합격을 했다. 1795년 모펫이 태어나던 해에 창설된 런던 선교회는 초교파적 복음주의 선교단체였다. 그 뒤 20년 동안 이 단체는 꾸준히 성장하면서 세계 전역에 선교사들을 파송했다. 모펫은 다른 신임 선교사 네 사람과 함께 남아프리카로 파송받았고, 85일의 항해 끝에 마침내 케이프타운에 도착해 선교 사역을 시작했다.

모펫은 원래 결혼을 먼저 한 다음에 선교사 일을 시작할 수 있기를 바랐다. 잉글랜드에서 마지막으로 정원사로 일할 때 그는 주인집 딸 메리 스미스Mary Smith, 1795-1871에게 관심을 갖게 되었는데, 그는 메리가 "따뜻한 선교사의 심성"을 가진 사람임을 알아차렸다. 메리의 아버지는 모펫이 선교사가 되려는 계획은 적극 지지했지만 하나밖에 없는 딸이 그런 일에 관여하는 것은 마땅치 않아 했다. 그래서 모펫은 혼자서 남아프리카로 가서 3년을 기다렸고, 메리의 부모는 그제야 마음을 열고 24세가 된 딸이 그와 결혼하는 것을 허락했다.

그사이 모펫은 선교 사역과 아프리카 문화의 현실을 접하게 되었다. 영국과 네덜란드 식민주의자들이 선교사들에게 품고 있는 강한 편견이 그를 괴롭혔다. 바로 그 편견 때문에 정부 관리들이 내륙 전도 활동을 방해하자 그는 초조했다. 이렇게 정부 정책에 훼방을 받는 것도 모자라, 선교사들 사이에 공공연한 부도덕 행위와 불화가 만연한 현실은 그를 더욱 충격으로 몰아넣었다. 영국의 런던 선교회 간사에게 보내는 편지에서 모펫은 "선교사 사회가 이토록 혼란스럽고 통탄스러우며 (또한 덧붙이기 끔찍하지만) 타락한 상태인 것은 전례 없는 일"이라고 한탄했다.[6]

런던 선교회가 케이프 식민지의 일부 선교사들과 관련하여 도덕적 과실을 포함해 나름대로 문제점들을 확인했지만, 한편으로 영예롭게 섬김의 일을 한 선교사들도 많았다. 남아프리카 최초의 선교사는 네덜란드 출신 의사 요하네스 T. 판 데르 켐프Johannes T. van der Kemp, 1747-1811였다. 네덜란드 개혁교회 목회자의 아들로 태어나 좋은 교육을 받았음에도 청년 시절 회의주의자가 된 판 데르 켐프는 결혼 후에도 계속 그 상태이다가 아내와 딸이 보트 사고로 비극적 죽음을 당하는 것을 직접 목격한 뒤 그리스도를 믿는 믿음을 새롭게 하고 나이 50이 넘어 1799년 케이프 식민지에 도착했다. 그는 주로 호텐토트족을 대상으로 사역했으며, 이런저런 차질이 생겨 낙심스러운 상황에도 불구하고 수백여 명의 회심자를 얻어 냈다. 판 데르 켐프는 노예무역 현장을 날마다 눈앞에서 목도하며 심히 괴로운 나머지 수천 달러를 써가며 노예를 사서 자유의 몸이 되게 해주었다. 60세에 그는 자신이 사서 풀어준 노예 중 17세의 말라가시(마다가스카르의 옛 이름) 소녀와 결혼했는데, 이 일로 식민주의자들과 선교사들 사이에 소동이 일어나기도 했다. 판 데르 켐프는 겨우 12년 동안 선교사 생활을 하고 1811년에 세상을 떠났지만, 당시는 물론 그 뒤에도 런던 선교회의 위대한 개척자 중 한 사람으로 인정받았다.

한편 모펫은 몇 달 지체 끝에 한 부부 선교사와 함께 케이프타운에서 북쪽으로 수백 킬로미터 떨어진 나마콸란드라는 황량한 불모지로 들어가는 것을 허락받았다. 그곳에서 그는 처음으로 아프리카너^{Jager Afrikaner, 1760-1823}를 만났는데, 한때 두려움의 대상인 호텐토트족 추장이었던 그는 한 네덜란드인 선교사를 만난 뒤 삶이 변화된 사람이었다. 모펫은 그의 오두막에서 거의 2년을 살다가 자기와 함께 케이프타운에 다녀오기를 청했다. 백인 이주민들의 농장을 약탈하며 악명을 떨치던 이 사람이 기독교 신앙을 접하며 어떻게 변화되었는지 백인들에게 보여주고 싶었던 것이다. 그의 계획은 효과가 있었고, 이리하여 모펫은 선교사요 행정가로서 이름을 떨치기 시작했다.

모펫이 케이프타운으로 다시 간 것은 백인들에게 아프리카너를 보여주기 위해서만은 아니었다. 1819년 12월, 잉글랜드에서 메리 스미스가 도착했고, 3주 뒤 두 사람은 결혼식을 올렸다. 이는 출발 때부터 행복한 결합이었고, 이 행복한 결합은 그 후 53년 동안 이어졌다. 마차를 타고 북동쪽으로 965km 떨어진 쿠루만까지 가는 신혼여행은 앞으로 이들이 어떤 삶을 함께 살아가야 하는지 미리 맛볼 수 있게 해주었다. 바싹 마른 사막, 빽빽한 숲, 질척한 늪, 격류가 흐르는 강을 지나야 했지만 두 사람은 혼자가 아니라는 사실에 감사했을 것이 틀림없다. 이들의 신혼여행에는 한 남자 선교사가 내내 동행했다.

쿠루만은 모펫이 보기에 선교기지로서 최적의 장소였다. 그는 아프리카너와 그의 부족민들이 쿠루만으로 이주해 오기를 바랐지만, 아프리카너는 이들의 여정이 끝난 지 얼마 되지 않아 세상을 떠났다. 모펫 부부는 쿠루

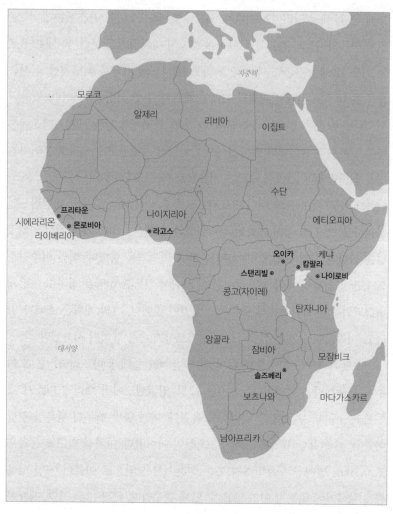

아프리카

만 강이 시작되는 지점에 정착을 했다. 지하의 샘에서 수정처럼 맑은 물이
솟아 나와 강이 발원하는 곳이었다. "이곳에서 그는 수년에 걸쳐 운하를 짓
고, 관개시설을 갖춘 정원을 만들고, 운하를 따라 정방형의 석조 주택을 줄
지어 짓고 울타리를 세우며, 과실나무를 심고 밀과 보리, 포도나무와 무화과

나무를 심으며 쿠루만 선교회를 세워 나갔다. 1835년경에는 2백만m²의 땅에 관개시설을 갖추게 되었고, 인구는 700명에 이르렀다."[7]

이런 모범적인 선교기지를 만드느라 모펫 부부는 여러 해 동안 고된 노역에 시달렸다. 쿠루만에서 지낸 처음 몇 년은 역경의 연속이었다. 생활환경은 원시적이어서, 첫 번째 집은 부엌이 따로 떨어져 있는 진흙 오두막이었다. 메리는 힘든 집안일에 익숙하지 않았음에도 아프리카 생활에 놀랄 만큼 잘 적응했다. 강에 나가 손으로 설거지를 했고 마당의 화로에서 음식을 만들었다. 소똥으로 방바닥 닦는 것을 처음엔 질색했지만 곧 거부감을 이겨 냈고 나중에는 이 방법을 다른 이에게 권하기까지 했다. "먼지를 가라앉히는 데 다른 무엇보다 효과가 탁월하고, 게다가 벼룩까지 다 없애 주죠. 소똥이 아니었다면 집 안이 온통 벼룩투성이였을 거예요."[8]

더 큰 어려움은 복음 사역과 관련된 문제였다. 모펫 부부의 전도 대상인 베추아나족은 복음의 메시지를 좀체 받아들이지 못했다. 이들에게는 부족 고유의 미신이 널리 퍼져 있었는데, 비를 부르는 주술사는 오랜 가뭄을 미리 막아 내지 못한 것에 대해 모펫에게 책임을 돌렸다. 도둑질도 일상이어서 모펫의 집도 여러 번 도둑을 맞았다. 모펫은 "우리 부부의 수고는 농부가 화강암 표면을 농사지을 수 있는 땅으로 만들려 애쓰는 것에 비교할 수 있을 것"이라고 기록했다.[9]

그러나 시간이 흐르면서 모펫은 베추아나족 사이에서 신망을 키워 갔다. 1823년, 쿠루만에서 사역한 지 몇 년 지나지 않아 이 지역 상황이 달라지기 시작했다. 유목민 물결이 불모의 평원 전역을 휩쓸기 시작하면서 베추아나족 자체의 생존이 위험에 처했다. 이에 모펫이 외교 역량을 발휘했다. 그는 다른 부족을 상대로 중재에 나서거나 군사협정을 맺어 베추아나족의 멸족을 막을 수 있었다. 그는 일종의 민간인 사령관 역할을 했다. 한번은 말을 타고 적진으로 가서 평화협상을 맺으려다 실패했다. 협상이 실패하자 격렬한 전투가 벌어졌고, 침략자인 만타티족은 심각한 전력 손상을 입고 퇴각했다.

이 사건을 기점으로 모펫은 쿠루만에서 지도자 역할을 확고히 하게 되었다. 그는 외교가이자 군사 지도자로서 최고의 존경을 받았다. 복음 전도자로서 그에 상응하는 성과는 거의 없었지만 말이다. 그는 회심자를 거의 얻지 못했다. 아프리카 다른 모든 지역과 마찬가지로 쿠루만에서도 일부다처제는 골치 아픈 문제였다. 여러 아내를 거느린 회심자에게 선교사가 무슨 말을 어떻게 가르칠 수 있겠는가? 그런 사람은 교회의 일원으로 받아들일 수 없었고, 결과적으로 교회는 늘 그 상태 그대로였다. 낙심스러운 상황이었고, 특히 메리는 이 시기에 아주 의기소침했다. "눈곱만한 결실이 눈에 보였고, 그 궁핍과 수고를 감당하면서도 우리는 기뻐할 수 있었다. 그러나 그런 현실 앞에서 우리는 자주 어깨가 쳐졌다."[10]

베추아나족 사이에 기독교 확산 속도가 느렸던 가장 큰 이유는 단순히 이해 부족 때문이었다. 모펫도 베추아나족도 영적인 문제에서 상대의 신앙을 제대로 이해하지 못했다. 모펫은 베추아나의 신앙 전통에 별 관심이 없었고, 이 부족에 하나님에 대한 개념이나 하나님을 일컫는 단어가 없다는 잘못된 인식을 가지고 이들을 복음화하려고 했다. 그러나 그의 사역에서 이보다 더 큰 장애물은 바로 이들의 언어를 배우지 못했다는 것이었다. 수년 동안 그의 유일한 의사소통 수단은 남아프리카 네덜란드어^{Cape Dutch}로, 기본적인 사업상 거래를 위해 일부 베추아나족들만 쓰던 이 통상(通商) 언어는 기독교의 메시지를 전달하는 데에는 전혀 적당치 않았다. 모펫은 이 언어로 복음을 전하는 것이 지름길이라 생각하고 억지로 밀어붙이며 소중한 시간을 허비하다가, 결국 힘은 들더라도 이들의 언어를 배우는 게 복음을 전하는 유일한 해법이라는 것을 깨달았다. 언어를 배울 필요성을 얼마나 절실하게 깨달았던지 그는 1827년 메리와 아이들을 남겨 두고 정원 돌보는 일도 등한시한 채 숲으로 들어가 한동안 부족민과 함께 지냈다. 그는 11주 동안 오직 언어 공부에만 몰두했다.

숲에서 돌아온 그는 성경번역을 시작할 준비가 되어 있었다. 아주 더디게 시작하여 앞으로 29년이 지나서야 끝이 날 작업이었다. 누가복음부터 시작한 그는 한 문장 한 문장 고민해 가며 번역했고, 그렇게 고민하며 번역해 놓고도 그 번역이 오류투성이라는 사실을 깨닫고 고통스러워했다. 참을성 있게 고치고 또 고친 후에야 그의 문장은 비로소 뜻이 파악되는 문장이 되었다. 원고를 인쇄하는 것 또한 복잡한 시련이었다. 1830년 인쇄 작업을 위해 케이프타운까지 간 그는 인쇄업자들이 부족 언어로 된 성경은 인쇄하기 싫어한다는 것을 알게 되었다. 혹시 '열등한' 종족을 평등하게 대한다는 어떤 기미를 보이게 될까 봐서 말이다. 하는 수 없이 그는 직접 인쇄 기술을 배운 뒤 쿠루만 사람들을 위해 인쇄기를 한 대 확보했다.

성경을 번역하고 인쇄하는 것은 흔히 아무 결실도 없고 고마워하는 이도 없는 고된 일 같아 보였지만, 한편으로 보람도 있었다. 1836년, 한 외딴 곳에서 예배를 인도하고 있던 모펫은 한 청년이 일어나 누가복음 한 구절을 인용하는 것을 보고 깜짝 놀랐다. 그는 아내 메리에게 이렇게 편지를 써 보냈다. "당신이 그 광경을 봤더라면 아마 기쁨의 눈물을 흘렸을 것이오."[11]

자신이 번역한 성경을 사람들 손에 쥐어 주기도 전에 모펫은 언어 공부의 긍정적 결과를 목격하고 있었다. 그가 부족 언어를 쓸 줄 알게 되자 부족들은 그의 가르침을 새로이 이해하게 되었다. 그는 40명의 학생으로 학교를 시작했고, 그의 메시지는 곧 확실히 자리를 잡았으며 사람들의 신앙적 각성이 뒤따랐다. 1829년, 쿠루만에 도착한 지 거의 10년 만에 그는 첫 세례를 베풀었다. 1838년에는 석조 교회당을 지었으며, 이 건물은 지금까지도 남아 있다.

선교사로서 모펫의 이력은 대개 쿠루만과 연관되어 있지만, 그의 일은

남아프리카 선교의 아버지 로버트 모펫

그 지역 훨씬 너머로까지 확장되었다. 사실 쿠루만의 핵심 신자 수는 200명을 넘지 않았지만 그의 영향력은 수백 킬로미터 밖에서도 느낄 수 있었다. 멀리 있는 부족 추장이나 부족 대표들이 쿠루만으로 와서 그의 메시지를 들었다. 그중 가장 잘 알려진 사례는 1829년 아프리카에서 가장 악명 높은 추장으로 손꼽히는 무시무시한 대추장 모세레카체Moselekatse가 다섯 명의 대표를 모펫에게 보내 그를 모셔 오게 한 것이다. 모펫과 모세레카체의 회동은 잊히지 않을 만남이었다. 벌거벗은 모세레카체는 위대한 '백인 추장'이 이 먼 곳까지 자신을 찾아와 주었다는 사실에 감격했고, 이렇게 해서 두 사람 사이에는 서로에 대한 깊은 존중에 바탕을 둔 30년 우정이 시작되었다. 모세레카체 자신은 회심하지 않았지만 나중에 모펫의 아들 존과 며느리 에밀리를 비롯해 선교사들이 자기 부족에게 들어와 선교기지를 세우는 것을 허락했다.

모펫은 먼 곳을 두루 돌아다니는 경우가 많았지만 생각은 절대 쿠루만에서 멀어지지 않았다. 세월이 흐르면서 쿠루만은 아프리카 문명화의 한 표본이 되었고, 모펫은 '성경과 경작'Bible and plough이라는 자신의 철학을 이곳에서 실천했다. 모펫의 석조 주택에는 울타리로 둘러싸인 넓은 뒷마당이 있었는데, 이 마당에는 커다란 벽돌 화덕이 있었고, 이 화덕을 중심으로 다섯 명의 하인들이 집안일을 했다. 모두들 자기 집인 듯 편안한 분위기에서 일했고, 아이들은 언제나 즐거이 뛰어놀았다(모펫 부부는 열 자녀를 두었는데 그중 일곱 자녀만 장성하여 어른이 되었고, 그 일곱 중 다섯 자녀는 아프리카 선교에 적극적으로 참여했다). 쿠루만은 내륙으로 통하는 주 통로에서 멀리 떨어진 궁벽한 촌락이었지만, 방문객들이 하도 많이 찾아오는 바람에 모펫은 성경번역과 수정 작업에 방해되는 이 떠들썩한 분위기를 이따금 유감으로 여기기도 했다.

모펫 부부는 휴가도 한 번[1839-1843]밖에 안 가며 아프리카에서 사역한 지 53년 만에 은퇴를 맞게 되었다. 그사이 두 부부는 큰 슬픔도 몇 번 겪었는데, 특히 1862년 몇 달 어간에 첫째와 둘째 아이가 연달아 세상을 떠나는 비극이 있었다. 하지만 그런 와중에도 사역은 계속 진행되었다. 몇몇 원주민 목회자가 활발히 활동하고 있었고, 쿠루만에 합류해 있던 모펫 부부의 아들 존이 사역을 넘겨받을 준비를 하고 있었다. 그러나 이들 부부가 쿠루만을 떠나는 것은 슬픈 일이었을 뿐만 아니라 어쩌면 유감스러운 실책이었을지도 모른다. 반세기 동안 이들이 집으로 알고 지낸 곳은 쿠루만뿐이었다. 잉글랜드로 돌아가 삶을 재정비하는 건 쉬운 일이 아니었다. 메리에게는 특히 더 힘들었는지 그녀는 귀국한 지 몇 달 만에 세상을 떠났다. 모펫은 그 뒤로 13년을 더 살았고, 그사이 저명한 선교 행정가가 되어 영국제도를 두루 돌아다니며 청장년들을 향해 아프리카 사역의 필요성을 역설하며 도전을 던졌다.

데이비드 리빙스턴[1813-1873]   데이비드 리빙스턴[David Livingstone]은 빅토리아 시대 잉글랜드의 영웅이자 다가올 세대의 영웅이기도 했다. 제프리 무어하우스의 기록에 따르면, 그가 "세상을 떠나 웨스트민스터 사원에 장사된 후, 무모하기 짝이 없는 이단들 외에는 그의 명성을 공격하는 이가 없었다. 20세기 중반에도 역사가들은 여전히 그를 가장 위대한 선교사로 인정하고자 한다. 거의 백여 년 동안 그

는……아시시의 프란체스코나 잔 다르크와 호흡을 같이하는 사람으로 여겨졌다"고 한다.[12]

리빙스턴은 아프리카 선교 영역에 독보적 영향을 끼쳤지만, 그 자신의 선교 활동은 미미했다. 그는 유약하고 신경질적인 사람으로, 평생 그의 사역에 장애물이 된 심각한 인격적 결함을 지니고 있었다. 그러나 그런 약점에도 불구하고, 세상 사람들이 아프리카 선교의 필요성에 관심을 갖게 만들었다는 점에서 어느 누구와도 비교할 수 없는 업적을 남겼다.

데이비드 리빙스턴은 장인인 로버트 모펫과 똑같이 스코틀랜드에서 태어나 변변찮은 환경에서 자랐다. 그러나 장인과 달리 그는 똑똑한 머리에다 배움에 대한 채워지지 않는 갈망으로 늘 현재보다 더 고상한 상태를 추구하며 살았다. 열 살 때부터 방직공장에서 하루 14시간씩 노동에 시달렸지만, 그런 삶도 배움에 대한 열망을 가로막지는 못했다. 그는 첫 주급으로 라틴어 문법책을 샀고, 야간학교에 등록해 공부를 계속해 나갔다. 방적기 위에 책을 기대어 놓고 흘긋거리며 읽고 한밤중까지 꼼꼼히 숙제를 하면서 힘든 시절을 이겨 나갔다. 과학을 좋아하는 바람에 신앙 깊은 아버지와의 사이에 심각한 균열이 생기기도 했으며, 신앙과 과학이 양립 가능함을 강조한 토머스 딕Thomas Dick, 1774-1857의 글이 아니었더라면 기독교 신앙으로 양육받을 수 있는 환경에서 멀어졌을지도 몰랐다.

리빙스턴은 규칙적으로 예배에 출석하는 경건한 집안에서 자랐다. 당시 그의 집안은 성공회 교회에서 나와 독립교회 예배당에 다니고 있었다. 회심 후에 그는 의료 선교사가 되어 중국에 갈 꿈을 꾸었지만 집안 형편 때문에 상급 학교 진학은 뒤로 미룰 수밖에 없었다. 하지만 1840년, 27세의 나이로 마침내 그는 신학과 의학 공부를 마치고 선교사 일을 시작할 준비를 갖추게 되었다.

리빙스턴은 1839년 런던 선교회에 선교사로 지원하여 허입받았지만 중국으로 가려던 계획은 당시 국제 정세 때문에 좌절되었다. 영국과 중국 사이의 마찰이 결국 아편전쟁으로 이어진 것이다. 런던 선교회 이사진은 리빙스턴이 중국에 못 가는 대신 서인도제도로 가야 한다고 생각했지만, 그사이 리빙스턴은 키 183cm의 눈길 끄는 베테랑 아프리카 선교사 로버트 모펫에게 소개되었다. 모펫은 이 진지한 선교사 후보생에게 깊은 영향을 끼쳤으며, 쿠루만 너머 "북쪽의 광활한 평원, 가끔 아침 햇살 속에 수많은 마을에서 연기가 피어오르는 것을 볼 수 있는 곳, 그 어떤 선교사의 발길도 닿지 않은 그곳"에 가서 복음을 전할 수 있는 가슴 떨리는 기회를 이야기하며 그의 애를 태웠다.[13]

1840년 12월, 리빙스턴은 큰 기대를 안고 아프리카행 배에 올랐다. 선상에서 언어 공부를 하며 13주 동안 항해한 끝에 1841년 3월 케이프에 도착한 그는 한 달간 그곳에 머물다가 쿠루만으로 향했다. 그곳에 가서 모펫 부부가 돌아올 때까지 사역을 도울 계획이었다. 그는 육로를 통해 쿠루만까지 가는 게 마치 "긴 소풍을 가는 것" 같다고 하면서 그 여정을 한껏 즐겼다. 하지만 그는 케이프타운의 선교 사역에 대해서는 비판적이었다. 좁은 지역에 수많은 선교사들이 몰려들어 아프리카 현지 기독교 지도자들을 훼방하고 있었기 때문이다. 실망스러운 일은 쿠루만에서도 그를 기다리고 있었다. "수많은 마을들"을 머릿속에 상상하고 온 그는 우선 지역 인구가 희박한 것을 보고 깜짝 놀랐고, 선교사들 사이에 불화가 있다는 것을 알고 충격을 받았다. "이야기하기 괴로운 사실이지만, 내지 선교사들의 상황은 유감스럽다.……저 너머 땅, 이들의 시기와 험담이 없는 곳으로 더 깊이 들어갈 수 있다면 좋겠다." 리빙스턴의 존재는 상황을 더 복잡하게 할 뿐이었고, 그래서 대다수 선교사들은 그가 "저 너머 땅으로 들어가기를" 고대했다. 그는 "모두는 고사하고 대다수 형제들"과 자신 사이에는 그의 집 "황소와 할머니" 사이만큼의 "애정도 없었다"고 불평했다.[14]

모펫 부부가 휴가를 마치고 돌아오기를 기다리면서 리빙스턴은 북쪽으로 몇 차례 탐사를 다녀왔다. 쿠루만에서 2년 반을 지내는 동안 선교기지를 떠나 있던 시간은 1년이 넘었고, 이렇게 "멀리 출타"를 하는 습관은 그의 선교사 생활 내내 계속되었다. 1843년 리빙스턴은 오래 머물며 사역할 곳을 찾아 길을 나섰다. 그는 북쪽으로 321km 떨어진 마보스타의 수풀 우거지고 물이 풍부한 지역으로 가서 제2의 쿠루만을 건설할 생각이었다. 중년의 기능공 선교사 로저 에드워즈Roger Edwards, 1795-1876와 그의 아내가 동행했는데, 두 사람 모두 쿠루만에서 10년 동안 사역한 이들이었다. 그러나 출발 때부터 문제가 생겼다. 에드워즈는 나이도 자기보다 열 여덟 살이나 어리고 아프리카 선교 현장 경험도 없는 신출내기 리빙스턴이 리더 역할을 맡는다는 사실을 영 못마땅하게 여겼다.

마보스타는 아프리카에서 리빙스턴의 첫 번째 집이 되었다. 그는 쿠루만에서 가져온 유리로 창문을 낸 커다란 집을 지었다. 이곳에서 그는 아프리카 정글에 상존하는 위험들을 만났다. 한번은 사자 사냥에 끼어들었다가 사자의 습격을 받고 심하게 다쳤다. 아프리카인 동행들 덕분에 용케 목숨은 부지했지만 이 사건으로 그는 왼쪽 팔을 크게 다쳐 평생 불구가 되었다.

총알을 장전하고 있는데 고함 소리가 들렸다. 흠칫 놀라 둘러보니 사자가 내 몸으로 뛰어오르기 직전이었다.……녀석은 달려들며 내 어깨를 덮쳤고, 나는 녀석과 함께 바닥으로 뒹굴었다. 녀석은 바로 내 귀 옆에서 무섭게 으르렁거리며 마치 사냥개가 생쥐를 잡아 흔들듯 내 몸을 흔들어 댔다. 충격 때문에 아무 감각이 없었다. 고양이가 잡아 흔든 쥐가 처음에 아마 그런 느낌일 것이다.……흔들림은 두려움도 소멸시켰고, 그 짐승을 둘러보는데도 공포감이 느껴지지 않았다. 육식동물에게 잡아먹히는 짐승들은 아마 다 이런 기이한 상태가 될 것이다. 사실이 그렇다면 이는 죽음의 고통을 줄여 주시려는 관대하신 우리 창조주의 자비로운 조치가 아닐 수 없다. 무거웠던지 녀석이 내 몸통을 돌리며 한쪽 발을 내 뒤통수에 올리는 순간, 나는 녀석의 시선이 메발웨를 향하고 있는 것을 보았다. 그는 9-14m 거리에서 녀석을 조준하고 있었다.……사자는 갑자기 나를 내려놓더니 메발웨를 공격하며 허벅지를 물었다.……또 한 사람이……메발웨를 물고 있는 사자에게 창을 던지려고 했다. 그랬더니 녀석은 이제 메발웨를 내려놓고 그 사람의 어깨를 덮쳤다. 하지만 그 순간 총알이 녀석에게 명중했고, 녀석은 죽어 넘어졌다.……녀석은 내 뼈를 아작아작 씹어 놓았을 뿐만 아니라 팔뚝에 열한 개의 이빨 자국을 남겼다.

1844년 5월 무렵, 사고를 당한 지 3개월 정도가 지나 먼 길을 가도 되겠다 싶을 만큼 원기를 회복한 그는 쿠루만을 향해 길을 나섰다. 아주 중요한 용건이었다. 바로 모펫 부부의 큰딸 메리에게 청혼을 하기 위해서였다. 23세의 메리는 당시 부모와 함께 막 잉글랜드에서 쿠루만으로 돌아온 참이었다. 몸이 회복되는 동안 그는 선교지에서 혼자 몸으로 생활하는 건 좋지 않겠다고 생각했던 것이 틀림없다. 그래서 그해 여름 그는 "용기를 쥐어 짜내어……한 과일나무 아래서 청혼을 했다." 그해 말 한 친구에게 보낸 편지에서 그는 이렇게 말했다. "마침내 나는 모펫 양의 마음을 얻은 것 같습니다." 그리고 또 한 친구에게 보내는 편지에서는 그녀를 가리켜 "견실하고 분별 있는 숙녀"라고 했다.[15]

결혼식은 1845년 1월 쿠루만에서 거행되었고, 3월이 되자 리빙스턴은 아내와 함께 마보스타로 갔다. 그러나 이곳에서의 체류는 길지 않았다. 로저 에드워즈가 계속 문제를 일으키자 리빙스턴은 그해 말 첫아이를 낳은 뒤 아내와 아이를 데리고 북쪽으로 64km 떨어진 촌와네로 갔다. 촌와네에서 리빙스턴 일가는 행복한 시간을 보냈지만, 그 행복은 겨우 18개월뿐이었다. 이 지역에 극심한 가뭄이 들어 부족들은 북서쪽의 콜로벵 강으로 이주해야

선교사이자 탐험가 데이비드 리빙스턴

했다. 1847년 여름, 둘째 아이가 태어 난 뒤 이들 가족은 세 번째 집으로 이 사했다.

이들은 아프리카에서 7년 동안 반(半)유목민 생활을 했다. 메리와 아 이들만 집에 머물 때도 있었고, 온 가 족이 함께 원정에 나설 때도 있었다. 어느 경우든 형편이 어렵기는 마찬가 지였다. 리빙스턴이 한번은 장기간 촌 와네를 떠나 있던 적이 있었는데, 그 때 이런 글을 남겼다. "메리는 황무지 한가운데서 생활해야 하는 처지를 좀

우울해한다. 그도 그럴 것이, 아내가 보내온 편지를 보면 사자들이 가축을 물어 가고 밤새 집 주변을 어슬렁거린다고 하니 말이다."[16] 하지만 남편을 따라다니는 것도 힘들기는 마찬가지였다. 1850년 남편과 함께 탐사 여행을 다녀온 뒤 그녀는 넷째 아이를 낳았지만 아이는 태어난 지 얼마 안되어 죽 었고, 그사이 메리는 일시적 마비 증상을 겪었다. 쿠루만을 중심으로 비교적 정착된 사역을 하는 모펫 부부의 입장에서는 이 모든 일들을 도저히 묵과할 수 없었다. 1851년, 또 임신 중인 딸과 "사랑하는 손자들"을 데리고 리빙스 턴이 장기 정글 탐험에 나설 계획이라는 소식을 전해 들은 모펫 부인은 사 위에게 다음과 같이 따끔한 편지를 썼다.

메리가 늘 나를 안심시키며 했던 말이 있네. 임신을 하면 자네가 자기를 데리 고 다니지 않을 테고 자네가 멀리 출타해 있는 동안 이곳에 와 있을 수 있다고 말일세.……한데 놀랍게도 지금 메리가 보낸 편지를 읽어 보니 "먼 내륙으로

향하는 그 지긋지긋한 길을 또 가야 해요. 아마 꼼짝없이 들판에 갇혀 지내야 할 거예요"라고 하는구먼. 이보게, 이게 도대체 무슨 말인가? 그 예쁜 아기 하나를 잃고 또 한 아기는 가까스로 목숨을 부지한 채 애어미는 수족을 못 쓸지도 모르는 상태로 집에 돌아오게 만든 것만으로도 부족하다는 말인가? 어미와 애들을 또 탐사 원정에 데리고 간다는 말인가? 세상 사람들이 하나같이 그건 정말 못할 짓이라고 욕한다네. 그게 얼마나 본데없는 행동인지는 말할 것도 없고 말일세. 아이가 셋이나 딸린 임신부가 남자들 일행과 함께 야만인과 맹수들이 득실거리는 밀림 속을 끌려다녀야 한다는 게 말이 되는가! 가서 선교 활동을 시작하고 싶은 곳을 미리 물색해 놓은 거라면 또 모르겠네. 달의 산맥(우간다와 콩고 국경에 있는 루웬조리 산맥의 별칭)으로 가는 거라면 내 아무 말 않겠네. 하지만 탐사대하고 함께 가는 거라면 그건 정말 터무니없는 일일세.

불안해서 어찌할 바를 모르는 자네 장모, M. 모펫.[17]

이 편지를 제때 받았다면 과연 리빙스턴의 생각이 달라졌을지 딱 잘라 말할 수 없지만, 그는 가족을 데리고 길을 나선 지 한참 후에야 이 편지를 받았다. 출발한 지 한 달이 지난 1851년 9월 15일, 메리는 주가 강을 건너는 중 다섯 번째 아이를 낳았다. 리빙스턴은 아이의 출산에 대해서는 탐험 일지에 단 한 줄의 기록을 남긴 반면 악어 알을 발견한 흥미진진한 경험에 대해서는 그보다 훨씬 길게 늘어놓았다. 그는 이것이 얼마나 비난받을 짓인지는 간과한 채 아내의 "잦은 임신"을 탄식하면서 아내의 출산을 "아일랜드의 대형 공장"에서 상품이 쏟아져 나오는 것에 비유했다.[18] 하지만, 그러면서도 그는 아이들을 진심으로 사랑했던 것 같고, 말년에는 아이들과 더 많은 시간을 함께하지 못했던 것을 후회하기도 했다.

1852년 리빙스턴은 아프리카 탐험이 아이 딸린 여인과 어린아이들에게는 불가능한 일이라는 것을 깨닫게 되었다. 그때까지 그는 아내와 아이

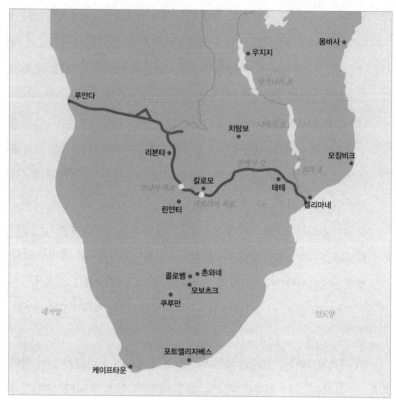

리빙스턴의 남아프리카 탐사 여정

들을 위험한 곳에 데리고 다니는 것을 이렇게 합리화했었다. "열병이 창궐하는 지역에 아내와 아이들을 데리고 가는 것은 모험이다. 그러나 예수님을 믿는 사람이 대장 되신 그분을 위해 그런 모험을 거부하겠는가?" 하지만 그는 처가 식구들을 비롯해 다른 여러 사람들의 비난을 더는 감당할 수 없었고, 그래서 1852년 3월 케이프타운에서 메리와 아이들을 잉글랜드로 떠나보냈다. 그는 어떻게 아프리카 탐험을 위해 가족을 단념할 수 있었을까? "가족을 단념하는 게 그리스도의 영광을 위한 것이리라는 강한 확신 때문에 나는 기어이 내 아이들을 고아로 만들고자 했다."[19]

그 뒤 5년 세월은 메리에게 참으로 우울한 나날이었다. 한 전기작가의 말에 따르면, 메리와 아이들은 "집도 없고 친구도 없었을" 뿐만 아니라 "싸구려 셋방을 전전하며 극한의 빈곤" 상태로 살 때가 많았다고 한다. 런던 선교회 수련선교사들 사이에서는 메리가 영적 흑암 상태에 빠져 술로 참담한 심경을 달래고 있다는 소문이 돌았다.[20] 그러나 이제 그 무엇에도 구애받지 않고 마음껏 탐험을 다닐 수 있게 된 리빙스턴에게는 참으로 신나는 시간이 펼쳐졌다. 아프리카에 온 지 11년이 지났지만 그동안 그는 이렇다 할 만한 성과를 내지 못했다. 회심자도 없었고 선교기지를 세우지도 못했다. 그런데 이제 그는 자유로이 돌아다닐 수 있었다. 아프리카 내지가 그를 손짓해 부르고 있었다.

리빙스턴의 첫 번째이자 가장 중요한 탐사 작업은 잠베지 강을 따라 아프리카 대륙을 횡단하는 여정이었다. 케이프타운에서 가족들을 떠나보낸 뒤 그는 느긋하게 북쪽으로 방향을 돌려 쿠루만에 들렀다가 자신이 가장 좋아하는 마콜롤로 부족 마을로 가서 탐험에 동행할 부족민을 여러 명 뽑았다. 중앙아프리카에서 탐험을 시작한 이들 일행은 강을 따라 북서쪽으로 이동해 루안다 해안에 이르렀다. 적대적인 부족들의 위협과 치명적인 아프리카 열병의 공포가 계속 이어지는 위험한 여정이었지만, 리빙스턴은 전혀 발길을 돌릴 마음이 없었다. 기본적으로 그는 탐험가였지만 복음 전하는 일을 완전히 버리지는 않았다. 그는 성경에 등장하는 장면을 그림으로 보여주는 '마법의 랜턴'(초기 형태의 슬라이드 필름 영사기)을 가지고 다녔다. 리빙스턴 일행은 여섯 달 동안의 고된 여정 끝에 살아서 루안다 해안에 모습을 드러냄으로써 역사의 한 페이지를 장식했다.

해안에서 만난 배의 선장들이 저마다 리빙스턴을 잉글랜드로 데려다 주겠다고 제안했지만, 마콜롤로족 출신의 동행들을 집으로 돌려보내 주어야 한다는 개인적 의무감 때문에 그는 다시 발걸음을 돌려 잠베지 강을 따라 동쪽 해안으로 가는 여정을 시작했다. 동쪽으로 가는 길은 느린 속도로 진행되었고, 아프리카 열병이 한 차례씩 발병하는 바람에 자주 지체되었다. 그는 12달 만에 처음 출발 지점인 린얀티에 도착했고, 거기서 동진을 계속 하다 큰 폭포를 발견하고 영국 여왕의 이름을 따서 빅토리아 폭포라고 이름 지었다. 이때부터 그의 유일한 목표는 잠베지 강을 따라 아프리카 동쪽 에서 출발하는 통상로가 될 만한 길을 탐사하는 것이었다. 포르투갈과 아랍의 비인간적 노예무역 현장을 목격할 때마다 그는 '통상과 기독교'commerce and Christianity가 결합하는 것만이 아프리카를 구할 수 있다는 확신을 더욱 굳혀 갔다. 그는 아프리카인들의 협력이 있기 때문에 노예제도가 유지되는 것이라 믿었고(서로 적대하는 부족끼리 상대방을 포로로 잡아 노예로 공급했으므로), 이에 대한 그의 해결책은 배로 이동하는 통상로를 통해 아프리카에 합법적 교역의 길이 열리게 하는 것이었다.

리빙스턴이 이때 잠베지 강을 처음부터 끝까지 다 탐사한 것은 아니었다. 어쨌든 그는 1856년 5월 동쪽 해안에 도착해서 (비록 틀리기는 했지만) 잠베지 강을 통해 배가 다닐 수 있다고 자신 있게 선언했다. 만족스러운 시간이었다. 서쪽 해안에 도착했을 때와 마찬가지로 아내 메리에게서 편지 한 통 와 있지 않아 실망스럽기는 했지만 말이다.

아프리카에 온 지 15년 만인 1856년 12월 잉글랜드로 돌아간 리빙스턴은 국가의 영웅으로 보도되었다. 가족들과 겨우 3일간 함께 지내다가 런던으로 간 그는 그곳을 시작으로 하여 1년 예정으로 빠르게 진행되는 순회 강연을 하며 환호하는 청중들을 만났고, 국가에서 주는 최고 영예의 상을 받기도 했다. 잉글랜드에서 지낸 이해에 그는 첫 번째 저서 『남아프리카 선교 여행과 탐험』을 집필했다. 그가 이렇게 큰 주목을 받자 그 영향으로 새로운 선교회들이 속속 결성되었다. 비록 리빙스턴 자신은 다른 방향의 행보를 보였지만 말이다. 1858년 아프리카로 돌아가기 전 그는 런던 선교회와의 관계를 끊고 영국 정부가 부여하는 공식 임무를 부여받았으며 그 대가로 더 많은 자금과 장비를 지원받기로 했다.

리빙스턴은 그 뒤 15년을 더 살았지만 1857년만큼의 영광은 결코 다시 누리지 못했다. 그는 두 번째 탐사 여행을 위해 공식 수행원을 거느리고 아프리카로 돌아갔지만, 이 두 번째 탐사로 알게 된 것은 잠베지 강은 항해가 불가능하다는 것뿐이었다. 지난번 탐사 때 그냥 지나친 구역에 바위투성이 골짜기와 급류가 흐르는 곳이 있었던 것이다. 실망한 그는 북쪽으로 방향을 바꿔 동쪽 해안에 더 가까운 시레 강과 니아사 호수를 탐사했다. 그러나 안타깝게도 그가 발견해 놓은 통로로 노예상인들이 따라 들어왔고, 그래서 한동안 그의 탐험 작업은 선교보다는 노예무역에 더 넓은 길을 열어 주는 셈이 되었다.

선교사들도 그가 개척한 길을 따라 시레 강 지역으로 들어왔다. 하지만 여기에는 고통스런 희생이 뒤따랐다. 리빙스턴이 케임브리지에서 격정적 강연을 한 결과로 생겨난 중앙아프리카 대학선교회[UMCA]가 열정을 품고 이 지역에 들어왔지만, 그들은 이곳의 주거 환경이 좋을 것이라는 잘못된 확신을 갖고 있었다. 리빙스턴은 조직을 잘 이끌어 나가는 사람이 아니었고, 이 선교회는 곧 혼란에 빠졌다. 선교회를 주도하는 목회자 찰스 매켄지[Charles Mackenzie, 1825-1862] 주교는 논란이 많은 인물이었다. 보도에 따르면 그는 "한 손에는 주교 지팡이를, 다른 한 손에는 소총을 들고 동아프리카에 도착했다"고 한다. 그는 총을 사용하는 데도 주저함이 없었고, 우호적인 아프리카인들에게 총을 나누어 주며 노예무역을 하는 아자와족에 맞서 군사행동을 하게 했다.[21] 그의 이런 행동은 큰 물의를 일으켰고 중앙아프리카 대학선교회 활동에 심각한 피해를 끼쳤다. 그러나 매켄지는 1년이 채 지나지 않아 세상을 떠났고 선교회의 다른 인물들도 곧 사망했는데, 그중에는 리빙스턴의 아내 메리도 있었다. 그녀는 아이들을 잉글랜드에 남겨 두고 1861년 이곳으로 와서 남편과 합류한 상태였다.

리빙스턴은 1864년 잉글랜드로 돌아갔는데, 이번에는 지난번에 비해 박수갈채가 훨씬 적었다. 두 번째 탐사는 그가 바라던 성공을 거두지 못했고, 그의 명성은 퇴색되었다. 두려움을 모르는 이 리더에게 한때 매혹당해 모여들었던 탐험팀 멤버들은 그가 만든 독단적 규칙과 까다로운 성격에 격렬히 불만을 표시했다.

1865년 리빙스턴은 다시 한 번 아프리카로 갔다. 세 번째이자 마지막 탐사를 시작하기 위해서였으며, 나일 강의 수원지를 찾아내는 것이 이번 탐사의 목적이었다. 그는 이 세 번째 탐사에는 유럽 사람을 하나도 데려가지 않았고, 그 뒤 거의 7년 동안 유럽인이라고는 한 사람도 만나지 못했다. 그로서는 참 힘든 시간이었다. 그의 몸은 영양실조와 열병, 출혈이 동반되는 치질에 시달렸고, 아랍인 노예상인들이 물품을 훔쳐 가는 일도 자주 있었다. 하지만 그는 자기가 원하는 곳에 와 있었다. 나일 강 수원을 밝혀내지는 못했지만 다른 성과가 있었고, 그는 자기 자신과 주변 환경에 아무 불만이 없었다(노예무역이 여전히 성행하면서 그의 양심을 괴롭혔다는 것만 빼고 말이다). 시간이 흐르면서 아프리카인들은 자신의 구주에 대해 종종 이야기하는 이 수염 덥수룩하고 이는 다 빠지고 말라빠진 노인에게 익숙해졌다.

리빙스턴이 아프리카에서 말년을 보내고 있는 동안, 그가 세상을 떠났다는 소문이 주기적으로 떠돌았다. 명성은 많이 손상되었어도 세상 사람들은 여전히 그를 경외감으로 바라보았으며, 야생의 아프리카 땅을 떠나지 않는 이 괴짜 노인에게 기이한 호기심을 품었다. 「뉴욕 헤럴드」의 편집장이 야심만만한 특파원 헨리 스탠리Henry Stanley를 보내 리빙스턴의 생사 여부를 알아 오게 한 것도 바로 이 호기심 때문이었다. 몇 달간의 추적 끝에 스탠리는 1871년 말 탕가니카 호 근처 우지지에서 마침내 리빙스턴을 찾아냈다. 두 사람의 첫 만남은 어색했다. 말에서 내린 스탠리는 고개 숙여 인사를 했고,

그의 입에서는 그동안 여러 번 되풀이했던, 그 뒤 곧 농담의 소재가 될 말이 튀어나왔다. "리빙스턴 박사로 짐작됩니다만."

스탠리의 등장은 리빙스턴에게 더없이 반가운 일이었다. 의약품과 먹을 것, 그 외 리빙스턴이 간절히 필요로 하던 물품들을 가져왔으니 말이다. 그리고 그보다 더 중요한 것은, 그가 동무가 되어 주었고 바깥세상 소식을 전해 주었다는 점일 것이다. 두 사람 사이에는 친밀하고도 다정한 우애가 싹텄다. 스탠리는 그와 함께했던 몇 달의 시간을 다음과 같이 감동적인 찬사로 설명했다.

넉 달하고도 나흘 동안 그와 한 오두막에서 살았고, 그와 한 배를 타고 다녔고, 그와 한 텐트에서 지냈지만 그에게서는 어떤 결함도 찾을 수 없었다. 아프리카에 갈 당시 나는 런던에서 제일가는 불신자로서 신앙에 대해 편견을 갖고 있었다. 정치인들의 지역구, 대중 집회, 정치 모임만 다루던 나 같은 기자에게 감성적 문제는 완전히 관심 밖이었다. 하지만 아프리카에서 나는 깊이 생각에 잠기는 시간을 가질 수 있었다. 나는 속세에서 멀리 벗어나 있었다. 나는 그곳에서 이 고독한 노인을 보았고, 나 자신에게 이렇게 물었다. "그는 왜 여기 멈춰서 있는 것일까? 무엇이 그에게 영감을 주는 것일까?" 그와 만나고 몇 달 동안 나도 모르게 그의 말에 귀 기울이면서 "모든 것을 버리고 나를 따르라"는 말씀을 실행하고 있는 그 노인에게 탄복하고 있는 나 자신을 발견했다. 그의 경건, 그의 온유함, 그의 열정, 그의 부지런함, 그리고 그가 얼마나 묵묵히 자기 일을 해나가는지를 보면서 나는 조금씩 조금씩 그에 의해 변화되어 갔다. 비록 그는 나를 회심시키려 애쓰지 않았지만 말이다.[22]

스탠리는 999일 동안 아프리카를 횡단하는 여정으로 리빙스턴의 족적을 따르고자 했다. 세상은 이 탐험 여정에 호기심을 보이며 검은 대륙에 대한 소유권을 주장하려고 여러 선교회를 앞다투어 파송했다. 이 탐험이 시작되기 전, 스탠리는 베스트셀러 저서 『나는 어떻게 리빙스턴을 찾아냈는가』 *How I Found Livingstone* 를 집필했고, 이는 리빙스턴의 전설이 펼쳐지는 또 하나의 자료 역할을 했다.

리빙스턴은 스탠리가 돌아간 뒤 1년 정도를 더 살았다. 1873년 5월 1일, 아프리카인 하인이 "주인"께서 마치 기도를 하는 듯 "침대 옆에 몸을 앞으로 쭉 펴고 머리는 베개 위의 두 손에 파묻은 채" 무릎 꿇고 앉아 있는 것을 발견했다. 살아 있는 전설인 이 사람에게 딱 어울리는 죽음이었다. 충실한 두 하인 수시와 추마는 그의 시신과 개인 서류를 해안에 있는 과거 지인들에게 전해 주는 것 말고는 그에게 존경을 표할 다른 방법이 없다고 생각했다. 그들은 시신에서 심장을 꺼내 므푼두나무 아래 묻고 시신은 뜨거운 아프리카의 태양 아래 건조시켜 미라로 만든 뒤 2,400km 떨어진 해안까지 육로로 운반했다.

잉글랜드에서 리빙스턴의 장례는 웨스트민스터 사원에서 국장으로 치러졌고, 전국 각처에서 고위인사들이 장례식에 참석했다. 그의 자녀들에게는 애통한 날이었다. 사실 단 한순간도 아버지로 알지 못했던 아버지와 작별을 해야 했으니 말이다. 그러나 이날은 78세의 로버트 모펫에게는 특별히 더 슬픈 날이었다. 그는 천천히 장례식장 통로를 걸어 내려와, 수십 년 전 바로 이 도시에서 "어떤 선교사의 발길도 닿지 않은 수많은 마을"을 머릿속에 그렸던 그 사람이 누워 있는 관 앞에 섰다.

데이비드 리빙스턴의 죽음은 영어권 세계에 엄청난 심리적 영향을 끼쳤다. 어떠한 희생을 치르든 해외 선교사로 일하고 싶다고 젊은이들이 의욕적으로 자원함에 따라 선교에 대한 열정이 뜨겁게 고조되었다.

조지 그렌펠 ¹⁸⁴⁹⁻¹⁹⁰⁶

조지 그렌펠^{George Grenfell}은 리빙스턴의 사역에 감명을 받고 그가 세상을 떠난 후 그를 뒤이어 아프리카로 간 수많은 영국인들 가운데 한 사람이었다. 1849년 잉글랜드 콘월에서 태어난 그는 리빙스턴의 첫 번째 저서를 읽고 그것이 계기가 되어 아프리카 선교에 헌신하게 되었다. 그는 여러 해 동안 큰 상점에서 일하면서 평신도 설교자로 사역하다가 브리스틀의 침례교 칼리지에 1년간 다니면서 선교사가 될 준비를 했다.

1874년 그렌펠은 스물다섯 나이로 침례교 선교회(80여 년 전 윌리엄 캐리를 파송했던 바로 그 선교회)에 허입되었고, 허입받은 다음 달 카메룬을 향해 떠났다. 1876년에 잉글랜드로 돌아와 혹스^{Hawkes} 양과 결혼한 뒤 함께 아프리카로 갔지만, 혹스는 1년도 지나지 않아 세상을 떠났다. 아내와 사별한 그렌펠은 "사랑하는 내 아내를 이 끔찍한 날씨의 서아프리카로 데려온 것은 큰 잘못이었다"며 아내의 죽음을 애석해했다. 2년 후 그는 재혼했는데, 이번 상대는 서인도제도 출신의 "유색인" 과부였다.[24]

카메룬에서 3년간 견습 생활을 마친 그렌펠은 스탠리가 999일 탐사 여정으로 발견한 길을 따라 콩고 강 유역에서 개척 사역을 하게 되었다. 아프리카를 횡단하는 선교기지 네트워크가 만들어질 수 있도록 길을 닦는 것이 그렌펠의 소망이었다. 그의 이동수단은 증기선 피스호였는데, 선박 조립 기술자들이 세 명이나 차례로 파송되었다가 다 죽자 그가 직접 이 배를 조립했다. 피스호는 그렌펠은 물론 탐사 여행에 동행한 그의 가족들에게 집이 되어 주었다.

콩고 땅은 '백인들의 무덤'이라는 명성에 걸맞은 곳이었다. 첫 임기 중 선교사 네 명 가운데 한 사람만이 살아남았다. 그렌펠은 선교사를 충원해 줄 것을 간청했다. "선교사가 곧 충원되지 않으면 콩고 사역은 무너지고 말 것이며, 수많은 희생을 치른 사역이 물거품이 되어 버릴 것입니다." 그의 가족들도 죽음의 손아귀를 벗어나지 못했다. 그의 자녀 넷이 콩고 땅에 묻혔는데, 그중 맏딸 패티는 아버지의 사역을 도우려고 십대의 나이로 잉글랜드에서 그곳까지 온 참이었다.[25]

콩고에 기독교를 전하는 것을 가로막는 장애물은 정글에 우글거리는 갖가지 질병뿐만이 아니었다. 식인 풍습이 있는 것으로 알려진 비우호적 부족민들도 계속되는 위협이었다. 그렌펠은 "잡혀 먹힐 뻔한 위험에서 도망쳐 나온" 아찔한 경험이 20번은 된다고 회상했다. "부족민은 거칠고 믿을 수 없는 사람들이어서, 한동안 화기애애하게 교류하다가 흔히들 말하는 '심술' 외에 별다른 이유도 없이 갑자기 우리에게 독화살을 날린 적이 몇 번 있었다."[26]

그러나 이 상황을 보는 그렌펠 자신의 시각은 다른 이들과 많이 달랐다. 페이건 케네디의 말에 따르면, 젊은 장로교 선교사 새뮤얼 N. 랩슬리[Samuel N. Lapsley, 1866-1892]는 1890년 이곳을 찾아왔다가 아주 환멸을 느꼈다고 한다.

그 유명한 그렌펠과 함께 이 외딴 선교기지에서 하루하루 머물면서 젊은 선교사는 마음이 흔들렸다. 물론 선교기지는 충분히 안락해 보였다. 기계공장도 있고 사진관도 있고 기상대도 있으며, 야자나무가 늘어져 있고 증기선도 오갔다. 겉으로 보기에는 모든 게 평화로워 보였다. 그러나 그렌펠 씨는 엉망진창이었다. 랩슬리는 그가 "매우 불안해했다"고 평했다. 그렌펠은 원주민들을 싫어했고, 원주민들도 그를 싫어했다. 심지어 원주민들은 그를 살해하겠다고 위협하기까지 했다.……선교사가 된다는 건 이런 것일까? 근사한 집에 숨어 살면서, 내가 돕겠다고 나선 사람들이 혹 내 머리에 총을 쏘지는 않을까 겁내는 것?[27]

나중에 그렌펠의 증기선 피스호에서 도망쳐 나와 굶주린 채 우왕좌왕하는 이들과 우연히 마주치고 랩슬리의 근심은 더욱 깊어졌다. "도망자들의 말에 따르면, 이들은 굶주리다가 채찍질을 당한 뒤 도망쳤다"고 케네디는 기록한다. "식량 배급이 충분치 않은 탓에 피스호는 배고픈 백인들이 그보다 더 배고픈 흑인들을 폭행하는, 떠다니는 고문실이 되었다."[28]

그렌펠은 이전과 이후의 많은 선교사들과 마찬가지로 자기 역량을 넘어서는 상황 가운데 있었다. 위험은 날마다 부딪치는 현실이었다. 그가 자기 이익을 위해 원주민들을 괴롭히려고 의도적으로 아프리카에 갔다는 것은 근거 없는 비난으로, 진지한 역사가라면 그런 주장을 하지 않을 것이다. 그러나 그가 진정 아프리카의 친구였다고는 말하기 힘들 것이다. 그는 적대적인 아프리카인들과, 콩고를 자기 개인의 영토로 여기는 벨기에 왕 레오폴드의 제국주의 권력 사이에 끼어 고전했다. 그렌펠은 개인소유의 지도와 기록은 물론 나중에는 증기선까지 압수당했다. 그가 콩고에 머물던 때는 백인들이 아프리카인들을 점점 더 포악하게 대하던 시대와 맞물렸다. 아프리카인들에 대한 잔혹 행위가 도처에서 벌어졌다. 그러나 "그는 자기가 목격한 것을 공개하려 하지 않았고 원주민 마을을 잠식해 들어오는 백인들에 대항해 마을을 보호하려고도 하지 않았다"고 케네디는 말한다. "몇몇 아프리카인들이 그가 죽기를 바란 것도 무리가 아니다."[29]

이런 상황에도 불구하고 그렌펠은 콩고의 침례교 선교회를 감독하면서 20년 동안 선교 사역을 계속해 나갔고, 말년에는 놀랄 만한 성과를 이룩했다. 1902년 그는 이렇게 기록했다. "일손이 부족함에도 이곳 볼로보에 발전과 축복의 증거가 없지 않다는 사실을 아신다면 기뻐하시겠지요. 사람들은 기꺼이 말씀을 듣고자 하고, 그토록 오래 등한히 했던 메시지에 귀를 기울입니다. 사실 많은 이들이 주 예수님께 마음을 드렸다고 고백하고 있으며, 좋은 시절이 오고 있다는 징후들이 보입니다." 성장은 계속되었고, 곧 좀 더 큰 예배당이 필요하게 되었다. 전에는 원주민들이 휘두르는 창 앞에 뒷걸음질 칠 수밖에 없었지만 이제 그들이 "주 예수 이름 높이어"라고 찬양하며

자신을 맞아 준다고 지난 20년 동안 생긴 변화에 대해 그는 이야기했다.[30]

　　벨기에 정부의 방해로, 아프리카 대륙 동쪽에서 시작하여 기독교회 선교회[CMS] 기지들을 연결하는 선교기지 네트워크를 완결 짓지는 못했지만, 그래도 그는 개척 선교 사역을 계속하다가 1906년 아프리카 열병으로 세상을 떠났다.

　　아프리카에서 30년 세월을 보낸 그렌펠은 복합적 유산을 남겼다. "레오폴드의 신복들이 사슬에 묶인 노예를 사들이는 광경을 비롯해, 아프리카인들을 상대로 자행되는 온갖 학대 행위들을 직접 목격"했음에도 불구하고 그는 대개 침묵을 지켰다. 집으로 보낸 편지에서 그는 "국가의 행위에 공개적으로 이의를 제기"하기가 주저된다고 말했다.[31] 하지만 마피아 같은 이런 불법행위에 공개적으로 반대 입장을 취하는 이들도 있을 터였다. 그중에 아프리카 출신의 한 미국인 선교사가 있었으니 그가 쓴 글은 약 천만 명으로 추산되는 인명이 살상된 이 대살육극에 세상 사람들의 관심을 불러 모았다.

윌리엄 셰퍼드[1865-1927]　　　　　대다수의 선교 역사에서 간과되어 온
　　　　　　　　　　　　　　　　인물이 바로 윌리엄 셰퍼드[William Sheppard]
인데, 그는 1890년 남장로교의 후원을 받아 콩고 선교사로 간 미국의 흑인이다. 그는 "아프리카 출신 선교사를 발굴한다"는 비교적 광범위한 계획에 의해 선교사가 된 사람으로, 우연히도 이 계획은 주로 미국 남부 백인들이 시도한 '백 투 아프리카'[back-to-Africa] 운동과 동시에 진행되었다. 그러나 아프리카에 흑인 선교사를 보낸다는 계획에 관심을 보인 것은 비단 백인들만이 아니었다. 조상들의 땅에 돌아간다는 것은 오랫동안 아프리카계 미국인들의 상상력을 사로잡아 온 일이었다.

　　남북전쟁 말기 버지니아에서 태어난 셰퍼드는 버지니아의 햄프턴 학

교, 그리고 그 뒤 앨라배마 주 터스컬루사에 있는 유색인 신학교에서 좋은 교육을 받을 수 있는 보기 드문 행운을 누렸다. 학교를 졸업한 그는 장로교 목회자가 되어 몽고메리와 애틀랜타에서 교회를 섬겼고, 그 뒤 아프리카 선교사로 임명받기 위해 남장로교 교단에 지원했다. "장로교단은 셰퍼드를 선교사로 임명하는 문제를 2년 동안 보류했다"고 애덤 호크실드^{Adam Hochschild}는 기록한다. "당국자들은 그를 지휘할 백인 상급자가 구해지지 않는 한 그를 아프리카에 보내려 하지 않았다."[32] 역시 장로교 목회자였고 노예 소유주의 후손이었던 새뮤얼 랩슬리가 그 일을 맡기로 했다. 나이 어린 백인이 나이 많은 흑인을 지도하는 모양새가 된 것이다.

선교 사역 전망을 두루 검토한 두 사람은 카사이 강 북쪽 먼 곳에 선교 기지를 세울 계획을 짰다. 두 사람은 협력이 잘 되었고, 랩슬리는 동역자를 아주 호평했다. "바테케족은 '문델레 은돔'^{Mundele Ndom}, 곧 그 '검은 백인'(그들은 셰퍼드를 그렇게 부른다) 같은 사람은 다시없다고 생각한다.……그는 성정이 밝고 침착하여 진실로 보기 드물게 점잖고 성격상 장점이 많은 사람"이며 "타고난 장사꾼이다."[33] 하지만 두 사람의 동역 관계는 짧게 끝났다. 1892년 아프리카 열병으로 몸이 쇠약해진 랩슬리는 강 하류로 내려가 콩고 수도로 갔다. 그리고 다시 돌아오지 않았다. 두 달 후 동역자의 죽음을 알게 된 셰퍼드는 숲으로 들어가 "영혼 깊은 곳의 큰 슬픔을 쏟아 냈다."[34]

호크실드의 말에 따르면 "셰퍼드는 계속 성공적으로 일해 나갔다." "일반적으로 아주 음울해 보이는 다른 선교사들과 달리, 사진 속의 셰퍼드는 즐거워하고 있는 것 같다." 원주민들과 함께 찍은 사진을 보면 "그는 자기 팀이 승리한 것을 자랑스러워하는 풋볼 코치 같은 표정이다."[35]

주변 사람들까지 유쾌하게 만드는 성격과 세련된 스타일, 그리고 검은 피부색 덕분에 셰퍼드는 아프리카 원주민들 사이에서 일약 고위인사가 되어 마치 죽은 왕의 혼령이 귀환한 것처럼 환영받았다. 그는 무시무시한 쿠바족 왕 콩 아므브위키 2세를 알현한 최초의 이방인이었다. 왕은 그 낯선 자를 자기 궁으로 영접했다. "신하들은 그가 언제든 왕에게 다가갈 수 있도록 표범 가죽을 바닥에 깔아 주었으며, 왕은 구슬과 깃털로 만든 왕관을 쓰고 상아 보좌 위에 앉아 있었다." 쿠바족에 대해 셰퍼드는 이렇게 기록했다. "이들은 내가 아프리카에서 본 사람들 중 가장 멋져 보이는 종족으로, 위엄 있고 기품 있고 용감하고 정직하며, 너그럽게 미소 짓는 표정에다가 낯선 사람에게 정말 친절하다. 직물을 짜고, 수를 놓고, 나무를 조각하고, 광석을 제련하는 이들의 기술은 적도 부근 아프리카 지역에서 최고였다."[36]

휴가 중일 때도 셰퍼드는 유명인사였다. 런던에 머물 때는 엑서터 홀 Exeter Hall에서 강연했고, 왕립지리학회의 특별회원이 되는 영광을 누렸다. 미국으로 돌아가서는 글로버 클리블랜드 대통령을 예방했고 시어도어 루스벨트를 만났으며 당시 우드로 윌슨이 총장이던 프린스턴 대학에서 연설했다. 집에서 첫 휴가를 보내는 동안 그는 학창 시절에 알게 되었고 직업이 교사였던 루시 갠트Lucy Gantt와 결혼했다. 루시는 두 아이를 낳았고, 두 아이 모두 미국에 남아 가족들의 손에 양육되었다.

시간이 흐르면서 셰퍼드는 식민주의자들의 잔혹함 때문에 원주민들이 점점 더 끔찍한 피해를 당하는 상황을 마주했다. 구체적으로는, 고무가 풍성한 카사이 강 유역으로 이동해 온 불법 고무 채취자들이 바로 그들이었다. 비록 나중에는 그들의 무도한 행위를 세상에 알려서 박수를 받았지만, 처음에 그는 백인들의 콩고 지배에 이의를 제기하기를 조심스러워했다. 그러나 랩슬리의 후임으로 온 새 선교 책임자의 강요로 그는 백인들이 고무를 강탈해 가는 현장으로 들어가게 되었다. 그곳에서 그는 아프리카인 대리업자들을 감독하는 관리 역할을 맡았다. 그리고 상상했던 것보다 훨씬 더 참혹한 비극의 현장을 목격했다. 죽은 사람과 죽어 가는 사람이 도처에 즐비했고, 사람의 손목을 잘라 모으는 소름 끼치는 전통을 통해 레오폴드 왕이 콩고 땅을 얼마나 강압적으로 옥죄고 있는지 더욱 확실히 입증되었다. "말룸바는 석쇠가 구비되어 있는 모닥불가로 셰퍼드를 이끌었다. 석쇠 위에는 사람의 오른손이 81개 쌓여 있었다. 셰퍼드가 손의 숫자를 정확히 안 것은 하나하나 세어 보았기 때문이다."[37]

셰퍼드는 선교 보고서와 이런저런 글들을 통해 미국인들과 유럽인들의 자기만족을 산산조각 냈다. 그러자 힘 있는 고무 갈취자들은 백인들의 잔학 행위를 폭로하는 그의 역할을 자신들에 대한 위협으로 보았다. 셰퍼드를 비롯해 누구든 감히 자신들의 잘못에 대해 공개적으로 발언하지 못하도록 협박하는 조치로 그들은 셰퍼드를 명예훼손으로 고소했다. 하지만 그는 무혐의 처분을 받았고, 더욱 중요한 것은 이 소송건으로 이 문제가 세상의 주목을 받았다는 것이다. 「보스턴 헤럴드」는 "콩고의 미국 흑인 영웅이 콩고에서 벌어진 악폐를 세상에 알리는 데 앞장서다"라는 표제를 달아 이런 기사를 실었다. "셰퍼드 박사는 왕들 앞에 섰을 뿐만 아니라 그 왕들에게 저항하기도 했다. 자신의 고국에서 자기 민족을 섬기는 사명을 완수하기 위해, 노예의 후손인 이 사람은……레오폴드의 권력에 감연히 저항했다."[38]

그 모든 명성과 인기에도 불구하고 셰퍼드의 삶에도 논란과 추문이 없지 않았다. 명예훼손 재판에 이어 그는 아프리카 여성들과의 간통 사건 때문에 선교사 직분을 내려놓고 미국으로 돌아가야 했으며, 간통 상대였던 한 여성은 그의 아들을 낳기도 했다. 그는 문서로 작성된 진술을 통해 잘못을 솔직하게 고백했고, 한동안 근신 기간을 가진 뒤 다시 사역에 복귀했다. 처음에는 순회 설교자로 돌아다니다가 그 뒤 루이빌의 한 작은 장로교회 목사로 정착했으며, 그의 아내는 이 교회에서 찬양대를 지도하고 어린이 사역을 이끌었다.

그렌펠과 침례교가 서쪽을 통해 아프리카 대륙을 파고드는 동안 성공회 소속의 기독교회 선교회[CMS]는 동쪽을 통해 이동하면서 아프리카 전역의 기독교 선교기지를 연결하겠다던 스탠리의 꿈을 실현하고자 했다. 독일 루터파 교인인 요한 루트비히 크라프[Johann Ludwig Krapf, 1810-1881]는 이 꿈을 지닌 최초의 위대한 기독교회 선교회의 선교사였다. 오히려 영국인들 중에는 자신을 희생하며 이 꿈을 이루고자 하는 이가 거의 없던 시절 기독교회 선교회에 소속되어 사역한 수많은 독일인 중 한 사람이 바로 그였다. 크라프는 스탠리가 아프리카를 탐험하기 훨씬 전에 대륙 동해안에서 개신교 선교를 개척했다. 1844년, 에티오피아에서 추방된 그는 케냐 해안의 몸바사에 선교기지를 세우는 개가를 올렸지만, 이는 그의 아내와 갓 태어난 아기의 죽음으로 빛바랜 승리가 되었다. 크라프는 20년 이상 개척 선교 사역을 계속하면서 몇 가지 주목할 만한 발견을 하기도 했지만 아프리카 전역에 복음을 퍼뜨리겠다는 꿈은 결코 실현하지 못했다.

기독교회 선교회가 대륙 동해안에 파송한 선교사 중 가장 유명한 이는 알렉산더 매카이[Alexander Mackay]로, 그는 그렌펠이 서해안에 도착한 지 1년 반 뒤인 1876년에 아프리카 땅을 밟았다. 매카이는 교양 있는 스코틀랜드인으로, 직업은 기술자였지만 명민한 두뇌에 언어와 신학에 관심이 많은 만능 재주꾼이었다. 스탠리가 우간다의 므테사 왕이 선교사를 요청했다고 기독교 세계에 도전을 던지며 관심을 촉구하자 기독교회 선교회가 이에 부응하여 1876년 여덟 명의 선교사를 파송했는데, 그중 한 사람이 바로 매카이였다.

매카이는 이 선교사 팀의 리더로서 막중한 책임감을 느꼈고, 그가 고국을 떠나면서 남긴 고별 메시지에는 이런 모험적 사역에 반드시 요구되는 담대한 결단이 잘 나타나 있다. "위원회는 아마 여섯 달 안에 우리 팀원 중 한 사람이 죽었다는 소식을 듣게 될 것이라는 점을 상기시켜 드리고 싶습니다.

그렇습니다. 여덟 명의 영국인이 중앙아프리카로 출발하는데 여섯 달 후에 모두 다 살아 있을 것 같습니까? 우리들 중에 적어도 한 사람—그게 저일 수도 있습니다—은 그전에 분명 쓰러질 것입니다. 그런 소식이 들려와도 낙심하지 마시고 즉시 다른 누군가를 보내 그 빈자리를 메워 주시기 바랍니다."[39] 매카이의 말이 아직도 선교회 회장의 귓전에 맴돌고 있을 때 여덟 선교사 중 한 사람이 죽었다는 소식이 들려왔다. 첫해에 팀원 중 다섯 명이 아프리카 땅 무덤에 묻혔고, 두 번째 해 말까지 살아남은 사람은 매카이가 유일했다.

매카이 역시 죽을 고비가 있었지만, 그는 포기하지 않았다. 1878년, 아프리카에 온 지 두 해 만에 그는 아프리카인 일꾼들의 도움으로 동쪽 해안에서 빅토리아 호수까지 370km에 이르는 도로를 건설했다. 그러나 도로가 생겨도 기뻐하며 환영하는 이는 아무도 없었다. 그는 동료 선교사 두 사람이 살해당한 직후 도로 건설을 마쳤고, 그 뒤 나머지 동료들은 다 건강이 악화되어 고국으로 돌아갔다.

빅토리아 호수에 이른 매카이는 배 한 척을 건조하여 호수를 건너 엔테베로 가서 므테사 왕을 만났다. 므테사와 그의 백성들은 매카이를 환영했지만, 그의 존재를 마땅치 않아 하는 사람들이 따로 있었다. 특히 로마가톨릭과 이슬람 쪽이 그랬다. 므테사 자체도 성품이 고약한 인물로서, 사소한 잘못만으로도 하루가 멀다 하고 신하들을 처형했으며, 추측하기로는 역사상 그 어떤 남자보다도 많은 아내를 거느린 사람이었다. 매카이는 므테사의 보호 아래 바간다 사람들에게 복음을 설교하기 시작했으며, 배우려는 열심이 있는 이들을 보고 곧 성경번역에 착수했다. 인쇄 과정에서 많은 시간이 소요되었지만 그의 수고에는 보람이 있었다. 1879년 말, 그곳에 도착한 지 겨우 1년이 지나 그는 이렇게 기록했다. "날마다 많은 사람들이 몰려와 가르침을 청하고 있으며, 주로 읽는 법을 가르쳐 달라고 한다."[40] 1882년, 첫 번째 세례식이 거행되었고, 2년 뒤 이곳 교회에는 86명의 교인이 생겼다.

교회가 이렇게 성장하기까지 위험한 일도 없지 않았다. 매카이의 목숨을 노리는 시도도 여러 번 있었고, 1884년 므테사가 죽고 그의 아들 므왕가가 왕위에 오르자 상황은 더 어려워졌다. 1885년, 므왕가가 요구하는 동성애 행위에 응하지 않는다는 이유로 30명이 넘는 그리스도인 소년들이 산 채로 화형을 당한 것으로 알려졌다. 그해 말, 성공회 주교 제임스 해닝턴^{James} $^{Hannington, 1847-1885}$이 동쪽 해안을 통해 우간다로 들어오려다가 므왕가의 지시로 살해되었다. 개신교도 원주민과 가톨릭교도 원주민 사이에 전면적인 내전이 벌어지자 긴장은 최고조에 달했고, 전쟁은 멩고에서의 유혈 낭자한 전투로 종결되었다. 영국군이 개입하면서 이 지역은 개신교권과 가톨릭권으로 나뉘었다.

이 지역에 가톨릭이 들어오게 된 것은 샤를 라비주리$^{Charles Lavigerie, 1825-1892}$의 똑똑하고 상상력 풍부하고 힘 있는 리더십 덕분이었는데, 가톨릭 사제이자 역사가 에이드리언 헤이스팅스$^{Adrian Hastings}$의 말에 따르면 그는 "19세기의 가장 걸출한 가톨릭 선교 전략가"였다. 라비주리는 1868년 백의 신부회^{White} ^{Fathers}를 창설했고, 후에 백의 자매회$^{White Sisters}$도 창설했다. 백의 신부회는 지금까지의 예수회와 달리 신학 면에서 로마가톨릭에 거의 근접해 있었는데, 라비주리는 신학 외의 문제에서는 아프리카 풍습을 따르라고 휘하 선교사들에게 역설했다. 토착 사역을 개발하는 것이 그의 주 관심사였다. 가톨릭교도와 개신교도 사이에 갈등이 커져 가기는 했지만, 이따금 묘사되는 것처럼 신도들 간의 갈등 때문에 선교사들 사이에 깊은 적의가 생기지는 않았다. 그보다는, 양측이 전하는 기독교 메시지 때문에 긴장감이 조성되었다. 헤이스팅스의 말에 따르면, "표준 선교학에서는 아주 유망한 선교지 한 곳에 두 개의 경쟁적 선교회가 등장하는 것은……재앙이라고 말해 왔다. 그런데 실상은 정반대임이 입증된다. 두 경쟁적 선교회 사이의 바로 그 긴장감 때문에……서로에게 지적 도전을 던질 수 있고, 그 긴장감 덕분에 기독교는 아주 재미있고 호소력 있는 종교가 된다"고 한다.[41]

이 시절 매카이는 여러 차례 추방 위협을 받으면서도 숙련된 기술자라는 가치 덕분에 잘 버텼지만, 1887년 므왕가가 아랍인들의 회유에 넘어가는 바람에 결국 추방당했다. 매카이는 빅토리아 호수 남쪽 끝 탕가니카에서 사역을 계속 이어갔으며, 그곳에서 성경을 번역하고 인쇄하는 일을 계속하면서 우간다에서 도망쳐 나온 그리스도인들을 섬겼다. 1890년, 혼자서 고독하게 일해야 할 때가 많았던 이 독신 선교사는 41세의 나이로 말라리아에 걸려 세상을 떠났다. 그가 세상을 떠난 뒤, 슬픔에 빠진 한 동료 선교사는 누구도 메울 수 없는 이 큰 손실을 애통해하며 다음과 같이 짤막하고 인상적인 추도의 말을 남겼다. "우리 같은 사람 20명이 있어도 매카이 한 사람만 못할 것이다."

매카이가 세상을 떠났다고 해서 우간다에 복음을 전하려는 싸움이 끝난 것은 아니었다. 기독교회 선교회는 협박에 굴하지 않았다. 매카이가 세상을 떠난 해인 1890년, 성공회 주교 앨프리드 R. 터커[Alfred R. Tucker, 1849-1914]가 우간다에 도착했고, 현지인 사역자들의 귀중한 도움을 통해 그는 전체 교인 수를 6만 5천 명으로 늘렸다. 모든 인종을 평등하게 대한다는 그의 확고부동한 자세 때문에 동료 선교사들 사이에 반발이 생기기도 했지만, 그의 이상은 승리했고 우간다 교회는 계속 성장했다.

매카이의 사역을 계속 이어간 현지인 사역자들 중 한 사람이 아폴로 키베불라야[Apolo Kivebulaya, 약 1864-1933]였다. 그는 매카이에게서 처음 복음 메시지를 들었다. 군 복무를 하는 동안에도 그 메시지는 그의 마음을 떠나지 않았고 나중에는 환상을 통해 그의 마음에 더 강하게 자리 잡았다. 피그미족에게 가서 복음을 전하라는 것이 환상의 내용이었다. 그리스도께서 "사람의 형상으로 내게 나타나 내 옆에 서 계셨다.……그분이 내게 말씀하시기를, '내가 너와 함께하니 숲으로 가서 설교하라'고 하셨다."[42] 그는 그 부르심을 따라 숲으로 들어가 음보가로 갔고, 거기서 극심한 핍박을 받았다. 두드려 맞은 것도 여러 번이었고, 한번은 심하게 맞고 "덤불에 던져진 채" 죽어 가도록 방치된 적도 있었다. 추장은 "들짐승들이 곧 그를 끝장낼 것"이라고 잘라 말했다.[43]

그러나 키베불라야는 기적적으로 살아남았다. "음보가는 온통 난리가 났다. 죽은 사람이 다시 살아난 것을 보려고 모두들 모여들었다. 누구보다 놀란 사람은 추장이었다.……추장은 하나님께서 키베불라야에게 말씀하셨다고 울면서 선포했다. 그리고 그는 소정의 가르침을 받은 뒤 세례를 받았다."[44] 키베불라야는 그 후 30년 동안 사역하다가 1933년 세상을 떠났다. "오늘날 동부 자이르의 성공회 권역은 다 키베불라야의 수고 덕분에 성장한 것이라 말할 수 있을 것"이라고 에이드리언 헤이스팅스는 말하고 있으며 "그의 사역은 권력이나 부, 기타 어떤 육신적 만족을 추구하는 자세와는 거리가 멀었다."[45]

메리 슬레서[1848-1915]　　　　리빙스턴과 스탠리의 탐험 및 선교 사역에 영감을 받고 수많은 사람들이 아프리카로 진출했다. 남녀 구별이 없었다. 대다수 여성 선교사들은 당연히 기존 선교기지 안에서 안전하게 사역하게 될 것이라고 생각하며 아프리카로 갔다. 메리 모펫이 생의 대부분을 쿠루만에서 보냈던 것처럼 말이다. 독신 여성 선교사에게는 탐험과 개척 사역을 하겠다, 혹은 하지 않겠다는 선택권도 주어지지 않았다. 메리 슬레서[Mary Slessor]가 선교 현장에 등장하기 전까지는 그랬다.

근대 선교 역사에 등장하는 여느 선교사 이야기 못지않게 메리 슬레서 이야기도 거의 원형을 알아볼 수 없을 만큼 낭만적으로 각색되어 왔다. 깃을 높이 세운 발목 길이의 매끈한 드레스 차림으로 부족 전사들의 에스코트를 받으며 화려한 색깔의 카누를 타고 아프리카 우림을 통과하는 빅토리아풍 숙녀 이미지는 그녀와 거리가 멀었다. 실제의 메리 슬레서는 맨발에 옷차림도 변변치 못한 빨강 머리 노동자 계급 여성으로, 아프리카식 진흙 오두막에 살았고, 얼굴은 때로 부스럼투성이에다 틀니를 뺀 모습일 때도 종종 있었다. 하지만 개척 선교사로서 그녀는 경이로운 성과를 거두었고, 아프리카 사람들에 대해 그녀만큼 일체감을 가졌던 선교사도 드물다. 그녀는 대영제국 최초의 여성 부영사^{vice-consul} 자리에 오를 만큼 비범한 여성이기도 했지만, 살아생전 받은 최고의 찬사는 세상을 떠나기 전 그녀를 잘 아는 동료 선교사의 입에서 나온 말로, 그는 이런저런 흠결과 괴팍함에도 불구하고 그녀를 훌륭한 하나님의 여인이라며 경의를 표했다.

메리 미첼 슬레서는 일곱 남매 중 둘째로 1848년 스코틀랜드에서 태어났다. 어린 시절은 가난과 가정불화로 엉망이었는데, 불화의 주원인은 알코올 중독자 아버지의 불규칙한 노동 습관이었다. 술 취해 집에 들어온 아버지가 밤중에 메리를 혼자 거리로 내던질 때도 있었다. 열 한 살이 되자 그녀는 방직공장에서 반(半)일 근무자로 어머니 옆에서 일을 하기 시작하는 한편, 그동안에도 학교 공부는 계속해 나갔다. 열 네 살 무렵에는 하루에 열 시간을 일했고, 이때부터 13년 동안 그녀가 버는 돈이 가정의 주 수입원이 되었다.

그녀는 나중에 자기 자신을 일컬어 "미개한 계집애"라고 했지만, 그녀가 살던 북적거리고 지저분한 노동자 계층 지역에서는 여가를 즐길 시간이나 기회가 거의 없었다. 하지만 교회 생활은 비참한 가정환경에서 벗어나 충족감을 느낄 수 있는 출구가 되어 주었다. 교회에서 주일학교 교사로 봉사하던 그녀는 20대 초반 퀸스트리트 선교회에서 일하기 시작했다. 가난하고 무지한 던디 지역에서 야외 집회를 열고 이를 훼방하려는 길거리 깡패들을 상대하게 되면서 이 지역은 그녀의 아프리카 사역을 위한 훈련장 역할을 해주었다.

메리는 아주 어렸을 때부터 해외선교에 관심이 많았다. 그녀가 태어나기 2년 전에 설립된 칼라바르(나이지리아 크로스리버 주의 주도) 선교회가 특히 관심을 끌었다. 역시 선교에 관심이 있었던 그녀의 어머니는 자신이 낳은 아들 중 유일하게 생존해 있던 존이 선교사가 되기를 바랐지만 그 아들마저 세상을 떠나면서 그 꿈은 산산조각이 났다. 그러나 이 비극이 계기가 되어 메리가 방직공장을 탈출해 남동생을 대신할 수 있는 길이 열렸다. 칼라바르 선교회는 여성들에게 늘 문호를 개방했고, 메리는 자신이 그곳에서 환영받는 일원이 될 것이라 생각했다. 데이비드 리빙스턴의 죽음으로 그녀의 결단은 확고해졌다.

1875년 메리 슬레서는 칼라바르 선교회에 지원하여 합격했고, 1876년 여름 27세의 나이로 칼라바르를 향해, 노예무역과 끔찍한 주거 환경으로 악명 높은 그곳을 향해 배에 올랐다. 아프리카에 도착해서 처음 몇 년은 듀크타운에 머물면서 선교회 학교에서 학생들을 가르치고 근처 마을에서 시간을 보냈다. 하지만 그녀는 자신에게 주어진 이 일에 만족치 못했고, 선교기지에 안락하게 정착해 사는 선교사 가정들의 우아한 사교 생활과 풍요로운 생활방식에 도무지 편안함을 느끼지 못했다(그들 또한 메리에게 거리를 두었을 것이 분명하다. 듀크타운과 올드타운 사이, 사람이 올라갈 수 있을 만한 나무는 모두 타고 오르는 29세의 처자였으니 말이다). 생활은 너무 단조로웠다. 도착한 지 겨우 한 달 만에 그녀는 이렇게 기록했다. "가만히 앉아 있는 것에도 특별한 은혜가 필요하다. 기다리기가 너무 힘들다."[46] 그녀의 마음은 오로지 내륙으로 들어가 개척 사역을 하는 곳으로 향해 있었지만, 그 특권을 위해서는 기다리는 수밖에 없을 터였다.

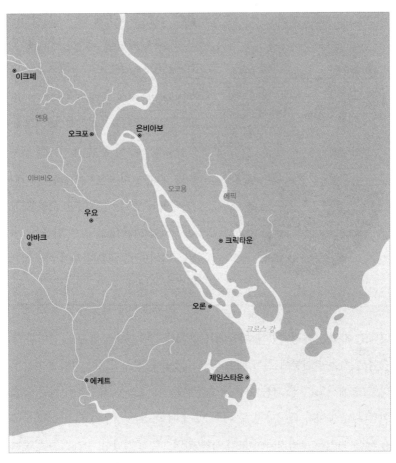

서아프리카의 칼라바르

　아프리카에 온 지 3년쯤 지나 몇 차례 말라리아를 앓고(향수병은 수도 없이 앓고) 몸이 허약해진 슬레서는 휴가를 허락받고 귀국하여 가족들을 만나 원기를 회복할 수 있었다. 심신을 재충전한 그녀는 올드타운에서 사역하라는 지시를 받고 흥분된 마음으로 아프리카로 돌아왔다. 올드타운은 칼라바르 강을 따라 내륙으로 5km 들어가는 곳으로, 여기서 그녀는 비로소 누구도 개의치 않고 독자적으로 일하면서 자기 고유의 생활방식을 유지할 수 있

서아프리카 칼라바르의 개척 선교사, 메리 슬레서

었다. 진흙 오두막에 살고 그 지역에서 나는 먹거리를 먹으면서 그녀는 선교사 봉급 대부분을 고향집에 보낼 수 있었다. 이제 그녀의 일은 지루하지 않았다. 그녀는 학교를 관리하고, 의약품을 나누어 주고, 주민들의 분쟁을 중재하고, 버려진 아이들의 어머니가 되어 주었다. 주일이면 순회 설교자가 되어 정글을 뚫고 이 마을 저 마을을 다니면서, 듣고자 하는 이들에게 복음을 전했다.

칼라바르에 복음을 전하는 일은 더디고 지루한 과정이었다. 마을에는 마술과 심령술이 성행했고, 잔인한 풍습이 부족들의 전통에 깊이 배어 있어 그것을 근절시키기란 거의 불가능했다. 그중에서도 가장 가슴 아픈 풍습은, 쌍둥이 출산을 저주로 여기는 풍습이었다. 쌍둥이가 태어나면 두 아기 다 죽여 버리는 경우가 많았고, 쌍둥이를 낳은 여인은 추방자들이 모여 사는 지역으로 쫓겨났다. 슬레서는 쌍둥이들을 구해 내고 산모를 보살폈을 뿐만 아니라 때로 생명의 위험을 무릅쓰면서까지 그런 악행을 저지르는 자들과 맞서 싸웠다. 그러나 3년이 지나자 그녀는 아프리카에 계속 머물 수 없을 정도로 다시 심하게 몸이 아팠다.

두 번째 귀국 때 그녀는 자신이 구한 아기 제니와 동행했다. 고향에서 그녀와 제니는 일대 선풍을 일으켰다. 사람들이 얼마나 많은 관심을 보이던지 선교위원회가 그녀의 휴가를 연장시켜 줄 정도였다. 병든 어머니와 여동생 때문에도 출국이 지체되었다. 1885년, 거의 3년간의 휴가를 마치고 그녀는 내륙으로 더 깊이 들어가기로 마음먹고 아프리카로 돌아왔다.

아프리카로 돌아오자마자 슬레서는 어머니가 세상을 떠났다는 소식을 들었고, 그로부터 3개월 뒤에는 여동생의 사망 소식이 뒤따랐다. 휴가 중에 이미 다른 여동생이 세상을 떠나서 이제 고향에 가도 가까운 혈육 하나 없이 그녀 혼자였다. 낙심이 이만저만 아니었고, 외로움에 몸을 가눌 수가 없었다. "편지 쓸 사람도 없고 이곳에서 겪는 어려움과 말도 안되는 일들을 털어놓을 사람도 없다." 그러나 외로움과 슬픔과 더불어 일종의 자유로움도 함께 찾아왔다. "나에게는 영국보다 천국이 더 가깝다. 내가 오지로 들어간다 해도 걱정할 사람 하나 없다."[47]

슬레서에게 "오지"는 오코용을 뜻했는데, 위험을 무릅쓰고 경계를 넘어간 선교사들의 목숨을 빼앗아 간 외딴 지역이었다. 독신 여성을 그 지역으로 보낸다는 것은 정신 나간 짓이라 생각하는 이들이 많았지만, 그녀는 그곳으로 가기로 결정했고 좀체 마음을 바꾸려 하지 않았다. 다른 선교사들과 함께 그곳을 몇 번 다녀온 뒤 그녀는 그런 지역 사역은 오히려 여자가 가장 잘할 수 있다는 확신을 굳혔다. 미전도 종족의 입장에서는 남자보다 여자가 덜 위협적일 것이기 때문이었다. 그리하여 1888년 8월, 그녀는 친구인 올드타운의 킹 에요와 함께 북쪽으로 길을 나섰다.

오지 생활은 매우 힘들었다. 특히 처음 몇 달은 더욱 힘들어서, 그녀는 그즈음의 일기에 다음과 같이 기록했다.

오전에는 진흙탕과 빗속에 혼자 남겨졌다.……창틀은 돌아가며 틈이 벌어져 있었고 출입구에는 더 큰 틈이 있었다. 상자들과 침구, 그리고 방 안의 모든 물건들에 비가 쏟아지는 것을 허구한 날 하릴없이 바라만 보았다.……진흙 바닥의 1인용 주거지에 살고 있는데, 최상의 환경은 아니다. 게다가 남자 아이 셋, 여자 아이 둘과 함께 살고 있고, 사방으로 남자들과 여자들과 아이들, 염소·개·닭·쥐·고양이 등이 북적거리며 마구 드나든다.[48]

슬레서는 백인 남성은 살아남을 수 없는 지역에서 그로부터 25년 이상 개척 선교를 이어갔다. 중재자로서 그녀의 명성이 주변 외딴 마을들로 퍼져 나가면서 그녀는 곧 그 지역 전체의 판사 역할을 하게 되었다. 1892년 그녀는 오코용 최초의 부영사로 임명되어 여러 해 동안 이 공직을 수행했다. 부영사의 재량으로 판사 역할도 했고 토지나 부채, 가정 문제를 두고 벌어지는 다툼을 포함해 법정 송사를 주재했다. 그녀의 재판 방식은 영국의 기준으로 볼 때는 관습에 얽매이지 않는 자유로운 방식이었지만(개인적으로 다른 요인들을 인지하고 있을 경우 그녀는 눈앞의 증거에만 의지하여 판결하지 않으려 할 때가 종종 있었다), 아프리카 사회에는 잘 들어맞았다.

슬레서는 선교사 생활을 하는 동안 외부인들과 거의 격리된 채 살았지만 1893년 아주 반가운 사람이 찾아왔다. 그녀를 찾아온 손님은 영국 기자 메리 킹즐리로, 나중에 『서아프리카 여행』^{Travels in West Africa}을 저술한다. 킹즐리는 신자가 아니라고 솔직하게 말했으면서도 이 여성 선교사에 대해서는 크게 찬탄해 마지않았다. 그녀는 슬레서에 대해 이렇게 기록했다.

참으로 놀라운 이 숙녀는 칼라바르에서 18년을 살았다. 그리고 최근 6-7년은 주변에 백인이라고는 단 한 사람도 없이, 오코용 지역의 한 큰 마을 근처 숲 속 빈터에서 살면서 사실상 백인 추장으로 이 구역 전체를 다스리고 있다. 지적 · 신체적으로 엄청난 능력 덕분에 야만 부족들 사이에서 독특한 지위를 갖고 있으며, 그녀를 아는 백인과 흑인들에게 깊은 존경을 받고 있다. 원주민, 원주민들의 언어와 사고방식, 그들의 질병과 어려움, 그밖에 원주민과 관련된 그 모든 것에 대한 그녀의 지식은 참으로 엄청나며, 그녀가 이들에게 끼친 유익은 이루 다 헤아릴 수 없다. 오코용은, 그녀가 혼자 그곳으로 갔을 당시, 지금도 주변 대다수 지역들이 그렇듯 장례식에서 살인을 일삼고, 독약으로 사람의 유무죄 여부를 가리며, 동족들 간에 전쟁이 끊이지 않는 곳이었다. 그녀는 이런 악

습들을 상당 부분 근절했다.……슬레서 양은 탁월한 업적을 이뤘다.[49]

개척 선교사로서 슬레서의 삶은 고독했지만, 가끔 잉글랜드로 귀국하거나 듀크타운에 가기도 했다. 한번은 병가를 내고 해안 지역에 가 있다가 찰스 모리슨Charles Morrison을 만났는데, 그는 그녀보다 나이가 한참 어린 교육 선교사였다. 두 사람은 친밀한 관계를 엮어 가기 시작했고, 슬레서는 그의 청혼을 받아들였다. 단, 그가 오코용으로 와서 함께 일한다는 조건이었다. 하지만 두 사람은 결혼에 이르지 못했다. 찰스가 건강상의 문제로 듀크타운에도 머물 수가 없었고, 그녀는 개인적 인간관계보다는 선교사 일을 더 우선하는 사람이었기 때문이다.

그런데 아마도 그녀는 결혼과는 어울리지 않는 사람이었을 것이다. 생활 습관과 매일의 일상이 너무 되는대로 식이어서 결혼보다는 그냥 혼자 사는 게 분명 더 나았다. 몇몇 여자들이 그녀와 함께 살아 보려고 하다가 발을 뺐다. 그녀는 위생 관념이 없었고, 진흙 오두막에는 바퀴벌레, 생쥐, 개미들이 들끓었다. 식사 시간, 학교 수업 시간, 교회 예배 시간도 불규칙해서 시간 본위의 유럽인들보다는 아프리카인들에게 더 잘 어울렸다. 옷 역시 그녀에게는 별 관심사가 아니었다. 그녀는 빅토리아 시대 잉글랜드의 품격 있고 몸에 딱 맞는 긴 드레스는 아프리카 우림 생활에 적합하지 않다는 것을 곧 깨달았다. 그래서 드레스 대신 소박한 면 옷을 입었는데, 면 옷은 습기 때문에 피부에 달라붙을 때가 많았다. 그래서 어떤 남자 선교사는 정글 길을 갈 때 젖은 옷이 몸에 달라붙어 있는 슬레서의 모습을 보지 않으려고 굳이 앞장서서 가기를 고집했다고 한다. 길은 슬레서가 더 잘 아는데 말이다.

슬레서는 건강을 유지하기 위한 기본 수칙을 지키지 않고 "자연 그대로 살았음"(다른 선교사들은 그녀를 보고 곧잘 그렇게 말했다)에도 건강과 위생에 신경 쓴 대다수 동료 선교사들보다 오래 살았다. 그렇지만 말라리아에는 자주 걸렸고, 얼굴과 머리에 심한 종기를 앓아서 때로 머리가 벗겨질 때도 있었다. 하지만 중년 여성치고는 놀라우리만치 건강하고 튼튼했다. 입양해서 키우는 여러 아이들이 늘 그녀를 젊고 행복하게 해주었고, 그래서 자신은 "독신 생활의 완벽한 기쁨과 만족에 대한 증인"이라고 진심으로 말할 수 있었다.[50]

그녀는 재판관이자 주민 지도자로 크게 존경받기는 했지만 회심자는 거의 얻지 못한 것으로 알려졌다. 그녀는 자신의 사역을 다른 선교사들을 위한 예비 사역으로 보고, 회심자가 생기지 않는 것에 대해 지나치게 초조해하지 않았다. 다만 학교를 세우고 실용적인 기술을 가르치고 통상로를 개척했으며, 이 모든 것이 다른 선교사들이 뒤따라 들어올 수 있도록 하려는 준비 작업이었다. 1903년 오코용에서의 임기가 다 끝날 무렵 첫 번째 세례식이 열렸고(그녀의 입양아 열한 명 중 일곱 명이 세례를 받았다), 일곱 명의 창립 구성원으로 교회가 조직되었다.

1904년, 55세의 나이로 그녀는 일곱 아이들과 함께 오코용을 떠나 이투를 비롯해 기타 외딴 지역으로 개척 사역을 하러 갔다. 이곳에서 이보족 대상 사역은 큰 성공을 거두었다. 입양 자녀 중 맏딸인 제니는 이제 훌륭한 조수가 되어 주었고, 오코용 사역은 다른 여성 선교사에게 인계할 수 있었다. 그 뒤 십여 년 동안 그녀는 이 개척 사역을 계속했고 그사이 다른 선교사들이 계속 그녀의 뒤를 이었으며, 이들은 개척 선교사로서의 그녀의 수고 덕분에 비교적 수월하게 사역할 수 있었다. 1915년, 아프리카 땅에 발을 디딘 지 40여 년 만에 그녀는 66세의 나이로 자신의 진흙 오두막에서 숨을 거두었다.

그녀가 아프리카에서 사역하고 있는 동안 선교 사역은 극적으로 확장되어 갔다. 교단의 재정 후원을 받지 않는 독자적 선교인 '믿음선교'faith mission가 급속히 발전하고 있었다. 성공회, 장로교, 감리교, 침례교의 후원을 받는 교단 선교회는 해외선교 분야에서 극적인 증가세를 보였다(성공회 선교회의 경우 100여 개를 약간 넘다가 이 시기에 1,000개 이상이 되었다). 마찬가지로, 기독교선교연맹^{CMA}, 복음주의연합선교회^{EAM}, 수단내지선교회^{SIM}, 아프리카내지선교회^{AIM} 등이 아프리카 내륙에 견고한 발판을 마련하고 아프리카의 주요 선교단체가 되어 갔다.

07

중국
: 오랑캐 사절

18세기 말과 19세기 초 중국에서는 이 시기 인도와 아프리카에서 활발하게 전개되었던 선교 활동에 비견할 만한 움직임이 전혀 없었다. 중국에는 고립주의가 팽배해 있었고, 기독교는 환영받지 못했다. 이런 극단적 적대에도 불구하고 19세기 첫 10여 년 동안 개신교 선교가 시작되었다. 이 시기에는 광둥(오늘날의 광저우)이라고 알려진 좁은 땅과 포르투갈 식민지인 마카오만이 외국인들에게 주거를 허용했으며, 그래서 선교 사역은 제한을 받았다. 하지만 그것이 시작이었다. 그것만으로도 기독교에 대한 관심을 불러일으키기에 충분했다.

중국의 고립주의 기저에 깔린 동기는 민족적 자부심이었다. 중국인은 자신들의 문명을 자랑스러워했고, 외부인들은 대개 야만인, 심지어는 '외국 마귀들'foreign devils이라고 여겼다. 중국은 4,000년간 명맥을 이어온 역사를 자랑할 만했고, 서양이 우월하다는 암시에 대해서는 분개해 마지않았다. 문화와 종교 모두 서양인들의 사고로는 이해하기 어려운 동양적 향취가 뚜렷했다. 초기의 중국 종교는 혼백(魂魄)과 조상숭배를 중심으로 발전했고, 그래서 종류가 다양하고 체계적이지 못했다. 그러나 주전 6세기에 유교와 도교 철학이 창안되고 주후 1세기에 불교가 들어오면서(불교는 이곳에서 한국과 일본으로 전래되었다) 중국의 종교계는 극적으로 달라졌다. 이들 종교의 체계적 가르침과 민족적 자부심이 뒤섞였고, 기독교를 소개하려는 모든 노력은 다 저지되었다.

기독교는 네 단계에 걸쳐 중국에 들어왔다. 페르시아에 살던 7세기의 네스토리우스파 그리스도인들이 맨 처음 중국에 들어왔다. 핍박이 극심했지만 네스토리우스파 신자들은 14세기까지 기반을 유지했다. 13세기 말에는 로마가톨릭이 들어왔다. 1293년, 프란체스코회 수도사인 몬테코르비노의 요한Giovanni da Montecorvino, 1247-1328이 중국에 발을 디뎠고, 그로부터 10년이 채 안 되어 그는 베이징에 약 6,000명의 지지자들로 구성된 교회를 설립했다.

그러나 곧 핍박이 일어나 모든 게 갑자기 끝나고 말았다. 16세기에는 프란시스코 사비에르의 활동에 고무된 로마가톨릭이 예수회의 기치를 달고 중국에 재입성했다. 핍박의 공포가 사라진 것은 아니었지만 이번에는 로마가톨릭이 그 기반을 유지했다. 중국에서 가톨릭의 선교 전략은 다른 지역에서와 마찬가지로 유아세례에 주로 초점을 맞추는 것이었다. 실제로 1843년 '거룩한 유아회'가 창설되었는데, 이 교단은 가능한 한 많은 아기들, 특히 병들어 살아날 가능성이 없는 아기들에게 세례를 주고자 했다. 죽을병이 든 아기들에게 세례를 베푸는 행위 때문에 중국인들 사이에서는 아기들이 독살되는 것이 아닌가 하는 의심이 커져 갔다.

중국에 선교 활동이 펼쳐진 네 번째이자 마지막 단계는 19세기 초 로버트 모리슨과 함께 개신교가 밀려들어 온 것이었다. 그러나 여러 가지 현실적 이유로 사실상 중국은 여전히 문을 닫아걸고 있었다. 중국 당국자들은 아편 수입을 철저히 저지하고 있었는데, 이들이 생각하기에 아편 수입을 막는 유일한 해법은 외국 상인들과의 모든 교역을 금지하고 항구를 다 봉쇄하는 것뿐이었다. 영국의 입장에서는 도저히 묵과할 수 없는 대담한 도전이었다.

아편 밀수는 수지맞는 사업이었고, 윤리적 문제는 별 고려 사항이 아니었다. 인도에서 자라는 아편을 판매하는 게 동인도회사에게는 가장 이윤이 많은 사업이었으며, 그 이윤은 영국이 식민지 관리비용을 충당하는 데 도움이 되었다. 그런 이유로 영국 관리들은 1830년대 초 중국 황제의 아편 금지령을 무시했고, 1836년 무렵에는 아편 생산량이 세 배로 늘어났다. 영국인들은 아편이 담배보다 나쁠 게 없다고 주장하면서 아편 중독자들이 건강을 잃고 길거리에서 죽어 가고 있다는 사실, 그리고 황제의 세 아들까지 아편 중독으로 죽었다는 사실 따위는 간단히 무시해 버렸다.

1839년이 되자 이런 긴장된 상황은 노골적 전쟁으로 폭발했다. 그와 동시에 영국 의회에서는 격렬한 논쟁이 벌어졌다. 매파의 의견이 우세했고, 영국은 무력을 사용해 중국을 제압했다. 아편전쟁은 홍콩을 영국에 이양하고 외국과의 무역을 위해 다섯 개 항을 개항한다는 내용의 난징조약으로 막을 내렸다. 영국의 입장에서 볼 때 경제적으로는 승리였지만 도덕적으로도 승리라고는 하기 어려웠다. 섀프츠베리 경Lord Shaftesbury, 1801-1885은 "역사 기록상 가장 불법적이고 불필요하고 부당한 싸움인 이 잔혹하고 비열한 전쟁에서 우리는 승리했다"고 말했다.[1]

이 전쟁의 부당성을 말하는 여러 항변의 목소리가 있었고 또 일부 선교사들도 이에 동조했지만, 대다수 교회와 선교 지도자들은 무슨 수를 써서라도 중국이 복음을 향해 문을 열게 만들어야 한다고 믿었다. 설령 그 문호 개방이 무력으로 이루어질 수밖에 없다 하더라도 말이다. 선교사들 중에는 아편 밀수에 직접 관여하는 이들도 있었다. 그러나 1850년대에 영국과 중국의 두 번째 무력 충돌 후 아편이 합법화되면서 밀수는 종식되었다. 중국이 결국 이렇게 굴욕을 당하자 여러 선교회들이 발 빠르게 움직이기 시작했다. 중국에서는 이제 아편뿐만 아니라 기독교도 합법적으로 판매될 수 있었다. 물론 값비싼 대가가 없지 않았다.

로버트 모리슨1782-1834   로버트 모리슨Robert Morrison은 중국에 들어온 최초의 개신교 선교사로, 19세기 전반부 그 적대적인 땅에서 외국인들이 얼마나 만만찮은 장애물을 만났는지를 고려한다면 정말 주목해 볼 만한 가치가 있는 탁월한 인물이다. 그는 "하나님께서 자신을 보내시되, 가장 큰 난관, 어느 모로 보나 결코 이겨낼 수 없어 보이는 그런 난관이 기다리고 있는 땅으로 보내 주시기를" 기도했다.[2] 그의 기도는 응답되었다. 그는 중국에서 25년 동안 버티어 냈으며,

그동안 회심자는 12명이 채 되지 않았다.

모리슨은 1782년 잉글랜드에서 8남매 중 막내로 태어났다. 선교에 내한 관심은 어릴 때부터 생겨났다. 특히 선교 잡지를 읽으면서 더 큰 관심을 갖게 되었다. 선교사가 되는 게 그의 꿈이었지만, 한 가지 걸림돌이 있었다. 바로 어머니였다. 어머니와 워낙 깊은 애정으로 강하게 결속되어 있었기에 그는 어머니가 살아 계신 동안에는 외국으로 나가지 않겠다고 약속했다. 지체 기간은 길지 않았다. 어머니는 1802년 그가 스무 살이 되던 해에 돌아가셨다.

어머니가 돌아가시자마자 모리슨은 선교사 훈련을 받기 위해 런던으로 갔다. 2년 후 그는 런던 선교회에 지원하여 허입되었다. 중국에 가서 선교 활동을 하고 싶다는 욕구가 그의 마음을 무겁게 짓눌렀고, 그래서 그는 런던에 살고 있던 한 중국인 학자와 함께 공부를 하면서 중국에 함께 갈 만한 동료가 나타나기를 기다렸다. 동역자가 쉽게 구해지지 않자 그는 혼자서 중국으로 갈 계획을 세웠다. 그러나 중국으로 갈 방도를 찾는다는 건 간단한 일이 아니었다. 동인도회사는 선교 일에는 관여하지 않으려 했다.

1807년 1월, 모리슨은 어머니가 돌아가신 지 거의 5년 만에 마침내 미국을 거쳐 광둥으로 가는 미국 선박에 몸을 실었다. 미국에 기항하는 동안 만난 국무장관 제임스 매디슨James Madison, 1751-1836은 광둥 주재 미국 영사에게 그를 소개하는 소개장을 써주었다. 나중에 모리슨이 자주 인용하는 선주와의 대화도 이때 미국에서 나눈 대화였는데, 선주는 이 젊은 선교사를 짐짓 이렇게 떠보았다. "그러니까 모리슨 씨, 우상숭배의 나라 중국 제국에 정말 뭔가 영향을 끼치고 싶다고요?" 그러자 모리슨은 이렇게 대답했다. "아니요, 선장님. 하나님께서 그렇게 하시길 기대하는 거지요."[3]

모리슨은 잉글랜드를 떠난 지 일곱 달 만인 1807년 9월 광둥에 도착했다. 진짜 문제가 시작된 것은 그때부터였다. 중국어 공부를 더 하는 것도 철

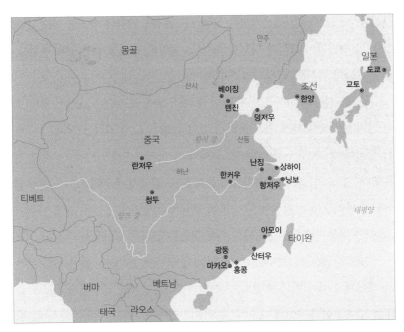

극동 아시아

저히 비밀리에 해야 했고, 광둥에 머무는 것도 동인도회사의 감시를 받아야 했으며, 회사 관리들은 어떤 종류의 전도 활동도 금지시켰다. 설상가상으로 그는 동인도회사 임원으로 상류층 생활을 하는 수밖에 없었는데, 시간을 낭비하는 것 같아 그로서는 견디기 힘든 시련이었다. 외로움 또한 견디기 어려웠다. 동역자 없이 일하는 것도 힘든데 (정기 우편물이 오는데도 불구하고) 고향 땅에서도 소식이 뜸하자 그의 우울은 깊어지기만 했다. 중국에 온 지 1년이 지나 그는 한 친구에게 보낸 편지에서 이렇게 말했다. "어제 받은 자네 편지는 정말 반가웠다네. 내가 쓴 편지가 적어도 200통은 되는데 자네 편지가 겨우 두 번째 답장이었지."

여러 가지 제약에도 불구하고 모리슨은 중국어 선생을 구할 수 있었고, 곧이어 사전을 편집하면서 은밀히 성경을 번역하기 시작했다. 동인도회사

관리들은 그가 만든 사전에 감동을 받고 그에게 통역사 자리를 제안했다. 그는 그 방법만이 회사와 타협할 수 있는 유일한 길임을 깨달았다. 후한 봉급도 그들이 제시한 또 하나의 유인책이었다.

동인도회사와 협상을 벌이고 있던 바로 그때, 모리슨은 그의 인생의 또 한 가지 중요 변화와도 협상을 하고 있었다. 짧은 교제 기간을 거쳐 그는 당시 중국에 살고 있던 잉글랜드인 의사의 딸 메리 모턴$^{Mary\ Morton,\ 1791-1821}$과 결혼했다. 광둥에는 외국인 여자들이 들어올 수 없었기 때문에 그는 포르투갈 식민지 마카오에 신접살림을 차린 뒤 1년에 6개월은 이곳에서 살고 나머지 6개월은 광둥에서 동인도회사를 위해 일하는 생활을 했다.

신혼 생활은 행복하지 않았다. 아내의 심신이 건강하지 않은 데다 부부가 헤어져 있어야 한다는 것이 큰 타격이었다. 그는 한 친구에게 이렇게 속내를 털어놓았다. "어제 광둥에 도착했다네.……사랑하는 메리가 몸이 안 좋은 걸 보고 왔지. 심약한 사람이라 몹시 힘들어하고 있다네.……고통스러워하는 가엾은 내 아내……주님, 그녀에게 은총을 내리소서.……그녀는 '흑암 중에 행하여 빛이 없는'$^{사\ 50:10}$ 상태라네." 메리는 한때 상태가 호전되기도 했지만, 결혼한 지 6년 만인 1815년 결국 두 아이를 데리고 잉글랜드로 귀국했다. 6년간의 별거 끝에 아이들과 함께 모리슨에게로 다시 돌아왔지만, 재회도 잠시, 1821년 여름 그녀는 갑자기 세상을 떠나고 말았다. 이듬해 모리슨은 아홉 살 레베카, 일곱 살 존과도 고통스럽게 작별했다. 아이들이 "평범하게 자랄 수 있도록, 그리고 무엇보다도 주님을 경외하는 법을 배울 수 있도록" 잉글랜드로 떠나보낸 것이다.[5]

처자식과 오래 떨어져 살아 비록 힘들긴 했지만 대신 성경을 번역할 수 있는 시간이 허락되었다. 그는 지칠 줄 모르는 에너지로 이 일을 해나갔다. 그는 동인도회사를 위해 일하는 시간을 아까워했다. 드러내 놓지는 않았지만 다른 무엇보다도 자신의 본분은 선교사라고 생각했기 때문이다. 성경번

조력자들의 도움을 받아 성경을 중국어로 번역하고 있는 로버트 모리슨

역 작업은 비밀리에 진행되었다. 1815년 그가 신약성경을 번역했다는 사실이 공개되자 회사 관리들은 그를 해고하라고 지시했다. 비록 그 지시는 이행되지 않았지만 말이다.

동인도회사가 모리슨의 성경번역 작업을 못마땅해 하리라는 것은 충분히 예상할 수 있는 일이었지만, 그리스도인들 중에도 그의 번역 작업을 싫어하는 이들이 있다는 사실은 모리슨에게 또 하나의 근심거리였다. 그가 중국에 도착하기 전인 1806년, 세람포르에서 윌리엄 캐리와 동역하는 조슈아 마시맨이 성경번역을 염두에 두고 중국어를 공부하기 시작했다. 1808년 마시맨의 계획에 대해 알게 된 모리슨은 세람포르로 편지를 보내 이 일에 대해 문의했지만 답장을 받지 못했다. 마시맨은 성경을 중국어로 번역한 최초의 인물로 바로 자기 자신이 기억되기를 바랐던 것 같다. 두 사람 사이에는 첨예한 경쟁의식이 생겼다(서로에게 직접 표현한 적은 없지만). 모리슨의 일부 동료들이 마시맨을 표절 혐의로 부당하게 비난한 적도 있었다. 경쟁에서 이긴 사람은 마시맨이었다. 하지만 그의 아들의 말에 따르면, 마시맨의 역본은 "필연적으로 불완전"했고, "주로 선교 열정과 문학적 끈기의 기념물"[6], 그리고 그의 고집스런 자존심의 기념물 정도로 평가되어야 한다고 했다. 모리슨 역본은 인쇄 전에 수정 작업을 거쳐서(당연히 발간이 지연되었다) 마시맨 역본보다 완성도가 높았다. 그래서 일반적으로 마시맨보다는 모리슨이 중국어 성경번역 개척자로 기억되고 있다.

두 사람 사이에 그런 경쟁이 있었다고 해서 선교사들이 서로에게 보인 수많은 호의의 사례들이 덮여 가려져서는 안 된다. 장로교인인 모리슨은 중국에 복음을 전한다는 이 엄청난 도전에 완전히 사로잡혀 있었지만, 다른 교파 선교사들의 수고에 관심을 기울이지 못할 만큼 그 일에 함몰되지는 않았다. 한 예로 그는 "아시아는 우리가 책임져야 한다"Asia Must Be Our Care는 성공회 선교회 헨리 마틴의 설교에 감명받고, 캘커타에서 진행되는 성경번역 사역을 위해 마카오의 그리스도인들을 상대로 거의 300달러에 이르는 기금을 조성하기도 했다.[7]

성경번역을 마친 모리슨은 1824년 첫 휴가를 받아 잉글랜드로 돌아가서 17개월 넘게 머물렀다. 광둥에서는 별것 아닌 사람으로 무시당할 때가 많았는데, 잉글랜드에서는 유명인사가 되어 여기저기서 쉼 없이 강연 요청을 받았다. 강연을 다니며 그가 첫 번째로 강조한 것은 인재 발굴이었다. 그는 선교사 후보를 남성에게만 국한시키지 않았다. 독신 여성도 선교 사역에 나설 수 있다고 호소했다는 점에서 그는 시대를 앞서 나간 사람이었다. 1823년, 여성선교사운동WMM이 등장하기 훨씬 전부터 그는 선교사 아내나 어머니의 사역이 집안일과 건강 문제로 제약을 받을 때가 많다는 글을 썼다. "경건하고 젊은 여성들이 이방의 언어를 습득해서 어린 소녀들과 여성들을 가르친다면 선교 공동체에 아주 유익할 것이다."[8] 선교와 여성 사역에

로버트 모리슨의 선교기지가 있던 옛 광둥

관심이 깊었던 그는 자기 집에서 여성들을 위한 특별반을 만들어 운영했다. 흥미로운 것은, 이 특별반에 처음 들어온 여성 중 하나가 바로 열 아홉 살의 메리 앤 앨더시인데, 후에 허드슨 테일러와 마리아 다이어의 교제와 결혼을 막으려 했던 사람으로 기억된다.

1826년, 잉글랜드에서 2년을 지낸 모리슨은 두 자녀와 새 아내 엘리자베스를 데리고 광둥으로 돌아갔다. 돌아가서도 그는 기독교 서적 번역 작업과 은밀한 전도 사역을 계속했다. 하지만 주변에서는 그가 그 일만 하도록 놔두지를 않았다. 잉글랜드와 중국 간 통상 마찰이 생길 때 이를 중재할 사람으로 점점 더 자주 불려 다녔고, 이 마찰은 급기야 전쟁으로 번졌다. 분주한 일정 가운데서도 그는 아이를 다섯이나 더 낳았고, 남편과 아버지로서 이런저런 책임에 점점 더 어깨가 무거워지다가 1832년 결국 아내와 아이들을 잉글랜드로 돌려보냈다. 그러자 이번에는 그 자신이 건강을 잃고 1834년 중국에서 세상을 떠났다. 우연의 일치인지 이때 동인도회사도 중국에서 강제 철수해야 했고, 또 한 명의 위대한 개척 선교사 윌리엄 캐리도 두 달 전쯤 인도에서 세상을 떠났다.

중국에서 27년간 사역하는 동안 모리슨이 회심시킨 사람은 열 명을 넘지 못했다. 그가 남긴 유산은 주로 번역 사역, 그리고 중국 선교에 관심을 불러일으키는 역할과 관계있다. 다른 중국 선교사들과 마찬가지로 그의 이름도 아편 무역과 그 뒤 이어진 아편전쟁과 관련되어 있는데, 선교 열정이 뜨거운 일부 사람들은 이러한 연관 관계를 이용해 서구인들이 중국을 얼마나 심각하게 착취했는지를 간단히 무시해 버리기도 한다. 예를 들어 A. J. 브룸홀은 이렇게 기록한다. "노련하고 경건한 로버트 모리슨은 끝까지 영광스러운 동인도회사의 고참 사원으로 남았고, 이 회사는 인도에서 아편 생산을 관리했으며 그토록 엄청난 양을 생산하는 강제력으로 작용했다. 그는 동인도회사 선박을 타고 돌아다니는 것에 대해 전혀 양심의 가책이 없었다." 심지어 그는 중국에 아편을 밀수하는 자들과 한 배를 타고 다니는 것에도 망설임이 없었다.[9]

랑아파[1789-1855]　　　　모리슨이 회심시킨 사람의 숫자는 아주 적었지만, 그중 한 사람은 뛰어난 복음 전도자이자 설교자가 되었다. 그 사람이 비록 신앙고백은 모리슨의 동료 선교사 윌리엄 밀른[William Milne, 1785-1822]과 동역하면서 했지만 말이다. 브룸홀의 말에 따르면, 그는 "전례 없이 유명한 중국인 그리스도인이 되며, 만주족 왕조(청나라)에 저항하는 태평천국운동으로 이어진 일련의 사건들에서 자기도 모르게 연결고리 역할을 했다."[10]

1789년에 태어난 랑아파(梁阿發)는 인쇄업자이자 독실한 불교신자로서, 모리슨에게 고용되어 그가 번역한 성경과 소책자를 인쇄했다. 그러나 지방 관리들의 엄격한 단속이 시작되자 모리슨은 그의 안전을 위해 1815년 그를 밀른의 조수로 보냈다. 량아파는 성경 인쇄를 위해 성경구절 조판 작업을 계속하던 중 성경의 메시지에 깊이 빠져들기 시작했다. 조나단 스펜스는 말하기를, "수많은 내면의 갈등 끝에 량아파는 마침내 설복되었고, 1817년 11월의 어느 주일 밀른의 손에 세례를 받았다"고 한다.[11]

인쇄업자인 만큼 량아파는 곧 자기 글을 써서 인쇄하기 시작했고, 이 책자들은 그가 한 일 중에서 가장 지속성 있는 공헌이 될 터였다.

그는 자신이 발간한 최초의 중국어 소책자에 "세상 구원을 위한 주해 독본"이라는 뜻의 『구세록촬요약해』(救世錄撮要略解)라는 이름을 붙였다. 37쪽에 이르는 이 책자에서 그는 창조주 하나님의 권세와 십계명에 대해 이야기했고, 바울서신을 다양하게 인용해 하나님의 진노와 자비를 설명했다. 량아파는 직접 짠 목판으로 이 책을 200부 인쇄해서 1819년 봄 광동과 그 주변 지역에 배포하기 시작했지만, 얼마 안가 중국 당국에 체포되어 투옥당한 뒤 벌금도 내고 잔인한 태형도 당했다. 관리들은 량아파의 집을 압류하고 그가 만든 목판을 모조리 불태웠다. 그러나 그는 이에 굴하지 않고 이후 몇 달에 걸쳐 아내까지 회심시켜 직접 세례를 주었다. 얼마 뒤 이들 부부는 로버트 모리슨을 설득하여 아들에게 세례를 베풀게 했다.[12]

량아파는 사역 기간 내내 극심한 핍박을 견뎌 냈다. 걸핏하면 폭행당하고 물건을 빼앗기고 옥에 갇혔지만, 그래도 계속 설교하고 문서를 배포하려는 그의 결단에는 굽힘이 없었다. 모리슨은 그를 복음 전도자로 세웠고, 후에 량아파는 자기 교회를 세워 목사로 봉직했으며, 그러는 중에도 소책자를 집필하고 인쇄하며 성경을 번역하는 일을 쉬지 않았다. 그는 광동에서 출발해 수백 킬로미터를 돌아다니며 말씀을 전하되 늘 정부 관리들보다 한발 앞서 다니려고 하다가 나중에 전략을 뒤집었다. 스펜스는 그가 "지방 유생들의 향시(鄕試)를 관리하려고 이 마을 저 마을을 돌아다니는 청 왕조 순회 관리들을 뒤따라 다니기 시작했다"고 기록한다. "그렇게 해서 자신의 소책자가 시험 응시자들, 반드시 공감해 주지는 않더라도 영향력은 있는 그 독자들의 손에 들어가기를 바랐던 것이다." 더 나아가 량아파는 향시를 통과한 유생들이 최종 시험을 보러 오는 광둥 관아의 근처에서 책자를 나눠 주는 것으로 전략을 수정했다. "교육 수준이 입증되었고 장차 백성들의 삶에 영향력을 끼칠 사람들이 모이는 행사로 중국 남동부에서 이보다 더 큰 행사는 찾을 수 없었을 것이다."¹³

량아파의 순회 사역은 결국 중국 관리들에게 발각되었다. 그는 "여느 외국인 동역자들 못지않게 담대했다"고 브룸홀은 말한다. 하지만 내국인인 그에게는 위험이 더 클 수밖에 없었다. 중국인으로서 그는 "기독교 서적, 곧 서양 오랑캐들의 그 비열하고 쓸모없는 출판물의 인쇄 또는 판매를 다시금 금하는 1833년 칙령에 의거해 배신자로 고발되었다." 그러나 칙령에도 불구하고 그의 책을 찾는 이들이 있었고, 그 수요가 얼마나 크던지 "인쇄 속도가 따라잡지 못할" 정도였다.¹⁴

량아파가 펴낸 책자들은 중국에 널리 유포되었고, 이를 읽고 많은 이들이 신앙을 찾거나 영향을 받았다. 누구 못지않게 영향을 받은 사람이 홍수전(洪秀全)으로, 태평천국이라는 거대한 운동의 지도자가 되는 사람이며, 만주족 왕조에 저항하는 태평천국운동을 선동한 사람이다. 량아파의 책자와 서양 선교사들에게 영향을 받기는 했지만, 홍은 자신이 예수님의 동생이라고 주장했고, 그의 가르침은 정통 기독교에서 심각하게 이탈했다. 하지만 이 운동은 기반을 잡았고, 량아파의 자녀들을 포함해 중국의 많은 그리스도인들은 홍수전이 이끄는 해방군에 가담했다.

칼 귀츨라프[1803-1851]

중국 선교 이야기는 칼 귀츨라프[Karl F. A.

Gützlaff]를 논하지 않고는 완결되지 않는

다. 역사가 스티븐 닐의 말에 따르면, 칼 귀츨라프는 "성도, 괴짜, 환상을 보

는 사람, 진정한 개척가, 그리고 망상에 빠진 광신자 등 여러 이름으로 평가

될 수 있다"고 한다.[15] 귀츨라프는 1803년 독일에서 태어나 바젤과 베를린

에서 학교를 다녔고, 20대 초반에 네덜란드 선교회[NMS]의 파송을 받아 인도

네시아에서 사역했다. 인도네시아에서 칼 귀츨라프는 선교회 본부의 승인

없이 중국인 난민들에게 전도를 했다. 2년 후 그는 선교회와 결별하고 독자

적으로 일하기 시작했다.

그는 인도네시아를 떠나 태국 방콕으로 가서 그곳 주민들이 입는 옷을

입고 그들이 사는 대로 살았다. 그러나 그의 건강 문제, 그리고 아내와 어린

딸의 때아닌 죽음으로 방콕 체류는 짧게 끝났다.

1831년 태국을 떠난 귀츨라프는 중국식 돛단배든 불법으로 아편을 실

어 나르는 배든 아무 배나 얻어 타고 다니며 중국 해안을 따라 돌아다니기

시작했다. 이런 식으로 해서 그는 톈진과 만주까지 갔고, 한국과 타이완에

도 잠깐 들렀으며, 가는 곳마다 말로써 복음을 전하려 애쓰되 주로 소책자

와 쪽성경을 나눠 주는 방법을 택했다. 이 책자와 성경 일부는 광둥에서 로

버트 모리슨이 공급해 주는 것이었다. 해안을 따라 돌아다닌 지 2년이 지난

1833년, 그는 위험을 무릅쓰고 중국 내륙으로 들어가 문서를 배포하며 설

교를 하고자 했다. 중국인 복장에 중국어도 유창했던 덕분에 1839년 아편

전쟁이 터지기까지는 별 문제없이 사역했다.

아편전쟁이 진행되는 동안 귀츨라프는 모리슨과 마찬가지로 영국 편

에서 통역사로 일하면서 1842년 난징조약이 체결되는 것을 도왔다. 그 후

홍콩에 거처를 마련하고 그곳을 기지 삼아 중국 전역에 복음을 전하려는 꿈

을 구체화하기 시작했다. 중국인을 복음 전도자로 훈련시켜 내지로 보내 설

교와 문서배포 사역을 하게 하려는 것이 그의 계획이었다. 그리고 중국을 한 세대 만에 완전히 복음화하는 섯이 그의 목표였다. 그는 6년 동안 300명이 넘는 중국인 사역자들을 발굴해 냈고, 이들의 성공적 사역 소식은 선풍을 일으켰다. 신약성경 수천 권을 비롯해 헤아릴 수 없이 많은 소책자가 배포되고 있었다. 복음의 메시지를 들으려고 사방에서 사람들이 몰려왔고, 그중 가장 주목할 만한 소식은 2,871명의 회심자들이 "신앙을 검증받고 만족스러운 신앙고백을 한 뒤" 그것을 바탕으로 세례를 받았다는 소식이었다. 이는 선교사라면 누구나 꿈꾸는 간증거리요, 본국의 그리스도인들이 간절히 기대해 마지않는 성공 이야기였다. 성공담을 상세히 적어 보낸 귀츨라프의 편지에 본국 사람들은 뜨거운 환호를 보냈다. 유럽 전역에서 재정 후원이 답지했다.

1849년, 귀츨라프는 유럽인 동료 두 사람으로 사역 인원을 보강해 놓은 뒤 유럽으로 가서 하나님이 중국에서 어떤 일을 이루고 계신지 그 놀라운 소식을 직접 전하고 다녔다. 그는 의기양양하게 영국과 유럽 대륙을 두루 돌아다니며 설교했다. 그가 전하는 이야기를 들으면 가슴이 설레었다. 너무나 멋져서 사실로 믿어지지가 않을 정도였다. 실제로 그 이야기는 사실이 아니었다. 그가 독일에 머물던 1850년, 거품은 터졌다. 그동안의 모든 시도들은 중국인 사역자들이 저지른 날조극임이 드러났고, 이 사역자들은 대부분 뼛속까지 거짓말쟁이들이었다. 책자는 사람들에게 배포된 게 아니라 인쇄업자에게 되팔렸고, 인쇄업자는 이것을 귀츨라프에게 다시 팔았다. 회심자와 세례 이야기도 날조된 것이었고, 유럽에서 그토록 희생적으로 기부한 돈은 순식간에 암시장의 아편 거래 자금으로 유입되었음이 밝혀졌다.

후원자들에게는 충격적인 소식이었지만, 여러 가지 증거가 암시하다시피 중국인들의 사역에 뭔가 미심쩍은 부분이 있다는 것을 귀츨라프 자신은 유럽 순회에 나서기 전 이미 알아차렸던 것 같다. 아마도 자존심 때문에 어쩔 수 없이 자신의 명성을 보호해야 했고 거짓을 보여주는 수많은 증거들을 외면해야 했던 것으로 보인다. 모든 것이 드러나자 귀츨라프는 사역을 재조직하겠다고 맹세하며 중국으로 돌아갔지만 그 약속을 지키지 못하고 1851년 세상을 떠났다. 그래서 그의 명성에는 여전히 오점이 남아 있다. 하지만 어떤 이들에게 그는 여전히 영웅이었다. 그의 수고 덕분에 중국복음화회^{CES}가 태어났으며, 이 단체가 바로 1853년 허드슨 테일러를 중국에 파송했다. 귀츨라프는 열정 넘치는 청년 테일러가 선교 방식과 목표를 설정하는 데 다른 어떤 선교사보다도 많은 영향을 끼쳤으며, 후에 테일러는 귀츨라프를 가리켜 "중국내지선교회의 할아버지"라고 했다.

허드슨 테일러[1832-1905]   사도 바울 이후 1,900년이 흐르는 동안, 비전의 크기나 광대한 땅덩어리를 복음화하려는 체계적인 계획 면에서 제임스 허드슨 테일러$^{James Hudson Taylor}$를 능가할 선교사는 없었다. 그의 시선은 전 중국 땅 4억 인구에게 복음을 전하려는 목표에 고정되어 있었고, 그는 그 목표를 위해 수고했다. 혼자 힘은 아니었지만 말이다. 그는 조직을 만들어 운영하는 요령을 알고 있었고, 남자든 여자든 사람을 끌어당겨 자신의 관점에 동조하게 만드는 자석 같은 특성을 갖고 있었다. 중국내지선교회는 그의 창작물이었고 장차 등장할 '믿음선교'$^{faith missions}$의 모델이었다. 생전에 그의 영향력 아래 있던 선교사만 해도 800명이 넘었고, 사후 몇십 년 동안에도 그 숫자는 계속 늘어났다.

하지만 허드슨 테일러는 이러한 이상(理想)을 혼자서 펼쳐간 것이 아니었다. 첫 번째 아내 마리아 다이어$^{Maria Dyer, 1837-1870}$는 그의 계획에 시동을 거는 데 없어서는 될 존재였고, 두 번째 아내 제니 폴딩$^{Jennie Faulding, 1843-1904}$은 앞장서서 그의 계획을 실행에 옮겼다. 테일러 이야기는 단순히 한 위대한 선교 지

중국내지선교회 창설자 허드슨 테일러

도자의 이야기가 아니다. 테일러 이야기는 사랑, 모험, 그리고 하나님께 대한 확고한 믿음의 이야기다. 비록 초기의 전기작가들이 만들어 낸 완전무결한 성자(聖者) 이야기는 아닐지라도 말이다.

테일러는 1832년 잉글랜드 요크셔에서 태어났다. 아버지는 약사이자 감리교 평신도 설교자로서, 어린 아들에게 선교에 대한 열정을 불어넣어 주었다. 아이는 다섯 번째 생일이 되기도 전부터 집에 오는 손님들에게 말했다. 언젠가는 선교사가 되고 싶으며, 비록 아버지의 영향이기는 했지만, 중국이 가장 호기심이 가는 땅이라고 말이다.

어릴 때부터 늘 가족들끼리 성경을 읽고 기도하는 분위기에서 자라나기는 했지만, 테일러는 열 일곱 살이 되어서야 신앙고백을 했다. 때는 1849년 여름, 어머니가 먼 곳에 사는 친구를 만나러 가셨을 때였다. 아버지 서재에서 한가히 이 책 저 책을 뒤적거리던 그는 작은 신앙서적 하나를 발견했다. 신앙적 적용점보다 이야기 자체에 호기심을 느낀 그는 책을 집어 들어 읽기 시작했다. 그는 이때 얼마나 "기쁜 깨달음을" 얻었는지 후에 이렇게 술회했다. "성령께서 내 영혼에 번쩍 빛을 비추셨다.……무릎 꿇고 구주와 그분의 구원을 받아들이며 영원히 그분을 찬양하는 것 말고 내가 할 일은 세상에 아무것도 없었다."[16] 2주 후 집에 돌아오신 어머니에게 이 소식을 전했지만 어머니는 놀라지 않았다. 어머니는 2주 전 친구 집에 있을 때 갑자기 테일러의 구원을 위해 기도하고 싶은 충동을 느꼈고, 그래서 친구의 양해를 구하고 방에 홀로 앉아 하나님께서 응답하셨다는 확신이 들 때까지 기도를 했다는 것이다.

그날부터 테일러는 중국 선교사로 사역할 계획을 세우기 시작했다. 복음을 전한다는 것만이 그를 움직이는 유일한 행동 동기이기는 했지만, 중국인들과 원만한 관계를 맺기 위해 그는 의학을 공부했다. 열혈 청년 테일러는 선교사가 될 준비로 혹독한 자기부인 훈련도 시작했다. 다름 아니라 그것은 오로지 믿음으로만 살려 애쓰는 것이었다. 식사도 검소하게 사과 1파운드와 빵 한 덩어리로 하루를 살았고, 침실로 쓰는 다락방은 그간 익숙했던 안락한 침구나 가구 하나 없이 횡했다. 심지어 고용주에게 오래 밀린 임금을 채근하는 것도 삼갔다. 적어도 그 자신의 생각 속에서 이유는 명쾌했다. "중국에 가면 누구에게 어떤 것도 요구할 수 없을 것이다. 내가 뭔가를 요청할 수 있는 분은 오직 하나님뿐이다. 그러니 잉글랜드를 떠나기 전 오직 기도만으로 하나님을 통해 사람을 움직이는 법을 배워 두는 게 얼마나 중요한가."[17] 그러나 기도만으로는 체력이 유지되지 않았다. 그렇지 않아도 몸이 허약했던 테일러는 변변찮은 식사 때문에 건강이 더 나빠졌고, 해부학 실습을 하면서 감염된 시신을 접한 것이 상황을 더욱 악화시켰다. 그는 '악성 열병'에 걸려 젊은 나이에 생을 마감할 뻔했을 뿐만 아니라 어쩔 수 없이 여러 달 동안 의학 공부를 중단해야 했다.

연애에 대한 관심을 접는 것에 비하면 육신의 안락을 포기하는 건 오히려 수월했다. 음악 교사인 "V양"이 테일러의 애정의 표적이 되었다. V양과의 첫 만남 후 곧 그는 누이동생에게 이런 편지를 써 보냈다. "그녀를 사랑하는 게 확실해. 그녀 없이 중국에 간다면 세상이 횡할 것 같아."[18] 그러나 본Vaughn 양은 중국에 대한 꿈이 없었다. 본 양은 선교에 대한 테일러의 열정이 일시적 몽상일 뿐이며 사랑을 얻기 위해서는 그 몽상을 버릴 것이라 생각했다. 두 사람은 한 번 약혼했다가 파혼한 뒤 다시 약혼했지만 중국이 여전히 걸림돌이었다. 선교에 대한 테일러의 헌신은 한 여성에 대한 사랑보다 더 강했다.

중국에 갈 수 있는 길은 예기치 않게 열렸다. 유사 기독교 운동인 태평천국운동을 주도한 홍수전이 중국 황제가 되었다는 소식이 잉글랜드에 날아들면서, 의학 공부를 끝마치려던 테일러의 계획은 돌연 중단되었다. 테일러의 의학 공부를 후원하던 중국복음화회CES는 중국의 문이 열려 자유롭게 복음을 전할 수 있게 될 것이라는 전망으로 테일러를 즉시 파송하기로 결정했다. 그리하여 1853년 9월, 21세의 테일러는 중국행 배에 올랐다.

새 중국 황제의 밀사가 자신을 반갑게 맞이할 거라 생각했다면 그것은 테일러의 착각이었다. 태평천국운동은 실패였다. 그래도 요크셔 고향집을 멀리 벗어나 본 적이 없는 잉글랜드 청년에게 상하이는 기이하고 흥미진진한 곳이었다. 용 형상의 지붕이 덮인 불교 사원, 판잣집이 늘어서 있는 좁은 거리, 저임금의 막노동꾼, 굴종적인 전족(纏足) 여인, 변발의 남자들, 우월감에 젖어 있는 외국인 거주지 등, 상하이는 그런 도시였다. 테일러는 그곳 외국인 거주지에 첫 번째 집을 마련했다. 하지만 외로움이 곧 그를 집어삼켰다. 중국복음화회는 조직도 잘 갖추어지지 않은 작은 단체였고, 중국에는 사역을 시작할 수 있도록 그를 지도해 줄 사람이 아무도 없었다. 선교사는 많았지만, 배운 것도 없고 안수도 못 받았으면서 뻔뻔스럽게도 선교사를 자처하는 이 청년은 그들에게 멸시의 대상일 뿐이었다.

중국에 도착한 지 얼마 안되어 테일러는 재정적으로 곤경에 빠졌다. 중국을 복음화하겠다는 야심찬 꿈은 곧 시들해졌고, 머릿속에는 온통 요크셔에서 보낸 어린 시절에 대한 기억만 가득했다. 가족에게 보낸 편지에는 고향에 대한 그리움이 배어 있다. "오, 우리 가족을 얼마나 사랑하는지 전할 수 있다면 좋겠어요. 내 안의 사랑이 얼마나 억눌려 있는지 그 힘이 느껴질 정도입니다. 내가 가족들을 얼마나 사랑하는지 전에는 몰랐어요."[19]

중국어에 숙달되려 노력했지만, 그렇지 않아도 자주 찾아오는 우울증만 더해 줄 뿐이었다. 상하이에서 보낸 처음 몇 달은 온통 장시간의 언어 공부뿐이었고, 끝까지 중국어를 습득하지 못하면 어쩌나 두려울 때도 있었다. 그는 잉글랜드의 중국복음화회 이사들에게 편지를 보내 하소연했다. "저를 위해 기도해 주십시오, 저는 지금 심히 괴로운 처지에 있습니다. 하나님 말씀의 소중함을 점점 더 많이 알아 가고 하나님이 저와 함께하심을 느끼는 것, 그것 말고는 뭘 어떻게 해야 할지 모르겠습니다."[20]

그는 외국인 거주지의 런던 선교회 건물 구내에 몇 달 살다가 판잣집을 한 채 사서 이사를 나왔다. 테일러의 설명에 따르면 그 집은 "방이 열두 개에다 문은 끝없이 이어지고, 통로도 헤아릴 수 없이 많고, 사방이 옥외 변소에다, 먼지와 오물, 쓰레기와 폐기물로 뒤덮여 있다"고 했다.[21] 이상적인 주거 환경이라고는 할 수 없었다. 설상가상으로 내전의 위험이 고조되고 있었고, 벽으로는 살을 에는 듯한 한겨울 냉기가 사정없이 스며들었다. 독립적으로 살아 보려는 첫 번째 실험은 실패로 돌아갔고, 그는 감지덕지 외국인 거주지로 다시 돌아왔다.

하지만 테일러는 다른 선교사들 사이에서 결코 행복하지 못했다. 그가 보기에 선교사들은 사치스런 생활을 하고 있었다. 세상에 상하이만큼 선교사들에게 호의적인 곳은 없을 거라고 그는 말했다. 그의 눈에 보이는 선교사들은 대개 다 게으르고 제멋대로였다. 게다가 미국인 선교사들은 "아주 지저분하고 천박했다." 그는 그 선교사들의 "비판, 험담, 조롱"에서 멀리 벗어나고 싶은 마음뿐이었고, 그래서 중국에 온 지 1년이 채 지나지 않아 이따금씩 내륙으로 들어가 보기 시작했다. 한번은 양쯔강까지 올라가면서 개신교 선교사들이 한 번도 가보지 않은 부락을 거의 60곳 정도 들렀다.

상하이에서 외국인 선교사는 흔히 볼 수 있는 사람들이었고, 그래서 그곳 중국인들은 선교사들을 거들떠보지도 않았지만 내지 쪽은 상황이 많이 달랐다. 처음 몇 번의 여정 가운데 테일러는 자신이 이곳 주민들에게 신기한 존재이고, 또 이들은 자신의 메시지보다 자신의 복장과 태도에 더 관심을 보인다는 것을 알게 되었다. 그에게는 한 가지 논리적 해법밖에 없었다. 그것은 바로 중국인이 되는 것, 곧 중국인 복장과 중국 문화를 채택하는 것이었다. 예수회 선교사들은 오랫동안 그 방식을 따라왔지만, 대다수 개신교 선교사들은 중국인들과 동화되는 것을 내켜하지 않았다.

중국인 복장을 한다는 것은 푸른 눈에 연갈색 머리의 요크셔 태생 테일러에게 진땀 나는 시련이었다. "허리에서 60cm나 남아도는" 자루처럼 헐렁한 바지, "무거운 비단 윗옷", 앞부분이 둥글게 말려 올라간 "밑창 납작한 신발"만으로도 괴로운데, 변발의 검은 머리 중국인들과 어울리는 것도 빼먹을 수 없었다.[23] 머리를 염색해 보았지만 처음은 대실패였다. 암모니아를 병째로 정수리에 부었다가 살갗이 타는 바람에 하마터면 장님이 될 뻔했다. 안 좋은 경험에도 불구하고 그는 계획을 밀고 나갔다. 이번에는 "병마개를 이발사에게 맡겨" 염색을 했다. 하지만 재미는 없었다. "난생처음 머리를 밀고 나니 따가운 열기에 두피가 예민해지며 몹시 아프다"는 것을 알게 되었고, "그 뒤 대여섯 시간 동안 염색을 해야 하다 보니 예민해진 두피가 진정되는 데 도움이 되지 않았다." 하지만 최종 결과는 고통을 견뎌낼 만한 가치가 있었다. "엉성하게 머리를 땋아" 변발을 하고 중국식 안경을 쓴 테일러는 중국인들에게 섞여 들었다. "길거리에서 중국인들과 함께 있는 나를 보면 아마 알아보지 못할 것이다.……나는 이제 외국인이라고 의심받지 않는다."[24]

테일러는 자신의 달라진 외모가 만족스러웠지만 대다수 동료 선교사들은 별로 대단치 않게 여겼다. 테일러는 그들에게 골칫거리였다가 이내 웃음거리가 되었다. 처음 소식을 듣고는 그의 가족들조차도 혼란스러워했다. 하지만 그는 끈덕졌고, 중국식 복장과 문화를 채택한 것은 그의 특징이 되었다. 덕분에 테일러는 중국 내지를 더욱 거침없이 돌아다닐 수 있게 되었다. 그렇게 돌아다니다 보니 중국인 복장이 중국 기후에 훨씬 더 적합하다는 것도 알게 되었다.

하지만 중국인 복장을 했다고 해서 내지 사역에서 부딪치는 모든 문제가 다 해결된 것은 결코 아니었다. 여러 마을을 다니며 의술을 베풀다가 마을 의원들에게 쫓겨날 때도 있었다. 돌아다니는 여정 자체도 위험했다. 한번은 중국인 짐꾼이 테일러의 돈과 그가 가진 모든 것을 가지고 종적을 감추는 바람에 하는 수 없이 상하이로 돌아와 잉글랜드에서 돈이 올 때까지 외국인 거주지에 몸을 의탁해야 했던 경우도 있었다.

개인 후원자가 없었다면 중국 생활 초기에 그는 아마 살아남을 수 없었을 것이다. 중국 문화를 채택하고 내지에 들어가 살면서 생활비가 많이 줄어들기는 했지만, 중국복음화회에서 보내 주는 돈은 액수도 일정치 않은데다 생계비라고 하기에는 턱없이 부족했고, 그래서 테일러는 중국복음화회 본부가 "꼴사납게 행동한다"고 비난하기도 했다. 본부와 불편한 관계를 이어가던 테일러는 3년 후인 1857년 중국복음화회 선교사직을 사임했다. 그때부터 그는 완전히 혼자 힘으로만 사역하게 되었다. 그러나 일정한 거처도 없이 중국 내지를 돌아다니는 생활은 여전했고, 이런 그를 가리켜 한 선교사는 "게으르지는 않지만 목표가 없다"고 꼬집어 말했다.

중국에서 처음 몇 달 동안 경험했던 외로움은 여전히 테일러를 괴롭혔다. 그는 아내가 생기기를 간절히 바라고 또 바랐다. 본 양은 테일러와 동행하여 중국에 오기를 거부했지만, 그는 여전히 본 양을 잊지 못했다. "본 양소식을 뭐라도 들을 수 있다면 좋겠습니다. 나보다 돈도 많고 더 잘생긴 남편을 얻을 수 있을지는 몰라도 과연 나보다 더 헌신적인 남편을 얻을 수는 있을는지요."[25] 본 양을 향한 열정이 사그라지기를 바라는 마음으로 테일러는 결국 잉글랜드에 있을 때 알던 또 한 사람의 젊은 여성 엘리자베스 시슨스^{Elizabeth Sissons}에게 관심을 돌렸다. 그는 엘리자베스에게 편지를 보내 머리카락 한 묶음을 보내 달라고 했고, 그녀가 머리카락을 보내오자 시간 낭비하지 않고 바로 청혼했다. 엘리자베스는 처음에는 청혼을 받아들였다가 곧 마음을 바꿨다. 그녀는 테일러의 편지에 답장하지 않았고, 이에 테일러는 "선교 사역을 포기하고" 잉글랜드로 돌아가서 그녀에게 구애를 할까 한동안 고민했다.

테일러는 이렇게 우울하고 모든 게 불확실하던 시기에 닝보에 갔다가 거기서 마리아 다이어를 만났다. 테일러는 아직 엘리자베스를 갈망하고 있는 상태였고, 마리아는 중국인 복장에 변발을 한 이 영국인이 조심스러웠지만 한편으로는 호기심도 생겼다. "첫눈에 반했다고는 말할 수 없지만, 그에게 관심을 느꼈고 그를 잊을 수가 없었어요. 어쩌다 한번씩 볼 뿐이었지만 그래도 계속 관심이 생기더군요. 그 사람도 같은 감정일 거라고 생각할 만한 이유는 없었어요. 아주 점잖았고 어떤 식으로도 제게 접근하지 않았으니까요." 테일러가 마리아에게 어떤 감정도 드러내지 않으려고 조심했다면, 그것은 아직 엘리자베스의 답장을 기다리고 있었기 때문이었다. 그는 다이어 양에게 관심을 표현했다가 세 번째 퇴짜를 맞을까 두려워했던 것이 틀림없다. 하지만 테일러는 다이어 양에 대해 일기에 이렇게 썼다. "S양의 장점은 물론 그 외에 더 많은 장점을 가지고 있는 사랑스럽고 귀여운 여자. 그녀는 순수한 가치를 지닌 귀한 보화로, 이 가엾은 사람들의 유익을 위해 지칠 줄 모르는 열정을 품고 있다. 또한 그녀는 숙녀이기도 하다." 마음이 불안했던 테일러는 "그녀의 한쪽 눈이 누가 봐도 알 수 있을 만큼 두드러진 사시"라는 것이 오히려 감사했다. "그 점이 그녀를 얻을 수 있는 가능성을 준다고 느껴졌다."[26]

마리아 다이어는 선교사 부부의 자녀로 중국에서 태어났다. 아버지는 마리아가 어렸을 때 돌아가셨고 뒤이어 어머니도 몇 년 후 돌아가셨다. 부모님의 사망 후 마리아는 오빠, 언니와 함께 고국 런던으로 보내져 교육받

왔다. 하지만 마리아와 언니에게는 중국이 고향이었다. 두 사람은 십대 후반 중국으로 돌아와 메리 앤 앨더시 Mary Ann Aldersey, 1797-1868가 운영하는 여학교 교사로 봉사했다. 앨더시는 중국에서 활동한 최초의 독신 여성 선교사로, 훌륭한 여성이기는 했지만 나중에 허드슨 테일러와 마리아 다이어의 연애를 훼방하는 역할을 했으며, 그래서 다른 무엇보다 바로 그 역할로 후대에 기억되고 있다.

허드슨 테일러의 첫 번째 아내 마리아 다이어

　　마리아를 알게 된 지 몇 달이 지난 1857년 3월, 테일러는 청혼의 말이 담긴 편지를 보냈다. 두 사람을 다 아는 한 친구가 수업 중인 마리아에게 편지를 전달했다. 마리아는 혼자 조용히 편지를 읽을 수 있을 때까지 기다렸다. "혼자 있게 되자 편지를 뜯어 나에 대한 애정이 담긴 그의 글을 읽었다. 그는 나에게 느끼는 사랑이 하나님께서 주신 사랑이라 확신하고 있었다. 도저히 현실로 믿어지지 않았다. 내 기도가 정말 응답된 것 같았다.……그는 자기와 약혼해 주기를 요청했다." 테일러는 자신의 청혼을 성급하게 거절하지는 말아 주기를 간청했다. 그러면 자신이 "몹시 괴로울" 것이 겁났던 것이다. 그러나 마리아는 테일러가 하지 말아 달라고 한 바로 그 "성급한 거절"을 하고 말았다. "하나님의 인도라 여겨지는 대로 답장을 드려야 하겠지요. 제가 생각하기에는 선생님의 청혼을 거절하는 게 제 본분이라고 여겨집니다." 이 소심한 십대 아가씨 옆에는 미스 앨더시가 버티고 서서 보호자 역할을 하며 청혼 편지에 어떻게 답을 할지 지시하고 있었다. 자신의 지시대로 마리아가 청혼을 거절하자 앨더시는 잉글랜드에 있는 마리아의 법적 후견인인 삼촌에게 편지를 보내 테일러와 마리아의 결혼을 반대한다는 의사를 강력하게 표현했다. 테일러가 많이 배우지도 못했고 안수도 받지 않았으며, 선교회와 연결되어 있지도 않고 언행도 상스럽다는 게 이유였다. 그것으로도 부족하다면, 키가 작고(마리아는 키가 컸다) 중국인 옷을 입는다는 것도 이유였다.

테일러는 마리아의 거절 편지를 받고 낙심하기는 했지만, "미스 앨더시가 훼방하고 있는 것은 아닌지 강하게 의심"했고, 그래서 희망을 버리지 않았다. 1857년 7월, 청혼 편지를 보낸 지 몇 달 후 테일러는 다른 선교사가 있는 자리에서 마리아와 면담하는 시간을 은밀히 마련했다. 두 사람은 악수를 하고 몇 마디 대화를 나누고 기도한 뒤 헤어졌다. 겉보기에 전혀 해로울 게 없는 만남이었지만 이 만남으로 평상시에 조용하기만 하던 닝보의 선교사 사회는 발칵 뒤집혔다. 미스 앨더시는 테일러를 고소하겠다고 위협했고, 앨더시의 강력한 우군인 W. A. 러셀Russell 목사는 테일러에게 "말채찍 형을 가해야 한다"고 말했다. 비교적 침착하게 반응하는 이들은 테일러가 잉글랜드로 돌아가 학업을 마치면 마리아에게 어울리는 짝이 될 수 있을 거라고 했다. 마리아도 설득력 있는 답변을 내놓았다. "그가 더 쓸모 있는 사람이 되기 위해 고국으로 돌아간다면 저는 기다릴 것입니다. 하지만 명성을 얻고 저와 결혼하려는 목적으로 과연 사역지를 떠나야 할까요? 그가 예수님보다 나를 더 사랑한다면 그런 사람은 저의 짝이 될 자격이 없습니다. 만일 세상의 영광을 위해 주님의 일을 버리고 떠난다면 저는 그런 사람과 더불어 도모할 일이 아무것도 없습니다."[28]

하지만 조리 있는 설득은 먹히지 않았다. 마리아는 사실상 가택연금 상태가 되었고, 러셀 목사는 마리아가 "회개의 증거를 보일" 때까지 성찬에 참여하지 못하게 했다. 고향에 보내는 편지에서 테일러는 이렇게 말했다. "사랑하는 마리아가 미치광이, 광신자, 점잖지 못한 여자, 지능이 떨어지고 너무 쉽게 흔들리는 사람, 고집불통 취급에 기타 온갖 나쁜 혐의는 다 받고 있습니다."[29]

여러 달이 지나는 동안 두 사람은 10월에 짧은 만남을 가졌을 뿐이었다. 그러던 11월 중순 이들의 처지를 가엾이 여긴 한 친구의 도움으로 두 사람은 비밀리에 만나 약혼을 했다. 테일러는 이때 일에 대해 이렇게 기록했다. "약혼을 하자마자 나는 지난 몇 달 동안 하지 못했던 키스를 다 만회하려 애썼다."[30] 잉글랜드에 있는 마리아의 삼촌이자 후견인인 윌리엄 타른 William Tarn 은 난처한 입장이 되었다. 그는 미스 앨더시의 편지뿐만 아니라 마리아의 편지, 그리고 당사자인 테일러의 편지까지 받은 처지였다. 타른은 싸움의 현장에서 수천 리 밖에 있었다. 상식적으로 해결하기로 한 그는 테일러라는 이 청년이 실제로 어떤 사람인지 침착히 알아보기로 했다. 그 결과 테일러에 대한 여러 가지 평판에 깊이 감명받은 타른은 이 결혼을 무조건 찬성하기로 했고, 그와 동시에 미스 앨더시를 향해서는 "분별력이 없다"고 책망했다. 이런 내용을 담은 타른의 편지는 12월 중국에 도착했고, 그 다음 달인 1858년 1월 20일 허드슨 테일러와 마리아는 결혼했다.[31]

테일러는 모난 성격을 부드럽게 다듬어 주고 열정과 야망을 한곳에 집중할 수 있게 해줄 여인이 필요했는데, 마리아는 바로 그런 여인이었다. 출발 때부터 두 사람의 결혼은 진정한 동반자 관계였다. 두 사람은 3년 동안 닝보에 머물렀고, 그 3년 동안 테일러는 뜻하지 않게 그 지역 병원을 감독하는 일을 맡았는데, 감독이라는 지위는 그의 역량 밖의 일인 것이 분명했다. 이 경험을 통해 그는 잉글랜드로 돌아가 의학 공부를 더 해야겠다는 확신을 굳혔다.

1860년, 테일러는 장기 휴가를 받아 잉글랜드로 귀국했다. 휴가의 목적은 여러 가지였다. 우선 테일러와 마리아 두 사람 다 건강이 좋지 않아 회복의 시간이 필요했다. 또 이 휴가는 공부를 더 할 수 있는 시간이기도 했다.

테일러는 런던 병원에 등록해서 응용화학 과정, 조산술(助産術) 과정, 왕립 외과대학 학위 과정을 마쳤다. 또 하나 그가 우선했던 일은 번역이었다. 두 사람은 잉글랜드에 올 때 중국인 조수 한 사람을 데려왔는데, 테일러는 이 조수와 또 한 선교사와 함께 닝보 신약성경 개정판을 만들었다. 때로 하루에 13시간 이상 에너지를 쏟아야 하는 고된 작업이었다. 무엇보다 이 장기 휴가 때 그가 이룬 가장 의미 있는 일은 선교회를 조직한 일이었다. 이 휴가 때 바로 중국내지선교회^{CIM}가 탄생한 것이다.

테일러는 선교 조직이라는 배경이 필요했다. 하지만 그가 생각하는 선교 목적에 부합하는 선교회가 없었다. 즉, 광활한 중국 내지의 전도에 중점을 두는 선교회가 없었던 것이다. 테일러가 잉글랜드를 두루 돌아다니며 이런 선교회의 필요성을 호소하자 사람들은 감동했다. 단순히 그의 열심에 감동한 게 아니라 잃어버린 영혼에 대한 열정에 감동한 것이다. "한 달에 수백만 명이 하나님 없이 죽어 가고 있습니다"라는 호소가 청중들의 귓전에 울려 퍼졌고, 많은 이들이 이 호소에 반응을 보였다. 두 사람은 새로운 선교회의 후원기지를 만들고자 했다.

중국내지선교회는 허드슨 테일러라는 사람과 그의 경험을 중심으로 만들어진 독특한 선교회였다. 이 선교회는 주로 노동자 계층에게 동역을 호소하는 독자적 선교회였다. 테일러는 교육 수준 높고 정식으로 안수받은 사역자들에게 의지해서는 중국이 복음화되지 않으리라는 것을 알고 있었다. 그래서 엄청난 규모의 잉글랜드 노동자 계층 남녀를 찾아 나선 것이다. 그는 이런 계층을 상대로 동역을 호소함으로써 다른 선교회와의 경쟁을 피했고, 그리하여 중국에서의 선교 활동을 극대화할 수 있었다. 중국복음화회와 동역해 본 경험상 중국 내에 선교 본부를 세워야 했다. 그리고 지휘는 자신이 맡을 생각이었다. 그러나 시간이 흐르면서 테일러는 사실상 독재자가 되었다. 비록 휘하 사역자들의 개인적 필요는 섬세하게 신경을 써주었지만 말이다. 재정과 개인 후원에 관해 말하자면, 중국내지선교회 소속 선교사들은 일정한 급료를 받지 못하고 모든 것을 하나님께 전적으로 의지하고 살았다. 사람의 도움에 의지하는 것으로 보이지 않으려고 헌금이나 그 외의 형식으로 돈을 요구하는 행위는 엄격히 금지되었다.

1865년 중국내지선교회가 정식으로 출범했고, 이듬해 테일러 부부는 네 자녀 및 독신 여성 일곱 명이 포함된 신참 선교사 15명과 함께 중국으로 돌아왔다. 휴가 기간 동안 테일러는 잉글랜드에 자신의 흔적을 남겼다. 위대한 설교자 찰스 H. 스펄전^{Charles Haddon Spurgeon, 1834-1892}의 말을 빌리자면, "중국, 중국, 중국이 이제 우리 귓전에 울려 퍼지고 있다. 테일러 씨의 그 특별하고 특이하고 운율적이고 설득력 있고 독특한 말투로."[32]

중국으로 가는 뱃길은 특별했다. 그렇게 대규모의 선교사 일행이 선교회 창설자 겸 회장과 함께 배에 오른 것은 전에 없는 일이었다. 그래서인지 승무원들의 반응도 눈에 두드러졌다. 배가 아프리카의 케이프를 지나갈 무렵에는 카드놀이와 욕설이 자취를 감추고 성경공부와 찬송 소리가 등장했다. 그러나 문제가 아주 없는 것은 아니었다. 일행들 사이에서 "반감과 불화의 싹"이 트기 시작했고, 한때 조화로운 선율을 만들어 내던 이들은 목적지에 도착하기도 전에 불협화음을 빚고 있었다. 직업이 대장장이인 루이스 니콜^{Lewis Nicol}이 주동자였다. 루이스와 다른 두 선교사가 계약 증서를 비교하기 시작했고, 자신들이 받는 기본 지원품이 장로교인이나 다른 선교사들에 비해 적다는 결론에 이르렀다. 그 외에 다른 불평들도 쏟아져 나왔다. 이때 일에 대해 테일러는 다음과 같이 기록했다. "사람들 감정이 내 상상 이상으로 악화된 것 같다. 어떤 사람은 누가 새 옷을 너무 많이 가졌다고 질투하고, 어떤 사람은 다른 누군가가 관심을 더 많이 받는다고 질투한다. 또 어떤 사람은 논란이 많은 무례한 논쟁으로 상처를 받았다고 한다."[33] 테일러는 선교사를 한 사람 한 사람 "개인적으로 만나 다정하게" 대화를 나누는 방법으로 불화를 가라앉힐 수 있었다. 하지만 사람들 마음속에 잠재해 있는 적대감은 이제 걸음마 단계의 중국내지선교회를 거의 붕괴 직전으로 몰아갈 만큼 곧 최고조에 이르고 만다.

상하이에 도착한 테일러는 각자 중국식 복장을 맞춰 입을 것을 선교사들에게 지시했다. 선교사들은 복장 문제에 관한 테일러의 입장을 잘 알고 있었고 또 원칙상 그에 동의하기는 했지만, 문화충격에 따른 중압감으로 일은 더 복잡해지고 선교회는 더 깊은 혼란에 빠져들었다. 복장과 머리 염색, 그리고 변발에 대해 느끼는 불편함만으로도 힘든데, 상하이 선교사 사회의 비웃음까지 더해지자 몇몇 사람들은 이를 감당하지 못했으며, 항저우의 중국내지선교회 건물로 이사를 한 뒤 상황은 더 악화되기만 하는 것으로 보였다. 테일러의 리더십은 도전을 받았고, 선교회는 다시 갈등에 휩싸였다. 가장 충실하게 테일러를 지지해 온 제니 폴딩과 에밀리 블래츨리[Emily Blatchley, 약 1842-1874]도 사이가 틀어졌다. 니콜을 비롯한 몇몇 선교사들은 중국인 복장을 하지 않겠다고 딱 잘라 말했고, 식사도 따로 하고 경건회도 따로 갖기 시작했다. 상황은 긴박했고, 교제가 회복될 전망은 거의 보이지 않았다. 과연 무엇이 난장판으로 전락해 버린 그의 비전을 구해낼 수 있을까?

값비싼 대가를 치르긴 했지만, 선교회는 위험에서 구조되었다. 선교사들이 중국에 들어온 지 1년 반이 지난 1867년의 찌는 듯한 여름날, 테일러가 애지중지하던 여덟 살배기 딸 그레이시 테일러가 병이 났다. 테일러는 여러 날 동안 딸의 병상을 지키고 앉아 그가 할 수 있는 모든 의학적 조치를 다 취했지만 아이의 상태는 호전되지 않았다. 날씨 때문에 병이 난 사람은 그레이시뿐만이 아니었다. 딸 곁에서 밤을 새우던 테일러는 제인 매클레인 선교사도 병이 났다는 소식에 그녀를 치료해 주러 갔다. 제인은 테일러에게 격렬히 맞서던 선교사 중 한 사람이었는데, 가서 보니 제인의 상태는 생각만큼 심각하지 않았고 테일러의 처치로 곧 회복되었다. 하지만 제인을 치

1866년 5월 26일, 런던을 출발한 람메르무어호 일행.

료해 주고 돌아오는 길이 지체되는 바람에 그레이시의 병세가 위중해졌다. 테일러는 딸의 병을 뇌수종으로 진단했지만, 손을 쓰기에는 이미 때가 너무 늦어 있었다. 딸의 죽음은 가슴이 찢겨 나가는 듯한 비극이었지만, 이 죽음이 중국내지선교회를 구해 냈다. 선교사들은 그동안의 불평불만을 다 잊고 함께 그레이시의 죽음을 애도했으며, 그 과정에서 이들은 다시 한마음이 되었다. 하지만 니콜 부부와 두 독신 자매는 예외였고, 제인 매클레인도 그중 하나였다. 1867년 가을, 니콜은 선교회에서 떠나가고 매클레인 자매는 사직을 했으며, 불화를 일으키던 사람들이 사라지면서 선교회 가족들은 화평하게 사역을 계속해 나갈 수 있었다.

하지만 그레이시의 죽음이 중국내지선교회의 모든 문제를 종식시키지는 않았다. 더 큰 위기가 아직 남아 있었으며, 선교사들은 예로부터 중국인들이 외국인에게 품는 적대감을 걷어 내지 못하고 그 주변을 맴돌았다. 내지 사람들의 적대감은 몇 배로 더 컸다. 중국내지선교회 선교사들에 대한 폭력 행위는 1868년 양저우에서 처음 있었다. 선교회관이 습격당해 불에

탔고, 마리아 테일러를 비롯해 선교사들은 간신히 피해 나와 목숨을 건졌다. 선교사들은 평화를 사랑하는 사람들이었기에 이 사건 때문에 선교사들에게 전쟁광이라는 혐의가 씌워졌을 수도 있다는 말은 신빙성이 없어 보인다. 그런데 현실은 그렇게 되어 버렸다. 테일러는 보복할 생각이 전혀 없었고 심지어 영국 정부에 보호를 요청하지도 않았다. 하지만 일부 강경파 정치인들은 양저우 사건이야말로 영국 해군의 포함을 파견해 중국에게 굴욕을 안길 절호의 기회라고 여겼다. 그리고 그 군사적 행동에 따른 결과는 고스란히 중국내지선교회의 몫이었다. 실제로 포격이 이뤄지지는 않았지만, 런던의 「타임스」는 잉글랜드의 "정치적 위신이 손상을 입었다"고 절망하면서 그 책임을 "중국내지선교회라는 이름을 달고 있는 일단의 선교사들"에게 뒤집어씌웠다.[34] 언론의 부정적 보도는 치명적이었다. 재정 후원이 뚝 떨어졌고, 선교사로 자원하려던 이들은 갑자기 관심을 끊었다.

양저우 사건을 두고 국제적으로 논란이 일고 있는 사이 중국내지선교회 선교사들은 조용히 그곳으로 돌아가 사역을 계속했다. 이들의 용기는 중국인들에게 하나의 신앙고백이 되어 더욱 효과적인 복음전도의 문을 열어주었다. 교회가 개척되었고, 에밀리 블래츨리는 이렇게 기록했다. "이곳의 회심자들은 우리가 알고 있는 다른 어떤 중국인 회심자들과도 다르다. 이들에게는 생기, 따뜻함, 진지함이 있다."[35]

양저우 논란의 여파로 비판적 신문 사설과 개인적 편지들이 중국에 답지할 즈음 테일러는 깊은 우울에 빠지게 되었다. 우울증이 얼마나 깊었던지 모든 일에 의욕을 잃어버렸고, 심지어 목숨을 끊어 버리고 싶은 유혹을 느낄 정도였다. 그는 일평생 가장 심각한 영적 싸움에 직면했다. "나 자신이 싫었다. 내 죄가 미웠다. 그런데 이에 맞설 힘을 얻지 못했다." 깊은 경건에 이르려 할수록 만족감은 오히려 줄어들었다. "매일, 거의 매시간, 실패와 죄에 대한 의식이 나를 짓눌렀다." 테일러 자신의 설명에 따르면, 정신적으로 거의 붕괴되기 직전에 한 친구가 그를 구출해 주었다고 한다. 테일러가 괴로움을 겪고 있다는 걸 아는 친구가 편지를 보내와 경건한 삶의 비결을 알려 주었다. "자애로운 주님이 내 안에서 주님의 뜻을 이루시게 하기……애쓰거나 몸부림치지 않고 기다리기……믿음을 가지려, 혹은 믿음을 늘리려 애쓰지 않고 그 신실하신 분을 바라보기……우리에게 필요한 건 그것뿐인 것 같군." 그 편지로 테일러의 삶은 변화되었다. "하나님께서 나를 새사람으로 만드셨다."[36]

때마침의 영적 갱신으로 테일러는 심각한 개인적 시련의 때를 잘 버텨 나갈 수 있었다. 크리스마스 시즌이 지난 직후인 1870년 1월, 테일러 부부는 교육을 위해 첫째부터 막내까지 네 자녀를 잉글랜드로 보낼 준비를 했다. 이 아이들을 잘 알고 있는 에밀리 블래츨리가 아이들과 함께 잉글랜드로 가서 돌보아 주겠다고 나섰다. 유달리 가족애가 깊었던 이들에게 이별을 앞둔 이 시간은 큰 정신적 외상을 남기는 고통스러운 시간이었다. 특히 아직 어리고 여린 다섯 살 새미에게 이는 도저히 감당할 수 없는 슬픔이어서, 아이는 2월 초 세상을 떠나고 말았다. 이런 비극에도 불구하고 아이들을 떠나보내겠다는 결단은 단호했다. 3월에 테일러 부부는 세 아이와 눈물로 작별했다. 이때 나눈 입맞춤과 포옹이 어머니와의 마지막 입맞춤과 포옹이 되리란 것을 아이들은 짐작도 못했다. 이듬해 더운 여름, 또 임신해서 만삭에 이르렀던 마리아는 크게 병이 났다. 그리고 7월 초에 아들을 낳았지만 아기는 2주를 넘기지 못하고 죽고, 며칠 후 마리아도 33세의 나이로 세상을 떠나고 말았다.

마리아가 곁에 없으니 테일러는 외로웠다. 그는 아내의 내조와 뛰어난 판단력, 그리고 한 여성으로서의 아내와의 동반자 관계에 크게 의지해 온 터였다. 아내가 세상을 떠난 지 몇 달 후, 테일러는 제니 폴딩과의 우정을 새로이 했다. 제니는 27세의 독신 선교사로, 오랫동안 테일러 가족과 가까이

허드슨 테일러의 두 번째 아내 제니 폴딩

지내 온 친구였다. 잉글랜드에서는 테일러 자녀들의 엄마 역할을 대신하고 있는 에밀리 블래츨리가 그의 귀국을 기다리고 있었다. 당연히 자신이 테일러의 두 번째 아내가 될 것으로 생각하면서 말이다. 그러나 잉글랜드로 귀국한 테일러 옆에는 전에 에밀리의 동역자였던 제니가 이제는 테일러의 약혼자 자격으로 서 있었다.

몇 년 전, 에밀리와 제니가 항저우의 선교관에서 테일러 부부와 함께 살고 있을 때, 루이스 니콜은 테일러가 이 젊은 여성들에게 굿나잇 키스는 물론 그 이상의 행동을 하고 있다는 소문을 퍼뜨렸었다. 테일러의 평판을 떨어뜨릴 심산으로 니콜은 독신 여성의 사역을 강력하게 반대하는 성공회 선교사 조지 모울[George Moule, 1828-1912]을 찾아가 이 일을 고발했다. 모울은 비공식 재판을 열어 테일러와 두 여성을 심문했다. 하지만 테일러가 그릇된 행동을 했다는 아무 증거가 없었다. 다만 판단을 잘못해, 일부 서양 선교사들에게 부적절하게 보인 그 주거 상황이 중국인들 보기에는 일부다처제와 다를 게 없어 보였다는 것뿐이었다.

테일러가 제니와 약혼했다는 소식에 에밀리는 망연자실했다. 그리고 그날 일기에서 "내가 알고 있는 내 본성으로 확신하건대, 기회가 왔을 때 나는 결혼했어야 했다"고 애처롭게 말했다. "사랑과 자비로 내 하나님께서 내 안에 흐르는 시냇물을 차단시키셨다. 아마도 내가 너무 깊이 들이마신다고 보셨던 것 같다. 그토록 달콤하고 달콤한 시냇물, 그토록 고통스러운 이유(離乳)라니! 그러므로 그토록 큰 복이 나를 기다리고 있나니 예수께서 내가 이렇게 큰 고통당하는 것을 능히 보살피시리라."[37]

1872년 가을, 잉글랜드에서 결혼식을 마치고 제니와 함께 중국으로 돌아온 테일러에게는 출장과 행정 업무가 점점 더 늘어났다. 그는 일종의 조정자 역할을 했고, 중국 전역의 여러 성(省)은 물론 잉글랜드로 다시 돌아가서도 쉴 없이 불려 다니며 이런저런 문제들을 해결했다. 1874년, 테일러는 2년 만에 다시 귀국해서 에밀리 블래츨리의 건강 문제 때문에 뿔뿔이 흩어져 있던 자녀들을 한데 모은 뒤, 선교사들을 더 데리고 1876년 중국으로 돌아왔다.

이 신참 선교사들에게 테일러가 약속할 수 있는 것은 역경과 결핍과 부정적 평판뿐이었다. 하지만 빅토리아 시대 잉글랜드 노동자 계층이 견뎌 내야 했던 그 천하고 고된 일에서 벗어나, 하나님의 부르심에 화답하여 선교사가 되고자 하는 자원들이 많이 나왔다. 선교사 숫자가 늘어나고 또 대다수 선교사들이 극빈 가정 출신인 까닭에 선교회로서는 이들을 재정적으로 지원하는 일이 무엇보다도 큰 부담이었다. 그런데 허드슨 테일러의 사역에서 아주 재미있는 측면 중 하나는 돈을 대하는 그의 관점이다. 중국내지선교회의 각종 문서를 보면, 테일러를 비롯해 미국인 간사인 헨리 프로스트 Henry Frost 는 주님께서 모든 것을 공급해 주실 것이라 믿고 돈에 관해 느긋했다는 인상을 받는다. 그러나 실제의 그들은 온통 돈 문제에 사로잡혀 있었다. 사실 중국내지선교회의 '5대 원칙' 중 네 가지(빚지지 말 것, 수입은 보장 못함, 오직 하나님만 의지할 것, 금전을 요청하지 말 것)는 다 돈 문제와 관련되어 있었다. 역사가 알빈 오스틴 Alvyn Austin 의 말에 따를 때, 이들이 이렇게 돈 문제에 집착한 것은 이 선교회의 비밀스런 성격과도 일부 관계있다고 한다.

중국내지선교회는 비밀 유지라는 독특한 분위기에 둘러싸여 있었는데, A. J. 브룸홀은 이 분위기를 가리켜 "침묵의 음모"요 외부인이 뚫고 들어갈 수 없는

"침묵의 보호막"이라고 했다. 선교회 내부에는 "가족들만 아는 비밀"이 켜켜이 스며들어 있었다. 1890년대에 중국에서 선교회 일반 직원이 공개 반대를 일으켰다. 런던은 상하이와 의견을 주고받을 만한 사이가 아니었고, 토론토 지부는 재정 상황을 런던 본부에 밝히지 않으려 했으며, 오스트레일리아 지부는 빚을 지고 있었고, 허드슨 테일러는 자신이 사임하겠다고 위협하면서 모든 일을 자신이 맡아 처리하겠다고 했다. 침묵은 선교회 문서 기록에까지 확장되어, 테일러는 "선교회에 이롭지 못한 내용은 그 어떤 것도 기록해 두어서는 안 되며, 어떤 문서든 나중에 골칫거리가 될 만한 것은 다 파기되어야 한다"고 선언했다.······가장 큰 비밀은 돈이었다.[38]

몇 년 후 기부와 도서 발간을 통해 중국내지선교회 금고로 쏟아져 들어온 거액의 돈도 그런 비밀 중 하나였다. 이렇게 돈이 쏟아져 들어오는데도 선교회가 궁핍에 시달린다는 이야기는 여전히 여기저기서 떠돌았고, 조지 뮬러George Mueller의 고아원 이야기와 마찬가지로 이런 이야기의 주제는 대개 비슷했다. 즉, 기도했더니 엄청난 응답이 있었다는 것이다.

열두어 명의 선교사 후보와 헨리 프로스트의 여섯 자녀가 집 안에 먹을 것이라고는 하나 없이 식탁에 둘러앉은 적이 한두 번이 아니었다. 그럴 때마다 하나님의 섭리로 누군가가 자고새 한 쌍, 식료품이 가득 든 바구니, 석탄 한 더미 등 그 다음 날, 혹은 그 다음 주에 필요한 것들을 가지고 문 앞에 나타났다. 중국내지선교회가 부자가 되자 이런 이야기들이 끊임없이 반복되면서 이 선교회가 오로지 믿음에 의지해 운영되는 가난한 단체라는 인식을 계속 강화시켰다.[39]

테일러는 수백만 달러의 재산은 비밀로 한 채 잃어버린 바 된 수백만 명의 영혼에만 초점을 맞추었다. 중국 여러 지역을 돌아다니며 사역할수록 중국 전역에 복음을 전하겠다는 그의 결단은 더 확실해졌다. "어느 지역을 가든 숱한 영혼들이 지식 부족으로 멸망해 가고 있다. 매시간 1,000명이 넘는 사람들이 죽음과 암흑 속으로 사라져 간다."[40] 불가능해 보이는 과제였지만, 그에게는 계획이 있었다. 복음 전도자를 1,000명만 모을 수 있다면, 그리고 그 전도자들이 하루에 250명에게 복음을 전할 수 있다면, 그렇게 3년만 지나면 중국 전역이 복음화될 수 있다는 것이 그의 생각이었다. 복음을 전하는 사람과 듣는 사람의 상호 관계와 서로 간의 유대 같은 것은 고려하지 않고 추상적으로 숫자만 계산한 비현실적인 계획이었다. 이렇게 계획 자체는 별 가치가 없었지만 중국내지선교회는 중국에 지워지지 않을 족적을 남겼다. 1882년경 선교회는 중국 모든 성에 들어갔고, 선교회가 설립된 지 30년이 지난 1895년에는 640명 이상의 소속 선교사들이 중국 전역에 퍼져 활동하고 있었다.

테일러가 중국 전역에 복음을 전하려 했다는 것은 확실히 원대한 야망이었다. 하지만 바로 그 목표가 중국내지선교회의 결정적 약점일 수도 있었다. 중국 땅 전역에 이르려는 노력으로, 확산(집중에 반대되는) 정책이 시행되었다. 위대한 선교 역사가 케네스 스콧 라투레트의 말에 따르면, "중국내지선교회의 주목적은 회심자를 얻거나 중국인 교회를 세우는 게 아니라 가능한 한 빠른 시일 내에 제국 전역에 기독교의 복음에 대한 지식을 확산시키는 것이었다.……비록 중국인 조력자들이 고용되긴 했지만, 선교회는 중국인 사역자를 발굴해서 훈련시키는 것을 강조하지 않았다."[41] 이런 정책에는 문제점이 뒤따랐다. 외국인에 대한 적대감은 의화단 운동에서 폭발했고, 몇십 년 후 공산주의자들이 정권을 차지한 것은 교회 개척을 중요한 목표로 삼지 않은 선교 계획에 본원적 약점이 있음을 잘 설명해 준다.

오래지 않아 중국내지선교회에 암울한 시기가 닥쳐왔다. 19세기 말은 긴장과 불안의 시기였다. 근대화(그리고 서구화) 세력이 전통 및 민족주의 세력과 충돌하고 있었다. 제국의 권력이 보수 편으로 이동하면서 서양인들의 입장은 더 위태로워졌다. 그러던 중 1900년 6월, 모든 외국인을 다 죽이고 기독교를 말살하라는 황제의 칙령이 베이징으로부터 내려졌다. 이어서 개신교 선교 역사상 최대의 재앙이 뒤따랐다. 135명의 선교사와 53명의 선교사 자녀가 살해당했다.

당시 테일러는 심각한 정신적·육체적 탈진 상태에 빠져 홀로 스위스에서 요양 중이었다. 간호하던 이들은 중국에서 들려온 이 소식에 대해 가능한 한 입을 다물었지만, 어쨌든 이 소식은 그로서는 감당할 수 없는 충격이었고 이후로도 그는 이 정신적 외상에서 완전히 벗어나지 못했다. 1902년 그는 선교회 총재직을 사임하고 제니와 함께 스위스에 머물다가 1904년 제니가 세상을 떠나자 이듬해 중국으로 돌아와서 한 달 후 평화롭게 눈을 감았다. 그가 세상을 떠난 후에도 중국내지선교회는 계속 성장했다. 1914년에는 세계 최대의 해외 선교단체가 되었고, 1934년에는 소속 선교사가 1,368명으로 전성기를 구가했다. 1950년, 공산당이 중국을 접수하자 중국내지선교회는 다른 선교회와 함께 중국에서 추방되었다. 1964년, 사역을 시작한 지 100년 만에 중국내지선교회는 해외선교회[OMF]로 명칭을 바꾸었다. 동아시아에 선교사들의 전도 활동을 확장시키려는 이들의 목표가 더욱 뚜렷하게 드러나는 명칭이었다.

허드슨 테일러는 기독교 선교에 엄청난 공헌을 했다. 그의 통찰과 선견지명이 없었더라면 오늘날 기독교 선교가 어떤 모습일지 상상하기 힘들다. 랄프 윈터의 말을 빌리면, 그는 "어느 날 갑자기 나타나 명성을 떨친 젊은이"로서, 테일러가 기독교 선교에 끼친 영향은 윌리엄 캐리에 필적하거나 그를 능가할 정도였다. 랄프 윈터는 후대의 선교 발전에 비추어 테일러의 영향을 다음과 같이 예리하게 요약한다.

대학에 다닌 적도 없고 선교학 공부는 더더욱 해본 적도 없이 직업학교에서 의술을 배운 이력밖에 없으며, 선교 현장에 있을 때 개인주의적 처신과 관련해 파란만장한 과거를 지닌 그는, 하나님께서 지혜 있는 자들을 부끄럽게 하시려고 들어 쓰시는 약한 것의 또 한 사례일 뿐이었다^{고전 1:27}. 초기에 그는 교회 개척에 반대하는 선교 전략을 사용했는데, 이 또한 교회를 개척해야 한다는 오늘날의 선교 전략에 비추어 보면 어이가 없을 정도로 잘못된 것이었다. 그런데도 하나님께서 기이하게 그를 높이신 것은, 그의 시선이 세상에서 복음을 가장 적게 접한 사람들에게 고정되어 있었기 때문이다. 허드슨 테일러의 뒤에는 거룩한 바람이 자리 잡고 있었다. 성령께서 그를 숱한 어려움에서 건져 주셨으며, 어쨌든 중국 내지에서 이런저런 방식으로 6,000명이 넘는 선교사들을 섬긴 것은 바로 그가 세운 단체인 중국내지선교회, 곧 당시까지 가장 협조적인 섬김 단체였던 바로 그 선교회였다. 다른 선교회들은 20년이 지나서야 테일러가 특별히 강조한 것, 곧 복음을 접해 보지 못한 내륙의 미개척지에 복음을 전해야 한다는 주장에 동조하기 시작했다.⁴²

테일러가 가장 크게 영향을 끼친 이들은 테일러와 똑같은 생각을 가졌던 중국내지선교회의 다른 선교사들, 그리고 후에 "복음을 접해 보지 못한 내륙의 미개척지"를 복음화하고자 했던 '믿음선교' 선교사들이었다. 그리고 테일러에게 영감을 받고 전혀 다른 방향으로 나간 이들도 있었다. 티머시 리처드^{Timothy Richard, 1845-1919}가 바로 그런 경우로, 오늘날 이 이름은 중국에서 활동한 모든 선교사 중 가장 위대한 사람으로 많은 중국인 그리스도인들에게 존경받고 있다. 선교 사역 초기에 그는 중국에 기독교를 전하는 더욱 효과적인 방법이 있다고 확신하게 되었다. 그는 원주민 복음 전도자들이 순회 복음전도를 해야 하며, 선교사는 영향력 있는 원주민 지도자들을 전도해야 한다고 주장했다. 또한 그는 인도주의적 활동도 했으며, 서구의 과학과 기술

문명이 중국에 기독교 신앙을 전하는 중요한 수단이라고 주장했다.

조나단 고포스[1859-1936] 19세기와 20세기 초에 동아시아에서
사역한 선교사들 중 복음화 대상자들
이 가장 즉각적으로 응답하는 광경을 목격한 선교사는 아마 조나단 고포스
Jonathan Goforth일 것이다. 허버트 케인의 말에 따르면, 조나단 고포스는 중국에
서 활동한 가장 뛰어난 복음 전도자였다. 중국이 고포스의 활동 기지이기는
했지만, 그는 한국과 만주 지역에서도 사역했으며, 어디든 그가 가는 곳에는
부흥이 뒤따랐다.

고포스는 1859년 캐나다의 온타리오 주 서부에서 열한 남매 중 일곱째
로 태어났다. 그는 『로버트 머리 맥체인 회고록』을 읽고 선교 사역에 헌신하
기로 다짐했지만, 선교에 대한 소명은 그 뒤 중국에 일꾼이 필요하다고 한
순회 선교사가 강력히 호소하는 말을 듣고 나서 받았다. "그 말을 듣고 있자
니 수치심이 엄습했다.……그 시간부터 나는 해외 선교사가 되었다."[43]

고포스는 녹스 대학을 졸업한 뒤 토론토에서 도시선교 사역을 하다가
그곳에서 로절린드 스미스Rosalind Smith, 1864-1942를 만났다. 재능 있고 세련된 예
술학도였던 로절린드는 선교사 아내가 될 법한 여성이 아니었다. 하지만 로
절린드는 "그의 초라한 행색" 너머를 볼 줄 알았다. 로절린드에게 고포스는
첫눈에 반한 사랑이었다. "모든 일이 순식간에 벌어졌다. 하지만 나는 거기
앉아 혼잣말을 했다. '저런 남자와 결혼하고 싶다'고!"[44] 그해 말 두 사람은
약혼했고, 약혼하는 순간 로절린드는 선교사 아내로서 앞으로 평생 경험하
게 될 희생을 처음 맛보았다. 약혼반지 살 돈으로 기독교 서적을 사야겠다
는 말이 그의 입에서 나왔을 때, 반지에 대한 그녀의 꿈은 산산조각이 나고
말았다.

고포스가 처음에 중국내지선교회에 지원한 것은 그가 속한 교단인 캐나다 장로교회가 중국 선교를 하지 않기 때문이었다. 그러나 중국내지선교회에서 답신을 받기 전, 중국 선교에 대한 그의 생각에 찬동하는 녹스 대학 출신 장로교인 학생들이 자발적으로 뜻을 모아 그를 중국에 파송할 기금을 만들기로 했다. 중국으로 떠나기 전 그는 캐나다 땅을 두루 돌아다니며 선교에 힘써야 할 이유에 대해 열변을 토했다. 한 학생이 그의 강연을 듣고 전하는 말에 잘 나타나 있다시피 그의 메시지에는 힘이 있었다.

나는 녹스 대학의 동창회에 참석해서 학생들이 논의하고 있는 말도 안 되는 기획, 그러니까……중국 땅 한가운데서 독자적으로 선교 활동을 시작한다는 그 기획을 내 힘닿는 한까지 저지할 작정이었다. 또 내가 입던 코트가 좀 허름해 보여서 새 코트도 한 벌 사야 할 것 같았다. 그래서 겸사겸사 토론토에 다녀올 생각이었다. 그 무모한 기획도 무산시키고 코트도 한 벌 사고 말이다. 그러나 여기 이 친구는 내 계획을 완전히 뒤엎고 말았다. 선교에 대한 그의 열정에 나는 정신없이 빠져들었다. 그건 내가 일찍이 경험해 본 적이 없는 열정이었고, 코트를 사려고 가져왔던 내 소중한 돈은 모금함 속으로 들어가고 말았다![45]

1888년, 중국으로 건너간 고포스 부부는 허난성으로 들어가 역경과 고독으로 점철된 생활을 시작했다. 두 사람 모두 자주 몸이 아팠고, 11명의 아이를 낳아 그중 다섯을 잃었다. 이들 가족은 화재와 홍수를 겪었을 뿐만 아니라, 1900년 의화단 운동 때에는 안전한 곳을 찾아 1,000km에 이르는 참혹한 피난길에 올라 간신히 목숨을 부지했다.

고포스 부부가 중국인들과 접촉하는 방식은 대다수 선교사들의 기준으로 볼 때 틀을 벗어난 자유로운 방식이었다. 오픈하우스 전도 방식이 특히 그러했다. 유럽식으로 실내 장식을 한 고포스 부부의 집, 집안 설비(주방

화덕, 재봉틀, 오르간 등)는 중국인들에게 호기심의 대상이었다. 그래서 이들은 지역 주민들과 접촉하기 위해 사생활은 포기하기로 했다. 집을 개방하자 먼 곳에서 손님들이 찾아오기 시작했고, 한번은 하루에 2,000명이 넘게 찾아와 집 구경을 한 경우도 있었다. 고포스는 이 손님들에게 복음의 메시지를 전했다. 하루에 평균 여덟 시간씩 설교를 했고, 다섯 달 동안 약 2만 5천 명의 손님이 다녀갔다. 로절린드는 여자 손님들을 맡았다. 마당에 모여

중국, 만주, 한국에 복음을 전한 조나단 고포스

있는 여자 손님들을 대상으로 한 번에 50여 명에게 복음을 전했다.

이런 식의 복음전도로 장차 이 마을에서 저 마을로 돌아다니며 부흥회를 인도하는 사역의 길이 닦이기는 했지만, 고포스의 동료들이 모두 이 방식에 찬동한 것은 아니었다. 그러나 고포스는 이렇게 주장했다. "방문객을 받는 건 진짜 선교 사역이 아니라고 생각하는 이들도 있겠지만 나는 이것도 선교라고 생각한다. 수고롭긴 해도 난 그런 식으로 주민들과 사귀며, 설교하러 마을에 들어가서 그 열매를 거둔다. 마을 사람들은 종종 나를 에워싸고 말한다. '지난번에 당신 집에 갔었는데 집 구경을 다 시켜 주고 마치 친구처럼 대해 주더군요.' 그러고는 거의 예외 없이 내가 앉을 의자, 성경책을 펼쳐놓을 탁자, 그리고 마실 차를 내온다."[46]

1900년에 일어난 의화단 운동 때문에 선교 사역은 잠시 중단되었고, 이후 다시 중국으로 돌아온 고포스는 광범위한 순회 사역을 내용으로 하는 새 선교 계획을 세웠다. 그리고 이 계획에 맞춰 이들 가족의 삶은 크게 달라

졌다. 고포스는 아내가 중국으로 뒤따라 들어오기 전에 이 새로운 사역 계획을 짠 뒤 아내가 돌아오자마자 이렇게 말했다. "먼저 우리 동역자 한 사람을 시켜 큰 마을 중심지에 우리 가족이 들어가 살 만한 집을 하나 구해 놓게 한 다음, 우리가 가서 한 달쯤 머물면서 집중적으로 복음을 전하는 게 내 계획이오. 낮에 내가 우리 팀과 함께 마을이나 거리로 나가면 그동안 당신은 마당에 여자들을 모아 놓고 설교하는 거지. 저녁에는 다 함께 모

조나단 고포스의 아내 로절린드 고포스

여서 오르간에 맞춰 복음찬송을 부르는 거요. 그렇게 한 달을 지내다가 팀원 중 한 사람이 남아 새신자들을 가르치고 그사이 우리는 다른 마을로 가서 똑같은 식으로 다시 시작하는 거지. 우리에게 문을 연 마을들이 많아지면 1년에 한두 번씩 다시 찾아가 보고 말이오." 남편의 설명을 듣고 있노라니 로절린드의 마음은 "납덩이처럼 무거워졌다." 가족 전체가 함께 움직이기에는 적합하지 않은 계획이었기 때문이다. 아이들이 마을에 창궐하고 있는 전염병에 노출될 위험이 너무 컸다. 그녀는 이미 중국 땅에 묻은 "네 아이의 작은 무덤"을 도저히 잊을 수 없었다. 하지만 아내의 반대에도 불구하고 그는 계획을 밀고 나갔다. 그게 하나님의 뜻이라 믿으면서.

　로절린드는 남편이 가족에게 얼마나 헌신하는 사람인지에 대해 자주 의구심을 가졌다. 한 남자의 아내로서 자신의 위치가 든든하다는 느낌이 별로 없었다. 1908년 아이들을 데리고 캐나다로 귀국하기 전, 그녀는 남편이 자신에게 얼마나 성실한지 알아보려고 그에게 캐물었다. "내가 만일 귀국

외국인에 대한 중국인들의 시각을 보여주는 의화단의 벽보

해서 불치병에 걸려 몇 달 못 산다고 가정해 보세요. 빨리 와 달라고 전보를 치면 와줄 건가요?" 고포스는 이 질문에 답변하고 싶지 않았던 것이 분명하다. 노골적으로 "아니오"라고 하면 너무 가혹할 테니 말이다. 하지만 로절린드가 끈질기게 답변을 조르자 그는 반문 형식으로 대답했다. "우리나라가 다른 나라하고 전쟁 중인데 내가 중요임무를 맡은 부대의 장교라고 가정해 봅시다. 전쟁의 승패가 지휘관인 나에게 달려 있단 말이지. 그럴 경우, 고국에 있는 가족의 부름에 응하느라 내 위치를 저버릴 수 있겠소? 나를 부르자고 한 게 설령 당신이라 할지라도 말이오." 로절린드가 뭐라고 말할 수 있었겠는가? 서글프지만 "아니요"라고 대답할 수밖에 없었다.[48]

　　고포스는 20세기 초에 시작한 순회 사역을 디딤돌 삼아 그 이후 이어진 대부흥을 지휘했다. 1907년 고포스와 또 한 명의 선교사가 한국을 일주하며 그곳 교회들을 휩쓴 부흥운동을 시작한 것이 이 순회 사역의 시초였는

데, 이 부흥운동의 결과 한국에는 "회심자가 어마어마하게 늘어났다." 이들은 이어 만주에서도 사역하여 비슷한 결과를 이루어 냈다.

중국과 만주를 두루 다니는 동안 부흥 사역은 계속 성장했다. 선교회 내에는 부흥 때 나타나는 현상들을 "광신적 행위"와 "오순절 운동"으로 여기고 경계하는 이들이 일부 있었지만, 고포스는 비난을 무시했다. 1918년 그는 그리스도인인 펑위샹(중국 국민정부의 군벌 정치가—옮긴이) 장군 휘하 군인들을 대상으로 2주간의 부흥회를 열었다. 부흥회가 끝날 무렵에는 거의 5,000명의 병사와 장교들이 성찬식에 참여했다.

고포스는 권한 문제와 관련하여 선교위원회와 계속 부딪쳤다. 그는 "성령의 인도"를 자신이 섬기는 장로교의 "엄밀한 규칙"보다 우위에 두었다. 로절린드의 말에 따르면, "하나님께서 자신을 인도하신다는 확신 때문에 자연스레 그는 허난성 장로교의 다른 멤버들과 자주 갈등을 빚었고" 그래서 그들과 "원만하게 지내기가 쉽지 않았다." 그는 각 선교사가 "하나님께서 자신을 인도하신다고 여겨지는 대로 사역해 나갈 자유"가 있어야 한다고 주장했다. 옳다 그르다 단언하기 어려운 문제였고, 그는 "성령께서 인도하신다고 여겨지는 대로 완전히 따르지 못하도록 훼방받고 저지당한다"고 생각할 때가 많았다.[49]

해가 바뀌어도 문제점은 줄어들지 않았다. 갈등은 계속되었고 불화는 커져 갔다. 1920년대에 근본주의자 대(對) 현대주의자 논쟁이 중국에 들어왔을 때는 특히 더했다. 고등비평에 깊이 물든 신참 선교사들이 선교 현장에 도착했고, 고포스는 "그 물결을 막아낼 수 없다는 무력감을 느꼈다." 그가 유일하게 의지할 수 있는 것은 "골고다 십자가를 통해 임하는 구원을 어느 때보다도 강력히 설교하고 그 십자가의 능력을 보여주는 것"뿐이었다.[50]

고포스의 사역은 70대 나이에 이를 때까지, 심지어 시력을 잃기 시작한 후에도 계속되었다. 그는 74세의 나이로 캐나다로 돌아가, 세상을 떠나기까지 18개월 동안 전국을 돌아다니며 거의 500여 차례의 집회를 인도했다. 마지막 숨을 거두기까지 섬김을 멈추시 않아서, 세상을 떠나기 전 주일에도 설교를 네 번이나 했다.

밀드레드 케이블[1878-1952]　　　중국, 그리고 중국내지선교회와 관련한 흥미로운 선교사들의 이야기는 수없이 많다. 하지만 밀드레드 케이블[Mildred Cable]과 두 동역자 에반젤린 프렌치[Evangeline French, 1869-1961], 프란체스카 프렌치[Francesca French, 1871-1961] 자매에 얽힌 불가사의하고 흥미진진한 이야기를 능가하는 것은 없을 것이다. 이 세 사람은 간단히 '3인조'라고 알려져 있다. 1878년 잉글랜드에서 태어난 케이블은 프렌치 자매와 함께 20년 동안 중국에서 교육과 순회 전도 사역을 했다. 중국내지선교회와 함께하는 사역은 단조롭게 여겨질 수도 있었다. 하나님께서 자신들을 중국 북서쪽, "그리스도의 이름이 알려지지조차 않은 대도시들"로 부르신다는 것을 인식하기 전까지는 말이다.[51]

처음에 이들은 그 부르심을 자기들끼리만 알고 지냈다. 하지만 이 중년의 여인들이 사역지 이전을 요구하고 있다는 사실은 곧 외부로 새어 나갔다. "어떤 이들은 나이가 드니 분별력이 없어진 거냐는 편지까지 보내왔다. 다소간 격식 차린 말투이긴 했지만 말이다." 세 사람에게는 과감한 변화가 될 터였으나, 이들이 무언가를 하나님의 부르심이라 착각하고 잘못 해석한 것 아니냐고 많은 이들이 목소리를 높여 의구심을 나타냈다.

　　많은 사람들이 보기에 이는 그저 어리석은 행동일 뿐이었다. 학교 사역이라는 중요한 일, 멀쩡히 잘하고 있던 이 사역을 놔두고 외딴곳에 텐트 치고 사는 사람들과 벽지 마을을 찾아 광활한 사막을 떠돌아다니는 그 무모한 일에 나설 이

유가 무엇인가? 가까운 곳에도 복음을 들어야 할 사람들이 말 그대로 수만 명이 넘는데 말이다.[52]

그러나 선교위원회에서 허락이 떨어지자 3인조는 북쪽으로 향하는 길고 고된 여행을 시작했다. 소가 끄는 수레를 타고 "산속의 울퉁불퉁한 흙길을 덜컹거리며" 몇 달 동안 가야 하는 여정이었다. 허리까지 차오르는 90cm 깊이의 진흙탕에 빠졌을 때는 "대(大) 북서부로의 부르심이 아주 희미해지기도 했다." 이들의 목적지는 '탕자들의 도시', 곧 고비 사막으로 들어가기 직전에 있는 변경의 마을로, 범죄자들이 언제라도 국경을 넘어 도피할 태세로 은신하고 있는 곳이었다. 하지만 이 도시는 무역상들과 상인들의 도시이기도 했다.

3인조는 이 무역로의 연결망이 얼마나 중요한지 조금씩 실감하게 되었다. 중앙아시아의 도시들은 이 무역로를 통해 서로 긴밀하게 오가고 있었다. 주민들이 서로 소식을 주고받는 시스템은 속도나 정확성이나 단순성 면에서 서양인들을 당혹스럽게 만들지만, 이 시스템을 잘 이용하면 복음의 지식을 널리 확산시키는 수단이 될 법했다. 그래서 장터 사람들은 유럽이나 아프가니스탄의 정치적 사건뿐만 아니라 "그리스도께서 죄인을 구원하러 세상에 오셨다"는 소식까지 들을 수 있을 터였다.[53]

시간이 흐르면서 3인조는 탕자들의 도시에서 겨울을 날 때 할 일들을 정해 나갔다. 즉, 겨울철에는 가르치고 설교하고 교회를 개척하는 일에 주력하고, 나머지 여덟 달 동안에는 광활한 사막 지역으로 나가 순회 전도를 실시했다. 사막에도 작물 경작이 가능한 지역에는 부락들이 점점이 흩어져 있었다. 세 사람은 장이 서는 날이나 잔치가 벌어지는 날에 맞추어 부락을 찾아갔다. 그렇게 사람들이 모이는 날에는 거리에서 설교를 하거나 책자를 나누어 줄 기회가 생겼다. 이들은 그날그날의 사역을 꼼꼼히 기록해 두었는데, 이들의 기록에 따르면 1년에 거의 3,000여 가정을 찾아갔고, 656차례의 집회를 가졌으며, 성경책을 약 4만 부 팔았다고 한다.

이들의 사역이 장기적으로 어떤 결과를 낳았는지는 계산하기 힘들지만, 이 지역에서 전쟁이 벌어지는 바람에 5년간 떠나 있다가 이 사막 도시로 다시 돌아온 이들은 주일 아침 주민들의 환영을 받고 깜짝 놀랐다. "공예배 때 기껏해야 몇 사람 정도밖에 모이지 않을 것으로 생각했는데, 여관방이 문가까지 붐빌 정도가 돼서 모두 깜짝 놀랐고, 예배가 끝난 후에는 서로들 자리에서 일어나 새신자 명단에 이름을 적고 갈 것을 권유했다."[54]

밀드레드 케이블은 1901년 의화단 운동이라는 참화가 벌어진 지 1년 후에 선교 사역을 시작했다. 프렌치 자매와의 동역은 1936년 외국인 추방령이 내려졌을 때 끝났다. 그동안 작디작은 교회들이 개척되었고, 통상로를 따라 기독교 서적이 고비 사막과 그 너머 지역으로까지 전해졌다. 이 세 사람은 허드슨 테일러와 중국내지선교회의 선교 전략을 채택해 실천하면서 20세기 초를 시작했다.

땅끝까지 복음을 전하기 위해 진짜 중국 국경 너머로까지 간 다른 선교사들도 있다. 그중 제임스 프레이저James O. Fraser, 1886-1938도 중국내지선교회 소속이었는데, 그는 티베트-버마 국경 지대 산속에 사는 리수족을 대상으로 사역했다. 그는 원주민 가정을 상대로 하는 복음전도를 권장했고, 그 방식을 통해 약 6,000명의 부족민이 세례를 받았다. 하지만 이 사역은 힘들었고, 실패하고 좌절할 때도 많았다. 리수족 사역을 되돌아보면서 제임스 프레이저는 19세기와 20세기 초 중국 사역에 대해 다음과 같이 말했다.

상황을 일부러 암울하게 말하고 있는 게 아니다. 나는 가능한 한 솔직하게 실제 상황을 말하고 싶을 뿐이다. 어떤 면에서 그들은 고국 땅의 평범한 교인들보다 앞서 있다.……그러나 일부, 극히 일부의 똑똑하고 진실한 젊은 사람들을 예외로 하면, 어떤 식으로든 신앙의 진보를 이루고자 하는 사람, 혹은 정말 영적으로 살아 있는 사람은 많지 않다.[55]

o8

태평양의 섬들

: '낙원'에서 설교하다

태평양의 섬들은 흔히 지상낙원으로 묘사된다. 그 섬에 다녀온 탐험가와 무역상들은 숨 막힐 듯 아름다운 풍경을 현기증 나는 언어로 그려 내고, 허먼 멜빌Herman Melville이나 로버트 루이스 스티븐슨Robert Louis Stevenson, 제임스 미치너James Michener 같은 작가들은 대가의 필치로 그 세상이 펼치는 황홀경을 자기 작품에 녹여냈다. "작가들은 그림처럼 아름다운 그 경이로운 풍경, 바위산, 깊은 골짜기, 환초에 둘러싸인 고요하고 얕은 바다, 반짝이는 모래사장, 풍채 좋은 거목, 깃털 같은 야자수, 무성한 덩굴식물, 선명한 빛깔의 꽃무리, 맛 좋은 과일, 멋진 새들을 앞다투어 격찬했다."[1] 선교사들은 바로 그런 환경 속으로 들어갔다. 탐험가를 대동한 로마가톨릭 수도사들이 먼저, 그리고 선교회의 파송을 받은 개신교 선교사들이 그 뒤를 이었다.

오세아니아는 태평양의 여러 섬들을 지칭하는 일반적인 명칭으로, 약 1,500여 개의 섬으로 이루어져 있다. 이 섬들은 다시 세 개의 그룹으로 나뉘는데, 폴리네시아는 가장 규모가 큰 그룹으로, 북쪽의 하와이에서부터 남쪽으로 뉴질랜드까지를 아우르며, 미크로네시아는 하와이와 필리핀 사이에 있는 작은 섬들의 집합으로 마리아나·캐롤라인·마셜·길버트 제도로 이루어져 있고, 멜라네시아는 미크로네시아 남쪽과 호주 북쪽의 섬들로 이루어지며 피지·산타크루즈·뉴기니·뉴헤브리디스·뉴칼레도니아·솔로몬 제도가 여기에 속한다. 각 제도의 규모는 세계에서 두 번째로 큰 섬인 뉴기니에서부터 대양 가운데 작은 점처럼 흩어져 전체 면적이 100km²도 안되는 마셜 제도에 이르기까지 다양하다. 사실 미크로네시아 섬들의 면적을 다 합해도 미국에서 가장 작은 주인 로드아일랜드보다 작고, 면적이 작은 만큼 인구 역시 미크로네시아와 오세아니아 전체 인구를 다 합해도 얼마 되지 않는다. 예외적으로 뉴질랜드 인구가 4백만 명이 조금 넘을 것이다.

그럼에도 불구하고 이 땅은 색다른 부족들의 땅이었다. 이 사람들은 한 번도 복음을 들어본 적이 없는 사람들이었고, 선교회들은 지리적 장벽에도 불구하고 인적·물적 자원을 모두 동원하여 이들에게 복음을 전하려고 애썼다. 최초의 유럽인 선교사는 1521년 마젤란의 탐험대와 동행한 프란체스코회 수사들이었다. 마젤란에게는 이 역사적 탐험이 그의 마지막 탐험이 될 터였다. 그는 스페인 국왕에게 경의를 표할 것을 원주민들에게 강요하다가 일부 탐험대원과 함께 살해당했다. 그 뒤 로마가톨릭 선교사들이 다시 들어왔지만 이들의 선교 활동은 오래가지 못했고, 16세기의 선교는 이것이 마지막이었다.

개신교도의 상상력을 사로잡은 것은 영국의 탐험가 쿡 선장[1728-1779]의 발견이었다. 1795년 타히티나 "남태평양의 몇몇 다른 섬"에 선교사를 파송할 목적으로 목회자와 일반 성도들이 런던 선교회를 창설했다. 곧이어 웨슬리파, 회중교회, 장로교, 성공회 선교회가 뒤따라 들어왔고, 19세기 말의 오세아니아는 개신교 선교의 빛나는 성공담으로 여겨졌다.

최초의 개신교 선교사는 영국 사람들이었고, 호주와 미국, 독일 선교사들이 뒤따라 들어왔다. 19세기 중반 가톨릭 선교사들이 들어오자 이들 사이에 날카로운 대립 관계가 생겨났고, 양측 모두 서로를 향해 날선 비난의 말을 쏟아 냈다. 웨슬리파 선교사인 조지프 워터하우스[Joseph Waterhouse, 1828-1881]는 "로마가톨릭이 그 가증스러운 머리를 들어, 식인·일부다처제·간음을 용인하고 있다!"고 말했다.[2] 그러나 개신교와 가톨릭 사이에 긴장이 조성되는 가장 큰 원인은 아마 국적이었을 것이다. 가톨릭 선교사들은 프랑스인이었고, 개신교도들 사이에는 프랑스의 정치·군사력이 태평양의 섬들을 지배하게 될지도 모른다는 두려움이 자리 잡고 있었다.

태평양 제도는 그 독특한 지리적 위치 때문에 출발 때부터 선교 전략이 뚜렷한 영향을 받았다. 우선 그곳을 오가는 수단이 무엇보다도 중요한 문제였다. 남태평양으로 선교사를 파송하는 것, 외딴섬에 선교사들을 떨어뜨려 놓고 다음 배가 올 때까지 1년 혹은 그 이상 섬 생활에 만족하며 살기를 기대하는 것으로는 부족했다. 대다수 섬이 크기도 작고 인구도 얼마 안 되었던 탓에 일종의 폐쇄공포증이 생기기 쉬웠고, 용감하게 고향 땅을 떠나 온 선교사들은 갑자기 거대한 태평양 바다에 둘러싸여 고립되는 처지가 되었다. 이런 문제들에 대한 논리적 해법은 선교회가 자체적으로 선박을 소유하는 것이었다. 미크로네시아의 '모닝스타'호, 폴리네시아의 '존 윌리엄스'호, 멜라네시아의 '서던크로스'호 등, 차례로 등장하는 이 선교 선박의 이름은 저마다 그 선교회의 특징을 잘 나타내 주고 있으며, 태평양의 섬들을 복음화하는 데 핵심 역할을 했다.

선교 선박을 활용하게 됨에 따라 유럽 선교사들 중 많은 이들이 여러 선교 현장을 돌아다니며 원주민 출신 복음 전도자와 교사의 사역을 조정하는 관리자가 되었다. "원주민 선교사들은 남태평양에서 기독교 선교의 주 능력을 입증해 보여야 했다"고 그렘 켄트[Graeme Kent]는 말한다. "유럽인이라는 우월적 신분이 없었던 이들은 운명을 같이하는 동족들에게 무시당하고 괴롭힘 당하며 때로는 살해당하기까지 했다. 그러나 그들은 마지막 한 사람까지 버텨 냈고, 1839년에서 1860년 사이 이 지역에 기독교 신앙이 확산된 것은 유럽인들이 감히 들어갈 엄두를 내지 못했던 곳까지 가서 복음을 전한 이 원주민 선교사들 덕분이었다."[3]

그러나 서양 선교사들에게도 이곳 생활은 어려웠다. 어느 곳에서든 선교사의 삶은 힘들지만, 섬으로만 이루어진 세상에서는 물질적 이득에 대한 기대, 원주민들의 자유로운 생활방식, 성적인 개방성 때문에 더 심한 역경을 겪게 된다. 스티븐 닐의 말에 따르면 "현지 풍습을 따르는 관행은 이 초기 선교를 교화적으로 묘사한 기록에 일반적으로 반영된 것보다 훨씬 더 흔한 모습이었다"고 한다.[4] 이 낙원과 같은 섬에서 선교사들은 자신들이 자라 온 안전한 신앙 환경에서는 한 번도 경험해 보지 못한 유혹들에 직면했다. 일부는 그 유혹을 이겨 냈고, 일부는 이겨 내지 못했다.

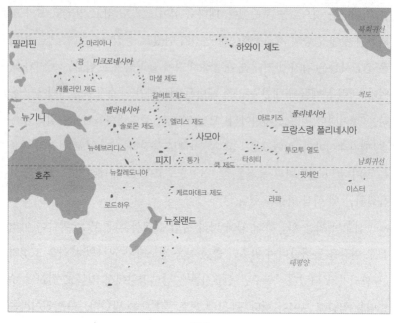

태평양

일부 선교사들의 개인적 실패에도 불구하고 이 지역에서의 선교 이야기는 실패담이 아니라 성공담이다. 적어도 다른 지역과 비교해 볼 때는 그랬다. '집단 개종 운동'이 일어나 대가족이나 때로는 한 부족 전체가 그리스도인이 된 경우도 많았다. 이런 집단 운동에 대해서는 앨런 티펫Alan R. Tippett이 『남폴리네시아의 집단 개종 운동』People Movement in Southern Polynesia, 『솔로몬 제도의 기독교』Solomon Island Christianity에 꼼꼼하게 기록해 두었다. 그는 선교사들이 가족과 부족이라는 단위의 치명적 중요성을 실감하기까지는 이렇다 할 만한 교회 성장이 없는 경우가 많았다고 지적한다. 원주민들에게 가족과 부족이 얼마나 중요한지 깨달은 것이 20세기까지 계속된 전례 없는 교회 성장을 달성하는 데 도움이 되었다.

헨리 노트[1774-1844]   초기 개신교 선교사들이 위험을 무릅
쓰고 선교지로 들어가 한 사람 한 사
람씩 혹은 소그룹 단위로 흩어져 복음을 전했던 것과 달리 태평양 지역 선
교는 처음부터 대단위로 시작되었다. 1796년 8월 안개 자욱한 어느 날 아
침의 런던, 런던 선교회의 후원을 받는 선교사 30명과 선교사 아내 여섯과
아이들 셋이 선교 선박 '더프'호에 올라 타히티로 향하는 7개월의 대양 항
해를 시작했다. 개신교 선교사들이 한꺼번에 이렇게 대규모로 선교 일정을
시작하는 것은 전에 없던 일이었기에 이날은 기억해 둘 만한 날이었다. 이
믿음의 대사들을 뜨겁게 지지하는 이들은 세상에서 가장 "미개한" 그 지역
에서 가서 이들이 이루어 낼 일들에 대해 큰 기대를 안고 무리지어 강둑으
로 내려와 "하나님을 찬양하는 노래를 부르며" 열렬히 환송을 했다.

평온했다고는 할 수 없는 항해를 마치고 선교사들은 1797년 3월 4일
토요일 무사히 타히티 섬에 내렸다. 그리고 다음 날 이들은 유럽식으로 주
일예배를 드렸고, 섬 주민들은 상당한 관심으로 이 광경을 구경했다. 그 주
일이 지나자 선교사들은 비교적 빨리 섬 생활에 자리를 잡았고, 안심이 된
더프호의 윌슨 선장은 몇 주 후 다음 기항지인 통가로 가서 다른 열 명의 선
교사를 내려 주었다. 통가의 분위기는 타히티만큼 호의적이지 않아서, 윌슨
은 좀 불안하기도 한 마음으로 그곳을 떠나왔다. 하지만 선교선 선장으로서
그의 임무는 아직 끝난 게 아니었다. 그는 남은 두 선교사 윌리엄 크룩[William
Crook, 1775-1846]과 존 해리스[John Harris, 1754-1819]를 데리고 마르키즈로 향했다.

런던 선교회가 태평양 제도에서 가장 먼저 난관에 부딪친 곳이 바로
이 마르키즈 제도였다. 선교사들은 창과 몽둥이로 무시무시한 영접을 받거
나 현실이라 하기에는 너무도 끔직한 악몽을 경험한 게 아니라 뜻밖에도 지
나칠 만큼 친절한 환영을 받았다. 선교사들은 준비 훈련 때 이런 경우에 대
해 교육받은 적이 없었다. 더프호가 닻을 내리기도 전, 아름다운 원주민 여

인 둘이 발가벗은 채 파도 속을 헤엄쳐 와서 배 주변을 빙빙 돌며 "워헤인! 워헤인!"(우리는 여자예요)이라고 소리쳤다. 윌슨은 여인들을 배로 끌어올리지도 않았고 짐짓 이들의 행동을 무시하기는 했지만, 산전수전 다 겪은 뱃사람인 그가 이 풋내기 선교사 두 사람 앞에 어떤 일이 기다리고 있을지 감지 못할 리가 없었다. 어찌 됐든 크룩과 해리스에게는 본연의 임무가 있었고, 그래서 이들은 묵묵히 작은 보트에 짐을 옮겨 싣고 해변으로 노를 저어 갔다.

다음 날 아침 닻을 올리기 전 윌슨 선장은 선원 몇 사람을 섬으로 보내 선교사들에게 밤새 무슨 일이 없었는지 알아보고 오게 했다. 그런데 해변에 도착한 선원들은 해리스가 몹시 낙심한 얼굴로 짐을 싸들고 와 있는 것을 발견했다. 해리스의 설명인즉, 섬에 도착해 크룩과 헤어진 그는 자신의 의사와 상관없이 추장의 아내와 한 방에서 밤을 보내야 했다고 한다. 전에 백인들을 만난 적이 있던 추장의 아내는 그렇게 하는 것이 백인들을 잘 대접하는 것이라 믿고 있는 게 분명했지만, 해리스는 여자를 밀어냈다. 그렘 켄트의 말에 따르면, 여자는 해리스를 혼자 남겨 두고 마을로 돌아가 "다른 여자들을 데리고 와서는 잠들어 있는 남자를 덮쳐" 그가 정말 남자인지 알아보려고 "현실적인 시험"을 했다고 한다.[5] 간밤의 시련이 너무도 당혹스러웠던 해리스는 더 이상 섬에 머물 수 없다고 생각하고 다시 짐을 챙겨 해변으로 나온 것이었다. 결국 마르키즈 섬에는 크룩이 혼자 남아 사역을 하게 되었다. 그러나 그해가 다 가기도 전에 결국 크룩마저도 섬을 떠났고, 이리하여 런던 선교회는 남태평양에 타히티와 통가 두 곳의 선교기지를 남겨 두게 되었다.

통가에서 선교사들은 지금까지와는 전혀 다른 문제에 봉착했다. 섬에 도착한 지 얼마 되지 않아 이들은 자기들 말고도 유럽인이 또 있다는 것을 알게 되었다. 전직 선원 세 사람이 배를 버리고 섬에 눌러앉아 살고 있었던 것이다. 애초부터 그들은 선교사들에게 "육체의 가시" 같은 존재였다. 선원들은 선교사들이 아무 문제없이 안락하던 자신들의 삶을 위협한다고 보고 원주민들을 선동해 그들을 대적하게 만들려 했다. 선교사들에게 신체적 위해를 가하는 것만이 이들의 음모는 아니었다. 이들은 거침없이 성적 쾌락을 즐기는 모습으로 선교사들을 비웃으며 그들의 엄격한 금욕 생활을 조롱했다. 선교사들은 단호하게 자신들의 신념을 견지해 나갔지만, 단 한 사람 예외가 있었다. 벽돌공 출신인 조지 비슨^{George Veeson}은 동료 선교사들을 버리고 백인 부랑자들과 한패가 되었다. 섬의 추장은 그에게 땅과 하인들을 하사했고, 그는 스스로 여러 명의 아내들을 맞아들였다.

조지 비슨 때문에 당한 망신도 런던 선교회에게 깊은 치욕이었건만, 통가의 선교사들은 그보다 더 큰 문제에 봉착했다. 섬에 내전이 터진 것이다. 서로 적대하는 파벌들이 무력 충돌을 벌이는 와중에 선교사 세 명이 사로잡혀 목숨을 잃었고, 살아남은 여섯 명은 동굴에 은신해 있다가 지나가는 선박에 구조되었다. 섬에는 변절자 비슨만 남게 되었지만, 비슨도 그 섬에서 오래 버티지 못했다. 유혹을 못 이겨 잠시 곁길로 가기는 했지만 아직 양심이 남아 있던 그는 난잡한 생활을 중단하고 회개하는 자가 되어 잉글랜드로 돌아가 자기 죄를 공개적으로 고백했고, 실수는 이번 한 번뿐이며 다시는 이런 일이 없을 것임을 후원자들 앞에서 다짐했다. 퀸트는 "모든 장애물을 고려해 볼 때 다른 선교사들은……그 성결한 성품에 어울리지 않는 행동을 하지 않았다……는 것이 남태평양선교회^{SSM} 후원자들에게 큰 만족감을 안겼을 것"이라고 말한다(불행히도 그 추측은 사실이 아니었지만).⁶ 통가는 그렇게 한동안 방치되어 있다가 1820년대에 다시 선교사들이 찾아가기 시작했다. 이번에는 웨슬리파 감리교도들이었다. 그중 가장 유명한 인물은 존 토머스^{John Thomas, 1797-1881}로, 대장장이 출신인 그는 통가에서 25년간 지내면서 성공적인 사역을 펼쳤다.

한편, 런던 선교회의 타히티 사역은 수많은 좌절에도 불구하고 천천히 진전되어 가고 있었다. 선교사 세 사람이 비슷처럼 "원주민화 되어 버렸고", 나머지는 낙심하고 병든 채 돌아갔다. 그러나 눈에 보이는 아무런 결실 없이 16년간 사역한 고집스럽고 무식한 벽돌공 헨리 노트$^{Henry Nott}$의 인내가 아니었다면 타히티 사역은 분명 포기되었을 것이다. 1774년 잉글랜드의 브롬스그로브에서 태어난 노트는 22세의 나이에 독신 선교사 자격으로 더프 호에 올랐다. 처음에 그는 원주민들의 마음과 생각에 실낱 같은 영향이라도 끼치려고 몸부림친 수많은 선교사들 중 하나에 지나지 않았다. 그러나 여러가지 위험과 문제점들이 점점 눈에 확연해지면서 다른 선교사들은 포기하고 떠났다(한꺼번에 11명이 떠난 적도 있었다). 노트를 제외하고 남은 사람은 세명뿐이었는데, 이들마저도 모두 돌아가자는 말뿐이었다. 선교사로서는 참으로 견디기 어려운 시간이었다. 1808년 선교사들이 기거하던 집과 인쇄기가 박살이 났고 살림살이는 다 도둑을 맞았다. 설상가상으로 나폴레옹전쟁 중 더프호가 프랑스군에게 나포되었고, 본국에서 아무런 소식이나 보급품 없이 4년이란 세월이 흘러갔다. 식량이 바닥나자 이들은 산속을 뒤져 산딸기나 야생 열매를 따먹으며 연명했다. 그러한 중에도 노트는 포기하고 돌아가자는 말을 입에 담지 않았다.

출발 때부터 타히티 선교사들은 쾌락을 즐기고 권위주의적인 왕 포마레$^{Pomaré I, 1743-1804}$와 싸워야 했다. 포마레는 약 2,000명의 인명을 제물로 바쳐가며 제사를 지낼 만큼 잔인하기로 유명한 왕이었지만, 선교사들은 선교 전략상 그와 동맹을 맺어야 했고 그래서 그의 호의를 얻으려 애를 썼다. 왕은 호의적인 반응을 보일 때도 있었고, 또 어떤 때는 선교사들을 적으로 대하기도 했다. 1804년 포마레가 죽자 그의 아들 포마레 2세가 권력을 잡았다. 그는 선교사들을 통해 유럽의 물자를 얻을 생각으로 선교사들과 원만하게 지냈는데, 특히 그가 원하는 것은 총과 탄약이었다. 그는 이 같은 계산을 바탕으로 신앙고백을 하는 한편 반란 세력을 진압할 무기를 구할 수 있게 해 달라고 부탁했다. 반란군이 점점 자신들의 생명까지 위협하던 터라 선교사들은 포마레를 비롯해 신앙을 고백한 그의 부하들에게 총과 탄약을 조달해 주기로 약속했다. 선교사 자신들의 생존이 달린 현실적인 조치였다. 원주민 관측자의 말에 따르면, "원주민들이 선교사에게 기도하는 법을 배우듯 총 쏘는 법을 배우지 않았다면, 성경과 함께 총을 건네받지 않았다면" 반란군 이 이겼을 것이라고 한다.[7]

반란이 일어났을 때 선교사들은 모두 타히티를 빠져나갔지만, 노트는 담대히 자기 자리를 지키고 서서 섬을 떠나기를 거부했다. 그의 마음이 약해졌던 때는 단 한 번, 런던 선교회에서 보낸 특별한 소포를 받으러 호주에 잠깐 가던 때였다. 소포는 다름 아니라 이 평신도 선교사들의 신붓감으로 런던에서 보낸 "경건한 처녀" 네 사람이었다. 노트는 다른 많은 독신 선교사들과 마찬가지로 원주민 아내를 취했다가 동료들의 반대에 부딪쳐 굴복했고, 그래서 그 결합은 "합의하에 무효가 되었으며, 네 사람의 '경건한 처녀'가 특별 소포로 도착했을 무렵 그 사실은 아무렇지도 않게 잊혔을 게 분명했다."[8]

노트는 런던에서 보내준 "경건한 처녀"보다는 원주민 아내와 함께했을 때 훨씬 더 행복하고 훨씬 더 잘 지냈을 것이다. 런던에서 온 그 처녀는 "몸 매가 완벽"했다고는 하지만, 성격 면에서는 그다지 호의적인 평가를 받지 못했다. 동료 선교사는 노트의 아내에 대해 이렇게 기록했다. "그녀의 혀는 세상에서 가장 모진 말로 남편을 욕하고 별다른 이유도 없이 남을 비방하느라 날마다 바쁘다.……요즘 그녀는 기도회가 열리는 곳으로 발길을 향하는 법이 없고, 우리를 당혹시키고 좌절시킬 계획을 짜기에 열심인 사람들하고만 날마다 어울린다."[9] 노트의 아내는 전반적으로 선교 사역에 수치로 여겨졌다. 런던 선교회 선교사인 로스 박사는 그녀의 음주 문제를 개탄하면서

"술에 취하면 그녀는 완전히 제정신을 잃고 자기가 무엇을 하며 무슨 말을 하는지 개의치 않는다"고 했다. 몇 달 후 노트의 아내가 세상을 떠나자 그는 그녀가 "결국 술 때문에 죽고 말았다"고 한마디 했다.[10]

반란이 진압되자 노트는 다시 거침없이 복음을 전하기 시작했다. 그리고 포마레를 향해서는 죄악된 길을 버리라고 간절히 권면했다. 포마레는 술주정뱅이에다 여러 아내를 거느렸을 뿐만 아니라 난잡한 동성애자이기도 했고, 기독교 신앙을 고백했음에도 그 신앙으로 자기 행실을 조정해 나갈 마음이 별로 없어 보였다. 그러나 1815년, 그가 반란군을 진압하고 최종 승리를 거둔 것을 기화로 타히티 섬에는 기독교의 획기적 도약이 이루어졌다. 포마레는 이교의 우상과 제단을 없애겠다고 공개적으로 선언했다. 그리고 그 말이 진심임을 입증하기 위해 자기가 개인적으로 섬기던 우상 12개를 다 모아 가지고 와 선교사들에게 넘기면서, 타히티 섬에서 어떤 일이 벌어지고 있는지를 보여주는 증거물로 런던의 런던 선교회 이사들에게 보내라고 했다. 이 우상들은 잉글랜드에서 일대 선풍을 일으켰고, 포마레의 회심을 기원하는 특별 기도회가 열리기도 했다. 그러나 이 우상들은 런던 선교회가 남태평양 지역에서 명성을 재확립하는 데 필요한 골동품일 뿐이었고, 덕분에 기부금이 쏟아져 들어왔다.

한편 포마레는 우상과 절연한 것만으로는 만족하지 않았다. 그는 신앙을 고백한 그리스도인으로서 완전한 신분을 갖고 싶어 했고, 거기에는 세례도 포함되었다. 그러나 선교사들은 선뜻 내켜하지 않았다. 포마레가 세례를 받으면 그 영향으로 수백, 어쩌면 수천여 원주민들이 기독교 신앙을 갖게 될지도 모르지만, 그가 여전히 부도덕한 행위에 빠져 있는 것을 생각하면 그 모든 게 웃음거리가 될 터였다. 오랜 의논과 기도 끝에 선교사들은 결국 그에게 세례를 주기로 뜻을 모았다. 비록 그 시기는 7년 뒤로 미루었지만 말이다. 마침내 1819년에 진행된 포마레의 세례식은 크고도 의미 있는 행사였다. 약 5,000여 주민들이 지켜보는 가운데 진행된 이 행사로 다른 많은 주민들이 자기 신앙을 공개할 수 있는 길이 열렸다. 얼마 후 이곳을 방문한 한 러시아 귀족은 섬에서 유아 살해, 식인 관습, 전쟁이 사라진 모습에 크게 놀랐고, 이 모든 것을 유럽인 선교사들의 공로로 돌렸다.

19세기의 처음 몇십 년 동안 남태평양 그 외 지역의 선교 사역은 힘들고도 느리게 진전되었다. 타히티 외에 다른 섬들도 복음화 되었지만, 모든 승리 뒤에는 그에 상응하는 좌절이 있었다. 북쪽 끝 하와이에서만 기독교가 확실히 정착하고 있다는 뚜렷한 증거가 나타났다.

하이럼 빙엄[1789-1869]　　　　하와이(당시 사람들이 일컫던 이름으로는 샌드위치 섬) 선교담은 몇 안되는 미국인 선교사들이 어떻게 낯선 문화 속으로 들어가 수십여 년이라는 짧은 시간 안에 그 사회의 모든 국면들을 지배하게 되었는지에 관한 독특한 이야기다. 선교사들의 몸부림, 사람과 사람 사이의 갈등이 얽힌 이 흥미진진한 이야기는 후에 제임스 미치너의 베스트셀러 소설 『하와이』[Hawaii]의 소재가 될 만큼 재미가 있다. 하지만 이 소설은 여러 면에서 하와이 선교를 잘못 전하고 있다. 미치너가 그리는 하와이 선교사는 장광설 늘어놓기 좋아하는 편협하고 완고한 사람들로, 원주민 문화를 파괴하는 데 열중하지만, 이는 하와이에 파송된 선교사들의 전형적인 모습이 아니다. 선교사들이 19세기에 널리 퍼져 있던 인종적 우월감이라는 정서에 물들어 있던 게 사실이기는 하지만, 이들은 하와이 사람들의 행복에도 관심이 있었다.

하와이 제도에는 900년 무렵부터 사람이 살기 시작했지만, 1778년이 되어서야 서구 세계에 알려지게 되었으며, 그것도 우연한 사건 덕분이었다. 제임스 쿡 선장이 타히티를 출발하여 북아메리카 서부 해안으로 향하던 중이 낙원의 섬을 발견한 것이다. 쿡 선장이 섬에 처음 왔을 때 주민들은 그를 신으로 생각했다. 그러나 1779년 두 번째 방문 때는 쿡에 대한 경외감이 약해지기 시작했고, 급기야 그는 한 추장과 싸움을 벌이던 중 살해당하고 만다. 이 사건에도 불구하고 서양인들과 하와이의 접촉은 계속되었고, 불화는 곧 사라졌다. 그 후 수십 년에 걸쳐 하와이는 꾸준히 서구 세계와 교역을 이어 나갔고, 섬은 극동으로 가는 선박들이 즐겨 들리는 중간 기착지가 되었다. 선박들이 이렇게 잠시 머무는 동안 원주민 소년들은 항해에 동행하자는 선원들의 권유를 받기도 했고, 하와이 청년들 중에는 그렇게 해서 미국으로 가는 길을 찾는 경우도 있었다.

하와이 선교에 대해 미국의 관심이 촉발된 것은 원주민들과의 바로 이러한 접촉 덕분이었다. 이런 원주민 청년 중 가장 유명한 이는 오부키야[Henry Obookiah, 약 1792-1818]로, 배움에 대한 열망이 컸던 그는 이루지 못한 그 열망 때문에 어느 날 아침 예일 대학 계단에 앉아 눈물을 삼키고 있었다. 이 모습을 본 에드윈 드와이트[Edwin Dwight, 1789-1841]라는 학생이 그를 개인적으로 공부시키기 시작했다. 그가 언젠가는 하와이로 돌아가 동족들을 복음화할 것을 기대하면서 말이다. 오부키야는 신앙을 고백하긴 했지만 건강이 나빠져 1818년 겨울에 세상을 떠나고 말았다. 하지만 오부키야 이야기는 하와이에 복음을 전하고자 하는 미국인들의 열정에 불을 지폈다.

시작은 아메리칸 해외선교위원회[ABCFM]가 했고, 오부키야가 세상을 떠난 지 1년이 지나지 않아 한 선교팀이 언제라도 하와이로 떠날 수 있는 준비를 갖추게 되었다. 위원회에서는 이들의 열정이 사그라질까 염려되어 긴박감 있게 일을 추진했다. 선교사 후보들을 접촉하고 면접하는 과정이 기록적으로 신속하게 진행되었고, 파송이 결정된 선교사들에게는 서둘러 결혼해서 아내를 구한 다음 떠날 준비를 하고 있으라는 지시가 내려졌다. 독신 선교사가 남태평양에서 어떤 문제에 봉착하게 될지 선교회에서는 알고 있었다. 이리하여 1819년 10월, 일곱 명의 선교사가 아내를 대동하고 하와이로 향하게 되었는데, 그중 여섯 명은 불과 출발 몇 주 전에 서둘러 결혼한 참이었다.

다섯 달의 항해 기간 동안 앤도버 신학교 출신 하이럼 빙엄Hiram Bingham이 이 소규모 선교팀의 리더를 맡았다. 빙엄과 그의 아내 시빌Sybil Moseley, 1792-1848은 출항 2주 전, 처음 만난 지 정확히 2주 만에 결혼한 사이였다. 두 사람은 서로 잘 어울렸고, 이들의 리

하와이 선교사 하이럼 빙엄

더십 덕분에 선교팀은 든든히 결속했다. 앞으로 닥칠 일에 대해 아무 준비도 안된 상태에서 하와이에 도착한 이 뉴잉글랜드인들은 눈앞에 펼쳐진 광경에 충격을 받았다. 빙엄의 생생한 묘사에는 이들의 놀라움이 확연히 드러난다. "거의 벌거벗다시피 한 채 쉼 없이 떠들어 대는 이 미개인들에게서 볼 수 있는 빈곤, 인간 이하의 비참함, 야만성에……소름이 끼쳤다. 우리 일행 중 몇몇은 눈물을 펑펑 쏟으며 고개를 돌려 버렸다. 비교적 강심장을 지닌 이들은 계속 그 비참한 광경을 응시했지만, 마음속으로는 이렇게 탄식하고 있었다. '이들도 인간이라고 할 수 있을까?……이런 환경도 문명화될 수 있을까? 이들이 과연 그리스도인이 될 수 있을까? 우리가 이 미개한 땅에 몸을 던져 저런 사람들 사이에 거처를 정하고 평생을 살며 저들이 천국에 갈 수 있도록 훈련시키고 가르친다는 그 목적을 이룰 수 있을까?'"[11]

하와이 주민들이 이 아니꼬운 뉴잉글랜드 손님들을 어떤 부정적인 시선으로 관측했는지는 알 수 없지만, 그들은 최소한 이들을 따뜻하게 맞아들

일 정도의 예의는 있었다. 한 역사가의 말에 따르면, "분에 넘치게 예의 바른" 영접이었다.[12] 다행히 선교사들이 섬에 도착한 시기도 아주 바람직했다. 섬에는 최근 새 왕이 즉위하면서 의미 있는 변화가 일어난 참이었다. 우상을 섬기고 사람을 제물로 바치는 제사가 금지되었고, 부족 간 전쟁의 긴 역사도 끝날 것처럼 보였다. 선교사가 섬에 들어와 사역을 시작하는 것도 허용되었다.

선교사들 앞에는 엄청난 과제가 기다리고 있었다. 선교위원회에서 할당받은 일을 다 완수하려면 특히 더 그랬다. "가슴을 활짝 펴고 목표를 높게 잡으십시오. 이 섬들이 열매 가득한 들판, 쾌적한 거처와 학교와 교회로 뒤덮이고, 모든 주민들이 수준 높은 기독교 문명인으로 양육되는 것을 목표로 삼아야 합니다."[13] "수준 높은 기독교 문명"이란 하와이인들의 느긋한 생활방식을 벗어 버리고 뉴잉글랜드식으로 산다는 의미였다. 주민들 사이에서는 당연히 저항이 있었고, 저항이 아니더라도 최소한 청교도식 윤리 규정에 대한 이해가 전혀 없었다.

선교사들이 만난, 그리고 남태평양 선교 역사상 가장 큰 저항은 원주민이 아니라 백인들 사이에서 터져 나왔다. 백인 선원들은 선교사들이 원주민의 생활방식에 간섭하는 것을 못마땅히 여겼다. 그도 그럴 것이 선원들은 젊은 원주민 여자들을 배로 불러올려 싸구려 장신구 따위를 주며 이들을 농락하곤 했다. 그런데 선교사들의 영향력이 커지면서 이런 관행들이 사라져 갔다. 빙엄과 동료들이 성난 선원들의 위협에 직면한 것이 한두 번이 아니었다. 한번은 돌핀호 선원들이 섬에 내려 단검과 곤봉으로 빙엄을 공격한 적이 있는데, 충직한 하와이 주민들이 구조해 주지 않았더라면 빙엄은 틀림없이 목숨을 잃었을 것이다.

이런 적대적 움직임에도 불구하고 하와이 선교는 놀랄 만한 속도로 진전되어 갔다. 교회와 학교가 설립되었고, 복음을 들으며 글 읽는 법을 배우는 학생들로 곧 차고 넘쳤다. 시빌 빙엄이 설립한 학교에는 왕의 어머니를 포함해 지도층 여성들이 등록했고, 왕의 어머니는 1823년 마침내 세례를 받았다. 가장 주목할 만한 회심 사례는 카피올라니^{Kapiolani, 1834-1899} 왕비의 회심으로, 왕비는 펠레 여신을 끔찍이 두려워하며 살아온 사람이었다. 전하는 말에 따르면 펠레는 연기를 내뿜는 킬라우에아 화산 분화구에 사는 여신이었다. 왕비는 두려움에 휩싸인 수백여 명의 구경꾼 앞에서 신앙을 고백한 뒤 이 거짓 신 펠레의 무력함을 시위해 보이려고 화산을 기어올라 가서 분화구로 내려갔다. 그리고 용암 호수에 돌맹이와 신성한 열매를 던지면서 사람들의 우상숭배 행위를 비웃었다. 그러고는 구경꾼들 쪽으로 돌아서 자신의 신앙을 증언했다. 이 극적인 사건은 하와이에 기독교 신앙이 확산되는 길을 닦았다는 점에서 모든 선교사들이 펠레 여신을 통렬히 비판하는 말을 다 합친 것보다 더 큰 역할을 했다.

1830년, 하와이에 들어온 지 겨우 10년 만에(그리고 선교사 2진이 들어온 뒤) 선교사들은 주변의 다른 섬들에까지 퍼져 나갔다. 빙엄은 주민들에게 높이 존경받았고, 많은 추장들이 그를 단순한 영적 지도자가 아닌 그 이상의 존재로 우러러보았다. 한 관측자의 말에 따르면, 추장들은 심지어 어떤 법을 만들어야 할지에 대해 "빙엄 왕"의 교시를 받았다고 한다. "코네티컷의 엄격한 법이 곧 하와이의 법이었다"고 한 비평가는 기록했다.[14]

그러나 엄격한 법은 하와이의 형편에 맞지 않았다. 브래드퍼드 스미스^{Bradford Smith}의 말에 따르면, 특히 이 법으로 성적인 죄를 다루기가 몹시 곤혹스러운 상황이었다고 한다.

형제들은 참을성 있게 제7계명을 설명해 주려고 애썼다. 그러나 이 계명을 하와이말로 번역하려던 선교사들은 하와이식 간음이 20가지나 된다는 것을 알고 경악했다. 간음을 일컫는 20가지 이름 중 하나만 거명하면, 쾌락을 즐기는 나머지 19가지 방식의 문이 활짝 열리는 셈이었다. 생각다 못해 이들은 "도리에 어긋나게 잠자지 말라"고 다소 애매한 표현으로 이 계명을 번역했다.[15]

지극히 신실한 하와이 신자들도 성적 부도덕 문제와 씨름했다. 교육 선교사 로린 앤드루스Lorrin Andrews, 1795-1868는 이 상황을 한마디로 요약하여 "간음은 원주민 교사들이 시급히 끊어 내야 할 죄악이었다"고 기록했다. 또 다른 선교사는 "대다수 교사들은 다수의 학생, 혹은 학생 전원과 잠자리를 했다"고 기록했다. 선교사들은 회심자들을 향해 옷을 입고 다니라고 역설하면서 그렇게 하는 것이 도덕성을 높이는 데 도움이 될 거라고 여겼지만, 브래드퍼드 스미스의 말에 따르면 "평생 벌거벗은 모습을 당연히 여기며 살아온 남자들에게는 옷을 입은 소녀들의 모습이 오히려 더 자극적이라는 것을 깨달았다"고 한다.[16]

선교사들 자신은 문란한 환경에 물들지 않고 도덕적으로 우위에 있었지만, 유혹거리는 그것 말고도 또 있었다. 특히 물질의 영역에서 이들은 유혹에 직면했다. 일부 선교사들은 외국 상인이나 무역업자들과 경쟁하며 상품을 판매한다고 비난받았다. 예를 들어 아르테마스 비숍Artemas Bishop, 1795-1872 선교사는 원주민을 고용해 시가를 생산하고 교육 자재와 교환했으며, 거기서 나오는 수익금으로 자기 집을 짓기도 했다. 조지프 구드리치Joseph Goodrich, 1794-1852 선교사는 사탕수수 농장을 취득해서 자기 소유의 설탕공장을 지었다. 또 어떤 선교사는 커피콩을 재배했다.

이런 상업 활동은 아메리칸 선교위원회의 승인을 받은 행위가 아니었고, 그래서 이 문제와 다른 여러 가지 문제를 두고 일부 선교사와 선교위원회 이사들 사이에 열띤 논쟁이 벌어졌다. 로린 앤드루스는 고향의 아버지에게 보내는 편지에서 윗사람들을 이렇게 비난했다. "우리는 노예가 되어야 하는 것일까?……아버지는 지금 아들이 자문위원회의 노예 상태에 있도록 하기 위해 아메리칸 해외선교위원회에 후원금을 내고 계신 겁니다."[17] 앤드루스를 비롯해 다른 여러 선교사들은 자신들이 말하는 독재에서 자유롭게 되고 싶어 했다. 얄궂게도 미국의 경제 상황이 이들에게 바로 그 자유를 주었다. 1837년의 경제 위기로 재정이 어려워지자 선교위원회는 선교사들에 대한 지원을 삭감했고, 선교사들은 가지각색 상품을 생산해서 스스로 생활비를 버는 수밖에 없었다.

부도덕과 물질만능주의, 그리고 선교사들과 선교회 이사들 간의 갈등 등 이 모든 문제 가운데서도 복음 사역은 놀랄 만한 성공을 거두며 계속 이어졌다. 1837년 무렵 선교사 규모는 60명에 이르렀고, 이들 대다수가 부지런히 선교 사역에 헌신하는 이들이었다. 그리하여 사역 20년 만에 영적 각성이 일어났다. 타이터스 코언[Titus Coan, 1801-1881]이 순회 전도 사역을 펼치면서 부흥의 물결이 각 섬을 휩쓸었다. 뉴잉글랜드 출신의 일부 엄격한 남자 선교사들과 달리 코언은 감정에 호소하는 신앙을 두려워하지 않았고, "눈물을 펑펑 쏟고 입술을 떨고 깊은 한숨을 내쉬고 고통스럽게 헐떡이는 행위" 등을 기꺼이 받아들였다.[18] 코언은 여러 곳을 돌아다니며 설교를 일주일에 최소한 30번씩 했으며, 그의 설교를 듣고 수많은 이들이 그리스도를 믿는 믿음을 고백했다. 각처에서 교회가 급속히 성장했고, 어떤 교회는 교인 수가 3,000명이 넘었다. 이 부흥 기간에 2만 명이 넘는 하와이 주민들이 교인이 되었고, 교회가 할 일은 거의 20배가량 늘어났다.

1840년경 뉴잉글랜드 출신 선교사들은 뿌듯한 성취감으로 지난날을 돌아볼 수도 있었겠지만, 또 다른 문제가 이들의 앞길을 가로막았다. 선교사들은 이제 가톨릭 사제들과 경쟁해야 했다. 브래드퍼드 스미스의 말에 따르면, 사제들의 선교 방식이 더 호소력 있었다고 한다. "가톨릭 사제들은 주민들에게 헌금을 요청하는 게 아니라 오히려 선물을 주었다. 선물은 특히 세례 받으러 온 아이들에게 효과가 컸다. 사제들은 설교 없이 간단히 미사를 드렸고, 음주나 흡연을 반대하지 않았으며, 죄인을 사면하겠다 약속했고, 어떤 사람이든 기꺼이 교인으로 받아들였다. 멋들어진 뉴잉글랜드식 집을 지어 입주하기보다는 하와이식 생활 스타일을 채택했다."[19] 타이터스 코언의 설교를 들으러 몰려들었던 사람들이 이제는 가톨릭 신앙 쪽으로 돌아섰다. 이리하여 복음주의 기독교는 10년이 채 안되어 쇠락의 길로 접어들었다.

희생적 사랑은 흔히 개신교 선교보다는 로마가톨릭의 선교 사역을 일컫는 특징이 되었다. 한 가지 주목할 만한 사례가 바로 다미앵 드 뵈스테르 Damien de Veuster, 1840-1889 신부로, 벨기에 사제인 그는 1873년 다른 섬에서 쫓겨난 '나병 환자'들이 모여 사는 황량하고 거친 불모의 섬 몰로카이 사역을 자원했다. 그는 섬에 도착한 즉시 사회복지 프로그램을 준비하는 한편 강도 높은 복음전도 사역을 시작했다. 그의 사역이 크게 성공을 거두자 이 소식이 전 세계에 전해졌고, 재정 지원과 물품 후원이 쏟아져 들어오기 시작했다. 그러나 10년 이상 지칠 줄 모르고 사역하던 다미앵 신부는 자기 자신도 나병에 걸렸다는 사실을 알게 되었다. 이 상태에서 4년 넘게 사랑의 사역을 계속하던 그는 이제 "살아 있으나 죽은 것과 다름없는 자들"의 세상에서 그 사람들과 완전히 동화될 수 있었다. 1889년 마흔아홉 나이로 세상을 떠나면서 그의 사역은 세계적으로 명성을 얻었다.

로마가톨릭이 밀려들어 온 것 외에 빙엄 부부가 떠나간 것(아내 시빌이 건강이 나빠지는 바람에 미국으로 영구 귀국했다)도 개신교 선교가 퇴조하는 데 한몫했다. 하지만 활발한 선교 사역에 방해가 된 가장 심각한 장애물은 선교사들이 점점 더 물질주의 풍조에 휩쓸렸다는 점이다. 일부 선교사들은 토지 횡령 혐의로 기소되었고, 투기사업에 너무 깊이 관여하다가 사역에 전적으로 몰두하지 못하는 경우도 있었다. 선교사 자녀들 중에는 하와이에 남아 공직자가 되거나 부유한 지주가 되는 이들이 많았다. 이 모든 형편이 맞물려 하와이는 미국과 정치적으로 밀접한 관계를 맺게 되었으며, 그와 동시에

이는 교회에 부정적인 영향을 끼쳤다. 19세기가 가고 20세기가 다가오면서 한때 2만여 개를 헤아리던 개신교회는 그 생동감을 잃고 5,000여 개 규모로 급속히 줄어들었다. 선교사들은 하와이를 '문명화'시키는 데에는 성공했지만 선교사 본연의 임무에는 그만큼 성공하지 못했다.

존 윌리엄스[1796-1839]

태평양 제도에서 사역한 선교사들 중 가장 혁신적이고 장기적인 안목을 지녔던 사람으로 존 윌리엄스John Williams가 손꼽힌다. 태평양 지역 선교에 광범위한 영향을 끼친 덕분에 그는 때로 "남태평양의 사도" 혹은 "폴리네시아의 사도"라 불렸다. 그는 1796년, 더프호가 런던 선교회의 파송을 받아 남태평양으로 향하던 해에 잉글랜드에서 태어났다. 런던 토트넘의 노동자 계층이 모여 사는 구역에서 자랐고, 열 네 살에 한 철물상의 도제가 되었다. 이 시기에 그는 비행소년들과 한 패거리가 되어 신앙과는 담을 쌓았다. 그러던 중 1814년 1월 어느 날 밤 친구들과 길모퉁이를 배회하고 있을 때 스승의 아내가 그를 부르며 교회에 가자고 권했다. 그는 마지못해 이에 응했고, 그날 밤 올드 윗필드 예배당에서 그의 삶은 영원히 변화되었다. 이후 그는 시간이 날 때마다 주일학교 교사로 봉사하고, 길거리에서 신앙 책자를 나눠 주고, 병자를 심방하며 보냈다.

올드 윗필드 예배당 목회자 매슈 윌크스는 윌리엄스에게 특별한 관심을 보이며 사역자가 되기를 권면했고 후에는 런던 선교회에 지원해 보라고 권했다. 이제 겨우 나이 스무 살이었고 성경을 체계적으로 배운 적도, 선교사 훈련을 받은 적도 없었지만, 그럼에도 불구하고 윌리엄스는 런던 선교회에 허입되었다. 그 뒤 부랴부랴 메리 초너Mary Chawner와 결혼식을 올린 윌리엄스는 타히티 근처 작은 섬을 향해 배에 올랐다.

1818년, 서쪽으로 더 가서 또 다른 작은 섬에 도착한 윌리엄스 부부는 그곳에서 석 달간 머물다가 마침내 라이아테아에 정착했고, 이곳은 그 후 13년 동안 이들 부부의 선교기지가 되었다. 라이아테아는 인구가 2,000명도 안되는 작은 섬이었지만, 폴리네시아의 신 오로의 본거지였기 때문에 폴리네시아인들에게는 의미가 아주 큰 곳이었고, 오로의 신전은 인신 제사의 중심지였다. 윌리엄스 일가는 원주민들에게 따뜻한 환영을 받았지만, 그 따뜻한 겉모습 뒤에는 사람의 목숨에 별 가치를 두지 않는 이곳의 문화유산이 자리 잡고 있었다. 원주민들은 인신 제사를 비롯해 이 지역에서 너무도 흔히 볼 수 있는 유아 살해 관습(대개 어린아이를 산 채로 매장해 버리는)과 더할 나위 없이 느슨한 도덕 규준을 갖고 있었다. 윌리엄스의 말에 따르면, "남자, 여자, 어린아이 할 것 없이 모두 벌거벗고 다녔고, 한곳에 뒤섞여서 목욕한다. 수치심 따위는 없고 음탕함만 가득하다.……상대를 가리지 않는 난잡한 성생활이 일상화되어 있어 끔찍하기조차 하다. 남편이 아프면 아내는 남편의 형제를 찾아가 정을 통하고, 아내가 아프면 남편은 아내의 자매를 찾아가 정을 통한다.……사람은 일을 해야 한다고 말하면 그렇게 말하는 우리를 비웃는다."[20]

이런 사람들에게 어떻게 접근하느냐 하는 것이 윌리엄스에게 주어진 첫 번째 도전이었다. 그는 타문화권 전도를 훈련받은 적이 없었다. 그래서 그가 우선순위로 삼은 일은 문화를 바꾸는 것이었다. 그는 단순히 기독교를 전하는 것이 아니라 문명을 전하고자 했다. "선교사는 그 자신이 야만인이 되려고 선교지에 가는 게 아니라 이교도를 고상한 인격체로 만들려고 간다. 선교사 자신이 저들의 수준으로 떨어지는 게 아니라 저들을 선교사 자신의 수준으로 끌어올리려고 간다." 서양 문명의 우월성을 보여주기 위해 윌리엄스는 베란다에서 바다가 내려다보이는 큰 집을 짓고 사면에 경관 좋은 정원을 배치했다. 그리고 원주민들에게 자기처럼 집을 짓기를 권했다. "많은 원주민이 아주 깔끔하고 작은 집들을 짓고 이제 가족들과 함께 그 집에서 살고 있다. 왕은 우리가 지은 집을 보고 우리가 조언하는 대로 우리 집 근처에 집을 지었다.……원주민들이 부지런히 여러 유용한 기술들에 종사하고 있는 광경을 보면, 문명화 옹호자들은 복음화를 지지하는 자들 못지않게 흡족해할 것이다."[21]

윌리엄스가 문명화를 강조했다고 해서 복음전도에 대한 그의 열정이 줄어든 것은 아니다. 다른 모든 활동과 더불어 그는 주일 다섯 차례의 예배와 주중 예배를 인도했고, 날마다 규칙적으로 개인전도 활동을 했다. 그런 한편 원주민 회심자들에게 선교 활동을 일정량 할당했는데, 그는 이들 회심자들이 자기보다 훨씬 더 효과적으로 전도 활동을 할 수 있다고 여겼다.

남태평양에서 처음 몇 달을 지내본 윌리엄스는 각 섬의 주민도 얼마 안 되고 이 섬에서 저 섬으로 마음대로 오갈 수도 없다는 사실 때문에 답답함을 느꼈다. 상선(商船)이 이따금 섬에 오기도 했지만, 오는 때가 불규칙했기 때문에 계획을 세워 섬들을 돌아다닌다는 건 불가능했다. 이 문제에 대한 해결책은 선교용 선박을 마련하는 것뿐이었다. 선교사들 중에 직접 배를 건조하려고 했던 이들이 있었지만 그게 예상외로 복잡하다는 것만 확인했을 뿐이었다. 그러나 다른 이들이 포기해 버린 그 기획에 윌리엄스는 오히려 마음이 더 혹했다. 섬과 섬을 자유롭게 오가고 싶다는 꿈을 이루기 위해서는 배가 꼭 필요했다. 더구나 윌리엄스는 철물상 출신이 아닌가. 그는 이 일에 도움을 줄 선교사들을 모집했고, 얼마 후 선교용 선박이 진수식을 앞두게 되었다. 축하해야 마땅한 날이었다.

그러나 본국 선교회 이사들은 선교사들의 이 흥겨운 축하 분위기를 함께 나누지 않았다. 현장에서 멀리 떨어져 상황을 지켜보다 보니 이들은 선교사들이 좀 더 손쉽게 섬과 섬을 오가며 교통할 수 있는 수단이 필요하다는 사실을 체감하지 못했다. 이들은 윌리엄스의 계획을 거부하고는 "선교회는 이 선박을 소유하거나 운항하는 것과 관련해서 그 어떤 계약을 맺는 것도 허용할 수 없다"고 결의했다. 전선이 형성되었고, 윌리엄스가 노골적으로 선교회 이사들의 지시를 어기고 선박과 관련한 활동을 계속함에 따라 이후 몇 년 동안 갈등이 이어졌다. 윌리엄스가 논란을 뚫고 활용해 오던 첫 번째 배에는 결함이 있었다. 그러던 차 1821년 시드니를 방문한 그는 '인데버'호를 구입하기 위해 각처에 지원을 호소했을 뿐만 아니라, 무역 투자를 통해 순식간에 영국 돈으로 약 1,800파운드의 이익을 냈다. 선교회 이사들은 이 배를 구입하는 것을 "큰 죄악"으로 여겼고, 윌리엄스가 "선교의 대목표에서 관심을……돌리려는 의도로 상거래에……관여하고 있다"고 비난했다.[22]

그러나 선교회 이사들의 지시가 윌리엄스에게 도달할 무렵 상황은 대개 달라져 있었고, 그래서 이들의 날카로운 질책은 그때 상황에 들어맞지 않았다. 투자수익에 중과세가 매겨지면서 그의 투자활동은 점점 줄어들었고, 그는 "앞으로 어떤 식으로든 수익 활동에 얽히는 일은 피하겠다"고 공손히 약속했다. 하지만 선박을 보유하겠다는 결단에는 굽힘이 없었다.

예수님께서 구상하신 선교사는 원주민 100명이나 200명쯤을 모아 교회를 만들어 놓고 마치 모든 죄인들이 다 회심하기라도 한 양 편안하게 앉아 있는 사람이 아니다. 그 순간에도 수많은 원주민들이 사방에서 서로의 살을 먹고 서로의 피를 마시며 야만적인 기쁨에 빠져 있다.……다른 사람은 몰라도 나는 섬하나라는 좁은 한계에 만족할 수 없으며, 더 많은 곳을 돌아다닐 수 있는 수단이 허용되지 않는다면 차라리 뭍으로 가라고 해도 얼마든지 갈 것이다. 뭍에서는 뭔가를 타고 다닐 수 없다면 걸어서라도 다닐 수 있으니까.[23]

재정적인 이유도 일부 있었지만, 윌리엄스는 마지못해 인데버호를 포기하기로 했다. 하지만 선교회 이사들 자체가 남태평양의 섬들에 복음화가 진행되는 것을 방해하는 마귀의 도구일 수도 있다는 한마디는 빠트리지 않았다. "사탄은 이 배야말로 남태평양에서 그의 이익에 맞서는 가장 치명적 무기라는 것을 잘 알고 있다. 그래서 이 선제공격의 효과를 절감하자마자 곧 이 무기를 우리 손에서 빼앗은 것이다."[24]

필요할 때 언제라도 배를 이용할 수 없게 되자 다른 섬에 오가는 횟수가 줄어들었고, 이후 몇 년간 윌리엄스는 라이아테아 섬에서 신자들을 양육하는 일에 매진했다. 하지만 그 섬에만 갇혀 있어야 했고, 잉글랜드에서 추가적으로 인원을 보강해 주지 않았던 탓에 그는 답답했다. 남태평양을 복음화하는 일도 진척이 더뎠다. 런던 선교회의 전략이라고 해봤자 그곳 사역을 그냥 유지하는 것뿐이었다. 누군가가 나타나서 강력한 리더십으로 이 상황을 타개해야 했다. 윌리엄스는 자기 자신이 바로 그런 사람이라고 생각했다. 자신은 현장 경험이 많으므로 어떤 식으로 복음화를 이루어야 하는지 선교회 이사들보다 더 잘 안다는 것이 그의 믿음이었다. 그는 원주민 선교사들을 광범위하게 활용해야 한다고 주장했다. 이 선교사들을 다른 섬으로 파송해 배로 태워다 주고, 그런 다음 정기적으로 그들을 찾아가 사역을 지도해 주려는 것이 그의 계획이었다.

그 계획을 실천에 옮기려면 배가 필요했고, 이 문제로 그는 또다시 선교회 이사들과 불화를 빚었다. 그러면서도 그는 선박 건조 사업을 시작했고, 얼마 지나지 않아 50톤급 '평화의 사자'호가 출항 준비를 마쳤으며, 윌리엄스는 곧 순회 사역을 시작했다. 선교회에서 이 일을 알게 되었을 때는 이미 그의 계획이 실행에 옮겨져 있을 때였기에 선교회에서 할 수 있는 일은 아무것도 없었다. 윌리엄스는 이사들의 뜻에 또다시 코웃음을 쳤다. 선교라는 목적을 위해 개인적으로 너무도 많은 희생을 치렀는데 관료들의 근시안적 사고 따위가 그의 뜻을 좌절시킬 수는 없었다. 그는 그렇게 믿고 자신의 행동을 변론했다. 윌리엄스는 물론 그의 아내도 건강이 나빠져 고통을 겪었고, 열 자녀 중 일곱 아이를 어릴 때 잃었다. 그렇게 많은 것을 걸었는데 이제 와 꿈을 포기할 수는 없었다.

'평화의 사자'호 덕분에 섬 사이 왕래도 늘고 통행이 자유로워진 것에 대해 많은 선교사들이 고마워했지만, 윌리엄스가 이 지역 선교 사역 전반에 암묵적 권력을 쥐고 두각을 나타내는 것에 반감을 갖는 이들도 있었다. 선교회 이사들도 윌리엄스의 영향력이 점점 커지고 명성이 높아지면서 나타나는 결과들을 심히 두려워했다. "모든 영광을 하나님께 돌리고, 만에 하나라도 하나님께 돌려져야 할 영광을 자신이 취하지 않도록 조심하시오. 유혹에 굴하지 말고……고결한 자세를 가지시오." 이런 은근한 질책으로 윌리엄스의 마음이 상했다는 사실은 이에 대한 그의 답변에 잘 나타나 있다. "드러내 놓고 말씀하시진 않지만 저에 대해 뭔가 미심쩍어 하시는 게 분명하군요. 하지만 제가 뭘 어찌했기에 그런 의심을 받아야 하는 건지 도무지 모르겠습니다. 이렇게 뼈 있는 내용의 편지를 읽다 보니 선교회 이사님들에 대해 결코 품고 싶지 않은 감정과 정서가 생겨나는군요."[25]

갈등이 계속됨에도 불구하고 윌리엄스의 계획은 큰 성공을 거두며 진행되었다. 그의 감독 아래 복음전도 사업은 원주민 교사들이 거의 전담하다시피 했다. 하지만 이들 대다수는 전도자로서 훈련을 거의 받지 못한 사람들이었다. 이들에 대해 스티븐 닐은 이렇게 말한다.

기독교 역사상 이 사람들의 신실함에 필적할 만한 경이는 거의 없다. 말도 통하지 않는 사람들 틈에 남겨진 채 빈번히 목숨이 위험에 처하면서도, 힘주시는 성령의 능력과 동료들의 기도에만 의지하여 한정된 지식과 신앙으로 교회를 개척하고 세워 나갔으니 말이다. 많은 이들이 자기 피로 복음의 씨앗에 물을 주었다. 그런 중에도 교회는 자라갔다. 유럽인 선교사에게 주로 의지했을 경우

에 비해 훨씬 더 널리 성장해 나갔다.[26]

1834년, 남태평양에 온 지 거의 18년 만에 윌리엄스는 "타히티에서 3,200km 이내에 있는 주요 섬은 다 찾아갔고 복음을 듣지 못한 부족은 단 한 부족도 없다"고 말할 수 있게 되었다. 엄청난 업적이었지만, 이것은 시작일 뿐이었다. 더 많은 재원과 인원 보강이 필요했기에 그는 잉글랜드로 돌아가 직접 지원을 호소하기로 했다.

1834년 여름, 가족과 함께 잉글랜드에 도착한 38세의 윌리엄스는 이미 자신이 유명인사가 되어 있다는 것을 알게 되었다. 캔터베리 대주교는 윌리엄스의 사역이 사도행전에 새로운 장(章)을 추가하고 있다고 선포했고, 다른 사람들 역시 찬사를 아끼지 않았다. 윌리엄스 개인적으로 이는 하룻밤 사이에 벌어진 대소동이었다. 사람들은 태평양 섬사람들에 얽힌 이국적인 이야기, 위험이 가득한 선교사들의 삶 이야기를 들으러 모여들었다. 그는 사람들의 기대를 채워 주었다. 때로는 원주민 복장으로 사람들 앞에 서기도 했지만 늘 성과가 있는 것은 아니었다. 적어도 성과를 헤아려 볼 때에는 그랬다. 어느 날은 예배를 마치고 이렇게 탄식했다. "나는 이교도들의 잔혹함에 대해 감동적인 이야기를 들려주어 청중들의 동정심을 유발시키고 눈물을 짜내려고 했다. 그들의 주머니에서 겨우 4파운드를 얻어 내려고 말이다. 그들은 정말 냉혈한들이었다."[27]

윌리엄스의 집회도 성황리에 진행되며 생생한 관심을 불러일으켰지만, 재정 지원을 얻어낸 것은 그의 저서 『남태평양 선교 사역 이야기』*A Narrative of Missionary Enterprise in the South Seas*였다. 부유하고 영향력 있는 사람들에게 이 책을 보내자 그들은 배를 또 한 척 살 수 있을 만큼 넉넉한 후원금으로 호응했다. 이번에는 선교회 이사들도 반대하지 않았다. 이들은 윌리엄스가 런던 선교회의 남태평양 선교 사역에 뜨거운 관심을 불러일으키고 있는 것을 보고 여기에 찬물을 끼얹기를 원치 않았다. 이리하여 윌리엄스는 1838년 '평화의 사자'보다 두 배나 더 큰 '캠던'호를 구입할 수 있었고, 휴가를 떠나온 지 거의 4년 만에 가족들 및 아들과 며느리까지 합류한 신입 선교사들과 함께 선교지로 돌아갈 채비를 했다. 떠들썩한 환송식이 벌어졌고, 모두들 과장이 담긴 말로 윌리엄스를 칭송했다. 그는 당대 최고의 선교사로 박수갈채를 받고 있었다.

남태평양으로 돌아온 윌리엄스는 곧 각 섬의 선교기지를 방문하고 원주민 선교사들의 사역을 강화시키는 등 사역을 재개했다. 하지만 그는 사방에서 실망스러운 상황을 만났다. 한 역사가의 말에 따르면, "런던 선교회 선교사들이 선교의 성과를 극찬하는 보고서를 여전히 영국으로 보내고 있음에도 불구하고 윌리엄스는 상황이 점점 더 나빠지고 있었음을 깨달았다. 섬 주민들은 끊임없이 이것저것을 요구하는 선교사들에게 지치고 환멸을 느껴 기독교 신앙에 등을 돌리고 있었다"고 한다. 선교사들끼리도 문제가 있었는데, 특히 런던 선교회 선교사들과 웨슬리파 감리교도 간의 알력이 심했다. 윌리엄스가 보기에 특히 더 심각한 것은, 로마가톨릭 측이 "섬에 가톨릭교를 확실히 심어 놓으려고 아주 필사적으로 애쓰고" 있었다는 점이다.[28]

이 상황을 안정시키고 윌리엄스가 기독교 신앙을 전한 여러 섬들에 그 신앙의 연속성을 회복시키기 위해서는 윌리엄스의 리더십과 다년간의 경험이 절실히 필요했다. 하지만 윌리엄스는 수리공보다는 세일즈맨에 더 가까웠고, 아직 전도의 손길이 미치지 않은 서쪽 섬들이 그를 손짓해 부르고 있었다. 수년간 그는 서쪽으로 뉴헤브리디스까지 복음 사역을 확장시키는 꿈을 꾸고 있었는데, 이제 캠던호가 생겼으므로 아무것도 거칠 게 없었다. 원주민들이 좀 위험한 사람들이긴 했지만 생명의 위험을 무릅쓰고 복음을 전한 적은 전에도 있었다. 그래서 그는 아내의 반대에도 불구하고 다시 한 번 위험을 무릅쓰기로 마음먹었다.

1839년 11월 초, 윌리엄스는 원주민 선교사 몇 사람과 함께 캠던호에 올라 뉴헤브리디스의 에로망고 섬으로 향했다. 섬 주민들에 대해서는, 전에 백단향나무를 불법으로 베어 가던 유럽 상인들을 잔인하게 습격했다는 것 외에는 알려진 게 거의 없었다.

2주간의 항해 끝에 캠던호는 에로망고 섬에 도착했다. 원주민들이 곧 해안에 모습을 드러냈고, 작은 보트에 옮겨 타고 해안으로 다가오는 손님들이 뭔가 선물이라도 주지 않을까 하며 물길을 걸어 만(灣) 쪽으로 들어왔다. 첫 조우를 마치고 윌리엄스와 다른 두 유럽인 선교사가 해안에 내려 원주민들과 함께 마을로 걸어 들어가기 시작했다. 그런데 원주민들을 자극할 만한 아무 행동도 하지 않았는데 갑자기 이들이 선교사들을 공격해 왔다. 윌리엄스는 가까스로 뒤돌아서서 해변까지는 도망쳐 나왔지만, 캠던호까지 헤엄쳐 가던 중 뒤따라온 원주민들에게 잡혀 몽둥이질을 당하다가 사망하고 말았다. 다른 선교사 한 사람은 무사히 보트에 올라탔고, 이 선교사와 모건 선장은 서둘러 캠던호로 노를 저어 갔다. 시신을 수습하러 해변에 갈 수 없었던 모건 선장은 도움을 청하기 위해 시드니로 갔다. 이들은 두 달 후 돌아와 원주민들과 협상을 벌인 끝에 윌리엄스와 동료 선교사의 백골을 돌려받을 수 있었다. 살점은 이미 원주민들이 다 먹어 치운 후였다.

윌리엄스의 비극적 죽음은 동료와 벗들에게 여러 가지 면에서 도저히 이해할 수 없는 수수께끼였다. 특히 백단향나무 상인들의 죽음에서 보다시피 에로망고 섬 주민들이 믿을 수 없는 사람들이라는 것을 잘 알고 있었을 텐데, 윌리엄스는 왜 관행대로 원주민 선교사들을 먼저 해안으로 보내지 않았을까? 섬 주민들의 입장에서는 상인으로 보일 수도 있는 유럽인보다는 원주민 선교사가 훨씬 덜 위협적이었다. 마찬가지로, 원주민 무리 중에 여자가 하나도 없는 것을 보고서도 윌리엄스는 왜 위험을 감지하지 못했을까? 산전수전 다 겪은 남태평양 선교사로서 그런 상황은 위험이 임박했음을 알려 주는 신호라는 것을 분명히 알았을 텐데 말이다. 그는 이 명백한 주의사항들을 왜 노골적으로 무시했을까? 잉글랜드에서 하늘 높은 줄 모를 만큼 찬사와 칭송을 받고 방금 돌아온 그는 지루한 선교사의 일상이 다시 시작되자 의기소침했을 수도 있다. 지지자들의 마음속에서는 담대한 영웅이었기에 그는 그 빛나는 명성을 유지해야 했다. 어쩌면 누구도 자신을 맞상대할 수 없다는 비현실적인 착각 속에 잠깐 분별력을 잃었던 것일 수도 있다.

존 G. 페이턴[1824-1907]　존 윌리엄스의 비극적 죽음 소식이 전 세계로 알려지면서 기독교회에 충격파를 던졌다. 특히 영국에서는 윌리엄스의 뒤를 잇겠다고 수많은 젊은이들이 서원하며 나섰다. 존 게디[John Geddie, 1815-1872]로 대표되는 장로교인들이 그 비극 이후 지속력 있게 뉴헤브리디스로 들어간 최초의 개신교 선교사들이었다. "강인하고, 유머라고는 모르며, 일편단심에다 믿을 수 없을 만큼 담대한" 선교사로 묘사된 게디는 노바스코샤에서 어린 시절부터 영웅적 선교사들 이야기에 호기심을 느끼며 성장했다. 1848년, 그는 아내와 함께 배에 올라 뉴헤브리디스의 최남단 섬 아네이튬으로 가서, 성경을 번역하고 복음을 전하며 원주민 사역자를 훈련시키면서 평생을 살았다. 이 사역이 얼마나 효과적으로 진행되었던지 사실상 섬 주민 전체가 그리스도인이 되었다. 게디가 개척한 한 교회에 그를 기념하여 세워진 비문에서는 그의 강력한 영향력에 대해 다음과 같이 강조했다. "1848년 그가 이 섬에 내렸을 때는 그리스도인이 하나도 없었는데, 1872년 그가 섬을 떠날 때에는 이교도가 한 명도 없었다."

게디의 성공적인 사역은 더욱 많은 사람들의 관심을 자아내었고, 곧 더 많은 장로교 선교사들이 섬으로 들어오기 시작했다. 그중 한 사람이 존 G.

페이턴John G. Paton으로, 아마 남태평양 선교사 가운데 가장 잘 알려진 사람일 것이다. 그가 이렇게 불후의 명성을 갖게 된 것은 원주민이 선교사들을 몽둥이로 때려죽인 사례들을 하나하나 실감 나게 묘사한, 긴장감 가득한 그의 자서전이 출판되어 널리 읽힌 까닭이 크다. 페이턴 자신의 설명에 따르면, 원주민들의 손에 죽을 뻔하다가 아슬아슬하게 살아난 적이 얼마나 많은지 헤아릴 수 없을 정도였다고 한다. 그저 살아남는 것만으로도 정신적·육체적으로 끊임없는 긴장의 연속이었고, 그래서 살아 있는 것 자체가 주목할 만한 업적이었다.

존 페이턴은 1824년 스코틀랜드 던프리즈에서 태어나 방 세 개짜리 작은 집에서 자랐다. 아버지는 스타킹 짜는 일로 생활비를 벌었다. 집안은 가난했고, 존은 열 두 살이 되기도 전에 학교를 그만두고 아버지 옆에서 일하며 가족 부양을 도와야 했다. 페이턴 집안은 엄격한 장로교 집안으로, 이들의 삶은 교회 활동을 중심으로 이뤄졌다. 젊을 때 회심한 존은 선교 사역에 마음을 두고 글래스고 도시선교회GCM에서 사역을 시작했다. 그가 사역하던 글래스고의 게토 지역은 가난한 공장 노동자들이 무더기로 길거리로 쏟아져 나오고 "죄와 악덕이 부끄러움도 없이 공공연히 활개 치는" 곳이었다. 그런 곳에서 사역한다는 건 힘든 일이었지만, 덕분에 앞으로 뉴헤브리디스에서 만나게 될 시련에 잘 대비할 수 있었다. 길거리에서 복음을 전할 때 이를 격렬히 훼방하는 이들도 있었지만, 페이턴의 철학은 뒤로 물러서는 것을 허용하지 않았다. "괴롭히는 자들을 두려워하는 모습을 보이면 저들은 사납고 잔인하게 당신을 학대하겠지만, 두려움 없이 무시하는 모습을 보이면, 혹은 당당하게 맞서면 저들은 강아지처럼 발밑에 납작 엎드릴 것이다."[29]

10년간 도시선교 사역을 하던 페이턴은 남태평양 선교의 필요성을 진지하게 고려하기 시작했다. 친구들은 그를 만류하려고 했다. "식인종에게 잡아먹힐 것"이라고 경고하기도 했다. 하지만 그에게 식인종의 위협을 상기

시킬 필요는 없었다. 위대한 선교사 존 윌리엄스가 겪은 운명을 그는 늘 염두에 두고 있었다.

1858년 봄, 장로교 소속 교회들을 돌며 3개월간 순회 설교를 마친 그는 메리 앤 롭슨^Mary Ann Robson, 1840-1859^과 결혼식을 올린 뒤 아내와 함께 남태평양행 배에 올랐다. 존 부부에게 배정된 곳은 탄나 섬으로, 이들은 이곳에서 극심한 문화충격을 겪었다. "첫인상만으로도 나는 경악 직전이었다. 벌거벗은 채 온몸에 이상한 색칠을 한 이 참담한 지경의 원주민들을 보는 순간 내 마음은 공포 못지않게 연민으로도 가득 찼다.⋯⋯여자들은 풀잎으로 엮은 조그만 앞치마 차림이었고⋯⋯남자들은 작은 주머니 같기도 하고 가방 같기도 한, 뭐라 설명할 수 없는 물건을 차고 있었으며, 아이들은 그나마도 없이 완전히 알몸이었다!"[30]

오래지 않아 그는 원주민들의 생활방식, 그 가혹한 현실을 깨달았다. 그에 비하면 이들이 벌거벗은 채 지낸다는 것은 문제 축에도 끼지 못했다. 원주민들은 자기들끼리 죽고 죽이는 전쟁을 벌이고 있었다. 사람을 죽이는 일이 거의 날마다 벌어져서, 일상의 한 부분으로 받아들여지고 있었으며, 이 일상이 이따금 격렬하게 분출하여 섬 주민 전체의 목숨을 위협하기도 했다. 한순간도 마음을 놓을 수 없는 긴장의 연속이었다. 메리는 자꾸 병에 걸렸고, 출산으로 건강 상태가 더 나빠졌다. 1859년 3월 3일, 결국 그녀는 열병으로 세상을 떠났고, 3주가 채 지나지 않아 어린 아들도 메리의 뒤를 따라갔다. 페이턴으로서는 절망의 시간들이었다. 엄숙하게 결혼 서약을 한 지 겨우 1년이 지났을 뿐이었다. 그는 "예수님이 아니었더라면 나는 미쳐서 그 외로운 무덤 옆에서 죽었을 것"이라고 애통해했다.[31]

섬에 온 첫해에 페이턴은 존 게디가 섬기고 있는 아네이튬 출신의 원주민 교사들과 동역했다. 원주민 교사들은 복음을 잘 설교했을 뿐만 아니라 그리스도인다운 삶을 살았다. 여자 문제에서 특히 그러했다. 탄나의 사회구

조상 여자들은 사실상의 노예나 다름없었고, 걸핏하면 남편에게 매를 맞고 때로는 살해당하기도 했다. 그런데 원주민 교사들이 이 문제와 관련하여 좋은 본을 보이며 여자들을 보호하자 이에 위협을 느낀 남자들이 페이턴을 습격해서 원주민 동역자 한 사람을 죽이고 말았다. 질병 또한 페이턴 일행에게 큰 타격을 입혔다. 유럽 선원들이 탄나 섬에 홍역을 전염시켜서 아네이튬 출신 교사 13명이 세상을 떠났다. 페이턴의 말에 따르면, 홍역이 얼마나 심하게 창궐했는지 탄나 섬 인구 1/3이 몰살당했다고 한다.

페이턴이 탄나에 온 지 3년이 지난 1861년 여름, 원주민들은 내전을 벌이기 직전이었고, 페이턴은 갈등의 중심에 서 있었다. 어느 순간 페이턴은 한 사람 남은 아네이튬 출신 교사와 함께 방 안에 들어가 문을 닫아걸었고, 밖에서는 원주민들이 이들을 죽이려고 기다리고 서 있는 상황이 되었다. 해안에 사는 부족이 페이턴을 가장 싫어했는데, 이 부족은 페이턴이 섬을 떠나지 않을 경우 내륙 부족들과 전면전을 벌이겠다고 위협하고 있었다. 1862년 1월 중순, 일상으로 벌어지던 폭력 사태는 마침내 전면적 내전으로 번졌다. 페이턴은 짐을 다 남겨둔 채, 가지고 있던 총으로 위협사격을 해가며 해안으로 나와 상선 편으로 간신히 탄나 섬을 빠져나왔다.

탄나를 떠나온 페이턴은 아네이튬을 거쳐 호주로 갔고, 도착 즉시 장로교단 교회를 순회하며 뉴헤브리디스에서 겪은 공포스러운 상황에 대해 사람들에게 이야기하기 시작했다. 그는 뛰어난 연설가여서, 순회가 끝날 무렵에는 선교용 선박 '데이스프링'호 구입 용도로 헌금이 2만 5천 달러나 모이는 성과를 거두었다. 1863년 봄, 그는 영국으로 가 장로교 소속 교회 순회를 계속하면서 남태평양 선교기금으로 수천 달러를 더 모금했다. 순회 기간 중 재혼한 그는 신부 마거릿^{Margaret Whitecross, 1824-1905}과 함께 호주로 가서 데이스프링호에 올라 뉴헤브리디스로 향했다.

섬에 도착한 지 얼마 안되어 페이턴은 그의 사역을 거의 파멸 지경으로 몰아넣은 한 가지 분쟁에 휘말렸다. 싸움 좋아하는 한 영국군 제독이 자신을 비롯해 유럽인들이 남태평양의 섬 주민들에게 당한 일을 빌미 삼아 군함을 몰고 나타나서는 탄나의 일부 마을을 쑥대밭으로 만들어 원주민들을 응징했다. 특히 페이턴과 격렬히 대립했던 해안 마을의 피해가 컸다. 후에 페이턴은 자신이 그 응징 행위를 "지시했다"는 것을 부인했지만, 그가 통역사로 이 원정대와 동행한 것은 사실이었고, 그래서 선교 사역과 군사동행 사이에 직접적 연결고리를 만들고 말았다. 원주민들은 사전에 경고를 받았고 사상자도 거의 없었지만, 그럼에도 이 사건은 일대 소동을 일으켰다. 페이턴의 말에 따르면, "신문에는 '복음과 무력'에 얽힌 상스러운 조롱조의 제목으로 이 사건을 신랄하게 조소하는 기사들이 수없이 실렸고, 전력 손실이 하나도 없다는 사실이 영국과 미국으로 전송되자, 세속 언론들은 날이면 날마다 상상 가능한 온갖 이야기들로 독자들에게 공포심을 불어넣었다"고 한다. 그러나 페이턴을 가장 가혹하게 비난한 이들 중에는 불신자뿐만 아니라 그의 동료도 일부 있었다. 당시 휴가 중이던 장로교 선교사 존 게디는 이 사건 소식을 듣고 격분해서는 페이턴에게 책임이 있다고 비난했으며, 이 같은 상황은 선교 사역에 부정적인 결과를 초래했다. 페이턴 자신도 이 사건 때문에 "선교 선박 마련을 위해 기금을 모금하는 일이 더욱 힘들어졌다"고 불평했다.[32]

　페이턴은 뉴헤브리디스에서의 두 번째 임기를 아니와라는 작은 섬에서 보냈다. 탄나는 아직도 유럽인들에게 안전치 못한 곳으로 여겨졌기 때문이었다. 이번에도 페이턴은 아네이튬 출신 원주민 교사들과 동행했고, 페이턴 부부는 곧 새로운 선교기지에 정착했다. 아니와는 탄나보다는 평화로운 곳으로 여겨졌지만, 페이턴 부부와 원주민 교사들은 여전히 적대적인 원주민들의 위협에 직면해야 했다. 하지만 이제 페이턴은 (물리적 무기가 안 된다면) 심리적 무기로 그 위협에 맞설 수 있었다. 그는 원주민들에게 경고하기를, "살인이나 도적질하지 말라. 탄나를 응징한 군함이 이 작은 섬 정도는 그냥 날려 버릴 것"이라고 했다.

뉴헤브리디스 개척 선교사 존 G. 페이턴

그 후 수십 년 동안 페이턴의 선교 사역은 발전을 이어갔다. 원주민 그리스도인들의 도움으로 고아원 두 곳을 지었고, 나날이 부흥하는 교회를 든든히 세웠으며 학교를 설립했다. 그 중 여학교 한 곳은 마거릿이 교사로 가르쳤다. 페이턴은 엄격한 법률을 제정했고, 안식일을 범하는 등의 범죄는 엄중히 처벌했다. 주민들에게는 교회에 출석할 것을 요구했다. 아니와에서 가진 첫 번째 성찬식에 대해 페이턴은 이렇게 기록했다. "한때 식인 풍습의 피로 얼룩졌던 손, 이제 구속주의 사랑의 상징과 인(印)을 향해 내미는 그 검은 손에 떡과 포도주를 건네는 순간, 나는 내 심장을 거의 산산조각 낼 정도의 영광의 기쁨을 맛보았다. 그보다 더 깊은 기쁨은 맛볼 수 없을 것이다. 영화롭게 되신 예수님의 얼굴에서 직접 그 기쁨을 뵙게 되기까지는."[34]

페이턴은 말년을 선교 행정가로서 호주와 영국, 북미를 순회하며 기금을 모으고 뉴헤브리디스 선교의 필요성에 대해 강연을 하며 지냈다. 19세기 말경에는 무인도를 제외한 뉴헤브리디스의 30여 개 섬 가운데 몇 곳을 빼고 모든 섬에 복음이 들어갔다. 원주민 전도자를 교육시키는 학교가 설립되었고, 여기서 배출된 전도자가 300명이 넘었으며, 24명의 선교사 부부가 이들과 동역했다.

페이턴은 생애 마지막 몇 해를 아니와어로 성경을 번역하고 설교를 하며 지냈다. 73세가 되던 해, 순회 설교를 다니던 그는 자신의 분주한 일정에 대해 이렇게 기록했다. "어제는 32km를 이동하며 세 번의 예배를 드렸다. 이동 중에는 번역 원고 교정지를 수정한다."[35] 페이턴 부부는 1904년에 뉴헤브리디스로 다시 돌아와 잠깐 머물렀다. 마거릿은 이듬해 세상을 떠났고, 페이턴은 2년 뒤 뉴헤브리디스 사역을 아들 프랭크^{Frank Paton, 1870-1938}에게 물려 주고 아내의 뒤를 따랐다.

존 콜리지 패터슨¹⁸²⁷⁻¹⁸⁷¹

존 콜리지 패터슨^{John Coleridge Patteson}은 가장 명성 높은 남태평양 선교사로 손꼽히는 인물로, 멜라네시아의 초대 성공회 주교이며, 영국 시인 새뮤얼 테일러 콜리지^{Samuel Taylor Coleridge}의 조카손자이다. 패터슨은 1827년 유복한 영국인 가정에서 태어났다. 훌륭한 판사였던 아버지는 아들을 이튼 칼리지에 보냈고 이어 옥스퍼드에 진학시켰으며, 패터슨 집안의 친구인 조지 셀르윈 주교가 옥스퍼드 재학 중인 존에게 목회자가 될 것을 권면했다. 졸업 후 패터슨은 성공회 사제로 안수받고 지역 교구에서 잠깐 목회한 다음 1855년 남태평양을 향해 출항했다. 이 역시 셀르윈 주교의 권면 덕분이었다.

뉴질랜드 최초의 성공회 주교인 조지 셀르윈은 패터슨과 마찬가지로 부유한 집안에서 좋은 교육을 받으며 자랐다. 남태평양에서 10년 넘게 사역하던 중 거대한 교구를 감독하기 위해 패터슨의 조력을 받고자 했는데, 이 거대한 교구 규모는 당시 논란의 대상이었다. 사무상의 착오로 멜라네시아를 포함해 광대한 태평양 지역에 대한 권한을 부여받은 그는 이 지역이 마치 자신의 개인 영지이기라도 한 것처럼 지키고 감시했다. 뉴질랜드에 도착한 패터슨은 선교기지 열두 곳에 신자가 5만여 명에 이르는 등 선교 사역이 융성해 있는 것을 보았다. 이곳에서의 선교 사역은 1814년 호주 출신의 성공회 신부 새뮤얼 마스든Samuel Marsden, 1765-1838이 도착하면서 시작되었다. 교회 성장은 1830년부터 4개년 동안 3만 명 이상의 사람들이 교육 목적으로 교회에 인도받으면서 시작되었는데, 이는 주로 신약성경이 마오리어로 번역 완료된 덕분이었다. 성공회가 감리교와 연합하여 새로 회심한 사람들을 가르치며 교회를 개척했다. 1851년 감리교 선교회 총서기는 이렇게 보고했다. "성경적 기독교가 원주민들의 심성에 깊이 뿌리내렸고, 동서남북으로 두루 받아들여졌다. 여전히 이교도 상태인 사람은 거의 없었다.……뉴질랜드 거의 전역의 원주민들이 집안에서 아침저녁으로 함께 성경을 읽고 기도했다."[36]

하지만 교회 성장을 위한 이 선교 모델은 오래 지속되지 못했다. 뉴질랜드 선교 사역은 식민지 건설과 밀접하게 연관되어 있었고, 수면 바로 아래서는 '땅'이라는 뜨거운 현안이 검은 연기를 피워 올리고 있었다. 아메리카 원주민들이 그랬듯 이곳 원주민들도 유럽의 식민지 개척자들과 이들의 토지 수탈 행위에 깊은 적개심을 품고 있었다. 식민지화의 위험이 임박한 것에 대해서는 일찍이 1839년에 한 선교사가 이미 경고한 바 있었다. "이주민이 늘어나면 원주민들에게도 영향이 미칠 것이다. 식민지화가 진행되면서 여러 가지 파생 효과가 생기면, 주민들이 곧 이에 휩쓸리지 않을까 염려된다."[37]

1870년경에는 마오리족 세 사람당 유럽인이 17명이나 되었다. 원주민들 사이에 긴장감이 생겨났고, 신앙을 고백한 이들 중에도 등을 돌리는 이들이 많았다. 2세대 원주민들이 특히 더했다. 원주민 전통을 부활시키고 유럽 식민주의자들의 손아귀에서 벗어나는 영광스러운 미래를 꿈꾸는 사교(邪敎) 집단에 가입하는 이들도 있었다. 이들은 무장봉기를 했다가 진압되었다. "이 비참한 결말만 아니었다면 선교 역사의 새 장은 영광스러운 승리로 장식될 수 있었을 것이다."[38]

1856년, 뉴질랜드에 도착한 지 얼마 안되어 패터슨은 셀르윈 주교와 함께 멜라네시아 일주에 나섰다. 두 사람은 선교선 '서던크로스'호를 타고 이 섬에서 저 섬으로 다니면서 원주민 청년들을 발굴하여 뉴질랜드로 데려왔다. 이들은 청년들을 데려와 선교학교에서 제대로 교육시켜서 교사와 전도자로 고향에 다시 파송하는 것만이 남태평양 복음화를 위한 유일한 방법이라고 믿었다. 다른 선교사들도 원주민 교사들을 잘 활용하기는 했지만 대체적으로 유럽인 선교사에게 의지하지 않고 본토인 교회를 잘 이끌 수 있을 만큼 이들을 적절히 교육시키거나 훈련시키지는 않는 형편이었다.

뉴질랜드로 돌아온 패터슨에게는 이제 엄청난 책무가 주어졌다. 언어가 다르고 사회적 풍토가 다른 학생들로 구성된 선교학교를 관리하고 연속성 있게 유지시켜야 했다. 하지만 그는 언어에 뛰어난 재능이 있었고, 게다가 선교사로 일하는 동안 20여 개의 멜라네시아어 방언을 능숙히 구사하게 되었다. 대다수 선배 선교사들과 달리 패터슨은 원주민을 '문명화'하려는 마음이 없었다. 그는 원주민들의 문화와 영리함을 자주 칭송했고, 이들을 차별 대우해서는 안 된다고 주장했다. 그는 원주민들을 "우호적이고 유쾌한" 사람들이라고 설명하면서 "우리 멜라네시아 사람들을 야만인이라고 한다면 백단향나무 상인들과 노예 주인들은 과연 뭐라고 불러야 하는지 궁금하다"고 비꼬듯 물었다.[39]

패터슨은 원주민 청년 대상 교육 프로그램이 완료되면 청년들과 함께 이들의 고향으로 가서 사역이 확실히 자리 잡도록 도움을 주고, 더 많은 청년들을 모집해 돌아와서 학교 교육을 시켰다. 그래서 한때 선교학교에는 24개 섬 출신의 50여 명 학생들이 등록되어 있을 정도였다.

멜라네시아 사역을 계속하면서 패터슨은 주민들이 자신과 사역을 대하는 태도가 달라지는 것을 눈치챘다. 원주민들의 신뢰와 확신이 느슨해지고 있는 것 같았다. 겉으로 보기에는 여러 섬에서 상업 활동에 따른 이득이 급속히 불어나고 있었고, 19세기 중반 무렵에는 설탕과 목화 재배(특히 피지 섬과 퀸즐랜드 섬에서)가 특히 수익이 높은 사업으로 부상하고 있었다. 하지만 설탕과 목화 재배는 엄청난 노동력이 요구되는 일이었다. 이 때문에 남태평양에는 원주민을 납치하여 노예로 파는 신종 사업이 등장했는데, 얼마나 악질적인 조직이었던지 이에 비하면 백단향나무 상인들이 오히려 착하게 보일 정도였다. 한 역사가의 말에 따르면, "원주민들을 납치하고 매매해서 쉽게 한몫 잡으려고 세상의 온갖 쓰레기 같은 인간들이 다 남태평양으로 모여들었다"고 한다. 청년들과 나이 어린 소년들이 매수당하거나 속임수에 빠져 제 발로 걸어 들어오는 경우도 있었지만, 대개의 경우 이들은 납치당해 끌려왔다. "백인 선원들이 해안에 내려 총부리를 들이대며 남자들과 소년들을 끌어가곤 했다." 이런 식으로 해서 약 7만여 명의 남자들이 노예로 잡혀간 것으로 추산되며, 이들은 고향으로 돌아갈 기회가 거의 없었다.[40]

유럽인들이 남태평양의 섬들에서 행하는 이 끔찍한 파멸 행위야말로 다른 무엇보다도 패터슨의 선교 사역이 마지막에 가까웠음을 알리는 신호탄이 되었다. 패터슨은 납치범들의 행위를 정죄하는 한편 자신은 그들과 무관하다고 애써 설명했지만, 청년들을 모집해 배에 태워 가는 바로 그 방식이 많은 원주민들의 마음에 의구심을 불러일으켰고, 이 때문에 청년들을 설득해 데려가서 교육시키기가 한층 더 어려워졌다. 하지만 패터슨은 분주한 발걸음을 결코 늦추지 않았고, 1871년 4월에는 다시 한 번 서던크로스호에 올라 멜라네시아 순회 일정을 시작했다.

순회 여정은 출발부터 실망스러웠다. 가는 곳마다 납치범들을 뒤따라다니는 모양새가 되었다. 모토 섬에서 200명이 넘는 사람들을 대상으로 대규모 세례식을 가진 것을 비롯해 기쁜 순간들도 있었지만, 원주민들이 전처럼 해안까지 나와 "주교님"을 맞아들이는 따뜻한 환영의 광경은 이제 더 이상 볼 수 없었다. 주민들은 공포에 떨며 살았고, 그래서 그들을 만나 보려면 애써서 찾아다니는 수밖에 없었다.

순회 여정 중이던 1871년 9월 21일, 총명하고 젊은 이 성공회 주교의 생애 최후 일정이 시작되었다. 배에는 선원들과 또 한 선교사, 그리고 전도 훈련차 노픽 섬으로 향하는 멜라네시아 청년 몇 사람이 승선해 있었다. 스데반의 순교를 다룬 아침 성경공부가 끝난 뒤 패터슨은 섬에 들어가려고 보트에 올랐다. 일상적인 행보였지만, 해변에 발을 딛는 순간 그는 뭔가 문제가 생겼음을 감지했다. 패터슨을 뒤따라 배에서 내린 동료들은 쏟아지는 화살 세례에 쫓겨 황급히 보트를 돌려 배로 향했다. 배로 돌아온 이들은 패터슨에게서 소식이 오기를 애타게 기다렸지만, 그는 돌아오지 않았다. 기다리다 못해 원주민 청년 몇이 배에서 내려 패터슨을 찾아보기로 했다. 해안으로 향하던 청년들은 원주민들이 언뜻 보기에 아무도 타지 않은 것 같은 카누 한 척을 이쪽으로 밀어 보내고 있는 것을 보았다. 카누 가까이 다가간 이들은 그 안에서 패터슨의 시신을 발견했다. 시신에는 다섯 군데 상처가 있었고, 상처마다 다섯 개의 마디가 달린 야자수 잎이 덮여 있었다. 자기 부족 다섯 명이 납치꾼들에게 잡혀간 것에 대한 보복으로 패터슨을 죽였다는 암시였다. 섬 주민들은 납치꾼들에게는 너나없이 증오심을 품었지만, 자기 부족이 저지른 이 살인 행위에 대해서는 많은 이들이 충격을 받았고, 그런 이유로 이들은 시신을 깨끗이 씻어 선교선으로 돌려보낸 것이었다. 패터슨의 시신은 부상을 입고 세상을 떠난 원주민 그리스도인 두 사람과 마찬가지로 바다에 수장되었다.

패터슨의 죽음으로 노예 납치라는 이 비열한 사업에 세상 사람들의 이목이 집중됐고, 그 결과 마침내 이 사업은 종식되었다. 또한 그의 죽음은 많은 이들에게 감명을 주어 남태평양 선교 사역에 헌신하게 만들었다.

플로렌스 영¹⁸⁵⁶⁻¹⁹⁴⁰　　　남태평양의 섬들에 그런 대참화를 일

으킨 노예 납치 사업은 역설적으로

솔로몬 제도의 일부 섬들이 기독교에 문호를 개방하는 통로가 되었다. 존
콜리지 패터슨 같은 선교사는 이 인신매매 행위에 치열하게 맞서 싸운 반면
플로렌스 영^{Florence Young} 같은 선교사는 이 행위를 받아들이고 그 체계 안에서
사역했던 것 같다. 호주 시드니 출신인 영은 남태평양의 식민농장 노동자들
의 영적 복락에 공개적으로 관심을 표명한 최초의 인물이었다. 영의 형제들
은 퀸즐랜드의 대규모 사탕수수 농장인 페어리메드 소유주들이었는데, 이
곳을 한 번 방문한 것이 영의 인생행로를 바꾸어 놓았다. 영의 형제들이 노
예 납치를 하는 자들과 연계되어 있었는지는 확실하지 않지만, 노동자들을
모집하는 '합법적인' 수단조차도 비인도적 관행과 연관되어 있었다.

　　플리머스 형제단 회원이었던 영은 어렸을 때부터 성경을 공부했고, 그
래서 교수 사역에 아주 적합한 인물이었다. 1882년부터 시작된 이 사역에서
영은 남자 열 명으로 구성된 소규모 주일학교 반을 맡아 초라한 출발을 했
지만, 학생들 숫자가 점점 늘어나 80명까지 이르렀으며 그중 절반 정도는
주일뿐만 아니라 매일 저녁마다 성경을 배우러 찾아왔다. 반응은 영이 기대
했던 것보다 훨씬 컸다. 뙤약볕 아래서 하루에 12시간 넘게 사탕수수를 베
어 내는 것은 말 그대로 살인적인 작업이었다. 많은 노동자들이 중노동에
시달리다 죽어 갔는데, 영이 맨 처음 회심시킨 지미도 그중 하나였다. 이런
상황에서도 그들은 쉬는 시간을 아껴 영을 찾아와 복음을 들었다.

　　영은 페어리메드 사역이 성공한 것에 힘을 얻어 퀸즐랜드에 있는 다른
식민농장에도 성경공부반을 개설했는데, 이들 농장에는 약 1만여 명의 노동
자들이 페어리메드와 비슷한, 혹은 그보다 더 열악한 환경에서 생활하고 있
었다. 역시 플리머스 형제단 소속이었던 조지 뮬러의 재정적 지원은 퀸즐랜
드 카나카(타지에서 데려온 노동자를 일컫는 말) 선교회를 시작하려 마음먹고 있

었던 영에게 큰 자극제가 되었다. 영
은 한 교육 선교사의 도움을 받기로
약속한 뒤 지역의 농장주들에게 회람
편지를 써 보냈고, 그리하여 19세기
말경에는 선교사 19명의 사역을 통해
수천여 학생들이 성경공부반에 등록
해 교육받았으며, 그중에는 복음의 메
시지를 가지고 자기 본토로 돌아가는
이들도 있었다.

퀸즐랜드와 솔로몬 제도, 중국에서 선교한 플로렌스 영

1890년, 영은 중국 선교의 소명
을 느끼고 중국내지선교회에서 일하
기 위해 호주를 떠났다가, 1900년 남
태평양으로 돌아와 지금까지와는 다른 양상으로 전개되고 있던 이곳의 선
교 사역을 지도하기 시작했다. 노예 납치와 강제 노동을 금지하는 법이 제
정되면서 1906년 대다수 원주민 일꾼들이 고향으로 보내졌다. 이들을 계속
신앙으로 양육해야 했던 영은 동료 선교사들과 함께 솔로몬 제도로 가서 고
향으로 갓 돌아온 회심자들과 힘을 합해 교회들을 세웠다.

1907년, 이 선교회는 남태평양 복음선교회SSEM로 명칭을 바꾸었으며,
영의 조카들인 노스코트, 노먼, 캐서린 덱이 선교회에 합류하여 활발하게 사
역하게 되었다. 시간이 지나면서 영의 친척 중에서 열 사람이나 더 솔로몬
제도 선교사의 길에 들어섰고, 이들의 수고로 개척된 복음주의 교회는 지금
까지도 계속 성장하고 있다.

여러 가지 면에서 남태평양 섬들은 19세기 복음주의 선교의 모델이었
다. 하지만 이 성공담의 이면에서 이곳은 선교사 활동의 실패를 뚜렷이 드
러내 보여주는 사례로 여겨지기도 했다. 뉴스 매체에서든 혹은 소설가와 인

류학자의 글에서든 선교사는 흔히 문화를 파괴하는 이들로 묘사되었다. 남태평양이라는 배경에서 특히 더 그러했는데, 이곳은 외부인들이 들어오기 전까지는 아주 아름다운 목가적 세계로 그려졌으며, 선교사도 그 외부인 중 하나였다. 윌리엄 허친슨은 "멜빌이 보기에 남태평양 전역에서와 마찬가지로 하와이에서도 선교사들은 한때 행복했던 섬사람들의 삶을 파괴하는 일에 너무도 기꺼이 참여했다"고 기록한다.[41] 허먼 멜빌의 소설을 비롯해 널리 읽히는 여러 작품들이 남태평양 섬사람들의 근심 걱정 없는 삶을 너무 과장해서 묘사했지만, 그럼에도 이 작품들은 선교사 활동에 심대한 영향을 끼쳤다. 이런 작품들을 읽고 선교 자체에 아예 등을 돌린 이들도 있었고, 타문화 전도 전략을 심각히 재검토하는 이들도 있었다.

09

이슬람 세계
: 불모의 선교 현장

무슬림을 대상으로 의미 있는 선교를 한 사람은 13세기의 라몬 룰이 최초였다. 무슬림과 맞서 싸우기보다 그들을 복음화하는 데 관심을 보인 사람으로는 룰이 거의 유일했다. 스티븐 닐의 말에 따르면, 라몬 룰 이후 몇 세기 동안 "무슬림 땅은 상대적으로 결실 많은 선교 현장에 비해 소홀히 취급되었다"고 한다. 이 같은 형편은 19세기 말이 되어서야 달라졌다. "예수 그리스도를 믿는 믿음과 마호메트를 믿는 믿음 사이에 실제적 조우가 시작된 것"이 이 시기의 특징이었다.[1] 헨리 마틴이 짧은 생애 동안 무슬림 사역을 한 것을 시작으로 몇십 년 후 동료 성공회 교도들이 그 뒤를 이었다. 다른 교파에서도 주저주저하며 무슬림 선교에 발을 들여놓았지만, 무슬림 선교의 여러 가지 시도들을 통합 조정하고 복음주의자들의 시선을 끌어모아 무슬림 및 이들이 그리스도를 필요로 한다는 사실에 관심을 갖게 만든 사람은 교단의 지원을 받지 않는 대학생 자원자였던 새뮤얼 즈웨머였다.

무슬림 복음화라는 어려운 도전을 위해 지금까지 몇 가지 모델들이 활용되어 왔으며, 존 마크 테리John Mark Terry가 이러한 모델들을 이 주제에 관한 역사적 연구서에서 간추려 설명해 놓았다. 테리의 말에 따르면 헨리 마틴은 라몬 룰과 개신교의 초기 무슬림 선교사들이 사용했던 '논쟁적 접근'을 대표한다. 라몬 룰과 초기 개신교 선교사들은 공개 토론의 장을 마련하고 논쟁적 문서를 발간하는 방법을 사용했다. "오늘날에는 이 방식이 널리 사용되지 않는다"고 테리는 말한다. 그 이유로는 "첫째, 대다수 무슬림 국가들이 이를 허용하지 않는다. 예의 그 초기 선교사들은 흔히 식민 정부의 보호 아래 사역했기 때문에 이 방식이 가능했다. 둘째, 오늘날 선교사들은 이슬람교에서 반대할 만한 요소들을 드러내기보다는 복음의 긍정적 본질을 강조하는 방법을 더 선호한다. 마지막으로, 이 방식은 대개 성공을 거두지 못한다. 이 방식으로 간혹 무슬림 지식인이 설득을 당하는 경우도 있지만, 토론은 대중의 마음을 움직이지 못한다"는 것이다.[2]

존 마크 테리가 인용하는 두 번째 모델은 '전통적인 복음전도 모델'로, 즈웨머가 이 방식을 사용한 대표적 인물이다. 비록 처음에는 그도 비교적 논쟁적이고 대립적이었지만 말이다. 『이슬람 붕괴』*Disintegration of Islam, 1915*, 『마호메트냐 그리스도냐』*Mohammed or Christ, 1916*에서 즈웨머는 무슬림 회심자는 이슬람을 완전히 배격해야 한다고 주장했다. 신앙의 "철저한 이동"이 있어야 한다는 것이었다. 그러나 시간이 지나면서 그는 좀 더 유연한 접근 방식을 발전시켰다. "말년의 즈웨머는 개인과 소그룹을 대상으로 신앙을 증거하는 방식을 주창했다. 친구 관계를 맺고 복음 전하는 일에 매진하라고 자신의 학도들에게 조언했다. 그는 사람의 인품이야말로 복음을 전하는 최고의 가교라고 믿었다."[3] 헨리 마틴에 대해서도 똑같은 말을 할 수 있겠지만, 즈웨머의 글이 이 두 번째 모델을 좀 더 직설적으로 설명해 준다.

존 마크 테리가 제안한 나머지 세 가지 모델은 기관 선교 모델institutional model, 대화식 선교 모델dialogical model, 상황화 선교 모델contextual model이다. 앞서의 두 가지 모델에서도 그랬듯, 많은 선교사들이 두 가지 이상의 선교 모델을 활용했다. 20세기 초만 해도 이슬람 세계로 들어가는 유일한 길은 의료나 교육 센터를 통하는 것, 곧 기관 선교 모델뿐이라는 것이 많은 선교회의 믿음이었다. 대화식 선교 모델은 선교사와 무슬림이 상호 존중하며 교통하는 것을 역설하는 방식으로서, 지금까지 늘 활용되어 오고 있지만 특히 템플 게어드너의 사역이 이 방식을 대표하며, 케네스 크래그Kenneth Cragg, 1913-2012의 사역은 더더욱 그렇다. 마지막으로 상황화 선교 모델은 선교사들이 가능한 한 가장 덜 거슬리는 방법을 통해 이슬람 문화에 들어가고자 하는 방식으로, 이 방식을 사용하려면 "선교사의 생활방식, 예배 형식, 신학 용어, 전략에 변화가 요구된다."[4]

상황화 모델은 겉으로 보기에 가장 덜 공격적인 방법이지만, 어리숙한 무슬림들 앞에 기독교를 좀 더 그럴듯해 보이게 만드는, 조금은 정직하지 못한 방법이라고 생각하는 이들이 많다. 결국 이 다섯 가지 모델 중 그 어느 것도 이슬람이라는 아주 까다로운 선교 현장으로 파고 들어갈 수 있는 해법을 제공해 주지 못한다. 더들리 우드베리$^{Dudley\ Woodberry}$의 말에 따르면, 가족과 공동체의 유대가 밀접하다는 사회학적 요인, 이슬람은 삼위일체론을 노골적으로 배격한다는 것을 포함한 신학적 쟁점, 이슬람은 정교 분리가 불가능하다는 정치적 논점, 마지막으로 기독교가 서양 문명과 연관되어 있다는 것 등을 그 이유로 들 수 있다.[5]

이런 장애물에도 불구하고 19세기 중반부터 20세기 말까지 이슬람 선교는 꾸준히 성장해 왔는데, 특히 20세기의 마지막 몇십 년 동안 이슬람은 말하자면 복음주의 선교 최후의 미개척지가 되었다. 2001년 9월 11일의 테러 사건으로 세계 여러 지역 무슬림 전도의 미래는 그 어느 때보다도 암울하게 보였다. 이슬람에 대한 관심, 그리고 이 종교를 아우르는 철학 논쟁은 근대에서 기원하여 우리 세대로 전해진 것이라 생각하기 쉽다. 하지만 이슬람은 19세기 빅토리아 시대에도 많은 논쟁의 주제였으며, 그 논쟁은 단지 선교사들 사이에서만 벌어진 게 아니었다. 당시 잉글랜드에는 이 문제와 관련하여 두 개의 학파가 있었는데, 이들은 저마다 기독교에 토대를 두고 있다고 주장했다. 이슬람에 긍정적으로 볼 것이 거의 혹은 전혀 없다고 여기는 이들과 달리 이슬람에 대해 상당히 호의적인 입장을 대표하는 이로 성공회 목회자 찰스 포스터$^{Charles\ Forster,\ 1787-1871}$가 있다. 포스터의 저서 『베일을 벗은 이슬람교』$^{Mahometanism\ Unveiled,\ 1829}$는 이 주제를 다룬 권위 있는 책으로 인정받았다. 비록 이 책의 성경적·신학적 토대에 많은 그리스도인들이 강한 의구심을 품긴 했지만 말이다. 그의 해석은 아브라함과 그의 두 아들 이스마엘과 이삭 이야기에 뿌리를 두고 있었다. 포스터는, 비록 이 점이 자주 무시되기는 하지만, 이스마엘 계보와의 언약에 물질적 복과 마찬가지로 영적 복도 담겨 있다고 강조했다. 그래서 이슬람은 복음을 위해 문을 열고 있는 것으로 보아야 한다고 했다. 그는 마호메트를 그리스도의 기준에 빗대어 비교하는 그리스도인들을 비난했다. 마호메트는 그 기준을 알지 못했다는 것이다. 마호메트는 차라리 모세와 나란히 놓고 보아야 하며, 도덕에 긍정적인 영향을 끼치고자 했던 인물로 보아야 한다는 것이 포스터의 주장이었다. 포스터는 "이슬람이 점차 기독교 쪽으로 수렴되고 있으며……그래서 결국 이삭과 이스마엘은 재회하게 될 것이라고 믿었다."[6]

포스터의 '이단자 이론'^{infidel theory}은 대다수의 기독교 선교 지지자들에게 가혹한 비판을 받았다. 한 비판자는 "포스터 씨가 이슬람에게 정말 그런 족보를 허용하고 이를 칭송한다면……우리네 선교단체에서는 값싼 코란을 인쇄하고 이슬람교도 선교사를 이방인들에게 파송해야 할 것"이라고 흥분했다.[7] 이런 비판자들은 융화학파를 배격하고 대립적 입장을 지지했다. 두 입장 모두 이슬람에 관해 정평 있는 연구 결과를 제시했음에도 말이다.

윌리엄 뮤어^{William Muir, 1819-1905} 경은 에든버러 대학 총장이자 『마호메트의 생애』^{Life of Mahomet, 1861}를 집필한 저자로, 대립학파의 대표였다. 한 관측자는 이렇게 기록한다.

1845년 포스터의 저서를 읽고 쓴 논평에서 뮤어는 이슬람에 어떤 영적 가치가 있다는 견해뿐만 아니라 이슬람이 기독교 신앙을 받아들이기 위해 길을 준비하고 있다는 개념까지 배격했다. 그의 논평은 "참 빛이 희미하게 깜박거리는 것조차 효과적으로 차단해 버리는……완고한 장벽을" 제시했다. 또한 마호메트는 모세에 빗대어서가 아니라 그리스도에 빗대어 판단되어야 하며, 그래서 그의 잔혹함과 간교함, 교활한 농간은 예의바른 태도, 충성, 절제, 아량의 무게를 능가하는 것으로 정죄당해야 한다고 했다.……뮤어는 "오늘날의 이슬람은 본질적으로 우리가 역사를 통해 보아 온 이슬람이다. 코란의 족쇄에 휘감긴 무슬림 신앙은 기독교 신앙과 달리 변화하는 시간과 공간에 적응하고 인간의 진전에 보조를 맞추며, 사회생활을 안내하고 정결케 하고 인류의 격을 높일 능력이 없다"고 기록했다. 선교사들 사이에서는 뮤어의 글이 가장 확실한 결론으로 받아들여졌다.[8]

빅토리아 시대에 뮤어는 기독교가 이슬람이라는 바로 그 위협적인 신앙과 대립하고 있다고 보는 학파를 대표했다. 싸움은 기독교와 이슬람이라는 강력한 두 종교 사이에서뿐만 아니라 위와 같은 입장에 반대하는 그리스도인들 사이에서도 벌어지고 있었다. 뮤어는 헨리 마틴과 같은 입장으로, 헨리를 일컬어 "잉글랜드의 영광을 수호하는 투사"로서 "신성한 논쟁"에 가장 먼저 참가한 사람이라고 했다.[9]

헨리 마틴 1781-1812

헨리 마틴 Henry Martyn 은 때로 무슬림에게 복음을 전한 최초의 개신교 선교사로 묘사된다. 인도에 파견된 동인도회사의 사목(社牧)으로, 엄밀히 따지면 선교사가 아니었지만 말이다. 하지만 1806년 인도에 도착했을 때 신앙 상담자로 동인도회사 직원들을 섬길 뿐만 아니라 목회자로서 인도 시민들까지 섬기려는 것이 그의 생각이었다. 당시 그는 인도인들은 다 힌두교도일 것으로 생각했었다. 하지만 그는 곧 무슬림들에게로, 그리고 무슬림이 읽을 수 있는 성경 역본이 없다는 사실로 시선을 돌렸다. 그는 무슬림에 대해 아는 것이 없다는 사실을 깨닫고 "회교도에 관해 구할 수 있는 자료는 모두 다" 구해서 읽었다고 고백했다. 실제로 그는 "먼저 코란 한 구절도 읽지 않은" 상태로 인도에 갔다.[10] 동인도회사에 적을 두고 있는 것은 여러 면에서 그에게 도움이 되었다. 선교사들은 인도에서 쫓겨나기도 하고 다른 면에서 괴롭힘을 당했지만, 그에게는 훨씬 더 큰 자유가 허용되었다.

마틴은 1781년 잉글랜드 콘월에서 태어났다. 상인이었던 아버지는 재능 많은 아들에게 풍족한 환경을 제공해 주었다. 정규교육 과정을 마친 그는 케임브리지로 진학하여 수학과를 수석으로 졸업했다. 청년 시절 하나님께 등을 돌렸지만, 아버지의 죽음과 친구와 가족들의 영향, 그리고 데이비드 브레이너드의 글에 이끌려 영적 변화를 겪고 선교에 대한 꿈을 품게 되었다.

브레이너드처럼 마틴도 하루에 몇 시간씩 기도와 묵상에 힘썼다. "나는 데이비드 브레이너드를 생각하면서 하나님을 향한 그의 경건을 열렬히 갈구했다. 내 마음이 이 귀한 사람과 밀착되는 게 느껴진다. 그를 닮고 싶다. 나로 하여금 세상은 잊고 하나님을 영화롭게 하려는 소원에 집어삼킴을 당하게 하라." 하나님을 영화롭게 하려는 노력으로 마틴은 자기부인을 실천하기 시작했다. 아침 식사를 한 뒤 "온도계가 빙점 아래로 내려갈 때까지 온기를 멀리하고 서서" 성경을 읽었다.[11]

금욕도 그가 실천하는 또 하나의 자기부인이었다. 그는 "결혼 생활이 주는 위로에 대한 모든 욕구에서 자유로운" 것에 감사하면서, "하늘에 속한 일들에 마음 쏠 수 있는 더 큰 기회가 허용되는 독신 생활"을 선호했다. 하지만 그것은 사촌의 처제인 여섯 살 연상 리디아 그렌펠^{Lydia Grenfell}과 속수무책으로 사랑에 빠지기 전의 일이었다. 브레이너드의 발자취를 따르려는 일편단심의 목표에 집중하지 못하게 만든 것은 다른 무엇보다도 이 "우상숭배와 같은 연정"이었다. "그녀를 열정적으로 사랑한다는 것을 너무도 분명하게 느꼈다. 선교사의 길을 가면서 하나님께 헌신하려는 내 삶에 이 사랑이 정면으로 배치된다는 점은 내 마음에 적지 않은 동요를 일으켰다." 리디아는 그의 마음을 사로잡았다. 그는 하루 종일 그녀 생각을 멈출 수 없었고, 밤에도 "온통 그녀 생각으로 가득한 채" 깨어 있었다.[12]

연애 때문에 해외 선교사가 되려는 결단에 방해를 받은 사람은 전에도 있었고 후에도 있을 터였다. 그러나 머릿속은 온통 리디아 생각뿐이었으면서도 그는 헌신의 결단을 접을 마음이 없었다. 그는 결혼에 얽매이지 않으면 더욱 효과적으로 하나님을 섬길 수 있을 것이라 믿었고, 리디아가 낯선 땅으로 동행해 줄지도 어차피 의문이었다. 그는 거의 1년에 걸쳐 인도행 계획을 세웠는데, 그러는 중에도 마음은 오직 리디아에게만 고정되어 있었다. 그러면서도 그는 결혼이라는 "세상의 기쁨을 포기하고 기꺼이 하나님의 뜻을 행하기로 했다"고 주장했다.[13]

1803년 마틴은 보좌신부[curate]로 안수받았고, 2년 후에는 성공회 사제가 되었으며, 이어서 동인도회사의 사목으로 임명되었다. 그는 이 회사가 선교사들을 경멸한다는 것을 잘 알고 있었다. 이사회 회의록을 보면 아주 노골적인 말들이 오간 것을 알 수 있었다. "동쪽에 있는 우리 점유지에 선교사를 보낸다는 건 미친 짓 중에서도 미친 짓, 얼토당토않고 부당하기 짝이 없는 계획입니다.……미치광이 열광주의자나 제안할 법한 일이지요."[14]

1805년 여름 그는 리디아에게 작별을 고하고 인도로 향했다. 인도에 도착한 그는 윌리엄 캐리를 비롯해 세람포르의 선교사들을 만났고, 이들은 곧 헨리의 명민함을 알아차리고 성경번역 일을 해볼 것을 권면했다. 사목인 만큼 헨리의 주된 책임은 동인도회사 직원과 그 가족들을 영적으로 돌보는 일이었지만, 그의 마음은 선교에 가 있었고 또 얼른 성경번역 사역을 시작할 수 있기를 고대했다. 그는 4년 동안 군사기지에서 봉직하면서 유럽인과 인도인 모두에게 설교를 하고 학교를 세웠으며, 그와 동시에 신약성경을 우르두어로, 그리고 후에 페르시아어와 아랍어로 번역하는 일에 공을 들였다. 가장 가까이에서 그를 보필한 이는 무슬림 회심자 너새니얼 사바트[Nathaniel Sabat]였다.

마틴은 성경에 깊은 확신을 갖고 있었고, 그 확신은 열정적으로 표현되었다. 그 같은 열정을 지닌 선교사와 성경 번역자는 그 전에도 그 후에도 거

이슬람 성경번역 선교사 헨리 마틴

의 없었다. "독자들이 일단 눈앞에 성경을 펼쳐 놓으면, 글을 읽을 줄 아는 사람은 다 읽고 이해하리라는 것이 헨리 마틴의 절대적 믿음이었다"고 케네스 크래그는 말한다. "마틴이 생각하기에 번역자가 할 일은—말씀을 '전달'하고자 바르게 애쓴다는 전제 아래—이해의 열쇠를 꽂아서 돌리는 것이었다.……그는 성경 본문이 스스로 완벽한 대변자가 될 것이라 확신했다." 그가 성경번역에 얼마나 헌신했는지는 헬라어 신약성경을 펼쳐 놓고 그 앞에서 드린 기도에 아마 가장 잘 요약되어 있을 것이다. "제가 어디에서 인도를 찾을 수 있겠는지……말씀해 주소서." 그는 번역된 본문 말씀이 지니는 힘을 지극히 확신했기에 그 말씀이 인쇄 · 출판되면 "경쟁 경전"은 버려질 것이라고, 곧 "코란은 빛이 바랠" 것이라고 믿었다.[15]

하지만 그의 꿈은 실현되지 못했다. 번역 작업을 돕는 조수들조차도 적대적인 태도를 보였다. 그가 사비를 들여 수고비를 지불한다고 해서 그들이 이 작업을 업신여기는 마음이 줄어든 것은 아니었다. 한 조수에 대해 그는 이렇게 기록했다. "지금 이 세대가 사라지고 나면……복음이 요구하는 바보들……하나님이 인간이고 인간이 하나님이라는 것을 믿는 그런 바보들이 아마 태어날 거라고 그는 아주 신랄하게, 경멸조로 말했다.……이따금 그가 던지는 비수 같은 말에 영혼까지 베이는 것 같다." 헨리 마틴은 교리 논쟁은 별 쓸모없을 때가 많다며 때로 한발 물러서기도 했다. 복음은 그리스도의 사랑을 선포하고 보여주는 태도를 통해 전달되어야 한다고 말이다. "궁금히 여기고 탐구하는 마음이 생겨나기를 바라기는 하지만, 칼날 같은 논증을 크게 강조하지는 않는다. 하나님의 일이 그런 식으로 이루어지는 경우는 드물다."[16]

마틴의 번역 사역은 계속 진행되고 있었지만, 인도 중부의 지독하게 더운 날씨는 그렇지 않아도 건강이 약한 그에게 큰 타격이었다. 1810년, 우르두어 신약성경 원고를 인쇄업자에게 넘길 준비가 되자 그는 건강도 회복하고 페르시아어와 아랍어 역본도 수정할 겸 배편으로 페르시아 여행에 나섰다. 이 여행 중에 그는 무슬림 학자들과 논쟁을 벌일 무대를 마련하기 위해 소책자 한 권을 집필했다. 그리고 건강이 나아지자 페르시아에서 가장 높이 인정받는 학자 몇 사람과 함께 성경번역 작업을 계속 이어 나갔다. 그러나 건강을 너무 낙관하고 주의를 하지 않아서인지 곧 몸이 다시 안 좋아졌다. "놀라운 것은, 잉글랜드에 있을 때와는 생각이 달라졌다는 것이다. 잉글랜드에서는 이교도들이 신속하게 회심할 것이라는 기대에 희망과 기쁨으로 마음이 부풀었었다. 그러나 이곳에 와서 그게 불가능해 보이는 현장을 보니, 내 마음을 지탱시켜 줄 강한 믿음이 요구된다."[17]

마틴의 성경번역 사역은 전혀 그럴 법하지 않은 사람들에 의해 널리 알려지고 칭송받았다. 영국 대사가 페르시아 국왕에게 신약성경 번역본 하나를 선물하자 왕은 "성스러운 책에 꼭 어울리는 문체"로 쓰인 "기쁨의 원천"이라며 번역본을 칭찬했다.[18]

1812년 그는 육로를 통해 잉글랜드에 다녀오기로 마음먹었다. 그것만이 건강을 회복할 수 있는 유일한 소망이었다. 또한 그것은 리디아 그렌펠과의 관계를 새롭게 할 수 있는 기회도 될 터였다. 리디아는 인도로 와서 결혼해 달라는 그의 간청을 거절한 상태였지만, 그는 리디아를 다시 만나 지난 6년 동안 편지로만 했던 말을 직접 대면하여 이야기하고 싶었다. 그러나 그 기회는 영원히 오지 않았다. 그는 1812년 가을, 31세의 나이로 소아시아에서 세상을 떠났다. 인도에 처음 도착했을 때 그는 일기에 이렇게 적어 놓았다. "이제 하나님을 위해 나를 불태워 보자." 그는 정말 그렇게 했다.

새뮤얼 즈웨머[1867-1952]

개신교의 무슬림 선교 하면 가장 먼저 떠오르는 이름이 새뮤얼 즈웨머[Samuel Zwemer]다. "이슬람의 사도"라고도 일컬어지는 즈웨머야말로 다른 누구보다도 무슬림을 유명하게 만들었다. 즈웨머는 1867년 미시간 주 홀랜드 근처에서 15남매 중 열 세 번째 아이로 태어났다. 아버지는 개혁교회 목사였고, 자라면서 새뮤얼은 당연히 사역자의 길에 들어설 것으로 보였다. 생존한 다섯 형제 중 네 명이 목회자가 되었고, 누이인 넬리 즈웨머[Nellie Zwemer]는 40년 동안 중국 선교사로 사역했다. 즈웨머는 호프 대학 졸업반 때 대학생 자원자 모집차 순회 중이던 로버트 와일더[Robert Wilder]의 설교를 듣고 동급생 일곱 명과 함께 해외 선교사가 되기로 자원했다.

신학교 공부와 의학 훈련을 마친 즈웨머와 동료 신학생 제임스 캔틴[James Cantine]은 아랍권에서 사역할 생각으로 개혁교회 선교위원회에 지원했다. 하지만 아랍권 선교는 '비현실적'이라는 믿음이 만연해 있던 탓에 두 사람은 허입을 거부당했다. 열정이 넘치는 두 사람은 전혀 기죽지 않고 직접 아메리칸 아랍선교회[AAM]를 설립한 뒤 후원자를 모으기 시작했다. 즈웨머는 서부에서 6,400km를 돌아다니며 교회들을 찾아다녔고, 캔틴은 동쪽을 순회했다. 이들이 선교회를 대표하는 방식은 좀 독특했다. 자기를 후원해 달라고 하는 게 아니라, 즈웨머는 캔틴을 후원해 줄 것을 호소했고 캔틴은 즈웨머를 후원해 달라고 호소했다. 즈웨머는 "목사들의 무기력함"이 가장 큰 장애물이라고 말했다.[19]

캔틴은 1889년 무렵 순회를 마치고 아라비아를 향해 출발했고, 즈웨머는 1890년에 그를 뒤따라갔다. 이들의 결단과 헌신이 교회 지도자들의 눈에 띄지 않을 리가 없었다. 1894년 두 사람이 세운 선교회는 아메리카 개혁교회의 요청으로 이 교단과 합병되었다. 페르시아만 지역에서 처음 몇 년 사역할 때 사역의 진전 속도는 더뎠고 여러 가지 저항을 만나기도 했지만, 즈웨머는 전혀 낙심하지 않았고 그저 예상했던 상황을 만났을 뿐이라 여겼다. 즈웨머와 캔틴은 처음에는 성공회 선교사 부부와 함께 살다가 이 부부가 사역지를 옮기게 되자 두 사람만의 힘으로 생활해 나갔다. 그리고 두 사람과 동역하게 된 젊은 시리아인 회심자 한 명이 한집에 살았는데, 그 뒤 여섯 달이 채 안되어 이 젊은이가 뜻하지 않게 세상을 떠나면서 두 사람은 고통스러운 좌절을 맛보았다.

1895년, 미혼 선교사로 5년간 외롭게 지내던 즈웨머는 성공회의 기독교회 선교회 후원으로 그곳에 와 있던 잉글랜드 출신의 간호 선교사 에이미 와일즈Amy Wiles, 1866-1937에게 구애를 하기 시작했다. 그러나 기독교회 선교회는 "젊은 숙녀 선교사가 신사 친구를 사귀는 것에 관해 매우 엄격한 규율"을 정해 두고 있었고, 그래서 두 사람의 결혼 계획은 지체되었다. 즈웨머의 전기작가가 말하기를, 선교회 측에서는 "소중한 인재를 그냥 넘겨주기 싫어 안간힘을 썼다. 대다수 선교회의 관습이 그렇듯, 신입 선교사가 선교 현장에 일정 기간 머무르지 않을 경우 그곳까지 가는 데 들었던 교통비 일부를 환불해야 한다. 이 규정은 반드시 지켜야 했다.……그래서 새뮤얼 즈웨머는 진짜 동양식으로 아내를 돈 주고 샀다."[20]

미국으로 휴가를 떠났던 즈웨머 부부는 1897년 페르시아만 지역으로 돌아와 바레인 섬의 무슬림들을 대상으로 사역했다. 두 사람은 사람들 왕래가 많은 큰길에서 전도지를 나눠 주고 개인 가정을 찾아다니며 전도를 했지만 긍정적인 반응을 보이는 이는 좀처럼 만나볼 수 없었다. 생활환경도 사역 성공을 위한 노력을 더 복잡하게 만들었다. 에어컨이 발명되기 전인 이 시대, 페르시아만 지역의 더운 날씨는 도저히 견딜 수 없을 정도였다. "베란다에서 가장 시원한 곳 온도가 섭씨 44도였다." 개인적 비극도 사역을 방해했다. 1904년 7월, 네 살과 일곱 살 난 즈웨머 부부의 어린 두 딸이 8일 간격으로 세상을 떠났다. 이러한 고통과 역경에도 불구하고 즈웨머는 자신의 사역에 만족했고, 그래서 약 50년 뒤 이 시절을 돌아보면서 "그 시절의 순전한 기쁨이 모두 다시 떠오른다. 그때로 다시 돌아가라고 해도 나는 기쁘게 돌아갈 것"이라고 말했다.[21]

1905년, 즈웨머는 네 곳의 선교기지를 세웠다. 숫자는 얼마 안되지만 회심자들은 보기 드문 용기로 자기 신앙을 공개 고백했다. 그해 즈웨머 부부는 미국으로 돌아갔다. 그 당시는 몰랐지만 이번 귀국은 이들의 개척 선교사 사역에 종지부를 찍게 될 터였다. 미국으로 돌아간 즈웨머는 여러 곳을 돌아다니며 무슬림 선교의 필요성을 역설하고 적극적으로 선교기금을 모았다. 1906년 그는 카이로에서 소집된 제1회 이슬람 선교사 총회에서 의장으로 봉사했다.

미국에 머무는 동안 그는 대학생 자원운동의 대외 서기를 맡아 달라는 요청을 받아들였는데, 그로서는 정말 안성맞춤의 직분이었다. 그와 동시에 그는 개혁교회 해외선교위원회의 외근 직원으로도 일했으며, 그래서 늘 여러 곳을 돌아다니며 사람들을 만나고 이야기를 해야 했다. 무슬림 사역과 달리 이 일은 뜨거운 반응을 불러일으켰고, 선교사로 나서라는 그의 호소에 많은 대학생들이 호응했다. 그럼에도 불구하고 그는 아라비아의 자기 자리로 돌아가고 싶어 했다. 1910년, 에든버러 선교대회를 마치고 미국으로 잠깐 돌아갔던 그는 사역을 계속하기 위해 바레인행 배에 올랐다.

즈웨머의 아내, 그리고 셋째와 넷째 아이도 그와 동행하여 걸프 지역으로 돌아왔지만, 오래 머물지는 못했다. 첫째와 둘째 아이를 미국에 남겨 두고 왔지만 아이들의 생활 조건이 열악해 안심이 안되었고, 선교지로 데리고 온 두 아이의 교육도 문제였다. 에이미는 아이들 문제 때문에 결국 미국으로 돌아갔는데, 형편이 이렇게 되자 이들 가족은 즈웨머의 표현대로 "3중의 딜레마"에 처하게 되었다. 사방을 둘러봐도 아무 해법이 없었다. "아내가 아이들과 함께 고국으로 가면 선교사가 아내를 사랑하지 않아서 그렇게 혼자 집으로 돌아가게 만들었다고 말하는 이들이 있을 것이다. 아이들을 고국에 남겨 두면 부모가 아이들을 소홀히 한다고 생각하는 이들이 있을 것이다. 선교사 부부가 고국에서 평소보다 더 긴 휴가를 보내면 현장 사역을 등한시한다고 비난받을 것이다."²²

선교지로 돌아온 즈웨머는 다시 일에 몰두하기가 힘들었다. 리더로서의 그의 능력을 필요로 하는 데가 많았고, 학회나 강연 약속 때문에 자리를 비워야 할 때도 많았다. 그러던 1912년, 그는 이집트에 있는 연합 장로교 선교회의 부름을 받았다. 카이로로 사역지를 옮겨 전 이슬람권을 대상으로 선교 사역을 관장해 달라는 것이었다. 무슬림 대상 문서선교 사역으로 잘 알려진 '나일 미션 프레스'ᴺᴹᴾ도 이 프로젝트에 합류했고, 기독교청년회ʸᴹᶜᴬ와 카이로 아메리칸 대학도 합류했다고 했다. 어떻게 결정해야 할지는 분명했다. 즈웨머는 이 요청을 받아들였다.

카이로로 간 그는 훨씬 개방적인 사회를 만났다. 교육 수준 높은 젊은 사람들이 서양에서 온 이 지적이고 멋진 선교사가 하는 말에 진지하게 귀 기울였다. 즈웨머는 일주일에 몇 시간씩 대학 캠퍼스에 가서 복음을 전했는데, 셔우드 에디의 말에 따르면 "자존심 강하고 영향력 있는 무슬림 대학 엘 아즈하르의 지도급 인사들까지 만나볼 수 있었다"고 한다. 어떤 때는 2,000명이나 되는 무슬림들이 참석한 가운데 집회를 열기도 했지만, 실제 회심하는 사람은 드물었고 적대는 여전히 격렬했다. 한번은 대학생들에게 불법적으로 전도 책자를 나누어 주었다는 죄목으로 카이로를 떠나야 했던 적도 있지만 이 일로 오히려 대학생 한 명이 회심하는 결과가 생겼다. 한 교수가 격노해서 수업 중에 이 책자를 갈기갈기 찢자 저 작은 전단 하나가 뭐기에 교수가 저토록 흥분을 하는지 궁금했던 한 학생이 나중에 그 쪼가리를 주워 모아 붙인 뒤 읽어 보았고, 그 결과 회심하여 그리스도인이 된 것이다.

카이로에서의 첫해에 즈웨머는 예일 대학에서 온 윌리엄 보든^{William} Borden, 1887-1913과 함께 사역하게 되었는데, 보든은 즈웨머의 설교를 듣고 감동받아 '프린스턴 서약'^{Princeton Pledge}에 서명한 대학생 자원자였다. 보든의 겸손함, 그리고 자전거에 올라 카이로 거리의 인파를 뚫고 다니며 열심히 전도 책자를 나눠 주는 모습을 보면 그가 부잣집 출신이며 그 집안의 엄청난 재산을 물려받을 상속자라는 사실이 믿어지지 않았다. 선교 현장에 뛰어들기 전에도 그는 여러 기독교 기관에 수천 달러를 기부하는 한편, "도리에 맞지 않는 사치"라며 자신에게는 자동차 한 대도 허용하지 않았다. 그의 단 한 가지 목표는 선교사로 평생 헌신하는 것이었다. 그리고 그는 그 목표를 이루었다. 비록 기간은 짧았지만 말이다. 그는 카이로에 온 지 넉 달 만에 척수막염으로 세상을 떠났다.

즈웨머는 17년 동안 카이로를 본부로 삼아 전 세계를 두루 돌아다니며 총회에 참석하고, 기금을 모으고, 인도·중국·동남아시아·남아프리카 등지의 무슬림을 대상으로 사역을 펼쳤다. 그가 복음을 전하는 방식은, 대립적 상호작용이라는 전통적 방식과 그리스도의 사랑을 제시하는 좀 더 현대적인 방식을 결합한 것이었는데, 두 번째 방식은 대학생 자원운동의 특징이기도 했다. 그가 이런 사역을 통해 회심시킨 사람은 극소수였다. 거의 40년 동안의 회심자 수를 다 합쳐도 아마 12명이 채 안 될 것이다. 하지만 그의 가장 큰 기여는 무슬림에게 복음을 전해야 할 필요성을 그리스도인들에게 각성시켰다는 점이다.

1918년 그는 프린스턴 신학교 교수진에 합류해 달라는 요청을 받았다. 하지만 그는 카이로 사역이 너무 시급하다고 믿었다. 1929년, 그의 사역은 확실히 자리를 잡았고, 그래서 프린스턴에서 재차 요청이 오자 그는 아무 부담 없이 카이로를 떠나 종교역사와 기독교선교학 교수로 새로운 삶을 시작할 수 있었다. 1937년 프린스턴 교수직을 은퇴한 그는 퇴임 후에도 뉴욕 신학교와 나약 선교사 훈련소에서 학생들을 가르쳤다.

학생들을 가르치는 동안에도 그는 강연과 저술 활동을 계속했다. 40년에 걸쳐 잡지 『무슬림 세계』*Moslem World*를 편집했고, 수백여 권의 소책자와 열두 권의 저서를 집필했다. 그는 생애 마지막 순간까지도 "긴장된 에너지"로 충만했다. 한번은 즈웨머의 순회 여정에 동행했던 동료가 그와 함께 밤을 지내고 나서 시무룩하게 이야기했다. "그는 한 시간 반 이상 침대에 누워 있지 못했다.……한 시간 반마다 불을 켜고 침대에서 일어나 종이와 연필을 가져다 몇 문장을 쓰고 그런 다음 다시 침대로 가서 누웠다. 내 눈꺼풀이 다시 무거워질 무렵, 즈웨머는 또 일어나 불을 켜고 몇 문장을 더 썼다.……그러고는 다시 침대로 가서 누웠다."[23]

즈웨머는 평생 비극과 역경에 맞서 살았다. 그는 어린 딸들과 가까운 친지, 두 아내의 죽음(첫 아내는 1937년, 두 번째 아내는 1950년)을 겪었다. 하지만 그는 놀라우리만치 만족해했고 낙관적이었으며, 여러 면에서 그의 성격은 이슬람 세계라는 불모의 땅에서 수고하며 살기에 안성맞춤이었다. 앨런 닐리는 "평생 이슬람을 연구한 학도로서 그는 그리스도의 궁극성을 강력히 주장하기를 한순간도 멈추지 않았다"고 말한다.[24]

템플 게어드너[1873-1928]   템플 게어드너Temple Gairdner는 새뮤얼 즈웨머와 동시대 사람으로, 20세기 초에 무슬림권에서 사역한 영국인 선교사로서는 아마 가장 유명한 인물일 것이다. 게어드너는 스코틀랜드에서 태어나고 자랐으며, 아버지는 글래스고

대학의 의학교수였고 어머니 게어드너 부인은 "우아하고 품위 있는" 여성이었다. 집안의 신앙적 환경이 복음주의적이었다고 할 수는 없지만, 옥스퍼드에 진학한 뒤 그의 삶은 달라지기 시작했다. 옥스퍼드에서 그는 옥스퍼드 기독학생연합OICCU을 알게 되었는데, 대다수 학생들은 이 그룹을 광신자들의 모임으로 여겼다. 게어드너는 말없이 지켜보는 사람으로 참여하기를 바랐지만 이 모임에서 그런 선택은 없었다. 그는 가족들에게 보낸 편지에서 다음과 같이 고민을 털어놓았다.

> 언젠가 세상을 정복하게 될 그 대의를 향해 개인적으로 조금이라도 열심을 드러낼 경우 옥스퍼드에서는 일종의 얼간이 취급을 당한다는 것을 잘 알고 있습니다.……뭔가 많이 아는 척하는 사람, 혹은 광신자 취급을 당할 위험을 무릅쓰고라도 자기 색깔을 드러내야 한다고 여겨집니다.……어려운 일이지요. 그게 이곳에선 너무도 어려운 일임을 깨닫습니다. 하지만 사람 사는 곳 그 어디에서나 그건 늘 어려운 일일 것입니다. 그럼에도 그것이 우리의 본분이기도 하고요.……이들은 제게 묻습니다. "너는 여기 있는 다른 사람들보다 뭐 더 나은 게 있기에 그 사람들을 꾸짖는 거지?" 아니지요. 더 나은 분은 그리스도이지요. 저는 제 이야기를 하려는 게 아니라 그분 이야기를 하려는 거지요.[25]

게어드너는 여러 가지 면에서 복음주의라는 틀에 어울리지 않았고, 그래서 복음주의권의 일부 학생들은 그가 자신들과 완전히 하나가 되지 않았다고 비난했다. 그는 성경비평 문제에 대해 열린 자세를 갖고 있었고, 잃어버린 바 된 자들의 운명에 대해 "강경 노선"을 취했으며, "영원히 꺼지지 않는 불"이 실제로 있다는 것은 믿지 않으려 했다. 해외선교에 대한 그의 열정에 부채질을 한 사람은 존 모트와 로버트 스피어라는 두 사람의 미국인이었는데, 이들은 대학생 자원운동 대표로 잉글랜드를 순회하고 있던 중이었다.

게어드너는 이들과 만나 보고 나서 일기장에 한번은 이렇게 적었다. "거룩한 교통……새 시대에 대한 깊은 인상……저녁에 스피어는 그저 하나님의 감동을 받았다. '우리 세대에 세계 복음화를', 그런 말은 한 번도 들어본 적이 없다."[26]

카이로에서 선교사로, 그것도 그냥 선교사가 아니라 무슬림 대상 선교사로 사역하려는 그의 결단에 친구들과 가족들 모두 당혹스러워했다. 그들이 보기에 이는 그의 명민한 두뇌를 허비하는 것이었다. 이런 주변 사람들의 마음을 대변이라도 하듯 한 친구는 "그가 이슬람 지식인 선교에 생애를 바치는 게 통탄스럽다. 우리가 듣기로 여러 해 동안 수고해도 회심자가 겨우 한 명 나온다고 한다"고 안타까워했다. 카이로에서 게어드너는 이미 선교 사역에 관여하고 있는 친구들을 만났고, 1년이 지나지 않아 교육 사역에 참여할 수 있을 만큼 언어 실력을 갖추게 되었다. 그리고 친구들의 비관적 예측에도 불구하고 사역 초기인 바로 그 시기에 한 명 이상의 '회심자'를 얻어 냈다. 그러나 그가 나중에 여러 번 경험하게 되듯, 회심자를 얻은 기쁨은 곧 상심으로 변해 버렸다. "근동 지역을 잘 아는 사람들에게 이는 아주 익숙한 이야기일 뿐이다.……교회 구성원 두 사람이 항복하고 말았다.……두 사람 모두 기독교 신앙을 공개 철회하고 이슬람으로 돌아갔다. 대개 그렇듯 교회 지도자들에 관해 비방의 말을 남기고 그들은 떠나갔다. 게어드너로서는 하늘이 캄캄할 일이었다. 그는 이 영혼들이 낙오했다는 생각, 교회가 이들을 붙잡지 못했다는 생각에 마음이 편치 못했다."[27]

게어드너는 이 상황을 곰곰 생각해 보면서 이렇게 기록했다. "가룟 유다 같은 인물이 생길 수 있다는 것, 그도 인간이라는 사실을 이제 처음 깨닫기 시작한다." 회심자를 잃은 일은 이런 종류의 경험으로서는 처음이었고, 마지막은 물론 아니었다. 이 일은 그에게 깊은 개인적 충격을 남겼으며, 그는 결혼을 약속한 여자에게 이 충격에 대해 다음과 같이 고백했다.

화창한 시절, 인생의 소년기를 영영 떠나 좀 더 슬픈 기분이 드는 삶으로 접어든 것 같습니다.……그대여, 앞을 내다보아도 역시 똑같은 풍경이 보입니다. 이슬람에 잘 대처해 보려는 이 절망적인 노력, 기후에서 느껴지는 피로감, 이런저런 의무들을 손도 못 댄 채 남겨 두고 있다는 느낌, 그리고 무엇보다도 이 끔찍한 실망감까지 말입니다. 이게 바로 내가 선택한 삶입니다. 하나님께서 도우사 바로 이 삶 속으로 들어와 이 삶을 함께 나누자고 나는 그대에게 청한 것입니다.[28]

게어드너와 마거릿 미첼Margaret Mitchell은 1902년 가을 나사렛에서 결혼식을 올렸다. 마거릿은 사역지를 인도로 배정받았다가 약혼 후 아랍어를 공부하기 쉬운 지역으로 재배정받았다. 결혼 후 두 사람은 카이로에 가정을 꾸렸다. 장차 네 아이를 낳아 키우며 선교 활동의 중심지가 될 집이었다. 템플과 마거릿 두 사람 모두 음악인이었다. 템플은 건반악기를 전공했고, 마거릿은 바이올린 전공이었다. 두 사람은 그리스도인과 무슬림을 구별하지 않고 이들 모두를 위해 음악회를 열었다. 게어드너는 클래식 음악가였지만 "기독교가 동양적 음률의 아름다움을 발견하고 그것을 활용하게 될 날을 소망했다." 선교사들 중에서도 그는 시대를 앞서 가는 사람이었다. "그가 생전에 받은 보상은, 한때 무슬림이었던 그의 교회 일부 교인들이 전화를 걸어 와 그가 수집한 동양의 노래 중 가장 많이 사랑받는 곡을 다음 주일 교회에서 부르자거나 혹은 몇몇 소녀들이 성금요일 그의 마음속에 끊임없이 떠오르는 동양의 곡조 하나를 노래할 때, 지극히 순수한 그 아름다움에 귀 기울일 수 있게 해달라고 했다는 것이다."[29]

교사와 전도자와 글 쓰는 이로서 게어드너의 선교 활동은 다양했다. 그리고 이 모든 활동은 이슬람에게 기독교를 설명하는 변증가의 역할로 통합되었다. 사역 과정을 거치면서 그가 "무슬림에게 접근하는 방식은 논쟁 방식에서 변증 방식으로 변화했다"고 제임스 텝James Tebbe 은 말한다. "이는 이슬람적인 것에 대해 좀 더 긍정적 견해를 갖게 되었다는 의미일 수도 있고, 적어도 비교적 덜 대립적인 방식을 사용하게 되었다는 의미였다." 무슬림에게 배포하는 기독교 문서들을 쭉 살펴보던 게어드너는 이 문서들이 매우 논쟁적이라는 것을 알게 되었다. 이런 통찰을 얻게 되자 그는 "이슬람을 공격하는 방식에서 벗어나 여러 가지 기독교 신앙과 관련해 무슬림들이 직면하는 문제들을 직접 설명해 주는 데 초점을 맞추게" 되었다. 그러한 중에도 여전히 그는 기독교 선교가 늘 "이슬람과 '단호한' 싸움을 벌여야 하되, 평화를 지향하는 감성으로 그 싸움을 순화시켜야 하며 어떤 식으로도 싸움을 회피할 수는 없다"고 믿었다. 그가 행하는 복음전도에는 한 가지 목적이 있었다. "모든 '논쟁' 혹은 '대화'는 저들을 구원하려는 의도로 해야지, 무례하게 비난하거나 쓸데없이 비교하거나 편안하게 대화나 나누려는 생각으로 해서는 안 된다."[30]

그는 "노래하는 분위기로 무슬림에게 우리 메시지를 전할 필요가 있다"고 주장했다. "논쟁이라는 건조하고 날카로운 분위기가 아니라 노래하는 분위기로 기쁘게 진리를 증거하고 정겹게 그 진리로 초청하는 것이다." 노래하는 분위기는 예술적 시도를 통해 복음을 전하고 기독교를 변증하려는 그의 노력을 통해 뚜렷이 드러난다. 그는 단순한 음악이인이 아니었다. 극본을 쓰고 연출하기도 했으며, 이 작품들은 대부분 학교와 병원에서 공연되었다. 가장 뛰어난 작품은 '요셉과 그 형제들, 구약성경 수난극'이었는데, 이 작품은 카이로의 한 교회에서 다섯 번 공연되어 약 1,700여 명이 관람했다. "이 창작극을 관람하는 기쁨이 한창 고조되어 있을 무렵, 예고도 없이 공연이 돌연 중단되었다." "교회에서 연극을 공연한다고 하면 후원자들이 크게 충격을 느낄 것이고 후원금도 끊어질 것"이 염려된다고 본국의 선교위원회에서 전갈을 보내온 것이다.[31]

게어드너가 거의 30여 년에 이르는 사역 기간 동안 직면했던 가장 어려운 문제 중 하나는 도움의 손길이 부족했다는 것이다. 그는 카이로에서 선교 사역이 진척을 보이고 있으므로 사람들이 흥미를 갖게 될 것이고, 그 결과 그 지역에 더 많은 일꾼들이 배정될 것으로 믿었다. 오랜 시간 그의 동역자였던 더글러스 손턴Douglas Thornton, 1873-1907이 세상을 떠남으로 그는 소중한 친구뿐만 아니라 출판과 사역팀의 반쪽을 잃었다. 문의를 해오는 이들은 많았지만 관심을 갖고 계속 훈련시킬 시간이 없었다. 그는 선교사로 훈련받았지만 대부분의 시간을 일상적 사무 업무에 매달려 있었다. 기독교회 선교회가 그에게 1년 동안 세계 최고의 학자들과 함께 이슬람에 대해 공부할 수 있는 시간을 허락해 주었지만, 카이로에 돌아와 일에 파묻혀 지내는 바람에 공부 중에 얻은 통찰을 책으로 출판하거나 연구를 계속 이어갈 시간이 전혀 없었다. "진심으로 연구 작업에 마음을 붙일 수도 있었고, 상당한 성과를 낼 수 있었을 것이라 여겨진다." 그러나 "꿈은 죽고 말았다"고 콘스탄스 패드윅은 기록한다.[32]

카이로에서 선교사로 평생 일하면서 게어드너는 교회를 연합시키고 무슬림 사이의 적대적 태도를 흩어 없애려고 줄곧 애썼다. 그는 그리스도인들이 서로에게 선의를 보이지 않는 것 때문에 괴로워했다. "분파 위에 또 분파가 생겨, 이웃만큼도 못하게 서로를 못마땅해 했고, 한 주님의 이름으로 서로 상대측을 사실상 출교시켰다. 그것도 어느 분파 할 것 없이 기독교라면 다 싫어하는 이슬람의 면전에서 말이다." 대다수 이집트 선교사들과 달리 그는 콥트파 그리스도인들과 좋은 관계를 유지했다. 하지만 그들 가운데 복음전도에 뜻을 둔 이는 극히 드물었다. 게어드너는 "개혁파 정통 콥트교회가 나타나 교회가 잃어버린 두 가지 기조, 곧 복음전도를 위한 투쟁 본능과 교회의 보편성을 마침내 보여줄" 날을 갈망했다.[33]

그러나 게어드너의 입장에서 가장 해결하기 힘들었던 갈등은 그가 지도하는 소규모 회심자 그룹에서 생겨난 갈등이었다. 1914년, "무슬림들이 우리가 지금까지 경험한 것과는 전혀 다른 엄청난 적대 감정을 폭발적으로" 분출시켰다. 적대 행위는 아주 체계적인 데다가 자금 지원까지 받고 있어서 대응하기가 어려웠다. 나중에 그는 "바로 그 위험한 순간에, 우리 진영의 심각한 약점이 무엇인지 알게 되었다"고 기록했다. "2주 동안 나는 말로 다 할 수 없이 고통스러웠다. 낮에는 나쁜 소식과 소문, 근심으로 괴로웠고 밤에도 꿈에 시달리느라 잠을 이루지 못했다." 이때는 마침 부활절 기간이었는데, 그는 이 시기를 일컬어 "암흑 같은 부활절 주간"이라고 했다. 그는 이 회심자 그룹을 다 불러 모아 광야의 한 동굴로 데려갔다. 그리고 "이런 자를 사탄에게 내주었으니 이는 육신은 멸하고 영은 주 예수의 날에 구원을 받게 하려 함이라"^{고전 5:5}는 바울의 말로 그들을 훈계했다.

> 우리는 하나님의 능력을 기원했다. 회복이 일어났고, 이탈자는 한두 명 정도였다. 우리는 다시 호흡을 가다듬었고 이제 거룩한 능력이 임하기를 기도하며 그 능력이 나타날 것을 믿고 있다.……이런 문제를 겪는 건 우리가 처음이 아니다. 진짜 힘들었던 이들은 교회 역사라는 것이 없던 초대교회 사람들이다. 우리는 초대 교부들을 바라보며 이런 어려움은 과거부터 있어 왔다는 것을 깨닫기만 하면 된다. 역사를 주신 것에 대해 하나님께 감사할지라![34]

게어드너는 1928년 폐질환을 몇 달간 앓다가 55세의 나이로 세상을 떠났다. 유족으로는 아내와 네 아이가 있었고, 카이로 사역은 비범한 지도자를 잃은 채 계속되었다. 그가 남긴 문서 유산은 그 후 몇십 년간 계속 증보되며 활용되었다. 그러나 무엇보다도 그는 무슬림 전도에 대한 열정이라는 유산을 남겼고, 이 유산 덕분에 성공회는 물론 그 외 교파에서도 선교에 대한 열정이 더욱 뜨겁게 불타올랐다.

콘스탄스 패드윅[1886-1968]

콘스탄스 패드윅Constance Padwick은 1916
년 카이로에서 템플 게어드너와 함께
일하기 시작했다. 게어드너가 세상을 떠난 뒤에는 전에 헨리 마틴 전기를
썼던 경험을 살려 게어드너의 전기를 집필했다. 패드윅은 선교학자이자 선
교 전략가로서, 전기야말로 선교사들의 감동적이고 희생적인 삶뿐만 아니
라 선교 방식과 이론을 가장 효과적으로 제시하여 무슬림 선교에 동참할 수
있도록 많은 이들에게 도전을 줄 수 있는 수단이라고 믿었다. 그녀는 이집
트와 그 후 팔레스타인, 수단, 터키 등에서 지낸 경험을 통해 이슬람에 대해
폭넓은 이해를 얻고 이들과 관계를 맺고 있었다.

1886년 잉글랜드 서식스에서 태어나 자란 패드윅은 청년 때부터 대학
생 자원운동에 적극적으로 참여했다. 20대 중반에 팔레스타인에 다녀온 뒤
무슬림 세계에 관심이 생겼고, 이 관심이 그녀의 평생을 지배했다. 그러나
해외에서 사역하고 싶은 소원은 건강 문제 때문에 처음에는 이뤄지지 않았
다. 기독교회 선교회 사무국에서 5년 동안 일하며 단기 사역 정도는 할 수
있음을 입증하자 기독교회 선교회에서는 마침내 그녀를 선교사로 허입하여
후원하기로 했고, 이렇게 시작된 일이 그 후 거의 40여 년간 이어졌다.

패드윅의 주된 사역은 집필이었다. 잡지 『동방과 서방』Orient and Occident을
편집했을(그리하여 템플 게어드너의 그 막중한 업무 부담을 덜어 주었을) 뿐만 아니
라 무슬림을 위해 여러 가지 다양한 자료들을 집필했다. 하지만 그녀는 단
순히 글만 쓰는 사람이 아니었다. 그녀는 능력 있는 조직가이기도 했다. 그
녀는 "무슬림을 위한 중앙문서위원회CLCM가 결성될 수 있도록 영감을 주었
고, 이 단체가 활기 넘치게 활동할 수 있는 원동력이 되었다."[35] 무슬림에게
문서선교를 하려는 각처의 시도들을 조정하는 역할을 했던 이 단체를 두고
아프리카의 기독교회 선교회 이사는 "문서선교 분야의 주목할 만한 모험으
로, 템플 게어드너와 콘스탄스 패드윅의 비범한 재능에 많은 빚을 지고 있

다"고 칭송했다. 게어드너처럼 패드윅도 기존의 상당수 문서들에 대해 비판적이었다. 대개 "예배와 사랑의 정신보다 논쟁 정신으로 가득해 있고, 지지를 구하고 마음을 얻으려 하기보다 공격하고 비난하는 경향이 있다"고 말이다.[36]

전기를 집필하고 무슬림 전도용 책자를 쓰는 것 말고도 패드윅은 서양의 그리스도인들을 대상으로도 글을 썼다. 그녀는 교회가 너무 오래 이슬람 세계를 외면해 왔다고 개탄했다. 그녀가 쓴 모든 글들에 스며 있는 한 가지 테마는, 무슬림을 전도하는 것이 '교회의 의무'라는 것이다. 하지만 많은 이들이 이슬람 세계는 본질상 가망성 없는 목표라고 믿었다. 그러나 패드윅은 이 문제를 비켜 가지 않았다. "집단 개종 운동이 일어나고 있는 지역에서, 목자도 없는데 사람들을 하나님 나라로 몰아넣는 것이 옳은 일일 수 있는가? 이런 상황에서, 선교사들의 메시지를 시종 거부하는 이슬람 세계로 남녀 선교사들을 파송하는 것이 옳은 일일 수 있는가?"라고 그녀는 물었다. 그녀의 태도는 모호하지 않았고, 변명이 없었다.

수백 년이라는 긴 세월 동안 교회는 무시라는 소극적 태도뿐만 아니라 적대와 보복이라는 적극적 태도까지 보였다. 그러므로 우리는—그리스도의 교회의 교통과 연대는 지상에서 우리와 동시대인들에게만 제한되지 않고, 우리는 바로 그런 교회의 일원이므로—무슬림에 대한 우월감이 아니라 뉘우치는 사랑으로 나아가, 우리에게 허락되는 한까지 너그러운 우리 주님의 마음과 양심을 품은 무슬림 세계에 배상을 할 의무가 있다. 다른 어느 곳에 그 어떤 기쁜 섬김의 기회가 있든, 우리에게는 이런 피할 수 없는 의무가 있다.[37]

패드윅은 꿈은, 무슬림들에게 효과적으로 반향을 일으킬 선교 전략을 개발하는 것이었다. 패드윅이 등장하기 전 선교사들도 똑같은 이상을 품기는 했지만, 이들이 생각하는 것은 주로 변증식 전략이었다. 하지만 패드윅은 관계 중심 방식을 강조했다. 물론 다른 선교사들도 관계를 중시하기는 했다. 이 원리를 제안한 사람 중 하나가 아그네스 드 셀렝쿠르$^{Agnes\ de\ Selincourt,\ 1872-1917}$로, 그녀는 1911년 인도 러크나우에서 열린 이슬람 선교 총회에서 열정적인 연설을 했다. 드 셀렝쿠르는 특히 여성 선교사들이 상류층 무슬림 여성들을 전도해야 한다고 도전을 던졌다.

> 우리는 '우정의 사역'이라고 훌륭한 이름을 붙인 선교 계획에 좀 더 의미 있는 역할을 부여해야 한다. 이는 우리가 이 여성들과 어깨를 나란히 하고 이들의 삶 속으로 들어가며 적법한 범위 안에서 이들의 열망을 공유할 수 있기 위해 시간과 공감과 사랑을 아끼지 말아야 한다는 의미이다. 또한 그런 시도 중에 몇 번 냉대를 당하거나 거부를 당한다 해도 기꺼이 감당할 수 있어야 한다는 의미이다. 여러 면에서 이는 하류층 사람들과 접촉하는 것에 비해 힘든 일이다. 가난한 사람들은 대개 우리가 내미는 손길에 신속히, 감사히 반응하며, 되도 않게 우리가 저들보다 우월하다는 악마적 본성을 드러내거나 우리가 인도에 온 게 그들을 사랑하고 우정을 나누기 위해서가 아니라 마치 "그들 사이에서 일하기" 위해서인 양 행동할 때에도 그 즉시 분개하며 서둘러 우리를 끌어내거나 하지 않는다.[38]

이슬람을 공부하면서, 그리고 무슬림 선교를 공부하면서 패드윅은 기독교와 이슬람 사이에 다리를 놓는 가장 효과적인 방법은 공통의 경건을 통하는 방법이라는 확신을 굳히게 되었다. 패드윅의 저서 중 바로 이 영역에 가장 훌륭한 통찰을 제시하는 것이 『무슬림의 경건』$^{Muslim\ Devotion}$이다. 이 책은 이슬람의 경건 문서들을 편집한 것으로, 무슬림들에게 복음을 전하는 일에서 필수 요소로 여겨지는 것이 무엇인지에 대한 이해를 담고 있다.

패드윅이 주창하는 선교 전략은 대부분 그녀가 집필한 선교사 전기를 통해 제시되었다. 헨리 마틴과 템플 게어드너의 일평생을 다룬 전기 외에 그녀는 『이스탄불로 부름받다』*Call to Istanbul*라는 제목으로 라이먼 매컬럼*Lyman MacCallum, 1893-1955*의 장편 전기를 펴냈다. 이 책에서 패드윅은 효과적 선교 사역의 토대라 여겨지는 사항들을 강조했다. 서론에서 패드윅은 이렇게 말했다. "라이먼 매컬럼이 살았던 삶의 의미, 그리고 그것이 책으로 기록되어야 하는 이유는 바로 그의 처신에서 찾아볼 수 있다.……그는 터키 사람들 사이에서 자신을 이방인으로 여기지 않았고, 본질적으로 정말 이방인이 아니었다는 점에서 대다수 선교사들과 근본적으로 달랐다." 패드윅은 한 터키 무슬림이 라이먼에 대해 했던 말을 인용하는데, 그녀는 이 증언이 모든 선교사들이 본받아야 할 하나의 전범으로 우뚝 서기를 소망했다. "우리 무슬림과 모든 그리스도인들 사이를 갈라놓고 있는 간극을 메운 한 그리스도인을 알게 되었습니다. 그는 그 벌어진 틈을 완벽히 메웠고 그 길을 정말 평평하게 만들었습니다. 저는 수년 동안 그를 시험했습니다. 그리고 저 정도로 참된 그리스도인이 있다면 세상에는 이 사람 말고도 그런 그리스도인이 정말 많겠구나 하고 믿게 되었습니다. 저는 그를 사랑합니다. 그리고 그를 통해 모든 그리스도인을 사랑했습니다."[39]

패드윅이 쓴 많은 글 가운데 '알제의 릴리아스 트로터'*Lilias Trotter of Algiers*라는 글이 있다. 릴리아스 트로터*1853-1928*는 패드윅과 동시대 인물로 패드윅이 크게 찬탄해 마지않던 사람이다. 패드윅처럼 트로터도 건강이 안 좋은 까닭에 선교회 허입을 거부당했다. 하지만 그녀에게는 복음을 가지고 무슬림에게 가야 할 소명이 있었고, 그 소명이 무언가에 훼방받는 것을 원치 않았다. 평생 미술을 사랑했고 그래서 미술가의 길을 가고픈 유혹이 있었음에도 말이다. 런던의 부유한 집안에서 자란 트로터는 베니스에 가서 유명한 화가 존 러스킨*John Ruskin* 밑에서 공부했다. 하지만 그녀는 선교라는 소명을 위해 자신의 재능을 희생시켜야 한다고 믿었다. 북아프리카에서 생활할 때도 줄곧 손에서 붓을 놓지 않기는 했지만 말이다. 패드윅은 다음과 같이 트로터의 짤막한 전기의 막을 연다. "이 예술가이자 신자에게는 독특한 사랑스러움이 있다." 하지만 그녀의 소명이 과연 화가로서의 재능을 희생시킬 만한 가치가 있었는가? 패드윅은 그렇게 묻고, 다음과 같이 답변한다.

그녀가 알제리에 준 선물은 두 가지였다. 하나는 많은 사랑을 받았던 그녀의 친구들, 곧 15개의 선교기지와 지부에 흩어져 있던 약 30명 정도의 전도자 그룹과 함께 이룬 일들이다. 그리고 또 하나는 전도 문서를 발간한 것이다. 이 문서들은 주로 소책자의 형식이긴 했지만 그래도 인간적 참신함과 동양적 아름다움이 드러난 색채와 표현을 갖춘 이야기식 비유라는 점에서 크게 주목할 만하다. 이와 같은 것들이 그녀의 삶이 일구어 낸 가시적 성과인데, 여기서 떠오르는 피할 수 없는 물음 하나는, 이런 일들이 과연 가치 있는 것이었느냐 하는 것이다. 이 모든 것을 말하고 행했다고 할 때 이것이 과연 북아프리카 무슬림의 삶에 아주 미미한 영향이라도 끼쳤는가?……그녀의 일지를 보면……사람들마다 세상을 떠날 때가 되었을 때 그 영혼이 그리스도를 향했다는 인상을 받는다. 릴리아스 트로터는 임종이 임박한 무슬림의 입에서 "예수님이 제 마음을 다 가지셨습니다"라는 고백이 흘러나오는 것을 여러 번 듣고 또 들었다.[40]

무슬림 선교사가 대부분 마틴·즈웨머·게어드너·패드윅·트로터 같은 예술가나 문필가, 학자는 아니었다. 즈웨머만 제외하면 이들은 높은 학식으로 존경받는 성공회교도들이었다. 그러나 무슬림 세계에는 단순히 복음 전도자로만 사역하거나 혹은 인도주의적 사업에만 참여할 뿐 이슬람 교리에는 별 관심이 없는 선교사들도 많았다. 하나님의 성회 소속이었던 릴리언 트래셔Lillian Trasher, 1887-1961가 그 한 예다. 그녀는 이집트 선교사로 일하기 위해 약혼자와 파혼을 했으며, 1910년부터 시작해 반세기 동안 지칠 줄 모르고 수고하면서 고아원을 세웠고 수십 년 세월을 통해 8,000명 이상의 집 없는 아이들을 신앙으로 인도했다. 세상을 떠날 무렵 확인되었다시피 그녀가 이룬 일은 많은 이들에게 높이 평가되었다. "말이 이끄는 금박의 관에 실린 트래셔의 유해가 아시우트 거리를 지나 묘지로 향할 때, 사방에서 사람들이 눈물을 흘렸다. 운구 행렬이 지나는 곳 집집마다 사람들이 창문이나 발코니에 서서 자기들을 깊이 사랑했고 또 많은 것을 주고 떠난 이 위대한 여인을 추모했다."[41]

두려움을 모르던 또 한 여성으로 모드 케리가 있다. 비록 세상을 떠났을 때 사람들이 위와 같은 행렬로 그 죽음을 기리지는 않았지만.

모드 케리[1878-1967]　　　20세기 초에는 대다수 선교회에서 여성 선교사의 수가 남성 선교사 수와 비슷하거나 더 많았다. 어떤 나라의 경우, 독신 여성 선교사가 아니었더라면 선교 사역 자체가 사실상 와해되었을 것이다. 모로코에서 활동한 복음선교연합[GMU]의 경우가 바로 그러했다. 모로코에서 사역하는 다섯 개 개신교 선교회 중 하나인 복음선교연합은 1894년부터 무슬림에게 복음을 전하기 위해 애써 왔다. 그러나 이런 노력에도 불구하고 눈에 보이는 진전은 별로 없이 이슬람이라는 벽은 도저히 뚫고 들어갈 수 없을 만큼 견고해 보였고, 선교사들 사이에서는 낙심하는 분위기가 만연했다. 게다가 풍토병도 이들에게 큰 타격을 끼쳤다. 일부 선교사들의 입장에서는 선교기지를 폐쇄하고 다른 현장에 집중하는 것이 논리적인 해법으로 보였다. 그러나 모드 케리[Maude Cary]를 비롯한 독신 여성 선교사들은 그 힘든 시기에 끝까지 그곳에 남아 보기 드문 탁월함으로 사역을 이어 나갔다. 모드 케리 이야기는 무슬림 선교와 연관되어 있기에 의의가 있고, 또 그녀의 개인적 삶을 전해 준다는 면에서 아마 더욱 특별한 의미를 지닌다고 할 것이다.

케리는 1878년 미국 캔자스의 한 농장에서 태어났다. 선교에 관심을 갖게 된 것은, 케리의 집에서 자주 집회를 열던 순회 전도자들과 선교사들 덕분이었다. 독립심 강한 여성인 케리의 어머니는 보스턴 음악원을 다닌 재능 있는 음악가요 탁월한 성경교사이기도 했다. 어머니에게서 이런 독립적인 기질을 물려받은 케리는 열 여덟 살 때 미주리 주 캔자스에 있는 복음선교연합의 성경 연구소에 등록하여 해외 선교사 훈련을 받았다.

1901년 모드는 다른 네 명의 복음선교연합 선교사와 함께 모로코행 배에 올랐고, 이로써 50년 동안 이어질 모로코 선교 사역의 막이 올랐다. 처음 몇 달은 언어학교에 다니며 어학 공부에 힘썼는데, 그녀의 기질상 처음부터 다른 학생들과의 사이에 갈등이 빚어졌던 것이 분명했다. 총명하고 경쟁심 강한 학생이었던 그녀는 다른 학생이 자기보다 성적이 앞서는 걸 용납할 수가 없었다. 몇 명 안되는 그 반의 학생 중에는 유일한 남학생 F. C. 엔야트Enyart가 있었다. 엔야트는 모드 못지않게 경쟁심이 강했을 뿐만 아니라, 자신은 남자이므로 반에서 최고 성적을 받을 특권이 있다고 생각했다(실제 몇 점 차이로 모드를 앞서기는 했다). 그런데 정작 교만하고 공격적이라고 비난을 받은 건 모드 쪽이었다. 선교 현장에서 여성들은 사역을 위해 모든 것을 다 버릴 수 있을 만큼 독립적이고 용감해야 했다. 그러나 막상 현실에서 이들은 남자 옆에서 종속적 신분을 받아들일 것을 요구받았다. 그러나 케리의 전기를 보면, 그녀가 자기 태도에 잘못이 있었음을 인정하고 "교만의 죄에서 깨끗하게 해주시기를 날마다 기도했다"고 한다.[42]

모로코에서 맞은 첫 번째 여름은 온통 새로운 체험으로 가득했다. 선교회 정책상 여름 몇 달 동안에는 마을들을 돌아다니며 순회 전도 사역을 해야 했는데, 대열을 지어 시골 지역으로 길을 떠날 때 선교사들은 모두 기대에 들떠 흥분했다. 그러나 열악한 환경에서 캠프 생활을 해야 한다는 가혹한 현실이 드러나면서 기대와 흥분은 곧 사그라졌다. 더더욱 좌절스러운 것은, 주민들에게 복음을 제시하기가 여간 힘든 일이 아니라는 것이었다. 집집마다 "사나운 개들이 버티고 있었고, 개들이 짖는 것도 무서웠지만 물리는 건 더 무서웠다." 게다가 "낯선 손님을 공격하지 못하도록 집주인이 개들을 제지했다 해도" 선교사들이 전하는 말은 "녀석들이 뒷마당에

모로코 선교사 모드 케리

서 시끄럽게 짖어 대는" 소리에 파묻히기 일쑤였다. 이런 훼방에도 불구하고 힘이 저절로 나는 때도 있었다. 여성 선교사들이 마을 밖으로 나가 강이나 샘에 물을 길러 오거나 빨래를 하러 온 여인들과 이야기를 나눌 수 있을 때가 특히 그랬다. 많은 여자들이 선교사들의 말에 관심을 갖고 귀 기울였지만 "멀리서 남자가 나타나면 여자들은 이교도의 말을 듣고 있었다는 것을 들킬까 두려워하는 게 역력한 모습으로 황망히 사라졌다."[43]

개들보다, 그리고 이따금 선교사들과 대화 중인 아내를 잡아채 가는 남자들보다 더 무서운 것은 모로코의 전반적인 정치 상황이었다. 모로코는 곧 선교사들에게 적대적인 입장으로 돌아서서, 해안 근처로 이주할 것을 강요했다. 사역은 계속되었지만 케리에게는 가슴 아픈 일이 생겼다. 모로코에서 맞은 두 번째 해에 있었던 현장 선교 총회 때, 선교사들이 서로에게 품은 불평과 불만을 주제로 그룹 토론회가 열렸다. 전기작가가 하는 말에 따르면, 모드는 곧 자신이 많은 비난의 초점이 되고 있다는 것을 깨달았다. "동료 선

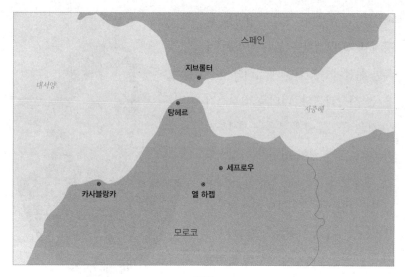

모로코

교사들이 하는 모든 이야기들로 판단하건대 그녀가 선교 현장에서 보낸 첫 두 해는 총체적 실패였다. 모드가 아니었다면 사역이 훨씬 더 잘 진행되었으리라고들 했다. 모드는 이기적이고 건망증이 심하다고 했다. 최소한 한 번 정도 경건치 못한 내용의 편지를 쓴 적이 있다고 했다. 자신이 복음을 전하는 무슬림과 함께 늘 기도하지 않았다고 했다. 그녀의 쾌활함, 다정함, 웃음, 이 모든 것이 오해받고 있었다. 한가히 이야기 나누기 좋아하는 성향, 의상에 대한 자부심에 더하여 이 모든 것들이 동료들에게는 산더미만한 걸림돌이 되었다는 것이다."[44]

참담한 심정으로 그룹 토론을 마치고 몇 주 뒤, 마침 모로코를 방문 중이던 복음선교연합의 회장은 그녀에게 귀국 준비를 하는 게 좋겠다고 말했다. 동료들을 힘들게 하는 기이한 성격에다 건강 문제까지 겹쳐 그녀의 존재는 선교회의 자산이 아니라 큰 부담이 되고 있었던 것이다. 모드로서는 하늘이 무너지는 일이었다. 귀국해서 가족과 친구들의 얼굴을 어떻게 본단 말인가?

역설적인 것은, 모드가 교만과 관련하여 겪었던 시련(언어학교 시절이나 연례 현장 집회 때나 할 것 없이)이 선교 현장의 여성들에게는 보기 드문 일도, 단발적인 사건도 아니었다는 점이다. 다른 여러 독신 여성 선교사들도 비슷한 일을 겪었다. 그들에게는 선교 사역을 탁월하게 이행할 수 있는 자질이 있었는데, 이들보다 연약한 자매들은 바로 그 자질을 의혹의 시선으로 바라보았고 형제 동료들은 그 자질이 자신에게 위협이 된다고 여겼다. 이소벨 쿤Isobel Kuhn, 1901-1957도 자신의 저서 『길 위에서 하나님과 마주치다』By Searching에서 중국내지선교회에 선교사 후보 지원을 했을 때 비슷한 경험을 했던 것에 대해 이야기한다. 선교회 측에서는 신원보증서 내용을 근거로 그녀가 "교만하고, 순종적이지 않고, 말썽꾼이 될 가능성이 높다"고 판단했다. 결국 조건부로 허입이 되긴 했지만, 심의회 측에서는 그녀의 행동거지를 지켜볼 시간을 벌기 위해 중국 출항을 지체시켰다. 그들은 이소벨이 "본인의 문제를 극복"하면 "정식으로 허입"될 것이라 약속했다. 비슷한 예로 헬렌 로즈비어 박사도 선교사 후보에 지원했다가 "교만하고, 늘 다른 사람보다 아는 게 많아 지시나 경고나 비판을 받을 수 없으며, 동료들과 어울려 살기 힘들다"는 심의회의 판단 때문에 거의 퇴짜를 맞을 뻔했다.[45]

케리의 경우, 이미 선교 현장에 나와 있었기 때문에 귀국 조치는 더욱 참담할 터였다. 결국 그녀는 선교지에 계속 머물 수 있도록 허락받았다. 하지만 케리 앞에는 더욱 굴욕적인 일이 기다리고 있었다. 그녀는 아랍어 외에도 베르베르족 언어를 공부하고 있었는데, 이들은 아랍인들이 북아프리카로 건너오기 오래전부터 그 지역에 살던 고대 부족이었다. 해안 근처로 이동하기 전 그녀는 이 부족을 대상으로 사역했었다. 베르베르어를 배우느라 고생하던 그녀는 자신이 왜 이 언어를 배우려고 하는지 그 동기를 따져보았다. 당시 베르베르족에게 복음을 전하고 있던 독신 남성 선교사 조지

리드$^{George\ Reed,\ 1872-1966}$가 아니라면 과연 자신이 그렇게 그 부족에게 다시 가고 싶어 할까 하는 의문이 들었다. 케리와 리드는 서로 편지 왕래를 하고 있었는데, 그녀는 자신이 베르베르어를 공부한다고 하면 리드가 좀 더 관심을 가져 주지 않을까 하고 내심 바라고 있었다. 그런데 정말 그렇게 되었고, 1907년 현장 총회가 끝난 직후 두 사람은 결혼을 약속한 사이가 되었다. 그러나 케리의 건강 문제였던지 혹은 여러 가지 이유가 겹쳤기 때문이었던지, 조지 리드는 곧 다른 생각을 하게 되었다. 그는 케리에게 미국으로 돌아갈 것을 권고했고, 그녀가 거부하자 홀로 베르베르족 마을로 돌아가 버렸다. 공식적으로 파혼을 선언하지는 않았지만 말이다.

전기작가의 말에 따르면, 서른 살 생일에도 여전히 혼자였던 그녀는 "인생의 좌우명을 새로 정했다. 새 좌우명은 '얌전하게 살자'$^{Seek\ Meekness}$였다. 조지 리드가 겸손한 아내를 원한다고 말했던 것도 한 가지 이유였다."[46] 그러나 겸손 유무와 상관없이 결혼은 진행되지 않았다. 결혼은 물 건너간 이야기라고 확신하게 되기까지 그녀가 그 뒤로도 6년 동안이나 매달렸는데도 말이다. 1914년 조지 리드는 모로코를 떠나 수단에서 새 사역을 시작하기로 결정했고(체면상 약혼을 취소할 수 없었던 것이 아마도 이 결정을 더 재촉했던 것 같다), 그의 출국은 두 사람의 관계가 끝났음을 알리는 신호였다. 그제야 케리는 마지못해 자신의 운명을 받아들였다. 그녀 자신의 표현을 빌리자면, "노처녀 선교사"로 평생을 늙어야 할 운명이었다.[47]

케리는 23년이 지나서야 첫 휴가를 받아 고국으로 돌아갔다. 1901년 미국을 떠나올 때와 똑같은 스타일의 옷과 모자 차림이었다. 미국은 광란의 1920년대로 흥청거리고 있었고, 케리는 그 분위기에 전혀 어울리지 않는 사람으로 보였다. 그러나 이제는 노부모를 돌보아 드려야 할 시기였다. 결국 두 분은 케리의 휴가 기간 동안 돌아가셨고, 부모님이 돌아가시자 이제 그녀의 인생을 돌아 보아야 할 때가 되었다. 그 23년 세월 동안 그녀는 무엇을 성취했던가? 교회가 설립되었는가? 선교학교가 열심 있는 학생들로 가득 채워졌는가? 회심자들이 자기 부족을 복음화하고 있는가? 아니었다. 겉으로 드러나는 성공의 견지에서 볼 때 이슬람 세력에 맞설 만한 성취라고 할 것이 거의 없었다. 손가락으로 꼽을 정도의 '회심자들' 중에서 그나마 가장 기대할 만한 사람도 핍박 앞에서 신앙을 부인하고 돌아서 버렸다. 이 모든 게 과연 그 모든 희생을 감수할 만한 가치가 있었던 것일까? 케리는 그렇다고 확신했다. 게다가 나이 마흔일곱에 그녀는 이제 혼자 몸이었고, 세상에서 그녀가 아는 집이라고는 사실상 모로코뿐이었다.

모로코로 돌아오자 느리고 느리게 진행되었던 지난 몇십 년 세월이 처음부터 다시 반복되는 것처럼 보였고, 케리는 성공의 징후를 보기 시작했다. 이슬람 사회의 문화적 관습을 공개적으로 부인하고 성경의 가르침을 받으러 나아오는 여성들이 점점 많아졌다. 게다가 젊은 두 남성 회심자가 담대히 신앙적 입장을 표명한 것이 모로코 선교사 사회 전체에 큰 힘을 불어넣어 주었다. 그러나 케리의 낙관에도 불구하고 복음선교연합의 선교사 그룹은 계속 규모가 줄어들었고, 신입 선교사도 극소수였다. 1938년이 되자 이 낙심스럽기 짝이 없는 사역지의 복음선교연합 기지에 남아 있는 선교사라고는 케리와 또 한 사람의 독신 선교사뿐이었다. 독신 여성 선교사 두 사람이 곧 충원되기는 했지만 얼마 안 있어 2차 세계대전이 발발했고 이들은 모로코 땅에 갇히고 말았다. 곤혹스러운 시기였다. 빠져나갈 길 없는 선교기지한곳에 네 사람이 함께 고립된 채 전쟁이 끝나기만을 기다려야 하는 상황이었다. 그러나 이들은 그렇게 갇혀 있기보다는 서로 흩어져 세 곳의 선교기지 활동을 이어 나가기로 했다. 캐리와 또 한 사람의 경험 많은 선교사는 각자 기지 한 곳씩을 맡았고, 두 명의 신참 선교사는 한 기지에서 함께 일하기로 했다. 1945년 마침내 전쟁이 끝났고, 캐리의 전기작가의 말에 따르면 놀랍게도 "선교지에 남아 사역을 이어가기로 한 우리 독신 여성들의 신실하

고 희생적인 수고 덕분에 사역의 피해가 아주 미미했다"고 한다.[48]

　전쟁이 끝나자 복음선교연합의 신입 선교사들이 모로코 땅으로 들어오기 시작하여 1948년에는 11명이 되었고, 무엇보다 인상적인 점은 "그중 세 명이 남자였다!"는 것이다. 이제 복음선교연합의 원로 행정가가 된 케리는 언어학교를 운영하고 신입 선교사들이 자리를 잡을 수 있도록 돕는 일을 맡았다. 그러나 개척의 시대는 아직 끝난 게 아니었다. 여전히 일꾼이 부족했던 복음선교연합은 71세의 케리에게 아직 언어 공부 중인 젊은 여성 선교사 한 사람만 데리고 "엘 하젭 주재 선교사 사역을 시작"하라고 했다. 이 사역은 엘 하젭뿐만 아니라 다른 도시에서도 진행되었고, 1951년에는 젊은 모로코 남성들을 훈련시키는 성경 연구소가 조직되었다. 학생 세 명이 등록했는데 그중 두 사람은 엘 하젭에 있는 케리의 새 선교기지 출신이었다.

　성경 연구소는 케리가 오랫동안 꿈꾸어 온 일이었지만, 1952년 1월에 열린 봉헌식에는 참석하지 못했다. 그녀는 병원 치료를 받기 위해 몇 달 전 미국으로 귀국한 상태였다. 아무도 케리가 다시 돌아올 것이라 기대하지 않았지만, 그해 말 74세의 그녀는 모로코로 돌아와 다시 사역에 참여했다. 그녀는 그 뒤로 3년간 사역을 계속 이어갔지만, 건강 문제가 빈번히 악화되자 선교회에서는 그녀의 은퇴를 준비하기 시작했다. 1955년 그녀가 모로코를 떠나던 해는 우연히 프랑스의 모로코 점령이 종식되던 해여서, 선교사들의 행동을 제약했던 많은 규제들이 완화되고 흥미진진한 새 시대가 열리고 있었다. 선교사들은 그 후 12년 동안 무슬림들 사이에서 거칠 것 없이 자유롭게 사역했고, 많은 이들이 이에 호응했다. 그중 약 3만 명 정도가 성경 연구소의 통신과정에 등록했고, 연구소는 융성을 거듭했다.

　그러나 좋은 시절은 오래가지 못했다. 1967년 모로코 정부는 모든 해외 선교사를 상대로 선교 활동의 문을 닫았다. 이리하여 75년간 이어진 복음선교연합의 사역도 끝이 났다. 라디오 방송에서는 계속 복음을 전하는 방송이 송출되어 원하는 사람은 누구나 들을 수 있었지만, 작디작은 모로코 교회는 사실상 고립무원이었다. 바로 그해 미국의 한 지역신문에는 부고 기사가 하나 실렸다. "장례식에는 몇 안되는 사람들이 참석했고, 그중 일곱은 목회자들이었다. 화환은 두 개뿐이었고, 눈물을 흘리는 사람도 거의 없었다." 모드 케리는 그렇게 주님 곁으로 갔다.

IO

한국과 일본
: 대조적인 반응

선교 역사에서 가장 큰 수수께끼로 손꼽히는 것은 기독교 신앙이 성장하는 과정에서 나타난 한국과 일본(혹은 한국과 그 외 아시아 국가) 사이의 대조적 모습이다. 한국의 교회 성장은 많은 이들의 연구 주제가 되어 왔다. 그러나 일본의 교회 성장은 그렇지 않다. 세계 최대의 교회가 한국에 자리 잡고 있고, 해외선교 운동도 급속히 확산되고 있다. 아시아 문화권의 한 나라는 기독교 신앙을 그렇게 쉽게 흡수한 반면 또 다른 나라는 서양 종교라 여겨지는 것에 왜 그리 폐쇄적이었을까?

한국은 '은자의 나라'로 알려졌었다. 여기에는 그럴 만한 이유가 있다. "이는 1880년 이전의 한국에 대해 아는 미국인이 거의 없다는 단순한 사실과도 관련이 있다"고 에버렛 헌트Everett Hunt는 말한다. "1880년 이후에도 지도에서 한국의 위치를 정확히 집어낼 수 있는 미국인이 그리 많지 않았던 것 같다. 한국의 문화적 특성에 대해 아무것도 모르는 건 말할 것도 없고 말이다." 「뉴욕 타임스」는 한국을 가리켜 "현재, 세상을 향해 문을 닫아걸고 있는 지구상 유일한 나라"라고 했다.[1] 그러나 1880년 이후로 상황은 변하기 시작했다. 한때 은둔 국가였던 그 나라에 미국인 선교사들이 둥지를 틀기 시작하면서부터 특히 더 그랬다. 실제로 한국은 19세기의 개척 선교사들이 사실상 모두 미국인이었던 몇 안되는 나라 중 하나다.

개신교 선교단체는 1850년대 말이 되어서야 일본에 들어갔고, 들어간 뒤에도 교회 성장은 고통스러울 만큼 더뎠다. 한국은 상주 선교사가 없던 기간이 일본보다 훨씬 길었다. 최초의 선교사 R. J. 토머스Robert Jermain Thomas, 1840-1866는 1865년이 되어서야 도착했고, 그것도 그 땅에 뿌리를 내리기 위해서는 아니었다. 토머스는 이듬해 미국 선박 편으로 한국을 다시 찾았다가, 미국이라는 나라와 그 세력에 위협을 느낀 한국인들이 선박을 불태우는 바람에 선원들과 함께 목숨을 잃었다.

1884년 상주 선교사들이 한국에 도착했을 때, 정치 상황은 여전히 불안정했지만 그래도 선교사들을 잘 대접해 주기는 했다. 고종(高宗) 임금은 의료와 교육 사역을 크게 환영했고, 초기 선교사들은 왕이 설교와 전도를 금하는 것에 비교적 고분고분 순종했다. 하지만 왕은 결코 한국의 전통신앙을 고집스럽게 보호하지는 않았다. 엘리엇 그리피스^{Elliot Griffis}는 1888년에 쓴 글에서 "한국인들은 열렬한 신자를 기다리는 종교가 없는 그런 독특한 민족의 모습을 보여준다"고 말했다. 좀 과장되긴 했지만 그의 말은 일부 사실이기도 했다. 에버렛 헌트의 말에 따르면, "정부의 법률 행위와 의전의 엄격한 규준이 된 것은 유교"였고, 불교는 수세기 동안 "소외당했다." 샤머니즘이 널리 퍼져 있긴 했지만 사회를 통합시키는 하나의 힘이 되지는 못했다. "그래서, 다른 나라의 경우 기독교를 소개할 때에는 흔히 기독교와 타종교의 충돌이 주요 쟁점이었던 반면, 1885년의 한국에서는 이것이 전혀 논점이 되지 못했다"고 헌트는 이야기한다.[2]

개신교 선교사들은 1880년대부터 한국 사역을 본격적으로 시작했고, 비교적 짧은 기간에 좋은 반응을 얻었다. 거의 20여 년 전 로마가톨릭이 적대를 당한 것과는 달랐다. 이렇게 호의적인 반응을 얻은 한 가지 이유는, 개신교가 기독교의 신^{God}을 일컫는 말로 '하나님'이라는 한국어를 사용함으로써 가톨릭이 중국어를 차용했던 잘못을 피해 갔다는 것이다. 던 리처드슨의 말에 따르면, "하나님이라는 단어를 택한 것은 한국의 개신교 선교를 위한 최고의 한 수였다! 개신교 선교사들은 하나님에 대한 한국인들의 믿음을 확언하면서 도시와 소읍, 마을과 농촌 지역에서 수월하게 설교 활동을 펼치기 시작했다. 개신교는 한국인의 심성에 남아 있는 신앙 위에 자리 잡아 가면서 낯선 외국 신 앞에 머리를 조아리는 것에 대한 그들의 본성적 반감을 능숙하게 무장해제시켰다"고 한다.[3]

선교사들은 한국인들이 하나님이라는 고유의 표현을 계속 간직할 수 있게 한 것 외에도 그들 나름의 교회를 발전시켜 나가도록 권장하는 하나의 형태를 재빨리 확립했다. 1890년, 중국에서 사역하던 베테랑 선교사 존 네비우스가 서울에 들어와 이후 한국 선교를 전반적으로 특징짓게 될 선교 전략의 길을 닦았다. 네비우스의 선교 방식은 자치[self-government], 자립[self-support], 자전[self-propagation]을 요구하여, 그 나라 고유의 기독교가 사실상 외부의 영향력에서 자유로울 수 있게 했다.

개신교보다 훨씬 먼저 한국에 들어온 로마가톨릭 선교사들은 한국 사회의 격렬한 반대에 부딪치면서도 담대히 사역을 이어 나갔다. 1784년부터 1884년까지는 때로 '로마가톨릭 선교 시대'라고도 일컬어지며, 핍박에도 불구하고 급속한 성장이 이루어진 시기였다. 1866년, 수천여 명의 한국인 그리스도인들이 프랑스인 사제 세 사람과 함께 순교를 당했다. 그해 '외국 문물 학습' 금지령이 반포되어, 이 외부 종교를 가르치다가 발각되면 사형을 당하게 되었다. 이에 프랑스 군대가 보복을 했는데(병인양요), 이 공격 행위로 한국인들 사이에서는 외부 세상에 대한 반감만 더 커졌을 뿐이었다. 가톨릭 대핍박의 배후에 있던 인물은 다름 아닌 대원군이었다. 대원군과 그의 가족 관계에 대해 새뮤얼 H. 모펫[Samuel H. Moffett]은 이렇게 기록한다.

1866년 교회가 거의 진멸된 것은 바로 이 잔인한 인물의 지시에 따른 것이었다. 그러나 약 30년 후 그가 세상을 떠났을 때, 멸절된 줄 알았던 기독교 신앙은 그의 집안으로 파고 들어가 있었다. 대원군의 아내가 그리스도인이 되어 한밤중 은밀히 뮈텔[Mutel, 1854-1933] 주교에게 세례를 받았다. 뮈텔은 그 핍박자의 대궐로 두 번이나 은밀히 숨어들어 갔었는데, 한 번은 그의 아내에게 세례를 주기 위해서였고 또 한 번은 성찬을 베풀기 위해서였다. 1898년 대원군이 죽어 장사 지내던 해, 한국에는 4만 명의 로마가톨릭 교인이 있었다.[4]

최초의 한국인 개신교 공동체는 스코틀랜드 장로교인인 존 로스[John Ross,

[1842-1915]의 사역을 통해 탄생했다. 그는 만주에서 사역 중이던 1873년 한국 접경 지역까지 와서 전도 활동을 펼쳤다. 그때 그곳에서 만난 서상륜[1848-1926]은 로스와 그의 동역자를 도와 성경번역을 함께하기로 했다. 서상륜은 이 만남을 계기로 회심에 이르렀고, 황해도 솔내 마을로 돌아와 친척과 이웃들에게 자신이 새로 발견한 신앙을 소개했다. 로이 시어러[Roy E. Shearer, 1932-1999]는 "1884년 겨울, 로스와 동료들은 만주 북동쪽 계곡의 한국인 이주민들을 찾아가 75명의 남자들에게 세례를 주었다.……이 남자들이 한국 최초의 개신교 사역의 연결고리 역할을 했고, 일부는 한국 초기교회의 초석이 되었다"고 기록한다.[5]

호러스 알렌[1858-1932]　선교 역사를 보면 선교사들이 주재국의 정치 · 경제 · 문화에 관여하게 되는 것을 심심치 않게 볼 수 있다. 윌리엄 캐리는 인도의 개혁운동에 관여했고, 로버트 모리슨과 그의 아들은 동인도회사와 연관을 맺고 아편전쟁 당시 조약 협상에 참여했다. 데이비드 리빙스턴은 영국 정부의 고용인이 되기 위해 선교사직을 그만두었다. 하와이 선교사들과 그 자녀들은 정치 · 경제 사업에 깊이 연루되어 있었다. 그러나 최초의 한국 주재 선교사 호러스 알렌[Horace Allen] 박사는 이 선배들보다 한 걸음 더 나아가, 의료 선교사직을 버리고 한국의 이익을 대변하는 외교관이 되었다. 그렇지만 선교사 사회는 아무런 손실을 입지 않았다. 그는 능숙한 외교술로 국제관계 업무를 처리하는 사람이었지만 개인적인 일에서는 그런 기술이 전혀 없었다.

알렌은 미국 오하이오에서 태어나 자랐으며, 의학 공부를 마친 뒤 장로교단에서 선교사로 임명받고 아내 프랜시스와 함께 중국 선교사로 부임했다. 그러나 알렌은 중국에서의 자신의 상황에 만족하지 못했다. 밤새도록 아편 중독자의 호출에 시달려야 했으며, 그래서 그 자신의 말을 빌리면 "밤에 잠을 잔다는 건 생각할 수도 없는 일이었고 생활도 형편없었다"고 한다. 1884년, 중국에 온 지 아직 1년이 지나지 않아 알렌은 한국으로의 전출을 허락받았다. 하지만 한국으로 임지가 정해진 것 역시 못마땅하기는 마찬가지였다. 다른 선교사들과 비교해 보면 특히 더 그랬다. "선교 사역은 코미디다. 헤론[존 박사]은 2주에 한 번씩 온전히 자기만의 시간을 가지며, 그게 아니더라도 일하는 시간은 일주일에 겨우 두세 시간뿐이다. 그렇다고 해서 그가 공부를 하는 것도 아니다. 언더우드도 여가 시간이 상당히 많다. 감리교 선교사들도 마찬가지다. 선교 사역은 정말 거저먹기인 것 같다."[6]

그러나 사실 이 동료 선교사들은 양심 바르고 열심히 일하는 사람들이었고, 알렌도 여러 번 그렇게 말했다. 그러나 알렌이 가는 곳은 어디든 갈등이 뒤따랐다. "전부는 아니더라도 이런 갈등은 대부분 호러스 알렌과 그의 기이한 성격을 중심으로 생겨났다"고 에버렛 헌트는 말한다.[7] 그러나 개신교 선교사들이 한국에 오래 머물며 사역할 수 있도록 길을 닦은 것은 다른 누구도 아닌 바로 알렌이었다.

알렌이 한국에 도착했을 당시 한국 정치의 수면 아래서는 갈등이 부글부글 끓어오르고 있었다. 그러나 그는 이런 상황에서 아주 수완 좋게 처신했다. 국왕은 서양, 특히 미국의 이념에 개방적인 '개화파'를 지지했다. 개화파는 구태에 집착하며 근대화를 두려워하는 이들을 적대했다. 1884년 12월, 이런 정치적 갈등이 공공연한 적대 행위로 분출되었을 때(갑신정변) 왕후의 조카 민영익이 부상을 당했다. 이때 알렌이 와서 그 청년의 목숨을 살려 냈다. 알렌은 "처음부터 끝까지 매우 힘든 일이었다"고 말했다. "하지만 그 일로 나는 대궐 출입을 허락받았고, 이런 일이 아니었으면 꿈도 못 꾸었을 유명세를 얻었다. 사람들이 벌써 나를 알아보고 있다. 우리 사역은 이 사건으로 아무 피해도 입지 않을 것이다."[8] 작은 충돌이 벌어지는 동안 개화

의사·외교관·선교사로 한국에 온 호러스 알렌

파는 기반을 잃었고, 당시로서는 선교 기회가 열리리라는 아무런 소망도 가질 수 없었는데, 바로 그때 알렌의 의술이 빛을 발한 것이다.

1885년 초, 한국에 부임한 지 몇 달 지나지 않아 알렌은 국왕 부부를 전담하는 왕실 의사로 초빙받았고, 서울에 병원을 설립하게 해달라는 청원도 수락받았다. 그는 자신이 이룬 성과 앞에서 삼가는 모습을 보였다. "의사로서 할 바를 했을 뿐인데 경험도 많지 않은 내가 분에 넘치는 성공으로 보답을 받았다"고 겸양을 보였다. "몇몇 환자의 경우 아주 깜짝 놀랄 만한 회복 사례를 보이고 있으며 나는 모든 게 다 기도 응답이라고 믿는다." 정치적으로 불안정한 상황 중에도 알렌의 의료 사역은 계속되었다. 의술도 없이 뜨내기처럼 오가는 다른 선교사들 때문에 자신의 사역이 위태로워질까 염려하기도 했지만 말이다. 하지만 그의 사역은 계속 성장해 나갔다. 1886년 첫 번째 연례 보고서에서 알렌이 제시한 통계 수치를 보면 그의 병원에서 1만 명 넘는 환자들이 치료를 받았음을 알 수 있다. 그가 이런 성과를 낸 것은 한국인들을 대하는 그의 감수성 덕분이기도 했다. 그는 한국인 관리가 병원 이사진을 맡게 했다. 그래서 의학적 결정을 제외한 병원 운영 전반을 한국인이 맡았다. 또한 그의 요청에 따라 병원 이름(제중원)도 한국인 이사들이 알아서 지었다.[9]

겉으로는 이렇게 승승장구하고 있음에도 불구하고 알렌과 다른 선교사들 사이의 격렬한 갈등은 끈질기게 지속되고 있었다. 그러던 차 1887년,

그로서는 매우 불만족스러웠던 상황을 털어 버릴 수 있는 기회가 찾아왔다. 한국 외교사절단을 이끌고 미국에 다녀와 달라는 국왕의 요청을 받은 것이다. 대표단과 동행하여 워싱턴으로 가서 미국 정부 관리들에게 대표단을 소개시키는 것이 그의 임무였다. 그러나 공식 임무가 시작되기도 전에 그는 또다시 투덜거리기 시작했다. 미국으로 향하는 배에서의 일이다. 대표단이 "선실에서 담배를 피우자 끔찍한 냄새가 났다." 대표단과의 회의도 짧게 끝낼 수밖에 없었다. "그들의 옷에 이가 기어 다니는 것이 보여서 방에 오래 머물" 수가 없었던 것이다.[10] 워싱턴에 도착한 알렌은 그럼에도 불구하고 한국 대표 역할을 잘 수행했다. 또한 미국 재계에 투자를 권고하여 한국 경제가 활성화될 수 있게 도왔다. 그는 한국의 독립을 강력히 옹호했고, 다른 여러 동료 선교사들과 달리 일본의 침략을 강력히 반대했다.

1889년 알렌은 다시 선교사 직분으로 돌아와, 부산을 거쳐 서울로 온 뒤 의료 선교사 일을 이어 나갔다. 그러나 또다시 자신의 처지에 불만을 품기 시작했다. 1890년경 선교사로서의 두 번째 임기를 마친 그는 다시 외교직으로 돌아갔다. 이번에는 서울에서 미국 정부를 위해 일을 했고, 1897년에는 마침내 서울 주재 미국 공사와 총영사로 임명되기에 이르렀다. 하지만 그는 일개 외교관이었고 그래서 아무리 강력한 입장을 표명한다 해도 워싱턴을 설득할 수는 없었다. 1903년 그는 모국의 수도로 가서 한국의 입장에서 시어도어 루스벨트 대통령을 설득하려고 했으나 그의 노력은 수포로 돌아갔다. 미국 와트버그 신학교의 강위조 박사가 지적하다시피, "대통령과 면담할 때……알렌의 친한국, 친러시아 입장은 루스벨트의 친일적 자세와 날카롭게 충돌했다. 알렌은 일본의 공격적 태도를 성토했지만 대통령의 마음을 움직이지는 못했다."[11]

알렌의 이런 강경한 입장은 1905년 본국 소환이라는 결과로 이어졌다. 강위조 박사는 "알렌이 해임된 것은 일본의 제국주의에 맞서 한국의 주권을 위해 분투했기 때문임이 틀림없다"고 기록한다.[12] 오하이오로 돌아간 알렌은 환자를 진료하면서 저술과 강연 활동을 통해 한국의 이익을 증진시키는 역할을 충실히 이어갔다. 한국인들이 사랑하는 민속 설화를 요약·번역하여 『한국 민담』*Korean Tales*이라는 제목으로 출판하기도 했다. 『조선 견문기』*Things Korean*에서는 일본과 맞서 싸우는 한국의 분투노력에 대해 미국의 지지를 얻어 내고자 했으며, 또 다른 저서 『외교사 연표』*A Chronological Index*에서는 주전 97년부터 주후 1901년까지 한국의 외교정책을 역사적으로 개관했다.

여러 면에서 호러스 알렌은 실패한 선교사지만, 한국에게는 가장 위대한 선교사가 되었다. 강위조 박사는 알렌이 1932년 세상을 떠나면서, "한국에서 사역한 최초의 개신교 선교사로서 정치적 정의에 대한 그리스도인의 증거라는 풍성한 유산"을 남겼다고 말한다.[13]

헨리 아펜젤러[1858-1902]

1885년 4월 5일 부활절 아침, 갓 임명받은 초보 선교사 호러스 언더우드 목사와 헨리 아펜젤러*Henry Appenzeller* 목사가 한국의 인천항에 도착했다. 전하는 이야기에 따르면, 두 사람은 나중에 감리교도가 맨 처음 한국 땅을 디뎠는지 장로교도가 맨 처음 디뎠는지 왈가왈부할 수 없도록 서로 손을 잡고 동시에 뭍으로 뛰어내렸다고 한다. 호러스 알렌이 이미 한국에서 장로교 선교사로 활동하고 있다는 사실은 염두에 두지 않은 것 같은데 이는 그가 목회자 안수를 받지 않았기 때문이었을 것이다. 그러나 대다수 개척 선교사들에게 안수증은 사실 선교사 자격요건이 아니었다. 어쨌든 두 선교사가 교파의 경계를 넘어 연합에 대한 소원을 지녔다는 것은 칭찬할 만한 일이었다. 처음부터 한국 선교사들 사이에는 두 사람이 그렇게 손을 맞잡은 상징적 행위가 감당할 수 없을 만큼 큰 교파 간의 갈등이 자리 잡고 있었지만 말이다.

감리교 선교 활동의 시작 날짜를 그 부활절 아침으로 보아야 한다는 것은 아펜젤러에게 굉장히 중요한 사실이었다. 그로부터 일주일이 채 지나지 않아 그는 일본으로 돌아가야 했는데, 한 편지에서 밝혔듯이 그는 역사책이나 자신이 속한 교단에 그 사실이 확실히 기록되기를 원했다. "감리교는 이때 우리가 각자의 이익을 뒤로하고 한국에 발을 디뎠다고 거리낌 없이 말할 수 있을 것입니다." 그는 "감리교의 승리"를 위한 자신의 계획, 그리고 "감리교가 융성할 것"이라는 자신의 소망에 대해 거듭 이야기했다.[14] 장로교 측의 교파적 충성심이 조금 약했다 해도 이 경쟁구도에 대한 염려가 없지는 않았다. 알렌은 본국의 선교위원회에 보낸 편지에서, 감리교도가 "승리의 나팔을 조금 부드럽게 불고 이 배타적 민족을 놀라게 하지 말았으면 좋겠다"고 말했다. 언더우드도 똑같은 염려를 드러냈다. "감리교도들이 한국에 와서 일을 위태롭게 만들면 어쩌나 걱정된다. 감리교는 분별력 있게 행동하는 한에서만 환영받을 것이다." 누가 먼저 선교 현장에 도착했느냐 하는 것은 본국의 선교회 이사들에게도 중요한 문제였다. 장로교 선교회 서기가 감리교 측에 대응하는 자세는 분명 오만하게 보였다. "설령 추월당한다 해도 저들은 순순히 그 상황을 받아들여야 할 것이다."[15]

헨리 아펜젤러는 펜실베이니아의 독일 개혁교회에서 자라났고, "성경과 하이델베르크 요리문답에 대한 강력한 믿음"으로 양육받았다.[16] 그러나 그는 21세에 감리교에 입교했으며, "아마 감리교의 복음전도 활동과 활기찬 교제 때문"이었을 것이다. 그는 감리교 사역자로 잠깐 일하다가 드루 대학에 입학하여 신학을 공부했다. 선교사가 되어 한국을 사역지로 배정받기 겨우 몇 주 전 그는 침례교인인 엘라 다지Ella Dodge와 결혼했다. 그가 이렇게 여러 교파와 관계를 맺고 있었음에도 불구하고 알렌은 그를 가리켜 "존 웨슬리 유형의 아주 열렬한 감리교도"라고 했다.[17]

그 시대의 다른 많은 미국인 선교사들과 마찬가지로 아펜젤러도 애국자였다. 그리고 미국 문화의 좋은 점은 다 한국에 도입하려고 애썼다. "교회를 개척할 만한 곳을 찾아 서울을 벗어나는 모험"을 하면서도 "한국식 문화에 순응하는 건 전혀 고려하지 않은 것 같다"고 에드워드 포이트러스[Edward Poitras]는 기록한다.[18] 이는 가톨릭 선교사들이 한국식 복장을 하고 한국 문화에 상당히 많이 순응한 것에 대해 그가 강한 편견을 가졌기 때문이기도 할 것이다. 그는, 허드슨 테일러가 선교사의 원주민 복장을 개신교 선교 사역의 한 부분으로 허용한 지 몇십 년이 지난 지금, 그런 관행이 참 기독교를 손상시키는 것이라 믿었다. 데니얼 데이비스[Daniel Davies]의 말에 따르면, 아펜젤러는 "하나님께서 미국이 주도하는 앵글로색슨족에게 사명을 주사, 인간에게서 모든 형태의 부패와 타락을 제거하는 수단으로 개신교를 전 세계에 퍼뜨리게 하셨다"고 믿었다.[19]

하지만 그는 한국의 독립이라는 개념이 국제적으로 승인을 받기 훨씬 전부터 한국 독립을 강력히 지지하는 사람이었다. 그런 한편 "한국은 서양식 지식과 정치제도를 통해서만 자국의 운명을 지배할 수 있을 것이라고 믿었다." 알렌이 한국의 권한과 법률에 매우 성실히 순복했던 것과 달리 아펜젤러는 비교적 자율적으로 행동했고 한국인이든 미국인이든 권한 있는 이들에게 제재 받으려 하지 않았다. 그는 "한국의 법이나 감독 선교사 혹은 동료들이 직접적인 전도 활동을 금하라고 명백히 지시할 때에도 전도 활동을 하려고 했다." 그는 자신이 하나님의 메시지뿐만이 아니라 하나님의 방식까지 전달하고 있다고 확신했다. 자신이 한국에 온 것은 "우상숭배, 미신, 나쁜 풍습이라는 쓰레기"를 치워 "사람을 무기력하게 만드는 어두운 사탄의 역사에서 해방된 밝고 긍정적인 삶"이 들어올 길을 닦기 위해서였다.[20]

한국의 불안정한 정치 상황, 복음을 현지화하지 못하는 그 자신의 부족함에도 불구하고 아펜젤러는 사역 초기와 말기에 놀라울 정도의 성공을 목도했다. 한국에 들어온 지 1년이 지나지 않아 남학교 한 곳을 개교했고(배재학당) 여섯 달 동안 30명 이상의 학생들에게 표준 교양과목을 교육시켰다. 그의 관점에서 볼 때 학교 설립 목적은 복음전도였다. 그러나 당시에는 어떤 유형이든 개종 활동은 공식 금지되어 있었다. 교육이 아니라 설교가 아펜젤러의 소명이었고, 학교는 그가 한국에 온 진짜 이유를 덮어 감추는 가리개였다. 그러나 시간이 지나면서 그는 학교에 점점 더 많은 시간을 투자하게 되었고, 학교도 복음전도라는 그의 목적을 잘 감당하게 되었다. 학교는 "그가 한국에 감리교회를 세울 기초석"이었다. 1887년 9월 새 학교 건물이 정식으로 봉헌되었고, 한국 관리들이 초청되었다. 하지만 그것은 단순한 봉헌식이 아니었다. 아펜젤러는 이 행사를 봉헌식보다 더 중대한 하나의 시초로 삼으려고 조심스레 준비했다. "이 행사는 한국에서 누군가가 주최한 최초의 대중적 종교의식이다."[21] 1890년에는 채플이 정규 교과과목으로 채택되었고, 3년 뒤에는 신학 프로그램이 시작되었다.

설교를 해야 한다는 부담감이 컸지만, 부담감이 큰 만큼 그는 다른 활동과 스케줄에 시간을 쏟아부었고, 그 모습을 보면 누구도 그가 게으르다 타박하지 못할 터였다. 때에 따라 선교회의 재무 담당과 감독 일을 맡을 때도 있었다. 땅을 매입해서 이런저런 건축 계획의 청부업자 역할을 하기도 했다. 성경을 일부 번역하는 일도 했고, 한국과 미국의 독자들을 위해 여러 가지 문서를 편집해 출판하기도 했다. 성경 공회, 문서 공회, 서울 유니언 클럽 등을 비롯해 초교파 사업에도 활발히 참여했다. 또한 그는 한국 최초의 감리교회 목사이기도 했다.

선교 사역 초기, 선교사들은 감리교와 장로교 '연합 예배'를 위해 모였다. 사실, 그 모든 경쟁에도 불구하고 두 진영 선교사들은 힘을 합해 주목할 만한 성과를 올렸다. 성경번역 사역도 그중 하나였다. 이들이 한국에 발을 디딘 지 1년 뒤인 1886년 부활절, 한 한국인 신자에게 처음으로 세례가 베풀어졌다. 공식 집례는 감리교도인 아펜젤러가 했고 장로교인인 언더우드가 집례를 도왔다. 1888년 새해를 맞아 일주일간의 기도회를 열기 위해 두 교파가 함께 모였지만, 각자의 교파에 대한 충성심 그리고 중요한 신학적 차이 때문에 두 교파는 화합하지 못했다. 그 특별기도 주간이 지나고 겨우 한 달 뒤 양측이 모여 총회를 열었는데, 목적은 두 교파가 한국을 양분하여 사역하자는 것이었다.

1880년대에는 감리교와 장로교 두 교파 모두 발전적으로 사역을 진행해 나갔지만, 반대 움직임도 그만큼 커져 갔다. 아펜젤러는 무슨 일이 있을 때마다 성급하게 가톨릭 측을 비난하곤 했는데, 1888년 정부가 기독교 전도 금지령을 내렸을 때가 그 한 예다. "가톨릭은 국왕께서 못마땅히 여기실 만한 지역에 건물을 짓고 있다. 매우 너그러우신 국왕께서 제안하시기를, 만일 다른 곳으로 옮기겠다고 하면 부지도 하사하시고 손해도 배상하시겠다고 했는데 말이다. 그들은 이 제안을 거부했다. 그러자 국왕께서는 기독교 사역을 중단하라고 지시하셨고, 물론 '아무 잘못 없는' 우리까지 그 범죄자들과 함께 피해를 당하고 있다."[22] 그러나 사실 아펜젤러 자신도 전도 활동을 금하라는 왕의 칙령을 무시했고, 기독교에 대한 반발 움직임이 생기는데 가톨릭 못지않게 기여했다. 1888년 여름 무렵에는 상황이 더 악화됐다. 선교사들이 한국 아이들을 유괴해 잡아먹는다는 소문이 퍼지기 시작한 것이다. 다름 아닌 아펜젤러의 기독교 학교 지하실에서 말이다. 국왕이 이들을 구하러 나섰다. "거짓 소문을 퍼뜨리는 자는 모두 잡아들이라는 포고문"을 내린 것이다.[23]

다른 누구보다도 아펜젤러야말로 한국에 감리교 신앙의 초석을 놓은 이였다. "그는 복음전도, 개인적 회심, 보수적 성경 해석, 엄격한 도덕, 기독교 신앙이 함축하는 사회적 의미를 강조했으며, 이 모든 강조점들을 실천해 나갔다." 그러나 그는 "서양의 문화적 지배가 어떤 함축적 의미를 지니는가에 시종 무신경"했고, 그래서 그만큼 덜 호의적으로 평가되어 왔다.[24] 하지

한국 최초의 감리교 선교사 헨리 아펜젤러

만 아펜젤러가 한국에서 17년간 감리교 사역을 주도하는 동안 47개의 감리교회가 세워졌다. 이 모든 통계를 요약해서 그는 이렇게 결론 내렸다. "하나님께서 큰일을 이루셨도다!"

여러 가지 부족한 점에도 불구하고 아펜젤러 선교 사역의 특징은 희생과 자기부인이다. 그의 아내는 "손님이 찾아왔을 때 마치 펜실베이니아의 가정집에 들른 듯한 느낌을 주는 그런 집을 만들고자" 했지만, 그들에게 아시아는 절대 고향집일 수가 없었다. 사역 초기, 일본에 와서 사업을 해볼까 생각 중이던 처남에게 보낸 편지에서 그는 이렇게 말했다. "선교사로서 나는 기꺼이 이곳에 왔고 또 그렇게 머물 생각이지만, 선교가 아닌 다른 목적이라면 여기 있지도 않을 것이고 아예 오지도 않았을 것이오. 타향에서 봉급 1만 달러 받느니 1,000달러를 받더라도 고향에서 살겠소."[25]

아펜젤러는 사역을 위해 자기 목숨을 바쳤다. 1902년 여름, 그는 성경 번역 위원회 모임 참석차 증기선을 타고 한국 남단 지역으로 가다가 안개 속에서 일본 증기선과 충돌하는 사고를 당했다. 전하는 이야기에 따르면 그는 영웅적 선교사에게 딱 어울리는 상황에서 죽음을 맞았다. 즉 그는 "번역 사역을 돕던 한국인 조수와 위탁받아 돌보고 있던 한국인 아이를 구하려 하다가 목숨을 잃었다." 그때 그의 나이 마흔넷이었다. "한창나이에 한 남자의 삶이 이렇게 끝났으며, 한국의 감리교 감독교회 선교는 치명타를 입고 제 기능을 잃거나 혹은 휘청거렸다."[26]

호러스 언더우드¹⁸⁵⁹⁻¹⁹¹⁶

아펜젤러가 한국에 적정한 기간 동안 상보교회 숫자에 상응하는 감리교회를 세우는 일에 지나치게 신경 썼다면, 호러스 언더우드^{Horace Underwood}는 어떻게 하면 한국 사람들에게 좋은 인상을 줄까를 지나치게 염려했다. 본국의 선교회 서기는 그가 "보통 옥스퍼드 코트와 목회자용 정장 차림"이라는 이야기를 전해 듣고 "모든 것이 아직 불안정한 나라에서 미국인 개신교도가 진정으로 택해야 할 길은, 격식 차린 정장과 목회자 같은 태도를 벗어던지는 것"일 거라고 조언했다.[27]

장로교와 감리교 간의 경쟁은 아주 개인적인 면에서 언더우드의 삶에 영향을 끼쳤다. 장로교는, 의사 알렌이 소속되어 있는 만큼 한국 왕실에서 결정적으로 유리한 위치에 있었다. 이는 감리교 측에서 결코 가벼이 여길 수 없는 사실이었다. 그러나 남자 의사가 왕후를 비롯해 왕가의 여자들에게 의료 행위를 하는 데에는 심각한 제한이 따를 수밖에 없다는 것을 두 교파 모두 깊이 신경 쓰고 있었다. 경쟁은 그렇게 지속되었다. 어느 쪽이 먼저 여자 의사를 왕실에 대령시킬 것인가? 아펜젤러는 본국의 선교위원회에 편지를 보내 이 문제의 시급함을 알렸다. 왜냐하면 감리교는 이 점에서 장로교의 "자매 선교회"에 비해 "크게 불리한 위치"에 있기 때문이었다. 한편 장로교 의사 알렌에게는 좋은 패가 있었다. 그 패는 바로 아직 미혼인 언더우드였다. "만일 여의사 한 사람이 곧 와서 언더우드 씨와 결혼하면 이곳에서 우리 앞에는 정말 장대한 미래가 펼쳐질 것입니다." 그는 익살을 담아 이렇게 덧붙였다. "서둘러 주신다면 심술궂은 한국 왕후를 우리가 회심시킬 수도 있을 것입니다. 그렇지 않으면 그 기쁨은 감리교 몫일 것입니다."[28]

승리는 장로교 측에게 돌아갔다. 서울에서 최초의 '여자 의사'가 되려고 장로교인 한 사람이 한국으로 온 것이다. 알렌은 애니 엘러스^{Annie Ellers} '박사'가 왕후를 전담하는 시의(侍醫)가 될 것이라고 신이 나서 공고했다. 남은 문제는 한 가지뿐이었다. 그것을 정말 문제라고 할 수 있다면 말이다. 엘러스는 의사가 아니라 간호사였다. 그러나 왕후는 이 사실을 알아차리지 못한 것 같았다. 엘러스는 탁월한 실력으로 왕후를 섬겼고, 호러스 언더우드는 아니지만 다른 선교사와 결혼도 했다. 그러나 알렌이 바라던 대로 언더우드는 1888년 한국에 들어온 최초의 여의사 릴리어스 호턴$^{Lillias\ Horton}$과 결혼했고, 호턴은 엘러스의 뒤를 이어 왕후의 시의가 되었다.

호러스 언더우드는 런던에서 태어나 어렸을 때 가족과 함께 미국으로 이주했다. 뉴욕 대학을 졸업한 그는 뉴브런즈윅 신학교에서 학업을 계속한 뒤 미국 개혁교회 교단에서 목사 안수를 받았다. 그런데 거의 모든 교단과 달리 개혁교단은 선교 대상 국가에 자기 교단을 하나 더 영속화하려고 해외 선교사를 파송하지는 않았다. 그보다는 이미 설립되어 있는 교회와 동역할 수 있도록 선교사들을 후원했다. 그래서 당연히 언더우드는 한국의 장로교회와 동역하고 장로교 선교위원회와 함께 일하는 선교사로 임명받았다.

한국에 처음 도착했을 때에는 한국어를 익히는 게 가장 큰 난관이었지만, 일단 의사소통이 가능해지자 사람들이 유별난 관심을 보였다.

약간의 언어 지식이 확보되자마자 우리는 규칙적으로 샛길이나 골목길로 나가 사람들 왕래가 빈번한 도로 근처의 나무 밑이나 사람들이 자주 모이는 약수터 옆에 자리를 잡고 앉았다. 그리고 책을 집어 들어 읽기 시작했고, 몇몇 사람들이 모여들어 질문을 하면 우리는 그 책과 거기 담긴 진리, 그리고 그 의미를 설명해 주곤 했다.[29]

아펜젤러와 마찬가지로 언더우드도 본분인 설교 사역을 덮어 감추는 가리개를 갖고 있었고, 그것을 이용해 자신의 본분을 합당하게 이행할 수 있었다. 그는 고아원을 설립해서 감리교 측이 학교를 세워 운영하는 것 못지않은 성공을 맛보았다. 장로교단에서 제공한 자금은 감리교가 본국 선교위원회에서 받은 자금의 겨우 절반에 지나지 않았지만 말이다. 언더우드는 성경 번역에도 시간을 쏟았고 설교는 그보다 더 많이 하려고 노력했다. 감리교처럼 장로교도 자신들의 사역이 그렇게 단시간에 큰 진척을 보이는 것에 깜짝 놀랐다. "이제 우리가 이 나라에 온 지 겨우 2년이 좀 지났을 뿐인데 사역이 얼마나 멋지게 개시되었던지, 아직 착수조차 못한 일들이 정말 많다."[30]

한국의 선교 환경은 정말 특이해서 언더우드와 동료들은 자주 놀라움을 표현하곤 했다. 그는 한국에 처음 도착할 때 "어떤 종류의 사역이든 할 수 있으려면 여러 해를 기다려야 할 것으로 예상하고 앞으로 몇 년 동안 언어 공부와 성경번역같이 꾸준히 할 수 있는 일을 찾으려 했다"고 털어놓았다.[31] 다른 선교지에서는 보통 그런 식으로 사역이 진행되기 마련이었다. 그런데 한국에서는 순식간에 신앙이 정착되었고, 그 모습에 이들은 깜짝 놀랐다.

언더우드 입장에서 또 하나의 행운은 다른 이들의 수고 덕분에 이미 교회 성장이 시작된 상황을 그대로 물려받을 수 있었다는 것이다. 그 사람들은 바로 멀리 황해도 솔내 마을을 복음화한 존 로스, 서상륜 등이었다. 어느 날 언더우드에게 세례를 받고 싶다며 솔내 남자 네 사람이 320km가 넘는 먼 길을 예고도 없이 찾아왔다. 그리고 세례 받고 싶어 하는 이가 몇 명 더 있다며 솔내를 방문해 주기를 청했다. 그들의 부탁대로 솔내를 찾아간 그는 주민 일곱 명에게 세례를 주었다. 솔내는 그때부터 "한국 개신교의 요람"으로 불렸다.[32]

그가 이렇게 세례를 베푼 것, 그리고 솔내에 교회가 조직되는 것을 보고 논란이 없지 않았다. 언더우드의 절친한 동료 호러스 알렌 박사는 전도를 금하는 법이 무시되고 있으며 그래서 전체 선교 사역이 위험에 빠질 가능성이 있다며 크게 화를 냈다. 언더우드는 자신은 그저 세례를 주었을 뿐이라고, 전도는 다른 이들이 한 것이라고 항변했다. 그는 성경과 교회 역사를 들추어 가며 자신의 행동을 정당화하면서, 그 사람들의 청을 들어주는 것밖에 달리 무슨 수가 있었겠느냐고 주장했다. "선교 역사를 보아도, 사도행전을 보아도, 혹은 그리스도의 가르침을 찾아보아도, 세례를 베풀어 달라는 요청을 거부하는 그런 행위의 근거를 찾을 수 없었다."[33]

한국 최초의 장로교 선교사, 호러스 언더우드

알렌이 한국 정부를 대표하는 외교관 역할을 하러 선교 현장을 떠난 뒤, 언더우드는 앞으로 더 확고한 사이가 될 한 의사를 통해 한국 왕실과 긴밀한 관계를 맺게 되었다. 그 의사는 바로 릴리어스 호턴으로, 릴리어스가 한국에 도착한 이듬해인 1889년 두 사람은 결혼했다. 그 후 여러 해 동안 릴리어스는 "왕실에서 아주 허물없는 인물이 되어, 공식 통역사를 거치지 않고 왕후와 대화를 나누는 사이가 되었고", "왕후와 얼마나 격의 없는 대화를 나눴던지 지금 친한 친구와 수다를 떠는 게 아니라는 사실을 자주 잊을 정도였다." 하지만 릴리어스는 외부인으로서의 자기 위치를 늘 인식했고, 바로 그 이유 때문에 왕실 사람들에게 노골적으로 복음을 제시하기를 꺼려했다.

모든 선교사가 왕후의 회심을 위해 기도했지만, 1895년 일본의 압제가 시작되면서 이들의 소망은 산산조각이 났다. 일본은 왕후를 자신들의 적으로 인식했고, 그래서 1895년 10월 8일 "일본 자객들이 일본군 장교의 감시 아래 왕실 호위대를 뚫고 난입하여 왕후를 시해했다"(을미사변). 이 사건은 선교사 사회에 말로 다할 수 없는 손실이었고, 릴리어스 언더우드에게는 특히 더 그랬다. 하지만 릴리어스는 그 좌절되는 상황에도 불구하고 의료 사역을 계속해 나갔다.[34]

존 네비우스[1829-1893]

한국 선교 첫 10년과 가장 연관 깊은 이름은 존 L. 네비우스[John L. Nevius]로, 중국 선교사인 그가 한국에 머문 시간은 겨우 2주에 불과하다. 하지만 어떤 이들은 그 2주가 한국의 개신교 선교 사역과 한국 교회의 미래를 변모시켰다고 말한다. 한국 교회의 급속한 성장은 흔히 '네비우스 방식' 덕분이라고들 하는데, 한국 교회와 일본 교회는 바로 그 점에서 차이가 난다. 네비우스는 뉴욕 서부의 네덜란드 개혁교회의 유산을 지닌 집안에서 태어났다. 아버지는 네비우스가 어렸을 때 돌아가셨고, 어머니가 그를 신앙으로 양육했다. 청년 시절 그가 "출세의 길을 찾아" 남부로 가려 하자 어머니는 "존, 네가 만일 선교사가 되어 이교도에게 가는 거라면 이 세상에서 너를 다시 못 본다 해도 나는 견딜 수 있을 거야. 하지만 지금 이 상황은 견딜 수가 없구나"라며 탄식했다.[35] 후에 그는 출세보다는 하나님을 섬기기로 했다고 어머니에게 편지를 써 보냈다. 그리고 곧 프린스턴 신학교에 등록하여 공부에 몰두했을 뿐만 아니라 스스로 엄격한 경건 훈련 방법을 만들어 실천했다. 그 방법 맨 마지막 항목에는 이렇게 적혀 있었다. "매주 토요일 저녁에는 식사를 좀 부족한 듯하게 하든지 아니면 아예 아무것도 먹지 않는다. 밤에는 이 훈련 수칙들을 살펴보면서 내가 이 수칙들을 얼마나 많이 어겼는지, 얼마나 개선시킬 수 있는지 따져 보고 이에 비추어 나 자신을 점검하는 시간을 갖는다. 그리고 안식일을 준비한다."[36]

1853년, 네비우스와 그의 아내 헬렌[Helen Coan, 1833-1910]은 보스턴에서 출항하는 배에 올라 중국으로 향했다. 중국은 앞으로 그가 40년 동안 사역을 이어갈 곳이 될 터였다. 순회 사역 및 회심자들을 훈련시켜 기본적인 전도 활동을 하게 하는 것이 그의 선교 방식이었다. 네비우스의 집은 단기 훈련센터가 되었고, 외딴 지역에서 40명이나 되는 사람들이 이 센터를 찾아와 성경을 공부하고 좀 더 효과적인 전도 방식을 배웠다. 네비우스는 중국에서 진행되고 있는 대부분의 선교 사역에 대해 비판적인 입장이었다. 그는 선교 사역의 진척이 느린 것은 너무 많은 선교사들이 선교기지 생활에 안주해 있기 때문이기도 하고, 이들이 중국인 그리스도인을 고용하여 순회 전도 사역을 시키고 있기 때문이기도 하다고 생각했다. 그러나 그는 단순한 비판자에 머물지 않았다. 훨씬 더 효과적이라고 확신하는 전도 방식을 제시했고, 상하이에서 개최된 제2차 중국 선교사 총회에 초청받아 자신이 생각하는 선교 방안을 펼쳐놓기도 했다. 총회에는 400명이 넘는 선교사들이 참석했고, 네비우스는 실력 있는 강사 중 하나로 손꼽혔다.

그러나 중국에서 기독교 선교가 시작된 지 반세기 이상 지난 지금, 선교사들은 자기만의 선교 방식이 정해져 있는 경향이 있었다. 그런데 그의 사역에 대한 소식, 그가 이 총회에서 발표한 내용이 한국에 전해지자 한국 선교사들은 곧 흥분과 기대감에 휩싸였다. 그해 1890년, 한국에서 선교 사역이 시작된 지는 겨우 여섯 해가 지나 있었고, 선교사들은 아직 자기만의 선교 방식이 확립되어 있지 않은 때였다. 새로운 개념에 대해 열린 자세를 갖고 있던 그들은 자기들에게도 그 개념을 전수해 달라고 네비우스를 초청했다. 이리하여 네비우스와 그의 아내는 안식년 휴가차 고국으로 가던 길에 한국에 들러 2주간의 의미 있는 시간을 보내게 되었다.

이 기간 동안 네비우스는 '구체계'와 '신체계'의 차이점을 명쾌하게 지적해 주었다. "구체계에서는……현지인 교인 중 비교적 똑똑하고 고급한 인력을 선별하여 유급 권서(勸書), 성경 중개인, 전도자, 혹은 선교기지의 장

(長)으로 활용한다, 반면 신체계는 이런 다양한 기능에 고용된 사람들을 원래 그 사람의 고향이나 직장에 그냥 남아 있게 하면 궁극적으로 더 유익하게 쓰임받을 수 있다는 전제에서 시작한다."[37] 그는 선교사들이 본국의 선교위원회가 좋아할 만한 선교 보고서를 보내려고 현지인들을 이런 여러 직종에 고용하여 신속한 성과를 얻으려고 하는 행태를 비난했다. 그리고 그런 방식은 헌신된 자세가 없는 교회 지도자, 오로지 돈을 받기 위해서 복음을 전하는 회심자를 낳을 뿐이라고 주장했다.

선교사들이 네비우스에게서 들은 말은 사실 새로운 선교 전략이 아니었다. 다른 많은 이들도 본질상 똑같은 말을 했었다. 하지만 네비우스는 분명한 행동 계획을 갖고 있는 노련한 실천가의 입장에서 이야기한다는 게 다른 점이었다. 찰스 클라크^{Charles A. Clark}는 후에 네비우스의 방식을 다음과 같이 아홉 가지로 요약했다.

1. 광범위한 순회 사역을 통한 선교사 개인의 복음전도 활동
2. 자전(自傳): 모든 신자는 다 누군가의 선생이어야 하며, 자기보다 더 자격 있는 다른 누군가의 학생이어야 한다.
3. 자치(自治): 모든 신자 그룹은 이들이 정해 세운 무급 리더의 지도를 받아야 하고, 순회 교구들은 나중에 목사가 될 유급 조사(助事)들의 관할을 받는다.
4. 자립(自立): 예배당은 신자들이 스스로 마련하여 소유한다.
5. 모든 신자는 자기 그룹 리더와 순회 조사의 지도 아래 체계적 성경공부를 한다.
6. 성경적 형벌로 엄격한 치리를 실시한다.
7. 다른 선교단체와 협력하고 연합한다.
8. 법정 소송이나 그와 유사한 문제에 간섭하지 않는다.
9. 대중의 경제생활에 문제가 있을 때에는 가능한 범위에서 일반적 도움을 베

푼다.[38]

네비우스 부부는 한국에서 2주간의 체류를 마치고 본국에 가서 휴가를 보낸 뒤 1892년 중국으로 돌아갔다. 그리고 그 이듬해, 네비우스는 자신의 감독 아래 있는 교회들을 심방하는 대순회 일정을 준비하던 중 돌연 심장마비로 세상을 떠났다. 이때 그의 나이 예순넷이었다. 그가 선교사로서 가장 꾸준히 한 일은 중국에서의 40년 사역이었지만, 그의 이름은 가장 인상적 시기였던 초기 단계의 한국 선교에 끼친 영향으로 인해 널리 알려지게 될 터였다.

네비우스가 한국 교회의 급속한 성장에 얼마나 영향을 끼쳤느냐 하는 것은 논란의 여지가 있는 문제다. 대다수 사람들이 동의하다시피 그의 영향 말고 다른 요인들도 많았을 것이다. 그러나 그 다양한 요인이 무엇이든, 한국 교회는 다른 아시아 국가들에 비해 급속히 성장했다. 세계 다른 모든 지역의 교회들과 비교해 보아도 마찬가지다. 네비우스의 그 결정적인 한국 방문 6개월 전에 한국에 들어온 한 젊은 선교사가 있었는데, 그의 이름은 새뮤얼 모펫Samuel Moffet이었다. 앨런 닐리의 말에 따르면, "모펫은 네비우스의 방식 중 두 가지 국면을 특히 강조했다. 그것은 모든 신자가 강도 높은 성경공부를 해야 한다는 것, 그리고 복음전도 또한 모든 신자가 다 해야 한다는 것이었다.……3년 뒤 그는 평양으로 사역지를 옮겼고, 그곳 사람들이 복음에 대해 보인 반응과 교회 성장 모습은 전설이 되었다."[39]

1895년부터 시작해서 평양에서는 "폭발적 교회 성장"이라 일컬을 만한 현상이 벌어졌다. 그리고 여기에 네비우스 방식이 채용되고 있다는 증거가 있었다. 한 보고서에 따르면, 평양에서는 "교회가 발전하고 확장되며, 그 도시와 주변 지역 사람들의 삶의 한 요소가 되어 가기 시작했다"고 한다. 이런 현상이 벌어진 주된 이유는 다음과 같이 부연 설명된다. "우리가 환호하는 한 가지 이유는, 교인들과 초신자들이 부지런히 복음전도 활동을 하고 다닌다는 점이다. 신자들이 복음을 전하고 선교사들은 그들의 전도 활동으로 생긴 열매들을 받아들여 양육하고 있다."[40]

한국 교회는 이후 수십 년 동안 성장에 성장을 거듭했다. 이때 한국이 한 나라로서 매우 어려운 시기를 겪고 있었다는 사실에도 불구하고 말이다. 그런데 일부 관측자들은 오히려 이 힘든 시기가 사실상 교회 성장을 촉진시켰을 수도 있다고 말한다. 아시아 다른 나라들의 경우, 그리스도인에 대한 핍박은 주로 자국인들에 의해 자행되는 게 보통이었다. 그런데 한국의 경우, 핍박은 대부분 한국인들이 증오하는 일본에게서 왔다. 일본은 1910년 공식적으로 한국을 자국에 합병시켰는데, 합병 전 한국 교회는 1907년의 '대부흥'을 경험했다. 그런데 대부흥이라고 해서 필연적으로 교인 수가 증가한 것은 아니었고, 그보다는 교회의 '영적 재탄생'이 이 부흥의 특징이었다. 이어서 1910-1911년에는 '백만 명 구령' 캠페인이 시작되었다. 이번에도 의미 있는 교회 성장은 없었다.

이런 영적 부흥보다 더 의미 있었던 것은 아마 정치 운동일 것이다. 특히, 그 어떤 선교사의 영향도 없이 교회 안에서 진행된 독립운동이 바로 그러했다. "교회는 억압받는 한국인들이 모이는 집결지가 되었다"고 로이 시어러는 기록한다. "선교사들은 이 '독립운동'을 계획하는 데 아무 역할도 하지 않았고, 선교위원회의 보고서는 이 운동에 아무런 종교적 성격이 없다고 말했다." 그러나 1919년에 발표된 독립선언서 서명자 중에는 유명한 그리스도인이 많았고, 거리 시위에도 다수의 그리스도인들이 참여했다.[41]

그 뒤 한국의 그리스도인들에게는 암울한 시기가 이어졌다. 정치에 개입한 것 때문에 많은 신자들이 투옥되었고 교회는 불에 탔다. 한 지역신문 보도에 따르면, "이 두 교회 교인 거의 전원이 시위에 가담하여 싸웠고", 대다수가 체포되거나 다른 지역으로 피신했다.

교회로서는 암담한 나날이었다. 많은 예배당이 텅텅 비었다.……기독교 학교는 문을 닫아야 했고, 선교사들의 지방 순회는 일시 중단되었다. 권서들은 이제 책을 팔 수 없었고, 1919년은 한국 교회에게 암흑의 해로 여겨졌다. 그러나 그렇게 시간이 가는 동안 1919년은……오히려 한국에서 하나님 나라를 위한 새 시대가 시작되고 있음을 알리는 밝은 징표였다는 사실이 확연해졌다.…… 한국인들이 옥중에서도 그리스도께 나아왔다는 사실은 이 민족이 복음에 대해 큰 감수성을 가졌음을 암시해 주는 동시에 다음 7년 동안 어떻게 해서 급속한 교회 성장이 이루어졌는지 알 수 있는 단서를 제공해 준다.[42]

1930년대에 한국 교회는 계속되는 박해 아래서도 성장을 이어갔다. 이 시대는 한국인들에게 신사참배가 강요되던 시기였다. 일본인 지배자들은 신사참배가 본질상 종교 행위가 아니고 다만 조상에게 경의를 표하는 것이라고 주장했다. 이에 응하지 않는 기독교 학교는 정부의 인가가 취소되었고, 많은 이들이 일자리를 잃었다. 평양에 있던 새뮤얼 모펫은 다른 선교사들과 함께 결단을 내렸다. 지역의 불교 사찰에서 열리는 참배 의식에 참여하라는 최후통첩에 굴복하느니 차라리 신학교와 대학의 문을 닫겠다고 말이다. 일본 당국에게 눈엣가시로 보일 이런 움직임에 영향력 있는 인물로 가담하고 있다는 사실 때문에 그는 어쩔 수 없이 한국을 떠나야 하는 상황이 되었다. 교회로서는 여러 면에서 시련의 시기였고, 독립운동과 이른바 일부 '광신적' 그리스도인들의 존재가 더욱 두드러져 보이게 된 때였다. 1940년대가 시작되고 2차 세계대전이 발발하면서 선교사들은 한국에서 철수했고, 교회는 외부 영향력에서 훨씬 자유로워진 채 존속해 나갔다.

일본 개신교 선교가 시작되다　　　일본에서의 개신교 선교 사역은 1859
　　　　　　　　　　　　　　　년에 시작되어 수많은 선교단체들이
참여한 가운데 그 후 수십 년 동안 성장해 나갔다. 그러나 한국의 상황과 달
리 일본의 이 초기 선교 시대에는 눈에 띄는 지도자나 인물이 등장하지 않
았고, 본국 선교회에 보고할 만한 교회 성장도 없었다. 초기의 일부 선교사
들은 중국에서 사역지를 옮겨 온 이들로서, 중국의 동료 선교사들과 긴밀한
접촉을 유지했다. 그러나 대다수 선교사는 각 교파 본부에서 일본에 자기
교파를 이식하기 위해 파송한 이들이었다. 일본 기독교를 설명할 때 가장
흔히 하는 말 중의 하나가, 일본 기독교는 진정한 일본 기독교가 아니라 서
양 기독교라는 것이다. 정치 상황이 달라서든 '개척' 선교사들의 경향이 달
라서든 혹은 '네비우스 방식'을 광범위하게 적용하지 않아서든 일본의 교회
성장은 매우 더뎠고, 신앙을 고백한 그리스도인 숫자가 전체 인구의 1퍼센
트를 넘은 적이 단 한 번도 없었다.

　　19세기 말과 20세기 초에 비교적 의미 있는 성장을 경험한 특별한 선
교적 노력이 있었다면 그것은 이반 카사트킨Ivan Kasatkin, 1836-1912이 주도했던 러
시아 정교회의 전도 활동이었다. 사제로 안수받은 뒤 니콜라이라는 이름을
갖게 된 그가 1861년 처음 부여받은 임무는 일본 주재 러시아 외교관들을
섬기는 일이었다. 그러나 그가 하고 싶었던 것은 선교사 일이었기에 그는
이 꿈을 염두에 두고 그 후 몇 년 동안 중국어와 일본어를 공부했다. 1868
년, 그는 첫 회심자 세 사람에게 세례를 주었고, 1년이 지나지 않아 12명의
수세(受洗) 신자와 25명의 초신자와 교제를 나누게 되었다.

　　개신교 선교사들이 본국의 소속 교단 및 선교단체와 밀접한 유대를 가
졌던 것과 달리 니콜라이는 "러시아라는 나라와 전통에서 완전히 독립된"
정교 선교를 하기로 애초부터 작정했다. 스티븐 닐은 그가 이 결단을 이루
기 위해 초신자들 중 "나중에 서품을 받을 수 있을 만한 최적의 인물"을 훈

런시키는 전략을 세웠다고 말한다. "일본은 일본인에 의해 복음화되어야 한다. 다른 정교회에는 거의 알려져 있지 않은 방식으로 평신도들이 교회 행정에 참여해야 한다."[43] 1882년경에는 세례 교인이 8,000명으로 증가했고, 세기가 바뀔 무렵 이 숫자는 약 2만 6천 명으로 불어났다.

일본 정교회에 대한 니콜라이의 충성심은 개인적인 큰 시련의 시기에도 흔들림이 없었다. 1904년, 러시아와 일본 사이에 전쟁이 벌어졌다. 이와 같은 곤경을 고려하여 그는 자신의 돌봄 아래 있던 교회들에게 다음과 같은 목회서신을 보냈다.

형제자매님들, 충성스런 종으로서 현재 상황에서 여러분에게 요구되는 모든 본분을 다 이행하십시오. 여러분 나라의 제국군대에 승리를 주시기를 하나님께 기도하십시오. 이미 주어진 승리에 대해 하나님께 감사하십시오. 전쟁이 필요로 하는 것들을 충족시키기 위해 기꺼이 희생하십시오.······우리에게는 이 땅의 조국 말고 또 하나의 나라, 곧 하늘의 조국이 있습니다. 인간은 국적의 구별 없이 모두 그 나라에 속해 있습니다. 모든 인간은 똑같이 하늘에 계신 아버지의 자녀이기 때문입니다.······형제자매들이여, 제가 여러분과 떨어져 있지 않고 마치 제 가족인 양 여러분의 가족 안에 머물러 있는 것은 바로 그 이유에서입니다.[44]

일본의 초기 개신교 선교 시대의 독특한 특징 가운데 하나는, 젊은 회심자들로 구성된 전도대가 등장했다는 것이다. 이 젊은이들은 1870년대부터 등장해서 그 후 일본 교회 지도자들로 성장해 나갔다. 네덜란드 개혁교회 선교사 귀도 베르벡Guido Verbeck, 1830-1898이 일본에 도착한 후 곧 나가사키에 이런 청년단 하나를 조직했다. 성경을 교재 삼아 영어를 가르치는 것이 그가 사용한 주요 전도 방식이었다. 후에 일본인 통역사들을 위한 학교를 개설했을 때는 미국 헌법을 교재로 추가했다. 그는 수많은 교육 사업에 관여했고 한때 일본의 정부 자료를 번역하는 공식 번역사로도 일했지만, 그의 꿈은 학생들을 훈련시켜 사역자와 공무원으로 만드는 것이었다. 전도단을 조직하여 일본에 큰 영향을 끼친 사람으로 미국인 윌리엄 스미스 클라크도 있는데, 오늘날의 표현을 빌리자면 그는 단기 자비량 선교사였다.

우치무라 간조[1861-1930] 윌리엄 스미스 클라크[William Smith Clark]는 매사추세츠 농업대학 총장 시절 농업 분야에 대한 기여 덕분에 당시 미국을 방문 중이던 일본 고위관리들의 관심을 끌게 되었다. 일본 관리들은 일본에 와서 비슷한 제도를 만들어 달라고 그를 초청했다. 일본에 온 그는 비록 임기는 짧았지만 그 사이 엄청난 업적을 이루었으며, 데이비드 미첼은 그의 업적을 다음과 같이 요약한다.

1876년 7월, 클라크는 원기가 왕성한 모습으로 일본이 갓 식민지로 만든 북부 섬의 수도 삿포로에 도착했다. 그리고 그는 8개월 안에 대학, 사립 중등학교, 실험 농장을 세우고 작물과 나무, 농업용 건물과 영농 방식을 소개했으며, 16명 학생 전원을 회심시켜 그리스도인으로 만들었다. 이들 젊은 신자들은 "소년이여, 야망을 가져라"는 그의 고별사를 예증하듯 두 번째 해 신입생 전원을 설득하여 클라크가 만든 '그리스도 신자 서약'에 서명하게 만들었다. 이 열혈 그룹은 후에 삿포로 학생단으로 알려졌으며, 가장 유명한 회원은 우치무라 간조였다.[45]

앤드루 월스는 우치무라 간조(內村鑑三)가 "당대 일본의 가장 뛰어난 기독교 인물"이었다고 기록한다. 우치무라는 도쿄의 유명한 고위무사이자 유교학자의 아들로 태어났다. 어린 시절 학교에서는 전통 유교 교육을 받았지만, 그의 아버지는 아들이 새로운 문명 세계와 마주할 준비를 하기 원했으며, 그래서 삿포로 농업대학에 입학하기를 권유했다. 전액 장학금을 받고 삿포로 대학에 입학한 우치무라는 이곳에서 뜻밖에 기독교 신앙을 접하게 되었다. 클라크는 미국으로 돌아갔지만 그가 가르친 학생들은 남았고, 이들은 결속력 강한 청년단을 형성했다. 우치무라의 1878년 회심은 신도(神道)에 대한 환멸 때문이기도 했다. "어렸을 때 그는 신도에 8,000여 남신과 여신이 있다고 배웠다.……때로 이 신들의 요구사항이 서로 상충될 때도 있었다.……이 점이 어리지만 진지했던 우치무라를 고민하게 만들었고, 이제 그는 기독교와 기독교의 한분 하나님에게서 해결책을 발견했다."[47]

우치무라는 감리교 선교사에게 세례를 받았지만 감리교에 특별한 충성심을 갖지는 않았다. 그는 삿포로에 교회를 개척하기로 하고 이를 도와줄 친구들을 불러 모았다. 친구들 역시 자신들에게 세례를 준 서양 교파 교회에 특별한 충성심을 느끼지 못하는 이들이었다. 그런데 이들의 전도와 교회 건축 계획은 갑자기 중단되고 말았다. 한 감리교 선교사가 이들이 삿포로에 개척하는 교회가 당연히 감리교회가 될 줄 알고 예배당 건축을 위해 698 달러를 보조했다가 우치무라가 이 교회를 감리교 선교회와 제휴시킬 생각이 없다는 사실을 알게 된 것이었다. 선교사는 화가 나서 즉시 상환을 요청했다. 청년들은 자기 주머니를 털어 돈을 갚았다. 상당히 큰 액수였지만, 그럴 만한 값어치가 있는 희생이었다. 우치무라는 "S교회는 독립교회다"라고 기록했다. "어떤 말로도 표현할 수 없고 어떤 글로도 설명할 수 없는 기쁨이다! 2년간의 검약과 근면으로 자유라는 결과를 얻었다." 광신대학교 정준기 교수는 예상했던 대로 "교회 건축과 관련하여 맞닥뜨렸던 분파주의 때문에 일본에 있는 서양 선교사들에 대한 그의 부정적 감정은 더 고조되었다"고 말한다.[48]

이것이 발단이 되어 장차 '무교회 운동'으로 알려질 한 움직임이 시작되었다. 우치무라는 이 운동을 무정부주의나 허무주의를 보듯 부정적으로 보아서는 안 된다고 강조했다. "이 운동은 무엇을 전복시키려는 시도가 아니다. '무교회'는 교회가 없는 이들을 위한 교회다." 그러나 이것이 또 하나의 분파적 교단이 될 수도 있다는 것을 깨달은 그는 계속되는 "영적 변혁"의 필요성을 강조했다. 늘 "옛 무교회"에서 벗어나 무교회를 재창조해야 한다는 것이었다. 그들에게는 성직 계급도 없었고 조직화된 종교 체계 같은 것도 없었다. 그보다 이 운동은 그저 "공통된 분위기에서 그리스도인들이 모이는 모임으로, 그리스도가 중심이시고 사랑과 믿음이 이들을 함께 끌어 모은다."[49]

제자 훈련이 이 운동의 선교 철학이었다. 신자들의 믿음이 성숙 단계에 이르면 이들은 친구와 이웃을 집으로 초대하여 가르치기 시작했다. 이 운동은 회원들이 이곳에서 저곳으로 옮겨 다님에 따라 널리 퍼져 나갔다. 우치무라는 이 무교회주의 개념이 일본에 기독교를 전하는 핵심 열쇠라고 믿었다. 그는 "제대로 교육받기만 한다면, 곧 교회 제도의 형식으로 교육받지 않고 성경의 가르침으로 안내받는다면 일본인들이 기독교를 쉽게 배울 수 있을 것"이라고 믿었다.[50]

어떤 선교사들은 무교회 운동이 서양의 교파에서 이탈되어 있다는 것 때문에 이것을 사이비 종교로 보기도 했다. 그리고 우치무라는 추종자들을 일컫는 말로 '일본 그리스도인'이라는 표현을 사용했다고 가혹하게 비난받았다. 그는 민족적 자부심이 대단한 사람이었고, 일본을 평화롭고 번영하는 민족, 다른 민족의 모범으로 여겼다. 자신의 민족적 자부심을 변호하면서 그는 선교사들 사이에서도 그와 비슷한 민족정신을 볼 수 있다고 재빨리 지적했다.

나는 일본식 기독교를 주창한다는 이유로 선교사들에게 비난당한다. 그들은 기독교가 보편적 종교라고 말하며, 일본식 기독교를 옹호하는 것은 보편적 종교를 민족 종교로 만드는 행위라고 말한다.……자신들은 모두 자기 나름의 기독교를 지지하면서 왜 나는 일본식 기독교를 옹호한다고 비난하는가? 감독제 교회는 본질적으로 영국 기독교 아닌가?……예를 들어, 보편적 종교를 왜 '컴벌랜드 장로교단'(1810년 미국장로교회에서 분리된 교단)이라 부르는가? 기독교에 켄터키 주의 한 지역명을 붙이는 게 잘못이 아니라면, 내가 기독교에 내 나라 이름을 붙이는 게 왜 잘못인가? 컴벌랜드 계곡에 사는 수많은 그리스도인들과 마찬가지로 나도 내 기독교를 일본식이라 부를 권리가 있다. 한 일본인이 진실로, 그리고 독립적으로 그리스도를 믿는다면 그는 일본 그리스도인이고, 그의 기독교는 일본식 기독교다.[51]

우치무라가 일본 기독교에 남긴 가장 영속성 있는 유산은 그의 저작에서 찾을 수 있다. 그는 『성경연구』(聖書之研究)라는 월간지를 수백 호 발간했고, 그와 더불어 22권의 성경 주석을 펴냈다. 그의 글은 무교회 운동에 가담하지 않은 그리스도인들에게도 널리 읽혔고, 그들 중 다수는 한국에서도 흔히 그렇듯 기성 교파에 속해 있지 않은 이들이었다. 그가 남긴 글 중에는 현대적 논조를 지니고 있어 그 당시와 마찬가지로 오늘날까지 진실한 울림을 주는 것들도 있으며, 그래서 오늘날에도 여전히 활용되며 인용되고 있다. 1926년 영문 월간지 『일본기독교정보』*The Japan christian Intelligencer*에 실린 한 기사가 잘 보여주다시피 그는 진지한 사회비평가이기도 했다.

자신들의 비범함이 종교에 있지 않다는 것은 미국인 자신도 너무 잘 알고 있다.……미국인은 대단한 사람들이다. 거기에는 의심의 여지가 없다. 그들은 훌륭한 솜씨로 도시를 세우고 철로를 놓는다.……미국인들은 말과 소, 양과 돼지

품종을 개량하는 데 천재적 재능이 있다. 그들은 그 가축을 대량으로 키워서, 도살하고 먹고 육제품을 만들어 전 세계로 수출한다. 미국인들은 훌륭한 발명가이기도 하다. 그들은 전신, 전화, 각종 송수신기, 자동차⋯⋯독가스를 발명해 내거나 완성시켰다.⋯⋯그들은 민주주의 면에서도 훌륭하다.⋯⋯돈 문제에서도 역시 대단하다는 건 말할 필요도 없다.⋯⋯그들은 뭔가 진지한 일에 착수하기도 전에 먼저 돈부터 번다.⋯⋯돈 없이 뭔가를 시작해서 진행시켜 나간다는 것은 미국인들이 보기에 미친 짓이다.⋯⋯미국인들은 이 모든 일을 비롯해 다른 많은 일에 훌륭한 자질을 지니고 있다. 그러나 종교는 아니다. 그들 자신이 아주 잘 알다시피⋯⋯미국인들은 종교의 가치를 깨닫거나 보여주기 위해 종교를 수치로 계산해야 한다.⋯⋯미국인들에게 큰 교회란 번영하는 교회다.⋯⋯최소의 비용으로 최대한 많은 회심자를 얻으려고 그들은 끊임없이 노력한다. 통계가 바로 그들이 종교 영역의 성공이나 실패를 보여주는 방식이다. 상업이나 정치 영역에서 그러하듯 말이다. 숫자, 숫자, 오, 그들은 숫자를 얼마나 중시하는지!⋯⋯인류는 지상에서 사는 법을 배우러 미국 땅으로 내려간다. 그러나 천국의 삶을 살기 위해서는 다른 사람을 찾아간다. 세속성이 미국인의 특별한 잘못은 아니다. 그건 그들의 민족성일 뿐이다. 그것을 아는 미국인은 종교가 아닌 다른 분야에서 인류를 섬겨야 할 것이다.[52]

우치무라는 미국에서 살면서 미국을 연구했다. 그러나 그가 미국을 보는 시각은 대부분 일본에서 알고 지낸 미국인들, 그중에서도 주로 선교사들을 통해 형성되었다. 초기 선교사들 다수가 독립적으로 사역하거나 혹은 독립 믿음선교의 후원을 받았고, 이들이 때로 우치무라가 그리는 미국인의 모습을 반영하기도 했다. 숫자와 돈과 통계로 환산되는 종교를 일본에 전해주는 미국인 말이다. 성결 운동Holiness Movement과 연계되어 있던 찰스와 레티 카우먼 부부가 바로 우치무라가 묘사하는 그 미국인이었을 수도 있다.

찰스 카우먼^{Charles Cowman}과 레티 카우먼^{Lettie Cowman, 1870-1960} 부부는 1901년 독립 선교사로 일본에 들어와 후에 동양선교회^{OMS}를 창설했고 일본의 성결 운동과 밀접한 연관을 맺고 사역했다. 두 사람은 결혼하여 풍족하고 안정된 삶을 누리다가 선교에 헌신했다. 찰스는 웨스턴유니언 전신회사의 경영진이었고, 레티는 은행가의 딸이었다. 두 사람은 회심한 지 얼마 안되어 시카고의 무디 교회에서 열린 선교 총회에 참석했다가 기독교선교연맹^{CMA}의 창립자 A. B. 심프슨의 강연을 듣게 되었다. 가슴을 울리는 메시지를 전해 들은 뒤 헌금 시간이 되었다. 메시지에 얼마나 감동받았던지 찰스는 "한 달치 봉급에 해당하는 지폐 다발을" 헌금했다. 그러나 헌금은 시작일 뿐이었다. "그 뒤, 뜨거운 감동이 점점 고조되면서 사람들은 패물과 심지어 손목시계까지 내놓고 싶어 했다. 그래서 봉헌 순서를 한 번 더 갖겠다는 광고가 있자 찰스는 차고 있던 순금 시계와 시곗줄을 풀었고, 이어서 레티의 약혼반지에 박힌 커다란 다이아몬드를 물끄러미 내려다보았다. 마치 '당신도 분명 나와 같은 마음이겠지, 그렇지?'라고 말하는 듯."⁵³

무디 기념교회, A. B. 심프슨, 성결 운동과 연결되어 있었고 무디 성경학교에서 학창 시절을 보낸 이력으로 볼 때 카우먼 부부는 20세기 초의 근본주의 진영에 꼭 들어맞는 사람들이었다. 이들이 세상과 구별되기 위해 애쓴 것도 그런 맥락이었다. 회심 후 레티는 자기 피아노 옆에 서서 댄스 음악, 오페라, 대중가요 악보와 일반 서적들을 하나님께 "넘겨드렸고" 다시는 그런 세상적 오락을 즐기지 않았다.⁵⁴ 그 무렵 그녀의 남편은 하나님에게서 매우 구체적인 메시지를 받았다. 그의 성경책에는 "1900년 8월 11일 오전 10시 30분에, 일본으로 부름받다"라고 적혀 있다.⁵⁵ 그러나 이들이 아무리 경건한 사람들이었다 해도 우치무라가 말하는 "세속성", 곧 미국인들의 "민족적 특성"을 면할 수 있는 것은 아니었다.

숫자와 돈과 통계 그리고 전략이 바로 시작 때부터 카우먼의 사역을 하나로 엮는 씨실과 날실이었다. 레티의 가죽장정 생일 기록부에는 전기작가가 "레티의 재정적 찬양, 금전적 선교사 시편"이라고 묘사한 내용이 적혀 있었다. 이 기록을 '재정 감사(監査) 기록'으로 착각해서는 안 될 것이다.

현재까지 받은 돈	$ 0.25
1900년 11월 1일	300.00
	70.00 일본
	464.00 나카다
	50.00 중국
	25.00 인도
1901년 12월	$1,000.00 한 낯선 분에게서
	500.00 한 낯선 분에게서
	1,000.00 한 낯선 분에게서 선교를 위해
1903년 2월 28일, 현재까지	$7,000.00
1909년 1월, 현재까지	$104,000.00 하나님 찬양!
1919년 2월 1일, 현재까지	$510,000.00 하나님 찬양!
1939년 5월 1일, 현재까지	$5,000,000.00 하나님 찬양![56]

40년이 조금 안되는 기간 동안 수입이 상당히 늘어났음에도 불구하고 이 정도면 충분하다 싶은 적은 한 번도 없었다. 레티의 전기작가가 페이지마다 기록하고 있듯 선교기금은 늘 부족했다.

밤낮으로 자금을 위해 기도한다.……잔고가 텅 비었는데, 어니스트 킬버른의 아들 버드 킬버른이 미국에서 온 2,000달러짜리 전신환을 흔들어 대며 마을에서 달려오는 광경에 얼마나 전율이 일었는지!……자금이 좀 더 여유 있게 흘러들어 오기 시작한다. 레티는 파송 현지에서 운동가가 되는 법을 배우고 있다.……자금은 곧 다시 흔적을 감춘다. 사역이 진전되는 것을 유지하기 위해서는 새 친구들을 양육해야 한다.……일본으로 돌아올 때 그녀는 찰스의 가슴에 선교에 대한 전망이 마치 열병처럼 뜨겁게 달아오르고 있는 것을 본다. "더 빨리, 더 멀리!"가 찰스의 표어다. 그는 시간이 짧다는 걸 알고 있다.……상황은 암울해 보인다. 자금은 무서운 속도로 바닥나고 있다. 그녀는 즉시 하늘의 예금통장을 펼친다.……수백만 달러가 필요할 테지만, 수백만 달러 정도는 하나님께 아무것도 아니다.[57]

"숫자, 숫자, 오, 그들은 숫자를 얼마나 중시하는지!" 우치무라는 그렇게 말했다. 카우먼 부부에게 숫자는 돈하고만 관계된 게 아니었다. 구체적 액수가 매우 중요하기는 했지만 말이다. 예를 들어, 878.05달러짜리 어음이 복음서 10만 권 구입 대금으로 사무실에 도착했다. 그 어음을 받은 후 일주일 동안 받은 영수증 액수를 계산해 보니 총액이 정확히 878.05달러였다.[58] 돈은 중대한 요소였다. 찰스는 "내가 만일 백만 달러를 상속받는다면 그 돈으로 무얼 할까?"라는 제목으로 선교라는 자신의 꿈을 이루기 위한 예상 지출 목록을 만들기도 했다.[59]

돈 액수 못지않게 중요한 숫자는 사람 숫자와 가구 숫자 그리고 구원받은 영혼 숫자였다. 일본에서 사역하는 동안 카우먼 부부도 다른 많은 선교회처럼 복음전도단과 함께 일했다. "한 전도단이 일곱 개로 늘어났고 전도 대원은 총 78명이었다. 저쪽에서는 200명이 구원받았고 이쪽에서는 100명이 구원받았다. 감격스런 일이다. 단위가 날마다 커진다. 구속받은 사람 숫자가 천 단위를 헤아렸다."[60] 선교 전략은 숫자에 따라 결정되었다.

찰스 E. 카우먼의 일본 선교 목표는 전도단을 통해 이행된다. 이들은 일본 제국 내 모든 가정을 가가호호 찾아다니겠다고 맹세했다. 이들에게는 정부가 공개한 군사지도라는 이점이 있었다(이는 하나님께서 오직 이때를 위해서만 베푸신 은혜였다. 군사지도가 공개되는 일은 이전에도 없었고 이후에도 없었다). 8km² 단위로 제작된 대형 지도다. 차도와 인도에는 주택, 절, 신사, 길가의 사당, 사람들이 세 들어 사는 판잣집 등이 표시되어 있다. 찰스는 전도대원들에게 임무를 정해 주고, 개인 보고서를 받으며, 하루하루 목표를 이루어 가고 있다고 믿는다. 그의 사무실에서는 사업, 선교, 군사 사령부 활동이 복합적으로 이뤄진다.……선교기지는 점점 늘어나고 있다. 밤마다 집회가 열리고 밤마다 회심자 총계가 늘어난다.[61]

1918년, 카우먼 부부가 일본에 들어와 실행에 옮기기 시작한 계획이 다 완료되었음이 선언되었다. "선교 초기 사역이 완료되었다.……선구적 사업인 십자군 전도대가 마무리되었다. 일본인 가정 1,030만 가구가 첫 복음 메시지를 받아들였다. 모두 17년 만에 이뤄진 일이다!"[62] 그리고 1924년, 몇 년간 심각한 심장 질환을 앓던 끝에 찰스는 세상을 떠났다.

남편이 오래 병석에 있는 동안 레티는 『사막에 샘이 넘쳐흐르리라』*Streams in the Desert*는 경건서적을 집필·출간했으며, 이 책은 복음주의 서적의 베스트셀러이자 고전이 되었다. 남편이 세상을 떠나자 레티는 슬픔에 몸을 가누지 못했지만 곧 마음을 수습하고 남편의 전기를 비롯한 여러 권의 책을 쓰기 시작했다. 1928년, 남편의 뒤를 이어 동양선교회 회장직을 수행하던 어니스트 킬버른Ernest Kilbourne, 1865-1928이 죽자 이번에는 레티가 직접 회장직을 맡아 1949년까지 봉직했다. 회장직을 맡은 지 7년 후 "1936년 8월 10일 주일 오전 6시, 주님께서 말씀하신다. '내가……너를 성별하였고 너를 여러 나라의 선지자로 세웠노라'렘 1:5. 레티는 자신이 태어나기도 전에 하나님께서 자신의 삶을 계획하셨다는 것을 깨닫는다." 레티는 하나님께서 "새 일"을 주셨다고 확신했고, 그 일은 다름 아니라 "세계 복음화"였다. 그녀는 하나님께서 자신을 부르사 남편 찰스가 시작한 일을 끝마치라 하신다고 확신했다. 남편은 "하나님께서 한 나라의 모든 가정에 복음을 전하는 일을 맡기신 개척자"였다. 레티는 이제 온 세상 모든 가정에 복음을 전하는 일을 맡을 터였다.[63]

그때부터 레티의 인생 이야기는 마치 지도책처럼 읽힌다. 핀란드에서 행동을 개시한 그녀는 라플란드를 비롯해 발트해 연안의 나라들로 갔다가 러시아와 유럽 국가들로 향했다. 이어서 이집트·이스라엘·에티오피아·인도·쿠바·아이티·멕시코·한국·콜롬비아를 차례로 방문했다. 물론 세계 일주를 마친 후에도 아직 그녀의 발길이 미치지 않은 곳이 대부분이었다. 여러 지역에서 그녀는 정부 고위관리들에게 대접을 받았고, 어느 나라를 가든(그리고 방문하지 않은 몇몇 나라에서도) 그녀는 전도단을 시켜 가가호호 복음서를 나누어 주게 함으로써 세계 복음화를 실행하고자 했다. 이들이 배포한 복음서는 멕시코에서만 145만 5천 부에 달했다.[64]

마지막 순간까지 숫자를 세던 이 은행가의 딸은 1세기에서 10년 모자라는 나이로 세상을 떠났다.

메이블 프랜시스 [1880-1975]

메이블 프랜시스 Mabel Francis 는 카우먼 부부와 동시대인으로, 그들 부부와 마찬가지로 19세기 말 20세기 초의 근본주의에 영향을 받았지만 삶과 사역은 카우먼 부부와 많이 달랐다. 사실 그녀의 삶은 알려지지 않은 부분이 많다. 일본에서의 선교 사역은 십자군 전도대나 수백만 달러 계좌 같은 것도 없이 지극히 미미해 보일 수도 있다. 그러나 일본에서의 56년 선교사 생활이 끝났을 때 그녀는 그 나라에서 가장 유명한 '외국인 시민'이 되어 있었다.

메이블은 1880년 미국 뉴햄프셔에서 태어나 자랐다. 결혼하고 싶었던 남자가 젊은 나이에 세상을 떠나자 그녀는 순회 전도자 겸 길거리 설교자가 되었다. 그러다가 열 아홉 살 때 일본 선교사가 되라는 하나님의 소명을 느끼고 10년 후인 1909년 기독교선교연맹과 함께 사역을 시작했다. 1913년 남동생이 사역에 합류했고, 두 사람은 22곳의 교회를 함께 개척했다. 1922년에는 과부가 된 여동생 앤까지 사역에 합류했고, 앤과 메이블은 그 후 40년 세월을 함께하면서 메이블은 전도에, 앤은 교육 사역에 힘썼다.

1930년대의 대공황기에 접어들어 선교기금이 부족하게 되자 기독교선교연맹은 일본에서 사역 중인 선교사들을 본국으로 불러들였다. 그러나 동료들과 달리 두 자매는 귀국하기를 거부했다. 해야 할 일이 너무 많아 사역을 포기할 수가 없었던 것이다. 본국의 후원자들에게서 드문드문 후원금이 오긴 했지만 생활은 너무 힘들었다. 메이블은 자전거를 타고 다니며 전도를 했다. "버스 타고 다닐 돈이 있다면 얼마나 좋을까" 하는 생각을 하면서 말이다. 또 한 가지, 남자들이 와서 사역했으면 얼마나 좋을까 하는 생각도 했다. "오 주님, 이 자전거를 타고 이 길을 오가야 할 남자들은 도대체 어디 있는 것입니까?" 아랫글의 고백과 같이, 그녀는 오랫동안 미혼으로 지내며 남편감이 나타나기를 기다렸다.

아시다시피 내가 심히 의기소침해 있고 할 일은 태산 같아 보일 때 나는 이런 생각을 했습니다. "그래, 결혼했다면 그저 남편만 따르면 됐을 테고 뭔가 되는 일이 있었을 텐데. 하지만 나같이 별 볼일 없는 사람이 도대체 뭘 할 수 있지?" 저는 그저 무력감을 느낄 뿐이었습니다! 그때 주님께서 말씀하셨습니다. "너는 지금 잘못된 가정을 하고 있구나. 나에게는 너를 위한 계획이 있고, 결혼은 그 계획에 없다".……그래요, 아시다시피 모든 것이 마치 구름이 흘러가듯 제 인생에서 사라졌지요. 아주 오래전의 일입니다. 그때 이후 결혼 생각은 제게 아무 의미도 없는 게 되었지요. 아무 의미도 없는 것![65]

1930년대도 힘들었지만 진주만 공습 후 상황은 더 악화되었다. 처음에 두 자매는 집 안에 머무는 것만 허용되었다. 공식적인 가택연금 상태였다. 그 뒤 두 사람은 가톨릭 수도원의 수용소로 옮겨졌다. 전쟁 후 프랜시스는 인도주의 사업에 깊이 관여하게 되었지만 물자 부족과 동역자 부족으로 어려움을 겪었다. "바로 그 부분에서 미국은 일본에서 실패했다"고 그녀는 안타까워했다. "미국의 교회들은 기회를 잡지 못했다. 선교사들을 많이 보내야 했는데 그러지 않았다. 전쟁이 끝나고 첫 10년 동안 일본인들은 매우 개방적인 자세로 진리를 찾아 구했다.……지금은 그들에게 다가가기가 그때보다 훨씬 힘들다."[66]

이문화 간 의사소통에 대해 훈련받은 적이 없었으면서도 프랜시스는 주변의 일본인들의 마음을 얻었다. 한 일본인 여학생이 외국인 여성에게 호기심을 느껴 다가왔다가 회심하게 된 경우였다. 여학생은 자전거를 타고 다니는 이 여인, 늘 얼굴에 미소를 잃지 않는 이 여자가 누구인지 친구에게 물었다가 나중에 예배에 참석해 보라는 초대를 받았다. 교회를 찾은 여학생은 "내가 설교자인 것을 알고 깜짝 놀랐다"고 프랜시스는 기록한다.[67] 프랜시스는 자신의 고민과 몸부림에 대해 숨김없이 솔직하게 털어놓았다. 특히 타문화에서 자신의 사역을 체계화하고 계획하려는 소원에 대해서는 더욱 솔직했다. 한번은 그녀의 진지함뿐만 아니라 유머 감각까지 보여주는 사건이 있었다.

예를 들어, 우리 그룹에는 아주 멋지게 구원받은 한 일본인 노인이 있었다. 정말이지 그건 기적이었다. 노인은 진지한 얼굴로 일어나 긴 간증을 펼쳐 놓으며 주님을 높이곤 했다. 그런데 노인은 이가 빠져서 편안하게 말을 할 수가 없

일본에서 가장 유명한 '외국인 시민'이었던
메이블 프랜시스

는 상태였다. 사실 아무도 노인이 하는 말을 제대로 알아듣지 못했다. 노인이 간증을 할 때면 나는 자리에 앉아 기도하곤 했다. "오 주님, 저 노인을 말려 주세요. 저 양반이 집회를 망치고 있어요. 모든 게 다 뒤죽박죽될 거라고요." 그러던 어느 날 밤 주님께서 내게 말씀하셨다. "나는 바로 저 노인에게 복을 내릴 수도 있다. 저 노인은 저기 저렇게 서서 나를 영화롭게 하려 애쓰고 있다." 주님은 또 이렇게 말씀하셨다. "그런데 너는 여기 앉아 조바심을 치면서 나를 귀찮게 하고 있구나." 오, 내 태도는 얼마나 부끄러운 것이었는지! 주님께서는 그런 식으로 내 삶에서 조바심치는 태도를 없애셨다. 나는 조바심을 그저 주님께 맡겼다.[68]

2차 세계대전이 끝나고 10년 이상 지난 뒤, 일본 관리들은 메이블과 앤이 일본에서 장기간 사역한 공로를 치하했고, 두 사람은 공식 행사에 초청받아 강연을 하기도 했다. 1962년, 일본 국왕은 민간인이 받을 수 있는 최고 영예인 서보장(국가와 사회에 공로를 끼쳤거나 장기간 공무에 재직하여 공적을 세운 이에게 수여한 일본의 훈장─옮긴이)을 수여함으로써 메이블 프랜시스를 예우했다. 그녀는 이 밖에도 여러 가지 방식으로 "패전의 고통과 혼란 중에 있는 일본인들의 복락"을 위해 희생적으로 봉사한 공로를 인정받았다.[69] 수여식은 미국에서 안식년 휴가를 지낸 뒤에 있었다. 휴가를 마친 프랜시스는 사역을 계속하기 위해 일본으로 돌아왔다. 그녀의 나이 여든셋이었다.

III. 선교의 지평이 확장되다

19세기가 저물 무렵, 세상은 극심한 변화를 겪고 있었다. "세계 역사를 지배하던 유럽 시대"[1]는 끝났다. 서구 열강의 식민 지배와 제국주의는 곳곳에서 저항과 도전에 직면했고, 상대적으로 세계 평화를 구가하던 시대는 돌연 종말로 다가가고 있었다. 20세기가 열리면서 아시아에서는 여기저기 전쟁 소문이 무성했고, 1904년에는 러시아와 일본이 무력 충돌을 일으켰다. 결과는 일본의 승리였고, 크게는 아시아의 승리였다. 급속히 발전되어 가는 세상에서 서방은 이제 자신들만이 군사 강국이라고 주장할 수 없게 되었다.

국제적 안정 상태가 실제로 깨진 것은 그로부터 10년 후였다. 스티븐 닐의 말을 빌리자면, "유럽 열강들이 기독교와 문명에 대한 독점권을 소리 높여 주장하면서……맹목적이고 혼란스럽게 내전에 끼어들어 결국 얻는 것은 하나 없이 경제적으로 피폐해지는 결과만을 낳았다." 또한 "2차 세계대전은 1차 세계대전이 이미 저지른 일을 마무리했을 뿐이었다. 서방국가들의 도덕적 자부심은 허울뿐이었음이 드러났다."[2]

기독교가 세상 문제의 해답이 아니라면 도대체 무엇이 해답이었을까? 많은 유럽인들이 마르크스주의에서 해답을 찾았다. 19세기에 주기적으로 발생해 유럽을 휩쓸었던 혁명의 요인들은 완전히 사라지지 않았고, 1차 세계대전이 사람들에게 남긴 환멸로 자본주의와 자본주의의 계급 지향적 사회구조에 대한 불만만 더 커져 갔다. 1917년의 볼셰비키 혁명은 이런 불만의 한 표출이었을 뿐이지만, 이는 아주 의미 있는 표현이었다. 러시아에 견고한 발판을 마련한 마르크스주의는 서방의 자본주의에 중대한 위협이 되어 가고 있었다. 이러한 판도 변화는 20세기의 선교사들에게 또 하나의 자극이 되었으며, 많은 선교사들이 기독교와 자본주의를 아우르는 철학을 보급시켜 무신론적 마르크스주의와 싸우게 만드는 것 또한 자신들의 사명이라고 여겼다.

마르크스주의의 위협과 함께 상당수 제3세계 국가에서는 반(反)서방 정서가 확산되었다. 민족주의가 발흥했고, 독립을 향한 움직임도 점차 커지고 있었다. 서구인들은 고급 과학기술과 사회복지 체계를 갖추고 있었지만, 이를 무기 삼아 제3세계 국가를 경제적으로 착취하고 있었다. 스티븐 닐의 말에 따르면, 백인은 "해방자이자 파괴자"였고, "선교사들 또한 친구이자 적으로 여겨지게 되었다."[3]

서방세계 자체도 크고 의미 있는 사회적 변화를 겪고 있었다. 미국의 경우 19세기 말에는 농민과 노동자들 사이에 점점 불만이 고조되고 있었다. 민중주의 운동(1891년 결성된 민중당을 중심으로 농촌 침체를 해소하려는 정치적 활동)이 농민들의 여러 다양한 권익을 수호했고, 윌리엄 제닝스 브라이언William Jennings Bryan, 1860-1925은 농촌 지역 급진주의의 상징이 되었다. 도시에서는 노조 활동이 상승세를 탔으며, 파업이 빈발하고 그 양상도 격렬해졌다. 중산층이 사회에 대해 느끼는 불안은 진보 운동으로 표현되었고, 이 운동을 바탕으로 독점 금지법, 아동노동 금지법, 산업 근로자 보호법을 비롯해 다양한 개혁 법안이 마련되었다. 교회에서는 개인과 하나님과의 내적 관계를 덜 중시하고 현세에서 인간의 광범위한 사회적 요구에 초점을 맞추는 사회복음이 탄력을 얻고 있었다.

19세기 말과 20세기 초의 가장 광범위한 사회적 관심사 중 하나는 여성의 권리에 관한 것이었다. 몇십 년 전에 시작된 여성참정권 운동은 1920년 미국연방헌법 수정조항 제19조가 통과되면서 절정에 이르렀다. 그러나 여성운동은 참정권 운동에 머물지 않았다. 1차 세계대전으로 노동력에 공백이 생기자 수많은 여성들이 그 어느 때보다도 활발하게 근로 현장으로 들어가고 있었다. 전쟁이 끝나자 젊은 여성들은 전문직을 꿈꾸기 시작했고, 전문대학이나 종합대학에 들어가는 여성들이 점점 많아졌다.

이 새로운 해방 분위기는 해외선교에도 직접적인 영향을 끼쳤다. 다른 직업군과 마찬가지로 선교 현장에도 여성들이 대거 투입되기 시작했다. 19세기 초에는 선교사가 다 남자였다. 이들에게는 아내가 있었고 아내는 남편을 보좌하는 역할을 충실히 감당했지만, 선교사의 아내는 독자적 선교사로 간주되지 않았다. 그러나 19세기가 막을 내릴 무렵, 상황은 엄청나게 달라졌다. 다수의 독신 여성들이 선교사로 자원했고, 결혼한 여성들은 더욱 적극적인 역할을 맡기 시작했다.

일반 사회에 변화가 일어나자 지식 사회에도 변화가 일어났다. 특히 눈에 띄는 것은 철학과 종교 분야의 변화였다. 20세기가 되자 독일에서 두드러졌던 신학적 자유주의가 미국에서도 대거 추종자를 거느리기 시작했다. 합리주의와 과학적 연구법에 기반을 둔 고등비평이 유행했고, 이러한 풍조는 전통 기독교에서 그 기본적 믿음을 벗겨 내고 있었다. "한마디로 자유주의는 기독교에서 초자연적인 요소를 박탈했다"고 로버트 린더[Robert Linder]는 말한다. "특히 기독교의 기적, 그리스도의 신성이 그 대상이었다. 자유주의는 그 대신 하나님의 아버지 되심, 인간의 형제애, 사랑으로 살아야 할 필요성 등을 기독교의 기본 덕목으로 여기고 가르쳤다. 개신교에서 성경은 역사적으로 믿음과 행위의 전거였지만, 이제는 신뢰할 만한 것이 아니라 오류와 모순을 담고 있는 것으로 여겨졌다."[4]

이런 모든 현상이 선교에도 심대한 영향을 끼쳤다. 19세기에는 사실상 거의 모든 개신교 선교사가 성경의 권위를 신봉하고 신앙의 핵심 교리를 확고히 옹호하는 복음주의자들이었다. 그러나 19세기 말이 되면서, 선교사라는 호칭은 그 사람이 정통 기독교 신앙을 지녔음을 보증해 주지 못했다. 고등비평, 다윈의 진화론, 그리고 사회복음의 낙진(落塵)이 선교 현장에서도 체감되기 시작했다.

하지만 이 신학적 자유주의 추세는 본국이나 선교지에서 결코 아무 문제없이 지나가지 않았다. 유럽에서는 많은 이들이 신정통주의에서 해결책을 찾았다. 독일의 칼 바르트[Karl Barth, 1886-1968]와 미국에서 그에 상응하는 역할을 한 라인홀드 니부어[Reinhold Niebuhr, 1892-1971]의 글과 가르침이 과거의 정통 신앙과 당대의 자유주의 신학에 대한 절충안으로 개신교 지식인들에게 널리 존중되었다. 미국에서는 비교적 보수적인 반응이 많았다. 신정통주의가 광범위하게 추종자를 얻긴 했지만, 그 반대 세력으로 근본주의가 더 두드러져 보였다. 린더는 "기독교는 미국 교회 교인들의 마음과 영혼을 얻으려고 거의 한 세대 동안 소모전을 치렀다. 전장의 포연이 걷히고 보니 모든 주요 교파가 이 다툼의 영향을 받은 상태였고, 그중 다수가 분열되어 있었다"고 말한다.[5]

이런 추세에 대한 반작용으로 새로운 유형의 선교사들이 등장했다. 새롭다고 해서 선배 선교사들과 반드시 달랐던 것은 아니고 오로지, 자기 필요를 위해 순전한 신앙을 지키고 하나님을 신뢰하기로 굳게 결단했다는 뜻이다. 이들은 거의가 성경 연구소와 기독교 대학 졸업생들로, 19세기 말과 20세기 초의 신흥 믿음선교[faith mission] 단체를 결성하고 그 구성원이 되었다. 일부 특정 선배 선교사들과 달리 이들은 '명목상' 그리스도인들에게 복음을 전하는 일에 아무런 거리낌이 없었고, 전통적으로 이미 복음화되어 있다고 간주되는 지역도 이들에게는 제한 지역이 아니었으니, 그 대표적인 예가 라틴아메리카와 유럽 땅이었다.

20세기 전반 개신교 선교의 가장 의미 있는 변화로 손꼽히는 것은, 선교사들 자체의 국적 문제다. 세기가 바뀌면서 선교의 본루(本壘)가 영국에서 북미로 옮겨 갔다. 영국과 유럽, 호주와 뉴질랜드, 스칸디나비아 여러 나라(노르웨이와 핀란드는 전체 인구 대비 그리스도인 비율로 볼 때 놀랄 만큼 많은 선교사를 파송했다)에서 여전히 수많은 선교사들이 쏟아져 나왔지만, 주도권은 북미가 쥐었다. 미국이 국제 문제에서 능동적 역할을 하기 시작했다는 것이 부분적 이유이기도 하다. 윈스럽 허드슨[Winthrop Hudson]은 "미 제국주의가 팽창하면서 교회들 가운데 해외선교에 대한 열정이 점점 커져 갔다"고 말한다.[6]

대외정책이 어떤 경우에는 세계 복음화라는 명목으로 정당화되기도 했다. 필리핀 제도 합병 문제와 관련하여 윌리엄 매킨리 미국 대통령은 이런 설명을 했다. "이제 우리가 할 수 있는 일이라고는 그 섬들을 다 취하여 필리핀인들을 교육시키고 그들을 행복하게 해주며 문명화하고 기독교화하는 것밖에 없습니다. 또한 그들을 그리스도께서 죽음으로 값 주고 사신 우리의 동료로 알고 하나님의 은혜로 그들에게 최선을 다해야 할 것입니다."[7]

1930년대에는 주류 선교회의 활동이 시들해지기 시작했다. 해외 선교협의회 보고서에 따르면 1920년에 2,700명이었던 해외선교 자원 대학생 수가 1928년에는 250명가량으로 줄어들었다고 한다. 윌리엄 호킹William E. Hocking, 1873-1966과 그의 동료들이 1932년『선교의 재고, 100년 선교 사역의 평신도 평가』라는 조사 보고서를 책으로 펴내 "의도적이고 직접적인 복음전도" 활동을 경고하고 나섬에 따라 선교의 철학적 토대마저도 비판을 받게 되었다.

그러나 통계 수치나 공식 보고서에 뚜렷이 드러난 듯한 이러한 사실도 전체 그림을 다 설명해 주지는 못했다. 근본주의적 복음주의 진영에서는 선교 정신이 절대 소멸하지 않았다. 1930년대에는 대공황이라는 재앙이 닥쳤음에도 불구하고 활용 가능한 모든 수단을 동원해 세계 복음화에 박차를 가하려는 의도적 움직임이 점점 커져 갔다. 바로 그 시기에 클래런스 존스를 비롯한 여러 사람들이 라디오 선교 방송을 시작했고, 윌리엄 캐머런 타운센드가 선교사들에게 성경번역 사역에 필요한 언어학 교육을 시키기 시작했으며, 여러 의료선교 사업이 닻을 올렸다. 또 어떤 이들은 선교사들을 위한 항공 사역의 실효성을 실험하기도 했다. 그러나 2차 세계대전이 발발하면서 이와 같은 선교 활동 계획이 다수 좌절되었고, 전쟁 말기가 되어서야 이런 특성화된 선교가 추진되기 시작했다.

특성화 선교가 강조된 것은 주로 20세기의 과학기술적·정치적·사회적·종교적 변화에 부응하려는 움직임이었으며, 여기에는 의료·번역·라디오 방송뿐만 아니라 교육·문서·영농 같은 다른 수많은 영역도 포함되었다. 이런 특성화 사역 성장에 영향을 끼친 한 가지 요소로, 과거의 성경 연구소나 성경대학을 전신으로 삼아 인문 교양학부 중심의 기독교 대학이 많이 늘어났다는 점을 들 수 있다. 이런 학교 졸업생들은 흔히 인터크리스토(전산 처리를 통해 그리스도인들에게 사역지를 알선해 주는 서비스)INTERCHRISTO 같은 곳의 도움을 받아 학교에서 배우고 익힌 것들을 실제 선교 현장에서 활용할 수 있는 수많은 기회들을 찾아냈다.

20세기에는 기독교 문서사역만 해도 몇 배 규모로 성장했다. 1921년 선교동향 연구조사 보고서는 "세계 각처에서 개신교 선교단체가 160여 곳의 출판사를 운영하고 있으며, 이들 출판사에서 매년 4억 페이지에 달하는 기독교 문서가 발행되고 있다"고 발표했다.[8] 2차 세계대전이 끝난 뒤 기독교문서선교회CLC, 세계문서선교회WLC, 오엠선교회OM, 복음주의문서연맹ELL, 주머니성경연맹PTL, 해외복음주의문서선교회ELO 등의 특성화 선교회가 출범하면서 그 수가 엄청나게 늘어났다. 기독교 최대 문서선교 단체로 손꼽히는 무디문서선교회^{MLM}는 거의 200개 언어로 기독교 문서를 배포했다.

20세기 중반 미국은 세계에 선교사를 "파송하는 나라"가 되었다. 그 미국인들은 어떤 사람들이었으며, 그들은 왜 지상에서 가장 자유롭고 가장 잘 사는 나라에서 누릴 수 있는 안락한 삶을 그렇게 기꺼이 버리고자 했는가? 이들의 이력은 몇 가지 중요한 면에서 변화가 있었다. 이들은 여러 가지 면에서 선배 선교사들과 달랐다. 우선 여성 선교사 숫자가 많아졌다. 또한 이들은 더욱 확고한 신학적 입장에서 더 좋은 교육을 받았다. 대학 교육을 받은 대학생 자원자, 확고한 근본주의자, 그리고 이 같은 이력이 포괄하는 모든 것이 이들의 특징이었다. 선배들과 마찬가지로 이들도 대담한 개인주의자들이었으며, 부흥의 물결에 단련되고 개척 정신에 자극받는 이들이었지만, 그 개척 정신과 더불어 이들은 대개 전문지식에다 최신 과학기술로 무장하고 복음을 확장시켰다.

II

독신 여성 선교사
: 2등 시민

여성들은 아주 일찍부터 복음전도 활동에 능동적으로 참여했다. 신약시대에서부터 시작해 초대교회와 중세 시대를 거쳐 근대 선교 시대에 이르기까지 여성들은 효과적으로 사역해 왔다. 개신교 진영에서는 19세기 중반에 이르기까지 독신 여성들이 선교 사역에 참여할 기회가 거의 없었다. 그때까지는 선교사의 아내들이 비록 독자적인 선교사의 위치는 아니었어도 헌신적 섬김의 삶으로 뚜렷한 족적을 남긴 경우가 많았다. 그러나 원하지 않는데도 불구하고 억지로 선교 현장으로 떠밀려 간 이들도 있었다. 윌리엄 캐리의 아내 도러시 캐리가 유명한 예다. C. T. 스터드의 딸이자 알프레드 벅스턴의 아내, 이디스 벅스턴Edith Buxton은 자신의 저서 『마지못해 나선 선교』Reluctant Missionary에서 자신이 여러 해 동안 얼마나 발버둥을 쳤고 얼마나 불행했는지에 대해 이야기한다. 펄 벅 또한 어머니가 중국에서 견뎌야 했던 불만의 세월에 대해 기록하고 있다.

선교지에 가 있는 일부 기혼 여성들이 드러내 놓지도 못하고 자기 처지를 비관했다면, 반대로 선교사가 되고 싶어 하는 독신 여성도 수없이 많았다. 기혼 여성 선교사들은 살림도 해야 하고 어린 자녀도 돌봐야 했기 때문에 선교사로서 해야 할 수많은 일들을 제대로 해내지 못했다. 피어스 비버는 "여성이 여성과 아이들을 위해 일할 때 어떤 일이 이루어질 수 있는지 그들은 그 밝은 전망에 대해 들어 알고는 있었다. 하지만 그들은 좀 더 운신이 자유롭고 그래서 그런 사역에만 전념할 수 있는 동역자를 애타게 갈망했다."[1] 일부 남성들이 독신 여성 선교사의 필요성을 깨닫기는 했지만 19세기에는 독신 여성 선교사라는 개념을 꺼려하는 여론이 시종 대세였다. 그럼에도 불구하고, 1820년대부터 시작해 여성들이 드문드문, 그러나 꾸준히 해외선교에 뛰어들고 있었다.

그전에도 로마가톨릭에는 선교 현장에서 제대로 한몫 해내는 여성들이 있었다. 그중 가장 유명한 예가 안느 마리 자부에Anne Marie Javouhey, 1779-1851였다. 자부에는 프랑스혁명 시기 프랑스의 전원 지역에서 자라나 젊은 시절 한 수녀원에 들어갔다. 수녀원에 들어간 직후 환상을 통해 신교사가 되라는 소명을 받은 그녀는 성 조제프 자매회를 만든 뒤 1822년 아프리카에서 사역하기 시작했다. 푸른색 예복 차림의 이 수녀들은 몇십 년 만에 세계 전역에 배치되어 활동했다. 자부에는 강한 여성으로, 주교가 아니라 하나님만이 자신의 유일한 권한자라고 주장했다. 자부에의 불순종에 마음이 상한 주교는 그녀에게 성찬 참여를 금지시켰다. 이에 자부에는 대주교를 찾아가 호소함으로써 그 강인한 면모를 다시 한 번 보여주었다. "저는 단순히 클뤼니의 성 조제프 자매회 수도회장이기만 한 것이 아닙니다. 저는 그 수도회 창설에 협력만 한 게 아닙니다. 저는 그 수도회의 유일무이한 창립자입니다. 하나님이 그 수도회의 아버지이신 것처럼 저는 그 수도회의 어머니^{Mother General} 입니다."[2] 대주교는 자부에의 손을 들어 주었다. 자부에가 세상을 떠날 무렵 세계 전역에는 약 900여 명의 수녀들이 그녀의 기치 아래 사역하고 있었다.

개신교 진영에서는 19세기 후반이 되어서야 비로소 여성들이 선교기관 창설에 관여하게 되었는데, 그 선교회 가운데 성 조제프 자매회에 비할 만큼 범세계적인 영향력을 가진 단체는 하나도 없었다. 미국에서 미혼 여성의 몸으로 해외 선교사로 사역한 최초의 개신교도는 베치 스톡턴^{Betsy Stockton, 약 1798-1865}이었다. 베치는 과거에 노예 신분이었던 흑인 여성으로, 1823년에 하와이로 파송되었다. 하나님께서 자신을 부르사 선교사로 일하게 하셨다고 믿었던 베치는 아메리칸 선교위원회에 선교사 후보로 지원했고, 선교회 이사들은 그녀를 해외로 파송하기로 의견을 모았다. 단, 다른 선교사 부부의 가정부 역할로 말이다. 비록 보잘것없는 직분이 주어졌긴 해도 스톡턴은 "남을 가르칠 자질"이 있음을 인정받았고, 그래서 학교 한 곳을 관리하게 되었다. 1820년대 후반에는 봄베이에 독신 여성 교사가 필요하다는 요청에 뉴햄프셔에서 태어나 자란 신시아 패러^{Cynthia Farrar, 1795-1862}가 그곳으로 가서 마라티 선교회 소속으로 34년간 성실하게 사역했다.

1860년대가 되자 여성 선교사 운동이 시작되면서 독신 여성들이 대거 해외에서 사역을 시작했다. 여성들만을 위한 별개의 선교단체 개념은 영국에서 가장 먼저 등장하여 곧 미국으로 전파되었다. 1900년경에는 미국에만 40개 이상의 여성 선교회가 있었다. 선교사 세계에 독신 여성 숫자가 급속히 늘어난 것은 주로 '여성 단체' 덕분이었다. 20세기의 처음 10년 동안에는 개신교 역사상 처음으로 여성 선교사 숫자가 남성 선교사 숫자를 넘어섰다. 일부 지역에서는 선교사 대부분이 여성이었다. 예를 들어 1910년도 중국 산둥성에 주재하던 침례교와 장로교 선교사들 중 79명이 여자였고 남자는 겨우 46명이었다. 그 후 수십 년 동안 독신 여성 선교사 숫자는 가파르게 증가하여, 어떤 지역에서는 여성 선교사와 남성 선교사 비율이 마침내 2:1에 이르렀다(미혼 여성, 기혼 여성, 기혼 남성 비율이 각각 약 1/3을 차지했다).

헬렌 배럿 몽고메리[Helen Barrett Montgomery]는 1910년에 펴낸 고전적 선교서적 『동양 땅의 서양 여성』[Western Women in Eastern Lands]에서 세계 복음화 사역에서 여성들이 얼마나 놀라운 행보를 보였는지에 대해 이야기했다.

이건 정말 놀라운 이야기다.……우리의 시작은 미약했지만 지금은 강하게 서 있다. 1861년, 선교 현장의 독신 선교사는 버마의 미스 마스턴 한 사람뿐이었다. 그런데 1909년에는 4,710명의 미혼 여성 선교사가 있었고, 그중 1,948명이 미국 출신이었다. 1861년 우리나라에는 여성 선교기관이 하나뿐이었는데 1910년에는 44개로 늘어났다. 그때는 후원자 수가 몇백 명에 불과했지만 오늘날에는 최소한 200만 명의 후원자가 있다. 2,000달러였던 후원금 총액은 지난해 400만 달러로 늘어났다. 본국의 현황 못지않게 현지 상황도 주목할 만큼 발전했다. 교사 한 명으로 시작해서, 희년이 시작되는 지금은 교사가 800명, 의사가 140명, 복음 전도자가 380명, 숙련된 간호사가 79명, 전도부인과 원주민 조사(助事)가 5,783명이다. 2,100개 학교 중 기숙 고등학교가 260여 곳이다. 병원은 75개이고 진료소는 78개소다.……여성들이 자랑스러워할 만한 입적이다. 하지만 이는 앞으로 여성 선교사 운동이 궤도에 오를 때, 이 여성들이 할 수 있고 또 기꺼이 하려고 할 일들의 미약한 시작일 뿐이다.[3]

해외선교가 여성들의 관심을 끈 데에는 여러 가지 이유가 있지만, 그중 가장 두드러진 것은 본국에는 직업 사역자로 일할 기회가 거의 없었다는 점이다. 사역은 남성들만의 직업으로 여겨졌다. 19세기의 몇몇 여성들, 예를 들어 구세군 창설자 윌리엄 부스의 아내, 캐서린 부스[1829-1890] 같은 이는 남성이 지배하는 그 영역을 깨고 들어가긴 했지만, 반대 움직임이 없지 않았다. 그 자신이 성경학자였던 캐서린 부스는 이렇게 말했다. "오, 기독교 목회자라면……하나님께서 정말 여자는 지금처럼 자기 은사와 재능을 사장시키게 만들 생각이셨는지……하나님 말씀의 원전을 찾아보아야 할 것이다." 사역 기회를 찾지 못해 그냥 일반 직업을 가진 여성들도 있었다. 플로렌스 나이팅게일[1820-1910]은 사역자가 되어야 할 소명을 느꼈지만, 도저히 기회를 찾을 수 없었다. "나는 교회에게 내 머리와 내 손과 내 심장을 주고자 하는데, 교회는 그것을 받으려 하지 않는다."[4] 그래서 하나님을 섬기고자 하는 여성들에게는 교회의 계급제도라는 지성소에서 멀리 떨어진 "외국의 일터"가 하나의 출구가 되었다.

선교 사역은 그리스도인으로서 섬김의 기회였을 뿐만 아니라 흥미진진한 모험으로 향하는 길이기도 했다. 남자들이 군인·선원·탐험가로 영웅 판타지를 충족시키고 있었던 반면 여자들에게는 그런 선택안이 없었다. 그래서 메리 슬레서처럼 가난한 노동자 계층 출신 여성들은 선교사라는 직업을 통해 자신의 사회적 지위를 향상시킬 수 있었다. 하지만 해외에서 희생적으로 사역하는 모든 독신 여성 선교사들을 하나로 묶는 공통된 끈은, 하나님에게서 소명을 받았다는 의식이었다. 그리고 그에 못지않게 중요한 것은, 자신들이 변화를 일으킬 수 있다는 의식이었다. 영혼 구원 외에 이들에게 가장 보편적인 관심사는 '이교도'의 땅에서 압제받으며 살고 있는 자매들을 돕는 것이었다. 이들은 자신들이 누리고 있는 '문명'을 이 여인들에게도 맛보이고 싶었다.

여성 선교사들은 좀 더 큰 범위의 선교적 자명운명운동(미국이 북미 전역은 물론 태평양 그 너머까지 정치·경제·사회적으로 지배하고 개발할 운명을 지녔다고 주장하는 이론으로, 19세기 중엽에서 후반에 걸쳐 유행―옮긴이)의 한 부분이었으며, 이 운동은 "할 수 있다"는 서방인들의 우월감과 더불어 진행되었다. 이들은 "정치권력을 행사"하지는 않았지만, "미국 시민이라는 것은 특별한 특권을 지닌다는 의미였고, 그들은 이 말이 통하는 분위기에서 사역했다"고 데이나 로버트^{Dana Robert}는 말한다.

그러나 실제적인 면에서 '여성을 위한 여성의 사역'은 문화 제국주의의 현실과 애매모호한 관계를 맺고 있었다. 선교사의 관점에서는 '포괄적 선교'^{holistic mission}로 보이는 것이 선교지 사람에게는 자국의 풍습과 사회를 파괴하려는 문화 제국주의로 보일 때가 많았다. 이 땅에 하나님 나라가 성취되는 것을 돕는다는 말 속에는 서양의 규준에 따라 사회 변화가 일어나야 함을 강조하는 태도가 숨어 있었고, 이런 자세 때문에 '여성을 위한 여성의 사역'은 19세기 말에 그토록 두드러졌던 서방세계 우월성이라는 신화의 파트너가 되었다. 그러나 '여성을 위한 여성의 사역'이 지구촌 여성들의 자매애를 강조하고 인류의 본질적 연합을 역설한 것은 세계 여러 지역에서 여자보다 남자를, 딸보다 아들을 더 귀하게 여기는 가부장적 관념을 교정시키는 귀한 역할을 했다.[5]

19세기 선교사들 중 임기 내내 '여성을 위한 여성의 사역'에 헌신하며 더할 나위 없이 훌륭하게 일한 사람이 바로 아델 필드로, 여러 면에서 선교사의 위대함이 어디까지 미칠 수 있는지 보여주기에 가장 적합한 인물이다.

아델 매리언 필드[1839-1916]　　　　　아델 M. 필드[Adele Marion Fielde]의 삶과 사역은 해외선교 외에 삶의 다른 많은 국면과도 교차했다. 태국과 중국에서 사역을 마치고 미국으로 돌아온 아델은 여성운동에서 큰 목소리를 내게 되었고 과학 연구 분야에도 관여했다. 아델은 자신감 있고 단호하며 기략이 풍부한 여성으로, 선교사로서의 그녀의 이력을 보면 여성들이 '2등 시민'이라는 신분을 갖고 산다는 게 어떤 것인지를 설득력 있게 보여준다. 여성들은 그저 하나님을 섬기는 일에 헌신하기를 원했지만, 그것을 허락받는 데에만도 그토록 많은 희생을 치러야 했다.

필드는 뉴욕의 이스트로드먼, "관용이 특징인 뉴잉글랜드" 침례교도인 노동자 계층 가정에서 자라났다. 하지만 젊은 시절 아델은 "부모의 허락을 받고 만인구원파 신자가 되기로 했는데, 이 교파는 만인구원, 모든 인간의 구원을 믿는 비교적 관용적인 분파였다." 그녀는 올버니에 있는 주립 사범대학에서 공부한 뒤 교사가 됐다. 스물다섯 나이에 아직 미혼이었던 그녀를 보고 일부 사람들은 "독신주의 노처녀"라고 했다. 1864년 그녀는 절친한 친구의 오빠이자 태국 선교사 후보생인 사이어러스 칠콧[Cyrus Chilcott, 1835-1865]이라는 침례교도를 소개받았다. 두 사람은 약혼을 했고, 아델은 침례교도가 되기로 했다. 그리고 일단 태국으로 가서 정착한 약혼자를 뒤쫓아 태국으로 가기로 했다.

100일 정도 걸릴 것으로 예상되었던 항해는 그보다 훨씬 길고 위험하고 괴로운 여정이 되어 끝내는 비통한 아픔을 안겨 주었다. 필드는 탁월한 글쟁이로, 그녀가 기록한 일지가 당시 상황을 가장 잘 설명해 준다.

고국 땅 해안이 멀어지는 것을 바라보고 서 있노라니 갑판 위로 천천히 함박 눈이 내렸다.……다음 날은 밤새도록 파도가 높이 일었고 며칠 연속 우리는 선실 침대에서만 지내야 했다.……인도양에서 만난 태풍은 우리가 탄 배를 며칠 동안 거칠게 몰아갔다.……자바와 수마트라 사이의 좁은 해협을 지날 때에는……밀림 열병이 선장을 제외한 모든 승객들을 덮쳤다.……혈관으로 마치 얼음이 지나는 것 같은 한기가 느껴지더니 이내 온몸이 불덩이처럼 뜨거워졌다.……혼수상태에 빠진 나는 이제 죽는가 보다 생각했다.……5월의 화창한 아침, 우리는 홍콩항에 도착했다. 선원 열 사람의 시신이 해안으로 운구되었다.……나는 가까스로 몸을 일으킬 수 있었고, 어느 정도 몸을 추스른 미스 샌즈가 나를 흰 의상으로 치장해 주었다.[7]

치장을 하고 준비를 마친 필드는 신랑이 나타나기를 기다렸다. 예정대로라면 두 사람은 선장의 주례로 선상 결혼식을 올려야 했다. 그러나 신랑은 나타나지 않았고, 그녀는 자신이 뉴욕을 출발한 지 열흘 뒤 그가 방콕에서 장티푸스에 걸려 세상을 떠났다는 것을 알게 되었다. 선장은 함께 뉴욕으로 돌아가자고 필드를 설득하려 했지만, 그녀는 태국으로 가야 한다고 고집을 부렸다. 태국으로 가지 않으면 자신은 평생 공허하고 불완전한 삶을 살게 될 것이라고 했다. 『침례교 선교 매거진』에 실린 필드의 편지를 보면 당시 그녀의 고뇌가 어느 정도였는지 잘 알 수 있다.

사랑하는 사람을 만나기 위해 폭풍우 몰아치는 바다와 기이한 땅을 지나 일곱 달 동안 고단한 여정을 이어왔는데, 내 눈앞에 있는 것은 일곱 달 된 수풀 무성한 무덤뿐이다. 내 집에 왔더니 반겨 주는 이 없이 적막하다. 행복이라는 잔을 마시려 끝까지 애썼건만 지독한 쓴맛이 사납게 내 입술로 쑤셔 넣어졌다. 하나님의 섭리 앞에 나는 기쁜 표정을 지어 보였지만 그 섭리는 말로 다 설명할 수

없는 어두운 표정으로 나를 돌아보았다. 그리고 하나님을 믿기에 나는 그것을 견디어 올 수 있었다.[8]

방콕에서의 침례교 선교는 1830년대에 윌리엄 딘[William Dean, 1807-1895]이 시작했는데, 이들의 사역은 주로 방콕에 살고 있는 중국인들을 대상으로 했다. 중국이 선교 활동을 금지하는 바람에 타지역의 "중국인 이민자들을 대상으로 선교회가 설립되어 60여 명의 개신교 선교사들이 운영"했는데 방콕도 그런 지역 가운데 하나였다. 그런데 아편전쟁 후 중국이 문호를 개방하자 방콕 선교는 그 중요성이 2등급으로 격하되었다. 필드가 1865년 방콕에 도착했을 때의 상황이 바로 그러했다. 필드가 칠콧의 사역을 계속 이어가도록 결정되기는 했지만, 선교회 이사인 딘의 생각은 달랐다. "딘은 아델이 곤경에 처한 것을 보고 안타까워하기는 했지만, 그가 생각하기에 아델은 방콕 선교 현장에 추가 투입되기에 적당한 인력이 아니었다. 그는 필드를 미혼 여성이 아니라 과부로 대했고, 그녀가 젊은 남자 선교사의 관심을 끌지도 모른다고 생각했다." 하지만 아델의 처지가 특별했던지라 아메리칸 침례교 선교사연합은 "비록 정책에 어긋나긴 하지만" 아델이 계속 방콕에 머무는 것을 허용했다. 그러나 아델이 현지 언어에 숙달될수록, 사역을 잘 해내면 해낼수록, "딘은 더욱더 그녀의 활동을 제한하려 했다."[9]

침례교의 태국 선교는 성공담이라 할 만한 것이 아니었다. 1868년 필드는 딘이 일찍이 35년 전에 사역을 시작한 이후 15명의 선교사가 평균 "원주민 세 명 이하"를 회심시킨 것으로 계산할 수 있으며, 그나마 그 회심 사례 중에도 일부는 사실 여부가 수상쩍어 보인다고 보고했다. 하지만 필드는 낙관적이었다. "나는 우리 주님께서 당신의 종들에게 쓸모없는 심부름을 시키시지는 않는다고 믿는다."[10]

필드의 헌신적인 사역은 부당해 보이는 선교 정책 때문에 종종 시험을 받았다. 필드가 교사로서 받는 월급은 선교사로 일해서 받을 수 있는 봉급의 세 배였다. 그런데 미혼 남자 선교사는 자신의 연봉 400달러의 거의 두 배를 받는다는 것을 그녀는 곧 알게 되었다. 필드는 곧장 본국의 선교위원회에 항의했다. "미혼 여성은 자기 시간을 다 바쳐 선교 사역에 임하고, 모든 지출을 자비로 감당하며, 지출 내역도 정확히 똑같거나 비슷한데 왜 미혼 남성과 똑같은 봉급을 요구하거나 받을 수 없는지 이해할 수 없습니다." [11] 이 문제를 두고 2년 동안 논란을 벌인 끝에 선교회에서는 그녀의 봉급을 1년 소급하여 인상해 주었다.

필드와 윌리엄 딘의 관계는 계속 악화되기만 했다. 필드가 태국에 독신 여성 선교사가 더 많이 와야 한다고 호소하기 시작하면서 특히 더 그랬다. 필드는 가족이 없는 독신 여성이 가족 딸린 기혼 남성에 비해 비용 면에서 훨씬 효율적이라고 주장했다. 딘은 필드가 "선교라는 대의의 이득을 해치는 위험한" 행위를 하고 있다고 비난했다. 또한 딘은 필드가 "진짜 침례교도가 아니라 만인구원파 신자로서 유럽 사람들, 은행가, 외교관, 그 외 '불신자들'과 어울리고 있다"고 비난했다. 그리고 필드가 "침례교에서 금지하는 카드놀이에 빠져 있으며 댄스파티에도 참석한다"고 했다. 이러한 처신들을 짤막하게 해명하는 자리에 불려 나온 필드가 "저는 선한 사람이 되기를 소원합니다. 그러나 경건한 체하는 사람이 되고 싶지는 않습니다"라고 하는 말을 듣고 딘은 충격에 빠졌다. 선교위원회 서기가 필드에게 편지를 보내와 그녀에게 씌워진 그 "믿을 수 없는 혐의" 때문에 그녀의 사역이 "극도의 위험"에 처하게 될 것이라고 말하자, 필드는 카드놀이는 분별없이 즐긴 오락이었음을 시인했지만 춤은 건전한 신체 운동이라고 주장하면서 자신을 변호했다.[12]

필드 문제를 두고 여러 달 동안 치열한 논란이 벌어졌고, 6년 동안의 태국 사역을 뒤로하고 결국 그녀는 귀국 지시를 받았다. 마지막 몇 달 동안 그녀는 신경이 곤두선 것을 진정시키느라 파이프 하나를 직접 만들어 "대마초 여섯 통을 피웠다." 그녀는 그 같은 무분별한 행동을 몇 넌 후에야 덜어놓았다. 미국으로 돌아가는 길에 필드는 남중국해의 산터우에 잠시 들렀다. 그곳에서 윌리엄 에쉬모어William Ashmore, 엘리자 에쉬모어Eliza Ashmore와 친구가 되었는데, 두 사람은 그녀에게 귀국하여 함께 일하자고 정중히 요청했다. 두 사람은 필드의 "고상한 행동 동기", 싹싹한 성격, 능숙한 중국어에 좋은 인상을 받았다.[13]

고국으로 돌아온 필드는 자신이 어느 정도 유명인사가 되어 있다는 것을 깨달았다. 그것은 주로 그녀가 쓴 글 덕분이었다. 필드는 이곳저곳 강연을 다니다가 선교위원회의 승인을 받아 중국으로 가서 사역을 재개했다. 필드는 에쉬모어 부부와 더불어 복음주의 선교의 특징인 19세기 말의 의기양양함을 한껏 즐겼다. 에쉬모어는 선교사들이 "눈부신 승리를 거두고 있었다"고 기록했다. 선교사들은 "싸워서 정복하는 수밖에 없었다.……힌두교·불교·유교가 한때 힘을 지녔을지 모르지만 이제는 소멸 직전에 있는 것처럼 보였다."[14]

중국으로 돌아간 지 얼마 안되어 필드는 전도부인Bible Woman을 훈련시키는 일에 관여하게 되었다. "한 여인의 회심은 남자 20명의 회심에 맞먹는 가치가 있다고들 했다. 그리고 여자들을 전도하지 못하면 중국 복음운동에는 소망이 없었다." 전도부인들을 훈련시키는 것은 필드가 도입한 개념이 아니었다. 그런 일은 다른 이들이 이미 훌륭하게 해내고 있었다. 그러나 필드는 "그 훈련의 구조, 운영 방식, 훈련 목표를 제도화했고, 조직 관리 실력과 고된 일을 지치지 않고 해낼 수 있는 능력을 총동원하여 훈련 계획을 활기차게 실행했다." 필드에게 훈련받는 학생들은 20대 초반부터 70대 중반에 이르기까지 연령대가 다양했다. "대체적으로 20년의 기간 동안 약 500여 명이 그녀의 학교를 거쳐 갔다."[15]

필드의 선교 전략은 단순했다. 그리고 그 전략은 중국 전역에서 전도부인 훈련의 본보기 역할을 했다.

그리스도인 여성들을 모아 교육시키고 복음서의 교훈을 한 가지씩 철저히 가르치는 것이 미스 필드의 관례였다. 여자들이 그것을 다 익히면 둘씩 짝 지어 마을로 보내 마을 사람들에게 그 교훈을 전하게 했다. 그렇게 한 번 하고 나면 이들은 산터우에 모여 진리의 한 부분을 한 번 더 듣고 그것을 철저히 이해한 뒤 구원의 좋은 소식을 전하러 나갔다.[16]

글솜씨 덕분에 필드는 선교회에 값을 따질 수 없는 자산이 되었다. 그녀는 이런저런 이야기들을 써서 발표했고, 선교 후원자들은 그녀의 글이 발표되는 족족 다 읽었다. "그녀는 전도부인들이 털어놓는 이야기를 들었고, 자기가 들은 그 이야기를 번역하여 잡지에 발표했다"고 레너드 워런Leonard Warren은 말한다. "그 여성들이 털어놓는 가슴 아프고 파란만장한 이야기들은 미국인 여성들에게 엄청난 호소력을 갖는 것으로 드러났으며, 이들은 중국인 자매들의 이야기를 읽으며 그들이 겪은 고통을 자기 고통으로 느꼈다."[17] 필드는 후에 이 이야기를 한 권의 책으로 묶어 『탑 그림자』Pagoda Shadows라는 제목으로 펴냈다. 가르치고 글을 쓰는 가운데 필드는 『산터우 방언 사전』을 완성했고, 이 책은 여러 판본으로 계속 재간행되었다.

1883년 필드는 휴가차 미국으로 돌아가 순회강연도 했고 필라델피아에 있는 자연과학 아카데미에서 거의 2년 동안 공부를 하기도 했다. 그녀의 인생에서 "가장 행복한" 시기였다. 휴가가 끝날 무렵 그녀는 바사르 대학 총장으로 일해 달라는 요청을 받았지만 이 제안을 거절하고 신실한 전도부인들이 있는 중국 사역지로 돌아가기로 마음먹었다.

필드는 학생 가운데 가장 훌륭한 이들을 훈련시켜 다른 학생들을 가르치게 했다. 그래서 건강에 자꾸 문제가 생겼을 때 일에서 놓여나 별다른 심적 부담 없이 귀국할 수 있었다. 1889년, 필드는 선교사직을 사임하고 그 후 2년간 인도·중동·유럽을 두루 돌아다니다가 귀국했다. 말년에 필드는 여성참정권 운동, 대중 강연, 조직 관리, 인도주의 사업 등에 시간을 바쳤으며, 특히 관심을 가졌던 분야는 과학이었다. 개미를 생물학적으로 연구하여 발견한 사실들을 과학 저널에 발표하기도 했다. 그녀는 당대의 가장 유명한 과학자 찰스 다윈의 이론에 매혹되었고, 과학과 종교 사이에서 그 어떤 불일치도 발견하지 못했다.

신앙 문제에 관한 한, 여러 면에서 필드는 하나의 수수께끼였다. 어릴 때부터 자유로운 사상가였던 그녀는 침례교라는 집안의 신앙적 뿌리를 탈피하고 나와 만인구원론자가 되었다가 결혼을 염두에 두고 침례교도로서 침례를 받았다. 필드는 침례교 선교사로 20년 동안 성실하게 사역했고, 그 다음에는 과학 쪽으로 시선을 돌렸다. "침례교 선교사연합과 관계가 깨지고 분파주의적 기독교에 대한 확신을 벗어 버리고 난 뒤 그녀는 그 어떤 신앙단체에도 가입하지 않았다.······그러나 필드는 기독교야말로 인간이 가질 수 있는 모든 종교 중 최고라고 선언하는 데 조금의 망설임도 없었다"고 레너드 워런은 말한다.[18] 1916년 세상을 떠날 때 그녀는 과학적 연구 성과와 인종 간 화해에 대한 저작뿐만 아니라 다른 여성들을 훈련시킬 수 있는 전도부인들과 중국어 문서를 유산으로 남겼으며, 이 유산은 그 뒤 몇십 년 동안 소중하게 활용될 터였다.

필드가 세상을 떠났을 때 침례교 선교회는 공식 회보에 그녀의 부고조차 싣지 않았다. 그러나 10년 후 필드는 "전도부인들의 어머니요 또한 우리 성경학교의 어머니"로 칭송받았다.[19]

겉으로 보기에 아델 필드는 또 한 명의 미국 출신 미혼 침례교 여성 선교사와 상당히 공통점이 많았다. 이 여성 선교사는 그 이전에 태국에서 사역하기는 했지만 아델 필드와 똑같이 1873년에 중국에 들어갔다. 남침례교 해외선교위원회 서기 H. A. 터퍼Tupper는 이 여성 선교사에게 보내는 편지에서 이렇게 말했다. "중국에서 사역하는 미혼 여성 한 사람은 기혼 남성 선교사 두 사람만큼 가치가 있다고 생각합니다."[20] 평균적으로 볼 때 맞는 말일 수도 있지만, 아델 필드와 로티 문을 한데 묶었을 때 기혼 남자 네 사람 이상의 가치가 있다고 주장할 수 있는 사람은 (그때나 지금이나) 거의 없을 것이다.

샬럿 딕스 문[1840-1912]   샬럿 딕스 문Charlotte Diggs Moon은 19세기
                                       의 가장 탁월한 선교 활동가로 손꼽
혔다. 로티가 선교계, 특히 남침례교 선교에 끼친 영향은 엄청났다. 실제로 로티는 침례교 선교의 '수호성인'으로 일컬어지기도 했다. 그리고 그것은 오늘날에도 마찬가지다. "선교사든 목사든 혹은 교단 지도자든, 남침례교 진영의 어느 누구도 로티 문만큼 강력한 상징은 못된다"고 앨런 닐리는 말한다. "로티라는 이름은 선교가 무엇인가를 보여주는 언어적 암호다. 그녀의 삶은 해외선교가 어떤 것인지를 축약해서 보여준다."[21]

샬럿(로티) 문은 1840년 앨버말 카운티의 버지니아 토박이 집안에서 태어나 뷰몬트에서 자랐다. 뷰몬트는 대통령들의 고향으로 유명한 세 지역인 몬티셀로, 몬트필리어, 애쉬론 근처의 담배 농장이었다. 샬럿은 일곱 남매 중 넷째였고, 1852년에 과부가 된 어머니의 견실한 신앙과 야심만만한 추진력, 독립적 태도에 깊이 영향 받으며 자랐다. 큰오빠는 존경받는 의사가 되었고, 역시 의사였던 언니 오리아나(미국 남부와 북부를 가르는 메이슨-딕슨 선 이남 최초의 여의사로 유명했다)는 팔레스타인에서 선교사로 사역하다가 남북 전쟁이 발발하자 고국으로 돌아와 남부동맹군에서 군의관으로 활동했다.

형제자매들과 마찬가지로 문은 교양 있는 집안에서 좋은 교육을 받으

며 잘 자랐다. 대학 시절 침례교 전통의 엄격한 가정교육에 반항하기도 했지만, 캠퍼스를 휩쓴 부흥의 물결이 문의 인생을 바꿔 놓았다. "비웃어 주려고 예배에 참석했다가, 예배 끝나고 내 방으로 돌아와 밤새 기도했다." 대학 졸업 뒤에는 집으로 돌아가 농장 일을 도왔다. 그때 집안 식구들은 남자고 여자고 할 것 없이 다 "전장에 나가 남부동맹 깃발 아래서" 첩자와 정예 유격대원으로 "혁혁한 공"을 세우고 있었다. 문은 그러한 소용돌이 한쪽에 홀로 남겨져 있었다. 어윈 하이엇Irwin Hyatt의 말에 따르면, 그렇게 외부 세계와의 접촉 없이 홀로 있었던 시간이 "결국 그녀를 중국에까지 보냈을 것"이라고 한다.[22]

전쟁이 끝난 후 문은 교사 자리를 알아보다가 조지아 주 카터스빌에 있는 한 학교에서 일하게 되었지만, 그녀는 작은 학교 울타리 안에 머물기를 원치 않았다. 사역자가 되어 모험적 삶을 사는 것이 문의 꿈이었다. 다른 많은 여성들과 달리 문은 자신이 여자라는 사실에 크게 제약을 느끼지 않았다. 어윈 하이엇의 말에 따르면, "의사·경영자·첩자" 역할을 탁월하게 해낸 그 집안의 강한 여성들은 "생각이 단호한 여성들이 과연 어떤 일을 해낼 수 있는지 한 걸음 더 멀리 보여주었다"고 한다. 1872년, 로티의 여동생 에드모니아가 중국 선교사로 가자 1873년 로티도 동생을 뒤따라갔다.[23]

에드모니아 문의 중국 체류는 짧게 끝났다. 중국으로 갈 당시 나이가 십대 후반에 지나지 않아 선교사 생활의 중압감을 감당해 내지 못했던 것이다. 에드모니아는 몸이 아팠을 뿐만 아니라 발작 증세까지 있었고, 동료들의 말에 따르면 "도저히 이해할 수 없는 기괴한 짓"을 했으며, 그래서 선교사 사회에 "매우 부담스런" 존재였다고 한다. 언니인 로티마저도 "아무짝에도 쓸모없는" 동생의 행동거지에 화가 치밀 정도여서, 1877년 중국에 온 지 4년 만에 결국 에드모니아는 버지니아의 고향으로 돌아갔다. 동생이 돌아가자 고된 시종 노릇에서 해방되어 선교 사역에 적극 참여할 수 있게 되었음에도 불구하고 그 해방감은 로티를 깊은 우울 속으로 던져 넣었다. 로티는 고향의 한 후원자에게 이런 편지를 써 보냈다. "특히 혼자 사는 생활이 지루해 죽을 것 같습니다. 마음에 맞는, 혹은 서로 덕을 세워 주며 교제할 만한 사람들을 찾지 못했습니다.……정말 지난겨울 같은 시간을 몇 해만 더 보내면 저는 아마 죽을 것 같습니다. 농담이 아닙니다. 정말 진지하게 드리는 말씀입니다."[24]

그러나 로티의 중국 사역을 좌절시키는 것은 외로움만이 아니었다. 남북전쟁 후 로티가 뷰몬트에 살고 있을 때 로티에게 구혼하려고 찾아왔던 남부동맹군 군목 크로퍼드 토이^{Crawford Toy}가 로티의 인생에 다시 한 번 등장했다. 이제 사우스캐롤라이나의 남침례 신학교에서 학생들을 가르치고 있던 토이가 다시 결혼 이야기를 꺼내며 일본에 가서 함께 선교사로 일하자고 제안했다. 귀가 솔깃해질 만한 제안이었지만, 로티는 힘겹게 거절했다. 일본 사역에 마음이 끌리기는 했지만 거기에는 한 가지 고려할 요소가 있었다. "독일 학자들의 새로운 견해에 영향을 받은" 토이는 다윈의 진화론까지 받아들이는 입장이었고, 이 때문에 남침례교 총회에서는 토이를 두고 이미 논란이 벌어져 있었다. 토이의 그런 입장에 대해 알고 있던 로티는 이 문제를 홀로 연구해 본 다음 진화론은 "지지할 수 없는 입장"이라는 결론을 내렸다. 그리고 토이와의 관계도 끝냈다. 몇 년 뒤, 연애 경험이 있느냐는 질문을 받았을 때 로티는 이렇게 대답했다. "네, 있습니다. 그런데 제 삶에서 가장 먼저 고려해야 할 분은 하나님이셨고, 하나님과 연애가 서로 충돌했을 때 제가 어느 편을 택했을지는 물어볼 필요도 없지요." 토이는 후에 하버드 대학의 히브리어·셈어 교수가 됐고, 문은 자신의 표현을 빌리자면 혼자 남아 "늘 가던 길을 뚜벅뚜벅" 갔다.[25]

중국에 가면 남자 선교사에 비견할 만한 사역을 하게 될 것이라 기대했다면 그것은 문의 착각이었다. 캐서린 앨런의 말에 따르면 남침례교는 여성의 역할을 뚜렷이 구별해 두고 있었다.

중국에서 문에게 맡겨진 일은 '여자의 일'이었다. 이는 문이 하는 사역과 문이 속한 세상을 구체적으로 보여주는 두 가지 철학을 나타내는 명칭이었다. 첫째는 '여성의 여성 선교'로 알려진 선교 전략이었고, 둘째는 여자가 누구를 가르치거나 설교하거나 혹은 남자에게 권위를 행사하는 것을 철벽처럼 금하는 것이었다.[26]

문의 중국 사역은 여전히 고역이었고, 선교 사역에 대한 낭만적인 생각은 이미 사라진 지 오래였다. 교양 있는 '남부 미인'으로서 중국 사람들과 동화된다는 것도 힘든 일이었고, 교사로서 그들의 우둔한 생각을 뚫고 들어간다는 것도 거의 불가능에 가까운 일이었다. 이런 삶을 살려고 정말 조지아의 그 좋은 교사직을 포기했단 말인가? 중국에 온 것은 복음 전도자로서 "수많은 사람들에게 나아가기" 위해서였는데, 지금 그녀는 "공부도 못하는" 어린아이 40명뿐인 학교에 매여 있을 뿐이었다. 그녀는 여자 선교사들에게 그런 역할을 맡기는 것은 "이 시대 선교의 최대 바보짓"이라고 당돌히 목소리를 냈다. "원대한 활동을 꿈꾸고 왔는데 겨우 여학생 몇 명 가르치는 시시한 일에 매여 있는 현실 앞에서 지독한 권태와 혐오, 내 능력이 허비되고 있다는 느낌, 내 인생이 실패라고 하는 자각이 엄습한다는 건 당연한 일 아닌가?" "중국에 온 여성들이 원하는 것은 최대한 큰일을 할 수 있는 기회다.……여자들에게는 완전한 평등을 요구할 권리가 있다"고 문은 주장했다.[27]

그런 견해는 일개 여성 선교사로서는 상당히 급진적인 입장이었다. 이 견해가 선교사 잡지에 공개된 경우에는 특히 더 그랬다. 문의 글은 즉각 반향을 일으켰다. 특히 이런 여성해방 징후에 혐오감을 갖고 있는 이들의 반발이 컸다. 문의 동료 중에서도 그런 반응을 보인 사람이 있었는데, 중국에서 사역하는 회중교회 선교사의 아내 아서 스미스 부인은 그렇게 "제멋대로 온 선교지를 껑충거리며 휘젓고 다니고" 싶어 하는 것으로 보아 문은 정신적으로 문제가 있는 사람인 것 같다고 했다. 스미스 부인은 "떨리는 입술로" 자녀들을 돌보는 게 여성 선교사의 적정한 역할이라고 주장했다.[28]

자녀가 없었던 문은 자기 나름의 성취감을 찾아 사역의 범위를 확장하기로 했다. 밖으로 나가 시골 마을들을 두루 돌아다니기 시작했고, 1885년 무렵에는 핑두로 가서 독자적으로 새 일을 시작하면 좀 더 효율적인 사역을 하게 될 것이라고 결론 내렸다. 다른 일 말고 복음 전하는 일만 전임으로 하고 싶다는 것 외에도 그녀는 고압적으로 권위를 휘두르는 현지 이사 T. P. 크로퍼드Crowford의 전횡에서도 벗어나고 싶었다. 미션스쿨을 허용하지 않는 그의 선교 철학 때문에 로티의 교육 사역은 위기에 처했다. 그리고 선교사들을 대하는 그의 독재적 태도는 심지어 그의 아내까지 그를 멀리할 정도였다. 더 나아가 로티는 크로퍼드가 계속 권위를 휘두를 경우 독신 여자 선교사들이 장로교 여자 선교사들처럼 선교지에서 아무런 표결권이 없는 위치로 떠밀릴지도 모른다고 생각했다. 로티는 바로 이 문제가 해결되지 않으면 사임하겠다고 말했다. "선교회 모임 때나 사역을 행할 때 여자들도 남자와 똑같은 권리를 갖는 것, 그게 바로 정의"라고 그녀는 주장했다. 로티는 본국의 선교위원회에 편지를 보내, 크로퍼드와 그의 새 운영 계획(학교 폐쇄와 '선교사 봉급 조정안'을 포함해)을 성토한 뒤 "그런 게 자유라면 저는 차라리 노예제도가 좋습니다!"라고 간단명료하게 결론을 맺었다.[29]

문의 비판적 발언은 성급하고 미숙한 젊은이의 발언이 아니었다. 문은 나이가 벌써 마흔넷이었고 중국 선교 12년차의 베테랑이었다. 여자 선교사들에게 선택권이 허용되지 않는 것에 대한 그녀의 분노는 정당한 분노였다. 그러나 핑두로 일터를 옮긴다고 해서 모든 문제가 해결된 것은 아니었다.

개척 전도는 극도로 힘든 일이었다. 마을의 좁은 길을 걸어가고 있노라면 뒤에서 "여자 도깨비"라고 부르는 소리가 들렸다. 천천히, 그리고 힘들지만 꾸준히 애쓴 뒤에야 로티는 중국인 여인들을 친구로 사귈 수 있었지만, 여자들과 친구가 되었어도 남자들의 신뢰를 얻기 전에는 그녀들에게 무언가 영향을 끼치기가 매우 힘들었다.

중국인 남자들에게 복음을 전할 수 있는 첫 번째 기회는 1887년에 찾아왔다. 어느 날 근처 마을에서 온 낯선 사람 셋이 핑두의 그녀 집 문 앞에 나타났다. 이들은 여자들 사이에 귓속말로 퍼지고 있는 "새로운 가르침"을 듣고 찾아왔다며 그 가르침을 몹시 듣고 싶어 했다. 그들이 사는 마을을 찾아간 문은 "그때까지 중국에서 한 번도 본 적이 없는 광경을 목격했다. 그토록 간절히 말씀을 배우고 싶어 하는 모습이라니! 그런 영적 갈망이라니!" 너무도 흥분한 문은 오래 미뤄 뒀던 휴가를 가려던 계획을 취소하고 크로퍼드의 아내 마사를 그곳으로 불러 도움을 청했다. 두 사람의 노력은 보답을 받았다. 문은 고국에 보내는 편지에서 "영혼을 구원하는 일보다 더 깊은 기쁨은 없을 것"이라고 말했다. 문은 그 지역의 반대를 무릅쓰고 교회를 세웠고, 1889년에는 안수받은 침례교 선교사의 집례로 첫 번째 세례식을 거행했다. 교회는 꾸준히 성장했고, "이 신앙운동이 가능한 한 외국 선교사의 개입 없이" 유지되도록 한다는 문의 정책에 따라 20년 동안 중국인 목사 리서우딩의 집례로 1,000명이 넘는 회심자들이 세례를 받았으며, 핑두는 "중국 전역에서" 남침례교 "최대의 전도 중심지"가 되었다.[30]

1890년부터 시작해 세상을 떠나던 1912년까지 문은 중국에서 두 가지 별개의 삶을 살았다. 몇 년간은 마을에서 복음을 전하며 살았고, 또 몇 년간은 덩저우에서 신입 선교사를 훈련시키고 중국인 여성도들의 상담역이 되어 주고 서양 책과 잡지를 읽으며 시간을 보냈다. 글도 꾸준히 써서 기고하여 남침례교인들에게 특별한 영향을 끼칠 수 있는 길을 닦았다. 휴가를 받아 귀국했을 때 이따금 대규모 청중 앞에서 강연을 하긴 했지만, 문은 주로 글을 통해서 남부 침례교도 여성들의 마음을 흔들어 놓았다.

문의 글은 대부분 해외선교를 더 많이 후원해 줄 것, 새 선교사들을 더 많이 보내줄 것을 호소하는 내용이었으며, 때로 남자 선교사들을 꾸짖을 때도 있었다. "백만여 명에 이르는 남부 침례교도들이 중국 전체에 남자 선교사를 겨우 세 사람 파송할 능력밖에 안된다는 게 이상하다. 버지니아 주에 설교자가 500명인데 [이곳 중국] 침례교회 강단을 장로교인에게 맡겨야 한다는 게 이상하다. 이런 일들이 천국에서는 어떻게 보일지 궁금하다. 중국에서도 분명 매우 기이하게 보일 것이다." 남자 선교사들이 해외선교 현장으로 오지 않는다면 여자들이 오는 수밖에 없었다. 남감리교의 중국 선교 사역도 거의 붕괴 직전에 있다가 "여성 선교사들이 참가"하면서 위기에서 벗어났다. 감리교도 여성들이 감리교의 해외선교 사역을 위기에서 구해낼 수 있었다면, 침례교도 여성이라고 못할 게 없었다.[31]

문은 여자들만 모여서 일주일간 기도하고 성탄절 특별헌금을 드리며 그 헌금은 오로지 선교를 위해서만 써줄 것을 요청했다. 또한 "기운 세고 건강한 여성들"이 중국으로 와 달라고 호소했다. 어윈 하이엇의 말에 따르면, 1888년의 첫 번째 성탄절 헌금은 "목표액보다 1,000달러나 많이 나와서, 원래 계획했던 두 명이 아니라 세 명의 신입 여성 선교사들에게 봉급을 줄 수 있었다"고 한다. 문은 이 같은 결과에 환호했다. "내가 보고 싶은 광경은, 열정적이고 뜨겁고 경험 많은 그리스도인 여성 전도단이 북쪽으로는 핑두와 남쪽으로는 첸지앙에서 시작해 선교 거점을 하나의 선으로 계속 이어 나오다가 중간에서 그 선을 하나로 연결하는 광경이다……'여성을 위한 여성의 사역'에 대해 강력한 열정의 물결이 일어나야 한다"[32]

이후 몇 년 동안에도 성탄절 헌금은 계속 늘어났고 중국에서 일하고자 하는 독신 여성도 더 많아졌지만, 의화단 운동 이후 20세기 초는 중국이 황폐화되던 시기였다. 전염병과 천연두가 발생하더니 기근이 뒤를 이었고, 1911년에 한 지역에서 일어난 반란은 그 지역에 대규모 기아 상태를 초래했다. 문은 구호단을 만든 뒤 미국에 재정 지원을 요청했지만, 예산 이외의 재정 지출을 할 수 없었던 선교위원회는 지원 요청을 거절했다. 문은 자기 주머니를 털어 재원을 마련했으나 그런 커다란 비극 앞에서 문의 노력은 너무 하찮게 보였다.

통장에 남아 있던 얼마 안되는 돈까지 탈탈 털어낸 문은 우울 상태로 빠져들었다. 동생 에드모니아가 침대에 누운 채 "머리에 총을 겨누어" 스스로 생을 마감했다는 소식을 전해 들은 것도 한 원인이었다.[33] 문은 식음을 전폐했고 건강은 점점 나빠졌다. 선교회 측에서 의사를 보내 주었고, 그제야 문이 아사 직전이라는 것이 밝혀졌다. 이에 귀국 결정이 내려져 간호사를 대동하고 배에 올랐지만 이미 때는 늦은 상태였다. 문은 배가 일본 고베에 기항하던 1912년 성탄절 전야, 선상에서 숨을 거두고 말았다. 72번째 생일이 지난 지 일주일 만이었다.

문은 살아서 하지 못한 일을 죽어서 성취했다. 그녀가 세상을 떠난 뒤 '로티 문 성탄절 헌금' 액수는 계속 늘어났고, 로티 문 이야기는 해를 거듭할수록 여러 사람들의 입에 회자되었다. 남침례교 여성도로서 문은 참된 여성다움이 무엇이며, 선교를 위해 여성이 어떤 일을 성취할 수 있는지를 보여주는 하나의 상징이 되었다. 문이 세상을 떠났을 때 『해외선교 저널』은 그녀가 "우리 선교사들 중 가장 훌륭한 사람"이라는 최고의 찬사를 바쳤다.[34]

에이미 카마이클[1867-1951]　　　20세기 초에 로티 문을 능가하는 명성을 지녔던 여성 선교사로는 아마 에이미 카마이클Amy Wilson Carmichael이 유일할 것이다. 카마이클은 1895년부터 세상을 떠나던 1951년까지 55년 동안 인도에서 사역했다. 그 55년 동안 그녀는 도나부르Dohnavur 공동체를 창설했고, 약 35권의 책을 썼으며, 그중 여러 권이 12개 국어가 넘는 언어로 번역되었다. 카마이클의 저서 중 『황금 줄』 Gold Cord은 5,000만 부가 넘게 팔렸다. 카마이클은 공동생활 자매회라는 신앙 단체도 만들었는데, 주로 카마이클과 더불어 금욕과 희생적 섬김의 삶을 살기로 서약한 인도 여성들로 구성되었다. 많은 이들에게 그녀는 살아 있는 성자였다. 선교 행정가이자 저술가인 셔우드 에디는 "그녀의 아름다운 성품"에 감명을 받았다고 한다. 에디의 말에 따르면 성품이야말로 세계 복음화의 성공 열쇠였다. "많은 선교사들이 무너지는 지점이 바로 여기다. 평범한 선교사들은 하나같이 고귀한 목표를 마음에 품고, 그러나 아주 불완전한 그리스도인의 상태로 배에 오른다.……선교사의 성품이 바로 선교사의 약점이다.……그러나 에이미 윌슨 카마이클은 내가 만난 사람 중 가장 그리스도를 많이 닮은 성품을 지녔다.……그녀의 삶은 내가 아는 한 가장 향기롭고, 가장 기쁘게 희생한 삶이었다."[35]

에이미 카마이클은 1867년 북아일랜드의 작은 마을 밀라일에서 한 유복한 집안의 딸로 태어났다. 에이미의 아버지는 마을을 한눈에 굽어보는 곳에서 번창하는 제분소를 운영하고 있었다. 아무 근심 걱정 없이 살던 에이미는 열 여덟 살 때 아버지가 돌아가시자 일곱 남매의 맏이로 양어깨에 무거운 책임을 짊어지게 되었다. 아버지는 가족들을 심각한 궁핍 상태에 빠뜨려 놓고 세상을 떠났고, 얼마 안되어 이들은 벨파스트로 이사했다. 이곳에서 카마이클은 도시선교 사역에 관여하게 되었고 "승리하는 삶"으로 이끄는 "더 깊이 있는 생명신학"에 대해 알게 되었다. 바로 이즈음에 그녀는 선교사 소명을 받았다.

1892년 카마이클은 "너희는 가라"[마 28:19]는 말씀을 듣고 이를 선교사 소명으로 받아들였으며, 1년 후 25세의 나이에 일본으로 갔다. 그러나 카마이클에게 일본어는 도저히 배울 수 없는 까다로운 언어였고, 게다가 일본 선교사 사회도 그녀가 상상하던 화목한 모습은 아니었다. 카마이클은 어머니에게 보내는 편지에서 이렇게 말했다. "여기 사람들도 고향 사람들과 똑같아요. 조금도 나을 게 없답니다. 그리고 마귀는 지독히도 바쁘지요.……한때 멋졌던 선교선이 이젠 폐선일 뿐이에요." 카마이클의 건강 또한 문제였다. 그녀가 후에 셔우드 에디에게 털어놓은 말에 따르면 "사역 첫해에는 신경쇠약에 걸려, 일부 외국인 선교사들이 그렇듯 '일본 두통'이라는 불안 증세에 시달렸다"고 한다. 어머니에게 쓴 편지에서는 "날씨 때문에 머리가 끔찍하게 아프다"고 했다.[36]

결국 15개월 만에 그녀는 일본을 떠났다. 그리고 주 후원기관인 케직 총회에도 알리지 않은 채 실론(스리랑카)으로 향했다. 이유는 간단했다. "간단히 말해, 일본을 떠난 것은 휴식을 취하고 변화를 모색하기 위해서였다. 그리고 상하이에 머물 때 주님께서는 당신을 따라 실론으로 오라고 말씀하셨고, 그래서 실론으로 갔다."[37] 그녀는 실론에서 잠시 머물다 고향으로 돌아갔다. 그러나 영국으로 돌아간 지 채 1년도 지나지 않아 다시 아시아로 갔다. 이번에는 인도였고, 이곳에서 그녀는 안식년도 한 번 없이 55년 이상 머물게 된다.

카마이클의 사역은 주로 어린이 전도였다. 어린 나이에 결혼했다가 과부가 된 소녀들, 사원에서 매춘부 노릇을 하는 소녀들, 그리고 고아들이 주 대상이었다. 그녀가 만든 복합 시설 도나부르 공동체는 인도주의 사업의 중심지가 되었다. 1913년, 사역을 시작한 지 13년 만에 카마이클이 돌보는 아이들은 130여 명이 되었고, 그 뒤 수십 년 동안 수백 명의 아이들이 도나부르에서 안식처를 찾았다.

도나부르 공동체는 독특한 기독교 사역기관이었다. 공동체 사역자들은 모두 인도인 복장을 했고 공동생활을 했다. 인도주의 활동에 너무 치중한

인도의 도나부르 공동체 설립자 에이미 카마이클

다는 비판자들에게 카마이클은 이렇게 대꾸했다. "사람의 영혼을 구해내 억지로 천국에 끌어다 앉힐 수는 없다.……사람의 영혼은 대체로 육신에 단단히 고정되어 있다."[38]

수년 전 일본에 있을 때 카마이클은 독신 생활을 결심한 바 있었다. 혼자 몸으로 사역을 해나간다는 것은 참으로 힘겨운 몸부림이었다. 그러나 그런 문제에 대해서는 한마디 말도 없다가 40년이 넘어서야 자기가 돌보고 있는 한 아이에게 개인적으로 털어놓았을 뿐이었다. 그녀는 자기와 똑같은 길을 갈 것을 아이에게 권면했다.

오래전 이날, 혼자서 아리마라는 산속 동굴에 갔었지. 미래에 대한 불안감이 있었단다. 동굴에 간 건 그 때문이었어. 하나님과 단둘이 있고 싶었던 거지. 마귀는 계속 내 귀에 속살거렸어. "지금은 괜찮지. 하지만 늙어서는 어떨 거 같아? 몹시 외로울 거야"라고. 그리고 마귀는 고독한 노년의 모습을 내 앞에 펼쳐 보여주었지. 지금도 생생하게 기억난단다. 나는 일종의 절망감으로 하나님을 향해 말했어, "주님, 전 어떻게 해야 하죠? 어떻게 해야 끝까지 버틸 수 있죠?" 그러자 주님께서 말씀하셨지. "그에게 피하는 자는 다 벌을 받지 아니하리로다."[시 34:22] 그 말씀이 그 후로 줄곧 나와 함께하고 있단다. 그 말씀이 내게 실현되었어. 너에게도 실현이 될 거야.[39]

카마이클이 생각하기에는 자기를 본받아 결혼도 포기하고 가족도 버리는 것이야말로 실제적이고도 영적인 헌신이었다. 사역을 이어가려면 엄마로, 영적 조언자로 어린아이들을 섬길 직원이 필요했다. 그런 필요 때문에 카마이클은 독신 여성들을 위한 공동생활 자매회를 만들었다.

카마이클은 사역 보고서가 미화되어서는 안 된다고 주장했다. 적어도 겉으로는 그렇게 말했다. 그녀가 쓴 책 『남인도의 선교 현실』*Things as They Are*은 선교를 부정적 시각으로 보고 있다는 이유로 비판받았다. "전쟁에서 승리하려면 그 승리 이면에 대해 아는 게 더 중요하다. 승리는 앞으로도 영원히 축하할 수 있다. 그러나 해가 지기까지는 몇 시간 안 남았고, 우리는 그전에 승리를 거두어야 한다.……그래서 우리는 여러분들에게 진실을 말하려 하는 것이다. 흥미롭지도 않고 낭만적이지도 않은 진실을."[40] 그러나 카마이클은 전도하러 다니는 일의 어려움, 그 어두운 면은 솔직히 드러내 놓으면서도 자기 개인적 삶이나 도나부르 공동체 내부 생활의 어떤 부정적 측면은 대중에게 공개되지 않도록 매우 조심했다. 또한 도나부르 공동체가 외부 세계에 오염되지 않도록 하는 일에도 신경 썼다. "오, 열의 없는 선교사들에게서 구조되기를!" 그녀는 그렇게 말했다. "선교사 일을 다른 무엇, 이를테면 사회적 권리 같은 것을 얻기 위한 우회로로 생각한다면 오지 마십시오.……오직 한 가지, 영혼 구원을 위해 살기로 작정하지 않았다면 오지 마십시오." 그리고 자신과 동역하는 사람은 다른 선교사들과 교제해서는 안 된다고 고집했다. "언덕에 있는 수양관에서 휴식을 취할 때조차도 선교에 대해 다른 개념을 말하는 사람들, 다른 유럽인들과 접촉해서는 안 된다"고 했다.[41]

카마이클의 개인주의와 괴팍한 성격은 자전적 글에도 나타나 있다. 그녀는 언젠가 한번 거칠게 말을 몰았던 이야기를 들려준다. "오, 우리가 달리는 모습을 봤어야 하는데. 우리는 코타기리의 미치광이 기수들이라 불렸다." 말을 타고 달리던 중 카마이클은 일단의 사람들과 마주쳤다. 은퇴한 성공회 주교, 신임 주교와 주교의 아내, 그리고 다른 "여러 노(老)숙녀들" 일행이었다. "우리가 길 한가운데로 질주하자 사람들이 재빨리 양옆으로 피하며 길을 열어 주었다. 경악과 공포가 담긴 눈빛으로 우리를 흘긋거리는 시선이 느껴졌다." 그녀는 경멸조로 이야기의 결론을 내린다. "한번은 말을 타고 가다가 어떤 남자를 친 적이 있다. 일부러 그러려고 한 건 아니었다. 그 남자가 길을 비켜 주지 않았고, 전속력으로 달리다가 갑자기 멈출 수는 없었기 때문이었다."[42]

또 한 가지 세상과 동떨어진 삶의 단면을 보여주는 것은 그녀의 '빅토리아풍 복장'이었다. 카마이클이 인도 사역을 시작할 즈음 빅토리아 시대는 저물고 있었다. 더할 수 없이 극단적인 형태의 조신한 분위기가 도나부르 공동체를 지배했다. 엘리자베스 엘리엇의 책에 따르면, 카마이클이 "다리^{leg}라는 단어를 몹시 불쾌해했기 때문에, 의사들은 입에 올릴 수 없는 그 신체 부위를 꼭 언급해야 할 경우 카알^{kaal}이라는 타밀어를 써야 했다"고 한다. 도나부르에서는 의료 사역도 했지만 "그녀와 동역했던 선교사가 오랜 세월 뒤 말하기를, 에이미는 그 당시 성(性)에 대해 몰랐을 뿐만 아니라 배운 적도 없었다고 한다."[43]

카마이클은 가혹하고 엄격한 감독이었다. 함께 일하는 사람들이 "휴가나 주말 휴무 이야기를 꺼냈을" 때 그 요청이 받아들여진 적이 없었다. 사역의 성격 또한 엄격하게 보호되었다. 나이가 지긋한 공동체 동료인 사랄이 양모 실이 생겼으니 힌두교도 여자들에게 뜨개질하는 법을 가르쳐 줘도 되겠느냐고 묻자 카마이클은 "복음을 전하는 데는 그런 과잉 친절을 필요로 하지 않는다"고 대답했다. 이 여자는 "성경에 분홍색 양모나 뜨개질바늘과 관련된 말씀은 없지 않느냐고 항변했다." 그러자 카마이클은 그런 말씀이 있다고 고집했다. 그러면서 스가랴서 4:6을 인용했다. "만군의 여호와께서 말씀하시되 이는 힘으로 되지 아니하며 능력으로 되지 아니하고 오직 나의 영으로 되느니라."[44]

카마이클은 비기독교적 신앙 관습을 지극히 멸시했다. 한번은 사람과 함께 언덕길을 걷던 중 나무 아래 돌이 세 개 놓여 있는 곳을 지나게 되었다. 그 돌들이 "이방의 우상"이라고 사람이 일러 주자 카마이클은 격분했다. "참되신 하나님의 아름다움 가운데서 거짓 신들을 높이기 위해 거기 서 있는 어리석은 돌덩어리를 보고 있자니 참을 수가 없었다. 우리는 돌을 쳐서 쓰러뜨렸고 돌들은 부서졌다." 카마이클은 복음을 전해야 하는 상황에서는 힌두교에 대해서도 전투적 자세를 취했다. 고위 카스트에 속하는 어떤 여성이 있는데 카마이클은 그 여성이 복음에 대한 관심을 공개적으로 표명해 주었으면 좋겠다고 하면서 이렇게 말했다. "그렇게 되면 우리는 아주 치열한 싸움을 벌이게 되겠지. 할렐루야!" 또 다른 고위 카스트 여성에 대해서는 이렇게 말했다. "하나님께서 그 여자의 마음을 감동시키셔서, 격분한 남편이 눈앞에서 칼을 휘두르는 상황에 담대히 맞서게 하실까? 만일 그렇다면 우리 집은 폭풍우를 정면으로 맞게 되겠지. 성난 남자들이 우리 집을 에워쌀 테지만 우리는 집 안에서 하나님의 능력으로 보호받을 거야."[45]

당연한 일이지만, 다른 선교사들은 그녀의 그런 자세를 심히 못마땅해했다. "도나부르 사역 초기에는 인도 선교사들과 인도 그리스도인들 사이에서 '에이미 카마이클 추방 운동'이 아주 거세게 일어났다"고 엘리자베스 엘리엇은 말한다. 세월이 흐르면서 선교사들은 그녀를 적대하기보다 무시하는 경우가 많아졌다. 하지만 그녀에 대한 비난은 여전했다. "어떤 이는 그녀가 사원 아이들을 구해 내려 하는 건 허세에 지나지 않으며, 관심을 끌기 위한 행동일 뿐이라고 말했다.……그녀는 독재자였고, 결혼을 반대했으며, 그녀가 돌보는 인도 소녀들은 그녀를 경배했다."[46]

카마이클은 자신의 사역이나 의사결정이 하나님의 인도를 받고 있다고 확신했다. 그녀는 "우리 주님께서는……순종을 요구하신다"고 말했고, 주님의 지시에 따르는 것이 그녀의 의무였다. "때로 예수님의 영이 직접 명령을 내리셨다.……때로는 천사를 보내셨고 때로는 환상을 보여주셨다.……종국에는 우리 하나님께서 자신의 명령이 정당했음을 증명하신다."[47]

카마이클은 일부 사람들에게 독재자라고 비난받았다. 특히 그녀와 동역하려고 도나부르를 찾아왔던 사람들 중에 그런 이들이 있었는데, 1924년에 합류한 닐 가족이 바로 그런 경우였다. 이들 가족은 둘 다 의사인 부모, 딸, 그리고 케임브리지를 갓 졸업한 아들 스티븐[Stephen Neill, 1900-1984]까지 모두 넷이었다. 그러나 도착한 지 여섯 달 만에 부모는 도나부르와 관계를 끊었고, 스티븐만 1년 넘게 관계를 유지했다. 카마이클은 스티븐의 명민함, 특히 순식간에 언어를 습득하는 능력에 좋은 인상을 받았지만, 하나님께서 이미 정해 놓으신 일을 바꿔 놓으려 하는 그의 태도는 불쾌해했다. 그는 학교 대항 운동회를 도입하여 도나부르의 남학생들을 '외부 세상'과 접촉시켰다. 그녀가 보기에 이건 위험하기 그지없는 일이었다. 스티븐은 이외에 다른 방식으로도 도나부르를 다른 선교사 사회와 가까워지게 만들려 했지만, 그녀는 도나부르가 오염될 것을 두려워했다.[48]

두 사람의 험악한 관계는 그렇게 계속되다가 1925년 11월 28일 스티븐 닐이 도나부르에서 해고되면서 끝났다고 엘리자베스 엘리엇은 말한다. 카마이클에게 "이 시기는 인생에서 가장 슬픈, 암흑과 같은 시간"이었다. 이 일이 있기 전 두 사람은 "끔찍한 고통의 날들"을 초래한 논쟁을 벌였었다. 이때 일을 그녀는 일기에 이렇게 기록했다. "그런 일은 난생 처음이었다. 마음이 가라앉기 시작한다. 주님, 저를 구하소서." 닐이 도나부르를 떠난 1년 뒤, 카마이클은 친구에게 이런 편지를 보냈다. "나는 아직도 그를 간절히 바라고 그리워하며, 그를 원하고 사랑으로 하나 되기를 갈망합니다. 상처는 아직 아물 기미조차 안 보입니다. 아직도 붉은 생살 그대로입니다."[49]

닐이 자서전에서 고백하고 있다시피, 그의 관점에서도 이 시기는 그녀 못지않게 고통스러운 시기였다. "그 첫 한 해 동안 동료 그리스도인들이 나에게 얼마나 깊은 어둠과 고통을 안겼던지 여러 해가 지나서야 그 아픔에서 회복될 수 있었다. 그러나 그 상흔은 아직도 남아 있다."⁵⁰ 닐은 카마이클과의 첫 만남에서 "강한 힘이 느껴진 것이 인상적"이었다고 회상했다. 그녀에게는 "아주 작은 불일치"조차도 허용되지 않았다. 도나부르를 찾는 이들은 그것이 하나의 "신화"임을 깨달았다. 공동체 시설은 주변 지역과 철저히 격리되어 있었고 "유럽인들로 차고 넘쳤다." 후에 그는 "도나부르에 내 영혼을 모두 바쳤다"고 고백했다. 하지만 그가 도나부르에서 보낸 시간은 평생 치유되지 않는 상처를 안겨 주었을 뿐이었다.⁵¹ "인도에 도착하던 첫해에 겪은 몇 가지 경험들이 얼마나 고통스럽던지 1926년 1월까지도 앞이 캄캄할 정도였다. 영국에서 1년 쉰 것이 도움이 되기는 했지만, 이 괴로웠던 경험은 사실 1933년이 될 때까지도 깨끗이 정리되지 않았다."⁵²

닐은 그 후 10여 권의 책을 썼고, 그중 가장 잘 알려진 것은 『기독교 선교사』*A History of Christian Mission*다. 닐은 성공회 주교가 되어 인도의 티네벨리(티루넬벨리의 옛 이름)에서 여러 해 동안 사역했는데, 특이한 것은 티네벨리 교구 안에 도나부르 공동체가 자리 잡고 있었다는 것이다. 물론 이 당시 카마이클은 성공회와 관계를 끊은 상태였다.

카마이클은 실족 사고로 중상을 입은 뒤 20년을 병석에 누워 지내면서도 저술 활동은 물론 "사랑하는 아이들"을 돕는 일에 참여해 주기를 호소하는 일도 게을리하지 않았다. 그녀는 1951년 여든셋 나이로 도나부르에서 세상을 떠났다.

조해나 빈스트라¹⁸⁹⁴⁻¹⁹³³

독신 여성 선교사들과 관련하여 가장 눈에 띄는 점은, 선교사가 아니었더라면 매우 평범했을 여성들이 선교사라는 직업을 가짐으로써 특별한 위상을 갖게 되었다는 것이다. 일부 남자 선교사들도 그런 경우가 있었지만, 여자들처럼 대다수가 그렇지는 않았다. 남자 선교사의 경우, 개인적으로 탁월한 능력이 있어야 했다. 남자는 선교사로서 다른 이들과 뚜렷이 구별되는 업적이 있어야 '영웅 선교사'로 평가될 수 있었지만, 여자의 경우 혼자 힘으로 상황을 헤쳐 나가며 먼 이국땅으로 갈 용기만 있으면 영웅이 될 수 있었다. 조해나 빈스트라^{Johanna Veenstra}의 경우도 그랬다. 여러 면에서 빈스트라는 20세기로 시대가 바뀐 뒤 외국으로 나간 거대한 독신 여성 군단의 대표 격인 인물로서, 그녀의 전기를 쓴 개혁교회 선교회 회장 헨리 비츠^{Henry Beets}는 그녀를 거듭 '영웅'이라고 부르며 감탄한다. 무명의 속기사에서 개혁교회 진영의 유명인사가 된 빈스트라는 여러 가지 면에서 매우 평범한 여성이었다. 그러나 빈스트라의 일생은 그 희생적 사역은 물론 그녀와 비슷한 믿음의 영웅들에게 세상이 어떤 기대를 걸고 있었는지를 분명히 보여준다.

빈스트라는 1894년 뉴저지의 패터슨에서 태어났다. 빈스트라의 아버지가 목회자가 되려고 목수일을 접기 두 해 전이었다. 그러나 아버지는 신학 공부를 마치고 미시간에서 목회를 시작한 지 겨우 몇 달 만에 장티푸스에 걸려 세상을 떠나고 말았다. 아버지의 죽음으로 어머니와 어린 여섯 남매는 여러 가지 고초와 가난을 겪게 되었다. 어머니는 생계를 위해 패터슨으로 돌아와 잡화점을 열었다. 조해나는 열 두 살까지 기독교 학교에 다니다가 비서 교육을 받고 열 네 살 때 속기사가 되어 패터슨에서 뉴욕까지 날마다 출퇴근하며 일했다.

조해나는 개혁교회에서 열심히 활동했지만 선교에 대한 관심을 불러일으킨 신앙 체험은 침례교회에 다니던 중에 있었다. 19세에 뉴욕의 연합선교사훈련소^{UMTI}에 입학해서 훈련받은 그녀는 아프리카에 가서 사역하려고 수단연합선교회^{SUM}에 지원했다. 그러나 정책상 선교사 후보는 25세 이상이어야 했기에 그사이 그녀는 칼빈 대학에서 공부하면서 대학생 자원 위원회의 첫 여성 회원이 되었다. 그리고 아프리카로 떠나기 전 의학 공부를 위해 뉴욕으로 다시 가서 조산술 과정을 이수했다.

연합 선교사 훈련소에서 빈스트라가 맡은 일은 (몇 해 전 메리 슬레서가 사역하던) 칼라바르에서 멀지 않은 루프웨에서의 개척 사역이었다. 루프웨 선교기지는 이제 막 새로 생긴 곳으로, 짓다가 말아서 가구도 없고 바닥도 더러운 오두막 몇 채밖에 없었지만 조해나는 그 허술한 생활환경에 빨리 적응했다. 아니, 집으로 보낸 편지를 보면 적어도 그런 인상을 준다. "저녁 식사를 하고 있는데 벌레들이 떼로 몰려와 순식간에 손에 달라붙었다가 음식 접시로 떨어졌어요. 이거 큰일이구나 하는 생각을 했지요. 벌레들을 막을 방법이 없었어요. 이 원주민 오두막에는 천장이라는 게 없으니까요." 쥐떼도 귀찮게 굴었지만, 조해나는 불평하지 않았다. 하나님께서 그곳으로 부르셨기 때문이었다. "뉴욕의 '밝은 빛과 유쾌한 삶'을 버리고 그분의 포도원, 이 어두컴컴한 구석으로 온 것을 단 한 번도 후회한 적이 없어요. 희생이라 할 만한 것도 없고요. 주 예수님이 늘 친히 동행해 주시니까요."[53] 그녀는 그렇게 말했다.

조해나가 처음으로 기획한 일은 기숙학교를 세워서 젊은이들을 전도자로 훈련시키는 것이었다. 시간과 기력이 다 소진되는 일이었지만 그 와중에도 짬을 내서 의료 사역과 전도 사역을 했다. 도보로 이웃 마을들을 찾아다니는 여정이 몇 주씩 이어질 때도 있었다. 드러내 놓고 신앙을 고백하는 회심자는 거의 없었다. 그저 귀 기울여 들어주는 사람이 생긴다는 것 자체가 전도 활동이 성공하고 있음을 보여주는 주된 징후였다. "우리 주님의 죽음 이야기를 들으면서 사람들이 눈물을 흘리고", "하나님께서 주시는 선물에 숨 막힐 정도로 놀라 손뼉을 치는 아주 드문 경우도" 목격했던 반면, "매우 낙심스러운" 때도 있었다.

언덕 사잇길로 9일 동안 이곳저곳을 다녔다.……주일엔 어떤 마을에서 하룻밤을 보낼 생각이었지만 마을 사람들이 우리를 환영하지 않았다. 짐꾼들은 물론 나와 동행한 이들에게 먹을 것조차 주려 하지 않았다. 모두들 배가 많이 고팠다. 비까지 내려 마을 사람들이 집회에 참석하는 데 지장이 많았다. 나는 오두막 문가에 서서 우산 하나로 비를 가렸고, 사람들은 집안 화롯가에 옹기종기 모여 앉았다. 주일 오후엔 천둥번개

개혁교회 선교사 조해나 빈스트라

가 무섭게 몰아치고 비가 억수같이 쏟아졌다. 우리가 자리 잡은 오두막은 볏짚으로 벽을 세운 집이라서 빗물이 집 안까지 들이쳐 온통 물바다가 되었다.……이튿날 아침 일찍 또 다른 언덕을 향해 먼 길을 나섰다.……추장이 집에 있긴 했는데 병중이라고 했다. 우리는 이곳에서 하룻밤 묵고 다음 날 집으로 돌아왔다. 루프웨 기지를 다시 보니 얼마나 기쁘던지.[54]

이 마을 저 마을 다닐 때 빈스트라가 주로 사용하던 이동수단은 자전거였다. 그러나 울퉁불퉁한 언덕길을 자전거로 오를라치면 매우 힘들기도 하고 속도도 느렸다. 특히 빈스트라는 조금 비만형이었기 때문에 더 힘들었을 것이다. 그래서 모터사이클을 타고 비교적 편안하게 돌아다니는 남자 선교사들을 보며 속으로 부러워하기도 하던 그녀는 1927년 두 번째 휴가를 마치고 아프리카로 돌아오면서 새 모터사이클 한 대를 장만해 가지고 왔다. 그녀가 모터사이클에 올라앉아 내륙의 울퉁불퉁한 길을 누비고 다니기 시

작하자 그 침착하고 위엄 있는 모습에 많은 이들이 호기심 어린 시선을 던졌을 것이 틀림없다. 그러나 처음의 그 열심과 단호한 의지에도 불구하고 그녀는 "먼지 풀풀 날리는 길을 모터사이클로 달리는" 건 자신에게 어울리는 방법이 아니라는 것을 곧 깨달았다. 60km도 못 가서 예상치 못했던 모래밭을 만나 모터사이클에서 나가떨어지고 만 것이다. 그녀는 여기저기 다치고 풀이 죽은 채 사람을 보내 도움을 청하는 한편 모터사이클을 포기하고 다시 자전거 페달을 밟기로 했다.

빈스트라는 원주민들과 똑같은 오두막에 살면서 아프리카인들을 기꺼이 있는 모습 그대로 받아들이려고 했지만, 한편으로 그들을 지배하고자 하는 태도를 가지고 그들 세계에 들어갔다. "선교사는 시종 저들보다 우월하다는 태도를 지닐 필요가 있다. '우리가 너희보다 훌륭하다'는 의미에서의 우월감이 아니다. 그런 태도는 하나님께서 금하신다! 그보다는, 저들에게 권위를 주장하고 권위를 활용해야 한다는 의미다. 선교사는 자신이 '결정권을 가진 사람'(거들먹거리라는 게 아니라)임을 입증하여 순종을 명하고 요구해야 한다."[55] 당시에는 이런 종류의 부성주의(이 경우 모성주의)가 규범이었고, 빈스트라도 여느 선교사와 다름없이 그 세대의 산물이었다. 하지만 이런 태도는 원주민들 사이에 심한 적대감을 불러일으키는 데 한몫했고, 이 적대감은 몇십 년 지나지 않아 격렬한 혁명으로 이어졌다.

그러나 빈스트라가 온 삶을 아프리카에 쏟아붓고 있던 1920-30년대에는 원주민들이 적대감을 품고 있다는 징후가 거의 없는 것 같았다. 주민들은 그녀의 의료 사역을 특히 고마워했고, 그녀가 세운 기숙학교에 다니는 것을 특권으로 여겼다. 그래서 이 선교사가 1933년 때 이른 죽음을 맞자 루프웨와 인근 마을 사람들은 크게 슬퍼했다. 빈스트라는 가벼운 수술이 될 것으로 생각하고 선교 병원에 입원했다가 다시는 깨어나지 못했다.

빈스트라의 사망 소식이 고향에 전해지자 가족들과 친구들은 믿을 수 없는 소식 앞에 슬픔을 감추지 못했다. 하지만 이들은 하나님을 경외하는 개혁교회 신자들로, 이런 일을 허락하신 하나님의 주권에 절대 이의를 제기하지 않았다. 이들의 '영웅'은 그저 더 높은 곳으로 올라갔을 뿐이고 이제 이 세상에서 그렇게 기꺼이 포기했던 것보다 훨씬 더 큰 부요를 누리고 있을 터였다. 얄궂은 것은, 세상을 떠난 뒤 그녀의 편지가 뒤늦게 집에 도착했는데, 한 아프리카인 신자의 죽음에 대해 말하고 있는 그 편지의 제목이 빈스트라 자신에게 딱 어울리는 제목이었다는 것이다. '진흙 오두막에서 하늘 나라의 저택으로.'[56]

글래디스 에일워드[1902-1970]   과거 여성들이 선교사 임명을 거부당한 데에는 성차별이라는 한 요인이 있었지만, 글래디스 에일워드[Gladys Aylward]의 경우에는 그렇지 않았다. 에일워드는 1930년 중국내지선교회(여성들을 별 제한 없이 받아들이는 것으로 오랫동안 명성을 누린 선교회)에 지원하여 선교 훈련센터에서 견습 기간까지 마친 뒤 선교사 임명을 거부당했다. 이유는 그저 선교사 재목이 아니라는 것이었다. 28세라는 나이도 약점이었지만, 그녀가 거부당한 주된 이유는 훈련센터에서 학과 성적이 형편없다는 것이었다. 이는 아마도 심각한 학습장애 때문이었던 것 같다. 그녀는 대화할 때는 똑똑했지만 독서는 불가능해 보였다. 전기작가의 말에 따르면, 다른 학생들만큼 열심히 공부하는데도 "일반적으로 인정된 방식으로 지식을 흡수하는 문제에 관한 한 에일워드의 정신적 소화 흡수 능력은 자동적으로 중립 상태가 되거나 이따금 거꾸로 작동하는 것 같았다"고 한다.[57] 하지만 이런 장애에도 불구하고 그녀는 현대 역사에서 가장 유명한 독신 여성 선교사로 손꼽히는 인물이 되었다.

1902년 런던의 한 노동자 집안에서 태어난 에일워드는 평생 그런 신분으로 살아 나가야 할 처지인 듯했다. 열 네 살 나이에 생활 전선에 뛰어든 그녀는 남의집살이로 돈벌이를 하게 되었다. 집안일 하는 하녀였지만 듣기 좋은 말로는 가정부였고, 저임금에 장시간 동안 고된 허드렛일을 해야 하는 직업이었다. 게다가 미혼 여성이 이 일을 시작했다가 평생을 묶여 사는 경우도 있었다. 일상은 지루하고 단조로웠으며, 밤에 이따금 휴무가 주어지기도 했지만 이른 소등 시간 때문에 그나마도 짧게 끝나곤 했다. 에일워드는 오로지 공상 속에서만 그 단조로운 삶의 틀을 벗어날 수 있었다. 이런 상황에서 그녀는 음주와 흡연, 춤, 도박을 즐기고 극장에 출입하는 방탕한 생활에 빠져들었다.

이렇게 환상과 현실이 뒤얽힌 삶이 20대의 에일워드를 지배했다. 한가지 의미 있는 변화가 아니었더라면 이런 삶은 30대는 물론 그 이후까지도 계속되었을 것이다. 이따금 교회에 나가긴 했지만 한 낯선 사람과 만나고 나서야 그녀는 신앙고백을 하게 되었다. 회심과 함께 그녀의 삶은 변화했고, 이어 선교사가 되는 꿈을 꾸기 시작했다. 이 꿈을 이루기 위해 그녀는 1929년 중국내지선교회의 문을 두드렸고, 견습 기간이 끝난 뒤 선교사 후보 허입을 거부당했을 때에도 이 꿈은 사라지지 않았다. 에일워드는 하나님께서 자신을 부르신다고 확신했고, 만일 후원기관을 만나지 못한다면 혼자 힘으로라도 선교지에 갈 생각이었다.

그래서 다시 하녀 일자리를 얻은 그녀는 자기 방에서 혼자 중국 선교 계획을 세우기 시작했다. 그리고 푼돈이 모일 때마다 기차역의 승차권 판매원에게 맡겨 두기 시작했다(기차 편으로 유럽과 러시아, 시베리아를 통해 중국으로 가는 것이 당시로서는 가장 돈을 적게 들이는 길이었다). 또한 중국 관련 서적을 읽고 중국에 대해 공부하기 시작했으며, 이 과정에서 지니 로슨^{Jeannie Lawson}을 알게 되었는데, 과부의 몸으로 중국에서 사역하던 이 노선교사는 사역을 도와줄 사람을 간절히 찾고 있던 중이었다. 에일워드 입장에서는 이것을 하나님

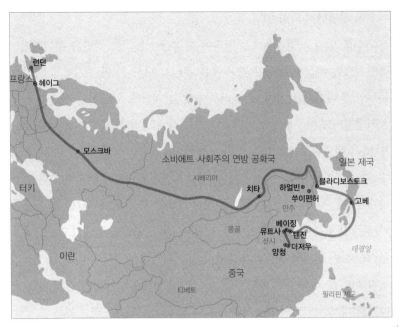

글래디스 에일워드의 유럽과 아시아 횡단 여정

으로부터의 직접적인 신호로 볼 수밖에 없었다. 이리하여 1932년 10월 15일, 마침내 기차표를 손에 넣은 에일워드는 리버풀 역에서 중국행 기차에 몸을 실었다.

낡아 빠진 오렌지색 프록코트로 온몸을 둘둘 감은 에일워드는 선교사라기보다 집시를 닮은, 기이해 보이는 여행객이었다. 그녀는 휴대용 침구 외에도 옷가방 두 개(하나는 먹거리가 가득 들어 있는), 그리고 작은 화덕과 단지와 냄비가 서로 챙챙 부딪치는 소리가 나는 보따리 하나를 들고 있었다. 언어 장벽에도 불구하고 유럽을 통과하는 길은 비교적 평온했다. 그러나 당시 러시아가 국경선 지역에서 선전포고도 없이 중국과 한창 전쟁을 벌이고 있었던 탓인지 모스크바 역을 통과하자 기차는 러시아 군인들로 발 디딜 틈 없이 가득 찼다. 기차가 역에 설 때마다 역무원들은 에일워드의 기차표와 여권이 진짜인지 의심했다.

수백 명의 군인들에게 에워싸여 황량한 시베리아 벌판을 횡단하면서 에일워드는 자신의 결정이 과연 옳은 것인지 다시 한 번 생각하게 되었다. 하지만 돌이키기엔 이미 때가 너무 늦은 상태였다. 얼어붙은 철길을 따라 철거덕철거덕 지루하게 달리던 기차가 마침내 멈춰 섰다. 그리곤 아무 경고도 없이 에일워드에게 갑자기 하차 명령이 내려졌다. 민간인은 더 이상 갈 수 없고 군인들만 갈 수 있다는 것이었다. 에일워드는 내리지 않겠다고 했다. 어떻게 해서든 기차를 타고 더 가야 그만큼 중국에 가까워질 것 같았다. 기차는 몇 킬로미터를 더 가다가 또 멈춰 섰다. 군인들이 내리고 보급품을 부리는 사이 멀리서 총소리가 들렸다. 교전지역에서 몇백 미터도 안 떨어진 곳의 버려진 기차 안에 에일워드 혼자였다. 기차에서 내려 눈 덮인 철길을 따라 치타로 터덜터덜 돌아가는 수밖에 없었다. 에일워드의 전기를 쓴 앨런 버지스Alan Burgess는 그 혹독한 시련을 다음과 같이 생생하게 재현한다.

> 시베리아의 찬바람이 발꿈치 주변으로 눈가루를 불어 날리고 있는데, 그녀는 양손에 옷가방을 하나씩 들었다. 한쪽 손엔 여전히 솥단지와 냄비가 장식품이라도 되는 양 우스꽝스럽게 매달려 있었다. 어깨에 모피 덮개를 두른 그녀는 그렇게 어둠 속으로 터덜터덜 걸어 들어갔다. 음습하고 키 큰 나무, 우뚝 솟은 산, 다이아몬드가 박힌 듯 별들이 총총한 밤하늘 아래서 난쟁이처럼 작아 보이는 가녀리고 고독한 모습으로. 근처에 늑대들이 돌아다니고 있었지만 그녀는 알아차리지 못했다. 이따금 숲 속에서 눈송이 한 줌이 갑작스레 소리를 내며 바닥으로 미끄러져 내리거나 눈 무게를 이기지 못한 나뭇가지가 딱딱 부러질 때면, 그녀는 잠시 걸음을 멈추고 소리 나는 방향을 불안하게 응시했다. 그러나 움직이는 건 아무것도 없었다. 불빛도 없고, 온기도 없고, 오로지 끝없는 외로움뿐이었다.[58]

중국에 도착한 직후의 글래디스 에일워드

동이 틀 무렵, 작은 알코올 난로 옆에서 두 시간쯤 쉬고 나니 저 멀리서 치타의 불빛이 보였다. 혹독한 시련이 이제 끝난 것이다. 치타에서 만주행 기차를 탈 수는 있었지만, 그럼에도 그녀는 곧장 중국으로 가지 못하고 예정에도 없던 일본으로 가서 영국 영사의 도움을 받은 뒤에야 중국으로 들어갈 수 있었다.

일단 중국 땅으로 들어온 그녀는 걸어서 산을 넘는 고된 여정을 시작했다. 그렇게 해서 도착한 양청에서는 지니 로슨이 여러 해 전 남편과 함께 시작한 사역을 성실하게 계속해 나가고 있었다. 로슨은 에일워드를 반갑게 맞아 주기는 했지만 자기만의 독특한 방식으로 환영했다. 로슨은 에일워드가 어떤 고생을 하며 그곳까지 왔는지 듣고도 아무 감명도 받지 못하는 무뚝뚝한 여자였다. 그녀는 사역지를 쭉 구경시켜 준 뒤 선교사 에일워드가 할 일을 정해 주었다. 그것은 서쪽 지방으로 가는 길에 양청을 들러서 가는 노새 마부들을 위해 여관을 운영하는 일이었다. 여관을 운영하는 일이 로슨에게는 저녁마다 마부들에게 복음을 전할 수 있는 기회였지만, 에일워드에게는 그냥 힘든 노동일뿐이었다. 이 일에 비하면 런던에서 했던 가정부 일은 오히려 품위 있는 일에 속했다.

일은 고되고 보수는 적었지만, 글래디스에게는 이것이 중국 문화에 푹 잠길 수 있는 기회가 되어 주었다. 정규 언어훈련 때는 절대 배울 수 없었던 것을 노새 마부들을 대하면서 금방 익히게 되었다. 중국어는 단순히 복잡한 문어(文語) 성격을 지닌 언어가 아니라 감정과 느낌의 언어였다. 그리고 중국어의 바로 이런 측면을 통해 그녀는 의사소통하는 방법을 배울 수 있었다. 그러나 중국인들과의 의사소통에 진전이 있었다면, 로슨 부인과의 의사소통 능력은 퇴보하고 있었다. 두 사람 사이에 진짜 의사소통이라고 할 만한 것이 있기는 했다면 말이다. 로슨의 경직된 방식과 에일워드의 독립적 기질은 서로 충돌을 일으켰고, 열띤 논쟁을 벌인 끝에 로슨은 도착한 지 1년도 안된 에일워드에게 떠나라고 말했다. 달리 갈 데가 없었던 에일워드는 다른 동네에 있는 중국내지선교회 선교사들을 찾아가 함께 머물게 되었는데, 얼마 후 로슨이 아프다는 소식이 들려오자 그녀는 서둘러 돌아가 병석을 지키며 로슨을 돌봤고, 몇 주 후 로슨은 결국 세상을 떠났다.

로슨이 세상을 떠나자 에일워드는 여관을 운영하는 데 필요한 재정 지원을 더 이상 받을 수가 없었다. 그러나 그녀 앞에는 새로운 기회가 열렸다. 그녀에게 훨씬 더 광범위한 영향을 끼치게 될 그런 기회였다. 양청 지사가 그녀에게 그 지역 여인들의 발을 조사하는 조사관 역할을 맡아 달라고 부탁해 온 것이다. 집집마다 돌아다니며 여자들의 전족을 금하는 새 법률이 잘 지켜지고 있는지 확인하는 게 그녀의 일이었다. 중국어 실력도 늘리고 사람들도 사귀며 복음도 전할 수 있는 흥미진진한 기회였다.

그렇게 마을을 돌아다니면서 그녀의 사역은 꽃을 피웠다. 어디를 가든 사람들이 그녀를 보러 나왔고 성경 이야기를 귀 기울여 들었다. 이 마을 저 마을을 찾아가고 또 찾아감에 따라 에일워드의 명성도 높아졌고, 사람들은 그녀를 권위 있는 인물로 보기 시작했다. 한번은 그 지역 감옥에서 폭동이 일어나자 그녀의 뛰어난 역량을 발휘해 폭동을 진정시켜 달라는 요청을 받을 정도였다. 그렇게 그녀는 친구를 사귀고 사람들을 회심시켰으며, 앞으로의 사역 전망은 밝아 보였다. 그러나 산시성 양청을 중심으로 한 그녀의 작은 세상 밖에서는 거대한 음모와 군사작전이 벌어지고 있었다. 아직은 무명이었던 게릴라 지도자 마오쩌둥이 혁명군을 조직하고 있었고, 일본은 만주 국경에 수천 명의 군대를 집결키시고 있었다.

하지만 양청에서의 삶은 여느 때와 다름없이 계속되고 있었다. 그러던 중 1937년 여름, 한때 평화롭던 산시성의 산중 마을들이 돌연 일본군의 폭격 목표가 되었다. 이즈음 중국 시민이 되어 있던 에일워드는 전쟁에도 불구하고 계속 그곳에 머물렀다. 1938년 봄에는 양청 자체가 폭격을 당했지만, 에일워드는 마지막 사상자의 피해가 확인될 때까지 양청을 떠나지 않았다.

전쟁은 그녀에게 크고도 깊은 영향을 끼쳤다. 한편으로는 그녀 자신도 알지 못했던 용기와 신체적 인내력을 깨우쳐 주었다. 그녀는 적진의 후방으로 이동해 다니며 마을 사람들에게 생필품과 원조 물품을 가져다주었고, 중국군 첩자 일을 얼마나 잘 해냈던지 일본군 측에서 그녀의 목에 현상금을 걸 정도였다. 그러나 다른 한편 전쟁의 참화는 자신이 얼마나 고독하며 연약한 존재인지를 깨닫게 해주었다. 주변 사람들에게는 한없이 강인했으나 내면 깊은 곳에서 그녀는 남편이 생기기를 간절히 갈망하고 있었다.

그녀는 결혼 가능성을 배제한 적이 한 번도 없었다. 전쟁 전에도 남편을 구하는 기도를 했고, 언젠가는 백마 탄 왕자가 양청 땅으로 걸어 들어올 것이라는 꿈을 꾸었다. 그러나 왕자는 나타나지 않았다. 환상 속에서 꿈꾸던 이는 아니었지만 전쟁 덕분에 한 남자가 그녀의 삶에 등장하기는 했다. 그 남자의 이름은 리넨으로, 중국인 장교인 그는 에일워드를 설득해 일본군을 상대로 첩자 역할을 하게 만든 이였다. 처음에는 각자의 애국심 때문에 뜻을 합쳤지만, 시간이 지나면서 두 사람은 연인 사이로 발전했다. 전쟁에 따른 고통과 역경이 커져 갈수록 결혼해서 안정된 삶을 꾸리고 싶다는 그녀의 욕구도 강렬해졌다. 영국의 가족들에게 보내는 편지에서 그녀는 리넨과의 결혼 계획을 밝혔다. 그러나 결혼은 성사되지 않았다. 전쟁으로 모든 것이 갈가리 찢긴 황폐한 시골 땅에서 확실한 것은 죽음밖에 없어 보였고, 결혼 계획은 무산되었다.

에일워드에게는 리넨보다 더 그녀의 사랑과 관심을 필요로 하는 이들이 있었다. 그녀에게는 돌보아야 할 아이들이 있었다. 나인펜스가 그녀의 첫 아이였다. 부모에게 버림받은 작은 여자아기를 9펜스에 샀는데 그것이 그대로 이름이 되어 버렸다. 세월이 흐르면서 에일워드는 아이들을 더 입양했고, 이렇게 입양한 아이들 외에도 열두어 명의 전쟁고아들이 오로지 에일워드만 바라보고 있었다. 이 아이들을 책임져야 한다는 생각이 무엇보다도 그녀의 어깨를 묵직하게 내리눌렀고, 결국 1940년 봄 그녀는 거의 100여 명에 이르는 이 올망졸망한 아이들을 데리고 산시성을 떠나 산을 넘고 황허강을 건너 국경 너머 안전한 땅으로 갈 수밖에 없었다.

여정은 참혹했다. 적군이 그리 멀지 않은 곳에 있는데 거의 백여 명이나 되는 소란스런 아이들을 데리고 눈에 띄지 않게 이동하려면 한시도 긴장을 늦출 수 없었다. 마침내 목적지에 도착하자 에일워드는 심신이 완전히 고갈되어 쓰러져 버렸고, 아이들은 난민수용소로 뿔뿔이 흩어졌다. 한 선교사 부부가 여러 달 동안 돌본 끝에 에일워드는 서서히 기력을 회복했지만, 정신적으로는 여전히 안정을 되찾지 못하고 환각에 시달리거나 집에 돌아오는 길을 찾지 못해 온 마을을 헤매기도 했다. 그러나 한 달, 두 달 시간이 흐르면서 정신착란 증세는 점점 줄어들었고, 흩어졌던 아이들과 다시 접촉하며 다른 사람들을 섬기는 일을 다시 시작할 수 있었다.

1943년, 일본이 퇴각하자 에일워드는 중국으로 돌아가 중국내지선교회 선교사들과 함께 지냈다. 하지만 한곳에 가만히 있지 않고 계속 이동해 다니다가 마지막에 청두에 정착하여 한 지역교회에서 전도부인으로 일하게 되었다. 그때까지 전도부인은 중국인 여성들이 맡던 일이었는데, 그녀는 그 초라한 직분을 영광으로 알고 받아들여 전도와 구제 사역으로 교회를 섬겼다.

1949년, 중국에 온 지 거의 20년 만에 그녀는 주변 사람들의 권유로 고국을 방문했다. 이 휴가 기간 동안 중국의 '작은 여인'은 영국인들의 마음에 큰 감동을 안겼다. 서양 문화가 불편했던 그녀는 조용히 뒷자리에 머물러 있으려 했지만 딸의 대리인 역할을 하던 그녀의 어머니는 생각이 달랐다. 오래전부터 어머니는 열심히 강연 초청을 받아 다니고 있었다. 강연 제목은 단 하나, '중국 선교사, 우리 글래디스'였다. 이제 그 딸이 귀국을 했으니 어머니는 청중들에게 자랑스럽게 딸을 소개했다.

그 후 인기 높은 전기(앨런 버지스의 『작은 여인』), 영화(잉그리드 버그만 주연의 「여섯 번째 행복 여관」), BBC 방송 출연('이것이 그대의 삶')을 통해 에일워드는 국제적인 유명인사가 되었다. 1957년 사역으로 복귀해 타이완에 정착했지만, 그 후에도 그녀는 세계 순회를 계속하며 각광을 받았다. 할리우드 제일장로교회 같은 곳에서 강연을 하기도 했고 엘리자베스 여왕 같은 고위인사들과 만찬을 함께하기도 했다.

그러나 그 모든 섬김, 그 후에 획득한 그 모든 명성을 통해서도 그녀는 자신의 소명이 정말 자신의 것인지 확신하지 못했다. 하나님께서 자신에게 책임을 맡기셔서 그 책임을 이행하기는 했지만, 하나님이 그런 일을 정말 일개 여인에게 맡기길 원하셨을까 하는 의심을 떨치지 못했다. 만년에 한 친구와의 인터뷰에서 그녀는 이 오랜 의심을 털어놓았다. "제가 중국에서 한 일, 그 일을 위해 하나님께서 맨 처음 선택하신 사람은 제가 아니었습니다. 다른 누군가가 있었습니다.……그게 누군지는 저도 모릅니다. 하나님의 첫 번째 선택이 누구였는지. 분명 남자였을 것입니다. 멋진 남자, 많이 배운 남자. 뭐가 어떻게 된 건지 전 잘 모르겠습니다. 아마 그 남자가 죽었나 봅니다. 어쩌면 부르심에 기꺼이 응하지 않으려 했을지도……그래서 하나님이 눈높이를 낮추셨다가……글래디스 에일워드를 보신 거죠!"[59]

12

대학생 자원운동

: 부와 명성을 버리다

해외선교에 투신함으로써 자신의 사회적 지위를 높였던 대다수 독신 여성 선교사들과 달리 대학생 자원자들은 세상의 시선으로 보기에 오히려 자기 신분을 낮춘 청년들이 주를 이뤘다. 또 한 가지 여성 선교사들과 다른 점은, 이들은 대개 기혼 상태로 선교지에 왔거나 아니면 선교지에 도착한 뒤 곧 결혼했다는 것이다. 글래디스 에일워드나 조해나 빈스트라의 경우, 가정부나 속기사로 이룰 수 있는 사회적 성취에는 한계가 있었다. 가정부나 속기사로 평생을 사느니 먼 나라로 가서 '이교도'에게 복음을 전하는 게 여러 사람 보기에도 훨씬 훌륭한 선택이었다. 그러나 젊고 똑똑한 대학 졸업생들이 이방인 사이에서 "인생을 허비"한다는 것은 그대로 내버려 둘 수 없는 수치였다.

대학생 자원운동[SVM]은 1886년 매사추세츠 주 마운트허먼에서 시작되었다. 하지만 이 운동이 추진력을 얻고 발전하게 된 계기는 이보다 먼저 일곱 명의 케임브리지 대학생들이 출세 야망을 접고 해외선교에 헌신했을 때였다. 이 운동은 약 50년 동안 활발히 전개되었는데, 허버트 케인의 말에 따르면 그 기간 동안 "2만 5백 명의 대학생들을 해외선교 현장에 파송하는 데 주된 역할을 했고, 그 대학생들은 대부분 북미 출신"이라고 했다.[1] 20세기 초에는 대학생 자원자가 전체 개신교 해외 선교사의 절반에 이르렀던 것으로 평가된다. 대다수는 아시아의 오래된 문명권에서 사역했는데, 특히 중국에는 대학생 자원자의 약 1/3이 집중되어 있었다. 그 다음으로 많이 몰린 곳이 인도였다. 선교 지도자들은 "문학적 취향을 가진 청년들"은 중국으로 가라고 호소했고, 많은 대학생들이 이 부름에 호응했다.

이 운동은 1920년 미국 아이오와 주의 디모인 대회 때 절정을 이루었다가 그 뒤로는 사양길로 접어들었다. 해럴드 쿡은 "주요 교단들에 영향을 끼치고 있던 자유주의 물결이 대학생 자원운동에까지 미쳤다. 그건 피할 수 없는 일이었다. 1920년대 말 이 운동은 이미 기반을 잃고 있었다. 곧 대공황이 닥쳤고, 해외선교에 대해 비판적 내용을 담고 있는 윌리엄 호킹의 '평신도 평가 보고서'도 전체 선교 사업에 치명적인 영향을 끼쳤다"고 한다.[2]

이런 실패에도 불구하고 대학생 자원자들은 역사상 가장 헌신적인 선교사들로 손꼽혔다. 일부(허드슨 테일러가 평가하기로는 대부분의) 선교사들이 "방종하고 게을러진" 시대에 대학생 자원자들은 그들과 뚜렷한 대조를 보였다. 대학생 자원자들은 비길 데 없는 목적의식을 가지고 있었고, 필요하다면 어떤 수단을 써서라도 세상을 복음화하고자 했다.

이런 강한 목적의식이 대학에서 익힌 자유롭고 관대한 태도와 어우러지면서 이들은 타종교와 타종교의 관습을 훨씬 폭넓게 수용했다. 타종교를 존중하는 모습을 보이고 가능한 한 더 많은 사람들을 기독교로 끌어들이기 위해서였다. 이들은 주로 성경 중심의 교육을 받았던 선배 선교사들과 달랐다. 대학생 자원자들 중에는 정규 교과 시간에 칸트의 『순수이성 비판』, 다윈의 『종의 기원』 같은 책을 붙잡고 씨름했던 이들, 사역자로 안수받지 않은 이들이 많았다.

대학생 자원운동의 후원 아래 4년마다 정기적으로 대회가 열린 덕분에 대학생 자원자들 사이에는 초교파적 유대관계가 형성되어 있었는데, 광범위한 기반을 지닌 선교사 운동에서 이는 전례 없는 현상이었다. 이렇게 연합한 결과 선교사들 사이에서는 서로 협력하여 유익을 얻으려는 시도들이 생겨났으며, 이 역시 전에는 보기 힘들었던 양상으로, 이 덕분에 에큐메니칼 운동을 위한 길이 열렸다. 연합에 대한 이들의 관심, 현대의 비평적 방식으로 성경에 접근하려는 자세 등은 세계 복음화 사업에 오래도록 영향을 끼쳤다. "개신교의 자유주의는 기적과 성경의 권위를 덜 강조하고 그 신화성을 제거함으로써 중국 기독교에 강력한, 그러나 불완전한 세속주의를 도입했다." 케네스 스콧 라투레트는 이 "세속화 운동"이 중국의 기독교가 공산주의의 도전 앞에 패배하는 데 영향을 끼친 가장 중요한 요소였다고 말한다.[3]

대학생 자원자들에게는 한 나라가 아니라 온 세상이 다 선교 현장이었다. 어느 한 나라에 정착하여 좁은 지역에서 온 삶을 헌신한 이들이 많았지만, 또 세계 전역을 두루 돌아다니며 소수 엘리트들, 동료 시민들에게 큰 영향력을 행사할 수 있는 고학력 계층을 전도 대상으로 삼았던 이들도 있었다. 또한 대학생 자원자들은 기독교청년회^{YMCA} 같은 조직을 전파하여 전 세계 그리스도인 대학생들에게 하나의 네트워크를 제공해 주었다.

20세기 전반기 대학생 자원자들은 해외선교 분야에 지워지지 않을 영향을 끼쳤다. C. T. 스터드, J. E. K. 스터드, 로버트 와일더, 존 모트, 조지프 올덤, 로버트 스펜서, 템플 게어드너, 윌리엄 페이턴, 플레처 브로크먼, 스탠리 존스 같은 이름은 온 마음으로 헌신한 하나의 목표를 위해 출세와 부와 안락한 삶을 기꺼이 포기한 사람들로 선교사 연대기에 영원히 기억될 것이다.

셔우드 에디는 수많은 대학생 자원자들을 대변하여 자신의 경험 및 이 운동 전반에 대해 다음과 같이 이야기했다.

뒤돌아보면, 크고도 넓은 선교 전선을 따라다니며 반세기를 살았다. 나는 선교사 십자군과 다름없어 보인 한 운동에 휩쓸려 들어간 처음 1만 6천여 대학생 중 하나였다. 어떤 이들은 우리더러 광신자라고 했다. 쓰디쓴 경험을 통해 나중에 깨닫게 되었지만 사실 우리는 실수도 많이 했다. 많은 대학생들이 부·권세·명성·쾌락에 대한 애초의 계획과 야망을 포기하고 잘 알지도 못하는 먼 나라로 갔다. 이들이 아는 거라곤 그 나라가 참담할 만큼 곤궁한 상태에 있다는 것뿐이었다. 중세 시대에 성취된 기독교 세계의 연합과는 다소 다르게, 이 대학생 선교사들은 자신들이 한분이신 대장 예수 아래 한 팀을 이루어 하나의 세상을 위해 일하고 있다 생각했다. 우리 마음은, 워즈워드가 프랑스혁명을 보면서 가슴 벅차하던 것과 상당히 흡사했다. 우리가 우리의 선교 운동을 이상화했던 것처럼 그는 혁명을 이상화했던 것이 틀림없다.

그날 새벽에 살아 있다는 것만으로도 행복이었고,

젊다는 것 그 자체가 바로 천국이었다!⁴

C. T. 스터드 1860-1931

대학생 자원자 중 가장 유명한 인물 가운데 한 사람이 바로 찰스 토머스 스터드 Charles Thomas Studd 로, 그는 케임브리지 대학을 대표하는 뛰어난 운동선수요 부유한 영국인의 아들이었다. 스터드는 부와 명성을 기꺼이 포기하고 열렬한 헌신으로 세계 복음화라는 대업에 담대히 마주 서고자 했던 대학생 자원자들의 의지를 가장 두드러지게 보여주는 인물이다. 그는 거의 광적이라 할 만한 열정의 소유자였다. 이 열정은 말년에 특히 더해서, 하나님 나라를 확장시키려 자진하여 애쓰느라 자기 자신의 행복은 물론 가족들의 행복까지도 등한시했다. 이런 가차 없는 자기연단에 인격적 결함이 어우러져 그는 근대 복음주의 교회 역사에 등장하는 선교사들 중 가장 논란이 많은 인물이 되었다. 세계복음화십자군 WEC 창설자이자 회장으로서 그의 조직 관리 스타일을 보면 타문화 선교 활동에서 지도자의 역할이 얼마나 중요한지 단적으로 알 수 있다.

찰스 T. 스터드는 1870년대에 영국 월트셔에 위치한 저택 테드워스의 부유하고 호화로운 환경에서 자라났다. 그의 아버지 에드워드 스터드는 인도에서 식민 농장주로 부를 일군 뒤 영국으로 돌아와 한가롭고 여유 있게 살았다. 아버지는 경마를 아주 좋아해서, 그의 말이 그랜드내셔널 대회에서 우승한 날은 큰 잔치가 벌어지는 날이었다. 이런 명성을 누리고 있었던 만큼, 에드워드 스터드가 무디 Dwight Lyman Moody, 1837-1899 의 전도집회에 참석했다가 회심했다는 소문은 많은 이들에게 큰 놀라움으로 다가왔다. 회심의 효과는 즉각 나타났다. 그는 말들을 모두 팔고 경마를 그만둔 뒤 테드워스에서 복음을 전하는 집회를 열기 시작했고, 친구와 친척들을 회심시키는 데 온 힘을 쏟았다. 특히 세 아들에게 꾸준히 복음을 증거했는데, C. T. 스터드의 말에 따르면 "우리 집안사람들은 회심하기 전까지는 모두 개와 다를 바 없는 삶을 살았다"고 한다.[5]

세 아들이 모두 회심하고 2년 뒤 아버지는 때아닌 죽음을 맞았다. 그러나 C. T. 스터드가 자기 발로 무디 집회에 찾아가 선교 사역에 헌신하기로 한 것은 그로부터 약 6년 후 동생이 중병에 걸려 거의 죽을 뻔했을 때였다. 그의 결정은 선풍을 일으켰다. 그는 유명한 케임브리지 11인 팀의 주장이자 최고의 만능선수로, 많은 이들이 그를 "영국 최고의 크리켓 선수"로 여기고 있었다. 스터드가 선교사가 되기로 했다는 것도 큰 이야깃거리였는데, 이보다 더 놀라운 것은 스터드와 똑같이 헌신을 다짐한 똑똑하고 재주 많은 케임브리지 대학생이 여섯 명이나 더 있다는 것이었다. '케임브리지 7인' Cambridge Seven 으로 불렸던 이들은 함께 중국으로 가서 중국내지선교회와 더불어 사역하기로 했다. 한 신문기자는 "이처럼 독특한 그룹이 해외선교 현장으로 나간 것은 선교 역사상 한 번도 없던 일"이라고 했다.[6] 스터드의 가족을 포함해 많은 이들에게 이 일곱 대학생의 결정은 경솔한 행동이요, 지성과 능력을 엄청나게 낭비하는 것으로 보였다.

스터드가 중국에 머문 기간은 10년이 채 안되지만, 그 10년 동안 그는 쉴 새 없이 활동했다. 그는 중국에 도착하자마자 당시 구세군 소속으로 중국에서 사역하고 있던 프리실러 스튜어트 Priscilla Stewart, 1864-1929 를 만나 결혼했다. 두 사람은 중국에서 딸 넷을 낳았는데, 중국 북부에서 이들 가족의 생활은 어려움의 연속이었다. 스터드는 "5년 동안은 집 밖으로 나가기만 하면 이웃사람들이 욕실을 퍼부었다"고 한탄했다. 그러나 이들이 점차 자리를 잡으면서 사역은 점점 확장되었다. 프리실러는 여성들에게 복음 전하는 일을 했고 스터드는 아편 중독자들을 대상으로 사역했다. 스터드는 아버지에게서 상

중국에 도착한 케임브리지 7인. 뒷줄 왼쪽이 C. T. 스터드

당한 유산(오늘날 기준으로 환산하면 50만 달러가 넘는)을 물려받았지만, 다른 중
국내지선교회 선교사들처럼 오직 믿음으로만 살려고 이 돈을 다 남에게 나
눠 주고 여러 차례 심각한 재정적 어려움에 부딪혔다.

　　스터드 일가는 건강 문제 때문에 1894년 영국으로 돌아갔고, 이후 6
년 동안은 미국과 영국 각지를 돌아다니며 대학생 자원운동에 대해 설명하
고 참여를 호소하며 지냈다. 케인의 말에 따르면, "그의 집회에는 수천 명의
대학생들이 모여들었고, 어떤 때는 집회를 하루에 여섯 번이나 열었다.……
수많은 대학생들이 부흥운동에 감명받고 선교 사역에 자원했다"고 한다.[8]
1900년 스터드는 가족들을 이끌고 인도로 가서 식민 농장주들과 그곳의 영
어권 사람들을 대상으로 사역했으나 또 다시 건강이 안 좋아져 영국으로 돌
아와 순회강연 사역을 재개했다.

스터드의 인생 경로를 바꾸어 놓은 것은, 어느 집 문 앞에 새겨진 "식인종은 좋은 선교사를 원한다"는 글귀였다. 어떻게 해서 이런 말이 생긴 것인지 찾아본 그는 중앙아프리카 부족민들 중에는 "마을을 찾아와 예수님 이야기를 해준 그리스도인이 하나도 없었던" 탓에 복음을 한 번도 들어보지 못한 사람이 수십만 명이나 된다는 사실을 알게 되었다. 스터드의 영혼 깊숙이 부끄러움이 밀려들었다. "'어째서 그리스도인이 단 한 명도 가지 않았단 말입니까?' 내가 물었더니 하나님께서는 '네가 가지 그러느냐'고 대답하셨다. '의사가 허락하지 않을 겁니다'라고 했더니 '내가 바로 선한 의원 아니더냐? 내가 너를 책임지지 못하겠느냐? 그곳에서 너를 지켜 주지 못하겠느냐?'고 하셨다. 더는 핑계거리가 없었다. 가야만 했다."[9]

아프리카로 가야겠다는 결정에 프리실러는 할 말을 잃었다. 당시 프리실러는 심장이 안 좋아 심신이 쇠약해진 상태였다. 어떻게 그런 아내를 남겨 두고 말도 안 되는 일을 도모할 수 있단 말인가? 그는 이미 나이가 오십이었고, 병약한 데다 재정적 뒷받침도 없었다. 프리실러는 강력히 반대했다. 그러나 소명을 확신한 그는 1910년 짧은 답사 여행을 떠났다가 이듬해 돌아온 뒤 아프리카 선교 계획을 짜기 시작했다. 이름하여, 아프리카 오지선교회[HAM]였다. 1913년 스터드는 조수이자 나중에 그의 사위가 될 알프레드 벅스턴[Alfred Buxton, 1891-1940]을 대동하고 앞으로 18년간 모험을 하게 될 '아프리카 오지'의 벨기에령 콩고를 향해 길을 나섰다. 아프리카로 가는 도중 아내의 심장에 합병증이 생겼다는 전갈을 받았지만 그는 발길을 돌리지 않았다. 그는 주님의 일이 가족에 대한 염려보다 먼저라고 굳게 믿었다. 1916년 단 한 번의 휴가를 받아 신입 선교사를 구하려 귀국한 그는 프리실러가 이제 병약자가 아니며 오히려 수년 전보다 더 활기찬 모습으로 선교회 사무실 일을 잘 해내고 있는 것을 보았다.

그 뒤 수년 동안 신입 선교사들이 속속 아프리카로 들어왔다. 그중에는 스터드의 딸 이디스도 있었는데 그녀는 알프레드 벅스턴과 결혼했고, 막내 딸 폴린Pauline은 남편 노먼 그럽Norman Grubb, 1895-1993과 함께 아프리카로 왔다. 그러나 선교사들이 점점 더 많이 들어오면서 교리적 차이나 성격 차이 문제가 드러나기 시작했고, 아직 걸음마 단계의 이들 사역은 계속 이 문제로 골치를 앓았다. 심지어 스터드의 딸과 사위도 스터드와 함께 일하는 것을 몹시 힘들어했다. 아프리카를 위해 모든 것을 희생한 그는 자기 휘하의 선교사들도 자기처럼 하기를 기대했다. 그는 하루에 18시간씩 일했고, 노먼 그럽의 말에 따르면 "좀 쉬엄쉬엄하는 것도 없었고……기분 전환 같은 것도 없었고, 휴무일도 없었으며, 오락도 없었다"고 한다. 선교사들은 무엇이든 풍요로운 유럽식 생활방식으로 보일 만한 것은 다 피하고 아프리카식으로 생활해야 했다.[10]

스터드와 다른 많은 선교사들 사이에 교리 논쟁도 벌어졌다. 특히 갓 아프리카에 들어온 신입 선교사들과의 마찰이 컸다. 스터드는 자신의 사역이 믿을 수 없을 만큼 획기적인 진전을 이루고 있다고 본국에 편지를 써 보냈다. 실제로 아프리카에 온 지 겨우 5년이 지났을 뿐인 1918년 그는 이런 편지를 썼다. "사역이 진전되는 것을 보면 그저 놀라울 뿐입니다. 사방에서, 아주 먼 곳에서도 사람들이 찾아옵니다. 우리는 거의 매주 세례를 베풀고 있습니다. 회심자들은 가까운 곳 먼 곳 할 것 없이 가서 복음을 전하고 있습니다." 그러나 그럽의 말에 따르면, 새 선교사들이 도착해 보니 상황은 전혀 딴판이었다고 한다.

가장 충격적이었던 것은, 아프리카 그리스도인들을 대하는 그의 자세였다. 주일 아침에 500여 명가량의 신자들이 모이곤 했는데, 우리가 듣기로 훌륭한 성도들의 경연을 기대해도 좋다고 했지만 그 자리에서 C. T. 스터드는 죄가 만연해 있다고, 제아무리 거듭난 것처럼 보이는 사람일지라도 계속 죄 가운데 거하면 천국에 들어갈 수 없다고 말하는 것이었다. 그리고 손가락 열 개를 다 펴 보이면서 이 500명 중에 실제로 천국에 갈 수 있는 사람은 열 명이나 될지 모르겠다고 했다. 정말 무시무시한 광경이었다. 사람이 한 번 거듭나면……어떤 경우에도 거듭나기 전 신분일 수 없다는 것이 우리의 신학적 입장이었다. 그런데 C. T. 스터드는 그 점을 무시했다. 그의 입장은 "거룩함이 없으면 누구도 주님을 보지 못하리라"는 것이었다.[11]

스터드의 입장에서, 죄 가운데 산다는 것은 단순히 심각한 부도덕만을 의미하지 않았다. 죄 가운데 산다는 것은 '온갖 죄악'의 영역을 다 포괄하는 것으로, 사람의 노동 윤리와 관계된 죄도 포함되었다. 스터드는 "이 사람들의 가장 심각한 죄 중 하나는 끔찍한 게으름이다. 모두 하나같이 의자에 앉아 그냥 잡담이나 나누고 싶어 한다. 이들은 일을 바보짓으로 생각한다"고 말했다. 스터드는 하루 일과를 오전 6시에 시작했다. 그리고 아프리카인들은 물론 선교사들도 자기를 따라 주기를 바랐다. 그때까지 개인 경건시간을 끝마치고 하루 활동을 시작할 수 있기를 바랐다. 한번은 그럽이 아프리카인들과 선교사들이 함께 모여 부흥을 위한 특별 기도회를 가지면 어떻겠냐고 제안한 적이 있었는데 C. T. 스터드는 "일과 시간에 하는 기도는 안 좋아. 기도회를 하려면 오전 4시에 모입시다"라고 했다. 하루는 그럽이 개인 경건시간을 가지려고 오전 4시에 일어났더니 선교관 건너편에서 "노인의 떠들썩한 목소리가 들렸다. 새벽 4시에 아프리카인 몇 사람을 모아 놓고 기도회를 갖고 있었던 것이다."[12]

그렇게 엄격하게 그리스도인의 삶을 산다는 것은 아프리카인 신자들이나 선교사들 모두에게 너무 힘든 일이었지만, 스터드는 누가 됐든 그 정도로 철저히 헌신하지 않는 사람을 고려할 정신적 여유가 없었다. 설령 그게 딸과 사위인 이디스와 알프레드 벅스턴을 해고시켜야 한다는 의미였을

지라도 말이다. 두 사람에게는 참 낙
심스러운 시간이었다. 특히 알프레드
는 스터드와 동역하기 위해 많은 것
을 희생하고 아프리카로 왔기에 더욱
상심이 컸다. 과거에 스터드와 절친했
던 사람들과의 관계도 악화되고 있었
다. 1920년대 말 무렵, 그렇게 열심히
일하고 헌신했음에도 불구하고 스터
드는 고국의 선교위원회의 지지를 급
속히 잃어 가고 있었다. 1929년 프리
실러가 세상을 떠난 뒤에는 특히 더
했다. 선교사들에게 엄격한 요구를 한

중국·인도·아프리카 선교사 C. T. 스터드

다는 것, 아프리카 그리스도인들을 부정적 시각으로 본다는 것 등이 본국의
선교위원회에 다 알려졌는데 이제 또 다른 문제가 논쟁을 일으키고 있었다.
'D. C. D.'라는 제목이 붙은 그의 저서를 둘러싼 논쟁이었다. 그리스도인들
에게서 무기력한 모습을 본 그는 "자신의 삶을 예수님과 영혼 구원을 위해
온전히 바치고 그 외의 다른 일은 어찌 되든 조금도 개의치 않는 사람들 가
운데 한 사람이 되고 싶다"고 말했다. D. C. D.는 "조금도 개의치 않는다"^{Don't}
^{Care Damn}의 약자로, 지금까지 충실하게 그를 후원해 온 많은 이들을 불쾌하게
만들었다.[13]

　　이 소책자만으로도 선교위원회가 스터드에게 반감을 가질 만했는데
그것도 모자랐는지 그가 모르핀 중독자가 되었다는 보고까지 올라왔다. 건
강도 안 좋은데 하루에 18시간이나 일을 하다 보니 그는 심신에 큰 타격을
입었다. 그러던 차에 모르핀 주사 한 대를 맞고 몸과 마음이 편안해진 것을
경험한 그는 우간다에서 온 의사가 조제해 준 모르핀 정제를 복용하기 시작

했다. 그 약은 "혹시 아프리카로 들여 올 때 어려운 문제가 생길까 봐 세관에 신고하지 않은 채" 선교사들이 반입한 약이었다. 그럽의 말에 따르면, "이 소식이 본국에 알려지자……위원회는 선교회에서 그를 제명시키는 수밖에 없다고 결정 내렸다." 뒤이어 "선교 역사에서 가장 암울한 장이 이어졌다"고 그럽은 말한다.[14] 고국 선교위원회가 스터드를 배제하고 선교회를 재조직하여 출범시킬 준비를 하자, 그럽(역시 선교회에서 제명된)과 스

C. T. 스터드의 아내 프리실러 스터드

터드의 또 다른 사위 데이비드 먼로David Munro는 어느 날 아침 일찍 현지 선교 사무실로 가서 모든 기록을 자기들만 아는 안전한 곳으로 치워 버리는 "극단적 조치"를 취했다.

그러나 기록들을 손에 쥐고 있음에도 선교 사역에는 아무런 진전이 없었고, 손실을 만회할 소망이 별로 없어 보였다. 갓 태어난 세계복음화십자군(아프리카 오지선교회의 새 명칭)을 새롭게 출발시켜 줄 만한 뭔가가 있어야 하지 않을까? 바로 그 일이 생겼다. 몇 주 지나지 않아 스터드의 사망 소식이 들려온 것이다. 소란스럽던 시대는 끝났고, 이제 노먼 그럽의 지도 아래 선교회는 새 출발을 했다. 선교회 창설자 C. T. 스터드의 지칠 줄 모르는 헌신은 결코 잊어서는 안 되겠지만 말이다.

무엇이 잘못되었던 것일까? 영국에서 가장 명망 높은 청년 선교사로 손꼽히던 사람이 어떻게 그런 종말을 맞을 수 있었을까? 더할 나위 없이 치열했던 그의 헌신도 몰락에 일조했던 것이 확실하다. 대학생 자원자들의 특

징이었던 그 치열함 말이다. 스터드는 "우리는 치열할 필요가 있고, 그 치열함은 더 깊어져야 한다"고 말했다.[15] 그러나 많은 이들의 눈에 그 치열함은 '열광주의' 혹은 '극단주의'로 보였고, 그것이 그를 몰락시켰다. C. T. 스터드는 자기 자신을 일컬어 종종 "하나님을 위한 도박꾼"이라고 했다. 그러나 그는 도박을 하다 다 잃었다고 말할 수 있다.

1931년 C. T. 스터드의 사망 후 노먼 그럽이 세계복음화십자군 회장이 되었다. 4년 후 그럽은 영혼의 어두운 밤을 경험했다.

지식을 확장시키고 더 깊이 있는 독서를 하고 싶다는 갈망을 느끼기 시작했다. 15년 전에 가졌어야 할 일종의 대학생 정신이다. 생활이 분주하다 보니 그저 취미 삼아 책 읽는 사람일 수밖에 없었는데, 책 한 권을 집어 들고 보니 윌리엄 제임스[William James]의 『종교적 경험의 다양성』이다. 마치 권투선수의 KO펀치를 한 대 얻어맞은 것 같다. 그것 자체가 사물을 충분히 생각하지 못하는 내 미숙함의 증거다. 바울이 다메섹 도상에서 회심한 것을 심리학적으로 설명하는 부분을 읽다가 어쩌면 이것은 바울의 심리적 기질에서 일어난 어떤 내적 변화일 뿐이고 따라서 하나님의 계시를 가정할 이유는 없다는 생각이 갑자기 머리를 스쳤다. 어쩌면 하나님은 사실상 없고 그저 인간만 있을 뿐이라는 생각이. 책을 끝까지 다 읽었다면 제임스의 말이 그런 뜻이 아니라는 걸 알게 되었을 것이다. 그러나 내가 여기 서 있었다. 15년차 선교사로, 한 선교단체의 장으로. 그리고 나는 하나님의 존재에 의문을 품고 있었다.……삶이 갑자기 텅 비어 보였다.……한번은 예정되었던 한 집회에서 이야기를 해보려고 애썼는데, 그냥 한마디로 지옥이었다. 그 존재가 의심스러운 어떤 분에 대해 이야기를 한다는 것이……어느 해 말, 안개가 걷혔다. 어떻게 된 건지는 정확히 알 수 없다. 다만 십자가의 요한이 쓴 『가르멜의 산길』을 읽던 중이었고, 그해 내가 겪은 그 모든 고뇌가 헛되지 않을 만한 결과를 얻었다는 것뿐.

스터드가 세상을 떠난 뒤 세계복음화십자군은 꾸준히 성장을 거듭해 1970년대에는 500명 이상의 선교사들이 지구촌 곳곳으로 들어가 사역하고 있었고, 그중 한 사람인 유명 의사 헬렌 로즈비어는 스터드 자신이 사역했던 이밤비에서 사역을 시작했다. 세계복음화십자군 사역이 다시 제자리를 잡은 이 놀랄 만한 현상을 분석해 볼 때, 노먼 그럽의 리더십은 아무리 높이 평가해도 지나치지 않을 것이다. 그는 보기 드문 정직함의 소유자로서 자신의 부족한 점을 솔직히 인정했을 뿐만 아니라, 자기 장인을 끈기 있게 옹호하면서도 그의 결함을 인지하고 거기서 교훈을 얻을 수 있을 만큼 지혜로운 사람이기도 했다.

존 R. 모트 1865-1955

C. T. 스터드와 '케임브리지 7인' 동급생들이 대학생 선교사 자원자로 세상의 관심을 끌었던 반면, 존 모트 John R. Mott 는 그 뒤 수십 년 동안 대학생들이 해외선교 분야로 물밀듯 밀려 들어가는 현상에 개인적으로 다른 어떤 사람보다도 큰 영향을 끼쳤다. 엄격한 의미에서 한순간도 실제 선교사였던 적이 없는 일반인이었음에도 불구하고 그의 영향력은 엄청났다. 그의 본보기는 데이비드 리빙스턴으로, 모트의 말을 빌리면 "그리스도를 닮은 그의 영웅적 성취가 선교 사역에 대한 동기를 제공해 주었고 그 동기가 내 삶을 지배했다"고 한다.[16] 다른 많은 대학생 자원자들과 마찬가지로 모트 또한 세계 복음화에 전념하느라 부와 명성을 누릴 기회를 포기했다. 외교관직도 사양했고 재정적 이득을 얻을 기회도 거부했지만 명성까지 피해 가지는 못했다. 그는 대통령들의 친구이자 상담역이었고, 노벨 평화상 수상자였으며, 20세기의 가장 영향력 있는 종교 지도자 중 한 사람이었다.

모트는 미국 아이오와에서 성공한 목재 상인의 아들로 태어나 자랐다.

어린 나이에 회심하여 지역 감리교회에 다니며 적극적으로 신앙생활을 했다. 1881년 열 여섯 살 때 집을 떠나 어퍼아이오와 대학에 진학한 뒤 국제 기관 기독교청년회^{YMCA} 창립 회원이 되었으며, 그 뒤 기독교 신앙을 전하는 일에 몰두했다. 후에 코넬 대학으로 학교를 옮겨 정치학과 역사를 공부했다. 그곳에서 J. E. K. 스터드의 설교를 듣고 삶이 변화되는 경험을 한 뒤 복음전도 사역에 헌신했다. J. E. K. 스터드는 C. T. 스터드의 형으로, D. L. 무디와 YMCA 지도자들의 초청으로 미국에 와서 대학 캠퍼스를 순회하며 강연을 하고 있었다. 모트의 전기작가의 말에 따르면, 주최측에서는 스터드가 "대학생들의 관심을 끌어 선교에 관한 메시지는 물론 해외선교에 자원하려고 부와 지위를 거절한 '케임브리지 7인' 이야기에 귀 기울이게" 해주기를 바랐다고 한다.[17]

스터드가 선교를 강조하기는 했지만, 모트는 이듬해 여름 매사추세츠 주 마운트허먼에서 열린 제1회 기독 대학생 집회(이 당시는 D. L. 무디가 후원했고, 후에는 근처의 노스필드 회의장에서 열렸다)에 참석했을 때에야 비로소 개인적으로 선교에 헌신하게 되었다. 그는 코넬 대학 대표로 근처 백여 개 대학에서 온 약 250명의 대학생들과 함께 무디를 비롯한 여러 성경교사들의 지도 아래 한 달 동안 집회에 참석했다. 집회 마지막 날, 프린스턴에서 온 열렬한 선교 주창자 로버트 와일더는 대학생들에게 선교에 동참하라는 도전을 던졌고 이 도전의 메시지는 점차 개인적 헌신을 촉구하는 적극적 호소가 되었다. 그 결과 대학생 100명(이들은 나중에 '마운트허먼 100인'이라는 별명으로 불렸다)이 '프린스턴 서약'에 서명했고, 이 서약은 곧 대학생 자원운동 입회 서약이 된다. 모트도 그 서약에 서명한 100인 중 하나였는데, 그 집회가 바로 해외선교를 위한 대학생 자원운동(1888년에 공식 조직)의 시작이었고, 모트는 앞으로 30년 이상 이 조직을 이끌게 될 터였다.

이 집회 후 와일더는 무디와 여러 사람들의 권면에 따라 미국 전역의 대학 캠퍼스를 순회하며 대학생들에게 선교에 대한 도전을 던지기 시작했다. 감동적인 호소, 긴박감이 느껴지는 구호("세계 복음화를 우리 세대에"), 그리고 '프린스턴 서약'을 가지고 그는 이 운동에 동력을 제공했다. 와일더는 인도에서 선교사 부모 밑에서 자랐다. 대학생들에게 선교에 대한 동기를 부여하는 일에 관심을 갖게 된 것은 아버지의 영향도 일부 있었다. 그의 아버지는 앤도버에서 '형제회' 회원이었는데, 이는 1806년 새뮤얼 밀스의 건초더미 기도회(건초더미 속에서 폭풍우를 피하는 중 만들어진 비공식적 선교 모임)에서 유래된 선교 동아리였다. 순회를 마친 뒤 와일더는 인도로 돌아가 현장에서 대학생들과 함께 사역했고, 모트를 비롯한 다른 이들은 후방에서 지도자 직분을 맡아 일했다.

대학생 자원운동을 만든 사람이자 리더로서 모트는 엄청난 과제를 짊어지게 되었다. 특히 "세계 복음화를 우리 세대에"라는 표어를 제대로 실현하려면 더욱 그러했다. 수천 명의 대학생들을 모으고 준비시켜서 복음을 들고 땅끝까지 가게 해야 했다. 그는 대학생 자원운동이야말로 이 과업을 이행하는 데 딱 알맞은 조직이라고 확신했다. 이 운동은 다양한 교파의 다양한 신앙 배경을 가진 청년들을 모두 포괄했기 때문이다.

모트의 대학생 자원운동 활동과 긴밀하게 연결되어 있던 것이 기독교청년회 활동으로, 그는 40년 이상 이 단체를 섬겼고, 그중 16년은 사무총장 직분을 맡아 일했다. 이런 역할들을 하다 보니 세계 여러 나라를 돌아다니는 게 일상이 되어, 세계 순회를 한 번 마치고 돌아오자마자 그 다음 순회 계획을 세워야 할 정도였다. 순회를 하면서 현지에 상주하는 선교사들은 물론 각 나라의 대학생들과도 동역했고, 그렇게 해서 그는 단일화된 선교 활동의 범세계적 네트워크를 발전시켜 나가고자 했다. 이 목표를 실현하는 과정에서 그는 세계기독교학생연맹^{WSCF} 결성을 돕기도 했다. 비교적 구속력이 약한 이 국제 기독학생 조직은 모트의 지도 아래 약 3,000여 개의 학교에

산하 동아리가 생길 만큼 성장했다.

대학생들에 대한 모트의 호소는 중국, 그것도 중국의 지식인들, "그 위대한 학자들의 나라의 학자들" 사이에서 가장 큰 호응을 불러일으켰다. 1896년 첫 번째 중국 순회 당시 중국의 지식인 계층을 전도한다는 것은 전망 없는 일로 보였다. 그러나 모트는 곧 분위기가 달라졌다고 말한다.

> 5년 후 여리고 성벽은 무너지기 시작했다.……구 지식인들은 신진 지식인들에게 길을 터주기 시작했다.……광둥에 처음 들어가 보니 놀랍게도 그들은 중국 최대의 극장을 임차해 두고 있었다. 3,500명을 수용할 수 있는 그 건물에서 첫 번째 집회가 열리는 날 밤, 집회장으로 가던 나는 길거리에 사람들이 무리 지어 서 있는 것을 보고 "극장 문이 왜 안 열렸습니까?"라고 물었다. 그랬더니 어떤 사람이 대답하길 문은 이미 한 시간 전에 열렸고 모든 좌석이 꽉 찼다는 것이다.……연단에는 광둥에서 내로라하는 학식 높은 중국인들이 약 50여 명 자리를 잡고 있었다. 그중에는 일본의 도쿄나 미국의 대학에서 공부한 청년들도 많았다.[18]

며칠간 계속된 집회가 끝날 즈음엔 800명이 넘는 "구도자들"이 생겼고, 한 달이 지나지 않아 그중 거의 150명 정도가 "세례를 받거나 혹은 세례받을 준비를 했다." 집회를 열었던 다른 두 도시에서도 모트는 비슷한 호응을 얻었다.[19]

선교 행정가로서 모트의 이력이 절정에 이른 것은 1910년 에든버러 선교대회 때였다. 모트가 개최하고 의장을 맡아 1,355명의 대표들이 참석한 가운데 열흘 동안 진행된 이 회의는 이런 종류로서는 최초의 초교파적 선교대회로서, 이것이 추진력이 되어 그 후 수십 년에 걸쳐 에큐메니칼 운동이 구체적 형태를 갖추게 되었다. 선교에 대한 열정은 이 대회에서 정점에 이르렀고, "우리 세대에 세계를 복음화"해야 할 소명은 아직 성취되지 않은 상태였다. 약 4만 5천 명의 선교사가 현장에서 사역하고 있었고, 30년 후에는 그 수가 세 배가 될 것으로 예측되었기에 대표들은 세계 복음화를 낙관적으로 전망했다.

그러나 에든버러 대회 후 대다수 주류 교파에서는 선교에 대한 관심이 시들해졌다. 1920년 미국 아이오와 주의 디모인에서 열린 대학생 자원운동 연례집회는 긴장감으로 가득했다. 하워드 홉킨스[Howard Hopkins]의 말에 따르면, 이 집회에서 "선배 선교사들이 동양에 치명적으로 매료되어……시카고의 슬럼가나 땀에 젖은 노동자들이 부당한 대우를 당하는 현실을 외면한 채 머나먼 중국 땅으로 떠난 잘못을 교정하는" 과정이 시작되었다고 한다. 이제부터는 "'선교 사역의 전통적 문제점'보다 눈앞에 보이는 시급한 사회적 불균형 문제"에 초점을 맞추게 될 터였다.[20]

모트는 세계 복음화의 사회적 차원을 줄곧 역설해 오긴 했지만 선교의 주 초점을 그 문제에 맞출 정도까지는 아니었다. 하지만 이제 선교계에 등장하고 있는 "사회복음으로의 변화" 추세를 받아들여야 했다. 그는 사회 사역이 "우리 세대의 아주 뚜렷한 소명 중 하나"이며 본질적으로 개인 복음화와 긴밀히 연관되어 있다고 주장했다. "사회적 복음과 개인적 복음이 따로 있는 게 아니다. 이 땅에 사셨고 죽으셨고 부활하셨으며, 친히 인간의 삶과 관계를 맺으신 그리스도는 단 한분뿐이시다. 그분은 인간 개인의 구주이시자 인간을 둘러싼 환경과 제반 관계를 넉넉히 변혁시킬 수 있는 유일한 권능자이시다."[21]

대학생 자원운동 말기에 모트의 영향력이 점점 줄어든 것은 다소 전통적인 그의 입장 때문이었다. 젊은 세대는 후방의 사회문제에 더 관심이 많았다. 그러나 반대편에서 모트를 비난하는 이들도 있었다. 평신도 해외선교 연구 및 그 보고서인 『선교의 재고, 100년 선교 사역의 평신도 평가』와 관

련하여 그의 이름이 오르내렸고, 이런 이유로 일부 사람들은 선교를 보는 그의 시야가 너무 개방적이고 진보적이 되었다고 생각했다. 그 보고서는 선교의 목적을 다음과 같이 재정의하고자 했다. "타종교에서 가장 좋은 점을 보는 것, 그 종교 신자들이 자신의 신앙 전통에서 가장 좋은 점을 발견 혹은 재발견하게 돕는 것, 타종교의 전통에서 가장 적극적이고 건강한 요소들과 협력하여 사회를 개혁하고 신앙의 표현을 정화하는 것이다. 선교의 목표가 회심이어서는 안 된다."[22] 모트가 비록 이 연구 및 후속 보고서의 가치를 인정하기는 했지만 이것이 그 자신의 입장을 명확히 반영하지는 않았다. 그는 비그리스도인을 회심시키는 것이야말로 선교의 가장 중요한 목표라는 입장을 평생 견지했다.

모트는 말년에도 국내외 활동으로 분주했다. 세계교회협의회[WCC] 조직에도 참여한 그는 이 기관이 세상 속에서 기독교의 영향력을 강화시킬 수 있을 거라고 믿었다. 그는 당시 격렬하게 벌어지던 근본주의자 대 현대주의자 논쟁에 시종 초연하고자 했지만, 근본주의자들 사이에서 로버트 스피어와 나란히 비난의 표적이 되었다.

모트는 생전에 그렇게 바빠 세상을 누비고 다녔음에도 불구하고 처음부터 끝까지 철저히 가정적인 사람이었다. 아내 릴라[Leila]는 늘 그와 동행하며 동역했다. 여대생 단체에서 강연도 하고 전 세계의 여성 선교사들을 섬기며 62년 동안 그와 함께해 온 아내가 1952년 86세의 나이로 세상을 떠나자 모트는 심대한 타격을 입었다. 하지만 아내의 사후에도 그는 여전히 세계 전역을 다니며 세계 복음화를 위해 힘썼다. 1953년 86세에 재혼한 그는 1954년 일리노이 주 에번스턴에서 열린 세계교회협의회 총회에 참석한 것을 끝으로 더 이상 공식석상에 모습을 드러내지 않았다. 하지만 그의 여정은 끝난 것이 아니었다. 한 기자에게 "죽음은 기차를 바꿔 타는 것일 뿐"이라고 말한 적이 있었던 그는 1955년 1월 31일, 마침내 기차를 바꿔 탔다.

로버트 스피어[1867-1947]

존 모트하면 늘 함께 떠오르는 사람이자 평생지기로, "대학생 자원운동 정신을 삶으로 구현한 사람"으로 불렸던 로버트 스피어[Robert E. Speer]는 모트와 마찬가지로 일반인 신분으로 해외선교를 위해 일했다. 모트와 달리 그는 주로 한 교단, 구체적으로는 장로교단에서 해외선교위원회 총무로 46년 동안 헌신했다. 장로교는 선교에 대한 열정으로 볼 때 주류 교단 중 가장 열기가 뜨거웠고, 해외선교에 대한 스피어 자신의 열정은 장로교의 위상을 높이는 결과를 낳았다. 스피어는 장로교 내부는 물론 에큐메니칼 진영에서도 높이 존경받고 인기 있는 인물이었지만, 그의 사역 기간은 장로교 역사에서 매우 소란했던 시기와 맞물렸다. 중재자 역할을 하려고 노력했음에도 그는 빈번히 비판의 예봉(銳鋒)을 맞곤 했다. 하지만 그의 임기 동안 장로교는 해외 복음화 사역에서 그 역할을 크게 확장시켰다.

스피어는 1867년 펜실베이니아에서 변호사이자 민주당 2선 의원의 아들로 태어나 엄격한 청교도적 장로교 가풍에서 자랐다. 앤도버와 프린스턴에서 공부할 때 과대표를 두 번이나 지냈고 대학 풋볼팀에서는 적극적으로 태클을 거는 수비수로 명성을 얻었다. 스피어는 프린스턴 2학년 때 로버트 와일더의 호소력 있는 설교를 듣고 동급생 몇 명과 함께 대학생 자원자가 되겠다는 서약서에 서명했다. 그는 아버지의 뒤를 이어 법조인이 되려던 야망을 뒤로하고 해외선교에 시선을 고정하기 시작했다. 이때 "우리를 이상한 망상에 빠진 사람으로 보는 이들, 어떤 광신적 광기에 휩쓸렸다고 보는 이들이 많다"고 그는 술회했다.[23]

프린스턴 졸업 후 스피어는 대학생 자원운동의 순회 총무가 되었다. 총무 일을 비록 1년밖에는 하지 않았지만 해외선교 자원자 서명을 1,000명 넘게 받아 냈다. 그리고 자신이 직접 해외에 나가 사역할 생각으로 프린스턴에 돌아와 신학을 공부하기 시작했다. 그러나 장로교 해외선교위원회의 최고위 행정직을 맡아 달라는 뜻하지 않은 요청을 받자 신학 공부는 채 2년을 못 채우고 중단될 상황에 처했다. 셔우드 에디는 이 요청을 받고 "스피어가 마음의 평정을 잃었으며, 흔들리지 않으려고 무진 애썼다"고 말한다. "서약문에 서명한 1,000명의 자원자들에게 해외 현장에 나가서 역경을 견뎌 내라고 말했을 때는 자기 자신도 국내에 머무를 생각이 없었을 것이 분명했다."[24] 그러나 그런 핵심 지위를 맡음으로써 자신이 선교 사역 전반에 행사하게 될 영향력을 생각하니 내키지 않아도 그 제안을 수락할 수밖에 없었다.

스피어는 활동가이긴 했지만 선교 전반에 철학적 영향을 끼친 인물로 가장 많이 기억된다. 선교 영역에서 사회적 행동주의를 요구하는 젊은 세대의 목소리가 높아지고 있을 때 그는 선교의 "궁극적이고 결정적인 목표"는 신앙적인 것이어야 한다고 역설했다.

육체가 영혼의 자리를 은근슬쩍 꿰차고 앉는 시대에는……우리가 하는 일이 박애주의 사업, 정치적인 일, 종류가 무엇이든 세속적인 일이 아니라고 강하게 말할 수 있어야 한다.……신앙이란 영적인 생명이다. 나는 이교도의 삶, 그 딱딱한 외피를 서양 문명……이라는 우리의 사회적 관습의 겉치장으로 덮어 가

리기보다는 그 외피 밑에 그리스도의 생명이라는 하나의 씨앗을 심겠다.[25]

　스피어는 1932년에 나온 평신도 해외선교 연구 보고서에 대해 강경한 입장을 취하면서, 비교적 자유주의적인 입장을 보이는 많은 동료들과 거리를 두었다. 그러나 선교 행정가로서 스피어와 실제로 충돌을 일으킨 이들은 이른바 현대주의자들이 아니라 근본주의자들이었다. 미국 내 장로교에서 벌어지고 있던 근본주의자 대 현대주의자 논쟁은 해외에서도 벌어지고 있었으며, 스피어는 그 중간에 서서 이 내분이 복음화 사역에 유감스러운 결과를 낳는 것을 보며 괴로워했다. 그는 중국에서 사역하는 한 선교사에게 이런 편지를 써 보냈다. "복음, 그리고 복음전도에 대한 확신과 행동의 열기와 열정, 저돌성이 지금과 같은 이런 문제들을 다 과거로 깨끗이 휩쓸어 갔으면 좋겠습니다. 이런 일들에 대해 논쟁하고 싶은 사람은 뒤에 남아 계속 그렇게 하라고 하고 우리 나머지 사람들은 앞으로 전진해 새로 정복한 사람들로 뒤에 남은 사람들의 태만과 그로 인한 손실을 벌충하는 것은 물론 그 이상의 일을 할 수 있도록 말입니다."[26]

　이 시기에는 스피어 자신도 비정통 혐의로 공격당했고 "비정통 신앙을 가진 것으로 보이는 사람들을 선교사로 임명"했다고 그레셤 메이첸[Gresham Machen]을 비롯한 여러 사람들에게 비난당했다. 자신이 속한 교회를 그토록 오랫동안 충실하게 섬겨온 사람(1927년에는 총회장이라는 최고위직까지 맡았던)으로서는 참으로 감당하기 어려운 시련의 시기였다. 하지만 그는 이 비바람을 다 맞아 가며 견뎠고 총회는 신임 투표를 통해 그에게 압도적 지지를 보냄으로써 그의 혐의를 벗겨 주었다.

　당대의 다른 여러 장로교 지도자들과 달리 스피어는 여성 사역을 강력히 지지했다. "평등 원칙의 원천인 교회에서 여성 평등을 부인한다는 것은 기이하고 비정상적이다. 여성을 자유롭게 하시고 평등하게 하신 분은 그리스도시다. 여성이 다른 곳에서는 자유와 평등을 허락받는데, 정작 자유와 평등의 기원인 교회에서는 그것을 거부당해야 한다는 것인가?" 또한 "바로 이 점에서 선교지 교회들은 복음의 범위를 우리보다 더 잘 알고 있다.……하나님께서는 당신의 아들들에게 열어 주시는 문을 딸들이라고 해서 닫으시지는 않는다"라고 주장했다.[27]

사역을 시작한 지 46년이 지난 70세에 스피어는 장로교 선교회 지도자직에서 은퇴했다. 은퇴 후에도 10년 동안 대학 캠퍼스와 각종 회의장을 찾아다니며 강의를 하는 등 세계 복음화를 위한 전폭적 헌신의 발걸음을 멈추지 않았다. 젊은 시절 그의 특징이었던 그 열심을 그는 마지막 순간까지 유지했다. 전기작가는 "기차를 탈 때 그의 손에는 책가방이 늘 들려 있었다"고 말한다. "낡아 빠진 갈색 가방에서는 사무실에서 가져온 서류나 보고서, 아니면 책이 나왔다. 그는 자리를 잡고 앉자마자 곧 그 서류나 책 속에 얼굴을 파묻었다."[28] 1947년 백혈병으로 세상을 떠나기 바로 3주 전, 병세가 위중한 상태에서도 그는 예정된 강연 약속을 지켜야 한다고 고집했다. 선교 일선에서 수고하고 있는 사람들에 비하면 자신은 아무것도 한 게 없다고 마지막 순간까지 자신을 낮추었다. 한 친구가 그의 전기 집필을 청탁받았다고 하자 그는 이렇게 말했다. "전기라니, 그건 안 돼.……그냥 어떤 놈 하나가 살았다고 해요. 그는 일했고, 그는 죽었다. 그리고 다른 사람들이 등장하고 있다고."[29]

플레처 브로크먼[1867-1944]　　　대학생 자원운동에 가입한 명민한 젊은이들이 해외선교에 헌신하는 광경은 짜릿한 감동을 안겨 주었지만, 일부 회원들의 헌신 방식과 이념이 알려지면서 그 감동은 약화되었다. 보수 복음주의권 선교사들은 젊은 지식인들이 선교지에 소개하는 새로운 개념들 때문에 곤혹스러울 때가 많았다. 이런 갈등은 특히 중국에서 두드러졌는데, 자신의 진보적 견해를 명확히 표명한 젊은 선교사 중 하나가 바로 플레처 브로크먼^{Fletcher Brockman}이었다.

브로크먼은 미국 조지아의 목화 농장에서 자랐고, 밴더빌트 대학을 1891년에 졸업했다. 졸업 후에는 기독교청년회 전국총무 직분을 맡아 남부의 대학생들과 동역하며 해외선교를 홍보했다. 감리교인인 브로크먼은 처음에 감리교 선교위원회에서 일했는데, 교구 감독은 브로크먼이 중국인 대학생들과 더불어 광범위한 사역을 하고 싶어 하는 것을 알고 그런 사역에는 기독교청년회의 초교파적 후원을 받는 게 적절할 것이라 조언했다. 마침 중국 땅에 지회를 세워 달라는 중국 선교사들의 요청을 받고 이에 응하고 싶었던 기독교청년회는 브로크먼의 지원을 선뜻 받아들였다.

1898년 아내와 어린 아들을 데리고 중국행 배에 오른 브로크먼은 의화단 운동이 일어나기 직전 매우 위험한 시기에 중국에 도착했다. 그는 폭력이 난무하는 그 공포스러운 시간에서 무사히 살아남았지만 다른 대학생 자원자들은 그렇지 않았다. 예일대 자원단 리더 호러스 피트킨^{Horace Pitkin}은 1900년 여름, 중국에 온 지 겨우 4년 만에 바오딩에서 의화단 폭도들에게 처형당했다. 하지만 그의 죽음은 헛되지 않았다. 14년 후 또 한 사람의 예일대생 자원자 셔우드 에디가 브로크먼의 초청으로 바로 그 도시 바오딩을 방문하여 약 3만여 대학생이 포함된 청중들에게 피트킨의 희생을 상기시켰다.

십자가 이야기, 피트킨의 죽음 이야기를 하자 통역사는 감정이 북받쳐 말을 잇지 못한 채 서 있었다. 중국 사람들은 남들 보는 데서 우는 것을 치욕으로 여긴다. 청중들도 똑같은 마음으로 수치스러움에 고개를 숙였다. 많은 이들이 눈물을 흘렸다. 그는 잠시 그렇게 있다가 조용히 초청의 말을 던졌다. 구원의 자

플레처 브로크먼, 존 모트, 중국인 기독교 지도자

리로 나오라고. 몇몇 사람들은 결단을 했고, 순수한 마음으로 기독교에 관심을 갖게 된 이들도 많았다. 피트킨이 순교당한 그 도시에서 그날 하루 1만 권이

넘는 기독교 서적이 팔려 나갔다.[30]

의화단 운동이 지나가자 브로크먼은 선교 사역에 안착했다. 그러나 그는 곧 자신의 선교 철학이 급속도로 변하고 있다는 것을 깨달았다. 셔우드 에디는 "미국에 있을 때 브로크먼은 동양으로 가서 당시 자신이 '이교도'라 부르던 사람들을 회심시키는 일을 할 준비를 했다. 그런데 중국에 와서 언어 공부를 하느라 겸손히 공자의 발치에 앉아 본 후에야 '4대양 안에 있는 이들은 모두 형제'라는 것을 깨달았다"고 한다.[31] 브로크먼은 자신의 저서 『동양을 발견하다』*I Discover the Orient*에서 중국인들의 철학과 종교의 의미를 탐구한 것에 대해 기록했다. "이후 10년은 선교에 대해 내가 가지고 있는 개념을 훼손하지 않은 채 거짓에서 참을 발견해 내고 엉킨 것을 푸는 작업을 주로 했다."[32]

브로크먼은 중국에 온 다른 많은 대학생 자원자들과 마찬가지로 중국 지식인들에게 환대를 받았다. 왜냐하면 그는 유교와 불교를 비롯해 기타 동양 종교에 관용적이고 호의적인 태도를 보였기 때문이다. 그러나 이는 전통적인 복음주의 선교사의 관점을 과감히 벗어난 태도였다. 그는 언제나 기독교 선교사요 복음주의자였지만, 여타 세계 종교와 그 지도자들에 대해 상당히 개방적인 태도를 보임으로써 동료 선교사들과 본국의 후원자들에게 충격을 안겼다. 『동양을 발견하다』에서 그는 이렇게 말했다. "나는 부유하다. 나는 위대한 유산을 물려받았다. 나의 부는 수천 년 동안 축적되어 왔다. 공자·맹자·묵자·부처·아브라함·모세·이사야·바울·예수……나는 이분들이 남긴 유산 속으로 들어왔다. 나는 만세의 상속자다. 내가 보냄받은 것은 뿌리를 파내기 위해서가 아니라 추수해서 모아들이기 위해서다."[33]

브로크먼은 중국의 고전을 공부하고 중국학자들에게 학문을 배우면서 그들의 마음을 얻었다. 그러나 배우는 것만으로는 충분치 않았다. 그는 그들에게 보답해야 한다고, 자신의 삶의 방식을 그들에게 가르쳐야 한다고 생각했다. 자신의 기독교 신앙을 전하는 것도 거기 포함되었다. 그러나 중국인의 입장에서 더욱 중요한 것은, 근대 과학과 기술을 습득하는 것이었다. 중국인 대학생들이 더 많이 배우고 싶어 하는 게 바로 그것이었다. 이런 영역에서 자신의 부족함을 깨달은 브로크먼은 모트에게 편지를 보냈다. 에디의 말을 빌리면, "중국인들의 요구에 부응할 만한 실력을 갖춘 미국 최고의 과학자를 구해 달라고" 모트에게 간청했다고 한다. 이리하여 퍼듀 대학 기계공학과 교수이자 학창 시절 기독교연합회 활동을 한 적이 있는 C. H. 로버트슨Robertson이 중국으로 파송되었고, "몇 년 지나지 않아 브로크먼의 꿈은 놀랄 만하게 실현되었다. 브로크먼이 미국에서 구해 온 이 젊고 인기 높은 교육 천재는 관리와 귀족, 원로 학자와 신식 대학생들이 다 모여 있는 대규모 청중 앞에서 연설을 했다. 중국인이든 외국인이든 누군가의 강연을 듣기 위해 그렇게 많은 이들이 모인 것은 중국 역사상 전례 없는 일이었다."[34]

중국에서 브로크먼의 주요 임무는 중국 전역의 도시들에 기독교청년회를 세우는 것이었다. 이를 위해서는 재정 지원이 필요했는데, 브로크먼은 이 재정적 도움을 받기 위해 중국인들, 특히 비교적 더 관용적인 유학자들에게 크게 의지했다. 기독교청년회 운영권은 그리스도인들의 손에 있었지만, 후에 일부 조직은 다른 종교를 가진 중국인들의 손에 들어갔으며, 이 불교청년회YMBA는 오늘날 아시아 사회의 한 부분이 되었다.

중국인들에게 높이 존경받던 브로크먼은 15년쯤 후 베이징 대학 총장직을 제안받았다. 그러나 모트의 조언에 따라 그는 그 제안을 거절했다. 모트는 중국인 대학생들과 더불어 기독청년 조직을 만들어 나가는 브로크먼의 사역이 세속적 명예나 지위를 추구하기 위해 저버리기에는 너무도 중차대한 소명이라고 믿었다. 모트는 그로부터 겨우 3년 뒤 브로크먼을 중국에서 불러들여 미국 내 기독교청년회 조직을 강화시키는 임무를 맡겼다. 브로크먼은 큰 아쉬움을 안고 중국 땅을 떠났다. 라투레트는 "그렇게 하라고 모트가 브로크먼에게 거의 강요하다시피" 했으며 그 후 브로크먼의 삶은 행복하지 않았다고 말한다. 임기 내내 직속상관 모트의 지휘 아래서 그는 "자기를 부인하는", "고되고", "심신이 지치는" 사역을 이어갔다. 1927년 은퇴하기 전 브로크먼은 잠깐 중국으로 다시 돌아가 그토록 사랑하고 존경했던 사람들 사이에서 다시 한 번 일할 수 있었다.

스탠리 존스[1884-1973]

브로크먼이 서양의 과학과 기술을 중국에 도입하려고 그렇게 열심이었던 데 비해 E. 스탠리 존스Stanley Jones가 인도의 지식인들에게 접근하는 방법은 조금 달랐다. 존스는 서양 문명을 곁들여 기독교를 전하려는 그 어떤 시도도 하지 않았다. 그는 그리스도가 인도인 고유의 풍습과 문화에 따라 해석되어야 한다고 생각했다. 복음을 소개하기 위한 서막으로 과학 강좌를 활용하는 것도 그가 보기에는 사람들을 오도하는 일종의 제휴였다. 그가 생각하기에 인도 기독교의 성장을 저해하는 가장 큰 요소는 기독교와 서양 문명 사이에 당연히 불가분의 관계가 있다고 생각하는 자세였다. 그리고 선교사들이 바로 이런 경솔한 연합 관계를 영속화시키는 주범이었다.

1884년 메릴랜드에서 태어난 존스는 와일더가 '마운트허먼 100인'의 마음에 큰 감동을 심어 주고 있던 당시 겨우 두 살이었다. 그가 대학생 자원 운동에 헌신하게 된 것은 그로부터 여러 해 뒤 에즈베리 대학에 다니던 때였으며, 맨 처음 마음이 끌렸던 일은 아프리카 선교사였다. 존스는 우스갯말로 이 소명은 리빙스턴이 오랫동안 행방불명이었을 때 그를 찾으러 간 사람이 누구였느냐는 시험문제에 '스탠리 존스'라고 적어 낸 한 대학생의 생각 속에서만 성취되었다고 했다. 그러나 감리교 선교회는 존스가 인도에 가서 사역해 주기를 요청했다.

인도로 가기 전 존스는 사역의 경로를 바꿔 놓은 한 가지 굴욕스러운 경험을 했다. 사건은 그의 "첫 번째 설교" 때 일어났다.

작은 교회당은 내 친척과 친구들로 가득 찼다. 모두들 이 청년이 잘 해내기를 간절히 바라고 있었다. 설교 준비는 3주 동안이나 했다. 나는 하나님의 변호사여야 했고 그분의 주장을 잘 논증해야 했기 때문이다. 시작은 다소 높은 목소리로 했다. 대여섯 개 문장 뒤 한 단어가 내 입에서 나왔다. 그때 이전이나 이후로 한 번도 써본 적 없는 단어, 무관심주의^{indifferentism}였다. 한 여대생이 빙긋이 웃으며 고개를 숙였다.……여학생이 웃는 게 너무 신경 쓰였던 탓인지 정신을 차리고 보니 내가 무슨 말을 하려던 것인지 기억이 나지 않았다. 머릿속이 하얗게 빈 것 같았다. 나는 거기 그렇게 서서 뭔가 할 말을 찾아내려고 안간힘을 썼다. 결국 이런 말이 불쑥 튀어나왔다. "정말 죄송합니다만, 무슨 말을 해야 할지 잊어버렸습니다." 나는 수치스럽고 혼란스러운 마음으로 내 자리를 찾아갔다. 그런데 막 자리에 앉으려고 하는 순간 내면의 음성이 들려왔다. "내가 네게 아무것도 해준 게 없느냐? 있다면, 그걸 말해 보지 그러느냐." 나는 이 음성에 응하여 다시 설교단 앞으로 내려가 섰다. 내가 어디 서 있다는 느낌도 없이 나는 입을 열었다. "여러분, 도저히 설교를 이어갈 수 없다는 것은 압니다만, 그리스도께서 제 인생을 위해 어떤 일을 해주셨는지, 저를 어떻게 변화시켜 주셨는지 여러분은 아실 것입니다. 비록 설교는 할 수 없지만, 저는 평생토록 그분을 증거하는 증인이 될 것입니다." 예배가 끝나고 한 청년이 다가오더니 내가 찾은 게 무엇인지 알고 싶다고 했다. 그때나 지금이나 나에게 미스터리인 것은, 그날 밤 나의 그 무참한 실패 한가운데서도 그 청년은 뭔가 자기가 원하는 것을 보았다는 것이다. 청년과 나는 함께 무릎을 꿇었고, 청년은 원하던 것을 찾았다. 그날 밤은 그의 인생의 대변환점이었다. 현재 그는 목사가 되어 있고, 그의 딸은 아프리카에 선교사로 가 있다. 하나님의 변호사로서 나는 치명적 실패자였다. 그러나 하나님의 증인으로서는 성공했다. 그날 밤은 기독교 사역자의 섬김에 대해 내가 갖고 있던 개념이 변화된 날이었다. 사역자는 하나님을 잘 변론하는 변호사가 될 것이 아니라 쓸모없는 인생에 하나님께서 어떤 은혜를 주셨는지 설명하는 하나님의 증인이 되어야 한다.[36]

존스는 1907년, 인도의 러크나우에서 영어로 예배드리는 한 감리교회의 목사로서 선교사 이력을 시작했다. 주일에는 설교를 했고 주중에는 언어 공부에 몰두했다. 3년 후에는 시타푸르로 사역지를 옮겨서 불가촉천민들을 섬겼는데, 이들은 복음에 대한 저항이 덜했기 때문에 이곳 선교 사역은 주로 이들에게 집중되었다. 그러나 이들과 어울려 살면서 존스는 인도가 가난한 천민들의 땅이기만 한 것은 아니라는 사실을 깨달았다. 그는 고위 카스트의 지식인들에게 시선을 돌리기 시작했다.

교육 수준 높은 고위계급 인도인들에게 복음을 전한다는 것은 도전적인 일이었을 뿐만 아니라 심신을 쇠약하게 만드는 일이기도 했다. 존스는 그때까지 만나본 지식인들 중 가장 예리한 지성을 가진 사람들에게 이런저런 공격적인 질문을 받으면서 수세에 몰릴 때가 많았다. 긴장감이 너무 심했다. 8년 반 동안 몇 차례 신경쇠약을 앓던 끝에 결국 그는 미국으로 돌아가 심신을 회복하고 안정을 취했다. 그러나 휴가를 마치고 인도로 돌아오자 정신적 문제가 재발했다. "어딘가에서 도움을 받지 않으면 선교사 일을 포기하게 될 거라는 사실을 깨달았다.……내 인생에서 가장 암울한 시간이었다." 그러나 얼마 지나지 않아 존스는 깊은 영적 체험을 했다. "크나큰 평안이 마음에 자리 잡으며 나를 충만케 했다. 바로 이것이라는 걸 알았다! 생명, 풍성한 생명이 나를 사로잡은 것이다." 정신적 문제로 고통받는 일은 그 후로 두 번 다시 없었다.[37]

삶이 변화하면서 존스는 세계에서 가장 명성 높은 복음 전도자로 손꼽히게 되었고, 명성이 높아짐에 따라 인도 땅 너머로까지 그리스도의 메시지를 가지고 두루 돌아다녔다. 기독교가 아니라 그리스도가 존스의 전도 활동의 중심이었다. 그리고 그는 그 차이를 신속하게 강조했다. 세상이 알고 있는 기독교는 서양의 제도교회였다. 그리고 인도의 지식층들에게 거부당한 것은 그리스도가 아니라 서양 선교사들이 인도에 도입한 기독교였다. 존스는 교육 수준 높은 인도인들이 서양식 외피를 벗은 그리스도를 볼 기회만 있다면 기쁘게 그분을 받아들일 것이라 확신했다.

존스는 그리스도를 서양 문화에서 분리시키는 데 머물지 않고 더 나아가 구약성경에서까지 분리시켰다. "기독교는 그리스도로 정의되어야지, 구약성경이나 서양 문명으로 정의되어서는 안 된다. 나아가 서양에서 그분을 중심으로 세워진 체계로 정의되어서도 안 되며 오직 그리스도 자체로 정의되어야 한다." 존스는 "예수 그리스도, 십자가에 못 박히신 그분 외에 그 어떤 것도 알려 하지 않는 것"이 바로 자신의 사명이라고 보았다. 구약성경의 난해구절을 비켜 가는 것은 그의 입장에서 볼 때 실용주의적 선택이었다.

여전히 나는 구약성경이 예수님 오시기 전 하나님께서 세상에 주신 최고의 계시임을 믿는다. 예수께서 그러셨듯 나 또한 마음으로 구약성경을 양식 삼아 왔다. 그러나 문제는 그렇게 간단하지 않았다. 변호사이자 기독교를 논박하는 글을 쓰는 아주 명민한 자이나교도 한 사람이 내 집회 중에 일어나 구약성경에 등장하는 일들과 관련된 기나긴 질문 목록을 들이댔다. 나는 이렇게 대답했다. "형제님, 형제님의 질문에 답변할 수는 있지만 반드시 그래야 한다는 생각이 들지 않습니다. 저는 기독교를 그리스도로 정의했습니다. 형제님이 그리스도에 대해 어떤 이의를 제기하고자 한다면 얼마든지 듣고 답변해 드릴 마음이 있습니다." 그랬더니 그는 이렇게 물었다. "누가 당신에게 그런 구별을 할 권한을 주었습니까? 어떤 교회 회의가 당신에게 그 권한을 주었습니까?" 나는 또 대답했다. 내 주님께서 그런 권한을 주셨다고.⋯⋯계시는 점진적으로 진행되다가 예수님에게서 완결되었다고. 계시가 그분 안에서 완전해졌는데 왜 불완전한 단계에 멈춰 서서 설전을 벌여야 하느냐고. 변호사 친구는 기독교를 논박하는 자신의 책들이 내 설명 앞에 쓰레기가 되어 버렸다는 것을 깨닫고 당혹스러워했다.[38]

존스의 말에 따르면, 기독교가 세상의 다른 종교들과 구별되는 것은 성경 때문도 아니고 기독교 교리 때문도 아니었다. 기독교가 독특한 것은 그리스도 때문이었다. 그래서 그는 그리스도만 높임 받으셔야 한다고 믿었다. 한번은 "마음이 넓은 그리스도인"이라고 한 힌두교도에게 칭찬을 받은 적이 있는데, 이때도 그는 이렇게 대꾸했다. "형제여, 형제가 이제껏 만난 사람들 중에서 나는 가장 편협한 사람입니다. 나는 다른 모든 문제에서는 관대하지만, 인간의 본성에 궁극적으로 필요한 것 한 가지에 관한 한 절대적으로 편협해져서, 오직 한분 예수님에게로만 향합니다." 존스는 계속해서 이렇게 설명했다. "우리가 비기독교적 체제와 상황에 좀 더 관대한 입장을 보일 수 있는 것은, 그리스도의 절대성을 믿기 때문입니다."[39]

"비기독교적 체제에 대한 관대한 입장" 때문에 존스는 비난의 표적이 되었다. 특히 근본주의자들은 그가 타종교인들에게 기독교를 좀 더 호소력 있는 것으로 만들기 위해 타협을 하고 있다고 생각했다. 보수적 침례교도 체스터 툴가Chester Tulga는 "존스가 죄악된 자존심, 이교도의 사상, 민족주의 추세에 순응하고 있다"고 말했다. "존스의 그리스도는 인도 민족주의자를 많이 닮았다. 그가 말하는 성경의 보편성은 인도의 민족성 정도가 되어 버렸다.⋯⋯현대주의자 선교사의 그리스도는⋯⋯구원의 능력도 없고 역사적 진정성도 없는 거짓 그리스도가 된다."[40]

인도의 비그리스도인들에게 그리스도를 제시할 때 존스는 인도 사회에서 자연스럽게 받아들여지는 방식들을 활용하고자 했다. 원탁회의와 기독교 아쉬람(힌두교에서 신앙 교육과 훈련을 받는 도장—옮긴이)이 그런 사례였다. 원탁회의는 한 힌두교도 가정에 초대받아 가서 다른 지식인들과 함께 철학 토론을 벌일 때 그들이 바닥에 둥글게 둘러앉은 것을 보고 이에 착안하여 만들었다. 존스는 그리스도인은 물론 힌두교 신자, 자이나교도, 이슬람교도들을 초대해서 똑같이 하기 시작했다. 이 토론은 비록 지식 지향적이긴 했지만 궁극적으로 복음을 전하는 하나의 통로가 되었다. "내가 기억하는 한 원탁회의가 끝나기 전 그리스도께서 회의 상황을 도덕적·영적으로 장악하지 못하신 적은 단 한 번도 없었다."[41]

존스가 창설한 기독교 아쉬람 운동 또한 인도 사람들의 사회적 삶에 적용한 또 하나의 예로서, 서양식 교회의 대안이었다.

교회는 대개 일주일에 한두 번 모여 예배드리는 기관이다. 그래서 신자들은 일주일에 겨우 한두 시간씩 짧게 교제를 나눌 수밖에 없다. 그 몇 시간이 지나면 각자 구획된 삶 속으로 돌아간다. 인도인들은, 아니 사실 사람이라면 누구나 삶 전체를 모아서 집중 관리하고 그 삶을 한두 시간 이어지는 교제 공동체가 아니라 뭔가 지속적이고 포괄적인 것으로 만들어 줄 무언가를 원한다.[42]

기독교 아쉬람 조직은 힌두교 아쉬람과 아주 비슷했다. '가족들'은 새벽 다섯 시 반에 일어나 개인 경건시간, 노동, 그룹 토론 등의 활동으로 하루를 보냈고, 일주일에 하루 '완벽한 침묵'의 날로 특정된 날에는 그룹 토론을 하지 않았다. 기독교 아쉬람의 주 목적은 개인의 영적 성숙이었지만, 이것이 인도 사회에 끼친 가장 큰 영향은 카스트 제도와 정치 장벽을 타파하고자 했다는 것이었다. 아쉬람이 아니었더라면 카스트 제도와 정치 장벽이 일상생활 속에서 그리스도인들을 뿔뿔이 흩어 놓았을 것이다. 1940년 무렵에는 인도 전역에 약 24개의 기독교 아쉬람이 있었다.

복음 전도자이자 기독교 행정가로서의 명성 덕분에 존스는 인도는 물론 세계 전역에서 높이 존경받는 인물이 되었다. 마하트마 간디와 자와할랄 네루를 친구로 삼을 정도였고, 둘 중 누구도 기독교로 회심하지는 않았지만 두 사람 모두 존스를 크게 존경했다. 그러나 존스는 일개 인도 선교사가 아니었다. 셔우드 에디의 말을 빌리면, "세계 복음화 사역자라는 호칭이 E. 스탠리 존스만큼 어울리는 인물은 없을 것이며, 40년 넘는 세월 동안 십자군의 정신으로 그만큼 일관성 있게 복음 사역을 이어간 사람도 없을 것이다." 그는 순회 전도 때 일본에도 들렀는데, 허버트 케인은 일본 집회 때 "전국에서 엄청난 청중들이 모여들었으며 수만 명이 그리스도를 믿기로 결단했다" 고 한다.[43]

명성 높은 세계 복음화 사역자이자 기독교 지도자로서 존스는 20세기의 에큐메니칼 회의에서 영향력 있는 목소리를 내는 사람이었지만, 동료들과는 자주 불화를 일으켰다. 제도화된 기독교가 아니라 예수가 최고권자여야 한다는 문제에서 특히 의견이 갈렸다. 1938년에 열린 마드라스 대회에서 그는 헨드릭 크래머$^{Hendrick Kraemer, 1888-1965}$를 비롯해 "교회는 하나님 아래서 세상의 소망이다"라는 명제를 지지하는 사람들과 논쟁을 벌였다. 존스는 예수 그리스도를 통해 보이는 하나님만이 절대적이라고 주장했다. "교회는 상대주의다.……이 대회는 그렇게 배신당했다."[44] 제도화된 교회에 대한 개념이 허약했기 때문에 존스는 교회일치를 지향하는 다른 선교 행정가들과 완전히 조화되지 못했으며, 자유주의자와 보수주의자 모두에게 빈번히 비난당했다.

사역을 하면서 교파의 배타주의에 등을 돌린 지 오래였고, 폭넓은 기독교 연합 개념을 포용하기도 했지만, 그럼에도 그는 감리교의 동료들 사이에서 높이 존중받았고 총회 때 감독으로 선출되기도 했다. 그러나 감독 취임식 선에 그는 사의를 표명했다. "나는 감독이 아니라 복음 전도자"라는 게 그의 말이었다.

존스는 무엇보다 먼저 복음 전도자였다. 케인은 그가 "동양 종교의 모든 선하고 참된 점들을 존중하고 중간 지점에서 그 종교들과 만나려고 최선을" 다하긴 했지만 "항상 예수 그리스도의 궁극성과 기독교 복음의 독특성을 바탕으로 이야기"했으며, "언제나 '예수와 부활'로 이야기를 끝맺었다"고 한다. 복음 전도자로서 그의 과제는 제도교회를 확장시키는 게 아니라 사람들에게 예수를 소개하고 그들 나름의 방식대로 예수를 알게 해주는 것이었으며, 아래 글에서 자신의 그런 입장을 강력하게 전달하고 있다.

> 인도에는 이곳에서 우리의 과제가 무엇이며 어느 지점에서 그 과제가 끝나는지를 희미하게 예시해 주는 아름다운 결혼 풍습이 있다. 결혼식 때 신부 친구들은 음악에 맞춰 신부와 동행해 신랑 집으로 간다. 친구들은 신랑 앞으로 신부를 안내해 준다. 친구들이 갈 수 있는 곳은 여기까지다. 이들은 신부를 그 남편에게 맡겨 두고 물러난다. 그것이 바로 인도에서 우리가 즐거이 이행해야 할 과제다. 그리스도를 알고, 그리스도를 소개하고, 그 다음에 물러나는 것. 반드시 인도 땅을 떠나라는 것이 아니라 인도를 그리스도께 맡기고 그리스도를 인도에게 맡기라는 말이다. 우리는 오로지 그 지점까지만 갈 수 있을 뿐이다. 남은 길은 그리스도와 인도가 가야 한다.[45]

이러한 세계 복음화 철학이 바로 20세기 선교에 의미 있는 영향을 끼친 책으로 널리 읽히고 있는 그의 저서 『인도의 길을 걷고 있는 예수』*The Christ of the Indian Road*의 테마였다. 1973년 그가 세상을 떠나자 세계 전역의 그리스도인들이 그의 죽음을 애도했다.

13

믿음선교
: 오직 하나님만 의지하다

대학생 자원운동이 대학에서 젊은 지식인들을 모집하고 있는 사이 '믿음선교' 운동이 기세를 확장하고 있었다. 대학생 자원운동이나 여성 선교사 운동과 마찬가지로 믿음선교를 대표하는 선교사들도 여러 선교회와 여러 교파(혹은 독립교회)에서 배출되었다. 믿음선교의 기원은 1865년 허드슨 테일러가 중국내지선교회를 창설했던 때로 거슬러 올라간다. 사실 허드슨 테일러는 40개가 넘는 새로운 선교회 탄생에 직간접으로 영향을 끼쳤다. 기독교선교연맹$^{CMA, 1887}$, 복음주의연합선교회$^{EAM, 1890}$, 중앙아메리카선교회$^{CAM, 1890}$, 수단내지선교회$^{SIM, 1893}$, 아프리카내지선교회$^{AIM, 1895}$ 같은 단체들이 설립되면서 '믿음선교'는 세계 복음화 사업의 의미 있는 특징이 되어 갔다. 허버트 케인은 "믿음선교의 찬란한 업적은 소설보다 더 기이하고 기적보다 더 경이롭다"고 했다. 유아 단계의 선교회 대다수가 생존을 위해 몸부림쳤던 데에 비해 프레드릭 프란손이 스칸디나비아연합선교회로 창설했다가 후에 이름을 바꾼 팀선교회^{TEAM} 같은 단체는 놀랄 만한 속도로 성장을 거듭했다. 팀선교회는 18개월 만에 백여 명의 선교사를 중국·일본·인도·아프리카에 파송했다.

믿음선교는 아주 초창기부터 보수 복음주의와 연합해 왔고, 신참 선교사들은 교육 수준이 높지 않거나 혹은 나약 선교사 대학, 무디 성경 연구소, 휘턴 대학 같은 성경 연구소나 기독교 대학 출신이 대다수였다. 특히 무디성경 연구소는 믿음선교 선교사 훈련장으로 두드러진 역할을 했으며, 이곳출신 젊은이 수천 명이 세계 전역의 수많은 선교단체와 동역해 왔다.

믿음선교$^{faith\ mission}$란 용어는 흔히 재정 정책상 선교사들에게 고정된 봉급을 보장하지 않는 선교단체와 연관되어 사용되었고, 일부 선교회는 아예외부에 후원을 요청하지도 않고 심지어 선교사들에게 무엇이 필요한지 알리지 않으며 그런 정책을 통해 자신들은 재정적 필요를 하나님께만 전적으로 의지한다고 공언했다. 오로지 믿음으로만 산다는 개념은 단순히 재정 문제에만 머물지 않았다. 이들 선교단체는 출발 때부터 믿음으로 출발했고, 대개 큰 위험부담을 안고 있었으며, 그 결과 초기의 개척 선교사들은 사망률이 높았다.

복음을 한 번도 들어본 적 없는 사람들에게 복음을 전하기 위해 자기 생명의 위험을 무릅쓴다는 것은 결코 가볍게 생각할 일이 아니었다. 믿음선교 선교사들은 지옥을 생생하게 묘사하는 이야기를 듣고 동기를 부여받았다. 이들에게 선교의 목적은 잃어버린 바 된 영혼들을 영원한 지옥의 형벌과 유황불에서 구원하는 것이었다. 짐 엘리엇은 "저주받은 자들이 한 번의 기회조차 없이 그리스도 없는 영원한 밤을 향해 앞다투어 달려갈 때 그리스도를 아는 우리가 그들의 비명 소리를 들을 수 있기를……그 어둠에서 건져내지 못한 사람들을 위해 우리가 회개의 눈물을 흘릴 수 있기를"이라고 간청했다.[1]

믿음선교 선교사들은 선교지 주민들의 물질적·사회적 필요를 유념하지 않은 것은 아니었지만, 복음을 전하는 것을 무엇보다 우선했으며 항상 혁신 개념과 최첨단 기술에 초점을 맞추었다. 허버트 케인의 말에 따르면, "20세기 선교의 혁신은 대부분 믿음선교 선교사들이 선보였다. 라디오·항공·성경통신·녹음·테이프·카세트·침투전도, 더 나아가 신학교육까지 다 여기 포함된다."[2] 가장 대표적 예로 1921년 해리 스트라첸^{Harry Strachan, 1872-1946}은 대중 전도집회라는 독특한 목적을 위해 라틴아메리카선교회^{LAM}를 만들었다. 그는 아내 수전 및 다른 선교계 인물들과 함께 최신 광고·통신 기술을 활용해 남미와 중미 전역의 극장과 공회당에서 여흥 프로그램을 무대에 올리면서 엄청나게 많은 관중을 끌어모았다. 그는 그렇게 모인 관중 앞에서 복음을 제시했고, 회심자들은 그 지역 선교단체와 교회들이 양육을 맡았다. 케인은 "규모가 큰든 작든 라틴아메리카 선교단체 중 라틴아메리카선교회가 수년 동안 개최한 전도집회에서 회심한 사람들을 위탁받지 않은 단체는

거의 없었다"고 말한다.[3]

이렇게 복음전도에 중점을 둔 결과 기독교는 급격하게 확산되었고, 믿음선교는 점점 성장하여 이런저런 도전을 만나게 되었다. 20세기 말, 믿음선교는 세계 최대의 선교단체로 손꼽히게 되었다. 지리적 위치나 전도 방식은 다양했지만, 이들은 1917년 믿음선교 성장을 촉진시키기 위해 창설한 초교파해외선교협회[IFMA]를 통해 느슨한 조직적 연대를 발전시켜 나갔다.

A. B. 심프슨[1843-1919]

앨버트 벤저민 심프슨[Albert Benjamin Simpson] 자신은 선교사가 아니었지만 선교 사역에 막대한 영향을 끼쳤다. 특히 미국에 믿음선교 단체가 설립되는 데 지대한 공헌을 했다. 수단내지선교회 창설자와 아프리카내지선교회 창설자 모두 심프슨에게 깊이 영향 받았고, 심프슨이 세운 선교사 훈련학교에서 공부했다. 복음주의 교단, 특히 성결 운동에 참여한 교단들은 대개 심프슨의 선교 열정을 통해 선교 활동에 닻을 올렸다. 심프슨은 1883년부터 미국과 캐나다 전역의 도시에서 열린 초교파 대회를 지휘했는데, 다양한 교파와 여러 선교단체 출신 선교사들이 이 대회에 모습을 드러냈다. 이런 대회들을 여러 차례 주관하면서 심프슨은 자연스레 자기 나름의 초교파 선교단체인 기독교선교연맹[CMA]을 창설하게 되었다.

앨버트 벤저민 심프슨이 선교에 관심을 갖게 된 것은 아주 어릴 때부터였다. 그는 1843년 캐나다의 프린스에드워드 섬에서 태어났고, 캐나다 최초의 남태평양 선교사인 존 게디에게 세례를 받았다. 집안의 "선교 지향적 분위기"는 그에게 지속적 영향을 끼쳤고, 어렸을 때는 에로망고 섬에서 순교한 존 윌리엄스 전기를 읽고 깊이 감명받았다. 토론토의 녹스 대학에 다닐 때도 선교는 여전히 그의 관심사였지만, 졸업 후 설교자로 명성을 얻게 되면서 온타리오 주 해밀턴의 상류층이 모이는 대형교회인 녹스 교회 목사로 청빙받았다.

심프슨은 캐나다에서 8년간 목회하다가 미국 켄터키 주 루이빌의 체스넛 스트리트 교회의 청빙을 받아 미국으로 갔다. 연간 5,000달러라는 놀라운 액수의 사례비를 제시한 교회였다. 그러나 그는 체면을 중시하는 점잖은 교인들도 불편했고, 부자들에게는 머리 조아리고 가난한 사람들은 무시하는 자신의 성향 또한 못마땅했다. 그때 한 가지 영적 위기를 겪으면서 그는 자신의 사역이 얼마나 "메마르고 무기력"해졌는지 깨달았으며 "진짜 사역은 시작조차도 못했다"는 것을 알게 되었다. "죽는 것밖에 다른 길은 없다고 생각하면서……숱한 밤을 외로움과 슬픔으로" 지새우던 끝에 "난생 처음 마음으로 온전한 헌신을 하게 되었다." 그 후 체스넛 스트리트 교회는 루이빌의 전도 중심지가 되었다.[4]

심프슨은 루이빌에서 목회하는 동안 시카고의 친구들을 찾아간 적이 있었는데, 이때 강력한 환상을 보는 체험을 하게 된다.

어느 날 밤 나는 하나님의 권능이 나를 압도하는 기이하고 장엄한 느낌에 몸을 떨며 잠에서 깼다. 방금 꾸었던 이상한 꿈이 강렬한 기억으로 내 영혼에 아로새겨지고 있었다. 크고 넓은 강당에 내가 앉아 있고 내 주변으로 수많은 사람들이 둘러앉아 있었다. 온 세상 그리스도인들이 다 거기 모여 있는 것 같았고, 강단에는 엄청나게 많은 얼굴과 형상들이 있었다. 대부분 다 중국인인 것 같았다. 뭐라고 말은 하지 않았지만 그들은 소리 없는 고통으로 손을 비틀고 있었고, 얼굴은 절대로 잊을 수 없을 것 같은 표정을 짓고 있었다. 그때까지 나는 중국인에 대해서나 다른 이교 세상에 대해 생각해 본 적도 말해 본 적도 없었다. 그런데 잠에서 깨어 그 환상을 떠올리는 순간 나는 성령의 임재에 몸을 떨었고, 무릎을 꿇고 엎드려 내 전 존재로 대답했다. "네, 주님, 제가 가겠습니다."[5]

이 환상을 본 후 그는 "열린 문을 찾으려 몇 달 동안 애썼으나 길은 닫혀 있었다." 가장 큰 장애물은 그의 아내 마거릿이었다. 아내는 사랑하는 고국 캐나다를 떠나 루이빌에 오는 것까지는 동의했지만, 중국은 아니었다! 마거릿은 아이들이 여섯이나 되는 마당에 체스넛 스트리트 교회에서 누릴 수 있는 안락한 삶을 포기할 마음이 전혀 없었다. "당시 나는 그런 희생을 받아들일 준비가 되어 있지 않았다. 좋다, 당신 혼자 중국으로 가는 건 괜찮다. 나는 여기 남아 당신을 뒷받침하고 아이들을 돌보겠다고 남편에게 편지를 썼다. 내가 그렇게 나오면 남편도 한동안은 잠잠할 터였다."[6]

심프슨은 리빙스턴 같은 사람이 아니어서 아내와 여섯 아이를 절대로 버리지 못했다. 하지만 이내 그는 하나님께서 자신을 부르사 "세상을 위해, 죽어 가는 이교도들을 위해 마치 그들 땅으로 파송받은 것처럼 수고하라 하신다고 확신하게 되었다."[7]

하지만 루이빌은 세계 복음화 사역을 시작하기에 적당한 곳이 아니었다. 그래서 1879년 그는 뉴욕에 있는 13번가 장로교회의 청빙을 받아들였다. 그러나 2년 후 심프슨은 그 교회가 복음전도에 대한 자신의 비전을 지지해 주지 않는다는 것을 깨닫고 사임했다. 그는 고정된 수입이 전혀 없는 상태에서 새 사역의 닻을 올렸다. 교회와 친지들뿐만 아니라 아내 마거릿까지 할 말을 잃게 만든 충동적 결정이었다. A. W. 토저(Tozer)는 이때 마거릿의 심정이 어땠을지 다음과 같이 적절하게 설명했다.

선지자의 아내에게 편한 길이란 없다. 남편에게 어떤 이상이 있는지 늘 다 알 수 있는 것은 아니지만 남편이 그 이상을 좇아 어디로 가든 그와 함께 가야 한다. 그러므로 선지자의 아내는 많은 시간을 믿음으로 행할 수밖에 없다. 그 순간 남편의 믿음으로 말이다. 심프슨 부인은 남편을 이해하려고 무진 애를 썼다. 그러나 이따금 그 신실한, 그러나 현실 감각 없는 남편에 대해 인내심을 잃었다 해도 그것을 이유로 심프슨 부인을 너무 심하게 비난해서는 안 된다. 그녀는 사회적 지위를 누리며 풍족하게 살던 삶에서 갑자기 가난한 삶, 거의 추방에 가까운 삶으로 부름받았다. 어떻게든 식구들을 먹여 살려야 했는데 수입은 단 한 푼도 없었다. 사례비는 끊겼고, 사택도 비워 줘야 했다.……심프슨은 나가라고 명령하는 음성을 들었고, 그래서 두려움 없이 갔다. 그의 아내는 아무 음성도 못 들었지만 어쨌든 가지 않을 수 없었다. 이따금 매정했다고 많은 이들이 그녀를 안 좋게 생각한다. 그러나 온통 다른 일에 정신이 팔린 채 높이 날아오르는 남편의 원대한 시야 안에서 어떻게든 가정을 꾸려온 노력에 대해서는 끊임없이 경의를 표해야 한다. A. B. 심프슨 같은 사람의 아내로 살아간다는 것은 결코 쉬운 일이 아니다.[8]

심프슨은 신문에 광고를 내면서 새 운동의 닻을 올렸다. 첫 번째 집회는 어느 주일 오후에 열렸고, 전에 시무하던 교회 교인이 아닌 한 누구나 참석할 수 있었다. 전에 시무하던 교회 교인들에게는 집회에 오지 말라고 특별히 지시했다. 교회를 분열시킨다는 비난을 듣고 싶지 않았던 것이다. 그날 집회에는 많은 이들이 참석했지만 예배가 끝나고 그가 새로 시작하는 사역에 전적으로 헌신하겠다 결단하고 남은 사람은 겨우 일곱 명뿐이었다. 그러나 이 일곱 사람은 심프슨과 더불어 하나의 핵(核)을 형성했으며, 심프슨이 임대한 예배 처소는 이들의 열성적 전도를 통해 곧 사람들의 물결로 차고 넘쳤다. 그 뒤로 8년 동안 이들 그룹은 이곳저곳을 옮겨 다니다가 복음 장막 Gospel Tabernacle이 건축되면서 그곳에서 모이기 시작했다.

심프슨의 궁극적 목표는 세계 복음화에 헌신한 신자들로 단체를 조직하는 것이었지만, 뉴욕 시의 추종자들로 그 운동을 한정하는 데 만족하지 않았다. 사역의 폭을 넓히기 위해 그는 선교 잡지 『온 땅에 복음을』The Gospel in All Lands을 창간했고, 북미의 도시들에서 집회를 개최했다. 1887년 그는 두 개의

기독교선교연맹 창설자 A. B. 심프슨

단체를 창설했다가 1897년 합병하여 기독교선교연맹을 만들었다. 그리고 한편으로는 나중에 나약 선교사 대학이 될 선교사 훈련학교를 세웠다.

심프슨은 절박감을 가지고 선교사들에게 호소했다. 그것은 단순히 사람의 영혼을 지옥에서 구하기 위한 절박감이 아니라 그리스도의 재림을 재촉해야 한다는 절박감이었다. 그가 가장 중요히 여긴 성경구절은 마태복음 24:14이었다. "이 천국 복음이 모든 민족에게 증언되기 위하여 온 세상에 전파되리니 그제야 끝이 오리라." 기독교선교연맹은 세계 전역으로 급속히 퍼져 나갔고, 5년이 안돼 15개 국가에 거의 150여 명의 선교사를 파송했다.

그러나 초기에는 극심한 시련도 있었다. 기독교선교연맹 최초의 해외 선교사는 1884년 콩고행 배에 오른 다섯 명의 젊은이였는데, 이는 이 단체가 공식적으로 결성되기 3년 전이었다. 콩고에 도착한 지 몇 달 지나지 않아 이들 그룹의 리더가 세상을 떠났다. 콩고와 수단 두 나라 모두 초기 사역 때는 선교사들이 값비싼 희생을 치르는 경우가 많았다. A. E. 톰슨[Thompson]은 "그 끔찍한 날씨가 선교사들의 생명을 얼마나 많이 앗아 갔는지, 두 나라 모두 살아 있는 선교사 수보다 선교사 무덤 수가 더 많을 정도였다"고 한다.[9] 중국의 경우 1900년 일어난 의화단 운동이 연맹 소속 선교사와 자녀들 35명의 목숨을 앗아 갔다.

그러나 이들의 사역은 계속 이어져 나갔고, 1919년 심프슨이 세상을 떠날 무렵에는 지구상 전 대륙에 기반을 확보하고 있었다. 1919년 심프슨의 선교사 훈련학교는 뉴욕의 나약에 완전히 터를 잡아 정착했고, 기독교 교육 분야에 그가 남긴 유산은 일개 학교 건물에 머물지 않고 그 너머까지 미쳤다. 그가 만들어 낸 선교사 훈련이라는 개념은 성경학교 운동을 출범시켜 북미 전역으로 퍼져 나가게 했고, 이들 성경학교는 그 후 수십 년간 독립 믿음선교 단체에 선교사를 공급하는 주요 토양이 되었다.

세상을 생각할 때 심프슨은 수많은 사람들이 영생의 소망 없이 죽어 가는 광경을 머리에 그렸다. 그는 이들에게 복음을 전해야 한다는 부담감을 느꼈고, 이 부담감은 그가 쓴 한 구슬픈 찬송가 가사에 잘 요약되어 있다.

하루에도 수많은 영혼들이
한 사람 한 사람씩 죽어 간다네.
그리스도 없는 죄책과 어둠 속에서.
한줄기 소망이나 빛도 없이
끝없이 밤만 이어지며 다가오는 어둠과 함께
저들은 멸망으로 들어가고 있다네.

세상에서 자기 혼자만 이런 짐을 짊어지고 있는 것 같은 기분이 들 때도 많았고, 그 짐의 무게 아래 등이 휠 때도 있었다. 뉴욕으로 사역지를 옮긴 지 얼마 안 되어 그는 "깊은 절망의 수렁에 빠져……사역이 불가능해졌다." 나중에 그는 이렇게 술회했다. "나는 깊이 절망한 채 방황했다. 사는 게 온통 암울하고 시들해 보였다." 얼마 후 회복되기는 했지만 그 뒤로도 걸핏하면 절망감에 빠져들었다. A. W. 토저의 말에 따르면, 세상을 떠나기 직전에도 "그는 영적 암운 밑으로 가라앉았으며, 주님께서 자신에게 얼굴을 감추신 것 같은 느낌이었다"고 한다.[10]

그가 이렇게 한바탕씩 우울증에 빠지는 것을 보며 친구와 친지들은 어리둥절했다. 심프슨 같은 영적 거인이 어떻게 그렇게 깊은 우울증을 겪을 수 있단 말인가? 토저의 분석이 아주 예리하다. "다른 이들에 비해 영적 도약의 범위가 크다는 것이 하나님께 중독된 사람, 하나님 나라를 꿈꾸는 사람, 하나님 나라의 비밀을 전해 받은 사람의 특징이다. 이들은 믿을 수 없을 만큼 강렬한 영적 황홀경으로 단번에 뛰어오르는 능력이 있다. 이에 필적할 만한 능력은 오직 하나, 이들은 올라갈 때만큼 빠른 속도로 하강하여 의기 소침한 얼굴로 그발 강가[겔 1:1]에 멍하니 앉아 있거나 그 고독한 슬픔으로 야경꾼들을 깜짝 놀라게 만드는 서글픈 능력도 있다."[11] 높은 곳과 낮은 곳을 수시로 오가는 영적 기복도 심프슨의 인생 여정의 일부였다. 방향감각을 잃고 절망의 골짜기로 내려가는 것처럼 보일 때가 있었는가 하면 높은 곳으로 날아올라 세계 복음화의 이상을 보며 그것을 실행에 옮길 때도 있었다.

프레드릭 프란손[1852-1908]

프레드릭 프란손[Fredrik Franson]의 전도 활동은 여러 면에서 A. B. 심프슨의 활동과 비슷했다. 실제로 두 사람은 긴밀히 연합하여 활동했다. 1852년 스웨덴에서 태어난 프란손은 주로 팀선교회[TEAM] 창설을 주도한 사람으로 기억된다. 어렸을 때 가족들과 함께 미국 네브래스카 주로 이민을 갔고, 19세기 후반의 여러 선교단체 리더들과 마찬가지로 청년 시절 D. L. 무디와 허드슨 테일러에게 깊이 영향 받았다. 세계 선교에 대한 관심은 30대 때 동유럽과 중동을 여행하면서 갖게 되었다. 그에게는 한 가지 목표가 있었다. "지옥으로 몰려가고 있는 수많은 사람들을 돕기 위해 비교적 큰 규모로 무언가를 할 수 있게 되는 것"이 그의 목표였다.[12]

1890년, 프란손은 중국에서 중국내지선교회와 동역할 순회 선교사를 훈련시킬 목적으로 시카고에서 '11일 전도 강좌'를 시작했다. 그리고 이듬해에는 독자적 선교위원회를 결성했으며, 이것이 팀선교회의 출발이었다. 선교회는 빠른 속도로 성장했다. 1892년 봄, 그는 이렇게 보고했다. "팀선교회는 이제 정식 선교사를 중국에 59명, 일본에 14명 파송했고, 티베트 선교사 10명, 아프리카 선교사 8명이 준비 중에 있어 선교사 총 수는 91명이 되었다."[13]

프란손은 당시의 다른 어떤 선교 전략보다도 수치(數値)에 치중했다고 볼 수 있다. 그는 그리스도인 백만 명이 있다고 할 때 한 사람이 1,400명에게 복음을 전한다면 14억 세계 인구 전체가 복음화될 수 있다고 계산했다. 세계 복음화를 이루고자 하는 그의 소망은 허드슨 테일러의 소망과도 교차되었다. 테일러는 중국에 선교사가 1,000명 파송되어 선교사 한 사람이 하루에 50가정씩 1,000일 동안 전도하면 중국 전체가 복음화될 수 있다고 주장했다.

좀 더 실제적인 차원에서 프란손은 테일러나 심프슨과 마찬가지로 여성 선교사가 세계 선교 사역에 적극적으로 참여해야 한다고 말했다. 성경이 여성 사역을 엄중히 제한한다고 주장하는 이들이 많던 시절에 그는 이들과 다른 주장을 펼쳤다.

성경에는 여성의 공적 사역을 금하는 말씀이 없다. 그리스도인은 복음전도를 통해 주님을 섬길 수 있는데, 우리는 마귀가(마귀로서는 다행한 일이겠지만) 전체 그리스도인의 거의 2/3를 그 사역에서 배제시키고 있는 상황을 마주하고 있다. 하나님의 목적을 이루는 데 이게 얼마나 큰 손실인지 이루 말로 다 할 수 없다……말하자면, 많은 사람들이 지금 물에 빠져 죽기 직전이다. 몇몇 사람들이 그들을 구해 내려 애쓰고 있다. 생각건대 아주 훌륭하고 좋은 일이다. 그런데 저 건너편에서 몇몇 여성들이 구조 작업을 도우려 보트 한 대를 띄우자 일부 남자들이 즉각 고함을 지른다. 아무것도 안 하고 멀뚱멀뚱 보고만 있으니 시간이 남아돌아 고함만 지르는 것이다. "안 돼, 안 돼, 여자들은 나서지 마. 저 사람들은 차라리 그냥 빠져 죽게 놔두라고." 얼마나 어리석은 짓인지![14]

프란손의 생전은 물론 1908년 그가 세상을 떠난 후에도 팀선교회는 계속 선교사 숫자도 불리고 이들이 사역하는 나라도 점점 확장시켜 나갔다. 그러나 전도 사역에서 여성들이 주요 역할을 할 수 있어야 한다는 프란손의 외침에 귀 기울이는 사람은 20세기 들어 점점 줄어들고만 있었다.

롤런드 빙엄[1872-1942]

심프슨과 프란손의 꿈은 온 세계로 선교사를 보내는 것이었다. 그런데 이 시기의 다른 선교단체 지도자들은 허드슨 테일러를 본받아 좀 더 구체적인 한 지역에 노력을 집중했다. 대학생 자원자들의 경우가 그랬듯이 선구자들은 불필요하게 자기와 다른 이들의 목숨을 위태롭게 만드는 종교적 극단주의자나 과시욕 강한 사람 취급을 받았다. 그럼에도 이들이 계속 앞으로 나아갈 수 있었던 것은 자신이 하나님의 소명을 받았다고 생각했기 때문이었다.

아직 경험 부족한 이들이 광대한 아프리카 내륙의 문을 열고 들어가게 된 것도 바로 이 복음전도에 대한 열정 덕분이었다. 당시 수단이라고 알려진 지역은 아무 소망이 없는 땅에 다름 아니었다. 실패·죽음·절망이 수단내지선교회[SIM]의 출발을 장식했다. 수단은 사하라 남쪽의 광활한 금단의 땅으로 여러 개의 부족국가로 나뉘어져 있었다. 그러나 롤런드 빙엄[Rowland Bingham]의 끈질긴 노력을 통해 국제 수단내지선교회는 아프리카에서 모험적으로 활동을 펼치는 역동적 선교단체가 되었고, 오늘날에는 아프리카 대륙 너머로까지 활동 영역을 넓히는 세계 최대 선교회로 손꼽히고 있다.

수단내지선교회 이야기는 스코틀랜드계 캐나다 청년 월터 고완스^{Walter}
Gowans, 1868-1894 와 더불어 시작된다. 그는 인구가 6천만 명이 넘는데 선교사는
한 명도 없는 수단이야말로 하나님께서 자신을 보내고 싶어 하시는 곳이라
확신했다. 하지만 출발부터 그는 거대한 장애물을 만났다. 특히 후원자와 지
지자를 구하는 문제에서 어려움을 겪었다. 북미에는 질병이 창궐하는 수단
땅에 선뜻 선교사를 파송하려 하는 선교단체가 하나도 없었기에 그는 영국
에 가서 후원자를 찾을 생각으로 영국행 배에 올랐다.

한편 가장 확고한 지지자인 그의 어머니는 아들과 함께 이 모험에 나서
줄 사람들을 찾기 시작했다. 이미 딸을 중국 선교사로 보낸 바 있지만 딸이
겪고 있는 어려움 때문에 어머니의 열정이 꺾이지는 않았다. 고완스 부인은
열렬한 선교 후원자였고, 빙엄은 이것을 곧 알아차렸다. 우연히 빙엄의 강
연을 듣고 그가 자신의 아들에게 이상적 동역자가 될 거라 확신하게 된 고
완스 부인은 그를 집으로 초대했다. 그리고 빙엄에게 수단 선교의 필요성을
열정적으로 설명했다. 부인은 남을 설득하는 능력이 뛰어난 여인이었다. 빙
엄은 이렇게 기록했다. "다음 날 아침 고완스 부인에게 다시 갔다. 2주 뒤에
부인의 아들과 합류하여 공동 사역을 했으면 한다고 이야기할 참이었다. 부
인이 기뻐했느냐고? 선교위원회라고는 부인 한 사람뿐이었기에 나는 그 자
리에서 허입되었다."¹⁵

롤런드 빙엄은 1872년 영국 서식스에서 태어났다. 걱정 근심 없는 유
년 시절을 보냈으나 아버지가 사망하면서 집안이 기울기 시작했다. 빙엄은
열 세 살에 학교를 그만두고 돈을 벌려고 다니다가 3년 후 캐나다 이민길에
올랐다. 영국에 살 때 구세군 사역을 통해 회심했고, 캐나다로 온 지 얼마 안
되어 "하나님은 내가 복음을 전하는 사람이 되기 원하신다는 것을 분명히
하셨고, 그분의 인도에 따라 나는 구세군 사관이 되었다"고 한다. 그렇게 구
세군 사관으로 일하던 중 고완스 부인을 만나게 된 것이었다.

모험적 선교 사역에 헌신하기로 약속한 뒤 빙엄은 뉴욕으로 가서 월터 고완스의 친구 토머스 켄트^{Thomas Kent}와 접촉했다. 이 사역에 동참해 달라고 설득하기 위해서였다. 이리하여 1893년 봄 두 사람은 함께 아프리카행 배에 올랐다. 고완스와 합류하여 아프리카 서해안 쪽에서부터 내지로 들어갈 계획이었다. 나이지리아 라고스에 도착한 뒤 이들 3인조는 다른 선교회가 수단에 선교사를 파송하는 문제에 왜 그리 신중했는지 곧 깨달았다. 서아프리카의 감리교 선교회 지도부는 "젊은이들, 그대들은 절대 수단 땅을 보지 못할 겁니다. 그대들의 자녀들도 못 볼 것입니다. 손자 대에서는 혹시 모르겠군요"라고 불길한 경고를 했다.[16] 다른 단체 선교사들 역시 비관적 예측을 내놓았다. 그러나 수단 땅에서 복음을 전하고 있는 선교사가 하나도 없다는 그 사실이 바로 이들이 아프리카에 온 이유였기에 이들은 돌아가기를 거부했다. 그러나 세 사람이 한 팀을 이루어 사역을 시작하려던 꿈은 빙엄이 말라리아에 걸리는 바람에 무산이 되었다. 빙엄은 대신 해안에 남아 보급기지를 세우기로 했다.

육로로 1,280km의 여정에 나선 지 1년이 조금 안되어 고완스와 켄트는 앞서의 그 비관적인 예측대로 말라리아 앞에 항복하고 말았다. 3주의 시간차를 두고 두 사람의 사망 소식을 받아든 빙엄은 망연자실했다. 그는 자신의 앞날과 자신의 믿음, 그 어느 것에 대해서도 확신하지 못한 채 영국으로 돌아갔다.

나의 믿음은 기초부터 흔들렸다.……주님의 명령을 이행하려고, 어둠 속을 헤매는 수많은 사람들에게 복음을 전하려고 그토록 노심초사하던 그들이 왜 활동을 시작하자마자 죽어야 했는가? 많은 의문들이 내 앞을 가로막는다.……성경은 그저 인간의 생각이, 심지어 편견에 사로잡힌 생각이 진화한 것인가, 아니면 하나님의 계시인가? 이 중요한 문제를 두고 여러 달 동안 씨름한 후에야

나는 마침내 견고한 반석으로 돌아올 수 있었다.[17]

믿음을 새로이 한 빙엄은 선교 사역을 계속하기로 마음먹고 캐나다로 돌아왔다. 자신은 선교 사역을 하기에 부적격이라는 것을 깨달은 그는 클리블랜드 병원에서 기초의학 과정을 밟은 뒤 1895년 가을 뉴욕에 있는 심프슨의 성경학교에 등록했다. 고완스와 켄트가 다닌 바로 그 학교였다. 1898년 5월 다시 아프리카로 가기 전 그는 수단내지선교회를 세웠다. 그리고 같은 달, 헬렌 블레어Helen Blair와 결혼했다. 헬렌은 빙엄이 감사의 빚을 지고 있던 사람의 딸이었다. "바로 5년 전, 장인이 은행 계좌를 다 털어 내가 아프리카로 가는 걸 도울 때만 해도 내가 언젠가 돌아와서 당신의 딸에게 동역을 요청할 거라고는 꿈에도 생각하지 못했을 것이다. 우리의 첫 시도가 두 개의 외로운 무덤 외에 아무것도 남긴 게 없다는 사실에 비추어 볼 때, 재산을 다 털어 준 것이 딸을 주는 것보다는 더 수월했을 것이다."[18]

처음 아프리카에 갔던 때로부터 7년이 지난 1900년, 빙엄과 젊은 자원자 두 사람은 다시 한 번 수단 땅에 들어가 보기로 하고 준비를 마쳤다. 그런데 라고스의 선교사들은 그의 계획에 "지난번보다 더 심하게 반대"했고, 자신들의 그런 생각을 빙엄의 동역자들에게 강력하게 표명했다. 빙엄 일행은 더 크게 좌절할 수밖에 없었고, 게다가 몇 주 지나지 않아 빙엄은 심한 말라리아에 걸려 다시 귀국해야 했다. 젊은 동역자들은 빙엄 없이도 계획대로 밀고 나가기로 약속했지만, 더욱 암울한 예측들이 이어지자 결국 상심한 채 다음번 배편으로 돌아오고 말았다.[19]

뒤에 남았던 사람들마저 귀국 중이라는 소식에 빙엄은 다시 깊은 절망에 빠졌다. "아프리카에서 죽었더라면 더 편했을 것이다. 돌아오는 길에 거의 죽을 뻔했으니 말이다. 모든 게 실패인 것 같았다. 영국에서 점차 기력을 회복하고 있는 중 두 동료가 곧 뒤따라 도착할 거라는 불길한 전보를 받고 나는 인생에서 가장 암울한 시기로 접어들었다."[20] 그러나 여전히 빙엄은 포기하기를 거부했다. 그는 캐나다로 가서 선교회 자문단을 만났고, 세 번째 수단행에 함께할 신입 선교사 네 명을 충원했다.

1901년의 이 세 번째 시도는 성공적이었다. 나이저 강 상류 약 800km 지점의 파티기에 아프리카 최초의 수단내지선교회 기지를 세운 것이다. 그러나 한 걸음 전진하면 두 걸음 후퇴해야 하는 상황이 이어졌고, 2년이 되자 처음 네 명의 선교사 중 남은 사람은 겨우 한 사람뿐이었다. 한 사람은 죽었고 두 사람은 기력이 너무 쇠하여 귀국했다가 다시 돌아오지 않았다. 파티기에서의 처음 10년 동안 수단내지선교회는 겨우 회심자 몇 사람 얻으면서 간신히 버텼지만, 점차 새로운 기지를 확장해 가면서 아프리카의 그 황량한 지역에 든든히 기반을 마련하게 되었다.

20세기로 접어든 후 수단내지선교회가 아프리카에서 계속 버틸 수 있는 힘을 갖게 되는 데 영향을 끼친 한 가지 요소는, 말라리아 치료제로 키니네를 완벽하게 활용했다는 점이다. 키니네를 적절히 사용하게 되면서 선교사들은 이제 그 무서운 병을 더는 두려워하지 않아도 되었다. 또 한 가지 요소는 고완스 부인이었다. 빙엄의 말에 따르면, 부인은 수단내지선교회를 "지지해 주고 힘을 돋워준 가장 큰 기도 조력자 중 한 사람"이었다. "부인의 기도와 믿음 덕분에 우리는 불모의 처음 7년을 지나 풍성한 수확기로 들어갈 수 있었다."[21]

선교사들은 말라리아 말고 또 다른 장애물도 만났는데, 어떤 면에서 이역시 말라리아 못지않게 두려운 장애물이었다. 빙엄은 아프리카에서 마주한 악마적 세계와 관련하여, "보이지 않는 전쟁이 끊임없이 이어졌다"고 말했다.

서방 세계에서는 귀신과 마귀에 대한 믿음 따위는 신화의 영역으로 보내 버리는 게 유행이다. 그런 말을 입에 올리더라도 그냥 농담으로 치부된다. 그러나 서아프리카나 기타 선교 현장에서 그런 이야기는 결코 농담이 아니다. 멀리 갈 것도 없이 나이지리아나 수단 혹은 에티오피아 정글 속 아프리카 마을 몇 군데만 찾아가 봐도 귀신이나 마귀의 존재를 믿게 된다. 사방이 귀신과 마귀 천지이고, 그래서 곧 이 악한 힘들의 존재에 대한 이교도들의 믿음을 공유하게 된다. 물론 그리스도인으로서 그 악령들에 대한 이교도들의 두려움이나 그 영들의 비위를 맞추려고 헛되이 제물을 바치는 행위에까지 동참하지는 않지만 말이다. 특정한 주물(呪物)을 섬기는 사람, 귀신에 빙의한 사람, 이리로 둔갑하는 마술, 부적, 마녀, 마법사, 죄가 있는지 없는지 독약을 먹여 시험하기 등이 선교 초기 단계에서부터 아무 제재 없이 성행했다.[22]

이 "어둠의 권세"와 싸우며 복음을 전하면서 선교사들은 이곳 사람들의 육체적 필요를 간과할 수 없다는 것을 깨달았다. 나병은 아프리카인들이 특히 두려워하던 병으로, 수단내지선교회는 곧 이 천벌과도 같은 병을 근절하기 위해 적극적으로 나섰다. 나병 환자들을 돕는 사역은 1920년대에 시작되었고, 1960년대에는 나이지리아에서만 3만 명이 넘는 나환자들을 치료했다. 나병을 치료받고 싶어 했던 아프리카인 상당수가 무슬림이었는데, "어릴 때부터 배운 이슬람의 가르침과 부모의 협박에도 불구하고 많은 환자들이 그리스도를 선택했다."[23]

수단내지선교회가 아프리카 땅을 가로질러 사역을 확장시키며 성장해 가자 에티오피아 선교 문제가 대두되었고, 수단내지선교회 선교사들이 에티오피아에 세운 교회는 아프리카를 위한 빙엄의 희생적 섬김의 삶에 딱 어울리는 정점이 되었다. 1928년 토머스 램비Thomas Lambie, 1885-1954 박사가 에티오피아 남부 지방으로 들어가 왈라모 지역에 정착한 뒤 의술을 베풀며 복음을 전하기 시작했다. 수단내지선교회의 여러 선교사들이 그의 노력에 동참해 몇 년 동안 온 힘을 다 쏟아부었지만 결과는 신통치 않았다. 그러던 중 1935년 이탈리아가 에티오피아를 상대로 군사행동을 취하면서 상황은 더 안 좋아졌다. 미국과 영국 대사관에서는 자국 국민들에게 즉각 철수 지시를 내렸지만 수단내지선교회 선교사들은 롤런드 빙엄 총재의 승인을 얻어 계속 에티오피아에 머물렀다. "여러분들은 영국 국왕이나 미합중국 대통령보다 더 높은 분의 다스림 아래 있습니다. 그분에게 지시를 받으십시오. 우리는 여러분과 한 몸입니다."[24]

이 당시 왈라모에 세례 받은 신자는 겨우 17명뿐이었다. 선교사들은 남은 날이 얼마 안된다는 것을 깨달았다. "시간이 얼마 없다는 것을 알고 있었기에 우리는 그 그리스도인들을 가르치고 복음의 메시지를 전하기 위해 우리가 할 수 있는 모든 일을 다 했다.……선교관을 벗어나는 건 안전하지 않았지만, 얼마 남지 않은 시간을 잘 활용해 어린 신자들을 훈련시키는 게 절박하고도 중요한 문제였기에 그런 위험은 당연히 감수해야 했다"고 한 선교사는 기록한다.[25]

에티오피아에 마지막까지 남아 있던 선교사 19명과 일곱 자녀들은 1937년 강제 철수되었다. 자그마한 왈라모 교회를 세우기까지 거의 2년의 시간을 번 셈이었다. 그러나 그 2년이라는 시간 동안에도 신자 숫자는 여전히 그대로여서 겨우 48명에 불과했고 선교사들은 깊은 슬픔과 회의를 안고 떠나갔다.

마지막 산모퉁이를 돌 때 저 멀리서 사람들이 손을 흔들며 작별 인사를 하는 것을 보면서 우리는 그 깊은 어둠 한가운데 꺼질 듯 깜박거리는 작은 복음의 불꽃이 앞으로 과연 어떻게 될지 궁금했다. 하나님 말씀으로 인도 받고 가르침 받아야 할 이 어린 그리스도인들, 그러나 자기들 언어로 된 하나님 말씀이라고는 마가복음과 쪽성경 몇 권밖에 없는 이들이 앞으로 필연적으로 닥칠 핍박을

과연 견뎌내 줄지.[26]

결국 핍박이 닥쳤다. 초대교회 때처럼 지극히 신실한 신자까지도 시험하는 극심한 핍박이었다. 그러나 그러한 억압에도 불구하고 교회는 급속도로 성장했다. "극심하기 짝이 없는 핍박 가운데서 그리스도인들이 서로에게 따뜻한 사랑을 보이는 모습은 불신자들을 깊이 감명시켰다.……그때까지 듣도 보도 못한 그런 사랑의 말씀이 널리, 멀리 퍼져 나갔다."[27]

1941년경 에티오피아에서 전쟁이 끝났고, 이듬해 1차로 선교사들의 귀환이 허용되었다. 비록 영국 정부의 통제 아래 사역해야 했지만 말이다. 다시 돌아온 선교사들은 깜짝 놀랐다. 5년 전 떠나갈 때 48명에 불과하던 그리스도인이 약 1만여 명으로 불어났고, 갓 태어난 작은 교회 하나 대신 거의 백여 개의 교회가 그 지역 전체에 퍼져 있었던 것이다. 이는 아프리카 역사상 기독교의 복음전도와 관련된 가장 위대한 이야기로, 이제 69세가 된 롤런드 빙엄은 이 이야기를 듣고 더할 나위 없이 감격했다.

고통스런 패배로 얼룩졌던 처음 몇 년의 아프리카 사역은 이제 한 굽이를 돌았고 빙엄은 50년간의 수단내지선교회 이야기를 담은 책 『일곱이레』 _Seven Sevens_ 집필을 막 마친 참이었다. 주변의 축하를 받으며 그는 에티오피아를 한 번 찾을 계획을 세웠다. 그러나 1942년 12월, 캐나다를 출국하기 전 그는 갑자기 세상을 떠났다. 사인은 심장마비로 보였다.

빙엄의 사후 수단내지선교회는 아프리카에서 승리도 목격했고 퇴보도 목격했다. 1955년 수단 독립이 선언되자[28] 선교사들은 정치적 소용돌이 한가운데 서게 되었고, 남부 부족들과 북부 무슬림 아랍인들 사이에 내전이 발발했을 때 선교사들은 남부의 반역자들을 돕고 있다는 혐의를 받았다. 새 정부는 미션스쿨을 국유화했고, 1964년 무슬림이 장악한 정부는 남부의 모든 선교사들을 추방했다. 선교사들이 추방당하자 수단 그리스도인들의 처지는 계속 악화되기만 하는 것 같았다. 북부 정부는 일부 남부 부족들을 무장시켜 다른 남부 부족들과 싸우게 만들면서 부족 간 적개심을 조장하여 남부의 저항을 약화시켰다. 남부의 일부 부족은 가차 없이 괴멸되었고 50만 명 이상이 목숨을 잃었다. 그리스도인들은 고문당했고, 교회당은 불태워졌다.

그러나 1970년대 초가 되면서 수단의 정치 기류는 반전되었다. 소련의 자문단이 물러가고 선교사들의 재입국이 허락되었다. 소규모 성경학교가 설립되었고, 수많은 건강증진 계획이 시행되었다. 에티오피아에서는 소련이 내정에 개입하고 공산주의 정부가 수립되면서 정치적 소용돌이가 심해졌다. 1970년대 말 무렵 수단내지선교회 선교사는 과거 규모에 비해 얼마 안되는 숫자만 남은 상태였다. 그러나 약 2,500여 개의 교회와 성경학교 12곳이 여전히 수단내지선교회와 유대관계를 맺고 있었다.

피터 캐머런 스콧[1867-1896]

아프리카내지선교회[AIM]는 수단내지선교회와 마찬가지로 초기의 격변을 이겨 내고 간신히 살아남았다. 고문과도 같은 아프리카의 기후와 자연환경 때문에 서방의 선교사들은 톡톡히 값을 치렀다. 그래서 동쪽 해안에서 시작해 아프리카를 가로지르는 선교기지 라인을 구축한다는 요한 루트비히 크라프의 비전을 성취하려는 꿈은 한때 가혹한 악몽으로 변하기도 했다. 1895년의 약속과 함께 시작된 그 모험은 몇 년 지나지 않아 거의 명맥만 유지하는 상태가 되었다. 그러나 1901년 상황은 저절로 역전이 되었고, 아프리카내지선교회는 동아프리카 최대의 신교단체로 발전해 나가기 시작했다.

아프리카내지선교회는 피터 캐머런 스콧[Peter Cameron Scott]이 창설했다. 피터는 국제선교연맹(후일의 기독교선교연맹) 소속으로 아프리카에서 잠깐 사역하

아프리카 내지선교회 창설자 피터 캐머런 스콧

다가 말라리아에 거듭 걸리는 바람에 결국 본국으로 돌아가야 했던 젊은 선교사였다. 그는 1867년 스코틀랜드 글래스고에서 태어나 열 세 살 때 미국으로 이주하여 필라델피아에 정착했다. 타고난 성악가였던 그는 한 이탈리아 거장 밑에서 음악 공부를 했다. 부모는 그가 오페라 가수가 되는 것을 반대하고 인쇄업을 배울 것을 강권했지만 무대의 유혹은 강렬했다. 하지만 오디션을 보러 한 오페라하우스에 가서 계단을 올라가던 중 그는 음악으로 출세하기보다는 선교사가 되어 하나님을 섬기기로 하는 일생일대의 결단을 내린다.

그렇게 결단을 내린 그는 심프슨이 세운 뉴욕 선교사 훈련대학에 등록하여 아프리카 선교사가 될 준비를 했다. 1890년, 23세의 피터는 심프슨에게 안수를 받고 그 다음 날 아프리카 서해안으로 향하는 배에 올랐다. 아프리카에 도착한 지 몇 달 후 형 존이 합류했으나 이들의 재회는 짧게 끝났다. 존이 '백인의 무덤' 수많은 선교사들 틈에 함께 묻혔기 때문이다. 피터는 허술한 관을 하나 만든 뒤 직접 무덤을 파고 형을 묻었다. 피터는 교회의 조종(弔鐘)도, 꽃다발도, 추도사도 하나 없는 무덤가에 홀로 서서 아프리카에 복음을 전하는 일에 헌신하겠다고 재다짐했다.

몇 달 후 건강이 상해 영국으로 돌아온 피터는 웨스트민스터 사원에 있는 데이비드 리빙스턴의 무덤 앞에서 또 한 번 감화를 받았다. 묘비 앞에 무릎 꿇고 앉은 그는 이런 묘비명을 읽었다. "이 우리에 들지 아니한 다른 양들이 내게 있어 내가 인도하여야 할 터이니"요 10:16. 묘비명을 읽은 그는 아프리카로 다시 가기로 했다. 이 위대한 인물은 한 가지 목표를 위해 죽고 살았는데, 필요하다면 자신도 그 목표를 위해 목숨을 내놓기로 했다.

스콧은 일단 미국으로 가서 몇몇 사람들을 만나 아프리카 내지로 들어갈 전략을 짜기로 했다. 동쪽에서 출발하여 성공회 선교사들이 사역하고 있는 해안 지역 너머 "내륙의 미전도 종족" 마을로 들어가려는 것이 그의 계획이었다. 첫 번째 기획회의에 참석한 이들은 A. T. 피어슨1837-1911과 C. E. 헐버트Hurlburt로, 장차 아프리카내지선교회에서 중요한 역할을 하게 될 사람들이었다. 펜실베이니아 성경학교가 새 선교 사역 본부가 되었고, 1895년 스콧을 비롯해 그의 누이 마거릿을 포함한 일곱 명이 아프리카 선교사로 공식 파송될 때 고별 예배를 드린 곳도 이곳이었다.

선교사 일행은 탄자니아 잔지바르에 도착하여 거기서부터 내지로 들어가 케냐 땅에 첫 번째 선교기지를 세웠다. 첫 번째 기지를 세운 지 몇 달 후 스콧은 새 선교지를 물색하러 다녔다. 이즈음 스콧의 부모와 누이 아이나를 포함해 신입 선교사들이 아프리카로 오고 있는 중이었기에 그는 미래에 대해 낙관적이었다. 1896년 첫 번째로 제출한 아프리카내지선교회 연례 보고서에서 그는 단 1년 만에 이뤄진 의미 있는 성과들에 대해 자세히 설명했다. 네 곳의 선교기지가 문을 열었고, 주택을 건설했으며, 교육ㆍ의료 사업을 시행했고, 언어 습득 과정도 꾸준히 진행 중이었다.

그러나 스콧의 첫 번째 연례 보고서가 발표되자마자 그가 병이 났다는 소식이 들려왔다. 아프리카의 가혹한 자연환경이 또 한 번 스콧을 무너뜨렸고, 게다가 1년에 약 4,180km를 도보로 이동해 다닌 그 빡빡한 일정이 상황을 더 악화시켰다. 어머니가 정성으로 간호했지만 아무 소용이 없었다. 그는 1896년 12월, 사역을 재개한 지 14달 만에 결국 세상을 떠났다.

스콧은 아프리카내지선교회의 생명선이었다. 그래서 케네스 리처드슨에 따르면, 스콧의 죽음으로 "아직 미숙한 이 선교회는 심각한 어려움에 처했다.⋯⋯소중한 일꾼 몇 사람이 하나씩 둘씩 세상을 떠났다. 건강상 이유로 사역으로 포기할 수밖에 없는 이들도 있었다. 또 스콧의 가족 중 아직 남아 있던 이들을 포함해 몇몇 사람들은 다른 방법으로 아프리카를 섬기겠다며 그곳을 떠나갔다"고 한다. 1899년 여름, 현장에 남은 선교사는 윌리엄 갠거트William Gangert뿐으로, 그는 아프리카내지선교회가 아직 아프리카에서 일하고 있다는 외로운 상징이었다. 그 뒤 얼마 안되어 신입 선교사 두 사람이 충원되어 사역 재건 과정이 시작되었다. 그리고 1901년, 선교회 총재로 임명된 C. E. 헐버트가 아내와 다섯 자녀(후에 이들도 모두 아프리카내지선교회 선교사가 되었다)를 데리고 아프리카로 완전히 이주했으며, 덕분에 이제 그는 현장에서 모든 일을 좀 더 면밀히 살피면서 사역에 직접 참여할 수 있게 되었다.

1909년, 아프리카내지선교회는 탄자니아까지 사역 범위를 확장시켰고, 후에는 콩고 북동부까지 들어갔다. 물론 이렇게 되기까지 강력한 정치적 영향력이 없지 않았다. 1908년에 미국에서 휴가 중이던 헐버트는 백악관의 부름을 받고 시어도어 루스벨트 대통령을 만나 대통령이 계획하고 있는 동아프리카 사냥 여행에 대해 조언했다. 이듬해 아프리카를 찾은 대통령은 헐버트와 다시 만나 우의를 돈독히 하고 리프트밸리 아카데미 기공식에도 참석하면서 자신의 영향력이 필요할 경우 언제든지 도움을 주겠다고 약속했다. 1910년 벨기에 당국이 아프리카내지선교회의 콩고 활동을 가로막자 헐버트는 루스벨트의 약속을 떠올리고 전직 대통령이 된 루스벨트에게 도움을 청했다. 루스벨트는 약속한 대로 벨기에 정부에 손을 써서 아프리카내지선교회가 콩고에 들어가 활동할 수 있게 해주었다. 그런데 이 과정에서 의사소통이 뒤얽혀 콩고 마을 추장들은 루스벨트가 직접 마을을 방문하는 것으로 착각했고, 덕분에 첫 번째로 파견된 선교사들은 뜻밖의 국빈 대접을 받기도 했다.

헐버트는 다섯 자녀들까지 아프리카로 데려와서 많은 이들을 놀라게 했지만, 그는 안정된 가정생활의 중요성을 믿는 사람이었고 교육 문제로 아이들을 본국으로 돌려보내야 한다고는 생각하지 않았다. 그는 선교사 자녀들을 위한 학교를 맨 처음 시작한 사람 가운데 하나였으며, 그가 생각한 학교는 선교 현장에 위치한 기숙학교였다. 리프트벨리 아카데미는 그가 아프리카에 도착한 지 얼마 안되어 설립된 뒤 확장을 거듭하면서 동아프리카의 수백여 선교사들에게 도움을 주었으며, 석 달은 학교에서 지내고 한 달은 집에서 지내는 일정으로 수업이 진행되어 학생이 1년에 세 번씩 가족들과 함께 지낼 수 있게 했다.

헐버트는 1913년 케냐에서 열린 선교대회에서 리더를 맡았다. 이 대회는 성경의 권위와 사도신경, 니케아 신조를 바탕으로 선교사들 간의 협력을 장려했다. 케네스 리처드슨은 "본토에서 그리스도인을 분열시켰던 교파적 차이가 케냐에까지 들어온 것은 비극적인 일로 여겨졌다"고 기록한다.[29] 연합 제안에 부정적 반응을 보이는 이들도 있었지만(특히 일부 성공회교도 중에서), 선교사 사회에 협력을 조장하는 느슨한 연합이 결성되었다.

헐버트 앞에는 또 한 가지 난제가 버티고 있었다. 특별히 아프리카 부족 풍습과 관련된 문제였다. 1920년대에는 여성 할례 관행 때문에 아직 어린 아프리카내지교회[AIC]가 거의 궤멸될 뻔한 위기가 초래되었다. 이는 부족 의식 때 사춘기 소녀들에게 할례를 행하는 풍습으로, 어린 소녀들이 외딴 숲 속의 오두막에 끌려가서 마취도 하지 않은 채 나이든 여인들의 손에 멸균도 안된 조잡한 기구로 성기 일부를 절단당해야 했다. 그 결과 심각한 감염 사고가 자주 일어났을 뿐만 아니라 아이를 출산할 때 합병증이 생기는 경우도 많았다.

아프리카 교회에서는 이 문제를 두고 찬반양론이 뜨겁게 달아올랐지만, 선교회에서는 아프리카 교회 지도자들이 이 풍습을 정죄하든지 아니면 지도자 자리를 내놓든지 하라고 주장했다. 대부분 선교회의 요구에 응했고 거부한 사람은 12명뿐이었지만, 이것으로 위기가 끝난 것은 아니었다. 오랜 세월 전해 내려온 부족의 풍습에 반대 입장을 취한다는 이유로 일부 아프리카 그리스도인들이 핍박을 당했고, 할례 집행자를 자청한 이들이 할례 받지 않은 소녀들을 찾아 마을들을 뒤지고 다녔다.

결국 최악의 사건이 벌어지고 말았다. "올 것이 온 거였다"고 제임스 헤플리[James Hefley]는 말한다. "나이 많고 귀가 잘 안 들리는 아프리카내지선교회 선교사 힐다 스텀프가 목 졸려 죽은 시체로 발견되었다. 처음엔 도둑에게 살해당한 것으로 보고되었다가 후에 진상이 밝혀졌다. 힐다의 시신은 잔혹하게 할례가 시행된 상태였는데 할례 방식으로 보아 광적인 할례 옹호자들의 소행임을 알 수 있었다." 이 "충격적인 살인사건으로 부족 내 강경파들은 한 발 뒤로 물러났다. 그러나 아프리카인들과 유럽인들 사이의 깊은 갈등은 그 후로도 계속 해결되지 않은 채 이어지다가 1950년대의 마우마우 유혈 사태에서 절정을 이루었다."[30]

이 사건 후 아프리카내지선교회 지도자들은 선교 활동의 통제권을 아프리카인들 자신에게 많은 부분 양도해야 할 필요성이 시급하다는 것을 깨달았다. 1971년 아프리카내지선교회는 선교회 재산을 아프리카내지교회에 넘겨주었다. 선교회는 1895년 피터 캐머런 스콧이 계획한 대로 사역을 계속했지만 아프리카 교회의 요청이 있을 때에 한해서였다.

C. I. 스코필드[1843-1921]   A. B. 심프슨이 지구촌 전역에 선교사들을 파송하고 빙엄과 스콧이 중앙아프리카를 파고들고 있던 그 십여 년 동안, 또 한 사람의 미국인이 중앙아메

리카에서 복음을 증거하기 위한 초석을 놓고 있었다. 그 사람은 후에 자신이 편집한 성경으로 유명세를 타게 될 C. I. 스코필드Scofield로, 중앙아메리카 복음화에 대한 꿈을 꾼 사람은 그가 처음이 아니었지만, 1880년대 후반 그 지역이 스코필드의 관심을 끌던 당시 그곳에 "스페인어로 복음을 증거할 수 있는 사람은 한 사람밖에 없었다."[31]

성경 편집자이자 중앙아메리카선교회 창설자
C. I. 스코필드

스코필드는 1843년 미시간 주에서 태어나 테네시 주에서 자랐다. 남북전쟁 당시 남부동맹군에 입대하여 리 장군 휘하에서 복무했다. 전쟁 후 법률을 공부했고, 캔자스 주 의회의원으로 일하다가 그랜트 대통령 시절 연방검사가 되었다. 그 후 1879년 세인트루이스에서 변호사로 일하던 중 한 의뢰인이 복음을 증거하는 말을 듣고 회심했다. "술의 노예"였던 스코필드에게 회심은 극적인 사건이었다. 회심 후 그는 강도 높게 성경을 공부하기 시작했고, 1883년 회중교회 목사로 안수받았다. 그 후 13년 동안 댈러스에서 목회를 했고, 후에는 강연가이자 필라델피아 성경대학 설립자 겸 초대 학장이 되었다. 선교에 대한 관심은 댈러스 시절부터 생겼다.

스코필드는 몇 해 동안 여름철마다 나이아가라 성경집회에 참석했고, 거기서 허드슨 테일러를 만나 그 후로도 오래 이어질 우정을 맺게 된다. 1888년 여름 집회에서 그는 코스타리카 사람들의 영적 궁핍함에 대해 알게 되었다. 댈러스로 돌아온 그는 기도 모임을 결성하여 그 작은 나라에 초점을 맞추어 기도하기 시작했다. 1890년 가을, 주변의 도움으로 그는 중앙아메리카선교회^{CAM}를 조직했고, 네 달 뒤 첫 번째 선교사 후보자 윌리엄 매코 널^{William McConnell}이 코스타리카에서 사역하게 되었으며, 얼마 후 그의 아내 미 니와 세 아들까지 코스타리카로 건너갔다.

매코널은 코스타리카에 처음 도착해서 로스 부인과 랭 부인을 만났는 데, 두 여성 모두 커피 농장주와 결혼해 산호세에서 살고 있던 사람들이었 다. 두 사람은 스코틀랜드 장로교인들이 설립한 교회에 적극적으로 출석하 면서 선교사들을 위해서도 함께 모여 기도하고 있었다. 매코널은 몇 년 후 이 여성들에 대해 말하기를, "그 나라에 갔을 때 가장 먼저 우리를 따뜻하게 환영해 주고 사역할 때 힘을 불어넣어 준" 사람들이라고 하면서 "그 이후 계속 충실한 친구이자 조력자가 되어 주었다"고 덧붙였다.

1894년 무렵 코스타리카에는 모두 일곱 명의 중앙아메리카선교회 선 교사가 있었고, 이듬해 선교회는 온두라스와 엘살바도르에서도 사역을 시 작했다. 1899년에는 과테말라에도 선교사들이 도착했고, 이듬해에는 니카 라과에도 들어갔다. 설립 후 처음 10년 동안 중앙아메리카선교회는 중앙아 메리카 다섯 개 나라에 25명의 선교사를 파송했고, 실패하고 후퇴하는 경우 도 있었지만 그래도 꾸준히 사역을 이어가 20세기 말에는 약 300명의 선교 사가 중앙아메리카 여섯 개 나라에서 사역하게 되었다.

짐 엘리엇¹⁹²⁷⁻¹⁹⁵⁶　　　　　스코필드가 중앙아메리카라는 특정
　　　　　　　　　　　　　　　지역에 관심을 갖긴 했지만 라틴아메
리카는 개신교 선교에서 완전히 누락되어 있었다. 그러나 19세기 말 즈음 이런 소홀함에 대한 인식이 싹트기 시작했다. 루시 기네스^{Lucy Guiness}는 『방치 된 대륙』^{The Neglected Continent}에서 "남미가 영적으로 방치된 것"을 강조하면서 많 은 그리스도인들에게 책임을 일깨웠다. 1900년에는 라틴아메리카 전체에

복음주의 그리스도인이 겨우 5만 명 정도였던 것으로 추산되며, 이 숫자는 그 후 50년 동안 거의 100배가 늘어났고, 20세기 말에는 천만 명을 헤아리고 있다. 허버트 케인은 "20세기 다른 어느 곳에서도 기독교가 이렇게 급속히 성장한 예가 없다"고 기록하고 있다.[32]

해럴드 쿡의 말에 따르면, 개신교가 라틴아메리카를 소홀히 한 주된 이유는 "로마가톨릭의 격렬한 반대" 탓에 "개신교의 라틴아메리카 선교가 불가능해졌거나 혹은 이목을 끌지 못했기" 때문이라고 한다. 그리고 라틴아메리카에는 "동양이나 아프리카 혹은 남태평양 같이 어떤 식으로든 사람의 마음을 끌어당기는 매력이 없었다"는 것이 또 하나의 요인이라고 한다. 일부 개신교 선교단체 지도자들도 라틴아메리카는 명목상 기독교화되어 있었고, 그래서 그 지역에서의 개신교 활동은 인도나 중국, 아프리카의 경우와 동일한 의미의 선교 사역으로 분류될 수 없다고 주장했다. 특히 1910년에 든버러 선교대회에 참석한 일부 대표들의 입장이 여기 해당되었다.[33] 그리스도라는 이름이 아직 알려지지조차 않은 내륙 미개척지에 주로 관심을 보였던 '믿음선교' 지도자들의 경우도 마찬가지였다.

특정한 개별 선교단체가 라틴아메리카에 들어가기를 주저한 반면 대다수 주류 교파들과 신생 믿음선교 단체, 특히 20세기로 접어들면서 생겨난 단체들은 그런 거리낌이 없었다. 이들은 "로마가톨릭교도를 '회심'시키겠다는 뚜렷한 목적을 가지고" 그 지역으로 들어갔다. 스티븐 닐은 역사적으로 "미국 개신교는 대다수의 다른 그리스도인들과 달리 명목상의 로마가톨릭 국가에서 개종 사역을 하는 데 아무런 망설임이 없었고, 이 지역에서의 활동도 비기독교 국가에서의 선교 활동과 구별 없이 똑같은 '선교'로 여겼다"고 말한다.[34] 대다수의 라틴아메리카 사람들, 특히 인디언 원주민들은 이름만 로마가톨릭교도였을 뿐 최소한의 신앙 교육도 받지 못한 상태였다.

신생 선교단체 다수가 원주민 선교에 초점을 맞추었다. 남미인디언선

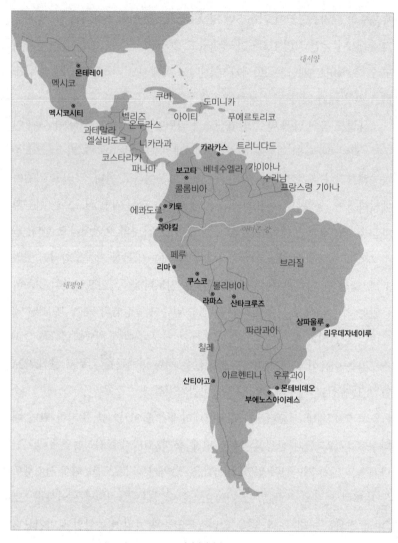

라틴아메리카

교회^{SAIM}, 안데스복음주의선교회^{AEM}, 위클리프 성경번역선교회^{WBT}, 부족선
교회^{NTM} 등은 모두 원주민 전도를 목적으로 만들어진 단체였다. 찰스 다윈
이 "이들이 우리와 똑같은 인간이라는 게 믿어지지 않는다"고 말했던 바로

그 사람들을 위해서 말이다.[35] 그러나 선교사들에게는 그 사람들도 자기와 똑같은 인간이요, 더 나아가 그리스도께서 죽음으로 값 주고 사신 소중한 영혼이었다. 그들은 그렇게 믿는 데 아무런 어려움이 없었다. 바로 그 사람들을 위해 선교사들은 생명의 위험을 무릅쓰고자 했으며, 1956년 에콰도르의 아우카 인디언들에게 살해당한 짐 엘리엇Jim Elliot과 네 청년도 바로 그런 사람들이었다. 이 비극적 사건은 20세기 선교계의 핵심 뉴스가 되어 잡지 표지를 장식했고, 책과 영화로 만들어져 그 전말이 세세히 다뤄졌다.

이 믿을 수 없는 이야기와 관련하여 가장 놀라운 점은, 이 일이 사실상 10년 전 볼리비아에 일어났던 비극적 사건의 재판이었다는 것이다. 당시 부족선교회 소속 세실 다이와 밥 다이 형제, 그리고 세 명의 동료가 정글에 들어가 바르바로 부족 전도의 문을 열고자 했다. 이들 일행이 듣기로 이 부족은 "치명적 살상 효과를 내는 짧은 화살을 사용하기 때문에 이웃 부족들도……이들을 두려워한다"고 했다. 다른 사람들도 이들 선교사 일행의 계획을 전해 듣고 위험을 경고했다. "그 부족은……누구든 문명사회 사람들이 다가오기만 하면 공격한다", "길들일 수 없는 부족이다", "살아서 돌아올 수 없을 것이다", "밤중에 그물침대에 누운 사람을 몽둥이로 때려죽인다" 등등. 그러나 이미 결심을 굳힌 이 선교사들은 이런 경고에도 마음을 접지 않았다. 이 선교사 팀의 막내 조지 호스백George Hosback은 "하나님께서 그들을 부르사 이른바 지상에서 '가장 전도하기 어려운 부족'에게 최초로 복음을 전하게 하셨다. 물론 그 부족에게 다가간다는 것은 위험부담이 큰 일"이라고 하면서 "하지만 하나님은 당신의 천사들로 사자의 입을 막지 않으셨는가.……그분은 '어제나 오늘이나 영원토록 동일하신' 분 아닌가?"라고 물었다.[36]

이들은 도보로 정글에 들어갔고, 그 뒤로 아무 소식도 들려오지 않았다. 정글로 들어간 지 몇 달 후인 1944년 초, 두 번째 수색대가 이들의 소지품을 발견했을 뿐이었다. 그 후 몇 년에 걸쳐 이들과 관련된 소문이 주기적으로 떠돌았다. 그중 1946년에는 이들이 멀리 브라질의 정글에 나타났다는 소문이 돌았다. 진 다이는 "희망과 절망이 반복되는 이런 시간을 얼마나 더 견뎌낼 수 있을지 모르겠다"고 말했다. 한편, 실종된 선교사의 아내들은 "이 영혼들을 그리스도에게로 인도해야겠다는 결심을 그 어느 때보다도 굳게 하고" 계속 볼리비아에 머물렀다.[37]

1947년 8월, 아요레 부족 사역에 처음으로 실질적인 돌파구가 열렸다. 선교사 팀에 뽑힐 만한 재목은 아니라며 "허드렛일하는" 선교사를 자처하는 조 모레노Joe Moreno의 수고가 성과를 올린 것이다. 그는 아요레족의 풍습을 연구하고 부족 영토 주변 버려진 오두막에 선물을 두고 다니기 시작했다. 원주민들은 선물이 있는 곳을 따라다니다가 마침내 선교사들이 정착해 있는 곳까지 나오게 되었다. 시간이 흐르면서 선교사들은 부족 언어를 배워 그들에게 복음을 제시했다. 그리고 1949년이 되어서야 실종 선교사 아내들은 결론적으로 남편이 살해되었다는 것을 알게 되었다.

비슷한 상황에서 그와 같은 비극이 또 일어날 수 있었다는 것은 20세기 믿음선교 선교사들이 얼마나 독립적으로 활동했는지를 잘 설명해 주며, 서로 다른 복음주의권 선교회 소속 선교사들 사이에 어느 정도 협력이 이뤄지고 있었는지를 보여준다. 젊은 선교사 다섯 명의 목숨을 앗아간 아우카 사역은 하나의 선교회가 구상한 사업이 아니었다. 서로 다른 세 선교회 소속 선교사들이 사실상 리더들과의 협의나 현장의 선배 선교사들과 의논도 없이 급조해 낸 계획이었다.

그렇다고 해서 그들이 인디언 관련 자료와 다른 선교사들의 경험을 무시했다는 말은 아니다. 실제로 아우카 부족과 접촉할 계획을 세우면서 그들은 10년 전 볼리비아에서 있었던 부족선교회 선교사들의 비극적인 사건을 꼼꼼히 연구하고 그들이 잘못한 점이 무엇이었는지 침착하게 관심을 갖고 살펴보며 자신들은 똑같은 함정에 빠지지 않기로 다짐했었다.

아우카 사역에 참여한 다섯 명의 선교사는 전부 새내기라 할 만한 사람들이었다. 항공선교회^{MAF}에서 조종사로 일했던 네이트 세인트^{Nate Saint, 1923-1956}가 가장 경험 많은 구성원으로, 에콰도르에서 7년간 사역했다. 로저 유데리안^{Roger Youderian, 1924-1956}은 복음선교연합^{GMU}에서에서 사역하고 있었고, 짐 엘리엇과 피트 플레밍^{Pete Fleming, 1928-1956} 그리고 에드 매컬리^{Ed McCully, 1927-1956}는 플리머스 형제단과 연계된 조직인 열방기독교선교회^{CMML} 소속이었다. 플리머스 형제단은, "선교단체도 아니고……어느 모로 봐도 선교회가 아니"라고 주장하면서도 약 1,300명의 선교사들에게 자금을 대고 있었다. 그리고 "사역할 때는 주님께 직접 의지하여 인도하심을 구하라"고 선교사들에게 권면하면서, 자기 행동에 대해 "그 어떤 선교단체에게도 책임질 의무가 없으며 오직 하나님께만" 책임을 진다는 점을 그들에게 상기시켰다. 이런 식이었기에 아우카 사역 같은 작전이 생겨날 수 있었던 것이다.

아우카 사역은 1955년 가을, 남아메리카에서 가장 호전적인 인디언 부족에게 복음을 전하려는 시도 중에 탄생했다. 수세기 동안 아우카족은 볼리비아의 아요레족과 마찬가지로 머리카락이 곤두서는 무시무시한 이야기의 주인공이 되어 왔다. "스페인의 정복자들, 가톨릭 사제, 고무 채취꾼, 석유 시굴자 등 모두가 아우카족의 표적이 되어 창에 맞았다. 수십 명, 어쩌면 수백 명이 살해당했다. 아우카족 영토에서 살 수 있는 외부인은 단 한 사람도 없었다." 베테랑 에콰도르 선교사 데이브 쿠퍼^{Dave Cooper}는 그렇게 말했다. 그 당시까지 아우카족이 저지른 살인 중 가장 최근의 사건은 1943년의 일로, 여덟 명의 셸 정유사 직원이 지구상에서 가장 비우호적인 이 부족의 손에 목숨을 잃었다. 다섯 명의 젊은 선교사는 바로 이 사건에 뭔가 모르게 매혹되었다. 그런 부족을 기독교로 회심시킬 수 있다면 이 얼마나 영광스러운 승리이겠는가!

짐 엘리엇은 1949년 휘턴 대학을 졸업하고 에콰도르 선교사로 사역할 준비를 했다. 남미 인디언에게 복음을 전하려는 그의 한결같은 열정은 워싱턴 대학 졸업생 피트 플레밍에게 지대한 영향을 끼쳤다. 1952년 두 사람은 함께 에콰도르로 향했다. 두 사람 다 아직 미혼이었지만 곧 결혼하게 될 터였다.

같은 해에 에드 매컬리도 아내 마릴로^{Marilou}와 함께 에콰도르에 도착했다. 에드도 엘리엇과 마찬가지로 휘턴 대학 졸업생이었으며 재학 시절에는 스타급의 풋볼 선수였다. 네이트 세인트도 휘턴 대학 동문으로 아내 마지^{Marj}와 함께 1948년부터 에콰도르에서 사역하고 있었다. 로저 유데리안은 2차 세계대전에 참전한 낙하산병 출신으로 미니애폴리스의 노스웨스턴 대학을 졸업하고 가장 최근인 1953년에 아내 바버라^{Barbara}와 어린 딸을 데리고 에콰도르에 들어왔다.

아우카 사역에 가장 열성적으로 참여한 유데리안은 인간사냥으로 유명한 지바로족 사이에서 짧은 기간 선교사로 일하다가 사역 성과가 만족스럽지 않아 이제 다 포기하고 고국으로 돌아가려던 참이었다. 그는 일기에 이런 말을 남겼다. "지바로족이나 스페인 사람들 사이에서는 내가 할 일이 없다. 나 자신을 웃음거리로 만들지는 않겠다. 나 같은 선교사는 나 자신도 후원하지 않을 터이니 다른 누구에게 후원을 요청하지도 않을 것이다. 3년이면 충분히 배우고 교훈을 얻을 수 있는 시간이고……실패는 온전히 내 몫이다.……이것이 선교사로서 내가 개인적으로 체험한 '참패'다."[38]

그러나 아우카 사역 덕분에 그 모든 것이 달라졌다. 현대 선교 역사에 획기적 대도약으로 기록될 일에 참여한다는 흥분으로 그의 선교 사역에는 다시 생기가 돌았다. 네이트 세인트의 기록을 보면, 다른 구성원들에게도 아우카 사역은 "성공한 소설처럼 비현실적인 대모험"이었고,[39] 판에 박힌 선교사의 일상에 반가운 변화를 제공해 주었다는 것을 알 수 있다. 짐, 피트,

에드는 키추아족 마을로 와서 부족민들을 가르쳐 달라고 아타나시오 추장에게 초청을 받은 상태였지만, 정작 이들의 상상력을 사로잡은 것은 무시무시한 아우카족이었다.

아우카족 전도는 오랫동안 이 선교사들의 마음속에 자리 잡아 온 꿈이었다. 네이트는 에콰도르에 와서 아우카족 이야기를 들은 이후 줄곧 언젠가는 그들에게 복음을 전하겠다는 꿈을 꾸어 왔다. 피트와 짐 역시 아우카족에 대해 마음 깊은 곳으로부터 책임감을 느껴 왔다. 1953년 12월, 피트는 이 책임감에 대해 일기에 이렇게 기록했다.

> 지난밤, 네이트와 미국에서 온 손님 클리프, 이렇게 셋이서 아우카족 문제에 대해 길게 이야기 나누었다. 아우카족 문제는 심각하고도 엄중한 문제다. 사람을 살해하고 죽이되 증오를 품고 온 시신을 절단 내기 때문에 도저히 가까이 다가갈 수 없는 부족이다. 그때 이 문제에 대해 무언가를 하라고 하나님께서 나를 인도하고 계시다는 생각이 강하게 들었다.……내 인생에서 가장 중요한 결단이 되리라는 것을 알았지만, 그런데도 마음이 아주 평안했다. 이상한 것은, 결혼을 앞두고 있다는 것 때문에 내가 이 사역에 부적격자가 되지는 않으리라는 느낌이 든다는 사실이다.[40]

첫 번째 돌파구는 2년 후인 1955년 9월 19일에 마련되었다. 네이트 세인트가 단발비행기 파이퍼 크루저를 타고 아우카족 구역을 지나면서 최초로 그들의 마을을 탐지해 냈다. 그 후 몇 주에 걸쳐 이 '이웃들'을 정기 방문하는 작업이 시작됐다. 네이트가 조종간을 잡고 있으면 다른 선교사들이 벌채용 칼, 나이프, 의류, 실물 크기의 선교사들 사진이 포함된 선물 꾸러미를 떨어뜨려 주면서, 부족 마을 밖에 살고 있는 아우카 여인 다유마에게서 배운 아우카 말로 다정하게 인사말을 외치곤 했다. 한번은 네이트가 그렇게 아우카 마을 상공을 선회하며 선물 바구니를 밧줄에 묶어 내려준 다음 다시 끌어올렸더니 아우카족이 보내준 답례품이 하나 가득 들어 있던 적도 있었다. 답례품은 살아 있는 앵무새, 땅콩, 그리고 불에 그슬린 원숭이 꼬리였다. 그들이 이런 반응을 보였다는 것은 진짜 우정이 싹트고 있다는 증표였다.

선교사들이 이렇게 위험한 일을 너무 서둘러 진행시켰다는 것, 그리고 그 모든 과정이 비밀이었다는 것이 그 후 여러 해 동안 이 사역과 관련하여 가장 많은 논쟁을 불러일으킨 부분이었다. 에드 매컬리가 짐 엘리엇에게 써 보낸 편지에는 "전체 사역이 원래 우리가 바라던 것보다 빠르게 진행되고 있다"는 말이 있었다. 그렇다면 이들은 왜 그렇게 서둘렀던 것일까? 네이트 세인트는 "그렇게 긴박하게 진행하는 이유는, 형제단 사람들이 이제는 움직여야 할 때라고 생각하고 있기 때문"이라고 했다. 추측컨대 그가 말하는 형제단 사람이란 짐과 에드였을 것이다. 반면 플레밍은 서둘러 진행하는 것에 대해, 특히 아우카족 언어를 좀 더 자유롭게 구사하기도 전에 움직이는 것에 대해 경고한 바 있었다. "언제나 신속히 결정을 내리는" 사람인 짐은 '돌파형'이었던 반면 네이트는 어떤 일도 서두르는 법 없이 한 단계 한 단계 차분히 진행하는 신중한 사람이었다. 그러나 첫 번째로 선물을 내려주고 온 지 석 달도 채 지나지 않아 이 사람들은 아우카족 마을 한가운데 첫발을 내디뎠다.[41]

신속하게 진행하는 것이 이들의 최우선 순위였다면, 비밀 유지는 그보다 더 중요했다. 이들은 외부에 발각되지 않고 자기들끼리 단파수신기로 의사소통을 할 수 있도록 암호 체계까지 만들었다. 그리고 이 일을 외부에 발설하지 않겠다고 서로 서약을 하기도 했다. 각자의 아내, 그리고 필요할 경우 후방 지원을 해줄 항공선교회 조종사 조니 키넌Johnny Keenan을 제외하고는 누구도 이 일에 대해 알아서는 안 되었다. 네이트 세인트는 본국의 가족들에게 특별기도를 부탁하면서 지금 진행되고 있는 일에 대해 암시를 하긴 했

선교사들의 에콰도르 아우카 지역 비행 항로

지만 "입에 올리지 말라", "기밀이다", "입조심하라", "아무한테도 말하지 말라"고 하면서 모호하기 짝이 없는 표현을 썼다.[42]

제임스 허플리의 말에 따르면, 만일 말이 새어 나갈 경우 수많은 기자들, 모험가들, 호기심 많은 사람들이 몰려들어 자칫 부족과의 접촉이 불가능해지지 않을까 염려했던 것이 이렇게 엄격하게 보안을 유지한 이유라고 한다. 그러나 이들은 신뢰할 수 있고 소중한 도움을 줄 수도 있는 사람들에게까지 이 일을 비밀로 했다. 인디언 사역 12년째인 경험 많은 선교사 프랭크 드라운Frank Drown도 이 모험에 대해 전혀 들은 바가 없다가 이들의 계획이 마무리된 후에야 알게 되었다.

이 사역에서 배제된 또 한 사람의 핵심 인물은 네이트의 누이 레이철 세인트Rachel Saint로, 그녀는 아우카 마을에서 도망쳐 온 다유마와 함께 여러 달 동안 아우카족 언어를 배우고 있었다. 레이철은 자신이 직접 아우카족에게 복음을 전하고 싶어 하면서도, 그러기 위해서는 극도로 조심해야 한다는 것을 알고 있었다. 다유마에게서 이런 경고를 들었기 때문이다. "그 사람들을 믿지 마세요.……겉으로는 다정하게 보일지 몰라도 뒤돌아 와서 죽일 겁니다."[43] 짐 엘리엇은 그런 경고를 듣고 싶지 않았을 것이고, 자신들이 계획하고 있는 모험을 레이철이 알게 될 경우 위클리프선교회 상관에게 보고할 위험이 있다고 보고 레이철에게 이 일을 비밀로 했을 것이다.

다섯 명의 선교사들도 이 사역의 위험을 인지하고 있었던 게 분명하다.

그러나 그들은 하나님을 위해서 무릅쓰지 못할 위험이란 없다고 확신했다. "영원한 것을 얻기 위해서 영원하지 않은 것을 버리는 것은 어리석은 일이 아니다"라는 것이 짐 엘리엇의 좌우명이었다. 그는 "아우카족의 구원을 위해 죽을 각오가 되어 있다"고 엄숙히 서약했다.[44] 다섯 선교사 모두 하나님께서 인도해 주실 것을 기대했고, 하나님께서 직접 개입하고 계시다고 해석할 수 있는 징후도 보았다. 예를 들어, 평소 같으면 쿠라라이 강이 범람해야 할 시기에 오히려 강물이 줄어들어 둑이 드러나면서 강변에 활주로가 생겼다는 점이었다.

그럼에도 불구하고 아우카 부족 땅에 발을 디뎌야 할 시간이 점점 다가오자 큰 공포가 밀려들기 시작했다. 아우카족이 사납기로 유명하다는 점 말고도 이들이 진지하게 고려해야 할 또 다른 안전상의 요소들이 있었다. 특히 쿠라라이 강변의 짧은 모래사장에 비행기가 착륙하고 이륙해야 한다는 것이 큰 문제였다. 네이트 세인트가 비록 숙련된 조종사이기는 했지만, 그는 모래사장이라는 이착륙 환경이 흙으로 단단히 다져진 활주로와 똑같지 않다는 것을 너무도 잘 알고 있었다. 이 막중한 책임감 때문에 네이트는 1956년 1월 2일 밤을 거의 뜬눈으로 지새웠다.

1월 3일 화요일 오전 6시 직전에 자명종이 울렸고, 아드레날린이 솟구치는 것을 느끼며 다섯 남자는 옷을 갖춰 입기 시작했다. 피트와 결혼한 지 이제 겨우 1년 반이 된 올리브 플레밍Olive Fleming에게 지난밤은 정말 힘든 밤이었다. 그녀는 도저히 불안감을 감출 수가 없었다. 처음에 짐 엘리엇은 피트의 참여를 만류했었다. 피트까지 간다는 건 키추아 언어를 아는 네 사람의 남자 선교사 중 세 사람이 목숨을 잃을 수도 있다는 뜻이었기 때문이다. 그러나 12월 말, 이들은 달리 의견일치를 본 듯했다. 12월 27일 일기에 피트는 이렇게 썼다. "여러 명이 가는 게 모두를 위해 상대적으로 더 안전하다고 결론 내렸고, 그 안전을 확보하기 위해 아마 나도 이 원정에 참여할 준비를 해야 할 것 같다."[45] 이어서 피트가 네이트와 함께 밤마다 정찰 비행을 하기로 결정되었다. 지금까지 아우카족의 습격 보고서를 보면 이들은 예외 없이 동트기 전에 행동을 개시했기 때문이었다.

네이트 세인트는 팜비치(쿠라라이 강변의 모래사장에 선교사들이 붙인 이름)까지 몇 번 오가면서 선교사들과 장비를 실어 날랐다. 첫 번째 이착륙이 중요했다. "강변에 다가가면서……급경사면의 나무들 사이로 미끄러져 내렸다.……바퀴에 동체의 무게가 실리면서 부드러운 모래의 질감이 느껴졌다. 이제 뒤로 빼기에는 너무 늦었다. 조종간을 움켜쥐고 뒤로 뺀 채 기다렸다. 조금만 더 부드러운 지점이었다면 거꾸로 박혔을 것이다. 어쩌면 하늘을 보고 누웠을지도 모른다. 다행히 그런 일은 일어나지 않았다." 에드 혼자 강변에 남겨 두고 이륙할 때는 "모래가 정말 바퀴를 움켜쥐었다." 그러나 몇 초 사이 네이트는 하늘로 날아올라 기지로 돌아갔다가 다시 두 번째 비행을 시작했다.[46]

1월 3일 네이트가 선교사들과 장비를 실어 나르느라 팜비치는 하루 종일 활기차고 분주했다. 저녁이 되자 선교사들은 나무 위에 임시 오두막을 짓고 세 사람은 거기서 잠을 자고, 네이트와 피트는 아라후노의 기지로 돌아가 밤을 지냈다. 다음 날 아침 두 사람은 강변으로 와서 세 선교사와 함께 아무 일 없이 느긋하게 하루를 보낸 뒤 오후 늦게 다시 기지로 돌아갔다. 목요일도 똑같았다. 그러나 금요일, 일이 생기기 시작했다. 오전 11시 15분, 강 건너편 정글 속에서 벌거벗은 아우카 부족 세 사람(여자 둘과 남자 하나)이 갑자기 나타났다. 짐은 물속을 헤치고 건너가서 다정하게 인사를 나누었다. 아우카족은 선물을 받아 들었고, 자신들을 맞아들인 이들이 불편하지 않은 눈치였다. 아우카족 손님들은 그날 밤 돌아갔고, 토요일은 아무 일 없이 지나갔다.

주일이 되자 선교사들은 그 손님들이 자신들을 잊은 것 아닌가 불안해

하며 무슨 일인가가 일어나기를 고대했다. 네이트는 비행기를 타고 아우카족 마을로 가 보기로 했다. 마을은 인기척이 없어 보였고, 돌아오는 길에 그는 일단의 아우카족이 팜비치로 향하고 있는 것을 보았다. "저거야, 저 사람들! 그들이 오고 있어" 그는 반가워 소리치며 강변에 착륙했다. 선교사들은 아우카족이 도착하기를 기다렸다. 오후 12시 30분, 네이트는 예정되어 있던 대로 셸메라에 있는 마지와 무선통신을 한 뒤 4시 30분에 다시 통신하기로 약속했다.

4시 30분, 통신은 오지 않았다. 네이트의 손목시계(후에 돌에 맞아 부서진 채 발견된)는 3시 12분에 멈춰 있었다. 마지는 최악의 경우 같은 것은 생각하고 싶지 않았다. 아마도 무선송신기가 고장 났을 거라고 믿었다. 그날 밤 마지는 잠을 못 이루며 기도했다. 자꾸 터무니없는 생각이 들었다. 다음 날 아침 일찍 조니 키넌이 비행기를 몰고 팜비치로 갔다. 그가 마지에게 보내온 소식은 섬뜩했다. 마지는 엘리자베스 엘리엇에게 그 소식을 전달했다. "조니가 강변에서 비행기를 발견했대요. 비행기 설비가 다 떨어져 나갔고, 사람들은 온데간데 없더랍니다."[47]

"비밀 유지 원칙은 갑자기 무너졌다"고 러셀 히트[Russell Hitt]는 말한다. 소문은 삽시간에 퍼져 나갔다. 선교사들과 정부 관리들이 수색 팀을 조직했다. 「타임」지 기자와 「라이프」지의 사진기자가 현장으로 특파됐다. 사건이 뉴스로 보도되었고, 전 세계 사람들이 새로운 보도가 나오기를 기다렸다. 수요일 오후 공중수색 팀이 두 구의 시체 위치를 찾아냈고, 금요일 지상수색대가 현장에 도착했다. 제임스 헤플리의 말에 따르면, "지상수색대 선교사들이 심하게 부패된 네 구의 시신을 강에서 끌어올렸다. 어떤 시신에는 야자나무로 만든 창이 아직도 꽂혀 있었다. 개인 소지품으로 이 시신이 짐, 피트, 로저, 네이트인 것으로 확인되었다. 에드 매컬리의 시신은 강물에 떠내려간 것 같았다"고 한다. 음울한 광경이었다. "하늘이 어두워지는 것으로 보아 곧 정글 폭풍우가 밀려올 것 같았다. 선교사들은 서둘러 얕은 무덤을 팠다. 시신을 얇게 덮은 흙 위로 빗방울이 떨어지자 프랭크 드라운은 죽은 이들의 영혼을 하나님께 맡기는 짤막한 기도를 드렸다."[48]

셀메라에서는 다섯 명의 과부가 모여 그 끔직한 현장 소식을 상세히 전해 들었다. 이제 그들 앞에는 함께 일상을 회복해야 할 과제가 주어졌다. 냉철한 성품의 엘리자베스 엘리엇에게 "후회 같은 것은 전혀 없었다." 이 일은 하나님의 뜻이었다. "이건 비극이 아니었습니다.……하나님은 만사에 계획과 목적을 갖고 계십니다."[49] 자녀도 없이 홀로 남겨진 올리브의 경우, 정신적 외상을 도저히 견뎌 내지 못할 수도 있었다. 올리브는 짧은 결혼 생활 동안 두 번의 유산을 겪었는데 이제 남편마저 비극적인 죽음을 당했다. 그러나 피트가 죽기 전 둘이 함께 읽었던 성경구절이 이제 이 절망의 시기에 그녀에게 힘이 되어 주었다. 특히 고린도후서 5:5 말씀이 힘이 되었다. "이것을 우리에게 이루게 하시는 이는 하나님이시니라."

10년 전 볼리비아에서 다섯 선교사가 살해당했을 때와 마찬가지로 대중들의 반응은 복합적이었다. 사방에서 많은 이들이 유가족들의 아픔에 공감하며 위로를 보내왔다. 다섯 선교사의 헌신을 지켜보며 자신도 선교사가 되겠다고 하나님 앞에 다짐하는 그리스도인들도 많았다. 그러나 어떤 사람들에게 이 사건은 젊은 목숨을 "비극적으로 허비한 것"에 지나지 않았다.

아우카 사역이 초래한 그 정신적 외상에도 불구하고 아우카족 자체는 사람들에게 잊히지 않았다. 항공선교회 조종사들은 선물 바구니 투하하는 일을 재개했고, 레이철 세인트는 아우카 언어 공부를 계속 이어갔다. 그러나 아우카 부족의 땅에 극적으로 진입하려는 시도는 더 이상 없었다. 아우카족에게 복음을 전하려는 시도는 매우 조심스럽게 진행되었고, 거의 2년이 지나서야 일부 아우카족이 외부 사람들과 교통하기 시작했다. 그러던 중 1958년 9월, 다유마가 아우카 여인 두 사람을 데리고 부족에게 돌아갔다가 3주 뒤 다시 나타나, 레이철 세인트와 엘리자베스 엘리엇에게 아우카 마을을 방문해 주기를 청했다. 아우카족 선교는 그렇게 해서 시작되었다. 이런 획기적 도약을 기록해 두는 신문기자나 사진기자 한 사람 없었다. 복음을 전하기 위해 두 여인이 다시 한 번 용감하게 정글로 들어갔다는 것 외에 아무것도 기록할 게 없었기 때문이다. 그런 일은 선교사들의 일상이었다.

이 비극적 사건의 여파로 아우카족이 왜 다섯 선교사를 죽였는지에 대해 많은 이론들이 제시되었다. 예를 들어, 아우카족 내부 문제가 이 사건에 원인이 될 만한 요인이었다는 의견이 있었다. 어쩌면 그랬을 수도 있다. 그러나 가장 결정적인 요인은, 아우카족이 텃세 습성이 있는 부족이었다는 점이다. 이들 영토에 들어오는 외부인은 적으로 간주되었다. 가족을 보호하기 위해 그들은 자신들의 세계관이 명하는 대로 그 적들을 제거하는 것 외에 다른 수가 없었다. 선교사들은 그런 세계관을 이해하고 인식하지 못했다.

후에 엘리자베스 엘리엇은 이렇게 회고했다. "이 사건을 그리스도인의 위대한 순교 이야기로 여기는 사람들은 이 일의 결과를 아름답게 예측할 수 있었다. 모든 수수께끼는 다 풀릴 것이고, 하나님은 자신이 옳았음을 입증하실 것이며, 아우카족은 회심할 것이고 우리는 우리의 믿음이 '기분 좋을' 것이라고 말이다." 그러나 정말 그렇게 되지는 않았다. "사실 그 후의 모든 일들이 결코 우리가 바라던 대로는 되지 않았다. 선교사들이 아우카족의 땅에 들어간 것이 부정적인 결과를 낳기도 했다. 기도의 응답과 더불어 논쟁과 오해도 있었고 몇 가지 정말 힘든 일들도 있었다."[50]

엘리자 데이비스 조지[1879-1980]   수단내지선교회, 아프리카내지선교회, 기독교선교연맹, 부족선교회, 열방기독교선교회 같은 여러 믿음선교 단체들이 20세기 들어 급속히 성장하면서 수많은 선교사들을 후원하고 있었던 반면, 다른 선교단체들은 여전히 규모도 작고 눈에 띄지도 않았다. 사역하고 있는 지역에서 인상적인 활동이 아주 없는 것은 아니었지만 말이다. 그러한 선교회 중 하나가 엘리자베스 원주민내지선교회[ENIM]로, 엘리자 데이비스 조지[Eliza Davis George]가 젊은 라이베리아 그리스도인들을 훈련시켜 자국민들을 복음화할 목적으로 설립한 선교회였다.

여성이 독자적으로 자신의 선교회를 만든다는 것은 쉬운 일이 아니었다. 그 선교회가 특정 가톨릭 교단이나 개신교 '여성 단체'가 아닌 한 말이다. 엘리자 데이비스의 경우 문제를 더 복잡하게 만든 것은, 그녀가 흑인이라는 사실이었다. 흑인 여성으로서는 단순히 선교사로 임명되는 것만도 엄청난 난제였다. 엘리자 데이비스 이전에도 하나님께서 주신 선교사 소명에 응하려 하는 과정에서 인종차별주의에 가로막혀 발버둥 친 이들이 있었다. 대부분 그 장애물 앞에서 포기하고 말았지만, 엘리자는 겁먹지 않았고 그 큰 불리한 여건에도 불구하고 선교회를 창설했다.

메리 매클라우드 베튠[Mary McLeod Bethune, 1875-1955]은 선교사라는 직업을 갖고 싶어 하는 흑인 여성이 어떤 어려움에 봉착하는지 실례를 보여준다. 메리는 사우스캐롤라이나의 한 가난한 농부 집안에서 열일곱 남매 중 한 아이로 태어났다. 중고등학교는 장학금을 받으며 다녔고, 한 친절한 퀘이커교도 여성의 재정적 도움으로 무디 성경학교에 입학했다. 무디 학교에서는 한 장로교 선교회 후원으로 아프리카 선교사가 될 준비를 했지만, 1890년대에 학교를 졸업하자 "아프리카에 흑인 선교사를 위한 자리는 없다"는 청천벽력 같은 말을 들었다. 이렇게 거부당했음에도 불구하고 메리는 "80년 생애에 주목할 만한 업적을 이루었다"고 엘리엇 라이트는 기록한다. "그녀는 플로리다 데이토나비치에 흑인들을 위한 대학과 병원을 세웠다. 영향력 있는 기관인 국립 흑인여성자문위원회를 어머니처럼 보살폈다." "대통령들의 자문역이었고, 유엔헌장을 만드는 일에도 관여했으며, 모든 미국 여성들의 투표권을 위해서도 일했다." 그럼에도 불구하고 아프리카 선교사로 가는 것만은 거부당했다.[51]

엘리자 데이비스도 비슷한 장애물을 만났다. 엘리자는 19세기 말 텍사스에서 자라났고, 대학생 자원운동이 한창일 때 센트럴텍사스 대학에서 공부를 마친 뒤 모교에서 열린 한 기도 모임에 참석했다가 해외선교에 헌신을 약속했다. 당시 그녀는 학교에 남아 교사와 학생감을 맡아 달라는 모교의 요청을 받은 상태였다. 세계를 위한 기도를 길게 하던 중, 기도 모임 리더가 "세계를 두루 한 바퀴 돌고 중간에서 다시 돌아와" 인도·중국·일본·아프리카를 위해 기도하기 시작하자 엘리자의 마음은 갑자기 아프리카의 형제자매들을 보고 싶다는 압도적인 소망으로 충만해졌다. 마치 아프리카 땅에 가 있는 것처럼, 아프리카 흑인들이 그리스도의 심판대 앞을 지나면서 "하지만 주님이 우리를 위해 죽으셨다는 것을 아무도 우리에게 말해 준 적이 없어요"라고 탄식하며 우는 광경이 보였다.[52]

선교사 소명을 받았다고 데이비스가 털어놓았을 때 주변 사람들이 즉각 보인 반응은, "선교사가 되려고 거기까지 갈 필요는 없어요. 아프리카 같은 곳은 여기도 많아요"였다. 그것을 시작으로 데이비스는 수많은 반대에 부딪혔다. 출석하는 교회가 속한 남침례교 총회의 지원을 받고자 했지만 퇴짜를 맞았다. 지금까지 텍사스 출신의 흑인 여성이 해외 선교사가 된 경우는 한 번도 없었고, 교단 지도자들은 "그녀가 그런 개척 사역을 맡을 능력이 있다고 믿지 않았다." 그러나 마침내 데이비스는 특별 모임에서 자신의 주장을 펼칠 기회를 허락받았다. 그리고 그녀의 진심 어린 말은 그 완고한 남자들의 마음을 사로잡았다.

이야기를 마치고 자리에 앉은 엘리자는 준비해 온 원고를 한 번도 안 보고 손에 꽉 쥐고만 있었다는 것을 깨달았다. 그때 놀랍게도 해외선교위원회 위원들이 박수를 치는 소리가 들렸다. 스트롱 박사가 일어나 목청을 가다듬고 위원들을 주목시킨 다음 엘리자 쪽을 보며 말했다. "미스 데이비스, 호소력 있는 당신의 달변과 진실함이 우리를 깊이 감동시켰습니다. 적어도 저는 당신이 일생일대의 포부를 성취하고자 하는 길을 더 이상 가로막을 수가 없군요."[53]

데이비스는 1914년 라이베리아에 도착해서 또 한 명의 독신 여성 선교사와 함께 내지에서 사역을 시작했다. 두 사람은 기독교 직업훈련 학교와 바이블 산업 아카데미를 세웠고, 2년이 지나지 않아 학교 재학생은 50명이 되었으며, 이들은 짚으로 지붕을 덮은 대나무 건물에서 함께 기거했다. "엘리자를 더욱 가슴 설레게 한 것은, 부족민들이 복음을 듣고 보인 반응이었다. 1년이 지나지 않아 근처 마을에서 1,000명이 넘는 회심자들이 그리스도를 받아들였다."[54]

그러나 고국에서 들려오는 소식은 그리 긍정적이지 않았다. 텍사스 침례교 총회가 전국 침례교 총회에서 갈라져 나왔다고 하는데, 라이베리아 사역을 책임지고 있는 곳은 전국 총회였다. 데이비스는 텍사스 출신이기 때문에 이제 그녀의 선교사 자격과 지원 문제가 위험에 처했다.

불확실한 앞날과 더불어 데이비스는 고독해졌고 유혹에 취약해졌다. 바로 그런 심리 상태에서 그녀는 앞으로 수년 동안 그녀를 괴롭힐 한 가지 중요한 결정을 하게 된다. 데이비스의 지인 중에 톰프슨 조지Thompson George라는 영국령 가이아나 원주민이 있었는데, 포르투갈 회사 소속으로 라이베리아에서 일하던 중 데이비스와 친분을 쌓게 된 그가 어느 날 그녀에게 청혼을 했다. 처음에는 "나는 여기 결혼하러 온 게 아니다"라며 단칼에 거절했다. "나는 이 원주민 영혼들의 구원을 위해 일하려고 이곳에 왔다. 어떤 것도 나를 단념시킬 수 없다." 하지만 그것은 고국의 총회에서 보내온 편지를 받기 전의 일이었다. 편지의 내용인즉 한 목사와 대니얼 호턴 부인이 바이블 산업 아카데미 교사를 다른 사람으로 바꾸려 한다는 것이었다. 그 학교는 데이비스가 그토록 애써서 세운 학교였는데 말이다.[55]

청천벽력 같은 소식이 여전히 귓전에 맴돌고 있을 때, 결혼하면 자기 일을 그만두고 그녀가 새 선교회를 시작할 수 있도록 도와주겠다고 했던 조지의 약속이 갑자기 더 호소력 있게 다가왔다. "그녀는 영국식 영어를 쓰는 산전수전 다 겪은 이 자그마한 남자를 사랑하지는 않았지만 그를 존중하고 존경하기는 했다.……그리고 그가 제시하는 약속은 아프리카에 계속 머물기 위해 그녀가 품을 수 있는 유일한 소망이었다." 처음에 두 사람은 한 팀이 되어 일했고, 조지는 데이비스의 사역을 위해 자신의 세속적 출세를 위한 일을 그만두겠다고 했던 약속을 잘 지켰다. 그러나 얼마 안되어 속속 문제가 발생했다. 데이비스는 남편과 "육체적 친밀함을 나누는 게 쉽지 않았다. 그녀는 결혼할 당시 자신이 '노처녀'였기 때문이라고 핑계를 댔지만, 사실 그녀는 남편에게서 나는 술 냄새가 싫었다."[56]

부부 생활의 갈등에도 불구하고 엘리자와 톰프슨은 그 후 몇 년간 계속 함께 일했다. 심각한 재정적 어려움을 자주 만났지만, 그래도 계속해서 사역을 진전시켜 나갔다. 여러 곳을 돌아다니며 그 지역 교회에서 부흥회도 열었고 교회가 없는 곳에서도 집회를 열었다. 진흙으로 벽을 세우고 나뭇잎으로 지붕을 얹은 학교 건물에서 50명이 넘는 학생들을 먹이고 재워 가면서 공부시켰다. 그 학생들 중 상당수가 나중에 라이베리아의 지도자급 인물이 되었다.

1939년, 결혼 생활 20년 만에 톰프슨이 세상을 떠났다. 두 부부의 친구는 후에 이들의 결혼 생활을 이렇게 평가했다.

그녀는 그 상황을 매우 슬퍼했다. 내가 생각하기에 두 사람의 결혼 생활은 잘

굴러갈 수가 없었다. 그녀의 성품, 그녀의 은사, 그녀의 소명에 비추어 볼 때, 꼭 어울리는 남편을 만나기는 힘들었을 것이다. 그녀는 사람들을 섬기는 일에 너무 몰두해 있어서 남편에게 충분한 애정과 관심과 시간을 줄 수가 없었다. 아마 남편도 그녀와 똑같이 해야 했을 것이다. 하지만 세상의 남편들은 주도 권을 쥐고 싶어 하고 아내가 자기에게 일정한 분량의 시간을 내주기를 원한다. 남편이 달라지지 않는 한 그녀에게 그건 힘든 일이었을 것이다.[57]

톰프슨이 세상을 떠난 후 엘리자는 자신의 사역이 어느 때보다 크게 성 장하고 발전하는 것을 목도했다. 1943년 무렵에는 켈턴에 있는 선교센터 외에 네 곳의 분국이 있었고, 지역교회들은 그녀의 사역에 잘 협조했다. 그 러나 그녀는 다시 한 번 본국 교회 지도자들의 반대에 부딪혔다. 엘리자의 나이 65세가 되자 전국 침례교 총회(그녀가 약간의 지원을 받고 있던)는 엘리 자를 은퇴시키고 전에 그녀의 제자였다가 미국으로 가서 대학 교육을 받은 한 라이베리아인을 대신 그 자리에 세우기로 결정했다. 총회에서 보낸 편지 를 보면 이것이 그녀의 건강을 염려해서 내린 결정임을 알 수 있지만, 엘리 자는 자신의 사역이 다시 한 번 무너져 내렸다고 생각했다. 이에 그녀는 아 프리카에 계속 머물며 교단의 그 어떤 지원도 없이 사역을 계속해 나가기로 결심하고 이 일을 잊어버리려고 애썼다. 비망록에도 그저 사실만을 담담히 기록했다. "1945년 전미 침례교 총회 해외선교위원회는 선교사로서의 내 사역을 중단시키는 게 합당하다고 보았다."[58]

그 시점부터 엘리자는 미국에 있는 '엘리자 데이비스 조지 클럽'의 후 원을 주로 받으며 믿음으로 일했고, 그 클럽은 후에 엘리자베스 원주민내지 선교회로 알려지게 되었다. 선교회는 그 뒤 수백만 평방미터의 땅을 취득했 고, 1960년 무렵 엘리자 조지 침례교협의회는 27개의 소속 교회를 거느렸 으며 협의회는 선교회와 밀접한 유대관계를 맺으며 운영되었다. 엘리자는 나이 구십이 넘을 때까지 여전히 적극적으로 사역에 참여했으며, 100세가 다 되도록 살았다. 그녀가 세상을 떠나자 사역은 오랜 세월 동안 그녀 옆에서 일해 온 유능한 라이베리아 사람들이 이어받았다.

14

혁신과 창의력

: 특성화가 요구되다

전형적인 19세기 선교사라고 하면, 그 사람은 복음 전도자였다. 그 선교사가 시간을 쏟는 일은 주로 영혼을 구원하고 교회를 개척하는 일이었다. 설령 의술을 행하거나 성경을 번역한다 해도 무엇보다 먼저 그는 복음을 전하는 설교자였다. 그런데 20세기에 접어들면서 선교사의 개념이 달라지고 있었다. 선교사가 하는 일이 훨씬 더 다양해졌다. 20세기 중반이 되면서 특성화된 선교를 진작한다는 뚜렷한 목표를 가진 여러 선교단체가 창설되었고, 그 후 수십 년에 걸쳐 선교사는 구체적으로 어떤 사역을 전문적으로 행할 것이라는 전제가 생겨났다.

특성화 선교라는 이 새로운 경향의 기지는 주로 미국이었다. 사실 특성화 선교는 19세기 의료 선교사와 교육 선교사가 교단 선교위원회의 후원을 받아 해외로 나가면서 시작되었다. 이런 추세는 그 뒤 몇십 년 동안 계속되었고, 20세기 중반에는 선교회 구성원 전체가 한 특정 분야에만 집중하는 선교회가 생겼다.

1차 세계대전 후 신앙의 열기가 퇴조하면서 이 경향은 해외선교를 보는 양면적 태도에 그대로 반영되었다. 윈스럽 허드슨의 말에 따르면, "1920년대 개신교회의 분위기는 놀라울 정도로 자기만족적이었다.……선교에 대해 점점 무관심해져 갔고, 폭발적 번영을 구가하던 이 시대에 선교헌금은 지속적으로 감소되었다."[1] 해외선교에 헌신하는 대학생 자원자 숫자도 1920년의 2,700명에서 1928년에는 겨우 250명일 정도로 대폭 줄어들었다. 윌리엄 호킹과 그의 동료들이 『선교의 재고』라는 평신도 조사 보고서에서 "의도적이고 직접적인 복음전도"에 대해 경고하고 나서면서 선교의 동기 자체도 도전을 받았다.

그러나 근본주의적 복음주의 진영에서는 선교 정신이 결코 죽지 않았다. 1930년대에는 대공황에도 불구하고 혁신적 수단을 통해 세계 복음화의 속도를 높이려는 움직임이 점점 커져 갔다. 그 십여 년 동안 클래런스 존스와 이상 높은 그의 동료 몇 사람이 선교방송국을 세우려는 첫 시도를 했다. 윌리엄 캐머런 타운센드가 선교사에게 언어학적 지식을 훈련시키고, 조이 리더호프Joy Ridderhof, 1903-1983가 복음서 녹음에 대한 아이디어를 실행에 옮기며, 또 어떤 이들은 항공선교의 실효성을 실험하고 있던 것도 바로 이 시기였다. 그러나 2차 세계대전은 이런 적극적 활동가 다수의 계획을 좌절시켰고, 전쟁 말기가 되어서야 특성화 선교가 실제로 추진력을 갖기 시작했다.

2차 세계대전이 막을 내리면서 미국에는 신앙의 열기가 다시 불붙었다. 신앙 정신이 새로 살아나는 데에는 거의 모든 진영이 일정한 역할을 했지만, 윈스럽 허드슨의 말에 따르면 "부흥의 움직임을 가장 활기차게 주도한" 것은 복음주의자들이었다.[2] 십대선교회YFC와 미국복음주의협회NAE 같은 신생 단체들이 복음주의 운동의 기반을 넓혔다. 또한 전쟁이 막을 내리면서 새로운 선교 연합체인 복음주의 해외선교협회EFMA가 등장했는데, 이 단체는 20세기의 신앙적 자유주의를 공개적으로 반대했다.

복음주의의 이런 열정에 자극받아 1930년대에 배태된 특성화 선교가 드디어 꽃을 피우기 시작했다. 해외에서 복무하던 군인들이 돌아오면서 세계 복음화의 시급성에 대한 새로운 인식과 자각이 생겨났다. 항공선교회, 극동방송FEBC, 극동복음십자군FEGC, 대유럽선교회GEM 같은 단체는 모두 2차 세계대전 퇴역 군인들의 노력을 통해 결성되었다.

1950년대에는 '철의 장막'이 대다수 동유럽 지역과 소련에서의 선교 사역을 가로막았고, 아시아의 상당 지역도 복음에 대해 사실상 문이 닫혀 있었다. 방송과 문서만이 그 지역 사람들에게 다가갈 수 있는 유일한 수단으로 보였다. 그 결과 슬라브복음협회SGA, 트랜스월드라디오TWR 같은 선교회가 생겨났고, 성경 밀반입을 추진하던 사람들은 든든한 원군을 얻게 되었다.

2차 세계대전 후 선교 도구로서의 기독교 문서운동이 급속히 확산되었다. 해외선교라는 거의 배타적 목적에 최적화된 문서선교 단체들이 설립되었으며, 기독교문서선교회·세계문서십자군·OM선교회·복음주의문서 연맹·주머니성경연맹·무디문서선교회·복음주의해외문서선교회 등이 그 예다.

　20세기 중반의 새로운 '영웅적' 선교사들과 긴밀히 연관되어 있던 특성화 선교단체는 주로 의료, 성경번역과 언어, 방송, 항공 사역을 중심으로 하는 단체였다. 이 특성화 단체는 대개 서로 연계되어 있는 경우가 많았고, 하나같이 세계 복음화라는 목표에 전념하는 단체들이었다.

의료선교: 자비의 천사들

근대 선교 시대가 시작될 때부터 의료 사역은 세계 복음화 사역에서 빼놓을 수 없는 부분이었지만, 의료선교가 독자적으로 하나의 특성화 분야가 된 것은 19세기 말과 20세기 초에 들어서였다. 1925년 무렵에는 미국과 유럽 출신 의사와 간호사 2,000여 명이 전 세계에서 사역하고 있었고, 선교단체에서 운영하는 병원과 의료원도 급속히 늘어났다.

　의료 선교사들은 전 세계에 흩어져 크고도 의미 있는 인도주의적 노력을 경주해 왔다. 그러나 이런 선의에도 불구하고 의료 선교사들은 해당 지역의 전통 의사 및 의술과 직접적으로 경쟁을 벌이게 되는 경우가 많았다. 적대 행위가 협박과 공격으로 노골화될 때도 있었고, 깊은 의혹의 시선을 받을 때도 있었다. 아프리카의 한 의료 선교사는 8년을 기다린 후에야 처음으로 원주민 환자를 치료할 수 있었다고 한다. 중국의 의료 선교사들은 공공연히 적대 행위를 당했다. 그러나 1935년 중국의 병원은 절반 이상이 선교단체가 운영하는 시설이었다.

　의사들은 의료선교 사역으로 대개 큰 찬사와 박수를 받았지만, 치과의사나 간호사, 기타 의료계 사람들도 이 사역에 주목할 만한 기여를 했다. 사

래브라도 의료 선교사 윌프레드 그렌펠

실상 의학 공부를 하지 않은 선교사들 중에도 시행착오를 통해 질병 치료법을 배우고, 그럼으로써 환자의 고통과 사망률을 줄이는 동시에 복음 사역을 위한 길을 닦는 이들이 있었다.

근대 최초의 유명한 의료 선교사는 존 토머스 박사로, 윌리엄 캐리보다 앞서 인도로 갔고, 후에는 캐리와 함께 사역했다. 토머스는 정신적으로 불안정한 사람이었지만, 캐리는 "토머스 정도의 실력이라면 유럽에서도 내과의나 외과의로 널리 명성을 얻을 것"이라며 그의 사역에 찬사를 바쳤다. 존 스커더는 의료 사역을 특성화한 최초의 미국인 선교사로, 인도와 기타 여러 나라에서 사역한 의료 선교사들의 긴 계보에서 원조격 인물이었다.

역대 가장 유명한 의료 선교사는 아마 저 이름 높은 알베르트 슈바이처 Albert Schweitzer, 1875-1965일 것이다. 의사이자 음악가, 성경학자였던 그의 논란 많은 신학적 입장은 『예수 생애 연구사』 Geschichte der Leben-Jesu-Forschung라는 저서를 통해 널리 유포되었다. 의료 선교사로서의 그의 이력은 1913년 서아프리카에서 시작되었으며, 그는 가봉의 랑바레네에 병원을 세웠다. 1차 세계대전 중 프랑스 측에 의해 투옥되었던 기간을 제외하면 그는 평생을 바쳐 아프리카에서 의료 사역을 했다. 그는 찾는 이 많은 인기 저술가이자 강연자, 오르간 연주자로서 고국에서 안락한 삶을 누릴 수도 있었지만, 이를 포기하고 대신 "그리스도께서 죽음으로 값 주고 사신 형제들"을 섬기는 삶을 선택했다.[3]

의료선교 분야는 초기에 남성들이 지배했지만, 19세기 말에는 여성들도 의료선교 현장에 들어오기 시작했고, 이들의 업적은 곧 전 세계에 널리 보도되었다. 클라라 스웨인Clara Swain, 1834-1910은 감리교도이자 최초의 미국 출신 여성 의료 선교사로, 1870년 인도에 도착해서 4년 후 첫 번째 병원을 열었다. 최초의 간호 선교사 엘리자베스 매케슈니Elizabeth M. McKechnie, 1845-1939는 1884년 상하이에 도착했으며, 후에 그곳에 병원을 세웠다.

의료 선교사가 들어가지 않은 지역은 거의 없었다. 근대 역사 속의 대다수 의료 선교사들은 적도기후에서 맹위를 떨치는 열병과 문둥병과 기타 적도 특유의 자연재해와 싸우며 평생을 살았던 반면, 윌프레드 그렌펠Wilfred Grenfell, 1865-1940은 캐나다 래브라도의 얼어붙은 해안 지역을 따라 이동하면서 효과적인 의료 사역을 펼쳤다. 그는 1885년 런던에서 의학 공부를 마무리하던 중 한 부흥집회에 참석했다가 D. L. 무디와 C. T. 스터드의 강설에 감명을 받았다. 역시 크리켓 선수였던 그렌펠은 마음 깊이 감동을 받고 그날 밤 회심했다. 얼마 후 왕립원양선원선교회에서 의료 선교사로 봉사하겠다고 자원한 그는 1890년대에 해안을 따라 흩어져 있는 마을들을 찾아다니며 의료 서비스라고는 전혀 받지 못하고 사는 사람들을 섬기기 시작했다.

그런 마을들에 가기 위해 이 모험심 많은 의사는 자기 소유의 소형 증기선을 타고 위험하기 짝이 없는 해안선을 따라 "위태로운" 항해를 했다고 한 전기작가는 말한다. "직업 선원이라면 아마 무서워서 죽으려 했을"텐데 그는 "반쯤 물에 잠긴 무시무시한 바위들과 섬들 사이를 구불구불 헤치고 다녔다.……안개를 뚫고……거센 바람과 거친 바다에 맞서서."[4] 의료 사역 외에도 그는 가난한 마을 사람들을 경제적으로 돕는 일에도 관여했다.

그렌펠은 여러 교회를 돌아다니며 사역 중에 겪은 흥미진진한 일들과 자신의 사역 등을 이야기해 주었다. 명성은 높아졌고, 미국과 캐나다에 '그렌펠 협회'가 속속 생겨나면서 후원금도 쏟아져 들어왔다. 그는 1940년에 세상을 떠났지만, 그에 대한 기억은 래브라도의 거친 해안을 따라 오늘날까지도 생생하게 살아 있다.

아이다 스커더[1870-1960]

가장 유명한 의료 선교사 일가는 스커더 집안으로, 인도와 그 밖의 나라에서 여러 세대에 걸쳐 사역했다. 1819년 존 스커더John Scudder, 1793-1855는 번창 중에 있던 뉴욕의 병원을 뒤로하고 아내와 아이를 데리고 실론으로 향하는 배에 올랐다. 이들 가족은 실론과 인도에서 36년 동안 사역했고, 그 사이 13명의 자녀가 더 태어났다. 그중 아홉 자녀가 살아남아 어른이 되었고, 일곱 명이 선교사가 되었으며, 대부분 아버지처럼 의료선교를 전문으로 했다. 스커더 집안은 네 세대에 걸쳐 42명의 선교사를 배출했으며, 이들의 사역 기간을 다 합치면 1,000년이 넘는 시간이 된다. 그 42명 중에 아이다 스커더Ida Scudder가 있었는데, 존 스커더의 막내아들로 역시 인도에서 의료 선교사로 사역한 존 스커더(아버지와 이름이 똑같은)1836-1900의 딸이었다.

아이다 스커더는 1870년 인도에서 태어나고 자라, 선교사 생활의 어려움과 시련을 익히 알고 있었다. 특히 사랑하는 사람들과 헤어지는 게 얼마나 고통스러운 일인지 경험을 통해 깨우쳤다. 어렸을 때 아버지가 휴가를 받아 온 가족이 미국으로 돌아갔는데, 휴가가 끝나자 아버지 혼자 인도행 배에 올랐다. 2년 후에는 어머니가 딸을 시카고의 친척 집에 맡겨 두고 아버지가 있는 인도로 갔다. 아이다의 전기작가는 이때 그녀가 큰 정신적 외상을 입었다고 한다.

그날 밤을 생각하면 여전히 찌르는 듯한 아픔이 느껴졌다. 열 네 살 소녀의 무기력한 슬픔처럼 밖에는 비가 억수같이 쏟아졌다. 인도로 떠나는 엄마를 전송하러 역에 나가는 것조차 허락되지 않았다. 안타깝게 붙들고 매달리는 팔을 뿌리치고 마침내 엄마가 떠나자 아이다는 2층으로 뛰어 올라가 주인 잃은 엄마 베개에 얼굴을 파묻고 밤새 울었다.……몇 주가 지나고 몇 달이 지나도 고통스러운 외로움은 그칠 줄 몰랐다. 그저 가슴 밑바닥에 가라앉았을 뿐이었다.[5]

고등학교를 마친 아이다는 미국에 계속 머물면서 D. L. 무디가 세운 매사추세츠 주 노스필드의 '젊은 숙녀들을 위한 신학교'에 다녔다. 그러나 집안의 전통을 이어받아 선교사가 될 생각 같은 것은 전혀 없던 그녀는 1890년 학교를 졸업한 뒤 어머니가 위중하다는 다급한 국제전보를 받았다. 그로부터 몇 주 뒤 아이다는 "더위와 먼지와 소음과 냄새로 가득한 그 끔찍한 나라" 인도로 향하는 배에 올랐다. 목적은 어머니를 간호하는 것이었고, 그 의무를 다하고 나면 미국으로 돌아와 자신의 꿈을 추구할 생각이었다.

그러나 인도 체류는 계획보다 길어졌다. 어머니를 간호하는 것 말고도 시급한 일이 또 있었다. 68명의 여학생들이 다니고 있는 학교를 책임져야 했던 것이다. 가족들과 다시 만난 것은 기뻤지만, 부모님을 비롯해 집안사람들은 스커더 집안의 전통을 좇아 선교사가 되기를 회피하지 말라고 부담을 주었다. 하지만 그녀는 고생스러운 선교사 생활 말고 그 이상의 삶을 원했다. 그러던 중, 아이다를 의료 선교사로 부르는 "한밤중 세 번의 노크 소리"가 들렸다. 이 일로 그녀는 결국 인도에 주저앉을 수밖에 없었다. 그 세 번의 노크 소리의 주인공은 인도의 한 브라만, 고위 카스트 계급의 한 힌두교도, 그리고 한 무슬림이었다. 하룻밤 사이 이렇게 세 사람이나 찾아와 각각 난산 중인 산모를 도와 달라고 간청했다. 인도 풍습상 남성은 산실에 들어갈 수 없었기에 아이다의 아버지는 도움을 줄 수가 없었다.

그날 밤 나는 잠 한숨 못 잤다. 너무 무서웠다. 출산을 도울 여자가 하나도 없는 까닭에 사경을 헤매고 있는 젊은 여자 셋, 내 손길 한 번에 그들의 생사가 달려 있었다. 나는 밤새 고민하며 기도했다. 나는 인도에서 생애를 보내고 싶지 않았다. 친구들은 젊은 여성이 미국에서 누릴 수 있는 즐거운 기회들을 찾아서 돌아오라고 조르고 있었다. 나는 하나님의 인도를 구하는 기도를 마친 뒤 새벽녘에야 잠자리에 들었다. 얼굴과 얼굴을 맞대고 하나님을 만난 것은 그때가 처음이었던 것 같다. 하나님은 그 시간 내내 나를 당신의 일로 부르고 계신 것 같았다. 아침 일찍 마을에서 "퉁퉁" 북소리가 들렸다. 내 마음은 공포로 얼어붙었다. 그 소리는 죽음을 알리는 메시지였기 때문이다. 하인을 보내 무슨 일인지 알아보게 했더니 그 세 여인이 간밤에 모두 죽었다고 했다. 나는 다시 방 안에 틀어박혀 인도 여성들의 삶의 조건에 대해 진지하게 생각해 보았다. 많은 기도와 생각 끝에 나는 아버지와 어머니께 말씀드렸다. 귀국해서 의학을 공부한 뒤 인도로 다시 돌아와 그런 여성들을 돕겠다고 말이다.[6]

이듬해 아이다는 미국으로 돌아왔고, 1895년 가을 필라델피아의 여자 의과대학(醫科大學)에 입학했다. 1898년 코넬 의과대학이 여성에게도 입학을 허용하자 학교 신뢰도가 더 높은 그곳으로 옮겨 의학박사 학위를 받았다. 졸업 뒤 아이다는 그녀와 동역하며 복음을 전하기 원했던 좋은 친구 애니 핸콕^Annie ^Hancock과 함께 인도로 돌아왔다. 아이다의 손에는 한 부유한 여성 후원자가 인도에 새 병원을 지으라며 건네준 1만 달러짜리 수표가 쥐어져 있었다.

그러나 머리 좋은 의사인 아버지의 보호와 지도 아래 인턴으로 근무하려던 그녀의 꿈은 아버지가 뜻밖에 암으로 돌아가시면서 산산조각이 나고 말았다. 설상가상으로, 인도 사람들은 의사의 관심이 절박하게 필요한 상황에서도 아이다를 신뢰하지 않았다. 여러 달이 흐르며 서서히 기량이 늘었지만, 여전히 주민들의 미신적 습속에 부딪혀 최선의 노력마저 좌절되곤 하는 일이 반복됐다. 특정한 절기에는 의료 행위가 금지되기도 했고, 악한 영을 피한다며 병세가 위중한 환자를 이곳저곳 옮기는 경우도 있었다. 한번은 크게 다쳐서 온 한 여자아이의 상처 부위를 소독한 뒤 붕대를 찾아 가져온 순간 아이가 환부에 '거룩한 재'를 문지르고 있는 것을 보고 깜짝 놀란 적도 있었다.

인도에 돌아온 지 얼마 뒤 벨로르에 병원 건물 공사가 시작되었다. 미국을 떠나오기 전 여러 곳에 후원을 요청하여 모은 돈으로 짓는 건물이었다. 그러나 아이다는 병원 외에 교육시설도 필요하다는 사실을 곧 깨달았다. 인도 여성들을 제대로 교육시

인도 의료 선교사 아이다 스커더

켜 마을로 보낼 필요가 있었던 것이다. 그래서 아이다는 여성들을 위한 간호학교를 세우는 일에 전력투구하기 시작했다. 그때부터 기금을 모으는 일은 아이다의 사역에서 빼놓을 수 없는 한 부분이 되었다. 휴가를 받아 귀국했을 때도 그녀는 대규모 여성 청중들 앞에서 인도 여성들이 얼마나 무력하고 힘든 처지에 있는지를 들려주어 그들의 마음을 사로잡았고, 그래서 집회 때마다 예산보다 더 많은 기금이 모이곤 했다. 간호학교가 문을 열자 입학 지원자들이 대거 몰려들었고, 1회 졸업생들은 정부가 치르는 자격시험에서 상위권으로 합격했다.

의학 수업 외에도 스커더는 사도 바울과 바울서신을 주제로 4년 과정의 성경강좌를 개설했다. 하루에 16시간씩 일했지만, 의료 사역만으로도 하루가 빠듯했다. 병원과 의과대학 운영, 마을 진료소 일 외에도 그녀는 어머니의 도움을 받아 자그마한 고아원도 운영하고 있었다. 20명도 넘는 집 없는 아이들이 스커더의 집으로 왔는데, 그녀는 회진을 돌 때마다 그 아이들

을 한두 명씩 데리고 다닐 때가 많았다. 어머니가 86세에 세상을 떠난 것은 그녀에게 깊고도 큰 상실감을 안겼다. 63년 전, 이 고집스런 여인은 몸이 약하다는 이유로 선교위원회의 후원을 거절당했다가 남편이 모든 책임을 지기로 하고 사역지로 함께 왔고, 그로부터 25년 뒤 남편이 세상을 떠난 후에도 현장에서 사역을 계속해 왔다.

의료 사역이 규모를 키워 가면서 스커더는 각종 비용과 설비 보강을 위해 거액의 돈이 필요하게 되었다. 네 개 교파의 여성기관들이 그녀의 사역을 후원하고 있었지만, 돈은 여전히 부족했다. 그러던 중 1920년대 초에 그녀는 자신의 사역이 인도에 있는 다른 기독교 학교들과 함께 100만 달러의 록펠러 재단 보조금을 받을 자격이 있다는 전갈을 받았다. 단, 다른 곳에서 200만 달러의 기금을 후원받을 수 있어야 한다는 조건이 붙었다. 이에 스커더는 미국으로 가서 온몸이 녹초가 되도록 기금 활동을 펼쳤다. 그 결과 300만 달러를 모으는 성과를 올렸고, 대부분은 벨로르에 새 복합 의료시설을 짓는 데 들어갔다.

새 시설을 만들었음에도 불구하고 벨로르 의과대학은 독립 이후 새로 들어선 인도 정부의 요구 조건에 발을 맞출 수가 없었다. 1937년 모든 의과대학은 마드라스 대학교와 합병해야 한다는 결정이 내려졌다. 스커더에게 그것은 "그토록 소중하게 키워 온 의학교의 죽음을 알리는 전조로 들렸다."[7] 대공황의 와중에서 학교 운영에 필요한 기금을 모으는 것도 불가능해 보였다. 남자 기독교 의대는 견고하게 기반을 다져 가고 있었지만, 스커더의 학교 말고 인도에 다른 여자 의대는 없었다. 존 R. 모트를 비롯해 많은 이들이 보기에 남녀공학이 논리적 해법으로 보였고, 일부 사람들은 벨로르가 가장 적당한 위치라고 제안했다.

스커더는 고국의 후원자들에게 이 제안을 열심히 홍보했지만 지금까지 겪어 온 그 어떤 것보다 더 격렬한 논란 가운데 던져졌을 뿐이었다. 지금까지 인도 여성들을 위한 의료선교에 필요한 돈을 모으기 위해 수많은 여성들이 동원되었고, 자기가 가진 것을 모두 나눈다는 생각으로 남성들은 꿈도 꾸지 못할 일을 이루었다. 벨로르 복합 의료시설 운영위원인 힐다 올슨은 남녀공학 전환 제안에 다음과 같이 간단명료하게 대답했다. "당신 말처럼 벨로르는 하나님의 일이다. 하지만 나는 여성들을 위한 하나님의 일이라고 덧붙이고 싶다. 그게 아니라면 동전 한 푼까지도 후원자들에게 되돌려 줘야 할 것이다."[8]

운영위원회는 이 문제를 두고 첨예하게 의견이 나뉘었고, 여러 해 동안 스커더를 가장 견실하게 지지해 왔던 루시 피보디는 이제 가장 신랄한 비판자가 되어 지금까지 위원회가 지지해 온 그 모든 가치를 배신했다며 그녀를 비난했다. 스커더에게는 참으로 우울한 시간들이었지만, 몇 년에 걸친 격렬한 논쟁 끝에 위원회는 표결을 거쳐 남자 의대와 통합하는 것으로 마침내 결정을 내렸고, 벨로르는 새 남녀공학 의대가 들어설 장소로 결정되었다.

이 시기와 그 후 몇 년 동안 스커더는 인도에서 그간 이룬 업적으로 널리 이름을 알리게 되었다. 기자들이 찾아와 인터뷰를 했고, 많은 이들이 그녀의 사역에 관해 기사를 썼다. 여러 잡지들 중 『리더스 다이제스트』는 그녀를 표지 인물로 다루며 추어올렸다.

이 특별한 백발의 여인은 72세의 나이에도 걸음걸이에 탄력이 있고 눈빛은 초롱하며, 45년 이력의 숙련되고 견고한 외과의의 손을 갖고 있다. 그녀는 18년 동안 인구 200만 지역의 복합 의료시설 수장 역할을 해왔다. 인도 전역의 의사들이 힘들고 어려운 부인과 수술은 다 그녀에게 맡긴다. 여성과 어린이들은 그녀를 그냥 한 번 만져 보기라도 하려고 찾아오며, 그만큼 그녀의 실력에 대한 명성이 높다.[9]

방글라데시

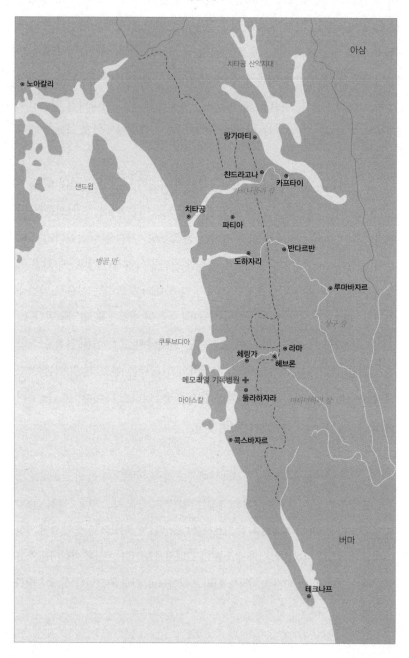

아삼

치타공 산악지대

노아칼리

랑가마티

샌드윕

찬드라고나

카프타이

카르나풀리 강

치타공

파티아

반다르반

방골 만

도하자리

루마바자르

상구 강

쿠투브디아

체링가

라마

헤브론

메모리얼 기독병원 ✚

마탐우헤리 강

마이스칼

둘라하자라

콕스바자르

버마

테크나프

스커더는 1946년 일흔다섯의 나이로 은퇴했고, 가장 뛰어난 제자 힐다 라자루스[Hilda Lazarus, 1890-1978]가 후임을 맡았다. 전기작가의 말에 따르면, 기품 있는 은퇴였다. "평생을 지도자—어떤 이들은 독재자라고 했지만—로 살아온 그녀는 이제 지도를 받는 사람이 될 수 있음을 깨달았다."[10] 하지만 스커더는 그 후로도 10년 이상 현장에서 적극적으로 활동했다. 일주일에 한 번씩 남녀 학생 모두를 대상으로 성경강좌 수업을 했고, 까다로운 임상 사례에 대해 의사들에게 조언을 주었으며, 인도에 마련한 아름다운 저택 힐탑에서 친구들이나 고위인사들을 대접했고, 날랜 몸으로 테니스 게임을 했다. 65세의 실력은 아니었지만(한 토너먼트 경기 때 십대 소녀와 맞붙어 두 세트 모두 물리치고 모든 게임에서 이겼다. 경기 전 그 십대 소녀는 "할머니"와 시합을 할 수는 없다며 비웃었다고 한다), 여전히 규칙적으로 테니스를 즐겼고, 전기작가의 말에 따르면 심지어 83세에도 "강력한 서브를 넣을 수 있었다"고 한다.[11]

아이다가 얼마나 유명했던지 해외에서 편지 겉봉에 "아이다 박사, 인도"라고만 써도 인구 3억 명의 아대륙에 도착한 그 편지는 벨로르의 그녀 집으로 곧장 배달되었다고 한다.

중앙아시아 남부에서 사역한 또 한 명의 유명한 의료 선교사로 비고 올센[Viggo Olsen]이 있다. 그는 널리 읽힌 그의 전기 『닥타르: 방글라데시의 외교관』[Daktar: Diplomat in Bangladesh] 덕분에 많은 이들에게 기억되고 있다. 의학 공부를 시작할 당시 그는 의료 선교사가 될 계획은 없었다. "나는 기독교와 성경을 불가지론자의 시선을 통해 보고 있어서, 현대 과학이 기독교라는 이 종교 정서를 시대적으로 앞서 가고 있다고 생각했다."[12] 그러나 회심 후 그는 해외 의료 선교사로 부르시는 "하나님의 소명"을 느꼈다. 그리고 "3일 후 엄밀한 시험을 받게 되었다." 우편함에 편지가 한 통 와 있었다. "메이오클리닉 내과의사로 채용되었음을 알려드리게 되어 기쁩니다." 하지만 그는 더 숭고한 소명을 이루기 위해 이 기회를 사양했다. 그리고 1962년 가족들을 데리고 동파키스탄으로 가서 세계복음침례교협회^{ABWE}와 함께 사역을 시작했다. 4년 후에는 정치적 소용돌이의 와중에서 메모리얼 기독병원을 개원했다.

1970년대, 동파키스탄 사회의 주류인 무슬림들이 서파키스탄으로부터의 독립을 위해 싸우던 때 그는 병원에 남았고 아내와 아이들은 피난을 갔다. 전쟁의 참화 속에서 그는 병원을 지켜 냈고, 고국에서 휴가를 마친 후 병원으로 돌아와 신생국 방글라데시에서 계속 많은 이들을 섬겼다.

칼 베커[1894-1977]

칼 베커$^{Carl Becker}$는 20세기 아프리카에서 가장 많은 사랑을 받은 의사로 손꼽혔다. 그는 홀로된 어머니와 누이를 부양하기 위해 주물공장에서 일하다가 1916년부터 의학 공부를 시작했다. 그러나 1차 세계대전이 발발하자 미군 의무대에 입대했고, 군에 복무하면서 의료 경험도 쌓고 약간의 봉급도 받았다. 의학 공부가 끝나자 그는 약혼녀에게 미리 일러두었다. 의학 공부를 할 수 있게 해주시면 하나님께 인생을 바치겠다 약속했다고 말이다. "그게 선교사나 다른 어떤 자격으로 중국이나 아프리카로 갈 수도 있다는 의미인지 잘 모르겠지만, 어쨌든 내 인생에서 첫 번째 관심사는 하나님이다."[13]

그러나 펜실베이니아에 정착하여 개원하게 되면서 하나님께 했던 약속은 잊혀져 갔고, 그러던 어느 날 그는 아프리카내지선교회의 찰스 헐버트에게서 편지 한 통을 받았다. 몇 년 전 한 번 만난 적이 있던 헐버트는 의사인 며느리가 콩고에서 사역하다가 갑자기 세상을 떠나자 그 자리를 대신 맡아줄 사람을 급히 구하고 있었다. 베커는 콩고로 와 달라는 헐버트의 요청을 거절했지만 헐버트는 집요했다. 1928년 여름, 결국 베커 일가는 "1만 달러의 수입을 뒤로 하고 한 달 60달러를 벌기 위해……아무것도 아는 게 없는 원시의 변경으로 가기 위해" 아프리카행 배에 올랐다.[14]

콩고에서 베커 가족의 첫 번째 집은 진흙 오두막이었지만 아내 마리는 창의력을 발휘해 그 집을 '진흙 저택'으로 바꿔 놓았다. 1934년 베커는 아내와 두 아이를 데리고 오이카의 자그마한 선교기지로 거처를 옮겨 이투리 우림에서 피그미족을 비롯해 열대우림의 여러 부족들을 섬겼다. 이곳에서 그의 사역은 크게 꽃을 피웠다. 그는 거대한 마호가니 나무가 벽처럼 둘러싸인 곳에 의료시설을 세웠다. 아무것도 없는 상태였고, 고국에 두고 온 병원에 비하면 원시적인 수준이었지만, 그런대로 아프리카 정글 사람들의 필요에 부응할 수 있었다. 그는 조직 관리에 능하거나 장기적 안목으로 계획을 세우는 사람이 아니었고, 자기가 하는 일을 널리 홍보하려는 자세를 가진 사람도 아니었다. 그렇지 않았다면 "세상을 떠난 성인(聖人)을 기리는 기념병원으로 이 병원을 홍보하여 거액의 후원금을 모을 수도 있었을 것"이라고 그의 전기작가는 말한다. 사실 그는 "전체를 조감하는 계획"도 없이 그때그때 필요에 따라서 병실과 건물을 증축했다.[15] 병원 건축을 위한 예산도 없었고, 비용 대부분은 그가 받는 60달러의 월급으로 충당했다.

복음을 전하는 것이야말로 베커가 아프리카에 와서 일하는 주목적이었기에 주말은 인근 마을로 순회 사역을 나가는 데 할애했다. 신학교에서 정식으로 성경을 배운 적은 없지만, 그래도 그는 아프리카인들에게 효과적으로 복음을 전했다. 엉성한 솜씨로 그림을 그려가며 성경 이야기를 들려준 것이 인기를 끌자 그는 이 그림을 등사판으로 인쇄하여 나누어 주기 시작했다. 한번은 변두리의 한 마을에 들어갔다가 길거리에 사람들이 모여 있어서 다가가 보았더니 놀랍게도 글도 모르는 한 콩고 군인이 베커가 만든 그림 이야기 몇 권을 이용해 복음을 전하고 있었다.

복음전도 사역이 효과적으로 이뤄지고 있음에도 불구하고 베커는 이전과 이후의 수없이 많은 의료 선교사들과 마찬가지로 사람들의 물질적 필요를 채워 주는 일에 매달려 시간과 에너지를 소모했다. 그는 "이 모든 일들에 어떤 영적 가치가 있는가?"를 자주 자문했다. 이 질문은 이런 활동들의 결과를 확인함으로써만 답변될 수 있었다.

의료 사역은 사실 씨를 뿌리기 위해 밭을 가는 것일 뿐이라고 생각했지만(세례 요한이 메시아를 예비했던 것처럼), 그는 오히려 의료 사역 자체가 하나의 완전한 선교 사역임을 깨닫게 되었다. 의료 사역은 다수 대중에게 복음을 전할 수 있는 기회였다. 의료 사역이 아니라면 영적으로 곤핍한 아프리카인들을 다른 어디에서 날마다 수백 명씩 만날 수 있겠는가? 그 사람들이 먼 거리를 마다하지 않고 찾아오니 한곳에서 그렇게 많은 이들에게 복음을 전할 수 있지 않은가? 어린 그리스도인들이 성숙한 신앙생활을 할 수 있도록 도울 수 있는 기회를 입원 환자들은 제공했다. 그것은 마치 어린 식물에게 온실과 같은 환경을 마련해 주는 것과 비슷했다. 베커 박사는 이 또한 책임 있는 아프리카 교회를 세울 수 있는 비할 데 없는 기회임을 깨달았다.[16]

많은 경우 의료 사역은 달리 복음을 전하기 힘든 부족들을 복음화할 수 있는 길을 닦아 주었다. 이투리 숲에 사는 피그미족의 경우가 바로 그러했다. 오랜 세월 다른 아프리카인들에게 차별의 대상이 되어 온 피그미족은 정글 깊은 곳으로 들어가 모든 외부인을 차단하며 자신들을 보호했다. 하지만 의사의 치료가 필요하자 그런 피그미족들도 결국 극단적 고립주의를 깨고 바깥세상으로 나왔다. 그들은 서서히 선교사들에 대해 신뢰를 쌓아 나갔고, 많은 이들이 회심하여 그리스도인이 되었다. 마찬가지로 의료선교는 나병 환자들에게 복음을 전하는 데도 결정적 역할을 했다. 나환자들 역시 차별의 대상이 되어 왔지만, 베커와 그의 직원들이 보여준 사랑과 관심 덕분에 자신들도 가치 있는 존재라는 의식을 새로이 하게 되었다.

베커는 상상 가능한 모든 질병과 부상을 치료했지만, 나병 문제는 가장 큰 고민거리였다. 그는 나환자들의 끔찍한 고통을 덜어줄 치료법을 찾아 내려고 필사적으로 애썼다. 그가 나환자들을 따뜻이 대해 준다는 소문이 퍼져 나가자 그에게 치료를 받으려고 환자들이 수천 명씩 찾아왔다. 1950년대 초 그는 445만 평방미터에 달하는 나환자 마을을 만들어 놓고 4,000여 명의 환자가 거기 기거하며 치료를 받을 수 있게 했다. 이러한 노력은 아주 인상적인 결과를 낳았다. 세계 전역의 나병 전문가들이 그곳까지 찾아와 베커의 연구 노트를 빌려 갈 정도였다. 세계적인 나병 권위자인 케임브리지의 로버트 코크런[Robert Cochrane] 박사까지도 베커의 연구 성과에 감명을 받았다.

이 시기에 베커는 간호사들의 도움을 받아 4,000여 건이 넘는 크고 작은 수술을 했고 해마다 500여 명의 신생아를 받았다. 그런 중에도 짬을 내어 정신과를 비롯해 다른 영역으로까지 연구 범위를 넓혔고, 최신 치료법을 열심히 실험했다. 환자들 중에는 심각한 정신장애 때문에 가족들에게 귀신 들린 사람 취급받는 이들도 있었다. 그는 이런 환자들을 위해 정신병동과 정신과를 설치했다. 적도 부근 아프리카에서 전기충격요법을 쓴 의사는 그가 처음이었다. 하지만 그는 "단순한 기독교 신앙이 정신적 이상 증세를 치료하는 가장 건전한 일반 요법이며 '사랑과 소망의 복음만이 미신과 두려움을 몰아낼 수 있다'고 여전히 확신했다."[17]

콩고 사람들을 위해 그렇게 희생적으로 봉사했음에도 불구하고 베커라고 해서 1960년대에 발생한 폭력 사태를 아무 피해 없이 넘기지는 못했다. 대다수 선교사들이 안전을 위해 동아프리카로 피신했을 때도 그는 계속 오이카에 남아 있다가 1964년 여름이 되어서야 자신이 심바의 과녁이 되어 총살 집행단의 추적을 받고 있다는 것을 알게 되었다. 70세의 그는 하는 수 없이 사랑하는 아프리카인 친지들에게 작별을 고하고 아내와 세 명의 간호사, 그리고 젊은 동료 한 사람을 대동하고 가까스로 심바 게릴라들에게서 탈출해 나왔다.

그의 나이를 생각해 볼 때 1964년 콩고에서 빠져나오면서 은퇴를 생각하는 것이 적절했다. 그러나 베커에게는 아프리카가 고향이었다. 전기작가의 표현을 빌리자면, 그는 "휴가에 알레르기"가 있었고, 미국으로 돌아가고 싶은 마음이 전혀 없었다. 이제 서서히 기력이 떨어지고 있음을 알고 있으면서도 그는 자신이 쓸모가 있는 한 아프리카에 머물고 싶어 했다. 그래서 비교적 안전한 동아프리카에서 1년을 보낸 뒤 베커 가족은 다시 오이카로 가서 게릴라들이 파괴해 놓은 시설들을 복구했다.

베커는 83세가 되어서야 미국으로 돌아가 은퇴하기로 했다. 미국의 유명한 칼럼니스트 아트 버크월드[Art Buchwald]는 베커에 대해 이렇게 말했다. "콩고 전체를 통틀어 우리에게 가장 큰 감명을 준 사람은 칼 K. 베커라는 미국인 의료 선교사였다.……오이카를 떠나면서 우리는 콩고 땅에 미국판 슈바이처 박사가 있다는 생각을 하지 않을 수 없었다."[18] 그러나 베커에게 바쳐진 찬사 중 가장 훌륭한 것은 아마도 한 아프리카인 의학도의 입에서 나온 말일 것이다. "많은 선교사들이 나에게 예수 그리스도를 설교했지만, 나는 문강가(베커 박사)에게서 예수 그리스도를 보았다."[19]

윌리엄 캐머런 타운센드[1896-1982]   성경번역도 의료선교와 마찬가지로 20세기의 특성화 선교로 볼 수 있다. 하지만 개신교의 모든 개척 선교사들은 사실상 성경 번역가들이었다. 전부 다 아마추어 의료 전문가였던 것처럼 말이다. 윌리엄 캐리가 이들 성경번역 선교사들 중 최초이자 가장 큰 성과를 낸 인물로 기억되고 있지만, 1세기 전에 이미 존 엘리엇이라는 헌신적이고 활기 넘치는 인물이 매사추세츠의 인디언 알곤킨족을 위해 성경을 번역했다. 성경번역을 선교 사역의 정당하고도 필수불가결한 요소로 만든 사람은 캐리였다. 이외에 우리에게 잘 알려진 성경 번역가로는 로버트 모리슨, 아도니럼 저드슨, 앤 저드슨, 로버트 모펫, 헨리 마틴 등이 있다.

그러나 성경번역은 20세기 들어서야 새로운 모습을 갖추게 된다. 이는 언어학이라는 학문이 소개되고 또 윌리엄 캐머런 타운센드^{William Cameron Townsend} 와 그가 만든 두 개의 기관, 하계언어학연구소^{SIL}와 위클리프 성경번역선교 회^{WBT}가 지칠 줄 모르고 노력한 덕분이었다. 이 두 기관은 후에 세계 최대의 독립 선교기관이 되었다. 하계언어학연구소는 1934년 타운센드와 L. L. 렉터스^{Legters, 1873-1940}가 아칸소 주 오자크의 한 농가에서 '캠프 위클리프'라는 이름으로 처음 개설했다. 두 사람 모두 장래의 성경 번역가들을 위한 언어학 훈련에 관심이 많았다. 그러나 하계언어학연구소가 성경번역 선교에 중요한 역할을 하기는 했지만 언어학이라는 학문이 지닌 세속적 성격상 선교 후 원기관이 되기에는 부적당하다는 사실이 곧 드러났다. 그래서 1942년, 성경번역 선교사 후원기금을 받고 또 진행 중인 현장 사역을 널리 홍보할 목적으로 위클리프 성경번역선교회가 공식 출범했다. 이 두 기관은 개별적 기관이면서도 이사회가 서로 연동되어 있고 목표와 철학도 동일했으며, 다만 이행해야 할 의무만 달랐다.

캠 타운센드는 1896년 캘리포니아에서 태어났다. 1893년 공황 후 경제적으로 어려운 시기였던 만큼 가난으로 찌든 어린 시절을 보냈다. 고등학교를 마친 뒤 로스앤젤레스에 있는 장로교 학교인 옥시덴틸 대학에 들어가 2학년 때 대학생 자원운동에 가입했고, 존 R. 모트가 학교에 와서 강연하는 것을 듣고 선교에 헌신할 마음을 갖게 되었다. 3학년에 재학 중일 때 로스앤젤레스 바이블하우스가 라틴아메리카에서 활동할 성경 판매원을 모집한다는 소식을 듣고 이에 지원하여 과테말라 지역을 배정받았다.

타운센드는 1917년 대학 친구 한 명과 동행하여 과테말라로 향했다. 중앙아메리카에서 성경을 판매한다는 것은 그런 대로 보람 있는 사역인 듯

했지만, 그는 깍치켈 인디언들이 대부분 스페인 글자를 읽지 못하며 이들 부족에게는 아직 글도 없다는 것을 곧 알게 되었다. 어떤 이는 그가 스페인어 성경을 판매하는 데만 열중하는 것을 보고 언짢아하는 것 같았다. 한 인디언은 어느 날 이렇게 물었다. "당신네 하나님이 그렇게 똑똑하시다면 왜 우리 부족 말을 안 배우시는 겁니까?"[20]

타운센드는 이 솔직한 질문에 깜짝 놀랐다. 이 질문은 그의 삶을 바꿔 놓았다. 이 질문을 받은 뒤 13년 동안 그는 그들의 언어를 배우는 데 몰두했다. 그리고 글로 쓸 수 있도록 그 언어를 체계화하여 정리했고 또한 성경을 번역했다. 언어학 공부를 한 적이 없는 그는 그 과정에서 엄청난 장애물을 만났다. 예를 들어 그들 부족 언어에는 네 가지의 서로 다른 'k' 음이 있는데, 그의 귀에는 거의 별 차이 없이 들렸고, 동사 형식은 믿기 어려울 만큼 난해했다. 동사 하나가 수천 가지 형태로 변화하면서 단순한 동작 외에 때로는 시간을 가리키기도 하고 때로는 장소를 가리키기도 하며 그 밖에 다른 여러 가지 개념으로 활용되었다. 한 미국인 고고학자를 만나기 전까지는 그들의 언어를 배운다는 건 불가능해 보였다. 그 고고학자는 깍치켈어를 '라틴어의 틀'에 억지로 끼워 맞추려 하지 말고 그 언어의 기반인 논리적 구조를 찾아보라고 조언해 주었다. 그 조언 덕분에 타운센드의 언어 공부 경로가 바뀌었고, 마침내 그 나름대로의 언어학 훈련 방법이 만들어졌다.

사역 초기부터 타운센드의 강한 의지와 독립적 태도는 주변의 보수적 입장을 지닌 사람들과 자주 충돌을 일으켰다. 그는 성경 판매원 일이 끝나자 중앙아메리카선교회에 들어갔지만 선교회 측이 자신에게 기대하는 것은 번역 사역이 아닌 복음전도 사역이라는 것을 곧 알게 되었고, 이 때문에 양측 사이에는 긴장이 조성되었다. 이 시기에 타운센드는 엘비라 말름스트롬 Elvira Malmstrom, 1909-1944과 결혼했다. 엘비라 역시 과테말라에서 선교사로 사역하고 있었는데, 심신에 문제를 지니고 있던 사람인지라 선교회와의 관계에 긴장을 더해 주었을 뿐만 아니라 두 사람의 결혼 생활에도 어려움이 많았다. 언젠가 엘비라는 "내 정신에는" 아무 문제가 없고 "단지 이기심이 문제"일 뿐이라고 주장했다. 타운센드는 아내의 문제가 "극도의 신경과민" 탓이라고 하면서, 신경이 예민해질 때 "아내는 자제력을 잃고, 나에게는 고통스럽고 우리 사역에는 해가 되는 말과 행동을 한다"고 했다.

원인이 무엇이든, 선교회 측에서는 엘비라의 "상태가 여전히 선교 사역에 상당한 곤란을 초래하고 있다"는 이유로 그녀를 징계하는 한편, "귀하가 귀하의 행동에 어느 정도까지 책임이 있느냐 하는 문제에서는 선교회 내부에서도 의견 차이가 있다"고 덧붙였다.[21] 이런 문제점들에도 불구하고 엘비라는 사역 현장을 떠나지 않고 일을 계속하다가 1944년 요절했다.

10년에 걸친 번역 사역 끝에 깍치켈어 신약성경이 마침내 완성되었고, 타운센드는 다른 부족들을 위해서도 열심히 성경을 번역했다. 하지만 선교회에서는 그가 계속 깍치켈 부족 곁에 머물면서 일해 주기를 원했다. 이런 이유를 비롯해 선교 철학의 차이점 때문에 그는 결국 선교회 일을 그만두었다. 기질적으로 그는 다른 사람 밑에서 일하기가 힘들었다. 또한 본국 선교회 행정부가 현장 선교사의 선교 전략을 좌우해서는 안 된다는 것이 그의 주장이었다. 결국 그는 1934년 L. L. 렉터스와 함께 아칸소에 '캠프 위클리프'를 창설했다. 조직적이지도 않고 볼품도 없던 이 모험적 단체는 결국 세계 최대의 독립 개신교 선교단체로 성장했다.

세월이 흐르면서 타운센드는 수많은 논쟁에 휘말렸다. 가장 자주 반복되는 비난은 그가 거짓 핑계를 대고 다른 나라에 입국허가를 받으려 한다는 것이었고, 그와 동시에 고국의 후원자들에게 100퍼센트 정직하지 않다는 것이었다. 캠프 위클리프 소속 언어학자들은 현지 정부 관리에게 단순히 언어 전문가요 읽고 쓰는 것을 가르치는 교사라고 신분을 밝히지만, 사실 이들은 성경번역 선교사라는 것이 비판자들의 주장이었다. 후원자들은 선교사를 후원하는 것이지 언어학자를 후원하는 게 아니라고 말이다. 논쟁이 한창 격화되었을 때에는 한 베테랑 선교사가 중앙아메리카 사역지에서 돌아와 타운센드의 "부정직"과 "속임수"에 대해 교회들에게 경고할 정도였다.[22]

윌리엄 캐머런 타운센드

타운센드로서는 외국 정부와의 우호적 관계가 최우선 순위였지만, 비판자들은 그가 반칙을 저지르고 있다고 아우성이었다. 타운센드가 사회주의 체제의 행동 강령에 동조하고 있는 것으로 보였을 때에는 특히 더 그랬다. 또한 그는 로마가톨릭과도 너무 우호적으로 지내는 것처럼 보였다. 라틴아메리카에서는 가톨릭과 개신교 사이에 뿌리 깊은 적대감이 존재했다. 대다수 복음주의권 선교사들은 가톨릭과의 협력은 있을 수 없다고 생각했지만, 타운센드는 조금 관용적인 입장이었다. 그는 "그리스도를 주와 구주로 알면서도 여전히 로마가톨릭교도일 수 있다"고 했다.[23] 가톨릭 학자인 파울 비테Paul Witte가 성경 번역가가 되려고 위클리프 선교회에 지원했을 때도 시련이 닥쳤다. 타운센드는 위클리프 선교회 전 회원에게 지지를 구하는 편지를 보냈다. "전통적인 선교단체에 문호를 개방하지 않는 나라에 앞으로도 계속 들어갈 수 있으려면 우리의 무교파 정책에서 한 치도 벗어나서는 안 됩니다."[24] 그러나 그의 간청에도 불구하고 비테는 위클리프 성경번역선교회 대표들의 표결에서 2/3가 반대하는 바람에 선교회 입회를 거부당했다.

로마가톨릭교도만 위클리프 선교회 입회를 거부당한 것은 아니었다.

1949년, 짐 프라이스와 애니타 프라이스 부부가 입회를 지원하면서, 오순절파 교인을 받아들일 것이냐 하는 문제는 이미 가열되어 있는 논쟁을 더욱 격화시켰다. 선교회 멤버들은 오순절파 신자들의 신실한 기독교 신앙을 부인하지는 않으면서도 이들이 위클리프 선교회 구성원 대부분을 차지하는 비(非)은사주의적 복음주의자들과 잘 조화를 이룰 수는 없을 것이라고 생각했다. 타운센드는 위클리프 선교회의 무교파 정책을 다시 한 번 상기시키면서, 여기 관련된 신학적 문제는 "본질적인 게 아니라"고 주장하는 한편, 만일 프라이스 부부의 입회가 거부될 경우 선교회 총재직을 사임하겠다고 엄포를 놓았다.

그의 관용 정책은 인종 문제에까지 미쳤다. 많은 복음주의자들이 아직 분리주의 정책을 옹호하던 시절, 그는 흑인을 비롯해 다른 소수 인종들에게 성경번역 사역에 참여해 주기를 호소했다. 그는 인종에 대한 편견을 한탄했고, 1952년 위원회에 보내는 편지에서 이렇게 말했다. "우리 선교회 정관에서는 인종차별의 기미조차 찾아볼 수 없습니다. 신약성경에도 그런 것은 찾아볼 수 없을 것입니다. 할 수 있다면 비(非)백인 일꾼들도 다 사역지로 보냅시다. 그들이 소정의 과정에서 자격을 입증하기만 한다면 말입니다."[25]

여성에게도 동등한 기회를 주자는 주장 또한 선교회 회원 및 후원자들과의 사이에 논쟁을 불러일으킨 또 하나의 쟁점이었다. 독신 여성이 부부 선교사와 동역하는 것은 허용되었고, 이는 선교계 전반에서 용인되고 있는 사실이었지만, 독신 여성들로만 짝을 지워 변경의 부족에게 파송하는 것은 전혀 다른 문제였다. 부족 사역을 하게 해달라고 독신 여성 선교사들 측에서 처음 요청했을 때는 타운센드 자신도 미덥지 않아 했지만, 얼마 지나지 않아 그는 이들의 사역에 제한을 두지 않기로 했다. "남성보다 연약한 존재"를 보호해야 한다는 사람들의 거센 반대에도 불구하고 1950년대에는 독신 여성으로만 구성된 성경번역 선교사가 페루에만도 몇 팀이 있었고, 그중 로레타 앤더슨Loretta Anderson과 도리스 콕스Doris Cox 팀은 여성 성경번역 선교사의 존재를 옹호하는 타운센드의 입장을 탁월하게 뒷받침해 주는 사례였다.

두 사람은 1950년 샤프라 부족 마을에서 사역을 시작했다. 샤프라족은 인간 사냥꾼들로 알려진 무시무시한 페루 정글 부족으로, 악명 높은 추장 타리리는 재임 추장을 살해하고 그 자리에 오른 사람이었다. 두 선교사는 "처음 다섯 달 동안은 겁에 질려" 아무것도 못하다가 이내 "지독히 느린 속도로 부족 언어를 배워 나가기" 시작했다.[26] 얼마 후 타리리 추장이 자료 제공자로서 두 사람을 돕기 시작했고, 몇 년이 지나자 많은 부족민들과 더불어 마술과 살인 관습을 완전히 버리고 그리스도인이 되었다. 몇 년 후 타리리 추장은 타운센드에게 이렇게 털어놓았다. "당신이 만일 남자들을 보냈더라면 보자마자 죽여 버렸을 것입니다. 만일 부부를 보냈다면 남자는 죽이고 여자는 내가 가졌을 것입니다. 하지만 위대한 추장 체면에 아무 해도 끼치지 않고 나를 형제라고 부르는 그 젊은 여자들을 어떻게 할 수 있었겠습니까?"[27]

일부 선교회 창설자 및 리더들과는 달리 타운센드는 권위주의적 리더십을 자제했다. 하계언어학연구소가 처음 조직되었을 때 그는 집행부 밑에서 일하겠다고, 그리고 마침내는 회원들의 표결 결과에 따르겠다고 제언했다. 제임스 헤플리와 마티 헤플리의 말에 따르면, 이는 "선교 역사에 유례가 없는 참신한 제언이었다. 창설자 겸 총재가 풋내기 젊은 구성원들, 과거에 그가 내렸던 결정들을 못마땅해 하기도 하는 이 젊은 직원들에게 선교회 운영을 맡기다니 말이다. 그는 어느 한 개인이 조직 전체를 좌지우지하는 것은 위험하다고 생각했다. 이는 그가 앞으로 설득력 있는 언변과 카리스마를 이용해 자신의 정책을 관철시켜야 하리라는 것을 의미했다."[28] 자청해서 만든 이런 운영방침 때문에 그는 혁신적인 계획을 세워 놓고도 번번이 좌절을 맛봐야 했다. 어느 날 타운센드가 집행위원회와 한 차례 격한 논쟁을 벌였는데, 논쟁이 끝난 후 위원회의 한 구성원이 이렇게 일갈했다. "캠 아저씨 말이 아마 맞을 겁니다. 그는 보통 우리보다 10년은 앞서가니까요."[29]

첫 번째 아내가 세상을 떠난 뒤 그는 시카고에서 특수교육 교사로 일했 던 일레인 밀케[Elaine Mielke, 1915-2007]와 재혼했다. 두 사람은 페루에서 17년간 사역했고, 그 사이 네 자녀가 태어났다. 이후 이들 일가는 콜롬비아로 가서 번역 사역을 이어갔다. 위대한 선교 행정가로 전 세계에 이름을 떨치게 되기는 하지만 타운센드는 무엇보다도 성경 번역가로서의 본분을 최우선으로 여기면서 하나의 언어를 익힌 뒤에는 또 하나의 언어를 익힐 생각을 했다.

사역을 시작한 지 50년이 지났어도 그는 은퇴를 고려하기보다는 일레인과 함께 소련으로 갈 준비를 했다. 캅카스 지방에서는 약 100여 개의 언어가 사용되는데, 그 언어들로 번역된 성경이 없다는 것을 알게 된 그는 그곳에 가 기초 단계에서 다시 한 번 사역에 참여하기로 작정했다. 그리하여 일흔둘의 나이로 아내 일레인과 함께 모스크바로 간 그는 붉은광장이 내려다보이는 한 호텔에서 하루에 몇 시간씩 러시아어 공부에 몰두했다. 시작 단계의 공부를 마치자 두 사람은 캅카스로 가서 언어학자 및 교육가들과 의논을 시작했다.

평생 동안 그에게 다른 무엇보다 강하게 동기부여를 해준 한 가지 철학이 있었다. 그 철학이란 한마디로 성경을 무엇보다 소중히 여기는 자세였다. 그는 "가장 위대한 선교사는 모국어로 된 성경"이라는 말을 즐겨 했다. "그 선교사는 휴가도 필요 없고 외국인 취급을 받지도 않는다."[30] 그러나 캠 타운센드는 20세기의 가장 위대한 선교사 중 한 사람으로, 19세기의 윌리엄 캐리와 허드슨 테일러와 같은 반열에 있다. 1982년 4월 그가 세상을 떠났을 때 버니 메이[Bernie May]는 신교회 전체의 심정을 이렇게 대변했다.

캠 아저씨가 세상을 떠났다는 소식을 들었을 때 마치 쌍발 엔진 비행기를 타고

케네스 파이크와 에벌린 파이크 부부

가던 중 엔진 하나가 갑자기 꺼져 버렸을 때와 같은 기분이 들었다. 그런 경우, 갑자기 목표가 아주 중요해진다. 즉각 유도장치에 의지해야 한다. 비행은 계속 하고 있지만, 가능한 한 빨리 목적지에 도착하기를 간절히 바라게 된다.……성 경을 갖지 못한 언어가 아직 3,000개나 된다.……이것이 우리에게 주어진 도 전이다. 이것이 우리의 소명이다.[31]

타운센드의 살아생전은 물론 사후에도 그의 추종자들은 열심히 사역 을 이행했다. 그중 한 사람인 케네스 파이크[Kenneth L. Pike, 1912-2000]는 여러 해 동 안 하계언어학연구소 이사 겸 총재로 봉직했다. 언어학에 크게 기여한 공로 로 세상의 인정을 받은 케네스 파이크는 수많은 학술서적의 저자이자 미국 미시간 대학교 교수였다. 하지만 파이크는 멕시코를 비롯해 모국어로 된 성 경이 없는 저개발국가에서 사역한 성경번역 선교사이기도 했다. 그는 글을 모르는 미스텍 인디언과도 마치 프랑스의 저명한 대학 교수와 이야기하듯 편안하게 대화했다. 언어학 분야에 숱한 공로를 끼쳤음에도, 무엇보다도 그는 복음을 한 번도 들어보지 못한 이들에게 복음을 전해 주려고 애썼던 선교사였다.

파이크는 고든 대학 졸업 후 중국내지선교회에 지원했지만 신경과민성 기질과 언어 문제로 선교사로 임명되지 못했다. 그 뒤 다른 여러 선교회에도 지원했지만 그를 받아준 곳은 단 한 군데, 위클리프 성경번역선교회뿐이었다. 1935년, 훈련을 받으러 온 그를 보고 렉터스는 이렇게 한탄했다고 알려졌다. "주님, 이보다 좀 나은 사람을 보내 주실 수는 없었습니까?"[32]

파이크는 신약성경을 산미구엘미스텍어로 번역했을 뿐만 아니라 동료번역 선교사들이 까다로운 언어학적 문제를 해결할 수 있도록 도왔고, 매년 여름 하계언어학연구소에서 학생들을 가르쳤다. 실용성 있는 언어학 강의를 하는 것이 언제나 그의 최우선 순위였다. 그래서 그의 강의는 매우 학술적인 동시에 아주 재미있기도 했다. 그런데 그의 강의보다 더 재미있는 것은, 대규모 청중 앞에서 그가 보인 언어 시범이었다. 이는 모르는 언어를 어떻게 통역사 없이 빨리 배울 수 있는지를 보여주는 시범이었는데, 무대 위에는 칠판과 몇 가지 소도구(막대기, 나뭇잎, 다양한 크기의 간단한 물건들)와 함께 파이크가 서 있고, 파이크가 한 번도 만난 적 없고 말도 통하지 않는 낯선 사람이 등장한다. 그러나 시범이 끝나기도 전에 두 사람은 놀랍게도 서로 의사소통을 잘하게 된다.

역사상 케네스 파이크 박사만큼 크게 존경받고 많은 상을 받은 언어학자도 드물다. 시카고 대학의 에릭 햄프Eric Hamp 교수는 파이크가 첫 번째 저서 『음성학』Phonetics으로 "언어학 분야의 사고에 대변혁을 일으켰다"고 말한다. 그러나 그것은 시작일 뿐이었다. 햄프는 계속해서 이렇게 말한다.

지난 25년 동안 이론 언어학자들이 연구해 온 이국적 언어의 수많은 미가공 데이터 절반가량은 케네스 파이크의 가르침과 영향력 그리고 그의 노력 덕분에 얻게 되었다고 보는 게 정당할 것이다. 그는 모든 연구에 소년 같은 열정으로 임하고 새로운 문제가 등장할 때마다 겸손한 모습으로 파고들었기에, 아무 준비 없이 이를 구경하는 사람은 자기가 지금 20세기의 몇 안되는 정말 위대한 언어학자 앞에 있다는 사실을 거의 알아차리지 못할 정도였다.[34]

클래런스 존스[1900-1986]

처음에 라디오 선교방송은 전통적 전도 방식과 별개로 사용되는 하나의 도구로 인정되지 않았다. 일부 선교사들은 처음에 이 방식에 회의적이었지만, 전도의 길을 닦아 주는 라디오 방송의 가치를 곧 깨달았다. "방송선교 덕분에 전통 방식의 선교사들은 복음을 확산시킬 수 있는 엄청난 무기와 도구를 얻게 되었다"고 세계라디오선교협회[WRMF]의 에이브 밴 더 퓨이[Abe Van Der Puy]는 말한다. "최근까지도 라틴아메리카의 여러 지역에서는 주민들이 선교사와 더불어 복음에 대해 이야기 나누기를 꺼려해서 선교사들이 어려움이 많았다. 그러나 그런 사람들도 혼자 라디오를 듣는 것에 대해서는 거리낌이 없다. 선교지 주민들을 개별적으로 접촉하여 복음에 대해 이야기할라치면 '아, 그러니까 선생님 말은 HCJB에서 하는 말하고 똑같다는 거군요'라고 대꾸하는 이들이 많을 것이다." 최근 몇십 년 사이 송출기의 출력이 커지고 트랜지스터라디오를 그리 부담스럽지 않은 가격에 구매할 수 있게 되면서 어느 때보다 많은 사람들이 기독교 방송을 들을 수 있게 되었다. 배리 시델[Barry Siedell]의 말에 따르면, "기독교 방송을 통해 하루에 단 몇 시간이라도 복음이 전해지지 않는 곳은 사실상 지구상에 한군데도 없다."[35]

특성화 선교의 다른 영역들과 마찬가지로 방송선교 또한 그리스도인 대중들에게 받아들여지기 위해 분투하고 노력해야 했다. 클래런스 W. 존스

Clarence W. Jones는 이 분야의 개척자로, "마귀의 도구"를 활용하는 것도 두려워하지 않았다. 그가 속했던 교단 사람들은 그것을 일컬어 "존스의 어리석은 짓" Jones's folly이라고 했다. 전국에 라디오 수신기가 여섯 개밖에 없는 나라에 가서 라디오 방송국을 세우는 것은 바보나 할 짓이라고 말이다. 하지만 존스는 세계가 복음화되려면 선교는 커뮤니케이션 분야의 최전선에 서 있어야 한다고 확신했다.

1900년 일리노이에서 한 구세군 사관의 아들로 태어난 존스는 열 두 살 때부터 구세군 악단에서 트롬본을 연주했다. 1921년, 그는 고등학교를 겨우 2년 다녔음에도 무디 성경학교를 반장이자 졸업생 대표로 졸업했다. 졸업 후에는 폴 레이더Paul Rader와 동역하며 천막 전도집회를 열었고, 후에는 시카고 복음성막에서 그의 전도 사역을 도왔다. 특히 그는 금관악기 4중주단에서 트롬본을 연주했고, 시카고 최초의 상업방송 출범과 함께 시작된 성막 라디오 방송의 프로그램 책임자가 되었다.

1928년, 친구와 지인들의 회의적 반응에도 불구하고 존스는 베네수엘라에서 라디오 선교를 시작할 수 있을까 해서 남미로 답사 여행을 떠났다. 마을과 소읍들을 두루 돌아다니던 그는 복음전도가 얼마나 절실한지 깨닫고 일기에 다음과 같이 기록했다.

복음에 반응하는 속도가 이렇게 느리니 이곳 베네수엘라에는 선교 과제가 얼마나 끝이 없어 보이는지! 이 나라는 빙산의 일각일 뿐이다. 남미대륙에는 선교 사역이 전혀 이뤄지지 않는 지역이 많다. 스페인어 정규 방송이 제대로 진행되기만 한다면 선교 사역도 보완되고 일의 속도도 빨라질 수 있을 것이다. 베네수엘라 땅을 돌아다녀 볼수록 복음전도의 기회가 얼마나 많은가 하는 것을 더욱 절실하게 느낀다. 그래서 요즘은 더 많은 시간 기도하게 된다. 주님께서 크고 능한 일을 이루어 주시기를.[36]

그러나 "크고 능한 일"이 이루어지기는커녕 베네수엘라 정부는 그의 요청을 공식적으로 거절했다. 귀국하기 전 그는 콜롬비아·파나마·쿠바를 차례로 들러 비슷한 요청을 했지만, 대답은 똑같았다. 그는 안타깝고 당혹스런 심정으로 귀국했다. 답사 여행에 투자한 시간과 돈은 아무 수확도 거둬들이지 못했다. 존스의 아내도 낙심했다. "처음에 지녔던 무모할 정도의 열심은 다 식어 버렸고, 돌보아야 할 어린 두 자녀까지 딸리게 되니 그녀는 '외국 땅' 그 어느 곳에도 가고 싶어 하지 않았다. 전혀."[37] 존스로서는 매우 우울한 시간들이 아닐 수 없었다.

그 시절 클래런스는 그렇게 낙심천만이었다. 게다가 가족들을 부양할 얼마간의 돈마저 궁색해지자 그는 자신이 전적으로 무능한 존재이고 실패자라는 생각을 떨쳐 버릴 수 없었다. 클래런스는 남미에 대한 집착 때문에 남들에게 바보로 보였다는 사실에 화가 났고, 그래서 모든 걸 다 집어치우기로 마음먹었다. 성막 사역, 선교에 대한 소명, 그리고 가족까지 포기하고 해군에 입대하기로 한 것이다. 그러나 그는 교정시력 1.0이 안된다는 이유로 입대를 거부당했다.[38]

그 후 몇 달 사이 한 신실한 부부가 존스의 인생에 등장하지 않았더라면 선교 방송국에 대한 그의 꿈은 그대로 사라지고 말았을 것이다. 이 부부 르우벤 라슨Reuben Larson과 그레이스 라슨Grace Larson은 1924년부터 기독교선교연맹 소속으로 에콰도르에서 사역하고 있던 중, 1930년 휴가 때 시카고 복음성막에 들러 자신들의 사역에 대해 간증을 했다. 라슨 부부는 이때 존스의 남미 답사 이야기를 듣게 되었는데, 그들이 보기에 존스의 여정은 대실패가 아니었다. 다만 나라를 잘못 찾아간 것일 뿐이었다. 존스는 아름다운 땅 에콰도르를 그냥 지나쳤을 뿐만 아니라, 라슨 부부를 알기 전에는 그 나라에 들어가 보려고도 하지 않았다. 두 사람은 존스에게 남미에서 선교방송을 시작할 수 있는 열쇠를 제공하고자 했다.

에콰도르 관리들은 개신교 라디오 방송에 대해 처음에는 회의적이었지만, 라슨은 포기하지 않았다. 1930년 8월 15일, 그는 존스에게 전보를 보내 가능한 한 빨리 에콰도르로 올 것을 촉구하는 한편, 25년 계약이 성사되었음을 알려 주었다. "에콰도르 의회에 하나님의 손이 역사하고 있는 것을 우리는 분명히 봤습니다. 이 폐쇄적 가톨릭 국가에서 복음을 전하는 라디오 방송 사역이 허용되게 하신 것입니다." 그러나 존스는 라슨의 전보를 기다리고만 있지 않았다. 하루라도 빨리 사역을 시작하고 싶었던 그는 전보가 도착할 당시 이미 남미를 향해 가고 있었다.

에콰도르 도착 후 처음 몇 주는 실망의 연속이었다. 방송국 설립 허가증의 잉크가 채 마르기도 전, 방송 기술자들은 물론 미 국무부 관리들은 에콰도르, 특히 키토 지역은 라디오 방송 송출을 하기에 전혀 적합하지 않은 지역이라는 청천벽력 같은 소식을 선교사들에게 알려 왔다. 산맥이 가로막혀 있고 적도가 가깝다는 것, 그것은 극복하기 어려운 장애라고 했다. 그러나 로이스 닐리^{Lois Neely}의 말을 빌리자면, "터무니없고 말도 안되는 믿음으로 보였지만, 클래런스는 키토야말로 남미에 하나님의 음성이 들리도록 하기 위해 그분께서 선택하신 장소라고 절대 확신했다."[40] 그래서 그는 계획대로 밀고 나갔고, 이듬해 더 실망스런 일을 겪었음에도 불구하고 그리스도예수 축복방송^{HCJB} 라디오 방송국은 드디어 현실이 되었다.

그날은 역사적인 날이었다. 1931년 성탄절, 세계 최초의 선교방송 프로그램이 생방송으로 전파를 탔다. 에콰도르 키토의 한 양 우리에 설치한 250와트짜리 송출기를 통해서 말이다. 존스는 오르간 반주에 맞춰 트롬본을 연주했고, 라슨은 스페인어로 설교를 했다. 에콰도르에 있는 13개의 라디오 수신기가 모두 이 방송에 주파수를 맞추었고, '안데스의 소리'^{Voice of Andes} 방송이 전파를 탔다.

그 후 몇 달 사이 세계라디오선교협회^{WRMF}가 공식적으로 조직되었고, 방송은 날마다 진행되었다. 물론 위기가 없지 않았다. 미국 본토에 대공황의 그늘이 깊어지면서 기부금이 현저히 줄어들었다. 1932년 한 해 동안 이 새 선교단체에 기부된 돈은 1,000달러가 채 안되었다. 1933년 존스와 동료들이 매달 기부금을 인출했던 은행이 문을 닫았고, 나중에는 이 방송 선교회의 주후원 기관인 시카고 복음성막마저 파산했다. 이제 깃털이 나기 시작한 이 신생 라디오 방송국의 미래는 짙은 어둠에 휩싸였다. 어느 날 작은 연장 창고 안에 무릎 꿇고 앉은 존스는 갈 길을 보여 달라고 하루 종일 하나님께 간구했다. "그리스도예수축복방송을 계속 유지해 나가야 합니까, 아니면 짐 싸서 본국으로 돌아가야 합니까?"⁴¹

그날은 존스의 인생에서 "바닥에 닿은 날"이었다. 하지만 그는 하나님께서 이 위기를 이겨 내게 해주실 것이라는 확신을 가지고 연장 창고를 나왔고, 그날 저녁 방송 전파에 실린 그의 음성에는 뜨거운 열정이 넘쳤다. 며칠 후 한 친구에게 빚을 얻고 송출기를 담보로 대출을 받아 발등의 불은 껐고, 그리스도예수축복방송은 재정 위기에서 서서히 빠져나왔다.

그리스도예수축복방송이 위기에서 살아남을 수 있었던 한 가지 이유는, 에콰도르 정부와 국민들 사이에 이 방송국에 대한 인식이 점점 커졌다는 점이다. 시작 때부터 라슨과 존스는 정부 관리들과 충분히 협력하면서, 신앙 관련 프로그램뿐만 아니라 교육과 문화 관련 프로그램도 만들기로 합의했었다. 복음을 전하는 방송을 내보낼 때 이들은 로마가톨릭교회의 반감을 사지 않도록 늘 긍정적 기조로 방송을 했다. 애국심 또한 이들 철학의 핵심 요소였다. 에콰도르 대통령은 방송설비를 자유롭게 사용하라고 공개적으로 제안했고, 그래서 이들은 특히 공휴일에 자주 설비를 이용했다.

방송국 소문이 퍼져 나가면서 에콰도르에는 청취자가 급속히 늘어났다. 로이스 닐리의 말에 따르면, 그리스도예수축복방송은 "사회계층을 모두

망라하면서 복음을 가로막는 장벽들을 무너뜨렸다. 선교사들(다수가 기독교 방송이라는 아이디어에 사실상 강력히 반대했던)은 전에 핍박당하며 돌팔매질을 당하던 곳에서 이제 공개적으로 복음을 전할 수 있게 되었음을 알았다. '개신교도 사절'이라는 팻말이 붙은 집에서도 그리스도예수축복방송, 곧 '안데스의 소리' 방송이 흘러나오는 것을 들을 수 있었다. 전 국민이 다 방송을 듣는 것 같았다"고 한다.[42]

1930년대는 그리스도예수축복방송이 기록적 성장을 이룬 10년이었다. 멀리 에콰도르 변경에까지 방송이 들리도록 1,000와트짜리 송출기를 도입하는 것으로 먼저 큰 힘을 보강했고, 1930년대 말에는 1만 와트짜리 송출기가 새로 설치되었다. 1940년 부활절, 안드레스 코르도바 에콰도르 대통령이 새 송출기의 스위치를 올리면서 그 어느 때보다 멀리 복음을 전해주는 방송이 시작되었다. 과연 얼마나 먼 곳까지 방송이 들릴지 저마다 추측들을 했지만, 뉴질랜드·일본·인도·독일·러시아에서도 청취자들의 편지가 쏟아져 들어오기 시작하자 가장 낙관적으로 전망했던 사람들조차도 깜짝 놀랐다. 겨우 1만 와트짜리 송출기가 그렇게 멀리까지 방송을 송출할 수 있었던 것은 송출기의 위치 덕분이었다. 존스는 적도 근처는 피하라고 조언 받았지만, 나중에 남북으로 길게 전파를 내보내기 위해서는 적도 근처가 오히려 최적의 위치라고 결론 내렸다. 자극(磁極)으로부터의 거리가 동일하면 "그 지점은 지구상에서 공전장애가 가장 적은 곳"이 되기 때문이었다.[43] 키토 근처의 산악 지형도 방송에 이점이 되었다. 2,926m 높이 산 위에 자리 잡은 30m 송신탑의 송출 능력은 거의 3,000m 높이의 안테나에 상응했다.

그리스도예수축복방송이 점점 규모를 키워 가면서 양질의 프로그램을 만들어 낸다는 명성도 함께 높아졌다. 존스는 방송의 모든 면에서 탁월함을 요구한 완벽주의자로서, 어떤 이들은 그가 "전제군주 같다"고 생각할 정도였다. 존스의 아이들도 아버지의 권위주의적 통제를 두려워했다. 아이들도 방송에 출연할 때가 있었는데, 방송에서의 역할이 존스의 기대에 미치지 못할 경우 가차 없이 프로그램에서 제외되기도 했다.

그리스도예수축복방송은 1950년대와 1960년대 내내 성장을 계속하면서 50만 와트 이상으로 송출 능력을 키웠다. 방송국에게는 호시절이었지만, 개인적으로 존스와 그의 가족에게는 정신적 외상이 생긴 시기였다. 1953년, 자동차 정면충돌 사고로 아내 캐서린이 혼수상태에 빠졌고, 클래런스는 얼굴에 심한 부상을 입어 앞으로도 날마다 방송에서 트롬본 연주를 계속할 수 있을지 의심스러운 상황이 되었다. 회복은 더뎠지만, 그해 말 두 사람 모두 사역에 복귀했다. 그러나 1966년 또 한 번의 자동차 사고로 하나밖에 없는 아들 딕이 세상을 떠나고 말았다. 딕은 아내와 자녀들을 데리고 파나마에서 선교사로 사역하고 있던 중이었다. 하지만 이번에도 존은 방송 선교에 대해 더 큰 열정을 가지고 사역에 복귀했다.

1981년, 존이 은퇴하여 플로리다에 살고 있을 때 그리스도예수축복방송은 설립 50주년을 맞았다. 그러나 설립 이후 50년 동안 세계라디오선교협회는 단순한 라디오 방송국 이상의 단체가 되어 있었다. 두 곳의 병원, 이동 진료소, 인쇄소, 텔레비전 프로그램으로 사역의 영역을 확장시켰고, 키토에서는 24시간 종일 방송이 진행되었으며(15개국 언어로), 파나마와 텍사스에 자매 방송국도 생겼다.

그리스도예수축복방송 설립 후 수십 년 동안 또 다른 모험적 선교방송들이 생겨났다. 극동방송은 2차 세계대전 당시 태평양에서 싸운 젊은 장교 존 브로저John Broger, 1913-2000가 설립했는데, 그는 아시아에 복음을 전하겠다는 소망을 안고 전장에서 돌아왔으며, 선교방송이 그의 꿈이었다. 두 친구 로버트 바우먼Robert Bowman과 윌리엄 로버츠William Roberts, 그리고 단돈 1,000달러의 자금으로 그는 비영리법인을 결성하고 방송국 설립에 필요한 서류를 제출했다. 남은 것은 10만 달러의 기금을 모으는 것뿐이었다. 이 모험적 사역을 홍보하기 시작한 지 처음 세 달 동안 약 1만 달러의 기부금이 모였고, 출발이 호조를 보이자 브로저가 극동 지역으로 가서 계획된 사역의 기초 공사를 하기로 결정되었다. 몇 차례 좌절을 겪기도 했지만, 1946년 늦가을 마닐라에서 극동방송 방송국 건축이 시작되었다. "1948년 6월 4일 오후 6시, 극동방송 송출기가 힘차게 윙윙 돌아가면서" 찬송가 "주 예수 이름 높이어"를 내보내어, "대기하고 있는 동양 땅의 방송 채널을 향해 이 엄위로운 찬송의 노랫말을 들려주는" 것으로 첫 방송이 시작되었다.[44]

존 브로저는 14년간의 사역을 마치고 군대로 돌아갔고, 로버트 바우먼이 극동방송 대표가 되었다. 1970년 무렵 극동방송에서는 1,000와트에서 25만 와트에 이르기까지 다양한 송출 기능을 갖춘 21개 방송국이 40개국 언어로 매주 거의 1,400시간 방송을 내보냈다. 1979년 중국이 서방세계에 대한 경계를 늦춘 뒤로는 단 12개월 동안에만 중국 한 곳에서 1만 통이 넘는 청취자 편지가 쇄도했다. 편지는 주로 복음의 메시지에 대해 더 알고 싶어 하는 사람들에게서 왔다.

모든 선교방송 중 가장 규모가 크고 가청 지역이 넓은 방송은 트랜스월드라디오[TWR]다. 1954년에 창설된 트랜스월드라디오는 500만 와트가 넘는 출력으로 세계 인구 80퍼센트에게 복음을 전할 수 있는 방송으로 성장했다. 몬테카를로·보네르·스와질란드·키프로스·스리랑카·괌에 있는 송신탑의 그 거대한 송출기들이 80여 개 언어와 방언으로 기독교 방송을 내보낸다.

그리스도예수축복방송과 극동방송이 그렇듯 트랜스월드라디오도 한 사람의 비전이 아니었다면 태어나지 못했을 것이다. 그 사람은 바로 폴 프리드[Paul Freed, 1918-1996]이고, 그의 아버지도 이 이야기에서 빼놓을 수 없다. 중동에서 선교사의 아들로 자라난 프리드는 집과 자동차를 팔아 트랜스월드라디오를 출범시켰다. 그런데 그 문제가 해결되자 이제 방송 연출가를 구해야

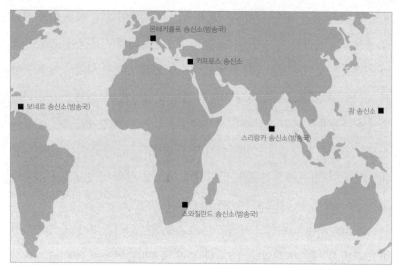

트랜스월드라디오의 송신탑 현황

했다. 그것도 "최고로 유능한 사람"으로 말이다. 웨스턴 캐나디안 성경학교에서 학생들을 가르치고 있던 베테랑 선교사인 그의 아버지 말고 그런 사람이 어디 또 있겠는가? 그러나 아버지에게 전화를 건 그는 바로 3일 전에 아버지가 그 학교 교장직을 수락했다는 사실을 알게 되었다. 폴은 당혹스러웠다. "무슨 말을 해야 할지 생각이 나지 않았다. 아버지가 그 좋은 학교에서 누릴 수 있는 경제적 안정이나 명성, 그 비슷한 것조차도 나는 아버지에게 제공해 드릴 수 없었으니 말이다."[45] 그러나 며칠 후 아버지가 다시 전화를 걸어 왔다. 물론 그가 제안한 자리를 받아들이겠다고 말이다. 그 후 수년 사이, 엄청난 재정적 어려움과 정부의 간섭 등의 장애물에도 불구하고 폴 프리드가 품었던 꿈은 전 세계를 무대로 하는 사역이 되었다. 그리고 그 사역은 개인의 희생과 강한 믿음을 증거하는 하나의 기념비로 우뚝 서 있다.

엘리자베스 베티 그린[1920-1997] 통나무배 한 척에 몸을 싣고 모기떼에게 포위된 채 독사와 악어가 우글거리는 수증기 자욱한 밀림 속 강을 17일 동안 건너는 것, 그런 것이 정글 선교사의 여정이었다. 전문 훈련을 받은 20세기 복음 전도자들은 시대에 뒤떨어진 이동수단을 이용하면서 사역에 심각한 지장을 받았다. 그래서 선교사들의 고충을 덜어 주기 위해 비행기라는 수단이 도입되었고, 이로 인해 삶이 달라진 이들이 이것을 하나님께서 보내 주신 선물로 여기는 것도 무리가 아니다.

이러한 수요에 따라 1945년 캘리포니아에서 최초의 항공선교 사역단체인 기독항공인선교회[CAMF]가 창설되었고, 이 단체는 후에 항공선교회[MAF]로 이름을 바꾸었다. 항공선교회가 해외선교에 중요한 역할을 하면서, 항공선교회만으로는 점점 커져 가는 항공 사역 수요에 부응할 수는 없다는 사실이 일찌감치 분명해졌다. 그 결과, 또 다른 항공선교 단체들이 조직되었고, 그중 지역적으로 가장 널리 분포되어 있고 규모도 가장 큰 단체는 정글항공무선통신선교회[JARS]로, 위클리프 성경번역선교회와 하계언어학연구소에 소속되어 있었다. 부족선교회, 수단내지선교회, 아프리카내지선교회 등도 각자의 항공 사역단체를 만들었다.

항공선교는 지난 수십 년 동안 기독교 선교에 일대 변혁을 일으켰다고 해도 과장이 아니다. 선교사들이 몇 주, 몇 달에 걸쳐 힘들게 이동해 다니는 것은 이제 옛말이 되었고, 선교사들이 외딴 마을에 한번 들어가면 의료 서비스나 신선한 음식은 물론 우편물 배달도 받지 못한 채 몇 달씩 고립되어 지내야 했던 것도 옛일이 되었다. 과거에 데이비드 리빙스턴은 아프리카를 탐사하는 데 평생이 걸렸고 그 과정에서 건강도 잃고 가족 관계도 손상되었지만, 그가 평생 탐사한 땅을 오늘날에는 항공선교회 조종사 한 사람이 몇 주 만에 다 돌아볼 수 있다.

역설적인 사실은, 가장 남성 지향적이고 남성 지배적인 선교기관이 창설되는 데 한 여성이 강력한 영향을 끼쳤다는 점이다. 엘리자베스 베티 그린Elizabeth Betty Green은 자신이 항공선교회 창설자라는 사실을 부인하지만, 그녀는 이 신생 단체 최초의 전임 직원이자 비행사였다. 베티는 2차 세계대전 초기 몇 달 동안 미 공군에 복무하면서 레이더 관련 임무를 수행했고, 후에는 B-17 폭격기로 고공비행을 하면서 장비 실험을 하는 것을 포함해 여러 가지 개발 계획을 배정받아 일했다. 그러나 군대는 그린이 목표하는 직업이 아니었다. 그녀의 꿈은 항공선교였다. 전쟁이 끝나기 전 그린은 선교 비행사로서 필생의 사역을 펼치기 위해 터를 닦기 시작했다.

그린은 어린 시절부터 비행에 관심을 갖기 시작해서 열 여섯 살 때부터 비행 교습을 받았다. 워싱턴 대학 재학 시절, 언젠가는 선교사가 되어 하늘을 날겠다는 꿈을 펼치기 위해, 정부에서 시행하는 시민 조종사 교육과정에 등록했다. 2차 세계대전이 발발하자 애국심에서, 그리고 나중에 선교 사역에 필요한 경험과 훈련도 쌓을 겸 여성공군조종사 부대에 들어갔다. 전쟁 중「히스」지에 항공선교의 필요성에 대한 글을 기고했는데, 이 글이 해군 조종사 짐 트럭스턴Jim Truxton의 눈에 띄었다. 짐은 곧 그린에게 연락을 취하여 동료 조종사 두 사람과 함께 항공선교 단체를 결성하려 한다며 이에 동참해 줄 것을 부탁했다.

여성공군조종사 복무를 마친 그린은 로스앤젤레스로 가서 새로 결성된 기독항공인선교회(훗날의 항공선교회) 본부를 마련했다. 얼마 후 1945년, 긴히 도움을 요청하는 연락이 왔는데 그때 그곳으로 갈 수 있는 사람은 그린뿐이었다. "위클리프 성경번역선교회에서 도움 요청이 왔는데, 멕시코에서 정글 캠프 사역을 주최하는 걸 도와 달라는 거였어요." 그린은 후에 이렇게 술회했다. "1945년이었는데, 상황이 어떤지 보려고 가 봤지요. 그리고 1946년 초에 비행기 한 대를 구매했어요. 군대에 있던 한 항공선교회 회원의 저축을 털어서 비행기 값을 일부 치렀답니다. 229마력 엔진이 달린 와코 비행기였어요. 1946년 2월, 제가 그 비행기를 몰고 멕시코로 갔지요. 남자들은 아직 군복무에 매여 있었거든요."[46]

멕시코에서 몇 달간 사역을 마친 후 위클리프 선교회 창설자 캠 타운센드는 페루 사역도 도와 달라고 그런에게 요청했다. 그런은 쾌히 응했고, 해군 조종사 조지 위긴스George Wiggins를 그런 대신 파견하기로 했다. 그때 이제 막 날갯짓을 시작한 항공선교회에 최초의 시련이 닥쳤다. 새 임무수행을 위해 그런이 위긴스의 비행을 점검하던 중 두 사람이 탄 비행기가 활주로 근처의 작은 건물에 부딪친 후 불시착을 한 것이다. 다행히 두 사람 모두 다치지는 않았지만 비행기가 크게 손상되는 바람에 숙련된 정비사 네이트 세인트를 미국에서 불러와 수리를 맡겼다. 그런은 자기 비행기를 몰고 먼저 페루로 갔고, 거기서 위클리프가 구해온 퇴역 수륙양용 복엽기 '그루먼 덕'을 조종했다. 선교사들과 보급품을 내지로 실어다 주는 것이 그런의 임무였는데, 비행할 때마다 안데스의 고산준령을 넘어야 했고, 그렇게 해서 그녀는 안데스 산맥을 수차례 넘은 최초의 여성 비행사라는 명성을 얻게 되었다.

페루에서 1년 동안 임무를 수행한 뒤 그런은 미국으로 돌아와 항공선교회 본부 일로 복귀했다. 다음으로 파견된 곳은 나이지리아로, 빽빽한 밀림에서부터 광활한 사하라 사막에 이르기까지 다양한 지형을 비행하며 선교 사역을 지원했다. 그리고 미국으로 돌아와서는 로스앤젤레스에서 또 하나의 임무를 수행했다. 본부 사역을 강화하기 위해서는 홍보가 절대적으로 필요했는데 이번 임무는 바로 그 홍보 일에 참여하는 것이었다. 그리고 3년 후에는 동아프리카로 가서 수단내지선교회를 위해 조종사로 일했다.

1960년, 본부에서 또 한 번의 짧은 임무수행 후 그런은 인도네시아 뉴기니 섬의 이리안자야로 갔다. 선교회가 항공 지원을 받기 위해서는 해당 선교기지에 자체적으로 활주로를 설치해야 했고, 착륙이 이뤄지기 위해서는 자격을 갖춘 조종사가 육로를 통해 현장으로 와서 활주로를 점검해야 했다. 지금까지 주로 하늘 위에서 일해 온 그린은 처음 이 점검 길에 나섰다가 씩씩한 여성 동료 리오나 세인트 존Leona St. John과, 날마다 열대지방 폭풍우를 뚫고 덩굴로 얼기설기 엮어 흔들리는 다리나 미끄러운 진흙 제방을 익숙히 오가며 짐을 나르는 사람들에 비하면 자신이 하는 일은 아무것도 아니라는 사실을 곧 깨달았다. "그게 얼마나 힘든 일인지 나는 몰랐습니다. 짐꾼들이니까 숲속에서도 어디가 길인지 잘 알았을 거예요. 그런데 저는 아무리 가도 그게 길이라는 것조차도 모르겠더라고요. 우리가 갈 곳은 48km쯤 떨어진 곳이었는데, 지도상 거리는 그냥 수평 측정거리일 뿐이고 우리가 가는 길은 거의 수직으로 올라갔다 내려왔다 하는 길이었습니다."[47] 어쩌다 부족 간 전쟁이 벌어지는 곳을 지나게 된 이들은 그런 육신의 고달픔 정도는 금방 잊고 말았다. 끔찍한 죽음과 살육의 현장을 두 선교사와 짐꾼들은 공포에 질려 바라보아야 했다.

목적지에 도착해 마을 사람들과 그곳에 사는 선교사 부부가 떠들썩한 축하의 말로 반갑게 맞아들여 주자 고달픈 여정에서 그린이 감내해야 했던 모든 고통은 눈 녹듯 사라졌다. 활주로는 이착륙하기에 적당해 보였다. 다음 날, 동료 조종사가 마을 사람들이 그토록 간절히 기다리던 보급품을 싣고 왔고, 그린은 다음 임무를 위해 그 비행기 편으로 귀로에 올랐다.

이리안자야에서 거의 2년간 사역한 뒤 그린은 비행 임무에서는 은퇴하고 본부로 가서 선교회를 대표하는 일과 신입 조종사를 모집하는 일을 하게 되었다. 구체적으로는 남성 조종사였다. 조종사로서 자신이 거둔 성공에도 불구하고 그린은 여성들이 이 분야에 관심을 갖기를 바라지는 않았다. 사실 그린은 여성 선교 비행사의 존재에 반대하는 입장이었다. 1967년 한 인터뷰에서 여학생들이 이런 일에 참여할 수 있도록 격려의 말을 해줄 수 있느냐고 했을 때 그린은 이렇게 대답했다. "항공선교회는 여성들의 참여에 분명히 반대 입장이고, 저 또한 같은 생각입니다.……우리가 여성 조종사를 받아들이지 않는 데에는 세 가지 이유가 있습니다. 첫째, 대다수 여성들은 기계를 다루는 훈련이 되어 있지 않습니다. 둘째, 항공선교와 관계된 일은 대부분 중노동입니다. 산처럼 쌓인 화물을 실어야 하고, 어떤 경우엔 여자 혼자 힘으로는 도저히 들어 옮기지 못하는 짐도 있습니다. 또 한 가지는 적응성의 문제입니다. 예를 들어, 조종사 혼자 며칠 혹은 몇 주 동안 선교 현장에 가 있어야 할 때가 있는데, 여자 조종사는 그런 일을 할 수가 없습니다."[48]

항공선교회의 과거 정책이 그러했음에도 불구하고, 여성들은 계속 항공선교 분야에 들어와 탁월한 실력으로 일을 해냈다. 논란의 여지없는 능력과 경험을 갖춘 그린도 네이트 세인트가 처음 보기에는 그냥 "여자 조종사"였다. 물론 그것은 그린이 "지역 항공사와 군 조종사들마저 크게 존경할 만큼 우수한 조종사"라는 것을 직접 눈으로 보고 확인하기 전의 일이었다.[49] 여성 조종사에 대해 이런 편견이 있던 시절 그린이 남성 동료들에게 받아들여질 수 있었던 것은, 항공선교가 원래 남자들의 세계이고 그린의 존재는 그런 규칙에서 일회적 예외 사례라는 남자 동료들의 입장을 그녀가 기꺼이 인정했기 때문이었다.

가장 유명한 항공 선교사는 아마 네이트 세인트일 텐데, 아우카 사역에서 맡았던 역할 때문에 복음주의 진영에 널리 이름이 알려졌다. 그린과 달리 그는 조종사 겸 정비사였고, 그래서 항공선교에는 아주 제격의 인물이었다. 세인트는 또한 위험을 두려워하지 않는 모험가이기도 해서 일부 사람들의 눈에는 앞뒤 분별없이 덤비는 사람으로 보이기도 했다. 항공선교회 일에 관여하게 된 지 얼마 안되어 그는 에콰도르에서 큰 충돌 사고로 전신 깁스를 할 정도로 다친 적이 있었다. 사고는 "기체 결함이 아니라 조종사의 미숙함이 문제"였다. 이 일로 그는 사직서를 냈지만 항공선교회는 조종사들을 더 잘 훈련시키는 데 초점을 맞추는 일을 맡기기로 했다.[50]

에콰도르에서 사역한 항공 선교사 네이트 세인트

세인트는 원래 "주님을 위해 정비사가 된다"는 생각에 코웃음을 치던 사람이었음에도 아주 혁신적인 조종사 겸 정비사가 되었다. 예를 들어 그는 낙하산 장치를 이용해 다량의 통조림 제품과 기타 보급품을 지상으로 투하하는 기술을 개발했다. "나에 대해서 이렇게 말하는 건 좀 염치없는 짓이지만, 이 '투하 비행'으로 나는 대변혁을 일으켰다. 나는 내 일을 최대한 즐긴다."[51] 비행기로 운송하기 훨씬 까다로운 품목은 집을 지을 때 지붕으로 쓰는 알루미늄 금속판이었다. 하지만 판의 크기나 부피 때문에 운송에 지장을 받고 싶지 않았던 그는 임시변통으로 대형 삼각건을 밧줄로 묶어 비행기에 고정시킨 뒤 2m 길이의 알루미늄 금속판을 거기에 실어 운송하기 시작했다. 선교사들이 무척 고마워했음은 물론이다. 그의 이런 무분별한 실험 소식이 "활주로 형제들"에게 전해지자 사고에 대한 우려와 함께 즉각 꾸짖는 목소리가 들려왔다. 이에 그는 이사진들을 안심시키는 한편 자신의 생각이 모자랐음을 인정하면서 이렇게 덧붙였다. "제가 완전히 무방비 상태라는 것을 인정하지 않을 수 없군요."[52]

1956년 1월, 명민하고 헌신적인 청년 조종사 세인트가 갑작스레 생을 마치게 된 것은 그의 그런 충동적 습성과 복음전도에 대한 열심이 어우러진 결과였다. 그날 그는 동료들과 함께 아우카족의 손에 학살당하고 말았다. 그는 바구니에 선물을 담아 내려보내는 재치 있는 장치를 만들어 냈고, 그 장치 덕분에 이들은 아우카족이 호의를 가지고 있다 여기게 되었으며, 조종사로서의 그의 뛰어난 실력 덕분에 이들은 아우카 땅에 무사히 발을 딛게 되었다. 그러나 그들이 하려던 일은 기술과 실력만으로 되는 일이 아니었다. 그 천명(天命)의 날, 항공선교계는 가장 뛰어난 조종사이자 정비사이며 발명가를 잃고 말았다. 그러나 항공선교에 대한 그의 공헌은 죽음으로 끝나지 않았다. 그의 간증은 계속 살아 있었고, 많은 이들이 그 이야기를 듣고 항공선교사로 헌신했으니 말이다.

비행기가 정글 지역 선교사들에게 하나님께서 보내 주신 선물이라면, 북극지방 선교사들에게는 아마 그 이상이었을 것이다. 북극은 유목민들이 얼음으로 뒤덮인 황량한 땅을 떠돌아다니고, 기후 조건상 다른 수단으로는 이동해 다닐 수 없는 곳이었다. 북극지방은 인구도 희박하고 선교사들도 여기저기 흩어져 있어서 일반적으로 항공 선교단의 지원 업무에 실효성이 없었고, 그래서 그 지역 선교사들은 흔히 자기가 직접 비행기를 몰고 다니는 경우가 많았다. 그러한 조종사 겸 복음 전도자 가운데 한 사람이 바로 글리슨 레드야드Gleason Ledyard였다. 에스키모복음십자군EGC 회장 겸 이사인 그는 1946년 허드슨만 지역에서 사역을 시작했다.

북극에서의 항공선교 사역은 여러 면에서 정글 사역보다 더 고생스러웠다. 표지물도 없는 곳에서의 장거리 비행, 거기다 예측 불가능의 사나운 날씨 때문에 매번 위험할 것을 예상하고 비행해야 했다. 비행기 동체에 얼음이 얼은 탓에 비상착륙을 하는 건 아주 흔한 일이었고, 이는 곧 얼어붙은 허허벌판에 이글루를 짓고 눈보라가 지나가기를 기다려야 한다는 의미였다. 기온이 영하 40-50도까지 내려가면 온풍기로 엔진을 따뜻하게 유지시켜야 했고, 비행을 재개할 수 있기 위해 때로는 이삼일씩을 기다리기도 했다. 영하의 기온 때문에 고공비행을 하는 경우는 드물었고, 때로 급작스럽게 부는 돌풍이나 동체 결빙을 피하기 위해 지상 3m 정도로 낮게 비행하는 때도 있었다.

이렇게 힘들고 고생스럽긴 해도 외딴곳의 에스키모들을 찾아가 복음을 전하는 것은 그 모든 위험을 감수할 만큼 보람 있는 일이었다. 후에 글리슨은 그와 같은 경험에 대해 이렇게 이야기했다.

봄이 되어 얼음이 깨지고 마침내 호수가 다 녹자 하나님께서는 나에게 아주 즐거운 체험을 허락하셨다. 그것은 바로 일단의 에스키모들에게 처음으로 생명의 말씀을 가르치는 기쁨이었다.……그렇게 열심히 말씀을 배우고 싶어 하는 사람들은 처음 보았다.……그들은 내 입에서 나오는 모든 말을 한마디, 한마디 다 따라했다. 무슨 말인지 잘 모를 때는 따라하기를 잠시 멈췄다. 그러면 나는 내 생각을 정리해서 다시 설명해 주곤 했다. 내 말이 무슨 뜻인지 알아듣는 즉시 그들은 한목소리로 다시 따라했다.[53]

글리슨은 주장하기를, 이 외딴곳의 사람들에게 "기독교회와 관련된 무언가를 가져다주는 일에는 관심이 없었고" 오직 그리스도만을 전해 주고자 했다고 한다. 바로 이 메시지, 그리고 비행기를 타고 다니는 한 남자 덕분에 저 먼 북극 땅 사람들이 복음을 알 수 있는 길이 열렸다.[54]

모든 선교사들이 그렇듯 항공 선교사들도 자신의 직분을 위해 개인적으로 많은 것을 희생했다. 위클리프 성경번역선교회 소속 조종사였다가 후에 미국 지부의 이사가 된 버니 메이의 성탄절 이야기가 이를 잘 설명해 준다. 성탄절 3일 전 그는 아마존 정글에 있는 외딴 마을에 응급 의약품을 전달해 주러 갔다. 수상비행기를 강 위에 무사히 착륙시킨 뒤, 신고 온 짐을 내려준 그는 그날 밤을 지내기 위해 임시 막사를 하나 지었다. 그러나 밤중에 비가 내리기 시작했고, 그칠 줄 모르고 내리는 비는 그로 하여금 정글 한가운데서 자기연민에 푹 젖게 만들었다. 그때의 심정을 후에 그는 이렇게 술회했다.

성탄절 전야였고, 정글에는 밤이 내리고 있었다. 집으로 돌아갈 방도는 없었다. 펜실베이니아 내 집에서는 식구들이 교회에 갔다 돌아왔을 것이고 어머니는 칠면조 고기를 준비하고 계실 터였다. 창밖에는 눈이 내리고 있을 것이다.…… 여섯 시간 거리의 페루 야리나코차에는 아내와 아이들만 우두커니 앉아 있을 것이다. 지금쯤 그들도 알 것이다. 정글에 갇혀 있다고 무선으로 연락을 했으니 말이다. 성탄절인데 나는 가족들과 함께 있을 수가 없다. "오, 하나님" 나는 탄식했다. "저는 지금 엉뚱한 곳에 와 있습니다."……그날 밤 모기장 속에서 나는 하나님의 방문을 받았다. 뭔가 베들레헴 언덕에서 목자들이 경험했던 것과 비슷했다. 천사들은 없었고, 밝은 빛도 없었다. 그러나 거기 그물침대에 누워, 견딜 수 없는 향수에 시달릴 때 하나님께서 이렇게 말씀하시는 것이 느껴졌다. "내 아들아, 성탄절이란 본래 이런 것이다. 예수는 천국을 떠나 성탄절 아침 '엉뚱한 곳'에서 잠이 깨었다. 베들레헴의 구유에서 말이다. 성탄절이란 집으로 가는 게 아니라 집을 떠난다는 의미다. 내 독생자 아들은 성탄절에 집으로 오지 않았다. 그는 너와 함께 있기 위해 집을 떠났다."

IV. 새로운 천 년의 시대

20세기의 마지막 몇십 년 동안 세상에는 엄청난 변화가 일어나고 있었다. "겉으로 가장 뚜렷하게 드러난 특징은, 전례 없는 '서방세계의 퇴보'였다. 유럽 제국이 비(非)서방세계에 구축해 놓은 400년 세월이 무너져 내렸다"고 랄프 윈터는 말한다.[1] 초강대국과 그 동맹국들이 서로 대립각을 세우면서 과거 정치적으로 별로 중요하지 않던 아프리카·아시아·남미 국가들이 그 어느 때보다도 적극적으로 '제3세계 권력'을 추구하게 되었다. 오랜 세월 강대국의 식민 지배를 받던 저개발국가들이 갑자기 세계의 주목을 받았다. 혁명운동 덕분이기도 했고 비열한 독재자들의 파렴치한 부당 행위 때문이기도 했다. 에너지 수요가 늘어나면서 석유는 세계가 가장 탐내는 원자재가 되었고, 핵무기가 확산 추세에 있었다. 1990년 무렵 미국은 초강대국이라는 호칭을 가진 유일한 나라로 세계 여러 나라에서 경외의 대상이었지만, 그와 동시에 미국에 대한 깊은 적대감과 분노가 표면으로까지 끓어올랐다.

제3세계에서 일어난 격변은 해외선교 운동에도 결정적 영향을 끼쳤고, 그 충격파는 20세기 내내 체감할 수 있었다. 1960년경에는 선교사들에 대한 공격 행위가 늘어났다. 혁명운동이 일어난 지역에서 특히 더했다. 분쟁 지역에서 활동 중인 거의 모든 선교단체에서 선교사가 사망하는 사고가 일어났고, 선교사들에게 본국으로 돌아갈 것을 요구하는 목소리도 높아졌다. 선교사 지원자 숫자가 줄어들면서 많은 주류 교단들이 선교사를 철수시켰다. 그러나 미전도 그룹과 사회적 전도 프로그램에 새로이 초점을 맞추게 되면서 복음주의자와 가톨릭교도들 사이에서 점점 이에 대한 관심이 커져 갔다.

지구촌 여러 곳에서 선교 사역에 반대하는 움직임이 커져 가면서 긴박감이 고조되었고 선교 전략, 특히 문화인류학, 교회 성장 사례 연구와 통계, 선교 파트너십, 무슬림 전도와 관계된 선교 전략에 관심이 확대되었다. 20세기 초에 걸음마 단계였던 선교학 분야는 새 천 년이 도래하면서 많은 이들에게 알려진 학문이 되었다.

20세기가 전개되는 동안 선교계에 일어난 가장 큰 변화는 아마 비서방 세계 그리스도인들이 선교 사역에 점점 더 많이 참여하게 되었다는 점일 것이다. 근대 선교가 동틀 때부터 자국민들이 자국민 복음화에 중요한 역할을 했는데, 20세기가 전개되면서 이들은 점차 다른 문화권 사람들까지 전도하게 되었다. 선교사들은 이른바 원수들의 폭력 행위로 위협을 받음과 동시에 친구들과는 긴장 관계에 직면해 있었다. 제3세계 그리스도인들은 서양 선교사들에게 더는 순종적으로 고개를 숙이려 하지 않았다. 과거에 정말 고개를 숙인 적이 있었다면 말이다. 이들은 지도자 직분을 요구했고 자신들 일은 스스로 알아서 하게 해줄 것을 요구했다. 이는 지금까지 이들에게 허락되지 않던 일이었다.

제3세계 그리스도인들이 스스로 지도자 직분을 갖고 교회 사역에 참여하게 되는 데 일조한 한 가지 요소는, 기독교 교육이 확대되었다는 점이다. 자국 목회자와 전도자 교육은 20세기 후반기 신학연장교육[TEE]이 도입되면서 일대 변혁을 일으켰다. 이 프로그램은 외딴 지역 그리스도인, 특히 가족이 딸려 있고 비용과 거리 문제로 성경학교나 신학교에 입학할 수 없는 사람들에게 큰 도움이 되었다. 1970년대 중반 무렵에는 70여 개 나라에서 약 5만 명의 남녀가 TEE를 통해 고급 성경교육을 받았다.

이 시대에 영향을 끼친 또 한 가지 중요한 움직임은 1974년 로잔 세계 복음화 회의와 더불어 시작된 로잔 운동이다. 로잔 회의에는 150개 국가에서 대표를 파송했는데, 거의 2,500여 명에 이르는 참석자 중 1/3이 제3세계 출신이었다. 로잔 운동은 지상명령을 완수하는 것이 백인들만의 책임은 아니라는 강력한 메시지를 전했다. 부차적 의미에서 이 운동은 제3세계 대표들이 그동안의 불만을 표출할 수 있는 기회를 제공했다. 그중 한 사람이 레네 파딜라René Padilla 박사였는데, 그는 "유럽과 북미의 일부 선교사들이 전한 복음은 '문화 기독교', 곧 서방의 물질주의적인 소비자 문화로 왜곡된……기독교 메시지"라고 주장했다.[2]

1974년 회의에서 탄생한 로잔 세계 복음화 위원회LCWE는 세계 각 지역의 뛰어난 자국민 지도자들이 대거 참여하는 가운데 그 후 여러 지역에서 개최된 회의를 후원했다. 두 번째의 세계적 규모 대회는 1980년 태국 파타야에서 열렸고, 비서방세계의 교회 지도자들이 또다시 대거 참석했다. 그러나 A. 스캇Scott은 "유력한 지위에 있는 여성 참석자들이 없다는 게 두드러졌고, 이는 일부 참석자들에게 하나의 논쟁점이 되었다"고 기록한다.[3]

로잔 운동은 전 세계 교회에 스며 있는 은사주의의 영향을 반영하기도 했다. 20세기에 가장 성장 속도가 빠른 기독교 분파가 오순절파와 은사주의 진영이었다. 1960년대에는 '하나님의 성회'를 비롯해 다수의 오순절 교파와 선교회가 선교사 인력을 50퍼센트 이상 늘렸다. 이러한 선교 사역 확장은 이들 교파가 전 세계적으로 성장하는 데 박차를 가했다. 로버트 클라우스[Robert Clause]는 "칠레·브라질·남아프리카에서 토착 오순절파 교회의 폭발적성장으로 일각에서는 남반구의 비백인 오순절파 교회가 장차 기독교의 중심지가 될 것이라 예측하기도 했다"고 말한다.[4]

또 하나의 복음주의 그룹도 이 시기에 의미 있는 성장을 이루었다. 1970년대에는 보수 복음주의 선교사 수가 거의 40퍼센트 늘어나면서 총 3만 2천 명이 넘는 선교사를 보유하게 되었다. 로버트 T. 쿠트[Robert T. Coote]는 "잘 알려져 있다시피 북미 보수주의 선교단체는 1960년대 말부터 전체적으로 극적인 성장을 경험했다. 1980년대에는 해외에서 사역하고 있는 북미 개신교 선교사 11명 중 10명이 보수주의권 선교사인 것으로 집계되었다"고 말한다.[5] 실제로 1983년경에는 위클리프 성경번역선교회 한 곳에서 보내는 선교사만 해도 미국 기독교회협의회[NCC] 소속 교파에서 파송한 선교사 총수의 두 배였다.

사실 세계 선교계의 전체 동향을 낙관적으로 보았던 데는 이유가 있다. 개신교 선교사 "운동은 아직도 생명력 있고 활기차게 맥박친다"고 1979년 허버트 케인은 말했다. "오늘날에는 기독교회 역사상 그 어느 때보다 많은 나라에 그 어느 때보다 많은 선교사들이 들어가 있다." 그러나 그가 지적했다시피 낙관적 전망에는 또 다른 이유가 있었다. "전에는 세상의 비그리스도인들이 이렇게 개방적인 적이 없었다.……어떤 나라들은 현재 비자나 거주 허가증, 형식주의적 절차 때문에 입국하기 힘들지만, 일단 입국한 선교사들은 사람들이 전에 없이 호의적인 반응을 보이는 것을 보게 된다."[6]

1982년에는 어느 때보다 많은 이들이 무슬림 선교 사역에 자원했고, 그 한 해 동안 약 1,000명의 학생들이(IVF에서 3년마다 주최하는 어바나 대회의 영향으로) 여름방학 단기선교 사역에 나섰다. 1958년에 창설되어 조지 버워George Verwer가 이끌고 있는 OM선교회나 예수전도단YWAM 같은 단체는 청년들을 단기 파송해 문서 배포와 전도 사역에 참여시키는 일을 전문으로 하고 있다.

단기 선교사만 늘어난 것이 아니라 비전문 선교사, 혹은 이른바 '자비량'tentmaker 선교사 수도 늘어났다. 허버트 케인은 자비량이 "미래의 물결"이라고 말한다. "오늘날에는 수백만 미국인들이 해외를 여행하거나 해외에 거주하고 있다. 그들 중 헌신적인 그리스도인들을 훈련시키고 설득해서 예수 그리스도의 증인이 되게 할 수 있다면, 이들로 인해 선교 운동에 완전히 새로운 차원이 열릴 것이다. 그 영적 잠재력은 실로 어마어마하다."[7] 비전문 자비량 선교사는 CCC와 네비게이토 같은 단체에서 훈련받았으며, 이 두 단체 모두 광범위한 해외 사역자들을 보유하고 있다. 새로운 천 년의 시대에 북미의 선교기지는 비서방세계로 이동하고 있었다. 재정적인 면에서 북미는 여전히 비교할 수 없을 만큼 유리한 위치에 있고, 또 계속 지배적 역할을 함으로써 그 위치를 시위해 보이기는 했지만 말이다.

그러면, 기독교 선교의 미래는 어떠한가? 전통적인 평생 선교사 시대는 끝났는가? 제3세계 선교사, 단기 복음 전도자, 그리고 비전문 선교사가 장차 선교 사역을 책임질 것인가? 20세기의 마지막 몇십 년은 북미의 상당수 직업 선교사들이 은퇴하던 시기였고, 그들의 빈자리는 충원되지 않았다. 가장 빠르게 성장하고 있는 선교단체들은 비서방세계에 기반을 두고 있었다. 그러나 이런 새로운 추세에도 불구하고, 평생을 타문화권에서 살며 복음을 전하고 교회를 세우던 개척 선교사들의 시대는 끝나지 않았다.

2,000년 역사가 흐르는 동안 선교 사역은 극적으로 변화해 왔다. 그러나 여러 면에서 선교 사역은 아직 과거와 똑같다. 삶이 변화된 그리스도인이 이웃을 전도하고 세상 사람들을 전도한다. 초기 몇 세기의 많은 그리스도인들이 그러했듯, 그 목적을 위해 자기 삶을 포기하는 이들이 아직 있다. 적탄을 맞고 죽든지 혹은 콜카타나 세계 전역의 가난하고도 가난한 자들에게 평생 복음을 전하며 살다가 죽든지 말이다.

15

20세기의 순교자
: '양키 고 홈'

20세기는 개신교 선교사들의 목숨을 숱하게 앗아간 중국 의화단 운동과 함께 시작되었다. 비슷한 유형의 그 어느 사건 때보다도 선교사들의 피해가 컸던 이 사태는 여러 면에서 20세기에 있을 많은 일들의 예고편이었다. 개발도상국가에서 독립운동이 등장하면서 외국인들은 압제자로 여겨졌다. 외교관이든 상인이든 선교사든 별 차이가 없었다. 백인들은 모두 약소국가 착취 음모를 꾸미는 제국주의자들과 한통속이라고 의심받았다.

20세기가 진전되면서 선교사들은 점점 더 많은 정치적 소용돌이에 직면했다. 과거에 순교라고 하면 식인종에게 잡아먹히는 선교사의 이미지가 떠올랐으나 이제는 적대적 폭도, 게릴라 전투, 테러리스트의 공격을 마주하고 있는 선교사의 모습이 떠오른다. 20세기 후반부 아프리카·아시아·라틴 아메리카는 군국주의 운동으로 나라가 갈가리 찢겼고, 그 과정에서 때로 선교사와 자국 그리스도인들이 무참히 살육당했다.

그렇다고 해서 20세기에 그리스도인들이 당했던 핍박과 순교 대부분이 종교 문제와 무관했다는 말은 아니다. 사실 20세기는 그레이엄 스테인즈^{Graham Staines}와 그의 두 아들, 열 살 필립과 여섯 살 티머시가 끔찍하게 살해당해 순교한 사건으로 막을 내렸다. 호주 사람인 스테인즈는 1965년 인도로 가서 오리사 주 바리파다에서 나환자선교회 이사를 맡았다. 34년 후인 1999년 1월 23일, 정글의 한 선교기지에서 사역하던 그는 아들들과 함께 자신의 지프차에서 잠을 자던 중 산 채로 화형당했다. 인도에서 기독교를 근절시키려 하는 자들이 이런 범죄를 저지른 것이다.

그런 사건도 끔찍하지만 자국 그리스도인들은 복음에 헌신하는 중에 더 큰 대가를 치렀다. 의화단 운동 당시 수백 명의 신실한 중국인 복음 전도자들이 신앙 때문에 순교했는데, 그중 가장 영웅적인 인물은 창 셴^{Chang Sen}이었다. 창은 맹인이었음에도 만주 지방에서 가장 뛰어난 순회 전도자로 손꼽혔지만, 그 성공적 사역 때문에 극심한 핍박의 표적이 되고 말았다. 의화단 운동이 최고조에 달했을 때 그는 보복 대상으로 지목되었다. 최악의 경우를 두려워해 동굴에 은신해 있던 그는 자신의 행방이 밝혀지지 않으면 다른 그리스도인 50명을 처단할 것이라는 소식을 전해 듣고 자기 발로 은신처에서 걸어 나왔다. 그 결과가 어떠할지 잘 알면서 말이다. 그러나 죽음의 자리에서도 그는 자신의 믿음을 생생하게 증언했다. 그를 죽인 자들은 이에 겁을 먹은 나머지 그의 시신을 화장할 것을 주장했다. 그가 그리스도처럼 죽음에서 부활할까 두려웠던 것이다.

2차 세계대전은 선교사들을 대상으로 수많은 폭력적 공격을 유발시켰다. 그중 후에 '호프베일의 학살'이라는 이름으로 알려진 1943년의 사건으로 12명의 미국인 선교사가 목숨을 잃었다. 호프베일은 필리핀 파나이 섬의 깊은 숲 지대에 임시로 차려진 산중 진지의 이름으로, 선교사들은 안전을 위해 이곳으로 피신해 있었다. 그중 예일대 의대 출신 프레더릭 마이어 Frederick Meyer 박사와 시카고 대학 출신 프랜시스 하워드 로즈 Francis Howard Rose 박사는 필리핀 사람들에게 사랑받고 존경받는 의사였다. 이들은 1년이 넘도록 산속에 은신해 지내면서 근처 마을 사람들의 몸과 영혼을 위해 일했다. 그러던 중 1943년 12월, 이들은 일본군에게 발각되어 처형당했다.

종전 후 소련과 동유럽을 제외하면 신앙을 이유로 한 핍박은 비교적 잠잠해졌다. 그러나 1960년대에 몇몇 지역에서 폭력적 독립운동이 일어나면서 그리스도인에 대한 핍박과 순교 기사가 다시 신문 제1면에 크게 보도되기 시작했다.

핍박과 순교의 위협에도 불구하고 이 지역의 교회들은 핍박과 폭력이 없는 나라의 교회들보다 더 빠르게 성장하는 경우도 있었다. 수세기 전 히포의 아우구스티누스는 그리스도인 순교자들을 지목해 특별한 찬사를 바친 적이 있는데, 그 칭찬의 말은 여러 세대를 거쳐 오면서 여전히 많은 이들에게 위로를 전해 주고 있다.

순교자는 죽기까지 진리를 위해 싸운, 혹은 진리 편에 섰던 거룩한 하나님의 사람들이다. 그리하여 하나님의 말씀이 세상에 알려지고 거짓과 허구가 극복될 수 있도록 말이다. 그러한 희생은 오직 하나님께만 바쳐지는 희생이며, 그래서 순교자는 하늘에서 영광을 받는다. 이는 하나님께서 순교자의 믿음에 크나큰 은혜로 상급을 주사 죽음, 곧 생명의 원수로 보이는 죽음마저도 사실상 인간이 생명으로 들어가는 것을 돕는 협력자가 된다는 의미다.[1]

그러나 핍박과 순교가 기독교 세계에 긍정적 결과를 낳는다고 생각한다면 그것은 잘못된 생각이다. 버넌 스턱Vernon Sterk은 "현대의 여러 저술가들과 교회 지도자들은 핍박이 있는 곳에 교회 성장이 필연적으로 뒤따른다고 여전히 주장하면서 '순교자의 피가 교회의 씨앗'이라고 하는 테르툴리아누스의 저 유명한 말을 답습하고 있다"고 한다. 그런 추론은 아무 근거가 없다. 스턱은 멕시코 치아파스에서 다년간 사역한 경험을 언급하면서 "내 연구와 경험에 근거해 결론 내려 보면, 핍박은 교회 성장에 부정적인 영향을 끼친다.······핍박이 낳은 부정적인 결과 중 가장 흔하고 널리 알려진 것은 아마 그리스도인이 그리스도인 되기 전의 상태로 돌아가는 현상일 것"이라고 했다.[2]

핍박과 순교는 밀접히 연관되어 있다. 순교의 정의가 늘 핍박인 것은 아니지만 말이다. 기독교 선교사들은 때로 정치적 반대파 사람으로 보인 탓에, 혹은 정치 싸움 중간에 끼여 이러지도 저러지도 못한 탓에, 혹은 에콰도르 아우카족에게 살육당한 선교사들의 경우처럼 자국민의 목숨을 위협하는 존재로 보인 탓에 공격을 당한다. 그러므로 순교란 말이 초대교회 때 흔히 그랬던 것처럼 특별히 기독교 신앙을 고백했다는 이유로 죽임당한 사람들에게만 적용되어야 하는지, 아니면 위험과 질병 한가운데서 사람들을 섬기다 죽은 사람들에게까지 폭넓게 적용되어야 하는지에 대해서는 이미 판결이 나온 셈이다.

초대교회 시대에 순교는 흔히 거룩한 죽음으로 여겨졌다. 너무도 거룩해서 일부러 추구하고 갈망해야 할 죽음 말이다. 근대 선교사들이 사역하던 곳은 때아닌 죽음이 거의 필연적인 곳이었고, 그 시대에도 순교에 대한 위와 같은 관점이 뚜렷이 나타났다. 앤 마틴 힌데러[Ann Martin Hinderer, 1827-1870]가 그 한 예다. 앤은 1850년대 초 아프리카로 감으로써 자기 목숨을 얼마든 기꺼이 내놓을 수 있음을 선언했다. "나는 순교자가 되기를 갈망했다.……필요한 게 무엇인지 깨달으면, 내 목숨이 20개라도 나는 기쁘게 내놓을 수 있을 것 같다."[3]

그러나 기꺼이 목숨을 내놓겠다는 자발성, 혹은 열성이 선교사들의 사고방식은 아니었다. 특히 20세기가 진전되면서 개신교 선교사들 중에는 그런 생각을 가진 이들이 드물었다. 사실, 이 당시 선교사들이 중점을 두었던 것은, 목숨이 위태로울 때 안전하게 철수할 수 있는가 하는 것이었다. 때로 현지 그리스도인들을 더 큰 위험 가운데 버려둔 채 말이다. 선교단체들은 선교사가 억류되었을 경우 석방을 위해 몸값을 치르는 행위에 분명히 한계를 그었다. 테러리스트들이 인질을 잡았다 풀어 주면서 대가를 받을 수 있으면 똑같은 행위를 또 되풀이할 가능성이 높다는 논리로 말이다. 1934년 베티 스탬과 존 스탬이 중국에서 인질로 잡혔을 때 이렇게 선교사 몸값 문제가 처음 거론되었고, 그 같은 사태는 그 후 수십 년 동안 거듭 발생했다.

2003년, 부족선교회의 마틴 버넘[Martin Burnham]과 그라시아 버넘[Gracia Burnham] 부부가 필리핀에 인질로 잡혔을 때, 이 문제는 『크리스채너티 투데이』 표지에 "마틴은 불필요하게 죽었는가?"라는 제목으로 다뤄지면서 중대한 국면을 맞았다. "그라시아 버넘은 인질 석방을 위해 몸값 지불하는 것을 지지한다는 자신의 입장을 사과하지 않는다"고 테드 올센은 말한다. 몸값을 지불하는 행위가 다른 선교사들의 목숨을 위태롭게 한다는 주장에 그라시아 버넘은 이렇게 응수했다. 당신들도 나 같은 일을 겪으면 똑같은 생각을 할 것이라고 말이다. 또한 그라시아는 그 "피 값"이 악한 목적에 쓰일 것이라는 염려에 대해서도 관심을 보이지 않았다. 다만 남편의 말을 인용해 논리적 근거로 삼았다. "우리 능력으로는 도저히 마련할 수 없는 돈 백만 달러[몸 값]와 관련해 주님을 신뢰할 수 있다면, 주님께서 그 백만 달러가 무기를 사거나 누군가를 죽이는 일에 절대 사용되지 않게 하시리라는 것도 확신할 수 있을 것이다."[4]

수많은 매체가 대서특필했던 버넘 부부 사례는 오히려 신앙을 이유로 한 핍박이나 순교가 너무 드물어 신문이나 잡지의 머리기사로 다뤄질 정도라는 사실을 암시한다고 할 수 있다. 그러나 폴 마셜Paul Marshall은 전혀 다른 주장을 한다. 그의 저서 『그들의 피가 부르짖는다』Their Blood Cries Out는 신앙의 자유라는 것을 모르는 나라에 사는 이름 없는 신자들에게 주로 초점을 맞추고 있다.

이 책은 영적 재앙에 관한 책이다. 이 책은 대살육극·강간·고문·노예제도·구타·신체절단·감금 등에 대해 이야기한다. 또한 우리 사회 구석구석에 스며들어 있는 착취·괴롭힘·가정불화 그리고 고용과 교육 현장의 극심한 차별 행위에 대해 이야기한다. 이 재앙은 2억 명이 넘는 사람들에게 영향을 끼치고 있으며 거기에 더해 4억 명 가량의 사람들이 차별과 법률상 장애로 고통당하고 있다.[5]

베티 스탬1906-1934과 존 스탬1907-1934   의화단 운동 이후에도 중국인들은 외국인에 대한 적대감에서 벗어나지 못했다. 선교사들이 하는 일은 대부분 인도주의적 성격의 일이었음에도 깊디 깊은 의혹의 시선을 받았다. 중국인들은 1902년 북부 지역을 휩쓴 콜레라를 선교사들이 퍼뜨렸다고 누명을 씌웠고, 그 결과 중국내지선교회 소속 선교사 두 명이 폭도들에게 살해당했다. 1905년 홍콩 근처에서 선교사들이 또 한 차례 무자비한 공격을 당해, 많은 이들에게 큰 사랑을 받던 엘리너 체스넛Eleanor Chestnut, 1868-1905 박사를 포함해 다섯 명의 선교사가 사망했다.

1893년, 미국 장로교 선교위원회 소속으로 중국에 온 체스넛은 사재를 털어 구입한 벽돌로 병원을 지었다. 그리고 병원이 완공되기도 전에 수술을 시작했다. 수술실은 그녀의 집 욕실이었다. 더 나은 장소가 없었던 탓이다. 한번은 한 막노동꾼의 다리를 절단하는 수술을 해야 했다. 그런데 합병증이 생겨 피부 이식이 필요했다. 나중에 체스넛이 다리에 문제가 생겨 고생하고 있는 것을 누군가가 보고 그에 대해 묻자 그녀는 "네, 아무것도 아니에요"라고 대답하면서 짐짓 아무렇지도 않은 체했다. 그러나 나중에 간호사가 밝힌 사실에 따르면, 그 "아무짝에도 쓸모없는 막노동꾼"에게 이식해 준 피부는 체스넛 박사의 다리에서 국부 마취만 하고 떼어낸 피부였다고 한다.[6]

의화단 운동 때 체스넛 박사는 대다수 선교사들보다 더 오래 자기 자리를 지키다 피신한 뒤 그 이듬해 돌아왔다. 1905년, 체스넛이 다른 선교사 네 사람과 함께 병원에서 분주히 일하고 있는 중 일단의 폭도들이 병원 건물로 난입했다. 당국에 신고하기 위해 얼른 빠져나오긴 했지만 동료들을 구해 내는 것을 도우려고 박사는 곧 현장으로 다시 갔다. 그러나 때가 늦고 말았다. 동료들은 이미 살해당한 후였다. 하지만 다른 이들이 박사의 도움을 필요로 하고 있었다. 자신이 그토록 사랑했던 중국인들을 위해 체스넛이 마지막으로 한 일은 자기 옷자락을 찢어 상처 입은 어린아이의 이마를 싸매준 것이었다.

그런 사건들에도 불구하고 20세기 초의 중국은 비교적 평화로웠고, 그동안 기독교 공동체는 크게 확장되었다. 그러나 1920년경 중국의 정치 현장은 혼돈스러웠다. 쑨원의 권위는 사방에서 도전을 받고 있었다. 여러 도시에 12개도 넘는 '정부'들이 몰렸고, 농촌 지방은 군벌들이 지배했다. 1925년 쑨원이 사망하자 중국 내 외국인들의 운명은 어느 때보다 위태로워졌다. 공산주의자들은 마오쩌둥 휘하에서 영향력을 얻어 가고 있었고, 그들의 명백한 선동으로 몇몇 선교사들이 살해당했다. 장제스가 반대 세력 지도자로 부상하자 상황은 더 악화되기만 하는 것으로 보였다. 1927년 장제스의 남부군이 중국 전역을 휩쓸면서 수천 명의 사망자를 남겼다. 선교사들은 철수 지시를 받았고, 1927년 한 해 동안에만 전체 외국인 선교사의 약 50퍼센트가 중국을 떠나 다시는 돌아오지 않았다.

그런 혼란스러운 정치적 소용돌이는 중국내지선교회의 선교 사역을 위축시켰을 것으로 보이지만, 결과는 정반대로 "전반적 상황이 최악에 달했던 1929년, 딕슨 에드워드 호스트(선교회 총국장)는 앞으로 2년 동안 200명의 일꾼(대다수가 남자여야 함)이 필요하다고 본국에 전보를 보내 호소했다." 200명 목표는 계획된 일정 안에 달성되었지만, "실망스럽게도 남자는 겨우 84명이었다."7 젊은 여성들은 앞날에 위험이 도사리고 있다는 걸 알면서도 적극적으로 자원했다. 그중 한 사람 베티 스콧Betty Scott은 무디 성경학교 졸업생이자, 중국에서 사역하는 장로교 선교사의 딸이었다.

무디 학교 시절 스콧은 중국내지선교회 기도회에 매주 참석하다가 거기서 존 스탬John Stam을 알게 되었다. 스탬도 그때 중국 현지에서 요청해 온 200명 선교사 중 한 사람으로 자원할 준비를 하고 있었다. 베티와 존은 서로에게 매력을 느꼈고 또 장래의 꿈도 한 방향을 가리키고 있었지만, 이들은 결혼에 대한 개인적 욕망을 부차적인 것으로 여겼다. 존은 아버지에게 보낸 편지에서 이렇게 말했다.

베티를 사랑하니까 공정하게 판단하는 겁니다만, 결혼하기까지 여러 해를 기다려야 하는 상황에서 제가 섣불리 약혼을 요구할 수는 없다는 것을 베티도 잘 알고 있습니다.……중국내지선교회는 남자, 특히 미혼 남자가 와서 순회 사역을 해줄 것을 호소하고 있습니다. 여자를 데리고 다니기는 거의 불가능할 테지요. 좀 더 안정적인 사역이 시작되기까지는 말입니다.……얼마 전 저는 주님께 약속했습니다. 이 전진 운동에 제가 합당하다면 기쁘게 이 일에 뛰어들 것이라고요. 그래서 어떤 충분한 이유 없이 그저 개인적 상황을 고려해서 그 약속을 물릴 수는 없습니다.[8]

1931년 가을, 베티는 중국으로 향하는 배에 올랐고, 존은 4학년 과정을 마치기 위해 무디 학교에 남았다. 졸업식 때 졸업생 대표로 연설을 하게 된 존은 미국 경제가 침체되어 있고 해외 정세는 불안하지만 그럼에도 세계 복음화의 대업을 짊어지고 해외로 나가라고 동료 대학생들에게 도전을 던졌다.

뒷걸음질 치다가 그리스도 예수 안에 있는 우리의 고결한 소명에 등을 돌리겠습니까? 아니면 하나님의 명령에 따라 감연히 앞으로 나아가 불가능한 일에 맞서겠습니까?……지상명령은 재정이 충분하고 역경도 없고 자기를 부인해야 할 상황이 아닌 경우에만 이행한다는 제한적 명령이 아니라는 점을 기억합시다. 오히려 환난과 핍박까지 예상해야 한다고, 그러나 그 환난과 핍박과 함께 그리스도 안에서 승리할 것을 예상해야 한다고 했습니다.[9]

핍박을 예상해야 할 이유는 있었다. 중국 상황은 여전히 불투명했다. 1932년에는 선교사들을 상대로 수많은 폭력 행위가 있었다. 어떤 사건보다 충격적이었던 것은 스칸디나비아 연합선교회(오늘날의 팀선교회) 소속 선교사 11명이 시안에서 살해당한 사건이었다.

1932년, 학교를 졸업한 존 스탬은 중국행 배에 올랐다. 베티를 만나게 될 것이라고 기대하지는 않았다. 그런데 그가 중국에 도착하기 직전 베티가 건강 문제로 상하이에 왔고, 둘은 재회하게 되었다. 그리고 이 재회는 약혼으로 이어졌다. 1년 후 두 사람은 지난에 있는 베티 부모님의 집에서 결혼식을 올렸고, 그 뒤 언어 공부를 계속하며 쉬안청의 중국내지선교회 선교 단지에서 사역했다.

1934년 9월, 베티는 딸 헬렌 프리실러를 낳았고, 그 가을 이들 가족은 2년 전 선교사들이 철수했던 안후이 성의 선교기지로 발령을 받았다. 공산당의 활동이 뜸해졌다는 소식이 들렸고, 지역 행정관이 개인적으로 이들의 안전을 보장해 주겠다고 하며 이 지역에 "공산당의 위험은 없다"고 안심시켜 주었다.[10] 중국내지선교회 관리들은 비어 있던 선교기지를 하루라도 빨리 다시 열고 싶은 마음에 역시 그 지역이 상당히 안전한 지역이라고 믿었다. 그러나 중국인들과 중국내지선교회 관리들은 상황을 심각하게 오판했다. 스탬 가족은 11월 말에 그곳에 도착했는데, 12월 첫 주가 지나기도 전에 집 안에서 공산군의 습격을 받았다. 엄중한 감시를 받기는 했지만 존은 이들의 허락 아래 선교회 상관에게 편지를 보낼 수 있었다.

칭더, 안후이
1934년 12월 6일
중국내지선교회, 상하이

친애하는 형제님들,
아내와 아기와 저는 지금 칭더 시에서 공산당의 손에 잡혀 있습니다. 석방되려면 2만 달러를 내라고 요구합니다. 저희가 가진 돈과 생활용품은 다 저들의 손에 있습니다. 하지만 그런 중에도 저희 마음이 평안하고 오늘 저녁 식사도 허락하셨으니 하나님을 찬양합니다. 하나님께서 여러분들에게 지혜를 주사 무엇을 어떻게 해야 할지 알게 해주시고, 저희에게는 굳은 인내와 용기와 마음의 평화를 주시기를 소원합니다. 하나님은 하실 수 있고, 또 이와 같은 때에 우리의 좋은 친구가 되어 주십니다. 사건은 오늘 오전 눈 깜짝할 사이에 일어났습니다. 공산당이 들이닥칠 것이라는 소문이 끊이질 않아 걱정이 되었는데 정말 몇 시간 만에 들이닥치는 바람에 제때 피신할 준비를 하지 못했습니다. 너무 늦었던 거지요. 주님께서 형제님들에게 복을 주시고 길을 인도해 주실 것입니다. 저희 가족은 살든지 죽든지 하나님이 영광 받으시기를 바랄 뿐입니다.

하나님 안에서, 존 C. 스탬[11]

편지를 쓴 다음날 스탬 부부는 공산군에게 끌려 나와 다른 마을로 고된 행군을 해야 했다. 부부의 목숨만 경각에 달린 것이 아니었다. 보초들이 하는 말을 어깨너머로 듣자하니 어린 아기를 데려가는 게 번거로워 그냥 죽여버릴 계획을 세우고 있었다. 다행히 어린 헬렌은 목숨을 부지했지만 두 부부에게는 그런 행운이 기다리고 있지 않았다. 목적지에 도착한 후 두 사람은 겉옷이 벗겨진 채 길거리를 행진하며 사람들의 웃음거리가 되었고, 그사이 공산당 게릴라들은 마을 사람들을 윽박질러 밖으로 나오게 해서 두 부부의 처형 광경을 지켜보게 했다.

스탬 부부가 처형당한 지 일주일 뒤 아기 헬렌은 쌀 바구니에 담겨 위험한 산악지대를 지나 160km 밖에 있는 다른 선교사 가정으로 가게 되었다. 처형이 집행된 지 30시간쯤 뒤 어떤 집에 버려져 있는 헬렌을 한 중국인 전도자가 발견하고는 아기를 안전하게 그곳으로 데려다 준 것이었다.

스탬 부부가 처형당한 사건은 중국내지선교회에 고통스러운 충격을 안겼지만 이들의 희생에 고무된 많은 젊은이들이 선교 사역에 헌신을 다짐했고, 1935년 한 해 동안 선교회에는 1929년 주식시장이 붕괴한 이래 가장

많은 후원금이 답지했다.

중국에서 순교한 선교사는 그 이후로도 또 있었다. 그중 한 사람이 존 버치[John Birch, 1918-1945]로, 선교사로서 지칠 줄 모르고 일했고 그의 이름을 따서 정치 단체(1958년 로버트 웰치가 설립한 반공 극우 단체—옮긴이)가 만들어지기도 했지만, 정작 그의 수고는 이들에게 오랫동안 외면당해 왔다. 버치는 1940년 중국이 일본 침략군과 전면전을 벌이고 있을 당시 침례교 선교단체 소속으로 항저우에서 선교사 사역을 시작했다. 사역을 시작함과 거의 동시에 그는 전쟁으로 갈가리 찢긴 농촌 지역을 돌아다니면서 "일본군 점령지역 경계를 몰래 드나들며 전쟁이 시작된 이후 선교사들이 감히 들어갈 엄두를 내지 못했던 마을들에서 설교를 하는" 용감한 행동으로 인정받았다.[12] 나중에는 선교사들과 중국인 복음 전도자들을 교전지역에서 피난시키는 일을 하게 되었으며, 온갖 위험부담을 무릅쓰고 1인 구출 작전을 감행했고 많을 땐 한번에 60명씩 구해 내기도 했다. 전쟁이 끝난 후에는, 공산당 게릴라들의 위협이 점점 커져감에도 불구하고 계속 중국에 남았다. 얼마나 위험한 일인지 잘 알면서도 광범위한 전도 활동을 계속 해나갔으며, 어느 날 그렇게 북부 지방으로 전도 일정에 나섰다가 매복해 있던 공산군에게 습격당해 사망했다.

중국에서 사역하다 사망한 선교사 목록에 이름을 올린 또 한 명의 유명 선교사는 1924년 올림픽에 출전했던 위대한 운동선수 에릭 리들^{Eric Liddell, 1902-}¹⁹⁴⁵이다. 그의 이야기는 아카데미 수상 영화 「불의 전차」^{Chariots of Fire}로도 그려졌다. 선교사의 아들로 중국에서 성장한 리들은 1925년, 올림픽에서 기념비적인 우승을 거둔 지 1년 만에 스스로 선교사의 자리로 돌아갔다. 중일전쟁 기간 내내 중국에서 사역한 그와 그의 가족은 선교사 생활이 얼마나 힘들고 위험한지 직접 겪어 알고 있었다. 2차 세계대전이 발발하여 중국의 정치 상황이 악화되자 1941년 에릭은 최악의 위험 상황이 지날 때까지 가족들을 피신시키기로 하고 아내와 두 아이를 아내의 고국 캐나다로 보냈다. 그리고 그해 말, 에릭은 다른 여섯 명의 런던 선교회 사역자들과 함께 일본군에 잡혀 가택연금 상태가 되었고, 그 상태에서 1945년 초 죽음을 맞았다.

리들의 사망은 가택연금의 직접적 결과는 아니었지만, 영양실조에다 적절한 의학적 처치를 받지 못한 것이 그런 결과를 낳았을 것이다. 그는 온몸 여기저기에 질환이 생긴데다가 신경쇠약으로 보이는 증상까지 있었고, 후에 뇌졸중까지 겹친 끝에 결국 사망했다. 그러나 부검 결과에 의하면 종양으로 인한 다량의 뇌출혈이 있었다고 한다. 그의 갑작스런 죽음은 가족과 친구들은 물론 전 세계 팬들에게 큰 충격을 안겼지만, 다른 한편으로는 개인적 야망과 명성보다 시종일관 하나님을 믿는 믿음을 우선시했던 한 남자의 희생을 증거했다.

폴 칼슨[1928-1964]

1900년 의화단 운동 이후 단 한 해 동안 가장 많은 선교사들이 죽임을 당한 사건으로는 1964년과 1965년의 '심바 반란'을 들 수 있다. 무고한 콩고 그리스도인들과 서방 선교사들에게 가해진 테러 행위로 수천여 명이 죽었고, 평생 지워지지 않을 몸과 마음의 상흔으로 고통받은 사람은 그보다 훨씬 더 많았다. 헬렌 로즈비어 박사는 구타와 강간을 당하며 여러 달 동안 포로생활을 했고, 칼 베커 박사는 나중에 콩고 사역에 복귀했지만, 다른 많은 선교사들은 자신이 섬기러 온 바로 그 사람들의 손에 삶을 마감했다. 그 희생자들 중 또 한 명의 의사 폴 칼슨[Paul Carlson]은 사건 당시 콩고에 온 지 2년이 채 안된 사람이었다. 당시 살해당한 30여 명의 개신교 선교사들과 거의 200여 명의 가톨릭 선교사들은 대부분 폴 칼슨에 비해 상당히 오랜 기간 콩고에 머문 사람들이었고, 개중에는 그보다 훨씬 훌륭한 이들도 있었지만, 콩고 땅의 순교자들 중에서 책이나 문서로 가장 많이 다뤄지게 된 것은 폴 칼슨 이야기였다.

1928년 캘리포니아에서 태어난 칼슨은 청소년 시절에 선교 사역에 헌신하기로 다짐했다. UCLA에서 한 학기를 마치고 해군에 잠깐 복무한 그는 시카고의 노스파크 대학 의예과에 진학했다. 그곳에서 미시간 주 메노미니 인디언 부족 출신 간호사 로이스 린드블롬[Lois Lindblom]을 만나 1949년에 약혼을 했고, 그 뒤 캘리포니아로 돌아가 스탠포드 대학에서 의학 공부를 이어갔다. 8년 후 아내와 두 아기를 거느린 가장이자 의학박사가 된 그는 레지던트 과정을 시작할 준비를 했다. 정신을 차릴 수 없이 바쁜 시기였고, 로이스의 말에 따르면 "의료선교라는 말이 입에 오르내리는 횟수가 점점 줄어들다가 마침내 우리 대화에서 완전히 자취를 감추었다"고 한다. 그는 "삼위일체 하나님의 존재 그 자체"에 의문을 품으면서 영적으로 힘든 시기를 지나고 있었다.[13]

그러나 선교에 헌신하기로 했던 다짐은 그렇게 그의 마음속에 억제되어 있다가 1961년 기독의사회^{CMS}에서 편지 한 통을 받으면서 갑자기 다시 깨어났다. 편지의 내용은 콩고에 의사가 긴급히 필요하다는 것이었다. 그의 관심을 사로잡은 것은, 그 요청이 평생 사역을 요구하는 요청이 아니었다는 점이다. 실제로 그 뒤에 온 또 한 통의 편지에는 4개월 단기 사역이면 좋겠다는 내용이 있었다. 어렸을 때 했던 헌신 약속을 그 4개월 동안 이행하고 싶다는 무의식의 발로였는지 그는 기독의사회의 요청을 받아들였고, 그리하여 1961년 6월 그는 아내 로이스와 두 아이를 미시간에 남겨 두고 홀로 콩고로 날아갔다.

콩고는 바로 1년 전 별다른 예고도 없이 벨기에로부터 독립을 허락받은 상태였는지라 정치 상황이 어떻게 변모할지 모르는 뒤숭숭한 분위기였다. 새 총리 파트리스 루뭄바^{Patrice Lumumba}는 벨기에인들에게 출국을 명령했고, 많은 외국인들이 이 명령에 따랐다. 정부는 지도자도 없고 공무원도 없이 혼돈 상태였다. 도시건 시골이건 군인들과 불량 청소년들이 무리 지어 어슬렁거렸다. 전문인들과 기술 인력은 물자 부족에 시달렸다. 이것이 폴 칼슨이 1961년 레오폴드빌 공항에 발을 디뎠을 때 콩고의 분위기였다.

그러나 이런 불안정한 정치 정세에도 불구하고, 우방기 지역에서 5개월 임기로 사역하는 동안 폴은 의료 선교사가 절실하게 필요하다는 사실을 절감했다. 의료 선교사의 필요성은 그가 상상했던 것보다 더 컸고, 복음을 제시할 수 있는 기회는 무궁무진했다. 선교에 대한 그의 소명은 이제 확실히 초점이 잡히고 있었다. 아내 로이스는 "콩고에서 돌아온 폴 칼슨이 전과는 완전히 다른 사람"이라는 것을 깨달았다. "태도가 달라졌고 비전이 다시 빛을 내기 시작했으며, 삶의 목적이 분명해졌고 미래에 대한 전망은 확신에 가득 찼다. 나는 깨달았다. 폴이 자기 본연의 모습으로, 그리고 자신의 하나님께로 돌아왔다는 것을."¹⁴

의료선교에 헌신하겠다 새로이 다짐했음에도 가족을 데리고 미국을 떠나 콩고로 간다는 것은 쉬운 일이 아니었다. 아프리카에서 5개월 임기를 마치고 돌아온 뒤 그는 레지던트 과정을 함께한 의사들과 동업으로 병원을 개원했다. 안정된 수입이 주는 안도감은 그와 로이스가 일찍이 누려 보지 못했던 것이었다. 로이스는 그때 기분을 이렇게 회상했다.

> 지나친 노력을 필요로 하지 않는 삶, 안락한 실존, 여자라면 그리고 가정이 있는 사람이라면 누구나 원할 법한 그런 것들을 쉽게 기대하고 바랄 수 있는 상황이었다. 의료인 동료들과 더불어, 돈으로 살 수 있는 그 모든 안락한 환경 가운데 우리 미국인들이 흔히 말하는 더 나은 생활수준을 바라고 기대하기도 쉬웠다. 우리는 그런 종류의 삶에 이르기 직전이었는데, 이제 하나의 결단을 앞두고 있었다. 우리는 알고 있었다. 결단해야 하리라는 것을, 그것도 우리 두 사람 모두 결단해야 하리라는 것을.[15]

1963년 여름, 칼슨 가족은 어엿한 의료 선교사의 면모를 갖추고 콩고 땅에 발을 내디뎠다. 이번에는 미국 복음언약교회ECCA 교단 소속이었다. 이들이 배치된 와솔로는 폴이 지난번에 일했던 우방기 지방 변경에 있는 선교 기지로, 폴을 제외하고 의료 선교사가 전 지역 통틀어 세 명밖에 없는 곳이었다. 도착과 거의 동시에 그는 일상적인 병원 일에 정신없이 몰두했다. 하루 평균 200여 명의 환자를 보아야 했고, 로이스는 현대적 편의시설이라고는 아무것도 없는 생활에 적응하며 살림을 해야 했다.

첫해는 순식간에, 그리고 비교적 별일 없이 지나갔다. 그러나 와솔로에서의 2년차 생활이 시작되면서 상황은 달라지기 시작했다. 콩고에서 와솔로는 흔히 "잊혀진 외딴 곳"이라고들 했지만, 그렇다고 해서 반란의 여파가 전혀 미치지 않는 것은 아니었다. 1964년 8월, 심바 반군이 그 지역에서 정부 측 수비대를 위협하고 있었다. 불필요한 위험을 무릅쓰고 싶지 않았던 폴은 아내와 아이들을 국경 너머 중앙아프리카공화국으로 데려다 놓은 뒤 최종적으로 병원 업무를 마무리하고 자신도 철수할 생각으로 혼자 병원으로 돌아왔다.

그 뒤 며칠 동안 그는 분주히 일상적인 진료 활동도 하고 교전 중에 발생한 사상자들도 처리했다. 주일에는 강을 건너가 가족들과 만나 다음 주 수요일에 합류하겠다고 약속했다. 그러나 그 약속은 지켜지지 않았다. 심바 반군이 들이닥쳤고, 그는 미처 피할 시간도 없이 포로로 잡혔다. 그는 반군들에게 3개월 동안 정신적·육체적으로 고문을 당하다가 결국 목숨을 잃고 말았다.

칼슨의 죽음이 주변에 널리 알려지면서 콩고의 다른 선교사들의 영웅적 희생이 그 그늘에 가려지기도 했다. 특히 미국 선교사들은 미국 제국주의의 주구(走狗) 역할을 한 것으로 폄하되었다. 그러나 개중에는 심바 게릴라들에게 무차별 살해된 이들도 있었다. 독신 침례교 선교사였던 아이린 페렐Irene Ferrel과 루스 헤지Ruth Hege는 집 안에 있다가 술 취한 십대 폭도들에게 습격당해 크윌루 숲으로 끌려 나왔고, 두 사람 중 루스만 살아남아 당시 사건을 증언했다.

캐나다인 헥터 맥밀런Hector McMillan도 심바 반군 손에 죽임을 당한 또 한 명의 선교사였다. 헥터와 그의 아내 아이오니, 그리고 여섯 아들들은 미전도지역선교회UFM 소속 선교사 몇 사람과 함께 스탠리빌 외곽의 선교기지 킬로미터에이트에서 빠져나가지 못하고 갇혀 버렸다. 탈출구는 봉쇄되었고, 아무 데도 갈 곳이 없었다. 그 며칠 동안 고초를 당한 경험이 아이오니에게 정신적 외상을 남겼다는 것은 참 역설적인 일이었다. 아이오니가 선교 사역에 뜻을 두게 된 것은 존과 베티 스탬 부부의 죽음에 영향을 받은 바가 컸기 때문이다. 아이오니는 하나님께서 자신을 중국으로 보내사 그 부부의 빈자리를 메우게 하려 하신다고 생각했다. 그러나 중국은 문이 닫혀 있었고, 그래서 그녀는 중국 대신 콩고로 왔다가 헥터 맥밀런을 만나 결혼을 하기에 이르렀다. 1964년, 여섯 아들까지 거느린 그녀는 자신과 자신의 가족이 스탬 부부가 겪었던 그 공포스러운 상황과 다를 바 없는 끔찍한 폭력 사태 한가운데 들어와 있다는 것을 알게 되었다.

킬로미터에이트 습격은 갑작스러웠다. 헥터는 한 심바 반군에게 표적 사살당했고, 두 아들은 부상을 입었다. 반군의 파렴치 행위가 극에 달한 날이었으나 아이오니나 다른 선교사들에게는 슬퍼할 여유가 없었다. 가능한 한 빨리 그곳을 빠져나가야 했다. 습격 직후 그 지역의 미전도지역선교회 고참 선교사 알 라슨이 정부 측 용병들을 데리고 살아남은 사람들의 피난을 도우러 왔다. 이들이 타고 나갈 트럭 공간은 제한되어 있었다. 용병들은 짐을 실을 공간은 없다고 주장했다. "살아 있는" 사람만 타야 한다고 했다. 헥터의 시신은 뒤에 남겨질 수밖에 없었다.

아이오니에게는 모든 것을 끝장내는 참화가 될 수도 있었던 이 사건이 하나님의 은혜에 대한 하나의 증거가 되었다. 이것이 하나님의 은혜임을 증거하게 되기까지의 과정은 참 기이했다. 그것은 다름 아니라 아이오니가 아도니럼 저드슨의 전기를 읽었다는 것이다. 아내 앤이 세상을 떠난 후 저드슨이 부패해 가는 아내의 시신에 병적으로 관심을 가질 만큼 정신 상태가 무너져 내렸다는 이야기를 읽고 아이오니는 느끼는 것이 많았다. 그 비극이 일어나기 전날 아이오니는 비슷한 일을 당하더라도 자신은 절대 그렇게 되지 않을 것이라 다짐했었다. "우리 가족 중 누군가가 목숨을 잃더라도 하나님의 도우심으로 나는 흙으로 돌아갈 육신을 염려하느라 하나님께서 주신 시간과 에너지를 허비하지 않을 것이다." "하필이면 왜 사건 바로 전날 그런 결심을 했을까?"라고 호머 다우디^{Homer Dowdy}는 묻는다. "하필이면 왜 그즈음 아도니럼 저드슨의 비통한 경험에 대해 읽게 되었을까? 전에 누군가가 사서 어쩌면 아무 데나 놓아두었을지도 모르는 그 책을 왜 몇 년이 지난 그때서야 읽게 되었을까? 그 위대한 선교사는 왜 그렇게 힘들게 몸부림치며 이 슬픔의 골짜기를 지나갔을까? 그것은 하나님의 계획의 한 부분이었다. 바로 이 순간의 아이오니를 위한 하나님의 완벽한 뜻이었던 것이다."[16]

심바에게 잔혹하게 살해된 또 한 사람의 북미 선교사는 아칸소 출신의 제이 터커[Jay Tucker, 1915-1964]였다. 맥밀런 부부와 마찬가지로 제이와 그의 아내도 콩고에 온 뒤 결혼해서 하나님의 성회의 후원 아래 25년간 사역하면서 풍성한 결실을 맺었다. 1964년 11월 초, 제이는 심바 반군에게 체포되었다. 3주 뒤 정부군의 포위망이 점점 좁혀 들어온다는 것을 깨달은 반군은 포로들에게 보복 행위를 하기 시작했다. 한 이탈리아인 사제가 첫 희생자로 지목되어 처형당했고, 제이 터커가 그 다음 순서였다.

가까운 어둠 속에서 누군가가 선교사의 얼굴 앞에 병을 흔들었다. 뭔가를 퍽 내리치는 둔탁한 소리와 함께 병이 깨졌다. 피범벅이 된 얼굴이 고통스럽게 일그러지며 바닥으로 고꾸라졌다. 대마가 주는 쾌감으로 눈알을 희번덕이며 심바 폭도들은 함성과 함께 몽둥이를 찾아들고 마무리를 시작했다. 몽둥이를 구한 자는 몽둥이로, 몽둥이를 못 찾은 자는 총 개머리판을 사용했다. 그들은 번갈아 가며 선교사를 내리쳤다. 목부터 시작해서 천천히 등으로 내려갔고, 피해자가 몸을 꿈틀댈 때마다 다시 몽둥이가 날아들었다.[17]

거의 3개월에 걸친 포로생활은 폴 칼슨에게 정신적·육체적으로 고문과 같았다. 포로로 잡히기 전에도 미국의 신문 지상에는 그의 담대하고 희생적인 의료 사역에 대한 기사들이 등장했는데, 포로로 잡힌 후에는 더 많은 기사들이 폴의 이야기를 다루었다. 이는 폴 칼슨을 널리 홍보하는 결과를 낳았고, 아마 이 때문에 콩고에서 그의 상황은 더욱 복잡해졌을 것이다.

심바 반군은 자신들이 성인에 가까운 한 영웅을 핍박하는 것으로 보이고 싶지 않았다. 그래서 이들은 사실을 왜곡했다. 10월 말, 라디오 방송 스탠리빌은 미국의 용병 "칼슨 소령"이 스파이 혐의로 곧 재판을 받게 될 것이라고 보도했다. 그 방송이 나온 후 2주가 넘도록 후속 보도가 없었고, 그러다가 11월 중순 그가 재판을 받았으며 처형을 앞두고 있다는 속보가 나왔다. 폴이 인질로서 매우 가치가 높다는 것을 깨달은 반군들은 협상이 임박해지자 처형을 미뤘다.

1964년 11월 24일, 헥터 맥밀런이 킬로미터에이트에서, 그리고 제이 터커가 파울리스에서 살해당하기 겨우 몇 시간 전, 폴 칼슨은 스탠리빌 길거리에서 총에 맞아 숨졌다. 이틀 동안 비교적 평온한 시간을 보낸 인질들은 그날 아침 비행기 소리에 잠이 깼다. 팽팽한 긴장감 속에 사방이 뭔가 부산스러웠다. 인질 구출작전이 시작된 것이었다. 벨기에 낙하산 부대가 길거리를 가득 메우고 있었고, 기관총 소리가 가까워지고 있었다. 인질들은 밖으로 내몰린 뒤 길바닥에 엎드려 양측에서 쏘아대는 총탄이 피해 나가기만을 바랐다. 얼마 후 사격이 멈추었다. 으스스한 정적이었다. 온몸이 노출된 채 길바닥에 엎드려 있는 포로들에게 그 정적은 아무런 위로도 되지 않았다. 그들은 사냥 표적이 된 오리처럼 무방비 상태였다. 몸을 숨기려면 어딘가로 달려야 했다. 아니, 그렇게 생각했다. 폴과 다른 몇몇 인질들은 가장 가까운 건물을 향해 필사적으로 뛰기 시작했다. 그러나 그것은 치명적인 실수였다. 다른 인질들은 건물까지 갔지만 뒤에서 달리던 폴은 다른 선교사가 담장 넘는 것을 도와주다가 정작 자신은 담을 넘지 못하고 총탄 세례를 받고 말았다. 몇 분 만에 구출 작전은 끝났지만, 폴에게는 이미 때가 늦어 있었다.

콩고인 목사들이 집례한 장례식 현장은 감동적이었다. 수백 명의 콩고 그리스도인들이 꽃과 야자나무 가지를 들고 와 장례식이 거행되는 카라와 마을에 흩뿌렸다. 자신들을 위해 모든 것을 희생한 한 사람에게 그들 나름대로 감사를 표현하는 방식이었다. 그 사람의 삶의 신조는 무덤 표석 글귀에 요약되어 있다. 표석에는 링갈라 방언으로 이렇게 새겨져 있다. "사람이 친구를 위하여 자기 목숨을 버리면 이보다 더 큰 사랑이 없나니"^{요 15:13}.[18]

베티 올센[1934-1968]　　　　　19세기 중국에는 선교사들이 물밀듯 몰려들었지만 당시 인도차이나라고 불리던 남쪽의 작은 불교 국가, 베트남·라오스·캄보디아에는 별반 관심이 주어지지 않았다. 20세기에 들어서야 개신교 선교사들이 그 지역에 들어가기 시작했으며, 그조차도 사역은 주로 기독교선교연맹 단 한 단체에서만 했다. 그리고 그나마도 1970년대에 들어 추방당했다. 처음부터 이 지역은 기독교 선교가 아주 힘든 지역이었다. 많은 경우 국민들 자체는 복음을 잘 받아들였지만 지배 세력 쪽에서 반대가 있었다. 프랑스 식민체제에서는 복음 전도 사역이 심히 위축되었고, 2차 세계대전 중 일본이 진주했을 때 출국을 거부하는 선교사들은 포로수용소에 억류당했다.

　1945년 일본이 패퇴하면서 아시아에서의 전쟁은 끝났지만 인도차이나 지역에는 평화가 찾아오지 않았다. 베트남에서는 1946년부터 시작해서 8년 동안 호찌민과 그가 이끄는 공산당 게릴라들이 프랑스 식민체제와 싸웠고, 결국 프랑스가 물러나고 나라는 북위 17도를 경계로 양분되었다. 그래도 평화는 요원했고, 베트남 민간인들이 공산당이 지배하는 북베트남에서 남베트남으로 피난하기 시작하자 북부의 위협이 점점 커져 갔다. 공산당 게릴라들이 마을 주민들을 공포에 떨게 만들었고, 남쪽 사이공 정부는 보복을 했다. 그때 미국 군인들이 들어오면서 남북 간의 갈등은 전면전으로 확대되었고, 미국인 선교사들은 전에 없이 위험에 처하게 되었다.

　미국군이 전면적으로 개입하기 전에도 선교사들은 게릴라들에게 적개심의 대상이었다. 미국이 남베트남을 군사적으로 지원한다는 바로 그 사실이 베트콩과 하노이의 관리들을 격분시켰고, 이들이 보기에 선교사들은 이 지역을 지배하려는 자본주의와 제국주의 음모의 한 부분이었다. 일부 선교사들은 철수했다. 특히 베트콩이 대대적으로 침투해 들어온 지역에서는 더 있을 수가 없었다. 그러나 1962년, 미국인 선교사 세 사람이 포로로 잡혔다는 충격적인 소식이 들려왔다. 나환자 병원에서 일하고 있으므로 자신들은 별 탈이 없을 것이라 안심한 것이 잘못이었다. 의사 아델 비에티, 병원장 아치 미첼, 메노파선교회 직원 댄 거버, 이렇게 세 사람이 총구로 위협을 당하며 정글로 끌려 들어갔고 그 후로는 전혀 이들의 소식을 들을 수 없었다. 세 사람의 행방에 대한 소문이 간간이 떠돌긴 했지만, 납치범들의 손아귀에서 어떤 운명을 맞았는지에 대해서는 아무 소식도 들려오지 않았다.

나환자 시설 습격에서 무사히 살아남은 이들은 베티 미첼과 그녀의 아이들, 그리고 간호사 루스 윌팅이었는데, 습격이 있던 날 루스는 댄 거버와의 결혼을 앞두고 웨딩드레스를 바느질하고 있었다. 이들은 다음 날 아침 근처 닥락 성의 성도 부온마투옷으로 피신해 선교 사역을 계속하면서 날마다 사랑하는 이들의 소식이 들려오기를 기다렸다.

6년 후 부온마투옷에서는 선교사들이 대거 목숨을 잃는 사태가 벌어졌다. 1968년(베트남 사람들이 말하는 원숭이해) 1월 30일 음력 정월 초하룻날, 베트콩들이 선교단지 안으로 들어와 루스 윌팅을 포함해 미국인 선교사 다섯 명과 네 살배기 어린아이를 죽였다. 베티 올센과 행크 블러드는 죽은 이들보다 더 불운했다. 미 국무부 국제개발처 관리 마이크 벤지와 함께 사로잡혀 갔으니 말이다. 이들은 여러 달 동안 말로 다 할 수 없는 고문과 굴욕을 당했고, 그러다가 올센과 블러드는 결국 숨지고 말았다.

베티 올센^{Betty Olsen}은 영웅적 선교사로서의 면모를 갖춘 사람이 아니었다. 전에 베티를 알던 사람들은 여러모로 볼 때 그녀가 과연 선교사 노릇을 잘할지 의구심을 가졌다. 그러나 베트콩의 정월 초하룻날 대공세 당시 그녀는 처음 몇 시간 동안 자기 생명의 위험을 무릅쓰고 부상당한 어린 캐럴린 그리스월드(결국 죽고 말았다)를 돌보았고, 그 뒤 몇 달 동안 가혹한 고통을 당하면서도 신실하게 주변 사람들을 섬겼다.

올센, "단정하게 빗어 넘긴 빨간 머리의 침착한" 여인은 부온마투옷 학살 사건 당시 34세였다.[19] 그녀는 기독교선교연맹에 정식 등록되어 베트남에서 사역한 지 3년이 채 안 된 간호사였다. 선교 사역은 그녀에게 낯설지 않았다. 아프리카에서 선교사의 딸로 자라났고, 인생에서 가장 행복했던 추억 몇 가지도 그곳에서 쌓았다. 그러나 어린 시절은 온통 혼란스럽고 불안하기도 했다. 아주 어릴 때의 기억이라고는 부모님이 온통 선교 사역에만 몰두해 있고 아프리카 교회들을 찾아다니느라 걸핏하면 며칠씩 집을 비우곤 했던 기억뿐이었다. 여덟 살 때부터 매년 8개월씩 타지 학교에서 기숙사 생활을 했는데, 숱한 밤 집을 그리워하며 혼자 울다 잠이 들고는 했다. 올센에게 기숙학교는 유쾌한 경험이 아니었다. 그녀는 규칙에 반기를 들었고 타인과 친한 관계를 맺지 않으려 했다. 그 사람과 헤어질 때 필연적으로 상처받게 될 것이 두려웠던 것이다. 청소년 시절의 불안한 정서는 열 일곱 살 생일 직전 어머니가 암으로 돌아가시면서 더 심해졌다.

올센은 미국에서 고등학교를 마친 뒤 다시 아프리카로 갔지만 여전히 정서적 불안 증세와 씨름하며 아버지의 사랑과 관심을 갈망했다. 그러나 아버지의 관심은 미칠 듯이 분주한 사역 일정과 재혼 계획뿐이었다. 아버지의 재혼 후 올센은 미국으로 돌아가 브룩클린의 한 병원에서 간호사 훈련 과정을 이수한 뒤 나약 선교사 대학에 입학하여 선교사가 될 준비를 했다.

그러나 그 생활에도 진짜 행복은 없었다. 결혼해서 자기 가정을 꾸리고 싶은 마음이 간절했지만 누구하고도 자신이 바라는 그런 관계를 맺을 수가 없었다. 1962년 학교를 졸업한 올센은 자기 자신의 실력으로는 기독교선교연맹에 선교사 후보로 허입될 것 같지 않다고 보고 아프리카로 가서 아버지와 계모 옆에서 나름대로 사역하기로 했다. 그러나 그녀는 마음속 분노를 다스리기가 힘들었고, 그 분노를 안고 일을 하기가 너무 힘들었다. 결국 아버지와 계모는 올센에게 떠나가 주기를 부탁했다.

29세의 올센은 그렇게 해서 미국으로 돌아와 시카고에서 간호사로 일하게 되었다. 신앙생활은 완전히 엉망이었다. 우울증이 깊어져 자살을 생각하기까지 했다. 그러나 교회의 청년 담당 상담사와 면담을 한 뒤 올센은 생각을 새로이 하고 앞으로 나아갈 준비를 했다. 당시 상담사가 빌 고써드[Bill Gothard]였는데, 후에 그는 '청소년의 기본 갈등'이라는 이름으로 알려진 강좌를 개발했다. 내용은 "거의 대부분 베티 올센이 했던 질문을 바탕"으로 하고 있었다.[20]

그리스도인다운 삶의 원리가 절실히 필요한 시기가 있었다면, 벌레들이 들끓는 습하고 더운 정글에서 올센이 베트콩 납치자들의 손아귀에서 정신적·육체적으로 고통을 견뎌 내야 했던 몇 달 동안이 바로 그때였을 것이다. 올센은 한 번에 몇 날 몇 주씩 행크 블러드, 마이크 벤지와 함께 변변찮은 쌀밥 배급만으로 버텨 가며 하루에 20-22km를 행군해야 했다. 세 사람 모두 고열과 오한을 동반하는 뎅기열로 고생했다. 기생충에 의한 피부 질환은 극심한 고통을 안겼다. 올센은 납치될 당시 입고 있던 드레스를 계속 입고 있었는데, 잠시 쉴 틈도 없이 행군하는 사이 십여 마리의 거머리들이 그녀의 맨다리에 달라붙어 피를 빨아 먹었다.

시련이 끔찍하기는 했지만, 올센은 정글에서 죽음의 행군을 하던 그 고통스러운 몇 개월 동안 세 사람 중에서 가장 건강했다. 벤지는 심한 말라리아에 걸려 한 달 이상 정신착란 상태에 빠지기도 했다. 포로생활 처음 몇 달간 가장 고생한 사람은 블러드였다. 세 아이의 아빠인 중년 나이의 블러드는 위클리프 성경번역선교회 소속 번역 선교사로 베트남에서 8년째 사역 중이었는데, 그동안 주로 앉아서 일을 하는 데 익숙했기 때문에 온몸을 탈진시키는 그 행군의 강도와 피로감을 견뎌 내지 못했다. 신장 결석, 고통스러운 부스럼, 그리고 마침내는 폐렴까지 겹친 상태에서 아무 처치도 받지 못한 채 억수같이 쏟아지는 빗속에서 며칠이나 방치된 그는 다섯 달이 넘는 괴로운 포로생활 끝에 7월 중순 결국 숨을 거두었다.

밀림을 헤치며 다닌 지 거의 8개월 무렵인 9월, 올센과 벤지에게도 마지막이 다가오는 것 같았다. "머리는 백발이 되었다. 온몸의 털이 다 빠졌고, 손톱은 더 이상 자라지 않았다. 이도 다 빠지고 잇몸에서는 피가 났다." 모두 영양실조 증상이었다.[21] 올센은 다리가 부어오르기 시작해 걷기가 몹시 힘들었다. 보초들은 빨리 걷기를 재촉했지만 속도를 맞추기 어려웠다. 걷다가 넘어지면 매를 맞았다. 자기를 놔두고 가라고, 밀림 속에서 그냥 죽게 내버려 두라고 애원했지만, 그녀의 울부짖음은 무시되었다. 마지막 며칠 사이의 참상은 필설로 설명할 수가 없다. 이질 때문에 심한 설사를 하던 올센은 "너무 기력이 없어 그물침대에서 일어나지 못했고, 그래서 자기 변을 깔고 뭉갠 채 누워 있을 수밖에 없었다."[22] 벤지가 최선을 다해 간호했지만, 올센의 상태는 악화되기만 했다. 35번째 생일날 그녀는 오물투성이 그물침대에 누워 신음하는 신세였고, 그로부터 이틀 뒤 결국 눈을 감았다.

올센이 사망한 직후 벤지는 전쟁 포로수용소로 이송되어 다른 미국인들과 함께 감금되었다. 날마다 구타를 당하며 거의 1년 가까이 독방에서 지내다가 하노이 힐튼으로 이감되었고, 거기서도 또다시 상당 기간을 독방에 갇혀 지냈다. 1973년 1월, 5년간의 포로생활 끝에 그는 대다수의 전쟁 포로들과 함께 미군 철수 조건으로 석방되었다.

그러나 석방의 환희를 한껏 즐길 수도 없이 그는 행크 블러드와 베티 올센이 고통스러운 포로생활 동안 겪은 끔찍한 일들을 유가족들에게 낱낱이 전해 주느라 또다시 기진맥진했다. 하지만 그의 이야기에는 베트남 정글에서 겪은 악몽 그 이상의 내용이 담겨 있었다. 그는 두 사람이 사심 없이 하나님을 증거하는 말을 통해 자신이 하나님을 신뢰하게 되었다는 것과, 두 사람이 자기 몫의 변변찮은 배급 식량을 숨겨 두었다가 배급이 그보다도 못한 현지인 그리스도인 포로들에게 나누어 주었다는 이야기를 가족들에게 전해 주었다. 한때 분노를 쌓아 두고 살던 젊은 여인 올센에게서 마이크 벤지는 "그가 알아온 사람 중 가장 이타적인 사람"을 보았다. 올센이 보여준 사랑은 그의 이해 범위를 넘어섰다. "그녀는 단 한 번도 증오심이나 원한을 드러내지 않았습니다. 자신을 학대한 사람들을 끝까지 사랑했습니다."[23]

챗 비터맨[1953-1981]   1970년대와 1980년대에는 선교사들을 대상으로 한 테러 행위가 주기적으로 충격파를 안겼다. 테러리스트들은 선교사들이 혁명정부를 전복시킬 음모를 꾸미고 있다거나 미국중앙정보국[CIA] 정보원 노릇을 하고 있다는 혐의를 씌웠다(어떤 경우 이 혐의가 사실일 때도 있었다). 그러나 선교사가 좌익 게릴라들만의 과녁은 아니었다. 라틴아메리카나 그 밖의 지역에서는 선교사들(특히 로마가톨릭 선교사)이 때로 좌익운동과 연관되어 있는 경우가 있었고, 어떤 경우 우익정부 파벌이 선교사들에 대한 테러 행위를 선동하거나 실행하기도 했다. 1980년 엘살바도르에서 메리놀 외방전교회 소속 미국인 수녀 세 사람과 평신도 사역자 한 사람이 죽은 것이 바로 그런 경우였다. 전쟁으로 집과 부모를 잃은 아이들을 돌보는 게 이들이 하는 일이었지만, 한편에서 이들이 반도(叛徒)들을 돕고 있는 것으로 보는 이들이 있었고, 그 결과 이들은 잔혹하게 살해당했다.

　　1981년 12월, 이 수녀들의 사망 1주기를 맞아 가톨릭교회는 라틴아메리카 선교를 진작시키는 의미에서 '순교자의 해'를 지정해 지키기 시작했다. '엘살바도르 4인'뿐만 아니라 라틴아메리카 내전 중에 목숨을 잃은 수많은 선교사들과 평신도 사역자들까지 다 기념의 대상이었다. 그중에 오클라호마 오카치 출신의 붉은 수염 가톨릭 사제 스탠리 로더Stanley Rother, 1935-1981가 있었다. 깍치켈 인디언들을 위해 13년째 사역해 오던 스탠리는 몇 달 전 과테말라 한 마을의 자기 집에서 머리에 총상을 입고 숨진 채 발견되었다. 사람들은 그를 "진짜 행동을 삼가는 유형"으로 여겼고, 그는 그 지역의 가톨릭 사제 중에서도 "가장 보수적인" 사람이었지만,[24] 그럼에도 불구하고 그의 이름이 우익의 공격 대상자 명단에 올랐고, 그렇게 해서 과테말라의 정치적 소용돌이 속에서 아홉 달 사이 목숨을 잃은 아홉 번째 사제가 되었다.

이 시기 라틴아메리카 테러리스트에게 총살당한 개신교 선교사 중 가장 유명한 사람은 쳇 비터맨Chet Bitterman이었다. 하지만 그런 무분별한 폭력 행위에 희생된 사람이 비터맨 하나만은 아니었다. 1981년 9월, 과테말라에서 존 트로여John Troyer가 총에 맞아 숨졌다. 28세의 이 미시간 출신 메노파선교회 선교사는 아내와 다섯 자녀 앞에서 반미 구호를 외치는 일단의 테러리스트들에게 총격을 당해 숨졌다. 그의 동역자 게리 밀러Gary Miller는 가슴에 총을 맞았지만, 시련을 이기고 살아남았다. 무장한 범인들은 자칭 '빈자의 게릴라군'이라고 하는 좌익 그룹인 것으로 나중에 밝혀졌다.

테러 행위는 선교사들을 놀라게 하지 않았다. 이들은 자신들의 사역을 위협하는 이 최신 동향에 대해 잘 알고 있었고, 일부는 이런 일을 당할 경우 어떻게 대응해야 할지에 대해 정책적 결정을 내리기도 했다. 1975년, 위클리프 선교회 사역자들은 표결을 통해 테러리스트들의 요구에 응하지 않기로 결정했다. 이들의 요구를 들어줌으로써 한 사람의 인질은 석방될지 모르나, 그런 행위는 전 세계의 다른 선교사들을 위험에 빠뜨리는 결과를 낳을 뿐이라는 사실을 인식했던 것이다.

그런 정책 발표도 있었고 또 테러리스트들의 요구도 너무 지나쳤기에,

1981년 초 쳇 비터맨이 콜롬비아 테러리스트들에게 납치당해 48일 동안 억류되어 있을 당시 위클리프 성경번역선교회와 하계언어학연구소는 이들의 요구에 굴복하는 것을 고려조차 하지 않았다. 정부와 선교회 관리들이 그의 석방을 위해 백방으로 애를 썼으되, 위클리프 선교회가 콜롬비아를 떠나야 한다는 테러리스트들의 요구에 항복하는 것은 결코 선교회의 선택안이 아니었다.

비터맨은 콜롬비아 선교 현장에 들어온 지 얼마 안되는 신참 선교사로, 1979년 여름 둘째 아이를 임신 중인 아내 브렌다와 함께 부임했다. 그는 여덟 남매 중 맏이로 태어났으며, 이들 남매는 모두 펜실베이니아 랭커스터에서 태어나 자랐다. 고등학교 졸업 후 그는 컬럼비아 성경학교에 입학했고, 1976년 콜롬비아에서 사역하는 위클리프 선교사의 딸 브렌다 가드너^{Brenda Gardner}와 결혼했다. 그는 브렌다를 만나기 전에 이미 선교 언어학자가 되기로 결단한 상태였지만, 언어학이란 게 그에게 그리 쉽게 다가오지는 않았다. 하계언어학연구소에 두 학기 다녔지만, 발전 속도가 너무 느려 실망만 했을 뿐이었다.

비터맨 부부는 처음에 말레이시아에서 선교 언어학자로 사역하기를 바랐지만 위클리프 담당자들은 말레이시아 대신 콜롬비아로 가 주기를 요청했다. 콜롬비아에 일단 들어온 이들은 언어 사역에 참여하고자 하는 과정에서 여러 장애물을 만났다. 서로 다른 세 개의 언어군과 함께 사역을 시작하려다 실패했고, 마침내 카요나어를 쓰는 인디언 마을로 가기로 정리가 되었을 때 쳇의 담낭에 문제가 생겨 보고타에 가서 수술을 받게 되었다.

납치 사건은 쳇이 보고타의 하계언어학연구소 관사에 머물며 수술을 기다리고 있을 때 벌어졌다. 오전 6시 30분 누군가 방문을 두드렸고, 이어 권총과 기관총으로 무장한 테러리스트들이 난입했다. 위클리프 선교사 실비아 릭스^{Sylvia Riggs}는 그때 일에 대해 후에 이렇게 설명했다. 복면을 두른 한 테러리스트가 실비아를 잠에서 깨웠고, "그들은 우리를 모두 거실로 끌어내 방바닥에 엎드리게 한 뒤 손발을 묶고 입에 재갈을 물렸다. 우리는 어른 12명, 아이 다섯 명이었다.……그렇게 엎드려 있으려니 밧줄에 묶인 손목이 아파오기 시작했고 시멘트 바닥의 냉기 때문에 온몸이 덜덜 떨리기 시작했다."[25] 1981년 1월 19일 아침, 그렇게 무력하게 방바닥에 엎드린 채 느껴야 했던, 온몸을 마비시키는 공포를 그 17명의 피해자들은 절대 잊지 못할 터였다. 하지만 그중 16명의 신체적 외상은 오전 8시경 끝났다.

비터맨에게는 악몽이 이제 시작일 뿐이었다. 테러리스트들의 습격이 시작된 직후, 그들이 정말로 원했던 인물은 보고타 하계언어학연구소 사무실 이사 앨 휠러Al Wheeler였던 것으로 드러났다. 잡힌 사람들 중에 그가 없다는 것을 알게 된 테러리스트들은 대신 비터맨을 지목해서 총부리로 위협하며 차에 태웠다. 그리고 그들은 테러의 목적이 무엇인지 아무 단서도 주지 않은 채 한동안 그렇게 차를 몰았다. 그가 왜 납치되었는지 암시해 주는 진짜 단서는 그로부터 나흘 후 테러리스트들이 자신들의 신분을 'M-19'라고 밝히면서 서면으로 요구사항을 알렸을 때 처음으로 드러났다. "하계언어학연구소와 그 사역자 전원이 2월 19일 오후 6시까지 콜롬비아를 떠나지 않을 경우 쳇 비터맨은 처형당할 것이다."[26]

테러리스트들의 요구사항이 일단 알려지자 여러 가지 협상 시도들이 있었고, 그의 목숨만은 살려 달라고 각처에서 탄원이 들어왔다. 가톨릭 사제 가르시아 헤라로스Garcia Herraros는 보고타의 한 신문 1면에 공개편지를 썼다. "성경을 인디언어로 번역하는 숭고한 임무에 자신의 삶을 바친 이 사람을 자유롭게 해줄 것을 납치범들에게 요구하고 싶다. 우리는 개신교도 형제들의 고통에 무심하거나 무관심할 수가 없다. 우리는 그들을 존중하고 존경한다. 그리스도의 사랑을 전하려는 그들의 노고에 감사하는 바이다. 이 고통스러운 때에 우리는 그들과 함께한다."[27]

저들이 정한 기한인 2월 19일이 지나자 모두들 안도감을 느꼈다. 테러리스트들은 자신들의 목표가 무산되었음을 깨달은 것 같았다. 그러나 희미하게 깜박이던 소망의 빛은 실제 상황에 의해 순식간에 꺼져 버리고 말았다. 저들은 시한을 새로 정해 알려 왔고, 상황은 더 고민스러워졌다. 처형이 이미 집행되었다는 소문이 거의 날마다 떠돌았다. 브렌다와 위클리프 선교회 및 언어학연구소 동료들에게는 악몽 같은 시간이었다. 사랑하는 가족과 동료들이 겪는 괴로움에 비하면 당사자인 비터맨의 시련이 오히려 좀 더 견딜 만하지 않았을까 할 정도였다.

48일간 억류되어 있는 동안 쳇은 꽤 좋은 대접을 받았다. 테러리스트들에게 복음을 전하기도 했고, 그들과 더불어 논쟁도 했으며, 함께 체스 게임도 했다. "우리는 친구가 되었다"라고 그는 기록했다. "비록 세상을 서로 상반되는 관점에서 보긴 했지만 우리는 서로를 존중했다."[28] 그러나 쳇과 납치범들 사이에 어떤 우정이 싹텄을지언정, 3월 7일 그의 처형을 유예시키지는 못했다. 총탄은 그의 심장을 관통했고, 그의 시신은 보고타 길거리의 버스 안에서 발견되었다.

쳇의 동생은 사우스캐롤라이나 컬럼비아에서 텔레타이프를 우연히 보다가 형의 죽음을 알게 되었다. 미국 위클리프 선교회의 대표 버니 메이는 캘리포니아 헌팅턴비치에서 장거리전화가 울리는 소리에 잠이 깨었다.……펜실베이니아 랭커스터에 사는 쳇의 부모는 지역신문 기자에게서 소식을 들었다. 그리고 콜롬비아 보고타에서는 근처 가게 주인이 이른 아침의 정적을 깨고 쳇의 집 문을 두드리며 결코 듣고 싶지 않았던 소식을 쳇의 아내에게 전해 주었다. "사람들이 버스 안에서 쳇의 시체를 발견했대요."[29]

쳇 비터맨의 납치와 사망 소식이 널리 알려지면서 비터맨 가족과 위클리프 선교회 및 언어학연구소에는 위로와 지지가 쏟아졌다. 캠 타운센드는 쳇의 빈자리를 메우겠다는 자원자가 200명이 넘는다고 보고했다. 타운센드는 추도예배를 위해 콜롬비아에 왔다가 그곳 분위기에 압도당했다. "온 나라가 다 우리에게 조의를 표하고 있었다. 대통령에서부터 경찰관에 이르기까지 모두들 눈물을 흘리며 조문하는 광경이 놀라웠다."[30]

비터맨 가족은 쳇의 사망 소식을 놀라우리만치 침착하게 받아들였다. 그러나 피할 수 없는 의문은 남았다. 하나님은 그의 시련이 왜 그런 식으로 끝나게 하셨을까? 쳇의 아버지는 이렇게 고백했다. 쳇의 죽음에서 문제는 "우리가 하나님의 뜻을 완전히 잘못 해석했다는 것"이라고.

> 우리는 쳇이 납치범들을 주님께 인도할 것으로 기대해 마지않았다.……우리는 하나님께서 쳇을 풀어 주실 것으로, 그것도 어쩌면 어떤 기적적인 방법으로 풀어 주시어, 선교사 납치가 혁명가 유형의 사람들에게 별 매력 없는 일이 되게 해주실 것으로 기대했다.……하나님은 그래도 하나님이시다. 우리는 그것을 안다. 하지만 언론매체 사람들에게 그 점을 어떻게 인식시킬 수 있을까? 쳇이 석방되면 기자들에게 이렇게 말해 주려고 했었다. "하나님께서 무슨 일을 이루셨는지 봤지요?" 하지만 하나님이 어떤 일을 하실 때 어떻게 세상 사람들이 납득할 만한 방식으로 하시겠는가?……우리는 거의 결론을 내렸다. 우리 친구들 중 구원받지 못한 이들이나 언론매체 사람들에게 쳇의 죽음을 설명할 방도는 없다고. 왜냐하면 해답은 영적인 차원에서 찾아야 하기 때문이다.[31]

윌리엄 도널드 매클루어[1906-1977]   사역 중에 살해당한 선교사들을 보며, 대다수 사람들은 그런 부당하고 때아닌 죽음이 바로 희생적 섬김이라고 정의했다. 그러나 어떤 선교사들은 그런 비통한 죽음까지도 무색하게 만드는 섬김의 삶을 살았다. 윌리엄 도널드 매클루어^{William Donald McClure}의 경우가 바로 그러했다. 그는 아내 라이다와 함께 미국장로교선교회 소속으로 아프리카에서 거의 50년 가까이 사역했다. 그는 1977년, 에티오피아와 소말리아 국경 지역 한 선교기지에서 게릴라 테러리스트들의 총격에 목숨을 잃었다. 전기작가의 말에 따르면 그의 삶은 "섬김의 순례 여정"이었다. "그는 나일 강 유역 수단 하르툼을 중심으로 한 사막 지역에서 출발해 나일 북부 주 평원의 무성한 숲 지대를 건너, 수단 땅 돌레이브 구릉의 소바트 강 유역 슐라족 마을에서부터 아코보의 피보르 강 유역의 아누아크족, 바로 강 유역의 포크워, 길로 강, 아디스아바바, 그리고 마지막으로 에티오피아를 지나 고드 땅 소말리 사람들을 찾아 광활한 오가덴 사막 남쪽 가장자리 웨비세벨레 지역까지 갔다."³²

다른 많은 선교사들처럼 매클루어도 교사·전도자·전략가·농업전문가·외교관·수의사·잡역부를 겸직하는 팔방미인이었다. 하지만 아프리카 사람들이 아는 매클루어는 무엇보다도 "의사 매클루어"였다. 그는 의학을 배운 적도 없고 면허도 없는 내과의로, 그의 진료소에는 주변 수 킬로미터 밖에서도 사람들이 모여들었다. 한번은 "구강암으로 짐작되는 환자 수술"을 앞두고 자신의 역할에 좌절하는 모습을 스스로 한탄했다. "내가 뭔데 그런 수술을 하려고 하며 주님께서는 왜 나 혼자 이 먼 곳에서 그런 일을 하게 하시는가? 나는 그저 2만 5천 아누아크족을 섬기는 '보건소장'일 뿐이다."³³ 그가 의사로서 하는 일은 대개 말라리아나 전염성 눈병 치료, 그 밖의 일상적 처치였다. 아래 편지에서도 잘 나타나 있다시피 그는 그런 일을 하면서도 유머 감각을 잃지 않으려 애썼다.

날이 어두워져서 저녁을 먹기 전 집안 청소를 좀 하려고 하는데 강둑에서 누가 나를 찾더군요. 빗속에서 카누가 또 한 척 나타났고, 이번에는 젊은 아가씨가 핏물 흥건한 바다에 누워 있었어요.……제대로 잘라 내지 않은 탯줄이 문제였어요. 사람들이 아가씨를 배에서 질질 끌어내 벌거벗은 채 바닥에 눕혔을 때 보니 잘리지 않은 탯줄이 뒤로 끌려오더라니까요. 아가씨가 어제 남자 아기를 사산했는데 태반이 떨어져 나오질 않는다더군요.……데리고 들어가 처치를 하려고 쭈그리고 앉아 아가씨를 팔에 안았어요. 들어 올리며 허리를 펴는데 아가씨가 갑자기 내 목을 움켜쥐며 아프다고 비명을 지르더군요. 둘러섰던 여자들 중 하나가 "나왔어요"라고 고함을 칩니다. 감히 말하건대 이런 식으로 태반이 떨어져 나온 건 이것이 유일한 사례가 아닌가 해요.……아가씨는 지금 제 서재에서 곤히 자고 있답니다. 벌써 상태가 아주 좋아진 듯해요.[34]

의료 사역을 하면서도 매클루어는 복음 전하는 일을 소홀히 하지 않았고 이 문제에 대해 단호한 입장을 밝히는 데도 주저함이 없었다. 실제로 그는 미국장로교선교회 소속 동료 선교사들에 대해 아주 비판적이었다. "우리 선교사들은 이곳 하르툼에서 30년 동안 사역해 왔는데, 다른 사람을 기독교 신앙으로 끌어들일 만한 능력을 지닌 뛰어난 회심자가 단 한 명도 없다.……나는 잘못이 우리에게 있다고 확신한다.……사도 바울은 설교했고, 회심시켰으며, 그 다음에 가르쳤다. 반면 우리는 많은 사람을 가르치고, 몇몇 사람에게 설교는 하지만, 회심하는 사람이 하나도 없다."[35]

그러나 복음전도를 강조한다고 해서 마을 공동체의 발전에 관심이 없었던 것은 아니다. "이 사람들 가운데서 우리의 주과제는 이들이 예수 그리스도를 알아 구원에 이르게 하는 것이다. 그러나 그 목표와 나란히, 사회·경제적 생활수준이 향상될 수 있도록 우리는 이들을 가르쳐야 한다."[36] 그는 관개농업을 소개했고 이들이 이때까지 재배하고 있던 열대 수수에 비해 영양 가치가 훨씬 높은 새 작물을 도입했다. 또한 이 작물을 시장에 내다 파는 것도 도와줌으로써 단순히 생계를 이어가는 것 이상으로 생활수준을 높일 수 있게 해주었다. 무엇보다도 그를 흡족하게 만든 것은 슐라 교회였다. "외양간 안으로 사람들을 꽉꽉 밀어 넣었다. 그 외양간은 마을에서 제일 큰 건물이었지만, 모이는 사람들은 점점 많아졌다. 어느 주일 아침엔 마구간이 100명이 넘는 사람들로 빽빽이 들어찼다.……다른 사역지에서는 이미 주일 학교 열 곳이 운영 중이었다.……이 교회는 인근 마을들 가운데서 일어나고 있는 큰 변화의 시작일 뿐이었고, 그 운동은 지금도 성장 중이다."[37]

그의 성공은 회심자에게 "요리문답·사도신경·주기도문·성경구절을 외우라고 해서는 안 된다"는 고집 덕분이기도 했다. 이 점에서 그는 다른 선교사들과 달랐다. "우리 마을에는 그런 지적 훈련을 할 수 있는 사람이 절대 없을 것"이라고 그는 주장했다. "나는 새로운 선례를 세우고 싶다. 나는 슐라 주민들이 그리스도인다운 삶을 살고 싶다는 소망을 내비치고 또 이방신을 섬기는 예배를 진짜 포기했다고 우리에게 확신을 주면 그 즉시 세례를 시행해야 한다고 생각한다."[38]

매클루어는 사람들을 훈련시켜 복음을 전하러 다니게 했으며, 그가 개척한 교회는 영향력 있는 부족 주술사의 거센 반대에도 불구하고 의미 있는 성장을 이루었다. 사실 게릴라들에게 살해당하기 오래전에도 그는 전통 종교의식을 행하는 사람들에게 여러 번 생명을 위협당했다. 그러나 그 위협 앞에서도 그는 뒷걸음질 치지 않았다. 한번은 마을 주술사의 엉터리 처치 때문에 그의 환자 한 사람이 거의 죽을 뻔한 일이 있었는데, 이때 그는 "그 주술사를 찾아내서 사람들 보는 앞에서 호되게 꾸짖어 줘야겠다"고 생각했다. 그러나 "격한 분노가 가라앉은 뒤" 그는 마음이 바뀌었다. 다만, 두려움에 사로잡힌 사람들에게 복음을 전해 주는 게 시급하다고 생각했다. 왜냐하면 "슐라 사람들 중에는 그리스도인이 되고 싶어도 주술사의 저주가 두려워 그러지 못하는 이들이 많기 때문"이었다. "주술사가 이 사람들에게 어느 정도의 권세를 부리는지는 외국인의 눈에 이해가 안 될 정도"였다. 그러므로 갓 그리스도인이 된 라 아몰레커가 어느 날 주술사를 교회로 데려온 것은 엄청난 사건이었다. "오늘 마을 사람 수백 명이 교회로 모여들었다. 예배당 안이 차고 넘쳐서 많은 이들이 밖에 서 있어야 했다.······갑자기 사람들이 웅성거리며 흥분하기 시작했다. 예배당 뒤편에서부터 길이 열리며 라 아몰레커와 함께 이 나라 전체에서 가장 유명하고 사람들이 가장 두려워하는 주술사 카이미베크가 나타났다. 그는 40년 동안 우리 선교회의 적이었다.······아몰레커는 카이미베크를 주 예수 그리스도를 아는 지식으로 점차 이끌었다."[39]

매클루어는 주술사뿐만 아니라 황제까지도 외교적으로 만나 복음을 전했다. 에티오피아 황제 하일레 셀라시에는 매클루어에게 새로운 사역 기회를 열어 주었다. 그러나 매클루어가 에티오피아 왕궁에서 맺은 우정은 60년 치세 끝에 황제가 군사정부에게 폐위당하면서 끝이 났다. 그런 권력의 진공상태 탓에 결국 매클루어는 비행기 편으로 그 지역에서 철수하려는 계획이 성사되기 직전 게릴라의 총격으로 죽음을 맞기에 이르렀다. 조금 떨어진 지역에서 역시 선교사로 사역하고 있던 그의 아들 던은 비보를 듣고 생명의 위험을 무릅쓰고 달려와 아버지의 시신을 매장했다. 아프리카, 아버지가 그토록 사랑하던 땅에.

16

제3세계의 선교
: 신생 교회들의 약진

한국 그리스도인들은 자국민을 복음화하고 대양 건너 타국인들까지 전도한다. 이것은 전 세계에서 수십 년 동안 계속되었고 지금도 되풀이되고 있는 시나리오다. 서양 선교사 시대는 끝나지 않았지만, 세계 복음화 과업은 이제 서방세계 밖의 그리스도인들에 의해 대거 이행되고 있다. 역사적으로 서양 선교사들은 현지인 회심자들의 사역 보조자 역할에 크게 의존했는데, 20세기에 '신생 교회들'이 성년에 이르면서 상황이 반전되어 선교지 교회 지도자들의 청을 받아 서양 선교사들이 보조자 역할을 하게 되었다.

세계 각처의 선교 지도자들은 이러한 역할 전환을 강조해 왔다. 인도복음선교회IEM 회장 시어도어 윌리엄스Theodore Williams가 1978년 아시아인의 관점에서 관측한 말을 빌리자면, 아시아 · 아프리카 · 라틴아메리카에서 현지인 선교사 운동이 일어나는 것은 "우리가 선교 역사상 아주 흥미진진한 시대에 돌입해 있음"을 보여주는 "의미 있는 발전"이다. 계속해서 그는 "제3세계의 선교가 이제 막 시작되었음"을 인정했다.[1]

윌리엄스가 '제3세계의 선교'라는 말을 사용한 이후 이 용어는 수십 년에 걸쳐 쓰임새가 변화해 왔다. 최대 발행부수의 한 시사잡지는 1975년, 경제 영역에서 "가지지 못한" 나라, 아직 미개발되어 "다른 두 세계, 곧 공산주의 세계와 비공산주의 세계의 선진국가들과 이해관계가 상충되는" 나라를 뜻하는 말로 이 표현을 사용했다.[2] 좀 더 최근에는 이른바 서방세계 밖의 영역을 나타내는 말로 '2/3세계'(과거 서방세계를 제외한 나라들을 가리키며, 이들 국가의 영토와 인구가 전 세계 2/3를 점유하고 있다는 의미)라는 용어가 선교계에서 사용되어 왔다.

비서방세계라고 해서 모두 다 저개발국가이거나 경제적으로 빈곤한 나라는 아니지만, 이 지역 교회들은 평균적으로 서방 교회들에 비해 재정 자원이 훨씬 빈약하다. 윌리엄스의 말에 따르면, "2/3세계의 선교는 빈곤이라는 정황 안에서의 선교"다.[3] 하지만 윌리엄스를 비롯한 여러 사람들은 주장한다. 빈곤에도 불구하고 선교는 이 지역의 의무라고. 루이스 부시^{Luis Bush}는 1990년도의 선교 현장을 관측하고 이렇게 말했다.

2/3세계 출신 선교사? 몇 년 전만 해도 그런 건 생각할 수도 없는 개념이었다. 하지만 지금은 다르다! 오늘날 급속히 성장하고 있는 2/3세계 선교사 진영이 야말로 세계 복음화의 가장 주목할 만한 요소다.……이 필수 자원은 전 세계에 복음을 가지고 나아갈 수 있는 잠재력을 지녔다. 그 결과가 어떠할지는 감히 예측할 수 없다. 그러나 적절한 재정 지원이 뒤따르지 않는 한, 기회는 통째로 유실될 것이다.[4]

루이스 부시 자신도 이문화 선교에서 비서방 교회의 역할을 확장시킨 핵심 인물이다. 그는 아르헨티나에서 영국인 사업가의 아들로 태어나 그 후 가족과 함께 브라질로 이주했다. 아버지처럼 그도 사업가의 길을 걷다가 어느 날 인생 경로가 완전히 바뀌었다. 텍사스의 신학교에 진학하여 신학을 공부한 그는 졸업 후 아내와 함께 산살바도르로 가서 나자레트 교회 목사로 시무했다. 선교를 중시했던 이 교회는 그 후 7년 사이 교인 수천여 명 교회로 성장하여 약 40여 명의 선교사를 후원하고 일곱 개의 자매 교회를 개척했다. 그 후 1986년 그는 국제협력선교회^{PI}의 요청을 수락하여 이 단체의 회장이 되었으며, 이 단체는 서방 교회와 개별 신자들을 지금까지 50개 나라 약 70여 개 토착 선교회와 결연시켰다. 또한 이 시기에 그는 라틴아메리카 출신 교회 지도자들을 위한 자문기관 코미밤^{COMIBAM}과도 밀접한 관계를 맺으며 일했다.

1989년 마닐라에서 열린 제2차 로잔대회 때 아시아와 아프리카 지역 북위 10도에서 40도 사이에 '미전도 종족' 대다수가 살고 있는 사각형 지대를 지칭하는 말로 '10/40 창'^{10/40 Window}이라는 말을 만들어 낸 것도 부시였다. 근래에 부시는 '기독교 21세기 운동'의 책임을 맡아 "주후 2000년까지 모든 민족에게 교회를, 모든 사람에게 복음을"이라는 목표로 일하고 있다.

지칠 줄 모르는 이런 활동을 통해 부시는 서방세계와 비서방세계 모두와 긴밀히 연대하는 가운데, 두 세계가 협력관계를 맺고 선교 사역에 나설 수 있도록 애쓰고 있다. 그는 자신의 모국에 대해 말하기를 "선교사를 보내고자 하는 그 모든 꿈에도 불구하고 아르헨티나가 직면하고 있는 경제적 현실이 대단히 힘들다"고 안타까워했다. 아르헨티나는 거액의 국가부채와 걷잡을 수 없는 인플레이션으로 경제의 활력이 고갈되었다. 이웃한 브라질도 비슷한 문제에 봉착해 있고, 대다수의 2/3세계 국가들도 마찬가지 형편이다. 그래서 그는 이 시대와 앞으로의 선교 세대를 위해 협력관계가 꼭 필요하다고 주장한다.

서방세계에서 선교 사역을 위해 조성한 기금은 대개 서양 선교사들을 후원하는 데 쓰인다. 바로 이 사실 때문에 시애틀의 척추신경 전문의 N. A. 제프슨Jepson 박사는 현지인 그리스도인 후원을 목표로 1943년 CNEC(국제협력선교회로 개명)를 만들었다. 초기에는 중국인들만으로 후원이 제한되어 있었지만, 1982년 무렵에는 36개국의 1,000명이 넘는 현지인 그리스도인들에게 도움의 손길을 펼쳤다.

그와 같은 현지인 그리스도인 지도자 중에 인도의 고위 카스트인 브라만 사제의 아들 아난드 차우드하리Anand Chaudhari가 있다. 그는 회심 후 고아의 집을 떠나 라자스탄으로 갔다. 사실상 기독교가 전혀 전해지지 않은 지역에 복음을 전하기 위해서였다. 수십 년 동안 지칠 줄 모르고 수고한 덕분에 수천여 명의 인도인들이 기독교 신앙을 갖게 되었다. 그는 그곳에 라자스탄 성경학교를 설립하는 한편 인도 전역에서 들을 수 있는, 일주일에 한 번 하는 라디오 방송을 시작했다. 1978년에는 30명가량의 전도자들로 팀을 만들어 인도 땅에 기독교 문서를 배포하는 일을 시작했고, 이를 계기로 6만 명이 넘는 인도인들이 성경 통신과정을 신청했다.

차우드하리는 타고난 배경 덕분에 고위 카스트 힌두교도들과 쉽게 교통할 수 있었다. 힌두교도였다가 그리스도인이 된 사람 중에 신분 높은 정치학 교수이자 저술가가 한 사람 있었는데, 처음에 그는 자신의 회심 사실을 비밀로 했다. 차우드하리는 그의 두려움을 이해했다. 자기 자신도 회심 후 본가를 찾아가 그 사실을 털어놓는 게 얼마나 고통스러운 시련이었는지 그는 또렷이 기억하고 있었다. 가족들은 차라리 그가 죽었으면 했다. 그런데 그가 본가에 다녀오고 나서 얼마 안되어 힌두교 축제 기간 중 수백여 명의 사람이 코끼리떼에 짓밟혀 사망했는데 그중에 그의 가족이 있었다는 소식이 들려왔다. 가족들이 한꺼번에 세상을 떠난 후 힘든 시기를 그가 잘 이겨낼 수 있었던 것은 오로지 기독교 신앙 덕분이었으며, 이렇게 자신의 신앙을 증거하는 모습은 주변의 힌두교도들을 감동시키기에 충분했다.

필리핀에서 국제협력선교회가 지원하는 필리핀 선교협회는 수백 명의 선교사를 후원하는 지역 단체로, 후원 선교사 다수가 1961년에 창설된 필리핀 선교학교PMI에서 훈련받았다. 국제협력선교회는 그런 선교단체를 지원하는 활동을 통해 가능한 한 가장 효과적인 수단으로 세계 선교라는 목표에 이바지했다. 자국인 선교사는 외국인 선교사에 비해 비용 면에서 훨씬 효율적이다. 자국민은 언어와 문화 장벽도 없고 나라의 문호가 폐쇄되어 사역에 지장을 받을 일도 없다. 국제협력선교회의 재정 지원은, 자국에서 이미 효과적으로 운영되고 있고 또 자국민들에게 후원받고 있는 사역을 보완할 뿐이라는 사실을 생각할 때, 이 지원이 현지인들의 "버릇을 잘못 들이고" 있으며 자국인 선교사를 후원할 특권을 앗아간다는 비난은 설득력이 없다. 필리핀 선교협회가 주로 필리핀 사람들에게 후원받고 있는 사례를 보면 잘 알 수 있다.

부시는 서양 선교사들이 아직은 필요하다고 주장한다. 비록 일부 지역에서 북미 선교사들의 존재가 현지인들에게 불쾌감을 주고 있다는 것, "다른 나라 선교사들이 더 능력이 뛰어난 경우가 많다"는 것을 인정하기는 하지만 말이다. 그는 2003년의 한 인터뷰에서 "미국 그리스도인은 협력자이자 섬김이 역할의 비중을 점점 높여 가며 현지인들을 지원하는 것으로 계속 변화해 가고 있다"고 말했다.[5]

협력자 관계partnership와 섬김이 역할servanthood은 이문화 선교에서 복잡한 쟁점이 되어 왔다. 부시는 "돈이 선교의 주 관심사가 되어서는 안 된다"고 주장하지만, 돈은 여전히 위세를 부리고 있고, 20세기에 그 돈은 주로 북미에서 나왔다. 21세기로 들어가는 마당에도 그 상황은 달라지지 않았다. 그런데 교회의 급속한 성장과 영적 지도력은 2/3세계로 이동해 가고 있었다. 선교와 전도 영역에서 의미 있는 역할을 한 영향력 있는 그 지역의 기독교 지도자는 너무 수가 많아 일일이 지목할 수 없을 정도지만, 이들의 이름은 전 세계에 알려져 있다. 1934년 아르헨티나에서 태어난 루이스 팔라우Luis Palau는 세계 제일의 복음 전도자로 널리 인정받는다. 그는 대도시에서 대규모 전도집회를 여는 것으로 주로 많이 알려져 있지만, 라디오와 출판 사역은 물론 교회 개척에도 중점을 두고 있다.

남아프리카 출신으로는 데즈먼드 투투Desmond Tutu의 이름이 세계적으로 알려져 있다. 인종차별 정책을 종식시키는 데 중추적 역할을 한 그의 이름은 기독교 지도자란 어떠해야 하는지를 보여주는 하나의 기념비로 우뚝 서 있다. 우간다에서는 페스토 키벤제레Festo Kivengere가 위대한 신앙부흥의 시기를 통해 전쟁으로 갈가리 찢긴 나라가 평화를 되찾는 데 도움을 준 위대한 성공회 주교로 기억된다. 중국에서는 조나단 차오(趙天恩) 같은 선교 지도자들이 고국은 물론 서방세계에까지 큰 영향을 끼치고 있다. 지난 세대 2/3세계 출신의 위대한 선교사들과 선교 지도자들이 남긴 유산에서 이들을 비롯한 수많은 인물들이 배출되었다.

판디타 라마바이[1858-1922]　　　　아시아와 지구촌 그 밖의 지역에 기독
교 신앙이 뿌리를 내리자 서양 선교
사들이 전해준 것과는 매우 다른 인생관을 지닌 사람들이 이 신앙을 삶으로
구현하기 시작했다. 그러다 보니 서양과 동양 사이에 종종 갈등이 빚어졌고,
그와 동시에 좀 더 진정성 있고 문화적 감수성이 있는 그런 형태의 복음을
위한 길이 열렸다. 현지 회심자들이 서구화되려고 함에 따라 위와 같은 차
이점들이 부인될 때도 있었지만, 또 어떤 경우 고통스러운 개인적 논쟁 가
운데 그 차이가 모습을 드러내기도 했다. 판디타 라마바이[Pandita Ramabai]와 제럴
딘 수녀[Sister Geraldine]의 경우가 바로 그러했다.

　　라마바이는 1858년 고위 카스트 브라만 학자의 딸로 태어났다. 라마바
이의 아버지는 여자인 자기 아내와 딸도 자신이 누렸던 교육 기회를 동등하
게 누려야 한다고 생각하는 사람이었다. 그래서 라마바이는 일곱 살 때부터
산스크리트어를 배우기 시작했고, 열 두 살 무렵에는 수많은 고전 경구들을
외울 수 있게 되었다. 그러나 라마바이가 아직 어린아이였을 때 아버지는
가진 재산을 모두 잃고 영적 순례를 하기 시작했다. 하나님을 치열하게 추
구하기 시작한 것이다. 부모가 세상을 떠나자 라마바이는 아버지가 남긴 영
향과 영적 유산에 감사하며 오빠와 함께 구도의 길에 나섰다. "나는 여성 교
육을 옹호한 탓에 엄청난 고난을 겪어야 했던 사람의 딸"이라고 그녀는 말
했다. "나는 내 삶이 다하는 날까지 여성 교육이라는 목표를 유지하고 이 땅
에서 여성들이 제대로 대접받을 수 있도록 여성의 지위를 옹호하는 것이 내
의무라고 생각한다."[6]

　　부모가 시작한 영적 순례를 계속 이어 나가면서 라마바이는 자신의 영
적 유산과 관련하여 많은 것을 깨달았다. 그런데 이 깨달음이 그녀를 괴롭
혔다. 힌두교 신앙은 이랬다저랬다 하고 앞뒤가 맞지 않았지만, 한 가지 문
제에 있어서만은 일관성이 있다는 것이 라마바이의 주장이었다. "신분이 높

든 낮든 여자라는 부류는 나쁘고, 아주 나쁘고, 마귀보다 더 나쁘며, 거짓만큼이나 부정하다". 그리고 여자가 업^{karma}에서 벗어날 수 있는 유일한 희망은 "자기 남편을 경배하는 것"이다. 남자가 "여자의 신"이라는 것이다.[7]

힌두교를 개혁하기로 마음먹은 라마바이는 16세의 나이로 여성 교육에 관해 강의를 하기 시작했다. 그녀의 명성은 순식간에 퍼져 나갔다. 몇 년이 채 지나지 않아 라마바이는 "화제의 인물이 되었고, 전국 각처의 신문들이 그녀의 업적을 떠들썩하게 알렸다." 존 시맨즈$^{John\ Seamands}$는 라마바이가 "가장 순결한 브라만 태생의 여인으로, 20세의 미혼에, 아름답고 학구적이었다"고 말한다. 그녀는 6개 언어를 구사했고, 전국의 유명 학자들과도 거침없이 대화를 나누었다.[8]

오빠가 세상을 떠난 뒤 그녀는 한 변호사와 결혼했다. 그러나 그는 수드라 계급의 남자로, 많은 사람들이 보기에 이 결혼은 라마바이 자신의 명예를 더럽히는 결혼이었다. 더구나 결혼한 지 얼마 되지 않아 과부가 되자 주변 사람들은 그녀가 더 큰 치욕을 당했다고 여겼다. 하지만 라마바이는 이에 아랑곳 않고 강연 활동을 계속하는 한편, 아동 결혼을 금하고 여성 교육을 진작시킬 목적으로 아리안 여성회를 만들었다.

이 시기에 라마바이는 그리스도인들을 접하게 되는데, 이들의 영향에다 또 그녀 자신도 공부를 더 하고 싶은 마음이 있어서 영국행을 결정했다. 출국 전 라마바이는 절대 기독교로 개종하지는 않을 것이라고 친구들 앞에서 맹세했다. 그러나 영국에 머무는 동안 성공회 수녀들과 친하게 되었고, 이들은 라마바이에게 성경을 읽어 볼 것을 권유했다. 그리고 제럴딘 수녀의 권유를 통해 그녀는 신앙을 고백하고 세례를 받아 영국국교회 교인이 되었다. 그러나 인도인으로서 그녀는 이 교파 이름이 불쾌하게 여겨졌다. 실제로 라마바이는 자신이 인도의 전통을 배신하는 것이 아닐까 두려워했으며, 이 두려움은 제럴딘 수녀에게 보낸 아래 편지에 잘 드러나 있다.

제가 그리스도의 교회 일원인 것은 사실이지만, 사제나 주교의 입에서 나오는 모든 말 한마디 한마디를 다 받아들일 의무는 없습니다.……저는 무진 애를 쓴 끝에 인도의 사제 지파의 멍에에서 이제 막 벗어났습니다. 그래서 현재로서는 사제의 입에서 나오는 모든 말을 지존하신 분의 권위 있는 명령으로 받아들임으로써 과거와 비슷한 또 하나의 멍에를 맬 생각이 없습니다.⁹

제럴딘 수녀는 라마바이의 독립적 정신과 성공회 교리에 의문을 품는 자세 때문에 고민이었다. "제가 세례를 받기까지 수녀님이 큰 역할을 하셨는데 저로 인해 혹 그게 잘못이 아니었나 생각하게 되셨다면 유감입니다." 라마바이는 제럴딘 수녀에게 솔직하게 말했다. "수녀님의 교회가 아타나시우스 신경에 대해 아무것도 의심하지 말고 완벽한 믿음을 지닐 것을 요구하는 줄을 알았더라면, 그래서 세례받은 후에는 더 이상 배울 것도 없고 성경을 파고들어 연구할 것도 없게 된다는 것을 미리 알았더라면 좋았을 텐데요." 제럴딘 수녀는 힌두교의 전통을 완전히 깨고 나올 것을 종용하면서, 라마바이가 달걀로 만든 푸딩을 먹지 않으려 하는 것은 그리스도인이 되었을 때 "바람 속으로 던져 버렸어야 할 계급제도의 편견에 아직도 매달려" 있음을 보여준다고 주장했다. 그러자 라마바이는 이렇게 격하게 되받아쳤다.

원하신다면 파이와 푸딩에 대한 제 교만함이 언제부터 시작됐는지 추적해 보셔도 좋습니다.……고백하건대 저는 계급제도의 편견에서 완전히 자유롭지 못합니다. 제 행동을 그렇게 칭하고 싶으시면요.……어떤 영국 여자가 힌두교도들 사이에서 한동안 살게 되었다고 해봅시다. 그런데 자신의 관습이 이웃들에게 해가 되지도 않고 이웃들을 위해 꼭 그래야 할 필요도 없어서 그 관습을 바꾸지 않는다고 할 때, 그런 이유로 만일 교만하다거나 편견에 사로잡혀 있다는 말을 듣는다면 기분이 어떨까요?¹⁰

라마바이가 힌두교 전통을 완전히 벗어 버리려 하지 않는 것은 많은 선교사들과 서양 그리스도인들에게 큰 관심사였다. 그녀가 자신을 일컬어 힌두 그리스도인이라 하기를 고집하는 것이 특히 더 그랬다. 라마바이는 힌두교도들과 여전히 가까이 지내며 우정을 유지했고 힌두교 행사에서 강연도 했다. 그리고 여전히 힌두교 경전을 읽었다. 라마바이는 여성 교육 관련 문제들을 보는 관점도 아주 독자적이어서, 사방에서 비판의 표적이 되었다. 그래도 그녀는 소신을 굽히지 않았다. "나는 내 머리 위에 쏟아지는 대중들의 분노 이야기를 들으며 정말 기분 좋은 시간을 보낸다."[11]

라마바이가 비난을 받은 구체적 이유 중 하나는, 자신의 학교에서 카스트 제도의 규칙을 용납하고 성경 읽는 것뿐만 아니라 힌두교 경전 읽는 것을 허용하는 관용적인 학교 운영방침 때문이었다. 그러나 라마바이를 적대하는 이는 그리스도인들만이 아니었다. 힌두교도들은 그녀가 일부 학생들에게 기독교 세례를 받으라고 권유했다는 소식에 분개했다. 항의가 얼마나 거센지 여학생 20명이 퇴학당할 정도였다. 그러나 라마바이는 교육 사역을 계속해 나갔다. 대상은 주로 고아와 소녀 과부들이었다.

이 시기에 라마바이는 전도 사역에도 관여했다. 전도에 대한 영감은 여러 인물들의 전기에서 얻었다. 후에 그녀는 이렇게 고백했다.

약 12년 전쯤, 감동적인 책들을 읽었다. 『중국내지선교회 이야기』, 『조지 뮬러의 기도의 응답』, 뉴헤브리디스선교회 창설자 『존 G. 페이턴의 삶』이 바로 그 책인데, 허드슨 테일러 선생, 뮬러 선생, 페이턴 선생, 이 세 위인들의 인생 경험에 깊은 감명을 받았다. 세 사람 모두 각각 몇 년 사이에 차례로 주님 품으로 갔다. 이들의 삶을 책으로 읽고 과연 인도에서도 다른 나라에서처럼 주님을 믿는 게 가능할까 하는 의문이 들었다. 그리고 이 나라에도 선교회가 생겨서 주님의 신실하심과 성경이 하는 말의 진실성을 아주 실제적인 방식으로 그 백성들에게 보여주는 증거가 되어 주었으면 정말 좋겠다는 생각을 했다. 마음속으로, 선교사들이 왜 우리나라에는 믿음선교 단체를 만들러 오지 않았을까를 묻고 또 물었다. 그때 주님께서 내게 말씀하셨다. "남이 하기를 바랄 게 아니라 네가 직접 시작해 보지 그러느냐?"[12]

시간이 흐르면서 라마바이는 학교도 넓히고 고아원도 열고 "타락한 소녀들"을 위한 구제소도 만들었다. 한때는 40만m² 넓이의 농장을 포함해 여러 지역에 위치한 구제소에서 거의 2,000여 명의 소녀들을 수용할 정도였다. 기근과 궁핍에 시달릴 때도 많았지만, 무크티Mukti 선교회는 사역을 계속 이어 나갔다. 라마바이는 1900년 혹심한 가뭄이 들었을 때 하나님께서 선교회를 돌보시사 지탱시켜 주셨다고 기록한다.

큰 우물 두 곳이 바짝 말랐고, 다른 우물 두 곳도 물이 얼마 남지 않았다. 우리에게 물을 달라고 많은 친구들이 하나님께 기도하고 있었다. 그리고 하나님은 그 기도를 들어주셨다. 채소밭에까지 줄 물은 없지만 하나님은 우리가 먹을 물은 주셨다. 1,900명이 넘는 인원, 게다가 100여 마리의 소떼가 다 먹으려면 엄청난 양의 물이 필요했다. 우물물은 그날그날 다 사용했다. 저녁마다 바닥이 보였다.……그런데 아침에 일어나 보면 우물마다 신선한 물이 고여 있었다. 그리고 하루 종일 마르지 않았다.[13]

라마바이는 1905년 무크티 선교회에서 신앙부흥이 일어난 뒤 전 세계로 이름이 알려지게 되었으며, 이 신앙부흥은 널리 알려진 또 하나의 신앙부흥에 불을 붙였다. 콜린 멜버른Colin Melbourne 은 그에 대해 이렇게 기록한다.

판디타는 무크티와 그 밖의 지역에서 일어난 이 주목할 만한 신앙부흥에 관해 대체적으로 삼가는 자세를 보인다. 그녀는 1904년에 일어난 웨일스 신앙부흥 뉴스에 고무받아 그녀가 언급한 기도 모임을 시작했다. 영국에서 매년 열리는 케직 사경회에 기도 후원을 요청했고, 기도하는 여학생과 여성들이 징조와 기이한 일, 방언과 기적, 환상과 깊은 회개가 뒤따르는 성령 충만한 순수 신앙부흥에 불을 붙였고, 그리하여 1905년에서 1907년 사이에 수많은 사람들이 회심했다.……1904년 웨일스와 1905년 무크티 신앙부흥에 성령이 부어졌다는 소식을 듣고 미국 로스앤젤레스 아주사 스트리트의 신자들도 성령 세례를 받고자 했다. 그리하여 이들 또한 1906년에 오순절 체험을 했다. 이 부흥운동의 지도자 중 한 사람인 프랭크 바틀맨은 "웨일스라는 작은 요람 속에서 조용히 흔들리던 신앙부흥이"……인도 땅에서 "자라나" 아주사 스트리트에서 "완전히 성인"이 되었다고 선언했다.[14]

라마바이는 서양 선교사와 현지 교회 책임자의 역할을 반전시켜 서양 선교사를 자신의 보조자로 일하게 했던 최초의 비서양 출신 선교회 지도자일 것이다. 미네소타 출신 감리교도 미니 에이브럼스Minnie Abrams는 인도에서 10년 이상 사역하다가 무크티 선교회의 행정 보좌역이 되었다. 이들의 사역은 서로를 보완해 주었고, 그리하여 주목할 만한 결과를 이루어 냈다. 게리 맥기Gary McGee는 이렇게 기록한다. "무크티에 '불이 떨어진' 1905년의 신앙부흥 직후 에이브럼스를 비롯해 선교회 소속 젊은 여성들로 구성된 '기도단'은 이 부흥의 열기를 여러 다양한 사역에 전달했다. 각각 15명으로 구성된 48개 기도단이 일주일에 두 번씩 주변 농촌 마을로 나가 설교했다. 무크티는 10만 여성 전도단 결성을 준비하면서 나름대로 역할을 하고자 했다."[15]

라마바이의 그 모든 사역 중에서 가장 도전적이었던 일은 성경을 자기 고향 방언 마라티어로 번역하는 것이었다. 마라티어 역본이 이미 나와 있었지만 문체가 딱딱하고 진부했다. 그래서 그녀는 자신이 그토록 사랑하는 이 책의 능력과 인격적 역동성을 포착하여 새 역본을 만들기로 했다. "순수하되 단순한 마라티어를 사용하여 평범한 마을 주민도 읽고 이해할 수 있는 그런 역본을 만드는 것이 라마바이의 목표였다." 헬라어와 히브리어 공부를 마친 라마바이는 거의 15년 동안 날마다 이 일에 시간을 할애한 끝에 마침내 대과업을 완수했다. 1922년 그녀가 세상을 떠나기 겨우 몇 달 전의 일이었다.[16]

선교 사역에 삶을 바친 인도 그리스도인은 라마바이 말고도 많다. V. S. 아자리아[Azariah, 1874-1945]는 1909년, 인도인으로서는 최초로 성공회 주교로 임명받았다. 하지만 그보다 그는 인도와 그 밖의 지역에서의 현지인 선교 사역에 대한 열정으로 아마 더 잘 기억될 것이다. 그는 "남아시아에서 일반 대중의 회심 운동을 지휘하여 가장 크게 성공한 지도자"였다고 수전 빌링턴 하퍼[Susan Billington Harper]는 기록한다. "20세기 초……그는 인도에서 기독교 선교사로 일할 인도 사람을 적극적으로 발굴"하여 "조국을 복음화하자고 동포들에게 더욱더 끈덕지게" 도전을 던졌다.[17]

또 한 사람의 인도인 선교 지도자 이야기는 1908년, 웨일스 출신의 왓킨 로버츠[Watkin Roberts, 1886-1969]가 인도 마니푸르 주의 흐마르족에게 복음을 전하러 왔을 때 시작되었다. 로버츠는 인도에 도착한 지 겨우 닷새 만에 정부 당국의 지시로 인도를 떠나야 했지만, 그 닷새 동안 다섯 명의 회심자를 만들어 냈다. 그중 한 사람 차웅가[Chawnga]는 로버츠를 따라와 그의 제자가 되었다. 차웅가는 요한복음을 다 외워서 고향 마을로 돌아와 사람들에게 전해 주었고, 이를 듣고 많은 이들이 그리스도인이 되었다. 하지만 이들 부족에게는 자기 말로 된 성경이 없었고, 이에 차웅가는 다짐했다. 당시 열 살인 자신의 아들이 언젠가는 하나님의 말씀을 흐마르어로 번역하는 과업을 완수하게 될 것이라고 말이다.

그로부터 수십 년 후 그의 아들 로충가 푸다이트[Rochunga Pudaite]는 신약성경을 흐마르어로 번역했을 뿐만 아니라 약 300여 개의 교회에 4만 명 이상의 신자와 병원, 열두 곳의 마을학교, 네 곳의 고등학교가 소속된 한 복음주의 교단의 수장이 되었다. 그의 영향력은 흐마르족 너머로까지 미쳤다. 1971년, 그의 이상은 인도 전역으로, 그리고 온 세상으로 확장되었다. 인도와 그 밖의 지역 전화번호부에 이름이 올라 있는 사람 모두에게 복음을 전하는 것을 목표로 세계성경반포선교회^{BFW}라는 단체를 설립한 것이다. 그때 이후 1,400만 부가 넘는 신약성경이 100여 개 나라의 수많은 사람들에게 우편으로 발송되었고, 이를 지원하기 위해 드라마와 이야기 그리고 개인 인터뷰의 형식으로 복음의 메시지를 전하는 짤막한 라디오 프로그램도 제작하여 방송했다. 인도 북동부의 정글 부족 출신으로 세상을 무대로 하는 선교 행정가가 되기까지 푸다이트의 인생 여정은 인도 어린이 합창단이 노래하는 "인간 사냥꾼에서 마음 사냥꾼으로"라는 뮤지컬로 만들어지기도 했다.

아시아복음선교회^{GFA} 창립자 K. P. 요하난^{Yohannan}도 인도와 세계 선교에 의미 있는 발자취를 남겼다. 남인도 외딴 마을의 가난한 집안에서 태어난 그는 자신이 영적으로 발전하고 선교 사역으로 부름받은 것은 다 어머니의 기도 덕분이라고 말한다. 어렸을 때 그는 너무 수줍음을 많이 타고 소심해서 "수업 중 선생님이 글을 낭송하라고 할 때도 몸을 떨" 정도였다. 그러나 OM선교회의 조지 버워가 전하는 강력한 도전의 말을 들은 후 그는 하나님께서 자신이 인도인들에게 복음을 전하는 일에 인생을 바칠 것을 원하신다고 확신하게 되었다.

1978년, 성경연구 과정을 마치고 목회자로 시무하던 요하난은 후에 아시아복음선교회가 되는 선교단체를 창립했고, 이 단체는 이후 4반세기 동안 2만 개 이상의 교회와 선교기지를 개척하고 12곳의 성경학교에서 수천 명의 복음 전도자들을 배출했다. 그러나 요하난은 2/3세계 복음화 과업은 서방세계를 포함해 온 세상이 이행해야 할 의무라고 믿었다. 자신의 저서 『다가오는 세계선교의 혁명』*The Coming Revolution in World Mission*에서 그는 개발도상국가의 그리스도인 노동자들을 경제적으로 도울 수 있는 특권에 동참하라고 서방의 그리스도인들에게 강력한 도전을 던졌다.

윌리엄 웨이드 해리스[1860-1929]

그는 "마치 서아프리카 하늘을 가르는 유성처럼 번쩍였다." 예언자로 알려진 윌리엄 웨이드 해리스[William Wadé Harris]를 가리켜 한 서양 선교사는 "아프리카에서 가장 큰 성공을 거둔 복음전도자로, 그가 단 몇 달 만에 모아들인 회심자 수는 니아살랜드(오늘날의 말라위)에서 활동한 모든 선교사들이 50년 동안 일궈낸 총 교인 수를 능가한다"고 했다. 그는 2년이 채 안되는 사역 기간 동안 10만 명이 넘는 아프리카인들에게 세례를 주었다. 자신의 추종자들에게 도전을 던져 "성경을 들고 다니는 이 흰옷 입은 사람"에게 신앙 훈련 받을 준비를 하게 만든 그의 사역의 성과였다. 그가 아프리카 땅에 끼친 영향력은 알베르트 슈바이처에 비교할 수 있다.

그는 감리교도 어머니와 '이교도' 아버지의 아들로 1860년경 라이베리아에서 태어나, 청년 때 신앙을 고백했다. 그의 간증에 따르면, "성령께서 내게 임하셔서, 회심하던 바로 그해부터 설교를 하기 시작했다"고 한다.[19] 처음에는 감리교 평신도 사역자로 일하다가, 후에는 그의 동족 글레보 부족 마을에서 적극적으로 사역 중이던 성공회 선교회의 후원을 받으며 약 15년 동안 교사와 복음 전도자로 일했다. "비극적인 사실은, 이 시기가 그곳 토착민과 미국에서 이주해 온 흑인들과의 사이에 격렬한 갈등이 빚어지던 시기였다는 점"이라고 데이비드 생크[David Shank]는 말한다. "처음부터 해리스가 성공회 교단의 '문명화' 압력과 라이베리아 공화국의 대외정책 방침에 순종적이었다는 게 사실이라면, 그 시기 중간쯤 그의 충성스런 태도에 큰 변화가 일어나기 시작했다는 것 또한 아주 분명한 사실이다."[20]

해리스는 주변 여러 사람들과 함께 정치에 관여하며 라이베리아를 영국령으로 돌려놓고자 했다. 사실 한동안 그는 폭력과 주술적 저주로 지방 수령들을 위협해서 그들의 지지를 얻어 내려 하기도 했다. 1909년, 쿠데타가 실패한 뒤 그는 재판에 회부되어 반역 행위로 유죄판결을 받고 벌금도 내고 투옥도 되었다가 가석방되었지만, 가석방 기간 중 지배 체제를 비난하는 설교를 했다는 이유로 또다시 수감되었다.

투옥 기간 중 그는 환상을 보는 체험을 했다. 천사 가브리엘이 찾아와 그가 말세의 예언자적 목소리가 될 것이라고 했다. 천사는 그가 가진 주술적 물건들, 서양식 복장, 신발 등을 다 버리고 맨발에 흰옷을 입은 예언자가 되어 돌아다니면서 기독교의 세례를 설교하라고 지시했다. 해리스는 주로 성경, 그리고 자신의 신앙 배경인 감리교와 성공회의 전통에서 자료를 편집하여 설교와 예언을 했고, 그러한 기반 위에서 주기도문·십계명·사도신경을 강조했다. 그러나 그는 세계관이 철저히 아프리카적이어서, 모세가 됐든 엘리야가 됐든 심지어 예수가 됐든 이미 세상을 떠난 사람들의 영과 교통하는 것이 그의 경건생활의 자연스러운 측면이었다. 또한 그는 자기 지식의 근원을 주류적 진리에 한정하지 않았다. 그의 종말론은 여호와의 증인 창립자 찰스 테이즈 러셀Charles Taze Russell, 1852-1916의 영향을 받았으며, 그는 1차 세계대전을 역사의 중심축이 되는 시기로 보고 이후 7년 대환란이 이어질 것으로 믿었다.

해리스는 1910년 라이베리아 해안 지역에서 사역을 시작해서 후에는 아이보리코스트와 골드코스트까지 사역 영역을 확장했다. 그는 "흰색 사제복 차림에 터번을 두르고 한 손에는 윗부분이 십자가 모양인 지팡이를, 또한 손에는 성경책과 세례용 물 대접을 들고 다녔다"고 생크는 말한다. 그는 마귀의 권세를 집요하고 맹렬하게 공격한다는 점에서 "이목을 끄는 독창적 인물"이었다. "마을 사람들은 이에 호응하여 미신과 관련된 모든 물건을 다 가져와 불태웠다. 그리고는 무릎 꿇고 앉아 십자가를 손에 쥐고 세례를 받았으며, 그러면 그 예언자는 이제 모든 게 다 되었다고 확인하는 듯 성경책으로 그 사람을 한 번 툭 쳐주었다." 때로 그는 아직 기독교 신앙을 제대로 배우지도 못했고 이 신앙의 기본조차도 모르는 사람들에게 세례를 준다고 비난을 받기도 했다. 그러나 바로 이 점이 그가 그렇게 쉽사리 회심자를 만들어 내고 "그 사람들이 과거에 섬기던 거짓 신에게 돌아가는 것을" 막을 수 있었던 주된 이유 중 하나였다고 볼 수도 있다. 해리스에게 세례는 일종의 "예방책"이었다.[21]

이적과 기사를 행하는 자로서의 그의 명성은 순식간에 퍼져 나갔고, 사람들은 빈번히 그를 찾아다녔다. 그렇게 하지 않으면 하나님의 진노가 임할까 두려웠던 것이다. 어떤 정부 관리들은 그가 다녀가면 그 지역의 도덕적·윤리적 풍토가 훨씬 고상해진다고 증언하기도 했지만, 그럼에도 골드코스트 지역을 다니는 동안 그는 많은 이들에게 말썽꾼 취급을 받았다. 1915년 해리스는 노래 부르는 여인 세 명(어떤 이들은 이 여인들이 그의 아내라고 했다)과 함께 체포되어 구타당한 뒤 라이베리아로 돌려보내졌다. 그 뒤 몇 번에 걸쳐 아이보리코스트로 돌아오려고 했지만 그때마다 당국자들의 훼방을 받았다. 그런 중에도 그는 라이베리아와 시에라리온에서 설교 활동을 계속했다. 그가 설교하고 다니는 곳마다 신앙부흥이 뒤따랐음에도 대다수 선교사들은 그와 거리를 두었다. 이유는 그가 일부다처제를 정죄하지 않는다는 것이었다. 하지만 해리스는 빈약하나마 감리교와의 관계를 죽는 날까지 유지했고, 1928년 그가 세상을 떠나자 성공회 사제가 그의 장례식을 집례했다.

윌리엄 웨이드 해리스가 아프리카 서안 지역에 남긴 신앙적 유산은 엄청났다. 그는 희생제의와 주물숭배에서 거의 벗어난 토착 기독교회를 남겼고, 그가 회심시킨 사람들은 감리교와 성공회뿐만 아니라 침례교, 심지어 가톨릭교회 신자가 되기도 했으며 기독교선교연맹과 관계를 맺기도 했다. 실제로 이곳 아프리카에서 그는 선교 역사상 한 인물이 개신교와 가톨릭 양쪽 모두에 '선지자' 역할을 한 두드러진 사례였다. 가톨릭에서는 그를 아이보리코스트 구원을 위해 쓰임받은 도구로 여겼다. 이는 가나에서도 마찬가지여서, 이곳 가톨릭교회의 신앙부흥은 "거룩하신 주님의 은혜로 점화된 거룩한 불길"이라고들 했다. 마찬가지로 라이베리아에서도 오게 신부는 "이교도들이 그 옛 신을 다 빼앗기고 우리 교회로 흘러들어 신앙적 가르침을 구했기" 때문에 가톨릭 선교가 "순조롭게" 성장했다고 했다. 그는 이 모든 것을 "유명한 선지자 해리스"의 가르침 덕분이라고 했다.[22]

해리스는 아이보리코스트에 해리스파 교회를 남겼다. 이 교회가 생겨날 당시에는 근처에 선교하는 교회가 없었다. 해리스는 회심자들에게 세례를 베풀고 기독교 신앙의 기본 진리들을 가르친 뒤 12사도를 임명하여 새 교회를 지도하게 했고, 그 후 이 교회들이 꾸준히 성장을 했다. 보고에 따르면 이와 같은 아프리카 신앙운동 참여자는 20세기 말까지 약 20만 명에 이르렀고, 해리스의 사망 후 다른 남녀 예언자들이 또 등장하여 그에 비견될 만한 권위를 주장했다. 이를 한마디로 요약하면 "아프리카의 오순절"이었다고 프레더릭 프라이스Frederick Price는 말한다. "이 사람들을 지교회의 완전한 회원으로 인정할 수는 없을지라도 그중 다수는 무형교회의 일원으로 볼 수 있을 것이다."[23]

해리스의 메시지는 단순했다. 그는 아무런 보상이나 인정을 기대하지 않고, 듣고자 하는 모든 이들에게 메시지를 전했다. "그는 선교사들에게 배운 것 외에 다른 복음은 가르치지 않았다"고 에이드리언 헤이스팅스는 말한다. "그가 본 환상이 오히려 성경의 메시지에 긴박성을 더해 주었다. 그는 정말로 자신이 엘리야, 세례 요한이라고 믿었다. 하지만 그는 자신의 메시지를 듣고 회심한 사람이 감리교도나 가톨릭교도가 되기를 기대했으며, 실제로 많은 이들이 그렇게 되었다."[24] 그는 가난한 사람으로 죽었다. 어떤 교파, 어떤 토착 교회도 그가 자기 쪽 사람이라고 특별히 주장하지 않았다.

세미시·나우[1866-1927] 비서방세계 출신 선교사 대부분은 서방 출신의 대다수 선교사들과 마찬가지로 비교적 이름 없는 존재로 살다 죽었다. 이들은 생전에 큰 신앙부흥을 일으킨 적도 없고, 후대에 전기작가들의 관심을 끌 만한 어떤 업적을 남긴 것도 없다. 세미시 나우[Semisi Nau]의 경우가 바로 그러했다. 그는 태평양내지선교회 소속 수많은 선교사들 중 한 사람으로 충실하게 사역했다. "세미시 나우 이야기를 재발견하면서 부딪친 어려움들은 무명 선교사들이 처한 현실을 잘 보여준다"고 앨런 데이비슨[Allan Davidson]은 말한다. "그 모든 무명 선교사들의 공헌을 고려하지 않는 한, 선교 역사에 대한 우리의 이해는 불완전할 수밖에 없다. 무명 선교사들을 배제하면 '위로부터의 관점', 곧 선교회·이사진·행정직·후원자·유럽인의 관점에서만 선교 역사를 쓰게 될 위험이 커진다."[25] 세미시와 관련하여 가장 주목할 만한 사실은 그가 자신의 사후 약 70년이 지나야 발간하도록 한 자서전을 남겼다는 점이다.

세미시는 피지에서 감리교 목사 겸 선교사의 아들로 태어났다. 통가에 있는 투포우 대학에서 선교사 교육을 받은 뒤 뉴기니 선교에 자원했지만 독신 신분인 탓에 자격을 얻지 못했다. 그 뒤 결혼을 하고 나서 그는 아무리 낮은 직책이라도 상관없으니 선교지에서 사역할 기회를 달라고 선교회에 다시 한 번 간청했다. "나무를 패거나 물 긷는 일로 하나님을 섬긴다 해도 저는 가고 싶습니다." 그동안 그는 네 자녀 중 셋을 잃는 등 "큰 어려움과 암울함의 시간"을 겪은 처지였다. 감리교 선교회에서 이번에는 그에게 임무를 맡기기로 했고, 이에 1905년 그는 솔로몬 제도로 향하는 배에 올랐다. 3년 전에 그곳에서 사역을 시작한 존 골디^{John Goldie, 1870-1954} 밑에서 일할 예정이었다.

이곳 사역은 시작부터가 극도로 난항이었다. 온통자바의 외딴 산호섬 원주민들은 세미시와 사모아인 동역자가 해안에 접근하는 걸 허락하지 않았고, 두 사람은 별수 없이 배 안에서 석 달이 넘도록 기다려야 했다. "참고 기다리던 두 선교사는 골디가 자신들을 이렇게 위태로운 처지에 방치하는 게 과연 타당한 일인지, 자신들이 불청객이라는 사실이 이렇게 명확한데 이 상황에 계속 머무는 게 과연 지혜로운 행동인지 의문을 품기 시작했다."[26]

원주민 선교사들 대다수가 우치무라 간조나 판디타 라마바이, 윌리엄 웨이드 해리스, 쑹상지에처럼 남을 의지하지 않고 독립적이지는 않았다. 세미시 이야기는 여러 면에서 서양 선교사들의 권한 아래서 전도자들과 교회 개척자들이 겪는 불운한 상황을 예시해 준다. 세미시와 그의 동료는 그렇게 배 안에서 발이 묶여 있다가 이 마을과 앙숙 관계인 다른 마을 해안으로 가서 상륙을 허락받았다. 그리고 자신을 거부했던 그 마을로 가 2주를 더 기다린 후에야 비로소 그들 땅에 발을 디딜 수 있었다. 추장은 그곳에서 그가 전한 메시지를 알아들었다. 세미시는 지금까지 마을 사람들이 섬기던 영들보다 더 강력한 영을 제시했다. 그들에게는 개인 구원이란 개념이 없었다. 그래서 그는 그들에게 이렇게 물었다. "로투^{Lotu}가 이곳에 임하기를 원하십니까?" '로투'란 기독교식 예배를 뜻하는 것으로, 갖가지 영을 섬기는 이들의 전통적 예배를 대신하는 것이었다. 능력대결과 세미시의 설득을 통해 "주민들은 변화했고, 그 변화와 함께 기독교식 로투 혹은 예배 방식을 즉각 받아들였다."[27]

그러나 대중들의 변화는 국지적·국제적으로 종교 및 정치와 뒤엉키게 되었다. 권력에 대한 기대를 안고 회심한 그 지역 추장은 유럽 선교사들과 함께하면 얻을 게 더 많다는 것을 깨닫고 세미시 대신 유럽 선교사를 보내

주지 않으면 가톨릭으로 전향하겠다고 으름장을 놓았다. 이렇게 해서 세미시 대신 경험도 없는 호주인 선교사가 오게 되었는데, "고압적이고 대립적인 태도 때문에 부임한 지 얼마 안되어 추장과 그곳 전통신앙 사제들과 사이가 나빠졌다."[28] 그래서 집단 개종 운동이 일어나리라던 기대는 무위로 돌아가고 말았다.

한편 세미시는 솔로몬 제도의 다른 섬으로 파송되었지만 그곳에서도 역시 다른 선교사로 교체당했다. 이번에는 원주민 선교사들이었다. 그는 여전히 존 골디에게 헌신적이었으나, 자서전에서 자신의 소명과 관심사가 애초부터 골디에게 얼마나 빈번히 무시되었는지를 토로하는 것을 보면 그가 골디에게 분노를 표현하고 있는 것도 그다지 놀라운 일이 아닐 것이다. 그러나 사역을 하면서 아주 만족스러웠던 때도 있었다. 통가로 돌아와 선교 참여를 독려하는 열정적 설교로 100명이 넘는 사람들이 선교 사역에 자원했을 때가 특히 그랬다. 비록 그중 실제로 선교 현장에 받아들여진 사람은 겨우 두 명에 불과했지만 말이다.

세미시는 후에 온통자바로 다시 가서 호주인 선교사가 망쳐 놓은 집단 개종 운동을 재건하고자 했다. 그러나 수백여 명의 주민들이 교회에 출석하던 그 시절로는 결코 다시 돌아가지 못했다. 1918년, 12년이 조금 넘는 사역을 마치고 통가로 돌아간 그는 그곳에서 목회를 하다가 10년 후 세상을 떠났다.

쏭상지에[1901-1944]　　　　　　　　비서방세계의 다른 많은 교회 지도자와 선교회 지도자처럼 쏭상지에(宋尚節)도 서양 선교사들과 빈번히 갈등을 일으켰다. 서양 선교사들의 영향력은 그의 생애 내내 중국 기독교를 지배했다. 쏭상지에는 중국 남동부 푸톈 지역에서 감리교 목회자의 여섯 번째 아이로 태어났다. 열렬한 불교 신자였던 어머니는 다섯째 아이를 낳다가 거의 죽을 뻔한 경험을 하였고, 그 무서운 경험 덕분에 회심에 이르렀다. 쑹상지에 자신은 아홉 살 때 '푸톈 오순절'로 알려진 부흥회에서 회심했다. 불교의 본거지로 알려진 이곳에서 이 당시 수천여 명이 신앙고백을 했다. 회심한 지 얼마 안되어 그는 아버지와 함께 여행을 시작했고, 때로 직접 설교를 하기도 해서 흔히 푸톈의 '어린 목사'로 일컬어졌다.

중등학교를 마친 후 쑹상지에는 한 미국 여성에게서 제안을 하나 받았다. 그가 오하이오 웨슬리 대학교에서 교육을 받을 수 있도록 재정 지원을 하겠다는 것이었다. 그렇게 해서 미국으로 간 그는 학부에서 3년간 물리학과 화학을 공부한 뒤 1923년 최우등으로 학교를 졸업하고 전미우등졸업생회[Phi Beta Kappa] 회원으로 선출되었다. 하버드를 비롯해 다른 대학들에게 장학금을 받긴 했지만 오하이오 주립대학에서 공부를 계속해 1926년 화학 전공으로 박사 학위를 땄다. 학업 성취 능력이 매우 뛰어나서 전국 각지의 신문들이 그의 이야기를 기사로 실었고, 여러 유수한 대학에서 교수 초청을 받았다. 그러나 수많은 기회와 찬사에도 불구하고 그는 뭔가 채워지지 않은 기분이었다. 어렸을 때 목회자로 소명받았던 기억을 떠올리면 더욱 그랬다. 그는 공부를 계속하기로 마음먹었다. 이번에는 과학이 아니라 신학이었다. 한 친구의 조언으로 그는 뉴욕의 유니언 신학교에 입학했고, 그곳에서 헨리 슬론 코핀[Henry Sloane Coffin, 1877-1954], 에머슨 포스딕[Emerson Fosdick, 1878-1969]을 비롯해 여러 저명한 자유주의 학자들 밑에서 공부했다.

그런데 이곳에서의 공부는 목회자가 될 준비를 시켜 준 것이 아니라 기독교 신앙의 토대 그 자체에 의문을 품게 만들었다. 교수들은 성경이 하나님의 특별한 계시가 아니라 세상 여러 위대한 종교의 수많은 경전 가운데 하나라고 가르쳤다. 그러하기에 사람들을 기독교로 회심시키려 하는 것은 아무 의미도 없는 것이 되어 버렸다. 그는 자신의 회심에 대해서도 의심을 품었고, 그러다가 절망에 빠져 조상들의 종교를 연구하며 불교 경전을 읊조리기 시작했다. 후에 그는 "내 영혼이 광야를 헤맸다"고 고백했다. "나는 잘 수도, 먹을 수도 없었다. 내 신앙은 선장도 나침반도 없이 폭풍우에 밀려가는 물이 새는 배 같았다. 내 마음은 깊고 깊은 불행으로 가득했다."[29]

이런 우울과 회의에 빠져 있을 때 쑹상지에는 갈보리 침례교회에 와서 한 교수의 강연을 들어 보라는 초대를 받았다. 그 학자가 어쩌면 유니언 신학교 학자들의 가르침에 대응할 만한 해답을 줄지도 모른다는 기대를 안고 그는 강연을 들으러 갔다. 그러나 하필이면 그가 참석하던 날 밤 그 학자가 사정상 강의를 하지 못하고 열 다섯 살짜리 복음 전도자 얼딘 어틀리Uldine Utley가 대신 강연을 하게 되었다. 어릴 때 쑹상지에가 그랬던 것처럼 얼딘도 '꼬마 설교자'였고, 그는 얼딘의 메시지에 사로잡히고 말았다. 그는 그 뒤로 나흘 동안 저녁마다 와서 강연을 들었고, 이 여자아이처럼 설교할 수 있는 능력을 주실 때까지 하나님께 기도하겠다고 다짐했다. 그의 삶은 변화되었고, 그 후 몇 달 동안 그는 성경과 신앙인 전기를 읽는 한편 새로이 되찾은 자신의 신앙을 간증하며 지냈다. 어느 날 한 낯선 사람에게서 지구본을 선물받은 그는 그 선물이 자기가 언젠가는 세상을 두루 다니며 복음을 전하게 될 것임을 알려 주는 하나님의 신호라고 생각했다. 그는 불교 경전을 읊조리던 습관을 버리고 대신 찬송을 부르며 신학교 복도를 오가기 시작했다. 그의 그런 행동을 보고 일부 교수들은 정신적 불안정의 징후로 여겼다.

쑹상지에는 정신과 진단을 받아보라는 지시를 받았고, 그 뒤 자신의 뜻에 반하여 블루밍데일 병원 정신과 병동에 감금되었다. 병원에 있을 때도 그는 다른 환자들에게 자신의 신앙을 증거했고, 성경을 40번이나 통독했으며, 그래서 후에 말하기를 이 병원과 이곳에서의 감금 생활이 자신에게는 진짜 신학교였다고 했다. 1927년, 중국 영사의 도움으로 병원에서 풀려난 뒤 중국으로 돌아간 그는 중국 대학교에서 과학을 가르칠 수 있는 기회를 다 물리친 채 복음을 설교하고 다녔다.

그 후 몇 년간 쑹상지에는 베델선교회와 동역하며 순회 전도자로 사역했고, 때로 하루에 다섯 번 이상 설교를 하기도 했다. 6개월이라는 기간 동안 약 1만 4천 명이 신앙을 고백했고, 그중 거의 3,000명이 전도단에서 일하겠다고 자원했다. 이리하여 약 700명 규모의 전도단이 구성되었고, 이름은 베델단[Bethel Bands]이라고 붙였다.

1930년, 쑹상지에는 푸텐 감리교 총회 소속 전도자가 되었다. 이 무렵 쑹상지에를 모르는 사람도 그의 명성은 들어 알고 있던 시절이라 사람들은 먼 거리를 마다하지 않고 그의 설교를 들으러 왔다. 그는 상하이·난징·퉁현·샤먼을 비롯해 대다수의 중국 주요 도시에서 전도집회를 열었다. 샤먼에서는 그 지역에서 가장 큰 교회당에서 집회를 열었음에도 공간이 부족해 "돗자리를 깔아 2,500명에게 임시 좌석을 마련해" 주기도 했다. 또 어떤 곳에서는 5,000명의 청중이 몰리는 바람에 축구장을 빌려 집회를 열었다.[30]

쑹상지에는 생기 넘치는 설교자였다. 단 위에서 왔다 갔다 하며 설교를 해서 가끔 빌리 선데이[Billy Sunday, 1862-1935]에 비교되기도 했다. 그의 설교에 감동받은 사람들은 드러내 놓고 눈물을 흘리며 죄를 고백했다. "1933-1936년 성령 대부흥"이 일어난 것도 그의 집회를 통해서였다. 그러나 그런 성공에는 비난도 뒤따랐다. 특히 선교사들과 중국인 지도자들은 그가 서양 선교사들을 나쁘게 말하고 다닌다고 비난했다. 윌리엄 슈버트[William Schubert]는 자신의 저서 『내가 기억하는 쑹상지에』[I Remember John Sung]에서 이 악감정에 대해 이렇게 말한다.

당시 나는 친구 선교사를 찾아가 물었다. "쑹상지에 박사를 왜 못마땅해 하시는 겁니까?" 그 선교사는 이렇게 대답했다. "우리 선교사들을 비난하기 때문이지요. 그는 설교단에 서서 이렇게 말합니다. '저기 뒷자리에 앉아 있는 그대 위선자 선교사들'이라고요." 그래서 내가 말했다. "그럴 경우 어떻게 해야 할지 솔직히 말씀드릴게요. 일단 제 앞자리에 앉으세요. 그리고 무슨 말이든 도저히 받아들일 수 없는 말을 쑹상지에 박사가 하거든 무조건 어깨너머 제게로 넘기세요. 저한테는 그런 입바른 말이 필요하거든요."[31]

쑹상지에는 자신의 사역을 중국 땅에 제한하지 않았다. 중국에서 큰 부흥을 일으킨 뒤 그는 타이완·필리핀·싱가포르·말레이시아·인도네시아·태국 등을 두루 다녔고, 어떤 나라는 몇 번씩 다시 찾아갔다. 어디를 가든 회심의 역사가 일어났고 교회가 개척되었다. 그는 청중들에게 많은 것을 요구하고 기대했다. 1939년 제3차 인도네시아 전도여행 때 자바를 찾아간 그는 수라바야에 모인 청중들에게 공지하기를, 일주일 방문 기간 동안 22편의 메시지를 전할 예정이라며 집회에 하루에 세 번씩 참석하라고 했다. 이에 상점들은 문을 닫았고 사람들은 아이들을 학교에서 불러내 집회에 참석했다. 그러나 집회 참석은 일주간 교육의 한 단면일 뿐이었다. 청장년들은 팀을 구성해 이웃 마을로 가서 복음을 전해야 했다.

쑹상지에는 복음 전도자이자 선교사였지만, 겉으로 드러난 이런 사역보다는 기도의 사람으로도 유명했다는 것이 아마 더 중요할 것이다. 데이비드 스미더스David Smithers는 그의 삶의 이러한 측면에 대해 이렇게 기록한다.

쑹상지에가 설교 활동이나 새 전도팀 구성을 적극적으로 하지 않는다 싶을 때, 대개의 경우 서재에 가면 그를 찾을 수 있었다. 서재에 앉은 그는 일기를 쓰고 있거나 아니면 언제나 길어져만 가는 기도 목록에 또 하나의 기도 제목을 추가하고 있다. 그는 수많은 사람들을 떠올려 가며 그들의 기도 제목을 놓고 신중하게 기도했다. 그럴 때 그의 책상에는 작은 사진들이 열두어 장 놓여 있기 마런이었다.……어디를 가든 그는 기도에 힘쓰기를 역설했다.……쑹상지에는 매일 아침 5시에 일어나 두세 시간씩 기도하는 것이 일상이었다. "쑹상지에에게 기도는 마치 전투와 같았다. 그는 얼굴이 땀으로 범벅이 될 때까지 기도했다." 때로는 그 고된 기도의 부담에 짓눌려 말 그대로 침대에 무너지듯 엎어져 서럽게 울 때도 있었다. 쑹상지에는 기도야말로 신자가 해야 할 가장 중요한 일이라고 믿었다. 그는 믿음이란 무릎 꿇은 자세로 하나님의 역사를 지켜보는 것이라고 정의했다.[32]

눈코 뜰 새 없이 바쁜 일정 중에도 쑹상지에는 남편과 아버지로서의 본분도 충실히 이행하고자 했다. 그의 결혼은 미국에서 중국으로 돌아오기 전에 결정되어 있던 것이었지만, 존 시맨즈의 말에 따르면 이 결혼은 아주 성공적이었으며 쑹상지에 부인은 18년 결혼 생활 내내 남편의 충실한 동반자가 되어 주었다고 한다. 두 사람은 딸 셋과 아들 둘을 두었으며, 아이들에게는 중국식 이름에 창세기·출애굽기·레위기·민수기·여호수아라는 성경 이름을 덧붙여서 이름을 지어 주었다고 한다.

쑹상지에는 43세 생일을 앞두고 암과 거기 연관된 질병으로 세상을 떠났지만, 그가 남긴 영적 유산은 중국에서 가장 위대한 선교사 겸 복음 전도자의 유산으로서 지금도 살아 숨쉬고 있다.

와이와이의 엘카

어떤 유명인사는 오직 한 가지 이름만으로 세상에 알려져 있다. 엘카[Elka]의 경우도 그랬다. 엘카는 영국령 기아나의 와이와이 부족과 아마존 정글 깊은 곳에서 가장 유명한 주술사이자 추장으로 손꼽혔다. 주술사라고 하면 사람들을 회심시켜 그리스도인으로 만들 만한 사람으로는 어울리지 않아 보일

지도 모른다. 하지만 엘카는 어릴 때부터 영적인 일에 마음이 끌렸다. 한번은 꿈에 돼지의 영이 나타나 말하기를, 와이와이 부족의 신 쿼로키얌은 엘카가 자신의 종이 되어 자신의 노래를 불러 주기를 원한다고 했다.

"엘카가 악한 영들에게 휘둘려 돼지꿈을 꾸고 있을 때, 수백 킬로미터 밖에서는 한 집안 삼형제가 또 다른 환상을 보고 와이와이 부족을 만나러 갈 계획을 세우고 있었다"고 호머 다우디는 말한다. 셋 중에서 제일 큰형인 33세의 닐 호킨스^{Neil Hawkins}와 두 동생 레이더^{Rader}와 밥^{Bob}은 텍사스의 기독교 집안에서 "옛날식 신앙"으로 교육받으며 자랐고, 형제들의 어머니는 언젠가는 세 아들을 선교사로 만들어야겠다고 마음먹은 바 있었다. 이렇게 해서 이들 형제 모두 미전도지역선교회^{UFM}에 가입하여 남미의 브라질과 영국령 기아나에서 사역하게 되었다.

1949년 닐과 밥 형제가 와이와이 부족 사역을 시작할 당시 이들은 부족민이 만난 첫 백인이었고, 그래서 처음에 부족민은 이들을 자신들을 죽이러 온 적으로 생각했다. 그러나 서서히 부족민들 사이에 자리를 잡은 이들은 사람을 고용해 활주로를 만든 뒤 부족민들이 "하늘에서 내려온 카누"라고 말하는 것에 아내와 아이들을 태워 데려왔다. 부족의 주술사이자 추장인 엘카는 "하나님의 책", 곧 하나님에 관해 기록된 글인 성경에 매혹당했고, 그래서 아직 글자도 없는 자기 부족어로 이 성경을 번역할 때 흔쾌히 옆에서 자료 제공자 역할을 하기로 했다. 지금까지 섬기던 영들과 와이와이 부족 신에게서 메시지를 받을 때는 뭔가 불확실한 느낌이 들 때가 많았는데, 여기 성경의 메시지는 종이에 기록되어 있어 확실했다. 그래서 그는 그 메시지 자체를 해독하는 법을 배웠다.

엘카는 종이에 적힌 그 기이한 것을 판독하는 데 그치지 않았다. 그는 그것이 무슨 말을 하는지 알아낼 때까지 만족하지 않았다. 단지 무슨 말을 하는지를 알아낼 뿐만 아니라 그것이 자신의 마음을 향해 뭐라고 말하는지를 알아내고 자 했다. 주일학교 수업을 통해, 독해 강의를 통해, 그리고 밤(밥 호킨스)과 함 께한 장기간의 언어 자료 제공 시간을 통해 그는 하나님에 대해, 그리고 그의 아들 예수 그리스도에 대해 알아 갔다. 대다수 부족민은 이 새로운 신앙에 대 해 알아 가는 속도가 더뎠다. 그러나 어서 더 많은 것을 알고 싶다는 열망이 있 었던 엘카는 아침마다 날이 밝기가 무섭게 일어나 배우러 왔다.……밤은 한때 자신이 영적 진공상태에서 엘카에게 하나님을 제시하고 있다고 생각했었다. 그러나 그의 생각은 착각이었다. 엘카는 밤이 물질세계에 대해 갖고 있는 것 못지않은 확신으로 영적 세계를 믿고 있었다.……엘카로서는 하나님이 영이시 라는 것을 믿는 게 전혀 힘들지 않았다.[34]

하지만 엘카는 와이와이족 주술사라는 자신의 역할을 포기할 준비가 아직 되어 있지 않았다. 그는 선교사들이 가르치는 것도 믿고 싶었고 부족 신 쿼로키얌도 포기하고 싶지 않았다. 처음에는 이 두 신앙 체계 사이의 긴 장감 때문에 이런저런 생각들도 자극되고 사는 게 신이 났지만, 시간이 지 나면서 이 긴장감이 "뱃속에서 격동"하고 "낙심케" 하며 "줄곧 엘카를 괴롭 혔다." "하나님의 종이가 말씀하시기를 하나님과 쿼로키얌 둘 다 섬길 수는 없다고 한다"는 말을 듣고 그는 이제 선택을 해야 한다는 것을 깨달았다. 긴 내면의 몸부림 끝에 그는 하나님께서 자신에게 원하시는 것이 무엇인지를, 하나님께서는 자신이 어떤 방식으로 부족들을 섬기기 원하시는지를 마침내 깨달았다. 그는 결단을 내렸다. "그리스도의 주술사"가 되기로.[35]

그러나 그리스도의 주술사가 된다는 것은 엘카가 이제 마법을 써서 병 자를 고치고 악령을 쫓을 수 없게 된다는 의미였다. 이 문제로 부족 원로들 사이에서는 큰 논란이 벌어졌다. 이들은 엘카가 "예수와 동행"도 하고 마법 도 쓸 수 있다고 주장했다. 이러한 논란의 와중에서도 대다수 부족민들은 계속 주일예배에 참석했고, 밤은 남자들로 구성된 소그룹을 대상으로 성경을 가르쳤다.

날마다 성경을 배우러 다니다 보니 엘카는 선교사들과 점점 더 많은 시간을 함께하게 되었고 선교사들의 집도 자주 찾아갔다. 그리고 "백인들이 누리고 사는 문화의 도구들을 보며 자신도 그것을 누리고 싶다는 욕구를 키워 갔다." 그는 선교사들이 아기용 의자를 마련한 것을 보자 자기 아기도 바닥에 누이지 않고 그런 의자에 앉혔으면 좋겠다는 생각을 했다. 선교사들이 카누에 모터를 설치하자 자기 카누에도 그런 모터를 달고 싶어 했고, 밤이면 자기 집에도 선교사들의 집처럼 불을 밝히고 싶다는 생각을 했다. "그는 자신의 허리감개를 선교사들의 반바지와 바꾸고 싶어 했다." 이는 쉽게 해결책이 나올 수 없는 어려운 문제였기에 선교사들은 "와이와이족을 백인들의 세계에 의존하는 사람들로 만들고 싶지 않다고 애써 설명했다." 이 문제로 선교사들과 부족민들 사이에는 자주 긴장이 조성되었다. "하지만 이런 분위기가 그의 삶을 지배하지는 않았다"고 호머 다우디는 기록한다. "그는 그리스도의 증인이 될……기회를 놓치지 않았다."[36]

부족 지도자 엘카와 더불어 선교사들이 끈기 있고 참을성 있게 수고한 결과 회심의 물결이 계속 이어졌다. 몇 년 사이에 주일 설교는 와이와이족 그리스도인들의 손으로 넘어갔다. 호킨스 형제 중 한 사람이 어느 날 목소리가 나오지 않아 엘카가 자원하여 설교를 대신하게 된 것이 시작이었다. 다니엘을 주제로 한 이 설교로 "확신의 울림이 담긴 목소리로……설교할 수 있는 엘카의 능력이 드러났다."[37]

신자들의 규모가 커지면서 다른 부족에게도 복음을 전하고자 하는 마음이 생겨났다. "엘카는 와이와이 부족 중 여전히 고산지대에 살고 있는 사람들을 염려했다.……그는 그들도 그리스도의 길을 배워 알기를 원했다." 그래서 추장 자격으로 그는 동생에게 사명을 지워 산속 부족에게 파송했다.

그들을 데리고 와서 하나님의 길을 배울 수 있게 하라는 것이었다. 그것이 와이와이족의 선교의 시작이었다. 그리고 엘카가 또 다른 부족민들에게 임무를 주어 그보다 훨씬 더 먼 곳으로 가서 "하나님의 종이"에 기록된 메시지를 전하게 하면서 이들의 전도 활동은 계속 이어졌다.

이들은 자신들과 닮은 데가 아주 많은 셰듀족과 마와야나족을 불러 복음을 들려주는 것으로 전도 활동을 시작했다. 그러나 저 먼 땅에는 이들이 잘 알지도 못하고 그래서 늘 두려움의 대상이었던 낯선 부족들이 있었다. 이 부족들은 여전히 두려움과 의심, 증오 가운데서 살인을 밥 먹듯이 하며 아무 소망 없이 살고 있었다.……와이와이족에게 그것은 어려운 선택이었다. 그 낯선 부족들을 찾아가려면 정든 땅을 버리고……백인 문명이 자리 잡은 기이한 마을들을 지나가야 했다.……과연 다시 돌아올 수 있을지 누가 장담한단 말인가?[38]

외지 선교사로서 마을을 떠나 멀리 가는 사람 중에는 엘카 자신도 있었다. 그는 기도 편지를 통해 자신이 겪는 일들을 고향 와이와이 땅에 알리면서 하나님께 계속 충실할 것을 부족민들에게 당부했다. 엘카를 비롯해 부족민 선교사들이 멀리 떠나가 있는 동안, 마을 사람들이 이들의 가족을 돌보고 이들이 농사짓던 밭도 대신 경작했다. 얼마 후 엘카는 타지 원주민들의 풍습에 대해 다채로운 이야깃거리를 가지고 돌아왔다. 다른 부족들은 와이와이족과 생활 풍습이 너무도 달랐다. 특히 백인들은 "비를 뿌려" 목욕을 한다고 했다. 엘카는 와이와이 마을에 외부인들이 들어와 그리스도인이 됨에 따라 소규모였던 와이와이 신자 공동체가 크게 성장해 있는 것을 보았다. 처음에 200명이었던 신자가 350명으로 늘어나 있었다. 그러나 이곳에도 예외 없이 신자들을 유혹하여 옛 길로 돌아가게 만드는 것들이 있었다.

엘카의 경우, 채택하지 않을 수 없는 새로운 삶의 방식들이 있었다. 선교사 사역은 복음의 상황화를 요구했다. "와이카 부족은 우리에게 땋아 늘어뜨린 머리를 자르고 자기들과 똑같은 머리 모양을 할 것을 요구했다"고 그는 동료들에게 이야기했다. "처음엔 그렇게 하고 싶지 않았다. 머리를 잘랐다가 다시 그만큼 자라려면 우기가 몇 번이나 지나야 할 것 같았다. 그러나 그때 우리는 깨달았다. 우리가 머리를 자르고 그것이 예수께서 우리를 사랑하셨기 때문임을 와이카족에게 알려줄 수만 있다면 머리카락쯤은 아무 희생도 아니라는 것을 말이다."[39]

와이와이족이 스스로 부족 교회의 지도자가 되고 전도 활동에도 나섬에 따라 호킨스 형제 가족은 사역지를 옮겼다. 닐과 그의 가족은 근처 수리남에서 트리오 부족 사역을 하게 되었고, 밥과 그의 가족은 와이와이어 성경번역 사역을 마무리 짓기로 했다. "1962년 무렵, 와이와이족은 여러 방향으로 십여 차례 선교 여행을 다녔다"고 호머 다우디는 말한다. "백인 선교사들과 함께 간 적도 몇 번 있지만, 대개는 부족 선교사들끼리 자기 힘으로 다녔다. 여정 중에 먹을 것이 떨어지는 경우도 있었고, 길에서 병이 나는 경우도 있었다."[40]

이는 예수 시대 이래로 대부분의 선교사들이 겪어야 했던 시련이자 환란이었으며, 와이와이족은 바로 그 전통의 한 축이 되었다.

17

새로운 방식과 전략

: 내일의 세계로 다가가다

사도 바울 시대부터 선교 전략은 복음 확장의 핵심 요소였다. 그러나 의무감과 소명과 열정에 따라 행동하면서 그저 하나님의 명령에 순종하고 단호하게 복음을 설교하는 사람과, 혹시라도 경솔하게 복음전도 사역에 임하게 될까 봐 선교 방식과 전략을 사전에 심사숙고하고 계획하고 연구·검토하는 사람 사이에는 늘 불안과 어느 정도의 염려가 존재해 왔다.

신약시대 이후의 세대에서는 그리스도인이라면 누구나 다 선교사가 되어 집과 일터에서 신앙을 확산시켰다. 그와 동시에 변증가들은 그보다 폭넓은 그레코로만 세계에서 어떻게 하면 믿음이라는 것을 좀 더 이해하기 쉽게 전할 수 있을까를 고민했다. 이 같은 상황이 수세기 동안 계속되면서, 복음전도에 대한 열정을 지닌 평범한 그리스도인과 상아탑 속에 있는 선교 행정가, 선교학 교수 사이의 간격은 계속 벌어져만 갔다. 그러나 긴 계보로 이어지는 선교 전략가들 중에서 가장 영향력 있고 유능한 이는, 생각하는 사람인 동시에 실천하는 사람이었다. 근래에는 이렇게 전략가 겸 실천가가 사실상 모든 선교사들의 꿈이 되어 왔다. 실제로 그런 위상에 도달한 사람은 거의 없지만 말이다.

1982년 「타임」지는 외딴 벽지 가난하기 짝이 없는 곳에 기독교를 전하기 위해 자기 삶을 바친 사람들을 표지 기사로 다루면서 '새 선교사'The New Missionary라는 제목을 붙였다. 이 '새 선교사'는 어떤 사람들인가? 「타임」의 관점에서 보면, 새 선교사는 지난 세대의 선교사들과 사실상 많이 다르지 않다. 이들 모두 땅끝까지 복음을 전하기 위해 희생적으로 헌신한다는 특징을 갖고 있다. 하지만 새 선교사와 옛 선교사는 스타일 면에서 의미심장한 차이가 있다. "새 선교사"는 "옛 선교사"에 비해 여러 면에서 더 좋은 교육을 받았고 관점도 더 전문적이다. 새 선교사들은 선교 방법론과 선교 전략 원리에 좀 더 신경을 쓰는 편이고, 인구 성장 및 관련 통계 수치에 정통하고, 최신 전문 기술을 좀 더 열심히 활용하며, 「타임」이 지적했다시피 서양의 제국주의와 연관될 만한 정책은 피해 가려고 조심한다. 또한 이들은 과거 비기독교적으로 여겨졌던 다채로운 문화적 전통을 보존하려고 어느 때보다 애쓴다.

"새 선교사"의 발전과 병행하여 최근 몇십 년 동안 선교학 분야에서도 의미 있는 진전이 있었다. 이는 선교학 학술지나 인지도 높은 선교학교, 진보적 선교학자들로 구성된 전문 위원회의 활동으로 입증되고 있다. 과거에는 선교위원회에 소속된 학계 이사들을 지칭하는 말로 쓰이던 '선교학자'라는 말이 오늘날에는 좀 더 효율적인 선교 전략 개발을 직업으로 하는 수많은 전문가들과 연관하여 쓰이고 있다. 1970년에는 아메리카선교학회[ASM]가 존재하지 않았지만 10년 후, 곧 이 단체가 창설된 지 8년 뒤에는 회원수 수백 명이 넘는 기관으로 성장했다. 1990년대에는 선교학 과정을 개설하는 신학교와 기독교 학교가 더 많아졌으며, 신학과 세계 종교라는 광범위한 영역도 하나의 전공 분야로 충분히 성장했다.

1990년대 선교학에서 가장 많은 관심과 큰 논란을 불러일으킨 영역은 종교 다원주의였다. 타종교들 사이에서 기독교의 위치는 신앙 그 자체만큼이나 오래된 쟁점이었다. 다원주의가 "초기 기독교회에서는 신학적 난제로 알려졌었다"고 제프리 웨인라이트[Geoffrey Wainwright]는 말한다. "그러나 서방의 기독교 세계가 반드시 그 난제에 직면해야 하는 것은 아니었다. 단 종교 다원주의가 이슬람의 형태로 그 주변에 나타날 때" 그리고 "그중에" 유대교가 있을 때는 예외였다. 하지만 근대로 접어들어 "그 밖의 세상에 대한 폭넓은 인식"이 생기고 계몽운동의 합리주의 발전이 "그리스도의 절대성에 대한 기독교 신앙의 확실성을 조직적으로 잠식해 들어간 여러 다양한 종교의 상대론적 설명에 하나의 규준이 되는 지적 틀"을 마련해 줌에 따라 이런 상황은 변화했다.[1]

20세기 말, 존 힉[John Hick, 1922-2012]이 종교 다원주의를 신봉하는 주도적 인물이 되었다. 기독교가 더 이상 우주의 중심이 아니라는 것은 그에게 코페르니쿠스적 변혁이었다. 말하자면 그랬다. 기독교는 그저 여러 종교 중 하나, 곧 하나님께 이르는 많은 길 중의 하나였다. 힉은 그런 입장을 오래 견지하면서 누구보다 앞장서서 이 문제를 선교학 토론의 장으로 가지고 들어왔다. 예수회 신학자 칼 라너^{Karl Rahner, 1904-1984}는 '익명의 그리스도인'^{anonymous Christian}이라는 용어로 포괄주의^{inclusivism} 입장을 도입함으로써 이 난장에 자신의 독특한 개념 하나를 보탰다. 이런 사람들이 바로 그리스도인과 똑같이 그리스도로 말미암아 구원받은 타종교인들이다. 그들 자신은 이것을 모르지만 말이다. 전통적 입장을 지지하는 모든 분파의 복음주의자들과 보수 그리스도인들은 새로운 출판물과 후속 논쟁을 통해 배타주의^{exclusivism}를 언급하면서 구원은 오직 그리스도를 통해서만 배타적으로 임한다고 주장했다.

종교 다원주의라는 쟁점이 중요하기는 하지만, 이는 이 시대 세계 복음주의 현장의 한 문화적 단면일 뿐이다. 이문화 선교의 가장 두드러진 특징은 방법론과 철학의 다양성이다. 어떤 선교 전략가들은 마치 이런 논쟁은 일어나지도 않았다는 듯한 자세로 사역에 임한다. 제한된 시간과 자원을 가지고 많은 사람들을 효과적으로 전도하는 방법, 그리고 교회 성장이 이들의 관심사다. '종족 집단'(복음이 수용이나 이해의 장벽에 부딪히지 않고 교회 개척 운동으로 전해질 수 있는 최대의 인간 집단—옮긴이) 혹은 '숨겨진 종족'에 초점을 맞추는 주도적 인물로는 도널드 맥가브란과 랄프 윈터, 던 리처드슨이 있으며, 이들이 주장하는 개념은 많은 선교단체들의 지지를 받았다.

1982년 가을, 초교파해외선교협회^{IFMA}와 복음주의선교협의회^{EFMA} 연례회의가 열릴 무렵, 세계 최대의 이 두 협회에 소속된 200여 개의 선교단체 중 그때까지 위와 같은 용어를 사용하며 이 "숨겨진 종족"을 전도하기 위해 아직 가보지 않은 변경 지역까지 사역을 확장시키려는 계획을 세우지 않은 단체는 거의 없었다. 이 개념은 비교적 젊은 세대의 복음주의 선교 지도자들에게 폭넓게 채택되었고, 20세기의 마지막 몇십 년 동안 선교계의 지배적 주제가 되었다.

20세기의 마지막 몇십 년 동안 표면화된 많은 쟁점들은 몇백 년 전에도 이미 선교계에서 관심을 갖는 주제들이었다. 근대 선교 시대는 보통 19세기로 접어들 무렵 윌리엄 캐리의 초기 인도 사역과 함께 시작된 것으로 보지만, '선교학', 곧 선교 연구학은 그로부터 한 세기가 지나서야 태어났다. 그렇다고 해서 그 전에는 주목해 볼 만한 선교 사상가가 없었다는 말이 아니라, 체계적 선교 연구학의 시작은 대개 구스타프 바르넥^{Gustav Warneck}과 연관되어 있다는 뜻으로, 바르넥은 1897년부터 1908년까지 독일 할레에서 선교학을 가르친 교수였다. 선교 이론과 전략에 영향을 끼친 또 한 사람의 20세기 초 선교학자로는 롤런드 앨런이 있다.

성공회 목회자 앨런은 중국에서 몇 년간 선교사로 사역하다가 건강 문제로 영국으로 돌아왔다. 지역 교구에서 한동안 시무하던 그는 사제직을 사임하고 강의와 집필에만 힘을 쏟았다. 찰스 헨리 롱은, "사역 초기에 위기를 겪은 그는 이 경험으로 인해 자신의 소명과 서방 교회의 신학 및 선교 방법을 근본적으로 재평가하기에 이르렀다"고 말한다.[2]

앨런은 선교사가 할 일은 자립·자치·자전하는 교회를 개척하는 것이라 주장하면서 윌리엄 캐리(그리고 그 이전 선교사들)가 시행한 선교기지 설립 방식을 신랄하게 비난했다. 이런저런 자료에 널리 산재해 있던 그의 선교 개념은 한 권의 책으로 엮여 공표되었는데, 그가 이름을 알린 것도 주로 이 책『바울의 선교 vs. 우리의 선교』를 통해서였다. 1912년에 발간된 이 고전적 저작은 수세대에 걸쳐 많은 선교사들에게 영향을 끼쳤다. 이 책에서 그는 바울식의 복음전도, 곧 너무도 쉽게 다른 선교 사역이나 선교 전략이라는 세속적 양상으로 변할 수 있는 복음전도 스타일에 대해 열정적으로 설파했다.

바울은 청중들이 감동받기를 기대했다. 자기 설교에 대한 믿음이 강했기에 그 설교가 "구원을 주시는 하나님의 능력"임을 알 정도였다. 이러한 기대는 복음을 제시하는 행위의 아주 실제적인 부분이다. 이는 믿음의 한 형태다. 믿음의 기대가 수반되지 않는 단순한 설교는 복음을 전하는 참설교가 아니다. 왜냐하면 믿음은 복음의 일부이기 때문이다. 씨를 뿌리면서 이 씨앗 중 몇 개는 어디에선가 싹을 틔우겠지 하고 막연한 희망을 갖는다면 그것은 복음 설교가 아니다.……바울은 회심자가 생길 것을 기대했다. 하지만……다른 이들도 그렇게 기대했다. 이 사실이 바로 바울의 설교가 반대를 불러일으킨 이유를 설명해 준다. 사람들은 그의 설교를 두려워했으며, 두려움은 기대의 한 형태다. 이는 믿음의 한 형태다.……바울은 씨를 뿌린 게 아니라 씨를 심었다. 자기 설교를 듣는 사람들을 그렇게 대했기에 그는 청중들을 신속하고도 직접적으로 결단의 시점으로 데려갈 수 있었으며, 그러고 나서 그는 그들에게 요구했다.……선택을 하고, 그 선택에 따라 행동하라고.[3]

네덜란드 학자들도 20세기 초 선교학 분야에 의미 있는 기여를 했는데, 그중 헨드릭 크래머와 요한 헤르만 바빙크[Johan Herman Bavinck]는 모두 인도네시아에서 선교사로 사역한 이들이었다. 크래머는 선교학이 자유주의화 되어 가고 있는 경향에 반대 입장을 취한 것, 특히 그리스도의 유일성 및 세계 종교와 관련된 성경의 메시지를 옹호한 것으로 후대에 기억된다. 바빙크 또한 세계 종교에 관심을 집중했다. J. 반 덴 베르흐[van den Berg]는 "바빙크 사상에서 중심 문제는 신앙적 체험과 예수 그리스도 안에 있는 하나님의 계시의 상관관계 문제였다"고 말한다.[4] 그는 특히 동양의 신비주의에 관심이 있었으며, 자신은 "동양의 혼을 가지고 태어났다"고 고백했다. 주로 두 권의 저작 『선교학 개론』[An Introduction to the Science of Missions]과 『선교적 변증학』[The Church Between Temple and Mosque]을 남긴 저자로 기억된다.

선교사이자 교수로서 바빙크는 복음전도와 에큐메니칼 운동에 깊이 헌신했다. "그가 초교파주의자인 것은 사람들의 눈길을 끌거나 유행을 따라야 했기 때문이 아니라 예수 그리스도의 영이 어떤 사람과 어떤 교파에서 자신을 계시하시든 그 영을 마치 어린아이 같은 단순함으로 감사히, 그리고 기쁘게 인식했기 때문"이라고 요하네스 베르카일^{Johannes Verkuyl}은 말한다.⁵ 하지만 그는 "예수께 대한 이 급진적 헌신"에도 불구하고 정작 자신의 삶 가운데서는 "어둠의 권세"와 씨름했다. 자신의 저서 『신앙과 그 어려움들』^{Faith and Its Difficulties}에서 그는 믿음 문제에서 자신이 어떠한 싸움을 했는지 다음과 같이 고백했다.

> 내 귀에 들린 그 모든 음성, 내가 펼쳐본 그 모든 책에서 나는 능하신 미지의 존재, 인생의 섭정(攝政), 만방의 통치자이신 그분을 보고 인식한다. 그리고 내가 내딛는 모든 발걸음에서 나는, 알려지지 않은 하나님은 예수 그리스도 안에서 내게 말씀하신 바로 그 하나님과 동일하신 분이라는 사실을 힘겹게 깨닫는다. 때로 나는 이 둘 사이에 합일점을 찾을 수 없다는, 그 둘이 한 방향으로 진행하는 것을 볼 수 없다는, 그리고 만물이 소멸되고 파괴될 것이라는 두려움과 고뇌에 짓눌린다. 그것이 우리의 긴장, 우리의 절박함이다. 그래서 우리는 몸서리친다!⁶

바빙크가 경험한 이런 긴장감은 현대와 탈현대 시대의 많은 그리스도인들이 느끼는 긴장감을 반영했다. 그리고 이러한 긴장감을 배경 삼아 레슬리 뉴비긴 같은 선교학자들은 바빙크처럼 동양과 서양을 한마음 한뜻으로 연합시키고자 했다. 방식은 매우 달랐지만 켄 스트라첸도 이와 같은 정신으로 라틴아메리카에서 남과 북을 화해시키고자 했다.

케네스 스트라첸[1910-1965]

'침투전도'saturation evangelism라고 알려진 20세기 중반의 가장 각광받는, 그리고 때로는 논란이 되는 선교 전략은 케네스 스트라첸Kenneth Strachan이 주창했다. 그가 개발한 심층전도Evangelism-in-Depth 방식은 이 주제를 다루는 책 제목이 시사하다시피 "복음전도 분야의 혁명"으로 격찬받았다. 그는 1965년에 세상을 떠났지만 그가 주장한 개념은 지금도 여전히 논쟁을 촉진시키며 충성스러운 추종자들을 거느리고 있다. 그러나 "어떤 선교 운동이든 그 운동의 성장은 거기 참여한 사람들을 집결시켜 계속 복음 전하는 일에 나설 수 있게 하는 능력에 비례한다"는 그의 전제는 사실 새로운 것이 아니었다.[7] 다른 사람들도 동일한 이론 아래서 사역해 왔지만 다만 그것을 잘 정의하여 선교사들의 목표로 발전시키지 못했을 뿐이었다. 바로 그 작업을 한 사람이 스트라첸인데, 이는 그가 자기 아버지의 전도 사역에서 확인한 약점에 대한 하나의 반작용이기도 했다.

켄 스트라첸은 라틴아메리카선교회 공동 창설자 수전과 해리 스트라첸 부부의 아들로 라틴아메리카에서 태어나 자랐다. 어린 시절에는 주로 코스타리카에서 살았는데, 어머니가 라틴아메리카선교회 본부 감독을 책임지고 있는 동안 아버지는 순회 전도를 하고 다녔다. 데이턴 로버츠Dayton Roberts는 해리 스트라첸이 "동에 번쩍 서에 번쩍하는 소설 속 돈키호테처럼 라틴아메리카 대륙을 오르락내리락하면서 모든 주요 도시에서 전도집회를 계획하고, 조정하고, 개최하는 등 쉼 없이 복음전도 활동을 했다. 그는 전도집회를 홍보하는 사람, 사후 관리하는 사람, 제반 진행을 조정하는 사람, 사회자, 찬양 인도자였고 때로는 그 자신이 전도자 역할을 하기도 했다"고 기록한다.[8] 이런 개인적 활동이 매우 인상적이기는 하지만, 그는 다른 이들에게 영감을 주어 자신과 같은 열정으로 이 사역에 동참할 수 있게 만들 능력은 없었다. 그가 건강이 나빠져 활동이 줄어들자 선교회의 복음전도 사역도 함께 쇠퇴했다.

아들이 아버지의 빈자리를 채운다는 건 불가능해 보였다. 휘턴 대학 시절 켄의 별명이 "애송이"였다는 것에서 알 수 있다시피 그에게는 장차 선교 행정가가 되리라고 생각할 만한 요소가 거의 없었다. 그는 "아버지처럼 설교단에 서서 청중들을 호령하는 당당한 존재감, 힘찬 목소리, 타고난 설득력, 그리고 설교자와 복음 전도자로서의 능력이 부족했다. 그래서 사역의 영역에서 평생 열등감에 젖어 살았다고 해도 별로 이상할 게 없었다."[9]

게다가 켄 스트라첸은 청년 시절 내내 영적 전투에 시달렸다. 대학 시절 그는 어머니에게 보낸 편지에서 그 사실을 솔직히 인정했다.

> 상황이 그다지 좋지 않아요, 어머니. 말씀드리긴 싫지만 다른 데서 듣는 것보다 제게 직접 들으시는 게 더 나을 겁니다.……하나님의 마음에 들려고 무척 노력했어요.……며칠째 투쟁했지만 결국 제가 졌어요.……제가 신앙적으로 타락한 것이기만 하다면 그다지 나쁘지 않을 텐데, 남자다움까지 다 잃어버렸답니다. 의지력이나 자제력도 없고, 마땅히 해야 할 일을 하지도 못하고, 그 결과 그리스도인다운 삶에 실패했을 뿐만 아니라 가장 세속적인 사람보다도 못할 만큼 형편없는 처지가 되었어요.……당연히 했어야 할 일, 그리고 하지 말았어야 할 일을 생각하면 진심으로 저 자신이 부끄럽지만, 다시 돌이킬 힘도 없고, 돌이키기엔 너무 먼 길을 왔습니다.[10]

1945년, 아버지가 세상을 떠나자 그는 떠밀리다시피 해서 원하지도 않던 선교회 책임자 자리에 앉게 되었다. 지도자가 되자 곧 이런저런 결정을 내려야 했고, 아버지와 아들의 차이가 곧 극명하게 드러났다. 홍보와 선전 작업이 필요하다는 것은 알았지만 켄은 본능적으로 그런 것들을 혐오했다. 아버지처럼 복음전도의 중요성을 역설하려 했지만 최고 수준의 대규모 전도 사역은 그에게 어울리지 않는 일이었다. "다른 사람들은 편하게 받아들이는" 일들에서 그는 "불일치와 모순 심지어 허위"를 보았다. 또 한 가지 그를 괴롭힌 것은 "근본주의자와 포괄주의자 사이에서" 위태로운 줄타기를 해야 했다는 것이다. "이 둘의 논쟁은 서로 간의 협력에 대한 이상을 가진 사람에게는 정말 불쾌한 것이었다."[11]

선교회에서 스트라첸의 직위는 어머니와 함께 공동 회장이었다. 그는 어머니가 세상을 떠날 때까지 그 직분으로 일했다. 그리고 라틴아메리카선교회 단독 회장이 되자 그때부터 지도자로서의 그의 능력이 꽃을 피우기 시작했다. 선교회는 라디오·문서·교육·의료 분야로 사역의 영역을 확장시켰고, 1960년에는 선교사 수가 144명으로 늘어나, 10년 전 어머니가 세상을 떠난 이후 82퍼센트 증가했다.

북미 출신 선교사 수가 늘어난 것보다 더 중요한 것은 선교회 사역이 라틴아메리카화 했다는 것이었다. 스트라첸은 '인종 문제'에 오랫동안 관심을 가져 왔다. 그 관심은 본질상 흑백 문제는 아니었다. 그가 백인으로서는 유일하게 복음주의 선교단체 지도자로 미국유색인지위향상협회[NACCP] 회원 자격을 유지하고 있기는 했지만 말이다. 그는 어머니가 생전에 라틴 인종 고용 문제에 무심한 것을 보고 이에 이의를 제기한 적이 있었다. 그리고 후에 선교회의 단독 회장이 되자 라틴 출신 직원들을 북미 출신 직원들과 동등하게 대우하는 조치를 취했다.

선교회를 "라틴화한다"는 것은 단순히 라틴 출신 선교사를 늘리고 책임자가 될 기회를 허용한다는 뜻이 아니었다. 이는 선교회 정책 자체를 라틴 문화와 사고방식에 맞춘다는 의미이기도 했다. 예를 들어 라틴 사람과 북미 사람의 결혼은 아주 민감한 사안이었다. 북미 출신 선교사 대다수가 그런 결혼을 반대했다. 라틴 출신 선교사들은 그들의 이런 입장에 우월감이 스며 있다고 보았다. 스트라첸은 이 문제에 정면으로 맞서, "온전한 교제를 방해하는 그런 장애물은 근절되어야 한다"고 주장했다.[12] 그는 선교회에 라틴 사람들을 더 많이 받아들이기 위한 조치로 모든 업무는 스페인어로 처리하기로 했다.

라틴아메리카선교회 밖에서는 북미 출신 동료 선교사들과 협력하는 것보다 라틴아메리카인들과 협력하기가 훨씬 수월했다. 스트라첸은 다른 이들과 협력하여 모험적 사역에 나서기를 원했다. 그 사람들이 설령 근본주의 진영에 속해 있지 않을지라도 말이다. 그러나 그런 자세를 취하다 보면 본국의 열렬한 후원자들에게서 오는 후원금이 끊어질 수도 있다는 것을 그는 곧 깨달았다. 몇 년을 그렇게 아슬아슬한 줄타기를 하던 끝에 그는 성경이 근본주의자들처럼 그렇게 분리 정책을 가르치지 않는다는 것을 확신하게 되었고, 그래서 라틴아메리카선교회는 외부 진영 사람들과 좀 더 협력하는 방식으로 복음전도 사역에 임하기 시작했다. 전도 영역을 확장시키려는 노력으로 이렇게 접촉의 폭을 넓히면서 선교회는 후원자들을 잃었고, "에큐메니칼 운동과 로마가톨릭교회 안에서 경솔하게 배교 행위를 하고 있다"고 비난받았다.[13]

사역 초기에는 스트라첸도 세계교회협의회[WCC] 연관 그룹과는 그 어떤 협력도 하지 않으려 했다. 그러나 1960년대에는 세계교회협의회와 로마가톨릭을 대하는 그의 입장이 많이 부드러워졌다. 그는 공산주의야말로 라틴아메리카 지역에 대한 가장 큰 위협이라고 믿게 되었다. 그리고 공산주의 체제라는 악과 싸우기 위해 그리스도인은 서로 협력해야 한다고 생각했다. 그가 전통적 복음주의 사고에서 이렇게 급진적으로 이탈했다는 사실은 1961년 미국복음주의협회[NAE] 대회에서 공개적으로 드러났다. 이 회의에서 그는 "로마는 변하고 있다"고, "우리는 로마와 한편이 되어 공산주의와 맞서야 할 것"이라고 선언했다.[14] 나중에 가톨릭교회에서 일어나고 있는 변화에 대한 자신의 낙관적 견해를 수정하기는 했지만, 그럼에도 그는 이 발언으로 파문을 일으켰고, 이로 인해 다른 보수 복음주의 선교단체 및 후원 교회들과 스트라첸 사이에는 더 큰 간격이 생기게 되었다.

많은 복음주의자들은 교황 요한 23세와 제2차 바티칸 공의회의 영향으로 라틴아메리카에서 일어나고 있는 긍정적인 변화를 인정하지 않았다. 스트라첸은 비교적 일찍 세상을 떠나는 바람에 이렇게 긴장이 완화된 새 시대를 살며 선교회의 향방을 결정하지는 못했지만, 라틴아메리카선교회는 다른 이들의 지도 아래 여전히 가톨릭교회에 개방적인 자세를 유지했고, 그럼으로써 다른 많은 복음주의 선교단체들과는 점점 더 멀어져 갔다. 가톨릭교회에 대한 그의 유화적 태도가 논란을 불러일으키기는 했지만, 일부 사람들이 보기에 그보다 더 심각한 것은 그가 오순절파와도 교제하며 협력했다는 점이었다. 스트라첸에게는 "화해의 사역"이 엄격한 분리주의 입장에 비해 선교와 복음전도 사역에 더 도움이 되었고, 이런 태도는 심층전도 캠페인을 비롯해 라틴아메리카선교회 사역 전체에 스며들어 있다.

아버지의 사후 스트라첸이 계속 이어갔던 라틴아메리카선교회의 복음전도 십자군 사역은 1958년 빌리 그레이엄의 카리브해 집회 이후 절정에 이르렀다. 선교회로서는 신나는 시기였지만, 성공이 눈앞에 와 있다는 외적 징후에도 불구하고 그는 이런 방식은 효과적인 복음전도 방식이 아니라고 확신하기에 이르렀다. 그는 "외부에서 방문하는 전도팀보다는 그 지역 교회가……하나님의 복음전도 사역의 중심"이라고 믿었다.[15] 교회 총동원이 그의 주제가 되었으며, 이것은 그가 당시 급속히 확산되고 있던 세 그룹, 곧 공산주의, 여호와의 증인, 오순절파의 성공에 대해 관찰하고 독서한 후 개발한 주제였다.

첫 번째 심층전도 실험은 니카라과에서 7개월간 진행되었는데, 시작은 관심 있는 그리스도인 일꾼 몇 사람과 함께 수련회를 갖는 것이었다. 세미나와 성경공부로 구성된 나흘간의 집회를 마친 뒤 참석자들은 니카라과 전역으로 흩어져 방문전도 방법을 개발하고 지역교회에서 복음증거팀을 구성하기 시작했다. 그런 다음 그 지역 차원의 전도집회를 열었고, 이어서 니카라과의 수도 마나과에서 전국 규모의 집회를 열면서 이 실험은 절정에 이르렀다. 후속 양육이 이 사역의 핵심 요소였는데, 새신자들은 지역교회에 정착해서 좀 더 성숙한 그리스도인들에게 훈련을 받았다. 전통적인 복음전도 운동을 토대로 판단해 볼 때 이 사역은 "엄청나게 성공적"이었다.[16] 이는 실로 거국적인 행사로서, 약 2,500명이 회심하는 결과를 낳은 것으로 보고되었다.

니카라과에서 일어난 일을 보고 많은 이들이 이것을 세계 어느 곳에나 적용할 수 있는 전도 사역의 고무적 새 흐름으로 여겼다. 아서 글레서^{Arthur} ^{Glasser}는 "여기 이 시대의 요구에 부응하기 위한 아주 조직적 시도가 있다"고 말했다. "공통의 목표 달성을 위해 한 나라가 지닌 그리스도인들의 힘이 총동원될 때 어떤 일이 이뤄질 수 있는지 우리는 지금 우리 눈앞에서 보고 있다." 이런 찬사에도 불구하고 스트라첸은 니카라과에서 이룬 성과에 만족하지 않았다. 그 장기 사역의 모든 과정은 주로 니카라과 국민들이 책임지고 진행했지만, 애초에 이것을 기획하고 주도한 것은 외부 사람이었다. 따라서 "정직하게 말하자면 이 혁명이 니카라과 교회들의 수고와 태도에서 빚어져 나온 결과라고는 말할 수 없었다."[17]

그 다음 심층전도 실험은 코스타리카에서 있었다. 이곳에서도 니카라과처럼 많은 이들이 그리스도를 믿겠다고 결단했다. 그러나 지역교회에서 지속적으로 나타나는 실제적 효과는 예상보다 저조했고, 다섯 달간의 활동이 끝난 뒤 집행위원회는 거액의 부채를 떠안게 됐다.

코스타리카 사역을 진행하느라 심신이 긴장한데다 결과마저 신통치 않자 스트라첸은 영적으로나 심리적으로 침체에 빠졌다. 라틴아메리카선교회가 계획대로 과테말라에서도 심층전도 사역을 계속 진행해야 할 것인지에 대해 깊은 회의가 들었다. 선교회는 심각한 재정난에 빠져 있었고, 앞날은 암울해 보였다. 그러던 중, 1961년 9월 뉴저지 주 케직그로브에서 열린 한 집회 때 상황이 급반전되었다. 그가 후에 회상하다시피, "그때……누군가가 메모지에 약속어음을 한 장 써서 주님 앞에 내놓았다. 그 순간 우리는 잔뜩 위축된 심정에서 벗어나, 하나님께서 모든 필요를 채워 주시리라는 완전한 확신의 피난처에 이르렀다."[18]

과테말라 전도 사역은 계획대로 진행되었고, "심층전도 운동이 시작된 이후 가장 크고 가장 든든한, 그리고 가장 심층적인" 최종 성과를 냈다. 집중 전도의 해가 끝났을 때 "추수는 이제 막 시작되었을 뿐"이었다. 데이턴 로버츠의 말에 따르면, "결론은 회피할 수 없었다"고 한다. "1962년 한 해 동안 과테말라는 전에 없이 영적으로 요동했다."[19]

과테말라 전도 운동을 끝으로 켄은 심층전도 사역에 더 이상 적극적으로 관여하지 못했다. 건강이 점점 나빠지고 있었고, 1963년에 주치의는 그의 상태를 악성 림프종의 일종인 호지킨병으로 진단했다. 병세는 점점 악화되다가 1965년 결국 그의 목숨을 앗아 갔다. 그러나 그가 심층전도 운동을 통해 개발한 복음전도 원리들은 사라지지 않았다. 라틴아메리카에 있는 그의 동료들은 켄이 시작한 과업을 계속 이어갔고, 9년 동안 여덟 개 나라에서 전도 활동을 펼쳐 10만 명 이상이 회심하는 결과를 낳았다. 그러한 성공 이야기가 널리 퍼져 나가면서 세계 각국의 선교사와 교회 지도자들이 이 전도 운동을 주목했다. 홍콩과 일본에서까지 심층전도 운동을 실시해 달라는 요청이 왔고, 라틴아메리카선교회 직원들은 이 사역의 원리를 현장 실무자들에게 가르칠 수 있는 특별한 기회를 누렸다.

심층전도 운동은 세월이 흐르며 변화했지만 일반 신도와 그리스도인 사역자를 동원한다는 기본 원리는 그대로였다. 스트라첸의 사망 이후, 선교회와 현지 교회의 관계에 진보적 태도를 지닌 것으로 유명한 라틴아메리카

선교회의 사역은 계속 그 자세로 앞을 향해 나아갔다. 라틴아메리카선교회는 "한 선교지에 서로 비슷하뇌 독립적인 두 개의 기판이라는 가장 일반적인 해법, 곧 중재역할을 하는 조정위원회가 딸린 선교회 조직이 계속 그 지역에 남아 지교회와 제휴하는 방식"을 선택하지 않고 "라틴아메리카에서 현지인 지도자 아래 각 교회가 독립적으로 조직되게 하는 담대한 조치를 취했다."[20] 일부 북미 출신 선교사들은 이 정책에 적응하기 힘들어 했지만, 이는 켄 스트라첸이 그토록 능력 있게 추진했던 선견지명 있는 선교 철학을 잘 보여주었다.

오를란도 코스타스[1942-1987]

켄 스트라첸의 격려가 있든 없든, 라틴아메리카에서 자국인들이 선교회 지도자를 맡고 독립하는 추세는 이제 성년 단계에 이르렀다. 이런 추세와 함께 그 지역에서 두각을 나타낸 인물이 오를란도 코스타스[Orlando Costas]였다. 심층전도 운동에 참여했던 그는 그 경험 덕분에 라틴아메리카 기독교의 다양성을 보는 눈이 열렸다. 라틴아메리카에는 오랜 전통을 자랑하는 개신교도도 있었고 복음주의자도 있었으며, 은사주의자도 있었고 가톨릭교도도 있었다. 그 땅에서 코스타스의 주 사역은 이들 진영 사이에 다리를 놓고 대화 분위기를 조성하는 것이었다. 또한 그는 라틴아메리카와 북미 사이에도 가교를 놓고자 했다.

코스타스는 푸에르토리코에서 태어나 열 두 살 때 가족과 함께 미국으로 이주했다. 그의 말을 빌리자면, "매혹적인 섬"을 내주고 "미국 대도시의 히스패닉 게토"로 들어간 것이었다. 그곳에서 그는 폭력집단에 들어가 범죄를 일삼으며 살 수도 있었지만, 집안의 감리교 신앙 전통 덕분에 매디슨 스퀘어가든(미국 프로농구 뉴욕 닉스의 홈구장)과 빌리 그레이엄 전도대회 쪽에 관심을 가질 수 있었다. 그는 이 대회에서 자신의 첫 회심이 이뤄졌다고 말한다. 즉, 그리스도를 믿어 구원에 이르는 믿음을 갖게 된 것이다. 두 번째 회심은 히스패닉으로서의 자신의 뿌리를 재발견한 것이었고, 세 번째는 사회 행동주의로 전향한 것이었다. 푸에르토리코인 친구의 영향으로 들어간 밥존스 대학 시절, 복음을 전하는 일에 대한 관심은 그의 삶 속에 확실히 뿌리를 내렸다. 그런데 대학에 들어가던 해 그에게는 또 하나의 관심사가 생겼다. "나는 최악 형태의 앵글로색슨 문화 그 민낯을 보았다.……청교도주의적 가치 체계……부끄러움도 없이 인종차별을 옹호하고 정당화하는 태도……그리고 미합중국의 자명한 신적 운명(미국이 북미 전역은 물론 태평양 그 너머까지 정치·경제·사회적으로 지배·개발할 운명을 지녔다고 주장하는 이론)에 대한 득의만면한 믿음이 바로 그것이었다."²¹

학교를 졸업하고 북부로 돌아간 그는 몇 년간 목회자로 사역하다가 나약 선교사 대학에서 공부한 뒤 아내 로즈와 함께 푸에르토리코로 돌아가 목회와 대학 공부를 계속했다. "이때 했던 공부 덕분에 나는 푸에르토리코인으로서의 내 정체성을 재발견했고, 라틴아메리카인으로서 나의 문화 전통을 확인했으며, 라틴아메리카에서 미국이 정치적 패권을 쥐고 있는 현상에 의문을 품고 의식적으로 그 문화와 관계를 끊기 시작했다." 1965년 도미니카 공화국의 군사 쿠데타를 지원하기 위해 미 해병이 개입한 사건을 언급하면서 그는 "강대국이 어떻게 한 국민의 희망과 열망을 짓밟는지 내 스스로 깨달을 수 있는 기회였다"고 한탄했다.²²

신학 공부를 위해 미국으로 다시 간 코스타스는 공부를 마친 뒤 라틴아메리카선교회 선교사 자격으로 아내와 함께 코스타리카에서 사역했고, 산호세의 싱경신학교에서 학생들을 가르치며 심층진도 운동에 참여했다. 1970년대 십여 년 동안 그는 라틴아메리카 선교학계 내부의 혼란스럽고 흥분되었던 상황에 깊이 연루되어 있었다. 해방신학 문제와 관련해서 특히 그러 했다. 성경신학교 자체가 "해방신학의 중심에서 격렬한 논쟁의 진원지가 되었다." 이 문제를 두고 사람들의 의견이 격하게 대립하자 그는 자신의 꿈을 뒤로하고 학교를 그만두었다. 그는 "성경신학교를 라틴아메리카 정황에 충실하고 미국인 선교사의 권력에서 독립된 복음주의 기관으로 만들려던 우리의 꿈은 좌절되었다. 적어도 내게는 그랬다"고 기록한다.[23]

그 소란스럽던 1970년대에 코스타스는 유명한 선교학자 요하네스 베르카일의 지도로 암스테르담의 자유대학에서 박사과정을 마치고 영국 버밍엄으로 가서 셀리오크 칼리지의 선교사 훈련센터에서 학생들을 가르쳤다. 당시 레슬리 뉴비긴도 이 센터 교수로 재직하고 있었다. 두 번째 선교사 임기를 위해 라틴아메리카로 돌아올 무렵 그의 이름은 라틴아메리카를 비롯해 세계 선교학계에 널리 알려지고 있었다. 1980년, 그는 다시 한 번 거처를 옮겼다. 이번에는 필라델피아였다. 그는 이곳 이스턴 침례신학교에서 학생들을 가르쳤고, 후에는 매사추세츠의 앤도버뉴턴 신학교로 다시 옮겨갔다.

널리 알려진 저서 『성문 밖의 그리스도』*Christ outside the Gate*에서 코스타스는 교회 및 선교와 관련하여 몇 가지 핵심 쟁점들을 설명했다. 특히 그는 선교 활동과 서방 제국주의가 여전히 공조 관계에 있다고 보면서 "선교 사역이 기업의 형태를 띠는 것은 우연이 아니"라고 주장했다. "이런 일이 생긴 것은 근대 선교사 운동이 자유기업 세계의 자식이기 때문이다." 그가 미국을 "새 마게도냐"[행 16:9]로 보는 것은 중앙아메리카선교회를 비롯해 여러 선교단체가 라틴아메리카를 "사마리아"로, 곧 복음화해야 할 이웃으로 보는 시각을 반전시킨 것이다. 그는 미국이야말로 "제3세계 그리스도인들을 위한 선교지"라고 했다. 그는 라틴아메리카 그리스도인과 북미의 몇몇 소수집단은 복음을 왜곡시켜 이해하고 있는 미국인들에게 예수 그리스도의 단순한 복음을 전해 주어야 할 소명이 있다고 생각했다.

코스타스는 선교학자로서의 이력이 절정에 달해 있을 때 말기 암 진단을 받았다. "1987년 11월 5일, 선교사로서 수많은 경계를 넘어 다닌 한 남자는 45세의 나이로 최후의 경계를 넘어 주님을 만나러 갔다."[24]

도널드 맥가브란[1897-1990]

도널드 맥가브란[Donald McGavran]은 가장 널리 인정받는 20세기 말의 선교학자 중 한 사람으로, 전공은 교회 성장학이었다. 선교 거점을 확산시켜 나가는 옛날 방식에 만족하지 못한 그는 반세기 이상 이문화 전도에 긴밀히 참여해 온 선교 활동가였다. 아서 글래서는 "사회과학이 선교사가 하는 일에 동력을 제공해 줄 수 있다는 것이 그의 논제였다"고 말한다. 다시 말해 "연구와 분석의 결과로 교회 성장 방해요소들이 제거될 수 있다는 것이다. 실제로 그는 '교회 성장의 사도'였다."[25] 맥가브란은 교회 성장이라는 주제를 새로운 방향으로 급전개하는 바람에 본의 아니게 격렬한 논쟁의 중심에 서게 됐다. 사실 1970년대와 1980년대 선교 전략에 관한 대부분의 논쟁은 그가 주장하는 개념에 초점을 맞추고 있었다. "그는 찬사를 받기도 했고 공공연히 비난을 당하기도 했지만, 무시되지는 않았다"고 데이비드 앨런 허버드[David Allen Hubbard]는 말한다.[26]

맥가브란은 1897년 인도에서 선교사 집안의 아들로 태어났다. 그의 아버지도 선교사였고 할아버지도 선교사였다. 선교사는 평생 본국에서 보내오는 "후원금품"에 의지해 살아야 한다는 생활방식에 처음에는 반항을 하기도 했다. 그는 "아버지는 주님을 위해 할 만큼 했다. 이제 내가 나가서 돈을 좀 벌어야 할 때가 되었다"고 생각했다.[27] 그러나 버틀러 대학 생활은 그가 앞으로 선교사가 되리라는 전조가 되었다. 4학년 대표이자 뛰어난 논객으로서 그는 장차 법조인이 될 생각을 했다. 그러나 대학생 자원운동의 영향으로 그는 꿈이 바뀌었다. 예일 신학대학원을 졸업한 그는 아내와 함께 인도로 가서 선교사 생활을 시작했다. 역경과 위험으로 가득해서 이전 세대 개척 선교사들의 삶을 떠올리게 하는 그런 삶이었다. 한번은 다쳐서 사납게 날뛰는 호랑이의 공격을 막아 내야 했고, 또 한번은 야생 보아뱀을 물리쳐야 했던 때도 있었다. 콜레라 유행을 거의 혼자 힘으로 저지하거나, 히말라야 산에 오른다거나, 필리핀 외딴섬의 밀림을 헤치고 나가야 했던 때도 있었다.

뿐만 아니라 그는 아프리카 땅을 횡단하며 세미나를 주최하고, 영화를 제작하기도 했고, 12권 이상의 저서를 남기기까지 했다. 그의 사전에 은퇴란 없었다. 1973년, 76세의 나이로 그는 세 권의 책을 집필하고 학생들을 가르치며 연구 프로젝트를 지휘했다. 1983년에는 인도와 일본에서 세미나를 여는 등 그의 적극적인 사역은 그 후로도 계속 이어졌다.

맥가브란의 선교사 이력은 연합기독선교회^{UCMS} 소속으로 인도 하르다의 한 미션스쿨 감독을 맡으면서 시작되었다. 후에 그는 교육과 의료 사역 관련 기관에서도 일했고, 번역과 전도 사역에도 적극적이었다. 1930년대 중반 컬럼비아 대학에서 대학원 공부를 하며 박사학위를 따느라 선교사 사역은 잠시 중단되었다.

그 후 그는 인도에서 20년을 더 일했고, 그 20년 동안 집단 개종 운동 현상 연구에 깊이 관여했지만, 1950년대 중반 선교위원회는 그를 좀 더 폭넓은 활동에 활용하기 시작했다. 그는 선교학 관련 쟁점, 특히 교회 성장 전략에 관심이 있었다. 선교사들이 하는 일은 세계 복음화라는 목표에 별로 기여하는 게 없다는 생각을 오랜전부터 해오던 그는 새로운 개념의 복음전도를 연구하고 싶었다. 당시 그는 다양한 기독교 교육기관에서 선교 관련 강의를 시작한 참이었고, 1961년에는 교회성장연구소를 설립했다. 그 후이 연구소는 그의 이름과 불가분의 관계를 맺으며 20년 이상 존속했다.

켄 스트라첸과 마찬가지로 맥가브란도 교회 성장이라는 결과를 낳은 원리와 방법론을 발견하기 위해 다른 이들의 복음전도 활동을 연구했다. 그가 생각하기에 특별히 신성시되어야 할 방법 같은 것은 없었고, 과학적 탐구라는 면밀한 연구 영역을 벗어나는 방법도 없었다. 스트라첸이 개발한 심층전도 방식도 마침내 시험대에 올랐다. "라틴아메리카 몇몇 나라를 주의 깊게 연구해 본 결과, 1년간의 심층전도 활동과 증가하는 교회 성장률 사이에는 아무 인과관계를 발견할 수 없었다"고 피터 와그너[Peter Wagner]는 말한다.[28] 맥가브란과 그의 제자들에게는 회심자들이 실제로 얼마나 지교회에 들어가 자리를 잡느냐 하는 것(그것이 반드시 '결신자'의 수를 말하는 것은 아니었다)이 선교 방법론 평가의 핵심 요소였다. 대중 전도집회가 교회 성장이라는 결과를 낳았을 경우, 맥가브란은 그 이유를 찾아내고자 했고, 자신이 찾아낸 그 원리를 그 밖의 다른 지역에 적용했다.

그가 설립한 교회성장연구소를 통해 이 선교학 연구 분야는 이전 다른 어떤 경우보다도 크게 발전했다. 1961년, 오리건 주 유진의 노스웨스트 기독교 대학에서 학생 한 명으로 시작한 이 연구소는 1965년에 패서디나의 풀러 신학교로 이전했다. 피터 와그너는 맥가브란이 "철두철미 목표 지향적인 사람이었다"고 말한다. "그는 방법이 아니라 원리를 다루었다. 방법은, 그가 말하는 '적극적 실용주의'[fierce pragmatism]의 토대 위에서……수용되거나 거부되었다. 연구 조사가 그의 주 도구였다."[29]

자신의 연구를 바탕으로 맥가브란은 대중 전도라는 전통적 방식이 교회 성장에 실질적으로 기여한 게 거의 없을 뿐만 아니라 이 방식 때문에 19세기 전체와 20세기 상당수 선교사들의 노력이 방향을 잘못 잡게 되었다고 결론 내렸다. 선교기지를 만들어 나가는 방식이 거의 2세기 동안 선교계를 지배해 왔지만 이는 초대교회의 특징인 자발적 교회 확장을 촉진하지 못했다. 선교사들은 토착 교회를 세우려고 성실하게 노력했지만, 기독교는 선교기지 주변에만 계속 초점을 맞추었다는 것이다.

"이 선교기지 교회들은 성장과 증식에 필요한 요건이 부족했다"고 맥가브란은 말한다. 주된 이유는, 회심자들이 회심 이전의 사회적 관계에서 분리해 나와 다른 선교기지 그리스도인들하고만 교제하는 경우가 많았다는 것이다. 이들은 대개 "회심하지 않은 친지들에 비해 자신들이 대단히 우월하다고" 여겼고, 그래서 복음전도를 위해 그들에게 영향을 끼치지 못하고 스스로를 제한했다. 그 결과 의도치 않았던 엉뚱한 새 종족과 새 신분 서열, 그리고 고용과 사회 서비스를 선교기지에만 의존하는 고립된 사회가 생성되었다. 그런 그리스도인들은 "만일 더 많은 사람들이 그리스도인이 되면 선교회의 자원이 그들에게까지 나눠지느라 자신들이 받을 몫이 줄어든다는 생각을 하기 쉽고" 그래서 어떤 경우 "회심할 가능성이 있는 사람을 만류하여 사실상 그리스도인이 되지 못하게" 하는 결과를 빚기도 했다.[30]

맥가브란의 말에 따르면, 해결책은 집단 개종 운동이었다. 이는 전 종족 혹은 '동질집단'homogeneous unit 전체가 다 그리스도인이 되는 운동이었다. 그가 생각하기에는 "다수 개인의 회심"이 개별 개종에 비해 훨씬 더 지속적이고 안정적인 진짜 교회 성장을 낳을 수 있었다. 이와 같은 운동이 과거에도 일어나기는 했지만 의도적으로 그런 움직임을 "추구하거나 바라는 경우는 드물었다." 인도에서 집단 개종 운동 대부분은 사실 "이 운동의 출발점인 교회와 선교회 지도자들의 저항에 부딪쳤는데", "서양 사람들은 집단 결신보다 개별적 결신을 선호했다"는 것도 그 부분적 이유였다.[31]

맥가브란의 집단 개종 운동 개념에서 가장 논쟁이 되는 부분은 이른바 동질집단 원리로서, 그가 1974년 로잔대회 본회의에서 연설을 한 뒤 널리 보급된 개념이다. 그는 종족 의식을 세계 복음화 과정의 부정적인 요인으로 볼 게 아니라 차라리 긍정적인 요인으로 보아야 한다고 주장했다. "부족민들에게 인종적 편견을 가져서는 안 된다고 아무리 말해 봤자 소용없다. 그들은 그런 편견을 갖고 있을 뿐만 아니라 그것을 자랑스럽게 여긴다. 우리는 종족 의식을 이해해야 하고 그 의식을 도움 삼아 이들을 기독교화해야한다." 그는 인종적 편견을 옹호한 게 아니었다. 다만, 인종적 편견에서 벗어나는 게 그리스도인이 되는 전제조건은 아니라고 주장한 것이다. 그는 어떤사람을 그리스도인으로 만드는 데는 '제자화'disciling와 '완전화'perfecting의 두단계가 있다고 규정했다. 그리고 두 번째 단계에 접어들어야만 인종적 편견이 근절되는 방향으로 발전이 이뤄질 수 있다고 했다.[32]

맥가브란을 가장 날카롭게 비판한 사람으로는 재세례파 신학자 존 H.요더John H. Yoder, 1927-1997가 있는데, 그는 맥가브란이 주장하는 방식의 정직성에의문을 품었다. "내가 세례받기 전에는 선교사가 그런 말을 안 하다가 세례받은 후에야 흑인을 사랑해야 한다고 말한다면 나는 그 선교사가 속임수를쓰고 있다고 생각할 것"이라고 그는 주장했다. "기독교회는 인종차별이 없는 공동체라는 점을 처음부터 말해 주지 않는다면, 나중에 도대체 무슨 권한으로 그들에게 인종 융합을 요구할 것인가?"[33]

맥가브란의 동질집단 원리를 비난한 또 다른 사람으로 라틴아메리카출신 선교학자 레네 파딜랴가 있다. 그가 평가하기에 동질집단 개념은 하위기독교적sub-Christian이고, 죄악이었다.

그 개념은, 사람들이 자기 종족과 계급에 속한 이들과 함께하기를 좋아하므로인종별로 분리된 교회를 개척해야 하고, 그러면 그 교회는 틀림없이 더 빠르게성장하리라는 것이다. 인종적 편견을 "이해해야 하고 이것을 도움 삼아 기독교화를 이루어야 한다"고 말하는데, 해석학적으로 제아무리 수완을 부려도 이 방식은 그리스도의 몸 안에서 연합을 이루라고 하는 신약성경의 가르침과 일치시킬 수 없다.[34]

맥가브란을 비판하는 사람들은 그가 "질을 희생하고 양을 중시한다. 영혼 구원에 너무 치중한 나머지 인간에게 필요한 것을 제공하는 일은 소홀히 한다. 교회의 확장만 추구하고 사회정의의 필요성에 대해서는 눈을 감는다. 성령이 아니라 인간의 노력에 의지한다"고 비난했다.[35] 하지만 그의 글은 선교학 분야에 새로운 에너지를 불어넣어 주었다. 아서 글레서에 따르면, 맥가브란의 주장은 "오늘날 선교학 분야의 다른 어떤 사람의 말보다 더 폭넓게 인용되며 뜨거운 논쟁의 대상이 되고 있다." 그는 "1955년 이전의……모든 선교단체를 지배했던 낡고 전통적이고 대부분 비생산적이었던 선교 방법론을 완전히 전복시켰다."[36]

1990년, 92세의 나이로 세상을 떠난 맥가브란은 선교 연구 분야에 풍성한 유산을 남기는 한편 자신의 교회 성장 개념을 둘러싸고 지속적 논쟁이 벌어지게 만들었다. 여러 면에서 볼 때 맥가브란의 중요성은 그가 내놓은 정확한 답변보다는 그가 제기한 문제에서 찾아볼 수 있다. 그는 몇몇 기독교 학교에서 선교 연구 분야를 단순한 입문 과정에서 광범위한 전문 교과목으로 승격시키는 데 일조했다. 그 자신이 다른 학자들의 영향을 받기는 했지만, 선교학자로서의 그에게 가장 심대한 영향을 끼친 사람은 한 인도 여인으로, 그 여인의 말이 그의 인생을 바꿔 놓았다.

어느 날 교회에 다녀와 선교단지 구내를 걷고 있던 그는 한 인도 여인과 마주쳤다. 그 여인은 여러 해 동안 가족과 함께 선교회 본부 단지에 기거하며 일하고 있는 사람이었다. 그는 여인과 반갑게 대화를 나누기 시작했는데, 이야기 중에 여인에게 이런 질문을 했다. "최근에 쭉 그리스도인들과 함께 지내셨는데 어떻게 가족 중에 그리스도인이 된 사람이 하나도 없죠?" 여인은 만일 누군가가 신경을 써주었더라면 가족들이 아마 오래전에 그리스도인이 되었을 것이라고 대답했다. 그 여인에게, 혹은 여인이 속한 계급 사람들에게 그런 결단을 촉구한 이가 하나도 없었다는 것이다.

"여인의 말은 마치 단검처럼 내 마음 깊이 들어와 박혔다"고 맥가브란은 술회한다. 선교단지 안에 살고 있는 일가족이 단 한 번도 예수님을 주님으로 영접하라는 말을 들어본 적이 없다는 사실에 그는 충격을 받았다. 그는 행정가로서 하루에 12시간씩 일하고 있었지만 이 만남 후 그 여인의 가족과 여인이 속한 계급의 복음화를 위해 일주일에 한 번씩 밤샘 기도를 하기 시작했다.[37]

랄프 윈터 [1924-2009]

랄프 윈터Ralph Winter는 20세기 최고의 선교 행정가임에 틀림없다. 그는 실천가이자 전략가이고, 학자·조직가·혁신가·동원가·열정가다. 확실히 랄프 윈터만큼 선교의 여러 측면에 관여한 사람은 지목해 내기 어려울 것이다.

윈터는 1924년 로스앤젤레스에서 태어났으며, 학교에 재직하거나 해외에 나가 있던 시절을 빼고는 두 살 때부터 계속 같은 집에 살았다. 그는 고등학교를 마치고 아버지처럼 엔지니어가 될 생각으로 캘리포니아 공대에 들어갔다. 대학교를 졸업하고 해군 복무를 마친 후에도 공부를 계속해 코넬 대학에서 마침내 박사학위를 받았으며, 선교사가 되기 위해 프린스턴 신학교에서 신학 학위도 받았다.

그는 아내 로버타와 함께 과테말라에서 10년 동안 선교사로 일하다가 맥가브란의 요청을 받고 풀러 신학교 세계선교원에 합류하여 10년 동안 교수로 재직했다. 그러던 중 1976년, 랄프와 로버타 부부는 안정된 지위와 봉급을 포기하고 아무런 재정적 지원도 없이 미국세계선교센터USCWM를 설립하고 로스앤젤레스 패서디나에 대학 캠퍼스를 구매할 계획을 세웠다. "이들은 이곳이 미전도 종족에게 복음을 전할 목적을 가진 사람들을 불러 모으는 이상적인 작전기지가 될 것이라고 믿었다. 비용은 1,500만 달러였다. 하지만 그들 수중에는 단돈 100달러뿐이었다."[38]

설립된 이후 몇 년 사이 미국세계선교센터는 "당장이라도 압류당할 처지"에 직면했고, 은행의 "대출 담당 부서에서 소멸할 운명으로 보였다." 적어도 "마지막 순간에 자금이 쏟아져 들어오기까지는" 그렇게 보였다.[39] 그러나 싸움의 초점이 담보대출 상환에 맞춰졌던 적은 한 번도 없었다. 그보다 이들은 대략 1만 7천 개로 추산되는 희귀 부족 집단에 초점을 맞추었다. 인구로는 약 20억이 넘는 이 부족들의 마을에는 아직 기독교회가 존재하지 않았다.

미국세계선교센터는 "에너지가 넘쳐 붐비는 곳", 공동의 "두뇌 집단"think-tank으로서, 선교단체들은 이곳에 인력을 맡겨 "숨겨진 종족"에게 복음을 전하는 데 필요한 연구 작업과 인력 동원을 함께할 수 있게 했다. "그곳에는 소장의 천재적 창의력 그 이상의 것이 있었다"고 데이비드 브라이언트David Bryant는 말한다. "내가 여러 부분에서 느낀 것으로 보건대 이 센터의 매력은 센터가 규합시킨 개척자적 믿음의 모델들에 있다(윈터도 그중 하나다). 하나님의 영광에 대한 이들의 열심은, 세상을 구원하려는 그리스도의 목표를 위해 하나님께서 자신의 백성들을 통해 어떤 일을 하실 수 있고 또 어떤 일을 하실지에 대해 나를 포함해 많은 이들의 믿음을 새로이 하게 한다." 브라이언트는 이 센터를 톨킨의 『반지의 제왕』에 나오는 리븐델 마을에 비교했다. "환상이 태어날 수 있는 곳, 덧없는 꿈이 현실이 될 수 있는 곳, 장차 있을 큰 싸움을 위해 전투 계획을 세울 수 있고 궁극적이며 필연적인 성공에 대한 믿음을 새롭게 할 수 있는 곳"이 바로 그곳이었다.[40]

윈터의 "창의력 풍부한 머리"에서 나온 창작품은 미국 세계선교센터만이 아니었다. 그는 윌리엄캐리 출판사, 미국선교학회, 신학연장교육TEE, 개척선교회, 그리고 국제적인 학부이자 대학원 연장 프로그램인 윌리엄캐리 국제대학교 설립에도 적극적이었다.

윈터에게 선교 사역은 단순한 천직이 아니었다. 선교 사역은 그의 전 삶을 포괄했다. 윈터와 그의 가족들은 "전시(戰時) 생활방식"을 유지했다. 이는 "검소한" 생활방식과 혼동하기 않기 위해 윈터가 만들어 낸 표현으로, 전시 생활방식은 "검소한 생활방식보다 더 사치스럽기도 하도 덜 사치스럽기도 하다. 군인이 참호 속에서 배급 식량을 먹으면 많은 돈을 쓰는 게 아니다. 하지만 전투기 조종사는 한 달에 4만 달러를 쓸 수도 있다. 다시 말해, 전시에는 평상시 생활방식의 규범에 따라 판단하지 않는다. 중요한 것은 그 상황에서 자신에게 주어진 일을 해내는 것이다."⁴¹

그가 말하는 규범은 센터의 일상생활에 분명히 나타나 있다. 과업 진행을 수월하게 하기 위해 사무실에서는 최신 컴퓨터 장비를 쓰고 우편도 특급 우편 서비스를 이용하지만, 그 자신은 주행거리 48만km에 접어든 1965년산 스테이션왜건을 타고 다니며 "선교사들에게 보내는 후원물품함"에서 건진 푸른색 스포츠 코트를 입고 다니는 모습을 자주 볼 수 있었다.

윈터는 자신이 만든 다양한 기관과 개인적인 접촉을 통해 주로 북미의 교회 현장에 관여하며 이문화 선교에 사람들을 동원했다. 그는 "미국 교회에 선교의 비전을 확산시키는 것이 우리의 최대 과제임을 확신하지 못한다면 아내와 나는 현장으로 돌아갈 것이다. 현재 미국의 그리스도인들 중 그 꿈을 가진 이는 겨우 2퍼센트"라고 후원자들에게 말했다. 미국세계선교센터가 존재해야 할 이유, 그리고 그가 거의 평생을 바쳐 이루고자 했던 목표가 무엇인지는 센터 홈페이지에 요약되어 있다.

"고국에 머무는 것"이 현장으로 가는 것보다 그 이유와 목표를 실현하는 데 더 효과적일 수도 있는가?

선교사들은 온갖 선한 일들을 다 한다. 그러나 선교사의 진짜 독특한 과제는 "더 많은 영혼을 구령"하는 게 아니다(전도는 선교사들이 늘 하는 일이다). 사회참여도 아니다(삶과 문화는 늘 공격을 받는다). 선교의 독특한 과제는 지상의 모든 족속, 방언, 종족들 가운데 박진감 있게 성장해 나가는 교회 운동을 확립하는 것이다. 세상 모든 인종 집단 안에 강력한 교회 운동이 존재한다는 것을 확신할 수 있기까지는 우리의 할 일이 끝난 게 아니다. 그렇다. 한 인종 집단이 그 문화 안에 튼튼한 신앙 공동체를 갖기까지는 많은 이들이 개별적으로 그리스도와 그분의 주장에 대해 진정으로 의미 있는 결단을 할 것으로 기대할 수 없다. 그런 기대는 부당한 기대다. 모든 인종 집단의 개별 신자들이 자신의 "새로운 삶"이 자신의 문화와 어떻게 연관되는지 깨닫기까지(역사를 통해 다른 수많은 사람들의 경우가 그러했듯), 이들은 마음이 편치 못하거나 생산력 있는 그리스도의 제자가 되는 데 필요한 공동체를 이루지 못할 것이다.[42]

레슬리 뉴비긴[1909-1998]

20세기 말 최고의 선교학자는 레슬리 뉴비긴[Lesslie Newbigin]이었다. 그가 남긴 학술적인 글과 강연은 평생에 걸쳐 교회를 섬기고 복음을 전하며 선교사로 살아온 경험에서 얻은 정보에 바탕을 두고 있다. 그의 삶은 동양과 서양이 종교적으로 대립한 시기와 다소간 교차되었고, 덕분에 그는 이런 문제에 대해 동양이나 서양 어느 입장에서든 예리한 시각으로 발언할 수 있었다. 기독교 역사상 그런 면에서 그와 같은 정도로 인정과 신뢰를 받은 사람은 거의 없다.

뉴비긴은 1909년 영국에서 신실한 그리스도인 부모의 아들로 태어났다. 중고등학교를 마친 뒤 "집안에서 어릴 때부터 믿어 온 기독교의 가설들을 내팽개쳤다." 그러나 대학 시절 학생기독교운동[SCM]과 거기 연관된 선교회 지도자들을 접하면서 그들의 "순수한 지적·영적 능력은 오해의 여지가 없다"는 것을 깨닫고 "신앙을 다시 탐구하기 시작했다." 또한 웨일스의 한 탄광촌 캠프 사회사업 센터에서 일하던 중 환상 체험을 한 것도 영적 탐구의 계기가 되었다. "하늘과 땅 사이 공간에 십자가가 걸쳐져 있는 환상", 이 환상이 그의 삶을 변화시켰다.

내가 본 그 십자가는 하늘 아래 가장 절망적이고 비루한 인간의 비참함에 닿아 있는, 그러나 생명과 승리를 약속하는 어떤 것이었다. 그날 밤 나는 전에 없이 확신했다. 길을 잃고서 방향 찾는 법을 알고자 할 때 내가 따라가야 할 단서가 바로 이것이라고 말이다. 내 모든 지식과 용기의 원천 그 끝자락에 이르렀을 때 과연 어디에서 다시 시작해야 할지 알 것 같았다.[43]

복음전도는 뉴비긴의 생기 있는 신앙의 토대가 되었다. 그는 옛날 방식의 길거리 설교를 하기도 했는데, 이렇게 옥외에서 설교를 하려면 "대중들의 야유를 견뎌 내고 노동자들의 진지한 질문에 답변할" 수 있는 꿋꿋함이 필요했다. 그는 인도에서 선교사로 사역할 때도 이 방식으로 복음을 전했다. "자전거 뒤에 적당한 크기의 나무 상자 하나를 설치하고 그 안에 1아나(인도의 옛 화폐 단위)에 팔 수 있는 저렴한 문고판 쪽복음서를 담아 가지고 다녔다. 이따금 가던 길을 멈추고 자전거를 기대어 세워 놓은 다음 상자를 열고 성경책을 꺼내 읽었다. 그러면 곧 사람들이 한둘씩 모여들곤 했다."[44]

인도 선교사 시절 뉴비긴은 "고독한 예언자" 롤런드 앨런에게 서서히 영향을 받으면서 선교사의 전도 활동에 대한 개념을 형성해 나갔다. 한 세대 전의 사람이지만 앨런의 글은 여전히 신선했다. "나는 그가 주장한 개념들에 맞서 싸웠다. 하지만 그것은 패배한 싸움이었다"고 뉴비긴은 고백했다. 그리고 복음의 확장은 한 원주민 회심자가 또 한 원주민을 전도하면서 "교회가 자연스럽게 확장"되는 현상을 통해 이뤄진다는 것을 점차 깨달아 갔다.[45] 그는 새로이 결성된 남인도연합교회[UCSI] 초대 감독으로 사역을 계속하면서 이러한 개념을 실행에 옮기며 다른 이들에게도 알리고자 했다. 그는 미국인으로서 자신과 비슷한 작업을 했고 역시 인도와 연관을 맺고 있던 맥가브란의 전제들에도 이의를 제기했다. 그는 선교사가 선교기지에 정착해서는 안 된다는 롤런드 앨런과 도널드 맥가브란의 말에는 동의했다. 제프리 웨인라이트는 "그러나 맥가브란이나 앨런과 달리 뉴비긴은 급속한 확장spread과 급속한 성장growth을 구별했다"고 하면서, 회심자 숫자보다 새 교회 공동체와 회심자의 신실함에 더 초점을 맞추었던 사람으로 바울을 인용한다. 동질집단 원리와 관련하여 맥가브란은 새 회심자는 자기 출신 카스트에 따라 구별된 집단으로 공동체를 구성해야 한다고 주장한 반면 "뉴비긴은 대다수 [인도인] 그리스도인들과 마찬가지로, 그런 정책은 그리스도 안에서 만인의 연합에 관한 복음의 윤리를 기본적으로 증거해야 할 의무를 역행하는 것이라 판단했다."[46]

뉴비긴은 인도에서 35년 동안 실천하는 선교학자로 일했지만 이 분야에 대한 그의 최대 공헌은 공식적으로 은퇴한 뒤에 이루어졌다. 65세 때 영국 버밍엄으로 돌아간 그는 강의와 저술로 여생을 보내게 될 것이라고 생각했다. 그런데 그는 자신이 없는 사이 영국이 '외국 선교지'가 되어 버렸다는 사실을 알게 되었다. 그가 보기에 영국은 복음에 대해 과거 인도보다 더 폐쇄적이었다. "내가 인도에서 경험한 그 어떤 일보다도 힘들었다. 사람들은 복음을 싸늘하게 멸시했고, 그것이 적대당하는 것보다 더 힘들었다." "선교사가 이런 가혹한 형태의 이교 정신에 맞서 나가는 자세를 발전시키는 것이야말로 교회가 직면하고 있는 최대의 지적·실천적 과제"라고 그는 곧 확신하게 되었다.[47]

은퇴한 지 5년 뒤 뉴비긴은 버밍엄의 윈슨그린 교도소 건너편에 있는 한 죽어 가는 교회를 폐쇄하는 문제와 관련하여 교회 회의에 참석하게 되었다. 그는 그 교회를 존속시켜야 한다고 주장했다. "교외의 비교적 수월한 환경에 안주하기 위해 그런 지역을 포기한다면 이는 우리가 선교하는 교회여야 한다는 주장을 상실하는 셈이 될 것이다."[48] 토론에서는 그의 입장이 우세했다. 하지만 그것은 그가 그 교회의 무급 목회자가 되기로 한 다음의 일이었다. 뉴비긴은 한 인도 원주민 청년에게 도움을 청했다. "시크교도나 힌두교도가 대부분인 그 지역 아시아인들의 집을 심방했더니, '원주민들'을 찾아갔을 때 문전에서 박대당하던 것과 달리 나를 환영해 주었다"고 그는 나중에 술회했다. 그가 말하는 원주민이란 자국인인 영국인을 뜻했다.[49]

당대 서구 문화와 동질감을 느껴 보려는 노력으로 뉴비긴은 근래 수십 년 동안 과대 선전되어 온 상황화와 이문화 간의 소통 개념들을 짐짓 무시했다. 그가 생각하기에 복음은 그 지역 문화에 대항하는 것이어야 했다. 사람들 사이에 그토록 만연해 있는 자기도취적 사고방식에 도전해야 했다. 팀 스태퍼드[Tim Stafford]는 "선교사의 이런 사고방식은 열광주의적 복음전도와 확실히 구별된다"고 말한다. "복음을 전하는 일은 대개 한 문화의 제약 안에서 이뤄진다. 예를 들어 예수를 설교하면서 현대인들의 자기실현 욕구를 충족시킬 수 있다. 그러나 선교사는 복음을 한 문화에 침입하는 하나의 세력으로, 그 문화에 도전을 던지고 더 강한 충성을 요구하는 그런 힘[force]으로 본다."[50]

선교사로서 뉴비긴은 복음이 자기 자신의 신앙과 신학적 전제들에까지 도전을 던진다고 보았다. 선택에 대한 자신의 개혁파적 관점, 곧 하나님께서 어떤 사람들을 택하셨다는, 혹은 미리 정하셨다는 가르침과 관련해서 특히 더 그러했다. 조지 헌스버거[George Hunsberger]는 사람들이 흔히 가혹한 교리라고 말하는 이 선택 교리를 뉴비긴이 어떻게 이해하고 있는지 그 본질을 다음과 같이 포착했다.

뉴비긴은 선택의 목적을 탐구하는 사람들과 입장을 같이했다. 그가 생각하기에 신자들이 "자신의 선택 사실에서 앞으로 나아가 그 선택의 목적을 탐구하기보다 오히려 뒷걸음질 치며 선택의 이유를 찾는 데 더 치중한다면, 이는 신자들에 대한 신뢰를 배신하는 행위다. 선택의 목적은 그리스도의 대사가 되어 세상 끝까지 그분을 증거하는 것이다."……뉴비긴의 관점에서 근본적인 사항은, 선택은 하나님께서 어떤 사람을 택하심으로써 의도하신 목적에 관한 것이지 그 사람을 택하신 이유에 관한 게 아니라는 확신이다.……그래서 우리는 선택이란 "특별한 권리가 아니라 특별한 책임"이라는 점을 상기하게 된다.[51]

말년에 뉴비긴은 세계에서 가장 존경받고 존중받는 선교학자가 되었고, 전 세계의 선교사들과 선교학계 사람들이 아마 수천 가지는 될 그의 연구 업적에 영향을 받았다. 세계교회협의회[WCC]가 후원하는 한 회의에서 행한 마지막 연설에서 그는 우리 자신을 바쳐 예수를 배타적으로 주장하지 않음으로써만 "옛 시대 선교사들의 죄상"이 시정될 수 있다고 하는 개념에 이의를 제기했다. "저는 구식 선교사입니다. 그래서 저도 그런 죄를 대부분 다 저질렀습니다." 그는 이렇게 고백했다. "하지만 '예수 이야기는 자제하고, 대신 내가 살아온 이야기를 간증하겠소. 그러면 사람들이 듣고 믿을 수 있을 거요' 하는 식으로 대응하는 것은 잘못입니다."[52]

그는 1998년, 88세의 나이로 세상을 떠났다. 십자가만큼이나 오래된 메시지를 지닌 구식 선교사로서.

18

성자와 유명인사
: 대중에게 다가가다

유명인사가 되는 것은 일부 선교사들에게 운명과 같았다. 근대의 가장 위대한 선교사 데이비드 리빙스턴의 경우가 확실히 그러했고, 그에 버금가는 인물은 아마 테레사 수녀뿐일 것이다. 아도니럼 저드슨도 유명인사였다. 저드슨이 1845년 휴가 당시 한 침례교 회중 앞에서 설교했을 때 청중들이 지나치리만치 찬사를 보내는 광경에 대해 브라운 대학의 한 교수는 이렇게 기록했다.

> 수백여 명이 처음으로 한 사람을 응시하고 있었다. 그가 수고하고 슬퍼하고 고통당한 이야기는 어릴 때부터 그들이 익히 들어온 이야기요, 그의 이름은 미국의 이교도 선교의 아버지이자 개척자로 존경과 애정과 함께 그들의 입에 익숙하게 오르내리던 이름이었다. 청중들은 그가 겪어온 고생과 궁핍의 현장을 떠올렸고, 그와 연관되어 있던 사랑하는 사람들을 기억했으며, 그들의 가슴은 말로 표현할 수 없는 감사와 기쁨의 감정으로 벅차올랐다.[1]

그의 아내 앤 저드슨도 존경의 대상이었다. 앤의 전기작가는 "만일 앤이 역사의 한 시대가 아니라 전설 속에 살았더라면 아마 성 아그네스나 성 체칠리아의 반열에 올랐을 것"이라고 했다.[2]

C. T. 스터드는 영국 최고의 크리켓 선수였고, 케임브리지 7인의 다른 여섯 선수이자 학생들은 중국내지선교회 선교사로 사역하겠다고 자원한 순간 단박에 유명인사가 되었다. 이들이 모두 부유하고(적어도 넉넉한) 점잖은 잉글랜드 가문 출신이라는 사실은 이들의 이미지에 흠이 되지 않았다. 노먼 그럽이 스터드 전기에 대해 쓴 글은, 한편으로는 젊음과 부를, 그리고 또 한편으로는 희생과 자기부인을 대조시키고 있다.

안락한 무릎 위에서 보살핌받았고, 이튼과 케임브리지에서 교육받았으며, 스포츠를 사랑하는 영국 국민들의 영웅이 된 C. T. 스터드, 그의 케임브리지 시절은 "크리켓 게임의 영광으로 오래오래 타오르는 불꽃"으로 묘사되었으며, 젊은 시절 그가 그리스도를 따르기 위해 부와 지위를 포기한다고 하자 세상 사람들은 크게 술렁거렸다. 그는 1879년 이튼 XI팀 주장이었고, 1883년에는 케임브리지 대학 크리켓팀 주장이었으며, 그해 말……"모든 크리켓 선수를 통틀어 두 해 연속 최우수선수" 칭호를 부여받았다.[3]

에이미 카마이클은 자신의 글을 통해 유명인사가 되었다. 비록 고국으로 돌아와 많은 사람들에게 에워싸여 찬사를 받은 적은 없지만 말이다. 로티 문은 (공교롭게 성탄절 전야에) 세상을 떠난 후에야 유명인사로서의 지위가 꽃을 피운 경우이다. 20세기가 전개되면서 이외에도 다른 많은 선교사들과 선교회 지도자들이 유명인사의 반열에 올랐는데, 그 중 존 R. 모트는 노벨평화상까지 수상했고, 글래디스 에일워드 이야기는 할리우드 영화로도 만들어졌다. 선교계의 유명인사는 영화나 음악 혹은 스포츠계 유명인사와 마찬가지로 때와 장소를 잘 만난 경우가 많았다. 대개의 경우, 이들의 사역이 이름 없는 동료들의 사역에 비해 반드시 더 훌륭하지도 않았다. 이들이 대중에게 널리 알려진 것은 어떤 특별한 사건, 혹은 어떤 설득력 있는 인물이나 핵심 지위에 있는 찬미자가 중간 역할을 한 덕분이었다.

테레사 수녀가 바로 그런 경우였다. 희생적 사역에 자기 삶을 바친 사람은 테레사 말고도 많다. 사실 "세상에는 수백 명의 테레사가 그와 비슷한 소중한 사역을 하고 있을 수도 있다"고 앤 세바Anne Sebba는 말한다. 그러나 "맬컴 머거리지가 제작한 영화의 중요성은 높이 평가되어 마땅하다." 이는 단순한 영화가 아니라 테레사의 삶을 그리는 하나의 방식이었다. "테레사가 스크린에서 아주 좋은 인상을 주는 것은, 몸에서 겸손이 배어 나오기 때문이다. 그녀에게는 거짓이 없다. 테레사는 하나의 상징이었고, 머거리지 또한 그랬는데, 그의 경우에는 20세기 세상에서 선을 추구하는 어떤 사람의 상징이었다." 테레사를 만났던 사람들은 그 만남을 가리켜 영적 조우였다고 말한다. 때로 그 조우의 감격은 제3자를 통해 전달되기도 했다. 테레사의 전기 작가 중 한 사람인 데이비드 포터^{David Porter}는 "머거리지와의 만남을 통해 나는 테레사와 만나고 있다는 느낌을 받았으며, 일종의 제3자를 통해 주님을 직접 만나고 있는 것 같았다"고 말한다.[4]

테레사 수녀는 가톨릭 전통 속에서 100년 동안 이어져 내려온 유명한 성인들의 계보 출신이었다. 테레사처럼 그 성인들 역시 자기부인과 희생적 섬김으로 유명하며, 테레사처럼 그들 역시 기적을 행했다. 이 성인들에 얽힌 이야기는 흔히 칭찬 일색의 성인전(聖人傳)으로 분류된다. 주인공의 흠결은 최소화하거나 무시하고 장점은 강조하는 것이 이런 전기의 특징이다. 그러나 성인전은 가톨릭 성인들 이야기에 국한되지 않는다. 『에이미 카마이클』^{A Chance to Die}에서 엘리자베스 엘리엇은 에이미 카마이클과 동역한 사람들은 "그녀의 사후 그녀에게서 뭔가 흠집을 찾아낸다는 건 거의 불가능하다는 것을 깨달았다"고 말한다.[5] 1927년에 발간된 우나 로버트 로렌스^{Una Roberts Lawrence}의 로티 문 전기와 관련해 앨런 닐리는 이렇게 말했다.

로티 전기는 로절린드 고포스가 쓴 남편(조나단 고포스)의 전기 『중국의 고포스』¹⁹⁷³, 러셀 T. 히트의 『밀림의 조종사: 네이트 세인트의 생애와 증언』¹⁹⁷³, 제임스와 마티 헤플리의 『잠잠해지지 않은 목소리』¹⁹⁹¹, 스티브 에스테스가 쓴 위클리프 번역 선교사 쳇 비터맨 이야기 『죽음으로 부름받다』¹⁹⁸⁶와 함께 20세기 "최고의 성인전"에 속한다.[6]

가톨릭 진영에서, 그리고 나중에 개신교 진영 문헌에서, 특히 선교사와 관련하여 수세기 동안 긴 역사를 자랑했던 성인전은 이제 과거처럼 귀히 여겨지지 않는다. 독자들은 좀 더 정직할 것을 요구한다. 그러나 유명인사급의 선교사, 영웅적 선교사는 세대가 바뀔 때마다 생겨난다. 때로는 의사 헬렌 로즈비어의 경우처럼 허물과 실패를 솔직히 털어놓은 덕분에 찬사를 받기도 한다.

밥 피어스[1914-1978]

유명인사 신분이 되는 데 따르는 위험은, 그 지위에서 밀려 내려올 가능성이 있다는 것이다. 월드비전 창시자 밥 피어스[Bob Pierce]의 경우가 그랬다. 그의 성경책에 씌어 있는 좌우명은 그의 인생관을 간략히 요약해 보여준다. "하나님의 마음을 아프게 하는 일들로 내 마음도 아파하기를." 그러나 온 세상을 향해 나아가는 마음을 지닌 그는 정작 자기 가족들과는 친밀한 사랑의 유대를 유지해 나갈 수 없었다. 의지할 데 없는 고아와 홍수로 모든 것을 잃은 이재민에게는 그렇게 아낌없이 사랑을 베풀면서도 그 사랑을 그토록 간절히 필요로 하는 사람, 특히 아내 로레인[Lorraine]과 세 딸에게는 사랑에 그토록 인색하게 굴었다. 유명인사의 지위에 오르기 전에도 그는 가족과 헤어져 살며 이혼하겠다고 으름장을 놓았고, 전 세계를 대상으로 새 사역을 시작하면서부터는 문제가 더 악화되는 것 같았다.

"닥터 밥", 사람들에게 그렇게 다정한 호칭으로 불린 그는 극동 지역에서는 거의 성인에 가까운 전설적 인물이 되었다. 하지만 그의 사역은 그 지역에 국한되지 않았다. 그는 "세상을 가장 많이 돌아다닌 사람 10인" 중의 하나로 거의 10년 동안 명성을 누렸고, 어디를 가든 하나님이 보내 주신 선물과 같은 사람으로 열렬한 환호를 받았다. 미국으로 돌아와서는 대륙을 횡단하면서 세계 각처의 가난하고 불우한 사람들의 참상을 미국 그리스도인들에게 일깨우고, 고아원과 병원과 복음전도 사역을 위해 수십만 달러의 기금을 모았다. 1년에 10개월씩 외유를 마치고 집으로 돌아오면 불가피하게 가족 간 갈등이 뒤따랐다. 월드비전 이사진과의 관계에서도 어려움이 커져 갔다. 여러 해 동안 계속되던 갈등은 1967년 정점에 이르면서, 격노한 밥이 마침내 총재직을 사임하기에 이르렀다. 사임을 발표한 "다음 날 월드비전 측에서는 법적 서류를 들이밀며 동의를 요구했고, 밥 피어스는 서류에 서명을 함으로써 필생의 사역에 종지부를 찍었다."[7]

1968년, 밥은 아내 로레인과 함께 극동 지역으로 "굿바이 여행"을 떠났다. 후원은 최종적 작별의 의식으로 월드비전 측에서 해주었다. 이는 월드비전이 극동 지역과 계속 관계를 유지하기 위해서이기도 했다. 그 여행이 끝나갈 무렵 우울증을 앓고 있는 큰딸 샤론이 전화를 걸어 왔다. 샤론은 빨리 집에 돌아와 달라고 아버지에게 애원했다. 그러나 밥은 일정을 중간에 중단할 수는 없다며 딸의 간청을 거절했다. 로레인 혼자 곧 귀국했지만 "삶이 너무 고통스러워 더 이상 견뎌낼 수 없다며 칼로 손목을 자해한 딸"을 발견했을 뿐이었다. 그해 말 샤론은 27세의 나이로 결국 스스로 생을 마감했다.[8] 심신이 완전히 고갈된 밥은 식구들을 더더욱 멀리하게 되었고, 그 뒤로 이들 가족은 결코 다시 행복한 가족 관계를 누리지 못했다.

몇 년 후 그는 다시 세상으로 나왔고, 월드비전의 후원으로 '사마리아인의 지갑'이라는 기관을 창설해 아시아 지역 선교사들을 지원하기 시작했다. 그는 1978년 9월 세상을 떠났으며, 세상의 많은 사람들에게 "닥터 밥", 호방한 마음을 지녔던 사람으로 기억되고 있다. 그는 허물이 많은 사람이었다. 그러나 그런 부족함에도 불구하고 선행으로 세계적 명성을 얻었다. 결코 작지 않은 유산을 남긴 것이다.

브루스 올슨^{1941 출생}　밥 피어스가 전 세계를 날아다니며 인도주의 사역 기금을 모으고 있을 때 브루스 올슨^{Bruce Olson}은 사실상 외부 세계와 동떨어져 콜롬비아 정글 깊은 곳을 헤매고 있었다. 물론 자주 모습을 드러내어, 어떤 면에서 "닥터 밥"에 필적하는 유명인사 지위를 넉넉히 획득하기도 했지만 말이다. 그는 자신의 선교 사역에 관해 베스트셀러 저서를 집필한 덕분에 콜롬비아 대통령 다섯 명과 개인적인 우정도 쌓았고, 유엔과 미주기구^{OAS}에도 모습을 드러냈으며, 그밖에도 여러 가지 영예를 누렸다. 『밀림 속의 십자가』(원제는 원주민들이 그에게 붙여준 이름)^{Bruchko}라는 제목으로 출판된 이 멋진 자전적 이야기는 책 소개에 다음과 같이 요약되어 있다.

> 열 아홉 살 소년이 부모의 소원을 물리치고 살인을 서슴지 않는 인디언 부족을 복음화하려 남아메리카의 정글로 들어갈 때 과연 어떤 일이 생겼는가?……브루스 올슨이 시행착오를 통해 발견한 사실들은 전통적인 선교사 활동에 혁명적 메시지를 던져 준다. 올슨은 1961년부터 모틸론족과 함께 살았다. 모틸론 부족어를 글로 만들었고, 신약성경의 몇몇 책을 모틸론어로 번역했다. 모틸론족에게 위생적인 생활방식과 영농 기술, 문화유산 보존의 가치 등을 가르쳤다.……이 서사적 이야기는 선교 역사에 흥미진진한 하나의 이정표가 되어 준다.[9]

자서전을 발간한 지 10년 후인 1988년, 올슨은 민족해방군^{ELN}이라는 게릴라 집단에 인질로 잡혔다. 이들은 올슨이 콜롬비아 국민들에게 해가 되는 일을 하고 있다고 비난했다. 이 집단은 올슨을 사형에 처하겠다고 공표했지만, 적십자와 보고타 주재 미국 대사관, 그리고 미 국무부가 힘을 합쳐 애쓴 끝에 그는 아홉 달간의 인질 생활을 마치고 석방되었다.

마더 테레사¹⁹¹⁰⁻¹⁹⁹⁷

많은 이들이 생각하는 20세기 최고의 유명인사 성인은 마더 테레사^{Mother Teresa}였다. 밥 피어스와의 공통점이라면, 테레사도 선행으로 세계적 인지도를 얻었지만 눈에 확연한 개인적 허물도 없지 않았다는 점이다. 밥 피어스처럼 테레사도 행정적인 실책과 씨름했다. 그러나 밥과 달리 테레사에게는 열렬한 추종자 무리가 있었고, 이들은 선교회 지도자로서의 그녀의 역할에 논란의 여지가 없다고 여기며 일절 간섭하지 않았다. 테레사를 비방하는 사람들은 주로 선교회 행정이나 그녀가 지닌 철학, 예를 들어 산아제한과 가족계획 문제에 강고한 반대 입장을 보이는 것 등에 초점을 맞췄다. 권위주의적 지도력과 관련한 문제를 제외하면 그녀를 인격적으로 공격하는 경우는 드물었다. 그러나 아무리 크고 심한 비난이라 해도 캘커타(오늘날의 콜카타)의 테레사라는 반짝이는 별빛을 흐리게 만들지는 못했다. "인구 1,200만의 도시, 그리고 지금도 계속 불어나고 있는 그곳 캘커타에 오늘 날아가 보면, 이곳이 시인 타고르, 영화감독 레이, 그리고 테레사 수녀의 도시임을 알려 주는 거대한 간판의 환영을 받게 될 것"이라고 앤 세바는 말한다. "이상하게 보일지 모르지만, 테레사 수녀는 관광객의 관심을 끄는 인물이 되었다. 위의 세 사람 중 국제적으로 가장 잘 알려진 인물이 테레사이고, 캘커타라는 도시가 서방세계에 다시금 유명해지게 만든 사람이 테레사이기 때문이다."¹⁰

1910년, 알바니아에서 세 남매의 막내로 태어난 아그네스 보야지우^{Agnes Bojaxhiu}는 1919년 아버지가 세상을 떠날 때까지 소박하고 안락하게 살았다. 아버지가 돌아가시는 바람에 투자한 사업체는 동업자에게 넘어갔고, 이들 가족은 가난에 시달리게 되었다. 가난한 삶에도 불구하고 어머니는 마을에서 이웃 사람들 잘 돕기로 유명했으며, 막내딸은 어머니가 보인 본을 그냥 보아 넘기지 않았다. 마리아에 대한 어머니의 견실한 신앙과 헌신은 어린 아그네스에게도 깊은 영향을 끼쳐서, 장차 인도 선교사가 되겠다고 가족들에게 알릴 때도 아그네스는 그것이 어머니의 축복이라고 확신했다. 열 아홉 살의 아그네스는 그 소망대로 되었다. "아그네스는 선교회에서 복음을 확산시키려는 열정의 파도에 사로잡혀 있었다"고 에드워드 르 졸리Edward Le Joly는 말한다. 그 열정은 "교황 비오 11세의 글을 읽고 생겨난 열정이었다."[11]

1929년 겨울, 테레사는 후글리 강을 거슬러 올라가 벵골로 향했다. 135년 전 윌리엄 캐리가 갔던 길이었다. 2년 동안 수련수녀 훈련을 받은 테레사는 1931년, 로레토회 수녀가 되기로 서원하고 지리 교사로 일했다. 몇 년 동안 교사로 봉직하던 테레사는 마침내 교장에 지명되었다.

테레사가 가난하디 가난한 사람들을 섬길 자로 부름받은 것은 캘커타의 병자들과 집 없는 사람들에 대한 연민 때문이 아니었다. 이는 테레사와 가까웠던 사람들이 거듭 강조하는 부분이기도 하다.

"그게 어떻게 된 거냐면요." 테레사는 영적인 스승 쥘리앵 앙리Julien Henry 신부에게 말했다. "연례 피정 차 기차를 타고 다르질링으로 가던 길에 하나님의 음성을 들었어요." 소란스러운 기차 안에서 어떻게 하나님의 음성을 들을 수 있었느냐고 앙리 신부가 묻자 테레사는 미소를 지으며 대답했다. "하나님의 음성인 줄 확신했어요. 저를 부르고 계신 것이 확실했어요. 메시지는 명확했지요. 수녀원을 떠나 가난한 사람들과 함께 살며 그들을 도우라고 하셨어요. 그건 명령이었어요. 반드시 이행해야 하는 그 무엇, 뭔가 분명한 거였어요. 전 제가 있어야 할 곳이 어딘지 알았죠. 하지만 어떻게 그곳에 가야 하는지는 잘 몰랐어요."[12]

그러나 "하나님의 음성"과 별개로 테레사는 과거에서 들려오는 음성들을 들었을 수도 있다. 테레사는 인도의 엘리트 계층을 위한 여학교 담장 뒤에서 외부 세계와 접촉을 끊은 채 평생을 살 생각 같은 것은 한 번도 하지 않았다. 소녀 시절 잡지 『가톨릭 선교』Catholic Mission에서 읽은 이야기들은 온통 자기부인과 위험으로 점철된 이야기, "너무 가난해서 야생동물들이 들쑤시고 다니는 야영지의 초가 오두막에서 먹을 것과 입을 것을 살 돈도 없이 사는 자매들" 이야기였다. "독사에게 물리기 직전의 한 수녀원장이 자기가 돌보던 고아에게 구출되는 이야기도 있었고, 또 한번은 호랑이에게서 도망친 이야기도 있었다."13

노벨 평화상을 받은 인도 선교사 마더 테레사

수녀원을 떠나가도 좋다는 허락이 떨어지기까지는 2년이 걸렸다. 세 사람이 테레사와 함께하겠다고 따라나섰다. 모두 로레토 학교 출신 학생들이었다. 그해 인도 시민권을 획득한 테레사는 로마에 새 수도회 결성을 신청했다. 수도회 이름은 사랑의 선교회Missionaries of Charity였다. 시작부터 이 수도회는 다른 수도회와 달랐다. 가장 중요한 차이점은, 수도회 건물에 안전을 위한 담장이 없다는 점이었다. "우리 자매회는 길거리로 나가야 합니다." 테레사는 그렇게 주장했다. "어디를 갈 때는 시민들과 똑같이 전차를 타거나 걸어가야 합니다. 그것이 바로 우리가 수도회를 만들고 그 안에만 머물지 않는 이유입니다. 담장 뒤에 머물며 사람들이 우리를 찾아오게 만들어서는 안 됩니다."14

1950년대에 사랑의 선교회는 꾸준히 성장해 나갔다. 1960년, 테레사가 30년 만에 처음으로 인도 땅을 떠날 당시 100명이 넘는 수녀들이 선교회에서 일하고 있었다. 테레사가 미국과 유럽 등지를 다니며 메시지를 전하자 후원금이 답지했다. 한 세기 전 허드슨 테일러가 그랬듯, 테레사도 자신이 돈을 요청하지 않는 것은 돈이 필요하지 않기 때문이 아니라는 점을 역설했다. "그녀는 하나님의 섭리에 전적으로 의지했다"고 앤 세바는 기록한다. "하지만 그녀는 자신이 지금 하나님을 위해 무언가 아름다운 일을 할 기회를 주고 있는 것이라는 점을 청중들에게 일깨웠다. 기부를 해달라고 직접적으로 호소하지는 않았지만, 이는 그보다 훨씬 강력한 힘을 지닌 기금 조성 방식이었다."[15] 그 후 몇 년 사이 선교회 소속 수녀는 수천 명으로 늘어났다. 세계 전역의 주요 도시에 선교회 건물이 들어섰고, 테레사에게 덧입혀진 성인의 후광은 선교회 사람들에게도 똑같이 주어졌다. 적어도, 한때 불가지론자였다가 최고의 신앙 수호자가 된 맬컴 머거리지의 말을 빌리자면 그랬다.

> 세상의 기준으로 보자면 이들의 삶은 고되고 금욕적이었다. 확실히 그랬다. 하지만 나는 그처럼 유쾌하고 행복한 여자들을, 혹은 그들이 만들어 내는 그런 기쁜 분위기를 접해본 적이 없다. 마더 테레사는 뭐든 설명하기 좋아하는 여인답게 이 유쾌한 분위기에 더할 나위 없는 중요성을 부여한다. 그녀는 말하기를, 가난한 사람은 그저 섬김과 헌신을 받을 자격만 있는 게 아니라, 인간의 사랑에 속해 있는 기쁨을 누릴 자격도 있다고 한다.……사랑의 선교회는……엄청난 속도로 규모를 늘려 가고 있다. 캘커타 건물은 대만원이고, 새 건물이 문을 열 때마다 자원봉사자들이 시끌벅적하게 모여든다. 기독교 세계의 모든 이야기가 보여주듯, 구하기만 하면 무엇이든, 아니 그 이상으로 주어진다. 조금만 주어진다면 그건 전혀 주어지지 않은 것이나 마찬가지다.[16]

1979년 12월, 마더 테레사는 노벨 평화상을 수상했고, 덕분에 그녀의 이타적 선교 사역에 온 세상의 이목이 쏠렸다. 자기 자신을 어떤 사람으로 규정하느냐는 질문에 그녀는 이렇게 대답했다. "혈통과 기원으로 보자면 저는 알바니아 사람이지요. 시민권을 따진다면 인도 사람이고요. 그리고 저는 가톨릭 수녀입니다. 소명으로 보자면 저는 온 세계에 속해 있습니다. 마음은 전적으로 예수님께 속해 있고요."[17] 어디를 가든 테레사는 존경을 받았다. 하버드 대학 졸업식에서 연설을 하든 미 연방의회에서 연설을 하든, 한 상원의원 아내의 말처럼 "이 자그마한 체구의 여인, 내가 예상했던 것보다도 더 작은 이 여인은 푸른색과 흰색의 그 낯익은 수녀복 위에 낡아도 한참 낡아 보이는 스웨터를 걸쳐 입고 등장했다.……그 작은 여인이 맨발에 낡은 샌들을 신고 걸어 들어올 때 나는 보았다. 이 나라에서 내로라하는 힘 있는 지도자들이 눈에 눈물을 글썽이며 자리에서 일어서는 것을. 그저 이 여인의 존재 앞에 있기 위해서."[18]

마더 테레사는 1997년 눈을 감았다. 그녀의 죽음은 바로 그 주말 영국 왕세자비 다이애나의 목숨을 앗아간 비극적 교통사고 소식에 가려지고 말았다. 노수녀와 젊은 왕세자비는 생전에 서로를 친구로 여기던 사이였다.

앤드류 형제   마더 테레사와 밥 피어스가 인도주의적 자비의 행위를 통해 세상을 복음화하려 했던 반면, 앤드류 형제Brother Andrew, 가명 같은 사람은 좀 더 전투적인 방식을 취하고 있었다. 앤드류 형제를 다룬 인기 있는 책 제목 『복음 밀수꾼』 God's Smuggler 은 안수도 받지 않은 채 논란의 여지가 있는 사역을 펼쳐 자주 국제적 관심의 대상이 되었던 이 네덜란드인과 연관되어 떠오르는 호칭이다. 사람들은 앤드류 형제를 가리켜 "사제복 입은 제임스 본드"라고 했다. 1967년에 나온 이 베스트셀러 저서가 자신을 영웅으로 그리고 있기 때문에 자신에게는 "저주"라고 말하고 있긴 하지만 말이다. 이는 참 희한한 주장이다. 왜냐하면 이 책은 앤드류 형제 자신이 쓴 책이니 말이다. 이 책으로 그는 일

약 유명인사가 되었으며, 알려지기로는 전 세계 27개국 언어로 번역되어 1,000만 부 이상이 팔려 나갔다고 한다.

오픈도어 선교회로 알려진 그의 전도 사역은 처음에 동유럽과 소련을 중심으로 전개되었지만, 그 지역이 선교사들에게 문호를 개방한 이후 그는 주로 중국과 무슬림 세계에 관심을 집중했다. 정부의 법과 권한을 공공연히 무시하는 오픈도어 선교회 사역은 "인간보다는 하나님께 순종"하는 것이 더 낫다는 철학에 따라 전개된다.

위험을 무릅쓰고 적성국 국경 너머로 성경을 밀반입하는 일은 여러 면에서, 1930년대에 눈만 뜨면 이웃 친구들과 전쟁놀이를 하면서 어린 시절을 보낸 이 젊은 네덜란드인 기습대원에게 딱 어울리는 일이었다. 앤드류 형제는 자부심 강한 개신교도 가정에서 태어나, 대다수 네덜란드인들과 마찬가지로 나치 점령 기간 동안 엄청난 피해를 입었다. 모든 것을 피폐하게 만든 전쟁이 끝난 후 그는 군에 입대했지만, 어느 사이 인도네시아의 열대 밀림에서 네덜란드인다운 규율을 유지하기 위해 투쟁하고 있는 자기 모습을 발견했다. 이는 영웅이 쉽게 만들어지는 환경이 아니었지만, 그 자신이 고백하는 말에 따르면, 자기 힘으로 순식간에 명성을 얻었다고 한다. "전쟁터에서 정신 나간 사람처럼 허세를 부리는 바람에 인도네시아의 네덜란드 군대에서 나를 모르는 사람이 없을 정도로 유명해졌다. 나는 밝은 노란색 밀짚모자를 사서는 전투할 때 그것을 쓰고 갔다. 그건 적군에 대한 도발이고 초청이었다. '내가 여기 있다! 나를 쏴 봐라!'는 외침인 것이다. 나와 비슷하게 행동하는 젊은이들이 점차 내 주위로 모여들기 시작했다.······전투할 때 우리는 미치광이들처럼 싸웠다."[19]

필연적으로 적진에서 누군가가 그의 도발에 응수할 수밖에 없었다. 앤드류는 곧 병원선에 실려 고국으로 향했다. 오른쪽 발목에 심각한 부상을 입은 상태였다. 병원에 입원해 있는 동안 그는 성경을 많이 읽었다. 전에는 시간이 없어 못 읽던 책이었다. 1950년 네덜란드로 돌아온 그는 회심했고, 회심과 거의 동시에 선교사가 되라는 도전적 제안을 받았다. 그러나 네덜란드 개혁교회 소속으로 사역하려면 12년간 학교에 더 다녀야 했기에 그는 다른 후원기관을 찾아다녔다. 친구들의 도움으로 런던에 가서 영어를 익힌 그는 이번에는 스코틀랜드의 글래스고로 가서 세계복음화십자군^{WEC}의 훈련학교에서 공부했고, 1955년 이 학교를 졸업했다.

그는 세계복음화십자군과 동역하며 선교사로 일할 작정이었지만, 당시 그의 관심을 사로잡은 지역인 철의 장막 안쪽에는 세계복음화십자군 조직이 없었다. 졸업 직전 그는 우연히 바르샤바에서 열리는 한 청년축제 광고를 보게 되었다. 현란한 색채의 그 광고는 아름다운 도시 바르샤바로 와서 사회주의가 청년들에게 무엇을 제공해 줄 수 있는지 직접 확인하라고 유혹하고 있었다. 그러나 앤드류 형제에게 그 광고는 서방 그리스도인들에게 잊혀진 한 나라에 가서 사역할 수 있는 기회일 뿐이었다.

첫 바르샤바행은 네덜란드로 돌아와 다른 청년들에게 동참을 권유할 수 있는 길을 닦아 주는 한편, 다른 동유럽 국가에도 가보고 싶다는 마음에 불을 지폈다. 그렇게 해서 그가 두 번째로 찾아간 동유럽 국가는 체코슬로바키아였는데, 종교 활동을 엄격히 단속하는 나라라는 것을 금방 알 수 있었다. 가장 인상적이었던 것은, 성경책이 아주 희귀하다는 것이었다. 그 나라에서 가장 큰 신앙서적 서점에서도 성경을 구할 수 없었다. 유고슬라비아의 베오그라드에서도 그는 똑같은 문제를 발견했다. 한 신앙 모임에서 발언하던 중 그는 거기 모인 사람들 가운데 성경책을 가진 사람은 목사를 포함해 전체에서 겨우 일곱 명뿐이라는 것을 알게 되었다. 그는 나중에 이렇게 말했다. "그날 밤, 나는 하나님께 약속했다. 성경을 손에 넣을 때마다, 인간이 쌓은 장벽 뒤에 있는 하나님의 이 자녀들에게 가능한 한 자주 가져다주겠다고. 성경책을 무슨 돈으로 살 것인지, 그것을 어떻게 반입할지는 나도 몰랐다. 내가 아는 것은 오직 한 가지, 성경책을 이곳 유고슬라비아로, 체코슬로바키아로, 그리고 내가 몰래 숨어들어 갈 수 있는 시간만큼 하나님께서 문을 열어 주시는 곳이라면 그 어느 나라로든 다 가지고 가겠다는 것뿐이었다."[20]

앤드류 형제는 이 일을 위해 모집한 사람들과 함께 15년 동안 철의 장막 뒤편으로 성경을 밀반입했다. 체포된 적은 거의 없었다. 이 일은 비교적 눈에 띄지 않다가 그의 책『복음 밀수꾼』이 발간되어 널리 유포되면서 비로소 세상에 알려졌다. 이 사역이 알려지자 세계 전역에서 수많은 사람들이 이 일에 참여하고 싶다는 뜻을 알려 왔고, 기부금 액수가 극적으로 늘어났다. 이 책 덕분에 기독교 세계에 그의 사역이 알려지기는 했지만, 그와 동시에 공산국가 당국에도 그가 하는 일이 알려졌다. 그 결과 그의 동유럽 국가 입국이 사실상 중단되었다.

하지만 그는 계속 모험을 감행하고자 했다. 1968년 러시아가 체코를 침공하던 날, 그날 그는 자신의 스테이션왜건 차량에 성경책을 빼곡히 싣고 국경으로 향했다고 이야기한다. "기도회를 소집해서 뭘 어떻게 해야 할지 물을 필요도 없었다. 중간에서 러시아군을 만난다면 오히려 더 잘 된 거라고 생각했다." 그의 말에 따르면, 국경 지역의 혼란 상태가 너무 심해 순찰 대원들이 비자를 보자고 하거나 차에 무엇을 실었는지 살펴보지도 않고 그냥 손을 흔들어 통과시켜 주었다고 한다. 프라하로 가는 길에 소련군 두 사단을 만났지만, 붙잡혀서 지체되는 일 없이 어찌어찌 통과했다. 프라하에 도착한 그는 한 교회에서 설교 요청을 받았고, 설교를 마치자 사람들은 와 줘서 감사하다고 눈물을 글썽거리며 고마워했다. 예배를 마친 뒤 그는 일단의 체코 그리스도인들과 함께 길거리로 나가 소책자와 성경책을 나누어 줬다. "체코 시민들은 마치 굶주린 사람이 빵을 낚아채듯 성경책을 받아 들었다. 체코 당국은 러시아 군대에 대응하느라 바빠 우리를 체포할 궁리 같은 건하지 못했다. 우리는 소책자 수만 권을 배포했고, 가지고 온 책이 마침내 바닥나자 나는 다시 네덜란드로 돌아왔다.”[21]

　1965년 처음으로 중국 본토에 발을 디딘 그는 중국 그리스도인들도 성경책을 갖고 싶어 하는 것을 보고 다시 한 번 밀반입 작전을 펼치기 시작했다. 1976년 사이공이 함락되고 공산당이 라오스와 캄보디아를 접수하자 그는 이 지역으로도 관심을 돌렸다. 그의 성경 밀반입 작전 중 가장 잘 알려졌고 가장 많은 논쟁을 불러일으킨 것은 1981년에 진행된 작전이었다. ‘진주 작전’Operation Pearl이라는 별명으로 불린 이 작전은,「타임」의 설명에 따르면 “그와 같은 종류로서는 중국 역사상 최대의 작전”이었다고 한다. 전직 해병대원이 주도하는 일인 만큼 이 일은 “군사작전을 방불케 할 만큼 치밀하게 수행되었다.” 200톤이 넘는 성경책을 방수 컨테이너에 빽빽이 실어 미국에서 홍콩으로 배에 실어 보낸 다음, 홍콩에서는 바지선에 옮겨 실어 중국 남동부의 항구도시 산터우로 운송했다. 총 비용은 약 600만 달러였다. 혹시라도 발각될까 팀원들이 조마조마하던 순간도 있었지만 성경책은 무사히 하역되었고, 바지선이 출발한 뒤 네 시간이 지나서야 당국자들이 항구에 들이닥쳤다. 약 2만 명으로 추산되는 중국인 그리스도인들이 하역을 도우러 왔고 그중 수백 명이 체포되기도 했지만, 운송을 책임진 사람들의 주장에 따르면 전체 분량의 절반이 넘는 성경책이 원래 전달받기로 되어 있던 중국인 그리스도인들의 손에 들어갔다고 한다.[22]

　이 불법 작전의 여파로 중국인 관리들은 종교 활동 규제의 고삐를 단단히 죄었고, 일이 이렇게 되자 앤드류 형제의 시도 때문에 중국 기독교가 자국 지도자들과 더 멀어지는 결과만 빚어지지 않을까 걱정하는 중국인 목회자들과 일부 서방인들이 오픈도어 선교회에 격렬히 항의를 하는 사태가 벌어졌다. 또 어떤 이들은 윤리적 근거 위에서 앤드류 형제를 비난했다. 이에 대응하여 그는 『성경 밀반입의 윤리』The Ethics of Smuggling라는 작은 책을 써서 자신의 작업을 옹호했다.

우리가 이 일을 하는 것은 우리가 무슨 일을 하고 있는 것인지 잘 알기 때문이다. 이 세상은 원수들이 차지하고 있는 땅으로, 그리스도께서 정당히 자기 소유로 삼으셔야 할 영혼들로 가득 차 있다. 그분의 분명한 명령 아래 우리는 활용 가능한 모든 수단을 다 동원해 이 일에 임한다. 불완전한 진리, 진리를 은폐하는 행위와 해석, 변화와 적대, 그 밖에 복음을 가지고 그 땅에 들어가는 데 도움이 된다면 다른 어떤 형태의 전략이든 상관없다.……지금은 이 어리석은 언쟁을 멈추고 성령의 담대함으로 이 나라들을 하나님께서 보시는 대로 보아야 할 때다.……우리가 지금 직면한 문제는 윤리 문제가 아니라 충성의 문제다. 우리가 주 예수 그리스도의 참 제자일진대 우리는 그저 세상 속으로 들어간다. 그분께서 우리를 보내시기 때문이다. 환영도 필요 없고 초청장도 필요 없으며, 정부의 허가도 필요 없고 레드카펫 행사도 필요 없다. 그리고 VIP 대접도 필요 없다. 그 VIP가 그리스도를 위해 아주 중요한 죄수Very Important Prisoner라는 뜻이 아닌 한.[23]

그러나 그는 비판만 받은 게 아니라 칭찬도 받았다. "진주 작전은……잠재적 기부자들을 분발시켜 중국이나 철의 장막 너머 지역으로 성경을 대량 밀반입하는 새로운 모험에 자금을 대고 싶게 만들었다."[24] 20세기로 넘어가면서부터 성경 밀반입 사역에 대한 비판은 대부분 그런 작전에 소요되는 고비용 문제에 집중되었다. 특히 중국에서는 그곳에서 인쇄된 저렴한 성경책을 언제라도 구할 수 있었기 때문이다.

1995년에 『크리스채너티 투데이』의 마이클 모들린Michael Maudlin과 행한 인터뷰에서 앤드류 형제는 일부 사람들이 보기에 과장된 주장으로 보일 수도 있는 말을 했는데, 무슬림 급진주의자들이 자신에게 정치적 계획을 공개했다는 것이었다.

하마스는 그 지역(레바논)을 접수하려는 자신들의 계획을 내게 간략히 설명했다. 그들은 자신들의 일정표와 또 앞으로 어떤 일을 할 것인지를 내게 알려 주었다. 중동 지역에 그리스도를 제시하는 행위에 대해 하마스보다 더 열린 반응을 보이는 집단은 없다. 심지어 헤즈볼라는 복음주의 그리스도인 지도자들과 아주 공개적으로 대화하겠다고 하며 그 점을 널리 선전해 달라고 내게 간청하기까지 했다. 하지만 아무리 찾아봐도 그 대화 요구에 응하는 그리스도인이 없다.[25]

광범위한 비판에 직면한 앤드류 형제는 밀반입이 오픈도어 선교회 사역의 "작은 한 부분일 뿐"임을 강조했다. 하지만 그는 바로 이 "밀반입"이라는 것이 많은 이들에게 모험심을 자극시키며 호소력을 갖는다는 사실을 은폐했다. "하나님의 밀수범"으로서 그는 70대의 나이로 2000년대를 맞았으며 여전히 많은 사람들을 자기 주변으로 끌어모으고 있다.

헬렌 로즈비어[1925 출생]

20세기 말 세계 선교학계에서 가장 인기 있는 강사로 손꼽히는 인물은 헬렌 로즈비어Helen Roseveare 박사로, 헬렌이 콩고에서 의료선교 사역을 하며 겪은 참담한 모험담은 청중들의 관심을 단숨에 사로잡았다. 아프리카 사역 시절 초기라면 그런 관심과 찬사를 이해할 수 없었을 것이다. 그때만 해도 헬렌은 의료 교육과 마을 공동체 보건 문제와 관련해 동료나 선교회 측과 충돌을 빚고 있었으니 말이다.

로즈비어는 1925년 영국 콘월에서 태어났다. 아버지는 전쟁 중 조국을 위해 봉사한 공로로 기사 작위를 받은 유명한 수학자로서, 자녀 교육에 빈틈이 없는 사람이었다. 아버지는 헬렌이 열 두 살 때 타지의 여학교에 보냈다. 고교 졸업 후 케임브리지에 진학한 헬렌은 의학 전공으로 학위를 받았다. 케임브리지 신입생 시절 헬렌은 성공회 고교회파라는 집안의 신앙 전통을 버리고 복음주의자가 되었다. 헬렌이 선교 사역에 헌신하게 된 과정은 아주 자연스러웠다. 삼촌들과 이모들이 다 선교사로 일하고 있었고, 그래서 누가 뭐라지 않아도 어릴 때부터 선교사가 될 생각을 하고 있었다. 그리고 1953년, 세계복음화십자군 소속 선교사로 일하기 위해 콩고행 배에 오른 바로 그날 그 꿈은 이루어졌다.

세계복음화십자군이 중점을 두는 사역은 복음전도였고, 의료 사역은 부수적인 일이었다. 의료 사역이 적성에 맞았던 로즈비어는 자신의 사역이 야말로 최고의 복음전도 사역이라고 생각했다. 그리고 일단 콩고 땅에 도착해 보니 의료 사역이 그 무엇보다도 절실한 상황이었다. 헬렌이 생각해 낸 해법은, 의료 훈련센터를 세워 간호사를 양성하되 기초의학과 성경을 함께 가르쳐서 마을로 돌려보내 평신도 복음 전도자로 일하게 하는 것이었다. 원대한 계획이었지만, 시작부터 번번이 동료들의 반대에 부딪쳤다. 동료들은 의학 같은 분야를 선교지 주민에게 훈련시키는 일에 선교회가 관여해서는 안 된다는 입장이었다.

그러나 로즈비어는 오로지 결단력 하나로 모든 반대를 이겨 냈다. 콩고에 들어온 지 2년 후, 몇 달 간의 건축 과정을 거쳐 이밤비 의료센터를 세웠고, 첫 졸업생 네 명이 정부에서 시행하는 의료고시에 합격했다. 그러나 잠시 숨 돌릴 사이도 없이 로즈비어는 네보봉고로 재배치되었다. 밀림 속 풀과 나무 무성한 곳에 자리 잡고 있는 오래된 나환자 수용소가 그녀의 일터였다. 헬렌은 사역지 이동에 대해 강력하게 항의했지만 아무 소용이 없었다. 헬렌은 그곳에 또 하나의 의료센터를 세우고 아프리카인 간호사들을 계속 키워 냈다. 아무리 승산 없어 보이는 일일지라도 그녀는 그에 맞서 열심히 일했고, 그렇게 해서 이겨 냈다. 승리는 그녀의 것이었고, 로즈비어는 자신이 이루어 낸 일을 자랑스러워했다.

로즈비어가 남자 의사였다면 그 강한 의지와 결단력도 그저 평범한 것으로 쉬이 간과되었을지 모른다. 하지만 여자 의사가 그 같은 모습을 보이자 주변의 남자 동료들 중에는 그녀를 위협적 존재로 보는 이들이 많았다. 그래서인지 로즈비어가 자신의 자리를 지키려고 분명 애썼을 텐데도 선교회 측에서는 1957년 연례 현지 총회에서 젊은 영국인 의사 존 해리스[John Harris]와 그의 아내를 네보봉고 의료 사역 책임자로 세우기로 결정했다. 로즈비어로서는 당혹스럽기 그지없는 일이었다.

헬렌의 임기 중에 그는 네보봉고를 접수했다. 헬렌의 자리는, 그녀가 무에서 일구어 낸, 자신의 꿈으로, 마음으로, 자신이 힘들여 조성한 기금으로 일구어 낸 자리였다. 헬렌이 손수 샘을 파고, 도랑을 치우고, 벽돌을 구워서 만든 곳이었다. 책임자가 두 사람일 수는 없다는 사실, 상대가 남자라는 사실, 그리고 아프리카에서는 남자가 우월적 존재라는 사실을 그녀는 인정했고, 그래서 그녀는 열쇠를 넘겨주었다. 그때 헬렌은 깨달았다. 자신은 그 열쇠의 주인일 수 없다는 것을. 어쩌면 헬렌은 너무 오래 자기 자신의 주인 노릇을 한 것일지도 몰랐다. 그러나 이제 그녀는 모든 것을 잃었다. 날마다 아침 기도회를 인도하곤 했는데, 이젠 그 일을 그 남자 의사가 가져갔다. 성경공부도 늘 그녀가 인도했는데, 이제는 해리스 박사가 했다. 해리스 박사가 간호사 근무표를 짰다. 그 일도 늘 헬렌이 하던 일이었다. 헬렌이 하던 모든 일이 이제는 해리스 박사의 일이 되었다.[26]

시작부터 두 의사 사이에는 긴장감이 감돌았고, 그러다 마침내 격렬한 논쟁으로 그 긴장감이 폭발하는 경우가 한두 번이 아니었다. 한번은 해리스가 자기 임의대로 로즈비어의 운전기사를 해고한 적이 있었다. 그가 허가 없이 소형 트럭을 사용했다는 것이 이유였다. 로즈비어는 자신과 상의도 없이 운전기사를 해고했다고 불같이 화를 냈다.

세계복음화십자군 선교사들은 매 7년마다 안식년 휴가가 예정되어 있었는데, 로즈비어는 건강이 안 좋아져 현지 사역을 시작한 지 5년 만인 1958년에 고국으로 돌아갔다. 그녀는 선교사 일에 환멸을 느낀 상태였다. 전기작가의 말에 따르면, "다시는 콩고로 돌아가고 싶지 않을 것 같은 기분"이었다고 한다.[27] 그러나 헬렌은 진짜 문제가 자신이 독신이라는 사실이라고 확신하게 되었다. 만일 의사 남편이 있어서 그 힘든 시기에 자기와 동역해 주고 자기편이 되어 주었더라면 모든 게 잘 되었을 것이라고 말이다.

일단 마음을 정하자 로즈비어는 망설이지 않았다. 한 동료 선교사의 말을 빌리자면, "그녀는 모든 사람들을 다 자기 속도에 맞춰 끌고 가지 못했다. 그녀와는 보조를 맞출 수가 없다. 옆에서 나란히 걷고 있다 싶었는데 어느 순간 보면 그녀는 100m쯤 앞서 가 있다. 헐레벌떡 따라잡고 보면 또 어느새 다른 방향으로 200m 앞서 있다."[28] 남편이 있었으면 좋겠다는 마음에 그녀는 전속력으로 내달리며 결혼을 계획하고 구상하기 시작했다. 의학 공부를 더 하던 중 한 젊은 의사를 만난 그녀는 그 남자가 딱 자신의 남편감이라고 확신했다. 새 옷을 장만하고, 파마를 새로 하고, 심지어 선교회에 사표를 내면서까지 그 남자의 마음을 얻으려고 했지만, 일은 계획대로 되지 않았다. 나중에 자기 입으로 고백했다시피 그녀로서는 정말 힘든 시기였다.

안식년 휴가 중 주님께서는 아주 분명히 말씀하셨다. 내 마음을 흡족하게 해주실 수 있다고……나는 신앙 좋은 남편에게는 관심 없었다. 두 팔 다 있는 남편이면 족했다. 글쎄, 결국 나는 안식년 휴가를 정말 온통 엉망진창으로 만들고

말았다.……선교회에서 남편감을 찾
을 수 없었던 나는 선교회를 나왔다.
하나님께서는 내가 먼 길로 가게 놔
두셨고, 나는 끔찍한 실수를 저질렀
다. 그때 하나님께서 은혜로 나를 다
시 잡아끄셨고, 감사하게도 선교회
역시 나를 다시 받아 주었다.[29]

콩고에서 사역한 의료 선교사 헬렌 로즈비어

로즈비어는 1960년 다시 콩고로
돌아갔는데, 우연히도 그해는 콩고가
그토록 오래 원하던 독립을 맞던 해
였다. 백인들에게는 불편한 시기였고,
선교사들 중에도 위험부담이 너무 크다고 생각하는 이들이 많았다. 어떤 선
교사는 가족들을 데리고 서둘러 콩고 땅을 떠났다. 그러나 헬렌은 고국으로
다시 발길을 돌릴 생각이 없었다. 하나님께서 정말 자신을 콩고 땅으로 다
시 부르셨다면 그분께서 자신을 보호해 주실 것이라고 믿었다. 그런 그녀의
태도 때문에 남자 선교사들의 입장이 곤란해졌다. 여자도 저렇게 용감하게
남아 있는데 남자들이 슬그머니 도망친다면 사람들이 어떻게 볼 것이며, 자
기들이 다 가버리면 여자들은 누가 보호한단 말인가? 그러나 헬렌이 생각
하기에 그것은 쓰잘머리 없는 논리였고, 전기작가의 표현을 빌리자면 "순전
히 남성 우월주의"일 뿐이었다. 남자들의 입장이 다를 수밖에 없었던 것은
그들 대부분이 기혼자였기 때문이었다. 여성 보호 문제는, 사실 남자 선교사
중에 여자를 보호해 줄 수 있는 사람은 거의 없었다.
　　콩고에 남아 있기로 결정하자 로즈비어에게는 엄청난 사역의 기회들
이 주어졌다. 해리스 부부가 휴가 중이었는지라 로즈비어가 다시 네보봉고

의료센터를 책임지게 되었다. 심바 반군이 세력을 얻고 새 정부에 맞서고 있어 정치적으로 불안한 시기였음에도 그 후 3년 동안 많은 일들이 이뤄졌다. 여기저기서 선교사들이 공격을 당했다는 소식이 주기적으로 들려왔고, 그중에는 여성 선교사들이 반군의 손에 "고통을 당했다"는 소식도 있었다. 너무도 저급하고 모욕적인 행위라서 뭐라고 이름 붙일 수도 없는 일을 당한 것이다. 로즈비어 자신도 강도를 당했고 독살 시도를 겪었지만, 그녀가 생각하기에는 상황이 계속 나아지고 있었다. 설령 그렇지 않다 해도, 그녀에게 의지하고 있는 사람들이 너무 많았다. 헬렌은 계속 머무를 수밖에 없었다.

1964년 여름 무렵, 심바 반군이 마을을 폭력적으로 하나 둘씩 장악해나감에 따라 콩고는 피비린내 나는 내전의 고통 속에서 신음했다. 8월 15일, 네보봉고의 선교단지가 군인들에게 점령당했고, 그 후 다섯 달 동안 로즈비어는 포로로 잡혀 지냈다. 선교단지 내 자신의 집에서 나오지 못한 채 11월까지 갇혀 살았다. 흑인 민족주의의 이름으로 끔찍한 잔혹 행위가 자행되었고, 폭력과 유혈 사태를 피해 달아날 수 있었던 백인은 거의 없었다. 헬렌도 예외가 아니었다. 10월 29일 밤, 단지가 반군에게 점령당해 있던 중, 그녀는 자신의 작은 단층집 안에서 한 흑인 반군 병사에게 힘으로 제압당하고 말았다. 공포의 밤이었다. 빠져나가려고 애썼지만 소용없었다. "군인들은 나를 찾아내 일으켜 세우더니 질질 끌고가 머리와 어깨를 쳐서 바닥에 쓰러뜨리고, 발로 차고, 일으켜 세워서 다시 내리쳤다. 이가 부러져 구역질이 나면서 타는 듯 고통스러웠고, 입안에는 끈적한 피가 가득 고였고, 안경도 부러졌다. 감각도 없고, 공포와 알 수 없는 두려움으로 말문이 막힌 채 이리저리 몰리고 끌려다니다가 다시 내 집으로 내동댕이쳐졌다. 고함 소리에, 모욕당하고, 욕설을 들으며."

집 안에 일단 들어오자 몇 분 만에 모든 것이 끝났다. 전기작가의 말에 따르면, 군인은 "그녀를 침대로 밀어붙이고 그녀 위로 거칠게 몸을 던졌다.……저항하고 싸우려는 의지는 이미 그녀 몸에서 다 빠져나간 것 같았다. 그래도 그녀는 비명을 지르고 또 질렀다.……짐승 같은 기세로, 무자비하게, 야만적 강간 행위는 그렇게 이뤄졌다."[30]

"나의 하나님, 나의 하나님, 어찌하여 나를 버리십니까?" 멍한 의식 속에서 이 말만 자꾸 울리고 되울렸다. 당시에는 이 일을 도저히 이해할 수 없었지만, 이렇게 끔찍한 폭력을 겪은 경험은 그녀로 하여금 다른 이들을 섬길 수 있게 해주었다. 거듭해서 강간 피해를 당한 한 젊은 이탈리아인 수녀가 자신은 순결을 잃었고 따라서 구원도 잃었다고 생각하며 정신적으로 무너지기 직전에 있었다. 수녀원장은 그렇지 않다고 수녀를 설득하려 하다가 소용이 없자 하는 수 없이 로즈비어에게 도움을 청했다. 자신이 겪은 일에 대한 솔직한 태도 그리고 그 일을 보는 영적 안목은 그 수녀에게 큰 위로를 안겨 주었다. 두 사람의 만남은 두 사람 모두에게 막힌 게 풀리는 시간이었다. 그 시간 덕분에 헬렌은 인질 생활에서 풀려나기 전 여러 번 더 겪게 될 성적 만행 앞에서 마음을 다잡을 수 있었다.

로즈비어는 1964년 마지막 날 구출되었다. 수개월 동안 거의 매일 죽음의 위협에 시달리던 그녀는 새로 찾은 자유, 그리고 갑작스레 고국에 돌아오게 된 데 따른 충격에 어찌할 바를 몰랐다. 기쁘기도 하고 안도감도 있었지만, 절친했던 친구와 동료들의 순교에 얽힌 무서운 이야기를 들으면서 큰 슬픔도 느꼈다. 처음에는 아프리카로 다시 돌아갈 전망이 요원해 보였다. 하지만 콩고의 정치 상황이 점점 나아지고 아프리카인 사역자들과 친구들에게서 가슴이 미어지는 편지를 받으면서 아프리카가 다시 그녀를 강하게 끌어당겼다. 아프리카는 이제 그 어느 때보다도 더 로즈비어를 필요로 했다.

로즈비어는 1966년 3월, 다시 아프리카로 갔다. 주민들은 전쟁으로 폐허가 된 선교단지에 도착한 그녀를 환호로 맞이했다. 그러나 콩고 사람들의 삶은 그녀의 첫 번째 임기이던 1950년대 이후 돌이킬 수 없이 달라져 있었다. 모든 게 전과 같지 않았다. 독립 정신과 민족주의 정신이 사회 전 영역에 스며들어 있었고, 교회도 예외가 아니었다. 콩고를 위해 그렇게 엄청난 희생을 치른 여의사를 향해 무턱대고 존경과 찬탄의 마음을 품는 이들도 이제는 없었다. 특히 젊은 세대는 더욱 그랬다.

로즈비어가 그저 병자들만 돌봤다면 자신의 일에 대해 더 많은 감사를 받았을지 모른다. 그러나 잘 알려졌다시피 그녀의 7년 임기는 이런저런 소용돌이와 실망스러운 일로 얼룩졌다. 이제 주도권은 아프리카인들이 쥐었고, 백인 여성인 로즈비어는 교사에게 당연히 필요한 권위조차 부인당했다. 학생들은 교실에서 그녀에게 대들었고, 탁월함을 요구하는 그녀에게 화를 냈다. 학생들의 태평한 학업 습관은 뭐든 적극적으로 밀어붙이고 명령하기 좋아하는 로즈비어의 방식과 자주 충돌했다.

그 7년 동안의 놀라운 희생과 큰 업적에도 불구하고 로즈비어는 상한 마음을 안고 1973년에 아프리카 땅과 작별했다. 학생들은 그녀의 권위에 반항했고, 동료들조차 지도자로서의 그녀의 능력에 의문을 표했다. 20년에 걸친 그녀의 아프리카 사역이 그런 식으로 끝났다는 것은 비극이었다. 적어도 인간의 관점에서 보면 그랬다. 로즈비어 자신의 말이 당시의 상황을 가장 잘 설명해 준다.

내가 지금 아프리카 현지에서 귀국하는 중이고, 대학에서는 젊은 의사 부부가 내가 하던 일을 인수받는 중이며, 병원에서는 아프리카인 동료가 원장직을 접수하는 중임을 깨닫고서 나는 아주 중요한 행사 하나를 계획했다. 새로 부임한 두 의사의 환영식, 동료에게 병원 운영권을 넘겨주는 인수인계식, 학생들 졸업식, 그리고 내 환송식을 한꺼번에 치를 생각이었다. 대규모 합창단이 다섯 달 동안 준비를 했다. 나는 모든 소리를 다 녹음해 두려고 카세트테이프도 대량으로 마련해 놓고 모든 장면을 다 사진에 담아 두려고 필름도 많이 준비해 놓았다. 그런데 마지막 순간 모든 계획이 수포로 돌아갔다. 학생회가 동맹휴업에 들어갔다. 그리고 나는 20년 동안 책임자로 봉직했던 대학을 결국 사임해야 했다.[31]

고국으로 돌아간 로즈비어는 인생에서 "아주, 아주, 외로운 시기"를 보내야 했다. 그러나 그런 중에도 그녀에게는 회한이 아니라 새로운 겸손의 자세, 십자가에서의 그리스도의 죽음에 대한 새로운 감사가 있었다. 그녀는 앞으로 있게 될 일에 대한 준비가 되어 있지 않았다. 어쩌면 그 일은 아프리카 사역보다 더 위대한 일일지도 몰랐다. 앨런 버지스는 로즈비어 전기에서 말하기를, 그 이후 수십 년 동안 로즈비어는 몇 권의 자전적 책을 집필했고, 다큐멘터리 영화 「마마 루카의 귀향」*Mama Luka Comes Home*에 출연해서 자신이 아프리카에서 어떻게 사역했는지를 보여주었다. 로즈비어는 선교계의 국제적인기 강사가 되었으며, 강연을 통해 자신의 실패를 정직하게 돌아보는 모습에 많은 이들이 뜨거운 박수를 보내고 있다. 로즈비어의 그런 모습은 사람에게 초(超)성인의 이미지를 덧입히며 오랫동안 억압해 온 선교사 직군에 신선한 새바람을 불어넣고 있다.

재키 플린저1944 출생   재키 플린저Jackie Pullinger는 선교 사역으로 대중들에게 널리 관심을 받아온 또 한 사람의 영국 여성이다. 홍콩 주룽청자이에서 벌인 그녀의 사역은 수많은 책과 몇몇 텔레비전 다큐멘터리로도 다루어졌다. 마더 테레사처럼 재키의 사역도 "빈민 중의 빈민"을 대상으로 했는데, 그녀의 경우에는 마약으로 찌든 홍콩의 한 성곽도시 지역이었다. 재키는 1966년, '어둠'이라는 뜻의 헤이안(黑暗)이라고도 불리는 주룽청자이에 도착했다. "화려하게 번쩍거리는 싸구려 상점 뒤로 금방이라도 무너질 듯한 고층건물들이 솟아 있었다"
고 플린저는 첫 방문 당시의 인상을 기록한다. "우리는 상점들 사이의 좁디
좁은 틈을 간신히 빠져나와 진흙과 오물로 뒤덮인 통로를 걷기 시작했다.
그 냄새와 어두컴컴함을 나는 절대 잊지 못할 것이다. 썩은 음식물, 배설물,
육류의 내장과 기타 쓰레기가 내뿜는 악취였다." 사방이 아편굴과 도박장에
다 마약에 찌든 창녀들이 득실대는 좁은 골목길은 건물 사이로 이따금 햇빛
한줄기가 내리꽂힐 때를 빼고는 한낮에도 어두웠다. 그곳은 경찰조차도 감
히 자주 들어오지 못하는 2만 4천 평방미터의 무법천지 인간 오물통이었다.
풍요로운 도시 홍콩 한가운데 그런 곳은 있을 수 없을 듯했지만, 거기에는
이유가 있었다. 플린저는 1980년에 쓴 글에서 그 이유를 설명한다.

> 영국령 홍콩에 어떻게 그런 곳이 존재할 수 있을까? 80여 년 전 영국이 중국의
> 섬 홍콩뿐만 아니라 본토의 주룽반도와 그 뒤에 있는 중국 영토까지 영국령으
> 로 만들었을 때, 예외였던 곳이 한 곳 있었다. 주룽의 오래된 성벽 마을은 계속
> 중국 제국의 행정 관할이어야 했다.……중국 행정관은 사망했다. 중국인이든
> 영국인이든 아무도 후임자가 오지 않았고, 성채 안쪽은 무법상태가 오래 계속
> 되었다. 결국 이곳은 금괴 밀수, 마약 밀수, 불법 도박, 그리고 그 외 온갖 악의
> 소굴이 되었다.[32]

공동체와 선교팀이 강조되던 시대에 플린저는 개별행동주의의 궁극적
사례로, 진정 "고독한 선교단원"이었다. 하지만 그녀는 동역자도, 선교회의
후원도 없이 혼자 선교지로 가기로 했던 자신의 결정을 변호했다. "아브라
함은 자기가 어디로 가는지 알지 못한 채 기꺼이 자기 나라를 떠나 여호와
를 좇아 약속의 땅으로 가고자 했다. 오랜 세월 뒤 글래디스 에일워드도 아
브라함과 똑같이 믿음으로 중국행 장도에 올랐다."[33]

딸만 넷인 집안에서 쌍둥이로 태어난 플린저는 어린 나이에 선교 소명을 받았다. 그녀는 왕립음악대학을 졸업한 뒤 "선교사가 되기로 했던 것이 다시 생각났다"고 후에 술회했다. "그래서 아프리카(선교사들은 당연히 가야 하는 곳)의 여러 학교, 단체, 방송국 등에 편지를 보냈다. 그러나 모두 한결같이 거절하는 답장을 보내왔다. 그들은 나를 원하지 않았다." 그러나 아프리카 지도 한가운데서 홍콩 땅을 보는 꿈을 꾼 뒤 플린저는 위험을 무릅쓰고 혼자 그곳으로 가기로 결정했다. 혼자 길을 나선 데에는 한 목회자의 조언의 힘이 컸다. "내가 당신이라면 지금 나가 배표를 사서 생애 최장 여행길에 나설 것이며, 어디에서 내려야 할지 알려 달라고 기도할 것입니다." 이 조언이 플린저 자신의 꿈과 어우러져 그녀를 홍콩에 데려다 놓은 것이었다.[34]

알음알음으로 성채에서 사역하고 있던 사람들과 연결이 된 플린저는 한 선교단체가 운영하는 학교에서 시간제로 노래, 타악기 합주, 영어를 가르치기 시작했다. 하지만 플린저의 주 관심사는 자신이 조직해서 관리하는 한 젊은이 클럽Youth Club이었다. 이따금 자원봉사자들이 도움을 주기는 했다. 그녀가 실제로 어떤 종류의 일을 하는지 궁금해하는 사람들에게 플린저가 준비해 둔 대답은 이것이었다. "조직화되지 않은 청년 사역을 하고 있지요."[35]

처음에는 사역에 별 성과가 없었다. 플린저는 언어 문제로 씨름했고, 그녀에게 관심을 보이는 사람들은 대부분 이 부유해 보이는 영국 여인에게서 돈이나 그 밖에 무언가를 얻을 수 있지 않을까 해서 접근하는 가짜 그리스도인들이었다. 그러나 그때, 청년들이 단호한 결단을 하면서 상황은 급변하기 시작했다. 플린저는 "방언을 믿는다." 그것은 상황을 반전시키는 성령의 능력이었다. "성령 안에서 계속 기도하자 크리스토퍼처럼 그리스도인이 되기로 결정하는 소년들이 많아지면서 기도의 결과가 뚜렷이 나타났다."[36]

크리스토퍼는 삼합회 조직원이 되려고 입회 의례를 치르고 있던 중이었다. 삼합회는 19세기 초에 생겨난 일종의 마피아 같은 조직이었는데, 플린저가 소년들과 친해질 무렵 이 조직은 "수백 개의 개별 삼합회 집단으로 쇠퇴하여 저마다 삼합회의 전통을 이어받았다고 주장하고 있었다." 이렇게 조직이 약해졌음에도 이들은 성채 안팎에서 "공포심을 조성"하고 있다는 바로 그 사실에 의지해 여전히 위세를 부렸다. 크리스토퍼는 젊은이 클럽에 출석하다가 클럽을 탈퇴하고는 플린저를 피하기 시작했다. 그러던 어느 날 그는 좁은 골목길에서 플린저를 만나 오지도 가지도 못하는 상황이 되었다. 아코디언을 들고 있던 플린저는 크리스토퍼가 지나가지 못하도록 길을 막고 서서 "나 대신 악기를 수리점에 맡겨 달라고 그 애에게 부탁했다." 그 만남을 통해, 그리고 플린저가 "성령 안에서 기도"함으로써 크리스토퍼는 삼합회와 관계를 끊고 합법적 직장을 구해 삶을 반전시켰으며, 젊은이 클럽에서 플린저를 돕기 시작했다.[37]

　　표준적 복음전도 전략은 성채 사람들을 대상으로 하는 플린저의 사역에는 효과가 없었다. "젊은 새신자들에게 교회에 등록할 것을 역설"하기보다는 "성경공부반을 확충했다. 우리는 일주일에 몇 번씩 모였고, 이제는 주일 아침에도 성경공부반을 열었다.……우리는 쉰 목소리로 노래 부르는 시간도 가졌고 탁구도 쳤다. 내가 기도를 강조하면 대부분의 아이들은 밖으로 나가, 골목길에서 친숙한 방식으로 소리 높여 기도하곤 했다. 그리고 내가 이제 그만하라고 하면 다시 벌떼처럼 몰려들어 왔다." 플린저는 그리스도인이 되는 데 관심을 보인 한 청년에게 취한 자신의 경험을 통해 자신이 성경을 왜 강조하지 않는지 그 이유를 정당화했다. 플린저는 청년과 대화를 나눈 뒤 그에게 요한복음을 건네주었다. 청년은 그 쪽복음서를 가지고 돌아갔고, 플린저는 그 후로 2년 동안 그 청년을 다시 보지 못했다. 그런데 어느 날 우연히 그 청년을 만나게 되어 모임에 왜 그렇게 오래 결석했느냐고 물었더니 청년은 이렇게 대답했다. "저는 예수님에 대해 알고 싶어 했는데 선생님은 도서관 하나를 주셨잖아요." 그 대답은 플린저가 생각의 방향을 새로 정할 수 있는 배경이 되어 주었다. "나는 하나님의 말씀을 공부하는 것에 대해 내가 갖고 있던 개념들을 재검토했다. 초대교회 그리스도인들에게는 분명히 성경책이 없었다. 그들은 분명 다른 방식으로 하나님의 말씀을 배웠을 것이다."[38] 플린저는 개인적 교통에 초점을 맞추고, 성경 읽기는 그리스도인의 경건생활에 꼭 있어야 할 부분으로 강조하지 않기로 했다.

그러나 최선을 다해 노력했음에도 불구하고 플린저의 사역은 실패에 직면했다. 그녀의 영향력이 커지면 커질수록 사역은 더 위태로워져 갔고, 그녀를 성채에서 내쫓고 싶어 하는 사람들도 있었다. 불법 침입 사건도 있었고, 어느 날 밤에는 사람들이 몰려와 기물을 파괴하는 바람에 젊은이 클럽 사무실이 다 부서질 뻔하기도 했다. 그러나 그녀는 단호한 태도로 그 난장판을 깨끗이 정리하고 피해를 복구했다. 그 일 후, 플린저가 "빅 브라더"라고 부르던 한 악명 높은 갱단 두목이 자청해서 그녀를 보호해 주겠다고 나섰다. 하지만 그녀는 꼭 해내야 할 일에 대해서는 제대로 도움을 받은 적이 없었다. "많은 사람들이 나를 찾아와 젊은이 클럽 일을 돕게 해달라고 했다. 성채에서 일하는 게 아주 낭만적이고 흥미진진할 것으로 생각들 했지만, 몇 주 이상 붙어 있는 사람은 거의 없었다." 플린저가 생각해 낸 해결책은 무엇이었을까? "나는 버스나 연락선을 타고 다니면서 잠깐씩 선잠 자는 법을 배웠다."[39]

플린저에게 가장 도움이 된 동료는 성채에 살며 그녀의 사역을 통해 회심한 사람들이었다. 이들의 전도 활동을 통해 플린저의 사역은 계속 확장되어 가며 변화에 적응했다. 그리고 그 변화에는 그녀의 '선교지'가 다 철거되어 없어지는 것도 포함되었다. 1993년, 성채 철거 작업이 시작되었다. 성채 자리에는 공원이 들어섰다. 많은 이들이 삶의 터전을 잃고 변화에 적응하지 못해 힘들어했다. 그리고 그 변화의 현장 가운데 플린저가 있었다. 그 이후 플린저의 사역은 마약 중독자 갱생과 복음전도를 중심으로 계속되었으며,

이를 위해 홍콩뿐만 아니라 인도·스리랑카·필리핀·인도네시아·말레이시아·유럽 등 세계 곳곳에 센터와 캠프가 설치되었다.

플린저는 사역 초기를 뒤돌아보며 이렇게 말한다. "그때는 배우고 성장하는 시기였다. 나는 걸핏하면 끔찍한 혼란에 빠지곤 했다."[40] 하지만 그 시절이 있었기에 한 사회에서 가장 희망 없는 사람들에게 희망을 안겨 주는 범세계적 사역의 기초가 놓였다. 플린저의 사역이 성공적일 수 있었던 비결은, 아마 플린저 특유의 관점, 곧 주변 환경을 보는 태도일 것이다. 그 관점은 성채가 더 이상 존재하지 않게 된 후에도 수십 년 동안 그녀와 함께했다.

> 나는 이 어두컴컴한 곳을 사랑했다. 그 안에서 벌어지는 일들은 싫었지만 다른 어느 곳으로도 가고 싶지 않았다. 마치 그 안에서 이미 다른 도시를, 빛으로 환하게 반짝거리는 도시를 볼 수 있기라도 한 것처럼 말이다. 그게 내 꿈이었다. 그곳엔 더 이상 울부짖음도 없고, 죽음이나 고통도 없었다.……내가 아는 한 그 꿈을 현실로 만들 수 있는 방법은 딱 한 가지, "그 이상을 이루겠다는 열심"을 품고, 성채 사람들을 그 모든 것을 변화시킬 수 있는 분, 곧 예수님께 소개하는 것이었다.[41]

던 리처드슨 1935 출생

20세기의 선교 관련 베스트셀러 서적 중 하나는 던 리처드슨 Don Richardson 의 『화해의 아이』 Peace Child 였다. 수십만 부가 팔린 이 책은 『리더스 다이제스트』 이달의 책으로도 선정되었고 영화로도 제작되었다. 던의 또 다른 저서 『대지의 주인들』 Lords of the Earth 도 베스트셀러였다. 리처드슨은 선교학 관련 쟁점들을 이야기 형태로 풀어 뭇사람들의 관심을 사로잡았다. 그가 말하는 구속의 유비 Redemptive Analogy 원리, 곧 영적 진리를 지역 풍습에 맞게 적용하는 원리는

1973년 댈러스 신학교에서 열린 세미나에서 그가 처음 소개한 뒤 선교학계에 뜨거운 논쟁을 불러일으켰다.

1955년, 캐나다 프레리 성경대학의 부속 예배당에서 당시 20세의 리처드슨은 해외 선교사가 되라는 부름에 응답했다. 그것은 네덜란드령 뉴기니에서 인간사냥을 서슴지 않는 한 부족에게 가서 복음을 전하라는 아주 구체적인 소명이었다. 그날 그 부름의 말을 함께 들은 학생들 중 캐럴 소더스트롬^{Carol Soderstrom}은 5년 후 그의 아내가 된다. 하계언어학연구소에서 언어연구 과정을 마치고 첫아이 출산을 앞두고 있던 리처드슨 부부는 1962년 뉴기니행 배에 올랐다. 미개척지선교연맹^{RBMU} 소속으로, 식인 풍습이 있고 사람을 사냥하는 것으로 알려진 사위 부족 전도를 위해서였다. 리처드슨은 도착 즉시 그곳 풍경을 다채로운 필치로 포착해 냈다.

> 짙푸른 밀림이 하늘을 배경으로 우뚝 솟아, 풀숲이 웃자란 개간지를 벽처럼 두르고 선 것이 마치 곧 있을 경기를 앞두고 원형 경기장을 만들기라도 하려는 듯했다.……현장의 그 야생성이 나를 비웃는 것 같았다. 그곳의 분위기는 뭔가 이렇게 조롱하듯 말하는 것 같았다. "나는 잘 경작되어 있고 다루기 쉬운 네 나라 캐나다 땅하고는 달라. 나는 뒤엉켜 있지. 나무와 수풀이 너무 빽빽해서 도저히 지나갈 수 없을걸. 나는 덥고 습하고 비에 흠뻑 젖어 있다. 나는 엉덩이까지 차오르는 진흙 구덩이요 15cm에 달하는 소철 가시다. 나는 독사요 코브라요 거머리요 악어다. 나는 말라리아요 이질이요 필라리아병이요 간염이다."⁴²

원주민들의 배신과 질병에 대한 두려움이 이들의 의식과 무의식을 무겁게 짓눌렀다면, 끝까지 언어를 습득할 수 없을지도 모른다는 두려움은 아주 의식적인 몸부림이었다. 동사마다 시제가 19개씩인 데다가 복잡한 어휘는 정신을 차릴 수 없을 정도였다. "영어에서는 그냥 "열다"^{open}라는 평범한 동사 하나면 눈을 뜬다든가, 마음을 연다든가, 문을 연다든가, 깡통을 딴다든가, 혹은 누가 어떤 것을 깨우쳤다는 말을 할 수 있다. 그러나 사위어에서는 동사가 각기 다르다. 눈을 뜬다고 할 때는 파가돈을, 마음을 연다고 할 때는 아나하그콘을, 문을 연다고 할 때는 타가폰을, 깡통을 딸 때는 타리판을, 그리고 듣는 이가 무언가를 깨쳤을 때는 다르가몬이라는 동사를 각각 쓴다."[43] 부족어를 배우면서 "두뇌 회로가 짧아지는" 느낌이 들 때가 많았지만, 그는 하루 8-10시간씩의 언어 공부 시간을 유지했고, 얼마 지나지 않아 부족들과 의사소통을 할 수 있을 만큼 사위어가 능숙해졌다. 그는 언어 공부라는 과제를 "대모험"으로 보았다. "수학자가 어려운 문제에 달려들어 씨름하다가 마치 마법처럼 작용하는 새 공식을 깨우쳤을 때 바로 이런 기분이 아닐까 할 때가 많았다."[44]

언어를 익히고 부족민들과 함께 살게 되면서 그는 자신이 지닌 기독교적 세계관과 사위족의 세계관과의 차이를 점점 더 분명히 인식하게 됐다. "부족들이 보기에는 예수님이 아니라 유다야말로 복음의 영웅이었고, 예수는 그저 비웃음 받아 마땅한 얼간이일 뿐이었다."[45] 고심하던 리처드슨은 이른바 구속의 유비가 성육신하신 그리스도를 성경의 다른 어떤 메시지보다 훨씬 더 명쾌하게 지적해 주며, 그 원리만이 이 세계관의 차이 문제를 해결해 줄 수 있다는 것을 마침내 깨달았다. 그가 발견해 낸 것은 사위 부족도 이해할 수 있는 '화해의 아이'라는 개념이었다.

사위 부족의 호전적 성질 또한 처음에 이들과 함께 살기 시작하면서부터 그를 몹시 힘들게 했던 요소였다. 최선의 노력을 다했음에도 그는 사역지 인근 세 마을 간의 부족전쟁을 막을 수가 없었다. 리처드슨은 이렇게 자책했다. "내가 내린 결론은……해남·카무르·요휘 세 마을이 비교적 평화를 누리며 존속하기 위해서는 서로 떨어져 있을 필요가 있는데 아내와 내가 이 세 마을을 하나의 공동체로 끌어모으면서 본의 아니게 그 격리 상태를

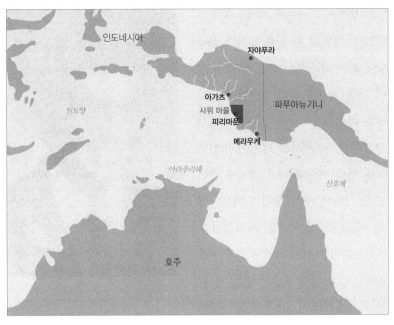

무너뜨렸다는 것이다. 부족민들을 위해서는 우리가 떠나야 했다. 삼키기 힘
든 쓴 약 같은 처방이었지만, 우리가 없으면 이들은 각자 깊은 정글 속 자기
집으로 돌아가 평화롭게 살 터였다."⁴⁶

    사위족은 리처드슨이 마을을 떠날 예정이라는 말을 듣고 몹시 서운해
하며 특별 부족회의를 열더니 다음 날 서로 화해하기로 했다고 그에게 알려
왔다. 상황이 이렇게 반전된 것에 사기가 오른 리처드슨은 얼른 다음 날 아
침이 오기를 기다렸다. 날이 밝자마자 사위족의 화해 의식이 시작되었다. 아
주 보기 드문 행사이긴 했지만 이 외교 절차는 마음에 깊은 울림을 주는 경
험이었다. 싸움을 벌이던 마을들은 서로 아이들을 교환했다. 그 아이들이 살
아 있는 동안은 평화가 지속될 터였다. 각 마을에서 누가 자기 아이를 포기
하느냐 하는 게 가슴 미어지는 시련이었다. 어린 자녀를 둔 엄마들은 무슨

일이 벌어지고 있는지 깨닫고 불안에
떨었다. 마침내 한 젊은 남자가 하나
밖에 없는 자기 아이 손을 꼭 쥐고 상
대 마을 진영을 향해 달려가더니 정
말로 아이를 그중 한 사람에게 넘겨
주었다. 자기 아이를 넘겨준 대가로
상대 마을 아이 하나가 그에게 주어
졌고, 그렇게 해서 화해가 이루어졌
다. 이는 신뢰에 기초를 둔 화해였다.
리처드슨이 보기에 사위 문화에는 신
뢰라는 요소가 존재하지 않는 것 같
았다. 그런데 사위족은 그들 나름의

이리안자야에서 사역한 선교사 던 리처드슨

방식으로 "상대에게 성의를 보이고 평화를 이루는 방법을 찾아냈다.……사
위족은 상대가 어떤 식으로 우의를 표현하든 다 의심했지만, 단 하나 예외
가 있었다. 어떤 사람이 자기 아들을 적에게 주면 그 사람은 신뢰할 수 있는
사람이었다!"[47] 리처드슨은 바로 이 유비를 이용해 하나님께서 십자가에서
자기 아들을 희생시키셨다는 사실을 사위족에게 가르쳤다.

그러나 화해의 아이 비유만으로는 의사소통의 모든 장벽을 다 해결
할 수 없었다. 또 다른 비유들을 찾아내야 했다. 그리고 리처드슨 부부에게
는 앞으로 감당해야 할 어려운 일들이 아직 많았다. 그러나 이들이 인내심
을 갖고 수고한 결과 사위족은 점차 기독교 신앙에 의지하기 시작했으며,
이 덕분에 그 뒤 석유나 벌목, 광산 사업이 유입되고 인도네시아의 다른 섬
주민들이 이주해 오면서 곧 발생하게 될 "문화적 방향감각 상실" 현상을 잘
이겨낼 준비를 갖추게 되었다. 간호사 출신인 캐럴은 한 달에 약 2,000명의
환자를 치료하면서 부족민들에게 기본 위생과 질병 예방법을 가르쳤다. 두

사람은 신약성경을 함께 번역했고, 사위족에게 글 읽는 법을 가르쳤다.

사위족 사역을 시작한 지 10년이 지난 1972년 무렵이 되자 많은 것이 달라져 있었다. 신자들의 집회소로 사용되는 건물은 두 차례나 확장되다가 나중에는 아예 1,000석 규모의 사위 예배당^{Sawidome}으로 대체되었다. 이곳은 "과거에 적이었던 사람들이 성찬상 앞에 함께 앉을 수 있는 집, 아직 하나님의 말씀을 모르는 부족들을 위해 기도하는 집"이었다. 봉헌식은 1972년에 있었으며, 아마도 이 건물은 다듬지 않은 기둥으로 지어진 세계 최대의 원형 건물이었을 것이다.[48]

신약성경 번역을 끝낸 리처드슨 부부는 사위족 장로들과 새로 부임한 선교사 부부에게 교회를 맡기고 그곳을 떠났다. 계속해서 두 사람은 다른 선교사 부부와 공동으로 아우이 부족 언어를 분석하는 일을 했다. 그리고 1976년 두 사람은 북미로 돌아갔고, 리처드슨은 캘리포니아 패서디나의 미국 세계선교센터에서 학생들을 가르치기 시작해 부족연구소 소장이 되었다. 그가 역설한 '구속의 유비'는 이곳에서 금방 받아들여졌고, 부족민들에게 복음을 전하는 효과적인 방법을 개발하려는 이와 같은 노력에 다른 이들도 동참했다.

리처드슨은 구속의 유비가 새로운 것이 아니라고 주장한다. 이 원리는 성경 자체만큼이나 오래되었으며, "땅끝까지" 복음을 전하라는 명령과 마찬가지로 오늘날에도 적용 가능하다. 여기서 주목할 만한 사실은, 시대를 초월하는 이런 방식과 원리의 재발견이 실로 땅끝으로 여겨지는 곳인 이리안 자야에서 이루어졌다는 점일 것이다.

성자와 유명인사

후기

뒤돌아보건대 기독교의 세계 선교에서 가장 주목할 만한 측면은, 하나님의 부르심에 따르기 위해 그 모든 반대를 무릅쓰고 가족과 고향을 떠나 이문화 세계에 복음을 전하느라 궁핍과 좌절을 겪어낸 사람들이 엄청나게 많다는 점이다. 그 막연하고 애매한 '선교사 소명'이 이들을 재촉하여 해외로 나가게 했다. 국내 사역이 소명 없이도 할 수 있는 일이라면, 해외선교는 소명 없이는 할 수 없는 일이었다. 걸어야 할 것이 너무 많았다. 그리고 다른 어떤 것보다도 바로 이 소명 의식이야말로 그들을 지탱시키는 힘이었다. 물론 나갔다가 머물지 않고 돌아온 사람도 있었고, 돌아왔다가 복귀한 선교사도 있었다. 그러나 어쨌든 이들은 떠났고, 많은 경우 의미 있는 기여를 했다. 고국에 머물러 살았더라면 훨씬 더 행복했을 사람도 많았다. 하지만 그들은 소명 의식으로 자신을 채찍질하며 10년, 또 10년 계속 머물렀다.

그런 고결한 소명 의식으로 괴로워했던 이 사람들은 어떤 사람들이었는가? 특별히 그 소명을 받기에 적합한 사람들이었는가? 아마 아닐 것이다. 교회의 다른 어느 영역에나 있는 성실한 신자 그 이상은 아니었을 것이다. 인류의 역사와 선교의 역사 모두 결함과 실패와 좌절로 얼룩진 영웅담이다.

결코 화려한 성장의 시대였다고 할 수 없는 수세기의 세월이 지난 후 "위대한 세기"가 밝아 왔지만, "근대 선교의 아버지"라는 사람이 마지못해 겨우 따라나선 아내와 미심쩍은 성격의 동료 하나를 데리고 등장한 게 고작이었다. 그 유명 선교사가 가정불화를 겪는 모습은 이상적인 본보기라고 할 수 없었다. 나중에 인도 세람포르 선교기지에서 후배 선교사와 선배 선교사 사이에 빚어진 극심한 갈등 또한 기독교가 세상에 증거해 보여야 할 신앙의 모습을 크게 훼손시켰다.

인도에서만 그리스도의 이름이 더럽혀진 것이 아니었다. 중국에서는 기독교가 아편 밀매에 관계했다는 지워지지 않을 오명을 얻었다. 아프리카에서 기독교 하면 인종차별주의와 원주민 착취가 떠올랐다. 태평양 군도에서는 선교사들 중에 성적 부도덕의 죄를 저지른 사례가 있었다. 사실상 전 세계의 거의 모든 선교지마다 그 지역의 문화 전통을 잘못 이해한 데서 빚어지는 당혹스럽고 비전문가 같은 일들이 있었고, 서방의 제도화된 교회는 회심자들이 주님을 따르기 위해 당연히 받아들여야 할 유일한 길로 여겨졌다.

선교 역사를 연구하는 현대의 많은 학자들은 선교사들의 실패가 우연한 것이었고 어떤 경우는 충분히 그럴 만했다고 용인했다. 그런 사례들은 지상으로 밀려들어 오는 강력한 은혜의 파도 표면에 이는 잔물결에 지나지 않는다고 말이다. 그러나 사람들이 기독교 선교계를 향해 비판의 목소리를 높이던 때가 있었다는 것은 전혀 놀랄 일이 못 된다. 선교사도 인간이라는 바로 그 사실 때문에 모든 논란은 계속될 수밖에 없었다. 그들의 실수와 죄와 어리석음에 놀랄 이유가 무엇인가? 선교사는 그들을 숭배하는 이들이 만들어 낸 초성인도 아니었고, 그들을 깎아내리는 이들이 말하는 것처럼 무식한데 열정만 넘치는 부적격자도 아니었다. 그러나 어쨌든 그들은 하나님께 부름받았고, 그 부르심을 따르느라 큰 희생을 치렀다.

기독교가 비서방세계로 확산된 것, 특히 선교사들이 이루어 낸 성취로서의 기독교 확산은 인간의 모든 역사에서 가장 큰 성공담으로 손꼽힌다. 중세 시대와 종교개혁 시대의 전진을 거쳐 복음주의 대각성에서 탄력을 얻고, 합리주의와 세속주의라는 강력한 반동 세력을 따돌리고 프랑스혁명과 나폴레옹전쟁에서 살아남은 뒤, 기독교 운동은 갑자기 지구촌 구석구석에서 수많은 사람들이 열렬히 추종하는 활력 있고 보편적인 종교로 확장되었다. 통상적으로, 이 대규모 확산 움직임의 본체는 살아 움직이는 신앙이었다. 역사상 다른 어떤 운동도 기독교만큼 그렇게 대대적으로 인도주의적 선행을 촉진시키지는 못했다.

기독교의 이 범세계적 확산이 본국의 소수 그리스도인들의 후원 아래 연약하고 죄 많은 인간들의 힘으로 성취되었다는 바로 그 사실 때문에 우리는 오로지 하나님께만 더욱더 영광을 돌려야 한다. 그럼에도 불구하고, 그 고난의 자리로 기꺼이 가고자 했던 사람들, 훨씬 더 위대한 하나의 목표를 성취하는 데 어떻게든 기여하기 위해 자기 개인의 야망쯤 기꺼이 희생하고자 했던 그 사람들을 인간의 관점에서 찬미하고 이상화하지 않을 수가 없다. 선교지 어디를 가든 헨리 마틴 같은 이들이 있었고 헬렌 로즈비어 같은 이들이 있었다. 그들은 본국에서 누리고 살 수도 있었을 출세와 성공을 뒤로하고 결혼과 가정생활의 기쁨도 포기한 채, 하나님의 부르심에 순종하기 위해 고통과 치욕을 당한 사람들이었다.

선교 현지에 나가지는 못했지만 나간 사람 못지않게 그 높은 이상에 순종한 사람들이 있다. 세상은 이들에게 별 관심을 보이지 않았지만, 똑같이 하나님의 부르심을 들었고 똑같이 그렇게 자신을 희생할 마음이 있었으면서도 결국 선교지로 나가지 못한 사람들이 수없이 많다. 그들은 믿음이 덜했던 것일까? 하나님께 대한 헌신이 약했던 것일까? 선교지로 간 사람과 본국에 남은 사람을 구별하는 선은 아주 미세해서 잘 보이지 않을 수도 있다.

실제로 해외 선교지로 나간 선교사가 한 명이라면, 한때 선교사가 되겠다고 다짐했지만 그 다짐을 끝내 실천에 옮기지 못한 사람은 적어도 50명은 된다고 한다. 그들의 선교 소명은 실현되지 못한 것인가? 그런 경우가 많았다. 그들은 헌신의 다짐을 잊어버렸다. 하지만 본국에 남아, 없어서는 안될 역할을 한 경우도 많다. "본국에 남아 있던" 이 사람들이 없었다면 과연 선교계가 오늘날과 같은 발전을 이루었을까?

'프린스턴 서약'에 서명한 10만 명의 대학생 자원자들 중 실제 해외 선교사로 나간 사람은 2만 명 정도였다. 그러나 본국의 강력한 후원자 단체가 없었다면 그 자원자 군단이 일선에서 어떻게 견뎌낼 수 있었겠는가? 그 시기에 선교를 위해 헌금된 돈은 네 배 이상 늘어났다. 19세기 말부터 시작해 이문화 선교 현장에 엄청나게 쏟아져 들어온 여성 선교사들 뒤에도 그 비슷한 후원기관이 자리 잡고 있었다. 여성 선교사 한 사람당 12명이나 그 이상의 후원자가 고국에서 그 일에 전적으로 헌신했는데, 그중에는 선교 소명을 느끼고도 끝내 나가지 못한 사람들이 많았다.

최근 수십여 년 사이, 선교사 의식을 가지고 본국에서 헌신하는 사람들 위주로 또 하나의 학생운동이 시작되었다. 스테이시 우즈^{Stacey Woods, 1909-1983}는

1934년 인도 선교사로 갈 생각이었지만 결국 미국에 남아 기독학생회[IVCF]를 지도하며 발전시켰다. 대학 캠퍼스에서 전도 활동을 하는 이 학생 조직은 3년마다 어바나 선교대회를 열어 세계 각국 대학에서 수천여 학생들을 불러 모으는 것으로도 유명하다. 도슨 트로트맨[Dawson Trotman, 1906-1956]도 본국에 머물며 네비게이토를 창설해 선교 사역에 중요한 역할을 했다. 트로트맨은 파리에 머물던 1948년 선교에 대한 꿈을 품었고, 그 이후 네비게이토는 기독교 신앙으로 사람들을 훈련시키려는 열심을 품고 지구촌 전역으로 활동을 확산시켰다.

빌 브라이트[Bill Bright, 1921-2003]가 창설한 대학생선교회[CCC]는 처음에 학생들에게 복음을 전하는 일에 중점을 두었지만, 1980년대에 이르러서는 전 세계 150개 나라에서 수천 명의 간사들이 복음전도 활동을 하는 단체로 성장했다. 대학생선교회가 주도하는 "나는 찾았네, 새 생명!" 운동과 영화 「예수」가 들어가지 않은 곳은 지구상에 거의 없으며, 「예수」는 12개 이상의 언어로 번역되었다.

오늘날 선교 지도자들은 해외 선교사와 후방에서 선교를 홍보하는 사람 혹은 선교 전문가나 단기 선교사로 일하는 사람 사이에 구별이 없어야 한다는 점에 점차 공감대를 넓혀가고 있다. OM선교회의 조지 버워나 예수전도단의 로렌 커닝햄[Loren Cunningham] 같은 이들은 청년들에게 도전을 던져 선교에 헌신하게 만드는 일에 삶을 바쳤다. 그 헌신이 단기 사역이든 평생 사역이든, 아니면 후방 사역이든 현지 사역이든 말이다.

그러면 해외의 선교 현장으로 나가지 못한 사람은 어떻게 생각해야 하는가? 그들의 삶은 어떻게 평가해야 하는가? 그들은 지상명령을 이행해야 할 책임이 비교적 덜한가? 그들이 받은 '선교사 소명'은 유효성이 덜한가? 그 질문에 대해서는 각 사람이 하나님 앞에서 개별적으로 답변해야 할 것이다. 그리고 아마도 자신이 받은 '소명'의 본질 자체를 재평가해 보아야 할 것이다. 사실, 구체적으로 해외의 어떤 지역으로 가라고 하는 것처럼 보이는 소명은 아직 미완인 세계 복음화 과제를 끝마치는 데 동참하라는 부름으로 이해하는 게 더 좋을 수도 있다.

해외 선교사로 섬기는 사람들에 얽힌 이야기는 긴장감 넘치는 한 편의 드라마다. 본국에서 일하는 사람들의 이야기보다 훨씬 더 흥미진진한 것이 사실이다. 그러나 뒤에서 일하는 사람들에게도 우리가 들어줘야 할 이야기가 있으며, 해외로 나간 사람들의 이야기와 아주 흡사한 것도 이따금 있다.

그중 한 이야기는 1950년대 위스콘신의 한 농장 마을에서 시작되었다. 무대는 기독교선교연맹 소속 델머 스미스 선교사가 강사로 나선 한 여름 성경캠프였다. 촌스러운 천막 아래서 강사의 감동적인 메시지를 듣고 13살의 한 농장 소녀가 선교에 대한 꿈을 품었다. 그리고 마지막 집회 때 소녀는 해외 선교사가 되어 하나님께 자신의 삶을 바치겠다고 서원했다. 고등학교 시절에도 해외 선교사는 소녀의 필생의 목표였다. 그 어떤 장애물에도 굴하지 않겠다고 소녀는 맹세했다.

고등학교를 졸업하자 소녀의 삶은 분주해졌고 이런저런 일도 많았다.

성경대학, 기독교 대학 교양학부, 종합대학 전공 과정을 차례로 마치고, 결혼하여 가족을 꾸리고, 학생들을 가르치는 사람이 되었다. 한 가지 일을 마치면 또 한 가지 일이 시작되었다. 세월은 살같이 흘러가고, 해외선교에 나서리란 계획은 점점 더 현실에서 멀어져 갔다.

소녀가 어린 시절을 보내던 곳에서 5km밖에 떨어지지 않은 농장에 또한 명의 소녀가 자라고 있었다. 소녀의 사촌 밸러리 스텔렉트^{Valerie Stellrecht}였다. 두 사람은 같은 학교에 다녔고 마을의 작은 교회에도 함께 다녔다. 밸러리 또한 해외선교로 부름받았음을 느꼈다. 그래서 그녀도 세인트폴 성경대학에 입학하여 필생의 소명에 응할 준비를 했다. 그리고 그녀 역시 결혼하여 가정을 이룰 수 있기를 고대했다. 하지만 밸러리에게 가장 중요한 것은 해외 선교사로 부름받았다는 소명 의식이었다. 밸러리는 성경대학을 졸업했고, 그 후 가족들과 사랑하는 사람들에게 작별을 고하고 단신으로 에콰도르를 향해 출발했다. 밸러리는 기독교선교연맹 소속으로 지금까지 계속 그곳에서 사역하고 있다.

이 두 젊은 여인의 삶은 여러 면에서 아주 비슷했다. 두 여자 모두 해외 선교사로 부름받았음을 느꼈다. 밸러리는 해외 선교지로 갔고, 나는 여기 이렇게 후방에 남아 있다.

주 · 참고문헌 · 찾아보기

주

I. 멈출 수 없는 전진

1. Ramsay MacMullen, *Christianizing the Roman Empire*(New Haven: Yale University Press, 1984), viii.

2. 같은 책, 2.

3. 같은 책.

4. Ralph D. Winter, "The Kingdom Strikes Back: The Ten Epochs of Redemptive History", in *Perspectives on the World Christian Movement*, ed. Ralph D. Winter and Steven C. Hawthorne(Pasadena: William Carey, 1981), 150. (『성경적, 역사적, 문화적, 전략적 관점에서 본 선교』 예수전도단)

5. J. Herbert Kane, *A Concise History of the Christian World Mission: A Panoramic View of Missions from Pentecost to the Present*(Grand Rapids: Baker, 1978), 43. (『세계 선교 역사』 기독교문서선교회)

6. Winter, "The Kingdom Strikes Back", 148.

7. Philip Schaff, *The Middle Ages*, vol. 5 of *History of the Christian Church*(Grand Rapids: Eermans, 1979), 588-89. (『교회사전집』 크리스챤다이제스트)

OI ｜ 초기 선교

1. David Bosch, *Transforming Mission: Paradigm Shifts in Theology of Mission*(Maryknoll, NY: Orbis, 1991), 16. (『변화하고 있는 선교』 기독교문서선교회)

2. J. Herbert Kane, *A Concise History of the Christian World Mission: A Panoramic View of Missions from Pentecost to the Present*(Grand Rapids: Baker, 1978), 7.

3. Stephen Neill, *A History of Christian Missions*(New York: Penguin, 1964), 24. (『기독교 선교사』 성광문화사)

4. Milton L. Rudnick, *Speaking the Gospel through the Ages: A History of Evangelism*(St. Louis: Concordia, 1984), 14.

5. Ramsay MacMullen, *Christianizing the Roman Empire*(New Haven: Yale University Press, 1984), 109-10, 150.

6. Eusebius, *Ecclesiastical History*. Neill, *A History of Christian Missions*, 39-40에 인용됨. (『유세비우스의 교회사』 은성)

7. John Foxe, *Foxe's Christian Martyrs of the World*(Chicago: Moody Press, n. d.), 41. (『순교자 열전』 포이에마)

8. Neill, *A History of Christian Missions*, 45에 인용됨.

9. 같은 책, 42.

10. 같은 책, 43.

11. F. F. Bruce, *The Spreading Flame: The Rise and Progress of Christianity from Its First Beginnings to the Conversion of the English*(Grand Rapids: Eerdmans, 1979), 170. (『초대교회 역사』 기독교문서선교회)

12. 같은 책, 171

13. Eusebius, *Ecclesiastical History*. 257-59.

14. Rudnick, *Speaking the Gospel*. 23.

15. Frederick W. Weidmann, *Polycap and John*(Notre Dame, IN: University of Notre Dame Press, 1999), 60, 64, 72.

16. Kenneth Scott Latourette, *The First Five Centuries*, vol.1 of *A History of the Expansion of Christianity*(Grand Rapids: Zondevan, 1970), 80.

17. N. T. Wright, *What Saint Paul Really Said*(Grand Rapids: Eerdmans, 1997), 37. (『톰 라이트 바울의 복음을 말하다』 에클레시아북스)

18. Roland Allen, *Missionary Methods: St. Paul's or Ours?*(Chicago: Moody Press, 1956), 3-4. (『바울의 선교 vs. 우리의 선교』 IVP)

19. 같은 책, 6-7.

20. Ben Witherington III, *The Renewed Search for the Jew of Tarsus*(Downers Grove, IL: InterVarsity, 1998), 128.

21. Michael Duncan, "The Other Side of Paul", *On Being*(June 1991): 21-23.

22. Bosch, *Transforming Mission*, 124.

23. *Missiology: An Introduction to the Foundations, History, and Strategies of World Missions*, ed. John Mark Terry, Ebbie C. Smith, and Justice Anderson(Nashville: Broadman, 1998), 167에 실린 John Mark Terry, "The History of Missions in the Early Church"에 인용됨. (『선교학 대전』 기독교문서선교회)

24. Bruce, *The Spreading Flame*, 174.

25. W. H. C. Frend, *Martyrdom and Persecution in the Early Church*(Oxford: Blackwell, 1965), 241, 189.

26. Bruce, *The Spreading Flame*, 260.

27. Philip Schaff, *Ante-Nicene Christianity*, vol. 2 of *History of the Christian Church*(Grand Rapids: Eerdmans, 1979), 666.

28. Weidmann, *Polycarp and John*, passim.

29. Schaff, *Ante-Nicene Christianity*, 2:667.

30. Jack N. Spark, *St. Irenaios: The Preaching of the Apostles*. www. goarch.org/en/resources/fathers/contents. html(February 6, 2004).

31. Elliott Wright, *Holy Company: Christian Heroes and Heroines*(New York: Macmillan, 1980), 80.

32. Weidmann, *Polycarp and John*, 81.

33. Bruce, *The Spreading Flame*, 174.

34. Edith Deen, *Great Women of the Christian Faith*(New York: Harper & Row, 1959), 3.

35. Wright, *Holy Company*, 234.

36. 같은 책, 235.

37. Deen, *Great Women*, 5.

38. Sherwood Wirt, "God's Darling", *Moody Monthly*(February 1977): 58.

39. Joyce E. Salisbury, *Perpetua's Passion: The Death and Memory of a Young Roman Woman*(New York: Routledge, 1997), 92.

40. Wright, *Holy Company*, 236.

41. Deen, *Great Women*, 6.

42. Wirt, "God's Darling", 60.

43. Latourette, *First Five Centuries*, 213.

44. Neill, *A History of Christian Missions*, 55, V. Raymond Edman, *The Light in Dark Ages*(Wheaton, IL: Van Kampen, 1949), 91.

45. Neill, *A History of Christian Missions*, 55n.

46. Latourette, *First Five Centuries*, 214.

47. Philostorgius, *History of the Church, Eerdman's Handbook to the History of Christianity*(Grand Rapids: Erdmans, 1977), 180에 인용됨.

48. Edman, *The Light in Dark Ages*, 93.

49. David Plotz, "St. Patrick: No snakes. No shamrocks. Just the facts", March 17, 2000, http://slate.msn.com/id/77427/

50. Thomas O'Loughlin, *St. Patrick: The Man and His Works*(London: Society for Promoting Christian Knowledge, 1999), 1.

51. Bruce, *The Spreading Flame*, 373.

52. 같은 책.

53. 같은 책, 374.

54. O'Loughlin, *St. Patrick*, 43.

55. Bruce, *The Spreading Flame*, 376-77.

56. J. Herbert Kane, "Saint Patrick-Evangelical Missionary to Ireland", *Eternity* 23, no. 7(July 1972): 34.

57. Latourette, *First Five Centuries*, 219.

58. Bruce, *The Spreading Flame*, 381에 인용됨.

59. Edman, *The Light in Dark Ages*, 145.

60. E. H. Broadbent, *The Pilgrim Church*(London: Pickering & Inglis, 1974), 34-35.

61. Will Durant, *The Age of Faith*, vol. 4 of *The Story of Civilization*(New York: Simon & Schuster, 1950), 532. (『문명이야기 4』 민음사)

62. Kenneth Scott Latourette, *The Thousand Years of Uncertainty*, vol. 2 of *A History of the Expansion of Christianity*(Grand Rapids: Zondervan, 1970), 54.

1. Philip Hughes, *A Popular History of the Reformation*(New York: Doubleday, 1960), 19.

2. Christopher Dawson, *Religion and the Rise of Western Culture*(rep. New York: Doubleday/Image Books, 1991), 34-35. (『선교와 서구문화의 변혁』 한국로고스연구원)

3. Bruce L. Shelley, *Church History in Plain Language*(Waco: Word, 1982), 176. (『현대인을 위한 교회사』 크리스 찬다이제스트)

4. Stephen Neill, *A History of Christian Missions*(New York: Penguin, 1979), 67.

5. 같은 책, 68-69에 인용됨.

6. John Stewart, *The Nestorian Missionary Enterprise: A Church on Fire*(Edinburgh: Clarke, 1923), 198, 29, 18.

7. Neill, *History of Christian Missions*, 74, Kenneth Scott Latourette, *The Thousand Years of Uncertainty*, vol. 2 of *A History of the Expansion of Christianity*(Gran Rapids: Zondervan, 1970), 85, Neill, *History of Christian Missions*, 74에 인용된 Christopher Dawson, *The Making of Europe*(New York: New American Library, 1956).

8. V. Raymond Edman, *The Light in Dark Ages*(Wheaton, IL: Van Kampen, 1949), 192.

9. John Cyril Sladden, *Boniface of Devon: Apostle of Germany*(Exeter, England: Paternoster Press, 1980), 33.

10. Latourette, *Thousand Years of Uncertainty*, 96.

11. George William Greenway, *Saint Boniface*(London: Adam & Charles Black, 1955), 28.

12. Philip Schaff, *Medieval Christianity*, vol. 4 of *History of the Christian Church*(Grand Rapids: Eerdmans, 1979), 94. (『교회사전집』 크리스찬다이제스트)

13. C. H. Talbot, "St. Boniface and the German Mission", in *The Mission of the Church and the Propagation of the Faith*, ed., G. J. Cuming(Cambridge: Cambridge University Press, 1970), 49.

14. Latourette, *Thousand Years of Uncertainty*, 95.

15. Eleanor McLaughlin, "Women, Power and the Pursuit of Holiness in Medieval Christianity", in *Women Spirit: Female Leaders in the Jewish and Christian Traditions*, ed. Rosemary Ruether and Eleanor McLaughlin(New York: Simon & Schuster, 1979), 105.

16. Norman F. Cantor, *Medieval History: The Life and Death of Civilization*, 2d ed(New York: Macmillan, 1975), 186.

17. 같은 책, 187.

18. Schaff, *Medieval Christianity*, 98.

19. Neill, *History of Christian Missions*, 76.

20. Latourette, *Thousand Years of Uncertainty*, 103.

21. 같은 책, 117.

22. Schaff, *Medieval Christianity*, 114.

23. Latourette, *Thousand Years of Uncertainty*, 155.

24. 같은 책, 161.

25. J. Herbert Kane, *A Concise History of the Christian World Mission*, rev. ed(Grand Rapids: Baker, 1980), 49-50. (『세계 선교 역사』 기독교문서선교회)

26. Samuel M. Zwemer, *Raymond Lull: First Missionary to the Moslem*(New York: Funk & Wagnalls, 1902), 26.

27. 같은 책, 34, 36.

28. 같은 책, 52-53에 인용됨.

29. 같은 책, 64.

30. 같은 책, 63-64.

31. 같은 책, 81-82.

32. 같은 책, 83.

33. 같은 책, 94.

34. 같은 책, 108-11.

35. 같은 책, 141.

36. 같은 책, 142-43.

37. Neill, *History of Christian Mission*, 169.

38. Gustavo Gurierrez, *Las Casas: In Search of the Poor of Jesus Christ*, trans. Robert R. Barr(Maryknoll, NY: Orbis, 1993), 47-48.

39. Neill, *History of Christian Mission*, 171에 인용됨.

40. Kenneth Scott Latourette, *Three Centuries of Advance*, vol. 3 of *A History of the Expansion of Christianity*(Grand Rapids: Zondervan, 1978), 96.

41. Neill, *History of Christian Mission*, 148.

42. Will Durant, *The Reformation*, vol. 6 of *The Story of Civilization*(New York: Simon & Schuster, 1957), 914에 인용됨.

43. James Brodrick, *Saint Francis Xavier*(New York: Wicklow, 1952), 204에 인용됨.

44. 같은 책, 174.

45. 같은 책, 145.

46. 같은 책, 144.

47. Neill, *History of Christian Mission*, 150에 인용됨.

48. Francis Xavier, *The Letters and Instructions of Francis Xavier*, trans. M. Joseph Costelloe(St. Louis: Institute of Jesuit Sources, 1992), 130.

49. Neill, *History of Christian Mission*, 154.

50. 같은 책, 156.

51. F. A. Rouleau, "Matteo Ricci", in *The New Catholic Encyclopedia*, ed. William J. McDonald(New York: McGraw-Hill, 1967), 12:472.

52. Vincent Cronin, *The Wise Man from the West*(New York: Dutton, 1955), 31. (『서방에서 온 현자』 분도출판사)

53. Jonathan Spence, *The Memory Palace of Matteo Ricci*(New York: Viking, 1984), 220. (『마테오 리치, 기억의 궁전』 이산)

54. A. J. Broomhall, *Hudson Taylor and China's Open Century*(London: Hodder & Stoughton, 1981), 74.

55. 같은 책, 64.

56. Rouleau, "Matteo Ricci", 471에 인용됨.

57. "The Journal of Matthew Ricci", in *Classics of Christian Missions*, ed. Francis M. Dubose(Nashville: Broadman, 1979), 172-73.

58. Broomhall, *Hudson Taylor*, 75.

03 | 아메리카 인디언 선교

1. Henry Warner Bowden, *American Indians and Christian Missions: Studies in Cultural Conflict*(Chicago: University of Chicago Press, 1981), 45-46.

2. 같은 책, 48-49.

3. 같은 책, 80.

4. 같은 책, 87.

5. Daniel Scalberg and Joy Cordell, "A Savage With the Savages", *Moody Magazine*(April 1987): 56에 인용됨.

6. 같은 책, 55.

7. 같은 책, 55-57.

8. 같은 책, 57.

9. Ola Elisabeth Winslow, *John Eliot, "Apostle to the Indians"*(Boston: Houghton Mifflin, 1968), 96.

10. 같은 책, 110.

11. 같은 책, 113.

12. Neville B. Cryer, "John Eliot", in *Five Pioneer Missionaries*(London: Banner of Truth, 1965), 212.

13. Winslow, *John Eliot*, 179.

14. Elisabeth D. Dodds, *Marriage to a Difficult Man: The "Uncommon Union" of Jonathan and Sarah Edwards*(Philadelphia: Westminster, 1971), 118.

15. David Wynbeek, *David Brainerd: Beloved Yankee*(Grand Rapids: Eerdmans, 1961), 60.

16. 같은 책, 60-61에 인용됨.

17. 같은 책, 79.

18. 같은 책, 113.

19. William R. Hutchinson, *Errand to the World: American Protestant Thought and Foreign Missions*(Chicago: University of Chicago Press, 1987), 30.

20. 같은 책, 30-31.

21. 같은 책, 32.

22. Jonathan Edwards, ed., *The Life and Diary of David Brainerd*(Chicago: Moody Press, 1949), 141, 146.

23. R. Pierce Beaver, *Pioneer in Mission: The Early Missionary Ordination Sermons, Charges, and Instructions*(Grand Rapids: Eerdmans, 1966), 211-12.

24. Earl P. Olmstead, *David Zeisberger: A Life among the Indians*(Kent, OH: Kent State University Press, 1997), 334, 333에 인용됨.

25. Robert F. Berkhofer Jr., *Salvation and the Savage: An Analysis of Protestant Missions and American Indian*

Response, *1787-1862*(Louisville: University of Kentucky Press, 1965), 101에 인용됨.

26. John Ehle, *Trail of Tears: The Rise and Fall of the Cherokee Nation*(New York: Doubleday, 1988), 361.

27. R. Pierce Beaver, *Church, State, and the American Indians*(St. Louis: Concordia, 1966), 100.

28. Nard Jones, *The Great Command: The Story of Marcus and Narcissa Whitman and the Oregon Country Pioneers*(Boston: Little, Brown, 1959), 125.

29. 같은 책, 202, 229.

30. Julie Roy Jeffrey, *Converting the West: A Biography of Narcissa Whitman*(Norman: University of Oklahoma Press, 1991), 138.

31. Jones, *The Great Command*, 219-20.

32. Jeffrey, *Converting the West*, 146.

33. 같은 책, 151.

34. 같은 책, 222에 인용된 Don Pedro Casaldaliga, "Mass of the Land without Evil"

35. Leecy Barnett, "Hundreds of Pious Women: Presbyterian Women Missionaries to the American Indians, 1833-1893"(master's thesis, Trinity Evangelical Divinity School, 1985), 114-15.

04 | 헤른후트의 전진

1. William J. Danker, *Profit for the Lord*(Grand Rapids: Eerdmans, 1971), 73.

2. A. Skevington Wood, *"Count von Zinzendorf" in Eerdman's Handbook to the History of Christianity*(Grand Rapids: Eerdmans, 1977), 477.

3. John R. Weinlick, *Count Zinzendorf*(Nashville: Abingdon, 1956), 225.

4. 같은 책, 200.

5. 같은 책, 205.

6. J. C. S. Mason, *The Moravian Church and the missionary Awakening in England, 1760-1800*(Woodbridge, UK: Boydell Press, 2001), 9.

7. 같은 책, 9-10에 인용됨.

8. Louis Bobé, *Hans Egede: Colonizer and Missionary to Greenland*(Copenhagen: Rosenkilde & Bagger, 1952), 22.

9. 같은 책, 23.

10. 같은 책, 29.

11. 같은 책, 82.

12. Stephen Neill, *A History of Christian Missions*(New York: Penguin, 1964), 237.

13. Bobé, *Hans Egede*, 155.

14. 같은 책, 162.

15. 같은 책, 158.

16. Bernard Kruger, *The Pear Tree Blossoms: A History of the Moravian Mission Stations in South Africa, 1737-1869*(South Africa: Genadendal Printing Works, 1967), 19.

17. 같은 책, 31.

18. Mason, *The Moravian Church*, 144.

II. 위대한 세기

1. Stenphen Neill, *A History of Christian Missions*(New York: Penguin, 1964), 243.

2. Martin E. Marty, *A Short History of Christianity*(New York: Meridian, 1959), 318.

3. Kenneth Scott Larouetter, *The Great Century: North Africa and Asia*, vol. 6 of *A History of the Expansion of Christianity*(Grand Rapids: Zondervan, 1970), 445.

4. Marty, *A Short History of Christianity*, 273.

5. Harold Cook, *Highlights of Christian Mission: A History and Survey*(Chicago: Moody Press, 1967), 54.

6. Latourette, *The Great Century*, 443.

7. Neill, *A History of Christian Missions*, 252.

8. Robert Hall Glover and J. Herbert Kane, *The Progress of Worldwide Missions*(New York: Harper & Brothers, 1960), 58.

9. A. F. Walls, "Outposts of Empire", in *Eerdman's Handbook to the History of Christianity*(Grand Rapids: Eerdmans, 1977), 556.

10. Ralph D. Winter, "The Kingdom Strikes Back: The Ten Epochs of Redemptive History", in *Perspectives on the World Christian Movement*, ed. Ralph D. Winter and Steven C. Hawthorne(Pasadena: William Carey, 1981), 154.

11. Neill, *A History of Christian Missions*, 259.

05 | 중앙아시아 남부

1. Mary Drewery, *William Carey: A Biography*(Grand Rapids: Zondervan, 1979), 63.

2. George Smith, *Life of William Carey: shoemaker and Missionary*(New York: E. P. Dutton, 1922), 98-99.

3. Christopher Smith, "The Legacy of William Carey", *International Bulletin of Missionary Research*(January 1992), 2.

4. Drewery, *William Carey*, 25.

5. J. Herbert Kane, *A Concise History of the Christian World Mission*(Grand Rapids: Baker, 1978), 85.

6. Drewery, *William Carey*, 70.

7. James R. Beck, *Dorothy Carey: The Tragic and Untold Story of Mrs. William Carey*(Grand Rapids: Baker, 1992),

109.

8. 같은 책, 114.

9. 같은 책, 116-17.

10. Drewery, *William Carey*, 89.

11. Smith, "Legacy", 2.

12. Timothy George, *Faithful Witness: The Life and Mission of William Carey*(Birmingham: New Hope, 1991), 97.

13. Drewery, *William Carey*, 69, 111.

14. 같은 책, 102.

15. 같은 책, 115.

16. 같은 책, 146.

17. Beck, *Dorothy Carey*, 129.

18. Drewery, *William Carey*, 183, 185.

19. George, *Faithful Witness*, 128.

20. Drewery, *William Carey*, 173.

21. 같은 책, 166.

22. Courtney Anderson, *To the Golden Shore: The Life of Adoniram Judson*(Grand Rapids: Zondervan, 1972), 509.

23. 같은 책, 50.

24. Alan Neely, "Samuel John Mills Jr.", in *Biographical Dictionary of Christian Missions*, ed., Gerald Anderson(Grand Rapids: Eerdmans, 1998), 460.

25. Anderson, *To the Golden Shore*, 84.

26. 같은 책, 181.

27. 같은 책, 362.

28. 같은 책, 391.

29. 같은 책, 398.

30. 같은 책, 478.

31. Wendy Tha Nyein, "How My Forefathers Helped Adoniram Judson Bring the Gospel to Burma", *Christian Mission*(March/April 1989), 3-5.

32. John Seamands, *Pioneer of the Younger Churches*(Nashville: Abingdon, 1969), 22.

33. Anderson, *To the Golden Shore*, 416.

34. William Paton, *Alexander Duff: Pioneer of Missionary Education*(New York: Doran, 1922), 150.

35. 같은 책, 220.

36. Robert H. Glover and J. Herbert Kane, *The Progress of World-Wide Missions*(New York: Harper, 1960), 72에 인용된 A. T. Pierson.

37. Frederick S. Downs, "John Everett Clough" in Gerald H. Anderson, ed., *Biographical Dictionary of Christian Missions*(Grand Rapids: Eerdmans, 1998), 139.

38. Sherwood Eddy, *Pathfinders of the World Missionary Crusade*(Nashvill: Abingdon-Cokebury Press, 1945), 84.

39. 같은 책, 93.

40. James M. Thoburn, *Life of Isabella Thoburn*(New York: Eaton and Mains, 1903), 148-49.

41. Gerald H. Anderson, "James Mills Thoburn", in *Biographical Dictionary of Christian Missions*, 665.

42. Thoburn, *Life of Isabella Thoburn*, 192.

43. Eddy, *Pathfinders*, 94.

44. 같은 책.

45. Thoburn, *Life of Isabella Thoburn*, 360-62.

46. W. F. Oldham, *Thoburn-Called of God*(New York: Methodist Book Concern, 1918), 70.

47. Ruth M. Armstrong, "Judson's Successors in the Heyday of Burma Missions", *Missiology*(January 1995): 61-63

06 검은 대륙 아프리카

1. Andrew Walls, *The Cross-Cultural Process in Christian History: Studies in the Transmission and Appropriation of Faith*(Maryknoll, NY: Orbis, 2002), 85.

2. Jon Bonk, "All Things to All Persons-The Missionary as a Racist-Imperialist, 1860-1918", *Missiology*(July 1980): 300.

3. 같은 책, 393-94.

4. Lamin Sanneh, "Africa", in *Toward the Twenty-first Century in Christian Mission*, ed. James M. Philips and Robert T. Coote(Grand Rapids: Eerdmans, 1993), 91. (『선교신학의 21세기 동향』 이레서원)

5. Cecil Northcott, *Robert Moffat: Pioneer in Africa, 1817-1870*(London: Lutterworth, 1961), 22.

6. 같은 책, 34.

7. Adrian Hastings, *The Church in Africa, 1450-1950*(New York: Oxford University Press, 1994), 208.

8. Edith Deen, *Great Women of the Christian Faith*(New York: Harper & Row, 1959), 187.

9. J. H. Morrison, *The Missionary Heroes of Africa*(New York: Doran, 1922), 38.

10. Deen, *Great Women*, 188.

11. Northcott, *Robert Moffat*, 129.

12. Geoffrey Moorhouse, *The Missionaries*(New York: Lippincott, 1973), 111.

13. Oliver Ransford, *David Livingstone: The Dark Interior*(New York: St. Martin's 1978), 14.

14. 같은 책, 23.

15. 같은 책, 38.

16. Deen, *Great Women*, 192.

17. Northcott, *Robert Moffat*, 189.

18. Ransford, *David Livingstone*, 39.

19. Deen, *Great Women*, 193-94.

20. 같은 책, 193-94, Ransford, *David Livingstone*, 118.

21. Moorhouse, *The Missionaries*, 256.

22. James and Marti Hefley, *By Their Blood: Christian Martyrs of the 20th Century*(Milford, MI: Mott, 1979), 343.

23. Meriel Buxton, *David Livingstone*(New York: St. Martin's Press, 2001), 175.

24. Morrison, *Missionary Heroes*, 201.

25. 같은 책, 206.

26. 같은 책, 208.

27. Pagan Kennedy, *Black Livingstone: A True Tale of Adventure in Nineteenth-Century Congo*(New York: Viking, 2002), 45.

28. 같은 책, 51.

29. 같은 책, 46.

30. Morrison, *Missionary Heroes*, 216.

31. Adam Hochschild, *King Leopold's Ghost: A Story of Greed, Terror and Heroism in Colonial Africa*(Boston:Houghton Mifflin, 1999), 114. (『레오폴드 왕의 유령』무우수)

32. 같은 책, 153.

33. 같은 책, 154.

34. Kennedy, *Black Livingstone*, 79.

35. Hochschild, *King Leopold's Ghost*, 156.

36. 같은 책, 157.

37. Kennedy, *Black Livingstone*, 143.

38. Hochschild, *King Leopold's Ghost*, 264에 인용됨.

39. Robert H. Glover and J. Herbert Kane, *The Progress of World-Wide Mission*(New York: Harper & Row, 1960), 329.

40. Edwin Bliss, ed., *Encyclopedia of Missions*(New York: Funk & Wagnalls, 1891), 2.

41. Hastings, *The Church in Africa*, 254, 375.

42. 같은 책, 470.

43. Georgiana A. Gollock, *Sons of Africa*(New York: Friendship Press, 1920), 173.

44. 같은 책, 178.

45. Hastings, *The Church in Africa*, 470.

46. Carol Christian and Gladys Plummer, *God and One Redhead: Mary Slessor of Calabar*(Grand Rapids: Zondervan, 1970), 34.

47. W. P. Livingstone, *Mary Slessor of Calabar: Pioneer Missionary*(London: Hodder & Stoughton, 1915), 51.

48. James Buchan, *The Expendable Mary Slessor*(New York: Seabury Press, 1981), 91, 95.

49. Livingstone, *Mary Slessor of Calabar*, 142-43에 인용됨.

50. Christian and Plummer, *God and One Redhead*, 177.

O7 | 중국

1. A. J. Broomhall, *Hudson Taylor and China's Open Century*, Book One: *Barbarians at the Gates*(London: Hodder & Stoughton, 1918), 267.

2. Sherwood Eddy, *Pathfinders of the World Missionary Crusade*(New York: Abingdon-Cokesbury, 1945), 34.

3. 같은 책.

4. Marshall Broomhall, *Robert Morrison: A Master-builder*(New York:Doran, 1924), 59.

5. 같은 책, 61, 131.

6. 같은 책, 72.

7. A. J. Broomhall, *Barbarians at the Gates*, 127.

8. J. Barton Starr, "The Legacy of Robert Morrison", *International Bulletin of Missionary Research*(April 1998), 75.

9. A. J. Broomhall, *Barbarians at the Gates*, 207.

10. 같은 책, 137-38.

11. Jonathan D. Spence, *God's Chinese Son: The Taiping Heavenly Kingdom and Hong Xiuquan*(New York: W. W. Norton, 1996), 16-17.

12. 같은 책, 17.

13. 같은 책, 18.

14. A. J. Broomhall, *Barbarians at the Gates*, 224.

15. Stephen Neill, *A History of Christian Mission*(New York: Penguin, 1964), 285.

16. J. C. Pollock, *Hudson Taylor and Maria: Pioneer in China*(Grand Rapids: Zondervan, 1976), 17.

17. 같은 책, 20.

18. 같은 책, 19.

19. 같은 책, 29.

20. Dr. and Mrs. Howard Taylor, *J. Hudson Taylor: God's Man in China*(Chicago: Moody Press, 1978), 76.

21. 같은 책, 70.

22. Pollock, *Hudson Taylor*, 31-32.

23. Taylor, *J. Hudson Taylor*, 100.

24. Pollock, *Hudson Taylor*, 49-50.

25. 같은 책, 33.

26. 같은 책, 81-82.

27. 같은 책, 84-85.

28. 같은 책, 89-91.

29. 같은 책.

30. 같은 책, 95.

31. 같은 책, 97-98.

32. 같은 책, 140.

33. 같은 책, 147.

34. 같은 책, 189.

35. 같은 책, 193.

36. 같은 책, 196-97.

37. Pat Barr, *To China with Love: The Lives and Times of Protestant Missionaries in China 1860-1900*(Garden City, NY: Doubleday, 1973), 50-51.

38. Alvyn Austin, "No Solicitation: The China Inland Mission and Money", in *More Money, More Ministry: Money and Evangelicals in Recent North American History*, ed. Larry Eskridge and Mark A. Noll(Grand Rapids: Eerdmans, 2000), 212.

39. 같은 책, 222.

40. Taylor, *J. Hudson Taylor*, 272.

41. Kenneth Scott Latourette, *The Great Century: North Africa and Asia*, vol. 6 of *A History of the Expansion of Christianity*(Grand Rapids: Zondervan, 1970), 329.

42. Ralph D. Winter and Steven C. Hawthorne, eds. *Perspectives on World Christian Movement*(Pasadena: William Carey, 1981), 172.

43. Rosalind Goforth, *Goforth of China*(Grand Rapids: Zondervan, 1937), 29.

44. 같은 책, 48.

45. 같은 책, 54-55.

46. 같은 책, 119.

47. 같은 책, 157-58.

48. 같은 책, 189.

49. 같은 책, 162.

50. 같은 책, 214.

51. Mildred Cable and Francesca French, *Something Happened*(London: Hodder & Stoughton, 1934), 122.

52. Phyllis Thompson, *Desert Pilgrim*(Lincoln, NE: Back to the Bible, 1957), 14.

53. Cable and French, *Something Happened*, 142.

54. 같은 책, 126-27.

55. Eileen Crossman, *Mountain Rain: A New Biography of James O. Fraser*(Southampton, UK: Oversea Missionary Fellowship, 1982), 101-2.

o8 ｜ 태평양의 섬들

1. Robert H. Glover and J. Herbert Kane, *The Progress of World-Wide Mission*(New York: Harper & Row, 1960), 433.

2. Neil Gunson, *Messengers of Grace: Evangelical Missionaries in the South Seas, 1797-1860*(New York: Oxford, 1978), 178.

3. Graeme Kent, *Company of Heaven: Early Missionaries in the South Seas*(New York: Thomas Nelson, 1972), 83.

4. Stephen Neill, *A History of Christian Missions*(New York: Penguin, 1964), 297.

5. Kent, *Company of Heaven*, 33.

6. 같은 책, 35.

7. 같은 책, 45.

8. Gunson, *Messengers of Grace*, 202.

9. 같은 책, 164-65.

10. 같은 책, 153.

11. Kent, *Company of Heaven*, 57.

12. 같은 책, 57.

13. Bradford Smith, *Yankees in Paradise: The New England Impact on Hawaii*(New York: Lippincott, 1956), 10.

14. 같은 책, 164.

15. 같은 책, 190.

16. 같은 책, 191-92.

17. 같은 책, 199.

18. 같은 책, 205.

19. 같은 책, 234.

20. John Gutch, *Beyond the Reefs: The Life of John Williams, Missionary*(London: McDonald, 1974), 18.

21. 같은 책, 20.

22. 같은 책, 33-34.

23. 같은 책, 46.

24. 같은 책, 47.

25. Kent, *Company of Heaven*, 79, Gutch, *Beyond the Reefs*, 87.

26. Neill, *History of Christian Missions*, 298-99.

27. Gutch, *Beyond the Reefs*, 109.

28. Kent, *Company of Heaven*, 82-83.

29. Ralph Bell, *John G. Paton: Apostle to the New Hebrides*(Butler, IN: Higley, 1957), 42-43.

30. John G. Paton, *The Story of Dr. John G. Paton's Thirty Years with South Sea Cannibals*(New York: Doran, 1923), 33.

31. 같은 책, 36.

32. Kent, *Company of Heaven*, 118-19, Paton, *The Story*, 130.

33. Bell, *John G. Paton*, 157.

34. Paton, *The Story*, 180.

35. Bell, *John G. Paton*, 237-38.

36. Alan R. Tippett, *People Movements in Southern Polynesia: Studies in the Dynamics of Church-planting and Growth in Tahiti, New Zealand, Tonga, and Samoa*(Chicago: Moody Press, 1971), 59.

37. 같은 책, 61.

38. 같은 책, 66.

39. Delavan L. Pierson, *The Pacific Islanders: From Savages to Saints*(New York: Funk & Wagnalls, 1906), 173.

40. Kent, *Company of Heaven*, 147.

41. William R. Hutchinson, *Errand to the World: American Protestant Thought and Foreign Missions*(Chicago: University of Chicago Press, 1987), 74.

09 │ 이슬람 세계

1. Stephen Neill, *A History of Christian Missions*(New York: Penguin, 1986), 310.

2. John Mark Terry, "Approaches to the Evangelization of Muslims", *Evangelical Missions Quarterly*(April 1996).

3. 같은 책.

4. 같은 책.

5. J. Dedley Woodbury, "Islam, Muslim", in A Scott Moreau, *Evangelical Dictionary of World Missions*(Grand Rapids: Baker, 2000), 506.

6. Clinton Bennet, "Victorian Images of Islam", *International Bulletin of Missionary Research*(July 1991): 117.

7. 같은 책.

8. 같은 책, 118.

9. 같은 책, 116.

10. Clinton Bennett, "The Legacy of Henry Martin", *International Bulletin of Missionary Research*(January 1992): 12, 13.

11. David Bentley-Taylor, *My Love Must Wait: The Story of Henry Martin*(Downers Grove: InterVarsity, 1975), 26.

12. Richard T. France, "Henry Martin", in *Five Pioneer Missionaries*(London: Banner of Truth, 1965), 255-56.

13. Bentley-Taylor, *My Love Must Wait*, 35.

14. Kenneth Cragg, *Troubled by Truth*(Cleveland: Pilgrim Press, 1992), 18에 인용됨.

15. 같은 책, 24.

16. 같은 책, 21, 23.

17. 같은 책.

18. Bennett, "The Legacy", 12.

19. J. Christy Wilson, *The Apostle to Islam: A Biography of Samuel M. Zwemer*(Grand Rapids: Baker, 1952), 23

20. 같은 책, 47.

21. 같은 책, 43.

22. 같은 책, 234.

23. 같은 책, 81.

24. Alan Neely, "Samuel Marinus Zwemer", in Gerald H. Anderson, ed., *Biographical Dictionary of Christian Missions*(Grand Rapids: Eerdmans, 1998), 763.

25. Constance E. Padwick, *Temple Gairdner of Cairo*(London: Society for Promoting Christian Knowledge, 1930), 29.

26. 같은 책, 38, 48.

27. 같은 책, 93.

28. 같은 책, 95.

29. 같은 책, 125.

30. James A. Tebbe, "Kenneth Cragg in Perspective: A Comparison with Temple Gairdner and Wilfred Cantwell Smith", *International Bulletin of Missionary Research*(January 2002): 16-17.

31. Padwick, *Temple Gairdner*, 158, 260.

32. 같은 책, 218.

33. 같은 책, 267, 264.

34. 같은 책, 220-22.

35. William Richey Hogg, *Ecumenical Foundations: A History of the International Missionary Council and Its Nineteenth Century Background*(New York: Harper, 1952), 325.

36. Gordon Hewitt, *The Problems of Success: A History of the Church Missionary Society, 1910-1942*(London: SCM Press, 1971), 314-16.

37. Constance Padwick, "North African Reverie", *International Review of Missions* 17(1938): 351.

38. Agnes De Selincourt, "Signs of Progress in India", in annie Van Sommer and Samuel Zwemer, *Daylight in the Harem: A New Era for Moslem Women*(New York: Fleming H. Revell, 1911), 57-58.

39. Constance Padwick, *Call to Istanbul*(London: Longmans, Green, 1958), ix.

40. Constance Padwick, "Lilias Trotter of Algiers", *International Review of Missions* X XI(1932): 1225.

41. Louis Walker, "Lillian Trasher: Mother to Thousands in Egypt", 미발간 원고(Springfield, MO, 1986), 1.

42. Evelyn Stenbock, *"Miss Terri": The Story of Maude Cary, Pioneer GMU Missionary in Morocco*(Lincoln, NB: Good News Broadcasting, 1970), 30.

43. 같은 책, 35-36.

44. 같은 책, 46.

45. Isobel Kuhn, *By Searching*(Chicago: Moody Press, 1959), 120, Helen Roseveare, *Give Me This Mountain*(London:Inter-Varsity Press, 1966). (『길 위에서 하나님과 마주치다』좋은씨앗, 『이 산지를 내게 주소서』IVP)

46. Stenbock, *"Miss Terri"*, 60.

47. 같은 책, 71.

48. 같은 책, 103.

49. 같은 책, 139.

IO 한국과 일본

1. Everett N. Hunt Jr., *Protestant Pioneers in Korea*(Maryknoll, NY: Orbis, 1980), 46, 51.

2. 같은 책, 82.

3. Donald Richardson, *Eternity in Their Hearts*(Ventura, CA: Regal Book, 1984), 68.

4. Samuel Hugh Moffett, *The Christians of Korea*(New York: Friendship: Eerdmans, 1962), 34.

5. Roy E. Shearer, *Wildfire: Church Growth in Korea*(Grand Rapids: Eerdmans, 1966), 39-40. (『한국교회성장사』 대한기독교서회)

6. Wi Jo Kang, "The Legacy of Horace Newton Allen", *International Bulletin of Missionary Research*(July 1996): 126.

7. Hunt Jr., *Protestant Pioneer*, 37.

8. 같은 책, 19.

9. 같은 책, 20, 34, 35.

10. Kang, "Legacy", 126.

11. 같은 책, 127.

12. 같은 책, 128.

13. 같은 책.

14. Hunt Jr., *Protestant Pioneers*, 43.

15. 같은 책.

16. 같은 책, 24.

17. Edward W. Poitras, "The Legacy of Henry G. Appenzeller", *International Bulletin of Missionary Research*(October 1994): 177, 179.

18. 같은 책, 178.

19. Daniel M. Davies, *The Life and Thought of Henry Gerhard Appenzeller, 1858-1902*(Lewiston, NY: Edwin Mellen, 1988), 150.

20. Poitras, "Legacy", 178, 179.

21. Hunt Jr., *Protestant Pioneers*, 69, 70.

22. Davies, *Life and Thought of Appenzeller*, 299.

23. 같은 책, 301.

24. Poitras, "Legacy", 177.

25. Davies, *Life and Thought of Appenzeller*, 327.

26. 같은 책.

27. Hunt Jr., *Protestant Pioneers*, 44.

28. 같은 책, 65.

29. Horace Grant Underwood, *The Call of Korea*(New York: Revell, 1908), 106-7.

30. Hunt Jr., *Protestant Pioneers*, 73.

31. Shearer, *Wildfire*, 43.

32. 같은 책, 44.

33. Hunt Jr., *Protestant Pioneers*, 74.

34. Winfred Mathews, *Dauntless Women: Stories of Pioneer Wives*(Freeport, NY: Books for Libraries Press, 1970), 158.

35. Everett N. Hunt Jr., "The Legacy of John Livingstone Nevius", *International Bulletin of Missionary Research*(July 1991): 120.

36. 같은 책.

37. Francis M. Dubose., ed., *Classics of Christian Missions*(Nashville: Broadman, 1979), 259에 인용됨.

38. Charles Allen Clark, *The Korean Church and the Nevius Methods*(New York: Fleming H. Revell, 1928), 241-42.

39. Alan Neely, "Samuel Austin Moffet", in Gerald H. Anderson, ed., *Biographical Dictionary of Christian Missions*(Grand Rapids: Eerdmans, 1998), 465.

40. Shearer, *Wildfire*, 49.

41. 같은 책, 63.

42. 같은 책, 65-66.

43. Stephen Neill, *A History of Christian Missions*(New York: Penguin, 1986), 375.

44. 같은 책, 376-77에 인용됨.

45. David Mitchell, "William Smith Clark", in J. D. Douglas, ed., *The New International Dictionary of the Christian Church*(Grand Rapids: Zondervan), 230.

46. Andrew F. Walls, "The American Dimension in the History of the Missionary Movement", in Joel A. Carpenter and Wilbert R. Shenk, eds., *Earthen Vessels: American Evangelicals and Foreign Missions, 1880-1980*(Grand Rapids: Eerdmans, 1990), 1-2.

47. Chung Jun Ki, *Social Criticiam of Ucjimura Kanzo and Kim Kyo-Shin*(Seoul: UBF Press, 1988), 40.

48. 같은 책, 41.

49. 같은 책, 91-92.

50. 같은 책, 94-95.

51. 같은 책, 70-71.

52. Walls, "The American Dimension", 2에 인용된 Kanzo Uchimura, "Can American Teach Japanese in Religion?" *Japan Christian Intelligencer* 1(1926): 357-61.

53. B. H. Pearson, *The Vision Lives: A Profile of Mrs. Charles E. Cowman*(Grand Rapids: Zondervan, 1961), 33.

54. B. H. Pearson, *The Vision Lives: A Profile of Mrs. Charles E. Cowman*(Fort Washington, PA: Christian Literature Crusade, 1961), 36-37.

55. Lettie B. Cowman, *Charles E. Cowman: Missionary-Warrior*(Los Angeles: Oriental Missionary Society, 1939), 95.

56. Pearson, *The Vision Lives*, 39.

57. 같은 책, 53-55, 99.

58. 같은 책, 148.

59. Cowman, *Charles E. Cowman*, 227.

60. Pearson, *The Vision Lives*, 52.

61. 같은 책, 51.

62. 같은 책, 55.

63. 같은 책, 94, 95, 97.

64. 같은 책, 154.

65. Mabel Francis, *One Shall Chase a Thousand*(Harrisburg, PA: Christian Publications, 1968), 48.

66. 같은 책, 89.

67. 같은 책, 59-60.

68. 같은 책, 46.

69. Robert L. Niklaus et al., *All for Jesus: God at Work in the Christian and Missionary Alliance Over One Hundred Years*(Camp Hill, PA: Christian Publication, 1986), 201.

III. 선교의 지평이 확장되다

1. Stephen Neill, *A History of Christian Missions*(New York: Penguin, 1964), 243.

2. 같은 책, 452.

3. 같은 책, 451.

4. Robert D. Linder, "Introduction: The Christian Centuries", in *Eerdmans' Handbook to the History of Christianity*(Grand Rapids: Eerdmans, 1977), x xii.

5. 같은 책.

6. Winthrop S. Hudson, *Religion in America: An Historical Account of the Development of American Religious Life*(New York: Scribner, 1973), 318.

7. 같은 책.

8. Arthur J. Brown, *The Why and How of Foreign Missions*(New York: Missionary Education Movement, 1921), 127.

II 독신 여성 선교사

1. R. Pierce Beaver, *American Protestant Women in World Mission*(Grand Rapids: Eerdmans, 1969), 59.

2. Glenn D. Kittler, *The Woman God Loved*(Garden City, NY: Hanover House, 1959), 225.

3. Helen Barnett Montgomery, *Western Women in Eastern Lands*(New York: Macmillan, 1910), 243-44.

4. Nancy A. Hardesty, *Great Women of Faith*(Grand Rapids: Baker, 1980), 104, Marlys Taege, *And God Gave Women Talents!*(St. Louis: Concordia, 1978), 90.

5. Dana Robert, *American Women in Mission: A Social History of Their Thought and Practice*(Macon, GA: Mercer University Press, 1996), 136.

6. Leonard Warren, *Adele Marion Fielde: Feminist, Social Activist, Scientist*(New York: Routledge, 2002), 9, 14.

7. 같은 책, 16-20에 인용됨.

8. 같은 책, 23에 인용됨.

9. 같은 책, 24, 33.

10. 같은 책, 33, 35.

11. 같은 책, 35.

12. 같은 책, 39.

13. 같은 책, 41.

14. 같은 책, 54.

15. 같은 책, 61-62, 65, 67.

16. Helen N. Stvens, *Memorial Biography of Adele M. Fielde: Humanitarian*(New York: Fielde Memorial Committee, 1918), 115.

17. Warren, *Adele Marion Fielde*, 70.

18. 같은 책, 139, 143.

19. Frederick B. Hoyt, "'When a Field Was Found Too Difficult for a Man, a Woman Should Be Sent': Adele M. Fielde in Asia, 1865-1890", *The Historian* 44(May 1982): 334.

20. Catherine Allen, *The New Lottie Moon Story*(Nashville: Broadman, 1980), 136에 인용됨.

21. Alan Neely, "Saints Who Sometimes Were: Utilizing Missionary Hagiography", *Missiology*(October 1999): 447.

22. Irwin Hyatt, *Our Ordered Lives Confess: There Nineteenth-Century American Missionaries in East Shantung*(Cambridge, MA: Harvard University Press, 1976), 95.

23. 같은 책, 96.

24. 같은 책, 98.

25. 같은 책, 99.

26. Catherine B. Allen, "The Legacy of Lottie Moon", *International Bulletin of Missionary Research*(October 1993): 148.

27. Hyatt, *Our Ordered Lives*, 104-5.

28. 같은 책.

29. 같은 책, 106.

30. 같은 책, 115, 117.

31. 같은 책, 113, Allen, *The New Lottie Moon*, 212-13.

32. Hyatt, *Our Ordered Lives*, 114.

33. Neely, "Saints Who Sometimes Were", 452.

34. Allen, *The New Lottie Moon*, 114.

35. Sherwood Eddy, *Pathfinders of the World Missionary Crusade*(New York: Abingdon-Cokesbury, 1945), 125.

36. Frank Houghton, *Amy Carmichael of Dohnavur*(London: Society for the Propagation of Christian Knowledge, 1954), 61, 73.

37. 같은 책, 78.

38. 같은 책, 213.

39. 같은 책, 62.

40. Amy Carmichael, *Things as They Are: Missionary Work in Southern India*(New York: Fleming H. Revell, 1903), 158.

41. Elisabeth Elliot, *A Chance to Die: The Life and Legacy of Amy Carmichael*(Old Tappan, NJ: Fleming H. Revell, 1987), 142, 338. (『에이미 카마이클』복 있는 사람)

42. 같은 책, 119.

43. 같은 책, 297, 170.

44. 같은 책, 230, 126.

45. 같은 책, 121-22, 155-56.

46. 같은 책, 198, 201.

47. Amy Carmichael, *Gold Cord: The Story of a Fellowship*(London: Society for Promoting Christian Knowledge, 1932), 37, 179, 182.

48. Elliot, *A Chance to Die*, 268.

49. 같은 책, 268, 270.

50. Stephen Neill, *God's Apprentice: The Autobiography of Stephen Neill*(London: Hodder & Stoughton, 1991), 95.

51. Elliot, *A Chance to Die*, 267-69.

52. Neill. *God's Apprentice*, 45.

53. Henry Beets, *Johanna of Nigeria: Life and Labors of Johanna Veenstra*(Grand Rapids: Grand Rapids Printing Company, 1937), 90, 129에 인용됨.

54. Johanna Veenstra, *Pioneering for Christ in the Sudan*(Grand Rapids: Smitter Book, 1926), 165.

55. 같은 책, 210.

56. Beets, *Johanna of Nigeria*, 205.

57. Phyllis Thompson, *A Transparent Woman: The Compelling Story of Gladys Aylward*(Grand Rapids: Zondervan, 1971), 20.

58. Alan Burgess, *The Small Woman*(New York: Dutton, 1957), 29.

59. Thompson, *A Transparent Woman*, 183.

I2 | 대학생 자원운동

1. J. Herbert Kane, *A Concise History of the Christian World Mission*(Grand Rapids: Baker, 1978), 103.

2. Harold R. Cook, *Highlights of Christian Missions: A History and Survey*(Chicago: Moody Press, 1967), 69.

3. James and Marti Hehley, *By Their Blood: Christian Martyrs of the 20th Century*(Milford, MI: Mott, 1979), 76.

4. Sherwood Eddy, *Pathfinders of the World Missionary Crusade*(New York: Abingdon-Cokesbury, 1945), 5-6.

5. Norman P. Grubb, *C. T. Studd: Cricketer and Pioneer*(Fort Washington, PA: Christian Literature Crusade,

1969), 17.

6. J. Herbert Kane, "C. T. Studd: A Gambler for God", *Eternity*(December 1972): 39.

7. Grubb, *C. T. Studd*, 87.

8. Kane, *C. T. Studd*, 40.

9. Grubb, *C. T. Studd*, 121.

10. Norman P. Grubb, *Once Caught, No Escape: My Life Story*(Fort Washington, PA: Christian Literature Crusade, 1969), 78.

11. 같은 책.

12. 같은 책, 81.

13. 같은 책, 97.

14. 같은 책, 99, 102.

15. Grubb, *C. T. Studd*, 205.

16. John R. Mott, *The Larger Evangelism*(Nashville: Abingdon-Cokesbury, 1944), 11.

17. C. Howard Hopkins, *John R. Mott, 1865-1955: A Biography*(Grand Rapids: Eerdmans, 1979), 19.

18. Mott, *The Larger Evangelism*, 36.

19. 같은 책.

20. Hopkins, *John R. Mott*, 568.

21. 같은 책, 276에 인용됨.

22. Terry Hurlbert, *World Mission Today*(Wheaton, IL: Evangelical Teacher Training Association), 29에 인용됨.

23. W. Reginald Wheeler, *A Man Sent from God: A Biography of Robert E. Speer*(London: Revell, 1956), 53.

24. Eddy, *Pathfinders*, 263.

25. Arthur P. Johnstone, *The Battle for World Evangelism*(Wheaton, IL: Tyndale, 1978), 32.

26. Wheeler, *A Man Sent from God*, 219.

27. 같은 책, 163.

28. 같은 책, 166.

29. 같은 책, 15.

30. Eddy, *Pathfinders*, 53.

31. 같은 책, 202.

32. 같은 책, 202에 인용됨.

33. 같은 책, 207에 인용됨.

34. 같은 책, 206에 인용됨.

35. 같은 책에 인용됨.

36. E. Stanley Jones, *Along the Indian Road*(New York: Abingdon, 1939), 19-29.

37. E. Stanley Jones, *The Christ of the Indian Road*(New York: Abingdon, 1925), 19-20.

38. 같은 책, 8.

39. 같은 책, 49.

40. Chester E. Tulga, *The Case Against Modernism in Foreign Missions*(Chicago: Conservative Baptist, 1950), 44.

41. John R. W. Stott, *Christian Mission in the Modern World*(Downers Grove, IL: InterVarsity Press, 1975), 76에 인용됨.

42. Jones, *Along the Indian Road*, 183-84.

43. Eddy, *Pathfinders*, 270, Robert H. Glover and J. Herbert Kane, *The Progress of World-Wide Missions*(New York: Harper, 1960), 185.

44. Jones, *Along the Indian Road*, 166.

45. Jones, *Christ of the Indian Road*, 212-13.

13 | 믿음선교

1. Elisabeth Elliot, *Through Gates of Splendor*(New York: Harper & Rows, 1958), 176. (『영광의 문』복 있는 사람)

2. J. Herbert Kane, *A Concise History of the Christian World Mission*(Grand Rapids: Baker, 1978), 102.

3. J. Herbert Kane, *Faith Mighty Faith: A Handbook of the Interdenominational Foreign Mission Association*(New York: Interdenominational Foreign Mission Association, 1956), 88.

4. A. E. Thompson, *The Life of A. B. Simpson*(New York: Christian Alliance Publishing, 1920), 65.

5. 같은 책, 120.

6. 같은 책, 121.

7. 같은 책, 120.

8. A. W. Tozer, *Wingspread: A. B. Simpson: A Study in Spiritual Altitude*(Harrisburg: Christian Publications, 1943), 87.

9. Thompson, *Life of A. B. Simpson*, 227.

10. Tozer, *Wingspread*, 71.

11. 같은 책, 72.

12. Edvard Torjesen, "The Legacy of Frederik Franson", *International Bulletin of Missionary Research*(July 1991): 127.

13. Edvard Torjesen, *Frederik Franson: A Model for Worldwide Evangelism*(Pasadena: William CArey Library, 1883), 73.

14. Frederik Franson, "Prophesying Daughters", 미발간 문서(Stockholm, Sweden, 1897), 2.

15. J. H. Hunter, *A Flame of Fire: The Life and Work of R. V. Bingham*(Scarborough, ON: Sudan Interior Mission, 1961), 56.

16. 같은 책, 50.

17. 같은 책, 65에 인용됨.

18. 같은 책, 67.

19. 같은 책, 78.

20. 같은 책, 79.

21. 같은 책, 82.

22. 같은 책, 111.

23. 같은 책, 211.

24. Raymond Davis, *Fire on the Mountains: The Story of a Miracle-The Church in Ethiopia*(Grand Rapids: Zondervan, 1975), 88.

25. 같은 책, 107.

26. 같은 책.

27. 같은 책, 115, 246-47.

28. 이는 1890년대의 수단이 아니라 그 넓은 땅 가운데 앵글로-이집트계 수단으로 알려지게 된 일부 지역을 말한다. 독립과 더불어 이 지역은 수단공화국 혹은 그냥 수단으로 알려지게 되었다.

29. Kenneth Richardson, *Garden of Miracle: The Story of the Africa Inland Mission*(London: AIM, 1976), 70.

30. James and Marti Hefley, *By Their Blood: Christian Martyrs of the 20th Century*(Milford, MI: Mott, 1979), 422-23.

31. Mildred W. Spain, *"And in Samaria": A Story of More Than Sixty Year's Missionary Witness in Central America, 1890-1954*(Dallas: Central American Mission, 1954), 8.

32. Robert H. Glover and J. Herbert Kane, *The Progress of World-Wide Missions*(New York: Harper, 1960), 356.

33. Harold R. Cook, *Highlights of Christian Missions: A History and Survey*(Chicago: Moody Press, 1967), 211-12.

34. Stephen Neill, *A History of Christian Missions*(New York: Penguin, 1986), 328.

35. Cook, *Highlights of Christian Missions*, 214에 인용됨.

36. Jean Dye Johnson, *God Planted Five Seeds*(Woodworth, WI.: New Tribes Mission, 1966), 12, 23, 26.

37. 같은 책, 84, 73.

38. Elliot, *Through Gates of Splendor*, 152-53.

39. Russell T. Hitt, *Jungle Pilot: The Life and Witness of Nate Saint*(Grand Rapids: Zondervan, 1973), 244.

40. *Diary of Pete Fleming*, December 6, 1953.

41. Elliot, *Through Gates of Splendor*, 146, 59, Hitt, *Jungle Pilot*, 241.

42. Hitt, *Jungle Pilot*, 252.

43. Elliot, *Through Gates of Splendor*, 104.

44. 같은 책, 172, 176.

45. *Diary of Pete Fleming*, December 27, 1955.

46. Elliot, *Through the Gates of Splendor*, 180.

47. 같은 책, 196-97.

48. James C. Hefley, "The Auca Massacre and Beyond", *Power for Living*(April 19, 1981), 5.

49. Hitt, *Jungle Pilot*, 258.

50. Elisabeth Elliot, "Thirty Years Later: The Auca Massacre", *Christian Life*(April 1986): 28.

51. Elliot, Wright, *Holy Company: Christian Heroes and Heroines*(New York: Macmillan, 1980), 93-93.

52. Lorry Lutz, *Born to Lose, Bound to Win: The Amazing Journey of Mother Eliza George*(Irvine, CA: Harvest House, 1980), 33.

53. 같은 책, 37.

54. 같은 책, 46-47.

55. 같은 책, 54, 56, 61.

56. 같은 책, 71, 77.

57. 같은 책, 122.

58. 같은 책, 137-38.

I4 | 혁신과 창의력

1. Winthrop S. Hudson, *Religion in America: An Historical Account of the Development of American Religious Life*(New York: Scribner, 1956), 371-72. (『미국의 종교』 성광문화사)

2. 같은 책, 383.

3. Sherwood Eddy, *Pathfinders of the World Missionary Crusade*(New York: Abingdon-Cokesbury, 1945), 225.

4. J. Lennox Kerr, *Wilfred Grenfell: His Life and Work*(New York:Dodd, 1959), 85.

5. Dorothy Clarke Wilson, *Dr. Ida: The Story of Dr. Ida Scudder of Vellore*(New York: McGraw-Hill, 1959), 5. (『닥터 아이다』 좋은 씨앗)

6. Eddy, *Pathfinders*, 131.

7. Wilson, *Dr. Ida*, 273.

8. 같은 책, 286.

9. 같은 책, 297.

10. 같은 책, 321.

11. 같은 책, 243.

12. Viggo Olsen, *Daktar: Diplomat in Bangladesh*(Chicago: Moody Press, 1973), 2.

13. William J. Peterson, *Another Hand on Mine: The Story of Dr. Carl K. Becker of Africa Inland Mission*(New York: McGraw-Hill, 1967), 40.

14. 같은 책, 54.

15. 같은 책, 89.

16. 같은 책, 127.

17. 같은 책, 154.

18. 같은 책, 144.

19. 같은 책, 127.

20. Jamie Buckingham, *Into the Glory*(Plainfield, NJ: Logos, 1974), 21.

21. Hugh Steven, *Wycliffe in the Making: The Memoirs of W. Cameron Townsend, 1920-1933*(Wheaton, IL: Harold Shaw, 1995), 111, 153-54.

22. James and Marti Hefley, *Uncle Cam: The Story of William Cameron Townsend, Founder of the Wycliffe Bible Translator and the Summer Institute of Linguistics*(Waco, TX: Word, 1974), 99. (『모든 부족에게 성경을』 두란

노)

23. 같은 책, 200.

24. 같은 책, 243.

25. 같은 책, 173.

26. Clarence W. Hall, "Two Thousand Tongues to Go", in *Adventures for God*(New York: Harper & Brothers, 1959), 119-20.

27. 같은 책, 119.

28. Hefley, *Uncle Cam*, 96.

29. 같은 책, 244.

30. 같은 책, 182.

31. April 1982 Bulletin of Wycliffe Bible Translators on the death of William Cameron Townsend.

32. Ethel E. Wallis and Mary A. Bennett, *Two Thousand Tongues to Go*(New York: Harper & Brother, 1959), 51.

33. Eunice V. Pike, *Ken Pike: Scholar and Christian*(Dallas: Summer Institute of Linguistics, 1981), 131.

34. 같은 책, 179.

35. Barry Siedell, *Gospel Radio: A 20th-Century Tool for a 20th-Century Challenge*(Lincoln, NE: Good News Broadcasting, 1971), 132, 145.

36. Lois Neely, *Come Up to This Mountain: The Miracle of Clarence W. Jones and HCJB*(Wheaton, IL: Tyndale, 1980), 53.

37. 같은 책, 54.

38. 같은 책, 56.

39. 같은 책, 67.

40. 같은 책, 73.

41. 같은 책, 108.

42. 같은 책, 111.

43. 같은 책, 140.

44. Gleason H. Ledyard, *Sky Waves: The Incredible Far East Broadcasting Company Story*(Chicago: Moody Press, 1968), 38.

45. Paul E. Freed, *Towers to Eternity*(Nashville: Sceptre, 1979), 63-64.

46. Lee Roddy, *On Wings of Love: Stories from Mission Aviation Fellowship*(Nashville: Nelson, 1981), 17.

47. May Wade, "On a Wing and a Prayer", *Saturday Evening Post*(April 1980): 105.

48. "Miss Betty Greene: First Lady of MAF", *Christian Times*(January 15 1967): 3.

49. Russell T. Hitt, *Jungle Pilot: The Life and Witness of Nate Saint*(Grand Rapids: Zondervan, 1973), 99.

50. Dietrich G. Buss and Arthur F. Glasser, *Giving Wings to the Gospel: The Remarkable Story of Mission Aviation Fellowship*(Grand Rapids: Baker, 1995), 106-7, 110.

51. Hitt, *Jungle Pilot*, 203.

52. 같은 책, 206, 226-27.

53. Gleason H. Ledyard, *And to the Eskimos*(Chicago: Moody Press, 1958), 91.

54. 같은 책, 237.

IV. 새로운 천 년의 시대

1. Ralph D. Winter, *The Twenty-five Unbelievable Years, 1945-1969*(Pasadena, CA: William Carey, 1970), 13.

2. John R. W. Stott, "The Bible in World Evangeliam", in *Perspectives on the World Christian Movement*, ed. Ralph D. winter and Steven C. Hawthorne(Pasadena, CA: William Carey, 1981), 7.

3. A. Scott Moreau, "World Consultation on World Evangelization", *Evangelical Dictionary of World Missions*, ed. by A. Scott Moreau(Grand Rapids: Baker, 200), 1024.

4. Robert Clouse, "Pentecostal Churches", in *The New International Dictionary of the Christian Church*, ed. J. D. Douglas(Grand Rapids: Zondervan, 1978), 764.

5. Robert T. Coote, "The Uneven Growth of Conservative Evangelical Missions", *International Bulletin of Missionary Research*(July 1982): 118.

6. J. Herbert Kane, "The Saints Keep Marching ON", *Wherever*(Fall 1979): 2.

7. J. Herbert Kane, *Understanding Christian Missions*(Grand Rapids: Baker, 1975), 405.

15 | 20세기의 순교자

1. Hugh Stevens, "Who Was Chet Bitterman?", *In Other Words*(April 1981): 5에 인용됨.

2. Vernon J. Sterk, "You Can Help the Persecuted Church: Lessons from Chiapas, Mexico", *IBMR*(January 1999): 15, 17.

3. Geoffrey Moorhouse, *The Missionaries*(London: Eyre Methuen, 1973), 175-78.

4. Ted Olsen, "Did Martin Die Needlessly?" *Christianity Today*(June 2003): 34.

5. Paul Marshall, *Their Blood Cries Out: The Untold Story of Persecution Against Christians in the Modern World*(Dallas: Word, 1997), 4. (『그들의 피가 부르짖는다』두란노)

6. James and Marti Hefley, *By Their Blood: Christian Martyrs of the 20th Century*(Milford, MI: Mott, 1979), 46.

7. Leslie Lyall, *A Passion for the Impossible: The China Inland Mission, 1865-1965*(Chicago: Moody Press, 1965), 108-9.

8. Mrs. Howard Taylor, *The Triumph of John and Betty Stam*(Philadelphia: China Inland Mission, 1960), 51-52.

9. 같은 책, 54-55에 인용됨.

10. 같은 책, 92.

11. 같은 책, 102에 인용됨.

12. Hefley, *By Their Blood*, 66.

13. Lois Carlson, *Monganga Paul: The Congo Ministry and Martyrdom of Paul Carlson, M. D.*(New York: Harper & Row, 1966), 34.

14. 같은 책, 50.

15. 같은 책, 53.

16. Homer E. Dowdy, *Out of the Jaws of the Lion: Christian Martyrdom in the Congo*(New York: Harper & Row, 1965), 186-87.

17. 같은 책, 193.

18. 요 15:13.

19. James and Marti Hefley, *No Time for Tombstones: Life and Death in the Vietnamese Jungle*(Wheaton, IL: Tyndale, 1976), 3.

20. Hefley, *By Their Blood*, 126에 인용됨.

21. Hefley, *No Time*, 87.

22. 같은 책, 91.

23. Hefley, *By Their Blood*, 95, 131.

24. *Time*(August 10, 1981): 41.

25. Betty Blair and Phil Landrum, "Chet Bitterman-Kidnappers' Choice", *In Other Words*(April 1981): 2.

26. 같은 책.

27. 같은 책, 3에 인용됨.

28. Molly Ekstrom, "Chet Bitterman: God's Special Envoy to Colombia", *In Other Words*(Summer 1981, Jubilee Edition): 19.

29. Blair and Landrum, "Chet Btterman", 2

30. Jeanne Pugh, "Death of Bible Translator Sparks Expansion of Work", St. Petersburg Times(April 4, 1981).

31. Harry Waterhouse, "We Gave Our Son to God", *In Other Words*(April 1981): 4.

32. Charles Partee, *Adventure in Africa: The Story of Don McClure*(Grand Rapids: Zondervan, 1990), 422.

33. 같은 책, 280.

34. Ruth A. Tucker, *Stories of Faith*(Grand Rapids: Zondervan, 1989), 147에 인용된 Don McClure, "Unpublished Letters".

35. 같은 책, 52.

36. 같은 책, 64.

37. 같은 책, 90-93.

38. 같은 책, 97.

39. 같은 책, 197-98.

1. Lawrence E. Keyes, *The Last Age of Missions: A Study of Third World Missinary Societies*(Pasadena: William Carey Library, 1983), 3.

2. 같은 책, 9.

3. Theodore Williams, "Introduction: Missions within a Context of Poverty", in Luis Bush, *Funding Third World Missions*(Wheaton, IL: World Evangelical Fellowship Missions Commissions, 1990), 5.

4. Luis Bush, *Funding Third World Missions*(Wheaton, IL: World Evangelical Fellowship Missions Commissions, 1990), 9.

5. Luis Bush, "The State of Missions", *Christianity Today*(June 23, 2003): 19.

6. Pandita Ramabai, *The High Caste Hindu Woman*(London: George Bell and Sons, 1888), x xi.

7. Helen S. Dyler, *Pandita Rambai: Her Vision, Her Mission and Her Triumph of Faith*(London: Pickering & Inglis, n. d.), 24.

8. John T. Seamands, *Pioneers of the Younger Churches*(Nashville: Abingdon, 1967), 102-3.

9. Shamsundar Manohar Adhav, *Pandita Rmabai*(Madras: Christian Literature Society, 1979), 131.

10. 같은 책, 141-42.

11. 같은 책, 142.

12. www.born-again-christian.info/mukti.mission.htm(June 18, 2004)에 실린 Pandita Ramabai, "Telling Others".

13. Dyler, *Pandita Ramabai*, 71.

14. Colin Melbourne, "Pandita Ramabai", http://born-again-christian.info/mukti.mission.htm.

15. Gary B. McGee, "'Baptism of the Holy Ghost & Fire!' The Mission Legacy of Minnie F. Abrams", *Missiology*(October 1999): 517.

16. Seamands, *Pioneers of the Younger Churches*, 111.

17. Susan Billingston Harper, *In the Shadow of the Mahatma: Bishop V. S. Azariah and the Travails of Christianity in British India*(Grand Rapids: Eerdmans, 2000), 1, 67.

18. David A. Shank, "The Legacy of William Wade Harris", *IBMR*(October 1986): 170.

19. 같은 책, 171.

20. 같은 책.

21. 같은 책, 172, 176.

22. 같은 책, 174.

23. 같은 책, 175에 인용됨.

24. Adrian Hastings, *The Church in Africa, 1450-1950*(New York: Oxford University Press, 1944), 445.

25. Allan K. Davidson, "Semisi Nau-A Pacific Islander Missionary", *Missiology*(October 1999): 482.

26. 같은 책, 493.

27. 같은 책, 483.

28. 같은 책.

29. Seamands, *Pioneers of the Younger Churches*, 88.

30. 같은 책, 92-93.

31. William E. Schubert, *I Remember John Sung*(Singapore: Far Eastern Bible College Press, 1976), 42.

32. David Smithers, "John Sung: The Apostle of Revival", www.watchword.org/smithers/ww51a.html(June 18, 2004).

33. Homer Dowdy, *Christ's Witchdoctor*(Grand Rapids: Zondervan, 1973), 42.

34. 같은 책, 103-4.

35. 같은 책, 107, 113, 115, 124, 129.

36. 같은 책, 148-49.

37. 같은 책, 200.

38. 같은 책, 211.

39. 같은 책, 215, 217, 224.

40. 같은 책, 229.

17 새로운 방식과 전략

1. Geoffrey Wainwright, *Lesslie Newbigin: A Theological Life*(New York: Oxford University Press, 2000), 222.

2. Charles Henry Long, "Roland Allen", in Gerald H. Anderson, ed., *Biographical Dictionary of Christian Missions*(Grand Rapids: Eerdmans, 1998), 12.

3. Roland Allen, *Missionary Methods: St. Paul's or Ours?*(1912, reprint, Grand Rapids: Eerdmans, 1962), 99-100. (『바울의 선교 vs. 우리의 선교』 IVP)

4. J. van den Berg, "Johan Herman Bavinck", in Gerald H. Anderson, ed., *Mission Legacies: Biographical Studies of Leaders of the Modern Missionary Movement*(Maryknoll, NY: Orbis, 1994), 432.

5. J. Verkuyl, *Contemporary Missiology: An Introduction*(Grand Rapids: Eerdmans, 1978), 36. (『현대 선교신학 개론』 기독교문서선교회)

6. J. H. Bavinck, *Faith and Its Difficulties*, 11-12. (『신앙과 그 어려움들』 영문)

7. W. Dayton Roberts, *Revolution in Evangelism: The Story of Evangelism-in-Depth in Latin America*(Chicago: Moody Press, 1976), 6.

8. 같은 책, 17-18.

9. 같은 책, 18.

10. Elisabeth Elliot, *Who Shall Ascend: The Life of R. Kenneth Strachan of Costa Rica*(New York: Harper & Row, 1968), 21.

11. 같은 책, 73.

12. W. Dayton Roberts, *Strachan of Costa Rica: Missionary Insights and Strategies*(Grand Rapids: Eerdmans, 1971), 63.

13. 같은 책, 108.

14. 같은 책, 99.

15. 같은 책, 83.

16. 같은 책, 95.

17. 같은 책, 96에 인용됨.

18. Roberts, *Revolution in Evangelism*, 60.

19. 같은 책, 60, 64.

20. Charles Troutman, *Everything You Want to Know About the Mission Field, But Are Afraid You Won't Learn Until You Get There*(Downers Grove, IL: InterVarsity, 1976), 26.

21. Samuel Escobar, "The Legacy of Orlando Costas", *IBMR*(April 2001): 50에 인용됨.

22. 같은 책, 51.

23. 같은 책, 52.

24. 같은 책, 54.

25. Arthur Glasser, "Introducing Donald McGavran", *HIS*(December 1973): 19.

26. A. R. Tippet, ed. *God, Man and Church Growth*(Grand Rapids: Eerdmans, 1973), ix.

27. 같은 책, 18.

28. C. Peter Wagner, "Concepts of Evangelism Have Changed Over the Years", *Evangelical Missions Quarterly*(January 1974): 43.

29. 같은 책, 44.

30. Donald A. McGavran, "The Bridge of God", in *Perspectives on the World Christian Movement*, eds., Ralph D. Winters and Steven C. Hawthorne(Pasadena: William CArey, 1982), 282.

31. 같은 책, 288-89.

32. C. Peter Wagner, *Our Kind of People: The Ethical Dimension of Church Growth in America*(Atlanta: Knox, 1979), 21, 100.

33. 같은 책, 101에 인용됨.

34. 같은 책, 23에 인용됨.

35. Tippet, *Church Growth*, 35.

36. Glasser, "Donald McGavran", 18.

37. Tim Stafford, "The Father of Church Growth", *Christianity Today*(February 21, 1986): 20.

38. Gordon Aeschliman, "United States Center for World Mission", *World Christian*(March/April 1983): 20.

39. John Maust, "Ralph Winter's Mission Center Forges Ahead: Money Still Tight", *Christianity Today*(January 21, 1983): 34.

40. David Bryant, "Concerts of Prayer: Waking Up for a New Missions Thrust", *Mission Frontiers*(March/April 1983): 31.

41. Doris Haley, "Ralph and Roberta Winter: A Wartime Life-Style", *Family Life Today*(March 1983): 31.

42. Ralph Winter, "Welcome to the U. S. Center for World Mission", 공개 자료.

43. Lesslie Newbigin, *Unfinished Agenda*(London: Society for Promoting Christian Knowledge, 1993), 11-12. (『아직 끝나지 않은 길』복 있는 사람)

44. 같은 책, 12, 55.

45. Wainwright, *Lesslie Newbigin*, 75.

46. 같은 책, 190-91.

47. Tim Stafford, "God's Missionary to Us", *Christianity Today*(December 9, 1996): 25.

48. 같은 책, 26.

49. Wainwright, *Lesslie Newbigin*, 58.

50. Stafford, "God's Missionary to Us", 28.

51. George R. Hunsberger, *Bearing the Witness of the Spirit: Lesslie Newbigin's Theology of Cultural Plurality*(Grand Rapids: Eerdmans, 1998), 83-89.

52. Wainwright, *Lesslie Newbigin*, 388.

18 성자와 유명인사

1. Joan Jacobs Brumberg, *Mission for Life: The Story of the Family of Adoniram Judson*(New York: Macmillan, 1980), 7.

2. 같은 책, 13.

3. Norman Grubb, *C. T. Studd: Cricket and Pioneer*(Fort Washington, PA: Christian Literature Crusade, 1972), 표지.

4. Anne Sebba, *Mother Teresa: Beyond the Image*(New York: Doubleday, 1998), xviii, 84.

5. Alan Neely, "Saints Who Sometimes Were: Utilizing Missionary Hagiography", *Missiology*(October 1999): 443.

6. 같은 책, 448.

7. Marilee Pierce Dunker, *Man of Vision, Woman of Prayer*(Nashville, TN: Thomas Nelson, 1980), 179.

8. 같은 책, 193-94.

9. Bruce Olson, *Bruchko*(Carol Stream, IL: Creation House, 1978), 뒷표지. (『밀림 속의 십자가』 복 있는 사람)

10. Sebba, *Mother Teresa*, x iii.

11. Edward Le Joly, S. J., *Mother Teresa of Calcutta: A Biography*(San Francisco: Harper & Row, 1983), 8.

12. Sebba, *Mother Teresa*, 46.

13. 같은 책, 36.

14. Eileen Egan, *Such a Vision of the Street: Mother Teresa-the Spirit and the Work*(New York: Doubleday, 1985), 90-91.

15. Sebba, *Mother Teresa*, 72.

16. Malcolm Muggeridge, *Something Beautiful for God*(Garden City, NY: Image Books, 1971), 37.

17. Egan, *Such a Vision*, 357.

18. Dee Jepson, *Women Beyond Equal Rights*(Waco, TX: Word Books, 1984), 52.

19. Brother Andrew, *God's Smuggler*(Old Tappan, NJ: Revell, 1967), 23-26.

20. 같은 책, 108.

21. 같은 책, 23-26.

22. Russ Hoyle, "Risky Rendezvous at Swatow", *Time*(October 19, 1981): 109, "Bible Shipment to China", *Charisma*(February 1982): 14.

23. Brother Andrew, *The Ethics of Smuggling*(Wheaton, IL: Tyndale House, 1974), 136-37.

24. Hoyle, "Risky Rendezvous at Swatow," 109.

25. Brother Andrew, "God's Smuggler Confesses", *Christianity Today*(December 11, 1995): 46.

26. Alan Burgess, *Daylight Must Come: The Story of a Courageous Woman Doctor in the Congo*(New York: Dell, 1975), 135.

27. 같은 책, 149.

28. 같은 책, 95.

29. "A HIS Interview with Helen Roseveare", *HIS*(January 1977): 18.

30. Burgess, *Daylight Must Come*, 45.

31. "A HIS Interview", 19.

32. Jackie Pullinger with Andrew Quicke, *Chasing the Dragon*(Ann Arbor, MI: Sevant Books, 1980), 36. (『추룡』 쉼터출판부)

33. 같은 책, 31.

34. 같은 책, 28, 31.

35. 같은 책, 84.

36. 같은 책, 69.

37. 같은 책, 67-69.

38. 같은 책, 77.

39. 같은 책, 84-86.

40. 같은 책, 133.

41. Jackie Pullinger, *Crack in the Wall: Life and Death in Kowloon Walled City*(London: Hodder & Stoughton, 1989), 16. (『장벽을 부수고』 서로사랑)

42. Don Richardson, *Peace Child*(Glendale, CA: Regal, 1974), 96. (『화해의 아이』 생명의말씀사)

43. 같은 책, 172.

44. 같은 책.

45. "How to Reach the Hidden People: An Interview with Don Richardson by Robert Walker", *Christian Life*(July 1981): 52.

46. Richardson, *Peace Child*, 191.

47. 같은 책, 206.

48. 같은 책, 277, 283.

참고문헌

OI | 초기 선교

Allen, Roland. *Missionary Methods: St. Paul's or Ours?* Chicago: Moody Press, 1956. (『바울의 선교 vs. 우리의 선교』 IVP)

Bruce, F. F. *The Spreading Flame: The Rise and Progress of Christianity from Its First Beginnings to the Conversion of the English.* Gran Rapids: Eerdmans, 1979.

Cahill, Thomas. *How the Irish Saved Civilization.* New York: Doubleday, 1995.

Frend, W. H. C. *Martyrdom and Persecution in the Early Church.* Oxford: Blackwell, 1965.

MacMullen, Ramsay. *Christianizing the Roman Empire(A. D. 100-400).* New Haven, CT: Yale University Press, 1984.

O'Loughlin, Thomas. *St. Patrick: The Man and His Works.* London: Society for Promoting Christian Knowledge, 1999.

Rudnick, Milton L. *Speaking the Gospel through the Ages: A History of Evangelism.* St. Louis: Concordia, 1984.

Salisbury, Joyce E. *Perpetua's Passion: The Death and Memory of a Young Roman Woman.* New York: Routledge, 1997.

Weidman, Frederick W. *Polycarp and John.* Notre Dame, IN: University of Notre Dame Press, 1999.

Wright, N. T. *What Saint Paul Really Said.* Grand Rapids: Eerdmans, 1997. (『톰 라이트 바울의 복음을 말하다』 에클레시아북스)

O2 | 로마가톨릭 선교

Brodrick, James. *Saint Francis Xavier.* New York: Wicklow, 1952.

Cronin, Vincent. *The Wise Man from the West.* New York: Dutton, 1955. (『서방에서 온 현자』 분도출판사)

Cuming, G. J., ed. *The Mission of the Church and the Propagation of the Faith.* Cambridge: Cambridge University Press, 1970.

De Vaulx, Bernard. *History of the Missions.* New York: Hawthorn, 1961.

Edman, V. Raymond. *The Light in Dark Age*. Wheaton, IL: Van Kampen, 1949.

Greenaway, George William. *Saint Boniface*. London: Adam & Charles Black, 1955.

Gutierrez, Gustavo. *Las Casas: In Search of the Poor of Jesus Christ*. Translated by Robert R. Barr. Maryknoll, NY: Orbis, 1993.

Sladden, John Cyril. *Boniface of Devon: Apostle of Germany*. Exeter, England: Paternoster Press, 1980.

Spence, Jonathan. *The Memory Palace of Matteo Ricci*. New York: Viking, 1984. (『마테오 리치, 기억의 궁전』 이산)

Xavier, Francis. *The Letters and Instructions of Francis Xavier*. Translated and introduced by M. Joseph Costello. St. Louis: Institute of Jesuit Sources, 1992.

Zwemer, Samuel M. *Raymond Lull: First Missionary to the Moslems*. New York: Funk & Wagnalls, 1902.

03 아메리카 인디언 선교

Beaver, R. Pearce. *Church, State, and the American Indian*. St. Louis: Concordia, 1966.

_____. *Pioneers in Mission: The Early Missionary Ordination Sermons, Changes and Instructions*. Grand rapids: Eerdmans, 1966.

Berkhoffer, Robert F., Jr. *Salvation and the Savage: An Analysis of Protestant Missions and American Indian Response, 1787-1862*. Louisville: University Of Kentucky Press. 1965.

Bowden, Henry Warner. *American Indians and Christian Missions: Studies in Cultural Conflict*. Chicago: University of Chicago Press, 1981.

Drury, Clifford M. *Marcus and Narcissa Whitman and the Opening of Old Oregon*. Two vols. Glendale, CA: Arthur H. Clark, 1973.

Edwards, Jonathan. *Life and Diary of David Brainerd*. Chicago: Moody Press, 1949. (『데이비드 브레이너드 생애와 일기』 복 있는 사람)

Ehle, John. *Trail of Tears: The Rise and Fall of the Cherokee Nation*. New York: Doubleday, 1988.

Hinman, George W. *The American Indian and Christian Missions*. New York: Fleming H. Revell, 1933.

Humphreys, Mary G., ed. *Missionary Explorers among the American Indians*. New York: Scribner, 1913.

Hutchinson, William R. *Errand to the World: American Protestant Thought and Foreign Missions*. Chicago: University of Chicago Press, 1987.

Jones, Nard. *The Great Command: The Story of Marcus and Narcissa Whitman and the Oregon County Pioneers*. Boston: Little, Brown, 1959.

Olmstead, Earl P. *David Zeisberger: A Life among the Indians*. Kent, OH: Kent State University Press, 1997.

Winslow, Ola Elizabeth. *John Eliot, "Apostle to the Indians."* Boston: Houghton Mifflin, 1968.

Wynbeek, David. *David Brainerd: Beloved Yankee*. Grand Rapids: Eerdmans, 1961.

04 | 헤른후트의 전진

Bobé, Louis. *Hans Egede: Colonizer and Missionary of Greenland*. Copenhagen: Rosenkilde and Bagger, 1952.

Hamilton, J. Taylor, and Kenneth G. Hamilton. *History of the Moravian Church: The Renewed Unitas Fratrum, 1722-1957*. Winston-Salem, NC: Moravian Church in America, 1967.

Hutton, J. E. *A History of Moravian Mission*. London: Moravian Publication Office, 1923.

Kruger, Bernhard. *The Pear Tree Blossoms: A History of the Moravian Mission Stations in South Africa, 1737-1869*. South Africa: Genadendal Printing Works, 1967.

Langton, Edward. *History of the Moravian Church*. London: Allen & Unwin, 1956.

Mason, J. C. S. *The Moravian Church and the Missionary Awakening in England, 1760-1800*. United Kingdom: Boydell Press, 2001.

Weinlick, John R. *Count Zinzendorf*. Nashville: Abingdon, 1956.

05 | 중앙아시아 남부

Anderson, Courtney. *To the Golden Shore: The Life of Adoniram Judson*. Grand Rapids: Zondervan, 1972.

Beck, James R. *Dorothy Carey: The Tragic and Untold Story of Mrs. William Carey*. Grand Rapids: Baker, 1992.

Brumberg, Joan Jacobs. *Mission for Life: The Story of the Family of Adoniram Judson*. New York: Free Press, 1980.

Drewery, Mary. *William Carey: A Biography*. Grand Rapids: Zondervan, 1979.

George, Timothy. *Faithful Witness: The Life and Mission of William Carey*. Birmingham: New Hope, 1991.

Oldham, W. F. *Thoburn-Called of God*. New York: Methodist Book Concern, 1918.

Paton, William. *Alexander Duff: Pioneer of Missionary Education*. New York: Doran, 1922.

Richter, Julius. *A History of Mission in India*. New York: Fleming H. Revell, 1908.

Thoburn, James M. *Life of Isabella Thoburn*. New York: Eaton & Mains, 1903.

06 | 검은 대륙 아프리카

Buchan, James. *The Expendable Mary Slessor*. New York: Seabury Press, 1981.

Buxton, Meriel. *David Livingstone*. New York: St. Martin's Press, 2001.

Christian, Carol, and Gladys Plummer. *God and One Redheaded: Mary Slessor of Calabar*. Grand Rapids: Zondervan, 1970.

Falk, Peter. *The Growth of the Church in Africa*. Grand Rapids: Zondervan, 1979.

Hastings, Adrian. *The Church in Africa, 1450-1950*. New York: Oxford University Press, 1994.

Jeal, Tim. *Livingstone*. New York: Dell, 1973.

Kennedy, Pagan. *Black Livingstone: A True Tale of Adventure in the Nineteenth-Century Congo*. New York: Viking,

2002.

Livingstone, W. P. *Mary Slessor of Calabar: Pioneer Missionary*. London: Hodder & Stoughton, 1915.

Morrison, J. H. *The Missionary Heroes of Africa*. New York: Doran, 1922.

Mueller, J. Theodore. *Great Missionaries to Africa*. Grand Rapids: Zondervan, 1941.

Northcott, Cecil. *David Livingstone: His Triumph, Decline, and Fall*. Philadelphia: Westminster, 1973.

_____. *Robert Moffat: Pioneer in Africa, 1817-1870*. London: Lutterworth, 1961.

Ransford, Oliver. *David Livingstone: The Dark Interior*. New York: St. Martin's, 1978.

07 | 중국

Barr, Pat. *To China with Love: The Lives and Times of Protestant Missionaries in China 1860-1900*. Garden City, NY: Doubleday, 1973.

Broomhall, A. J. *Hudson Taylor and China's Open Century*. Book One: *Barbarians at the Gates*. London: Hodder & Stoughton, 1981.

Broomhall, Marshall. *Robert Morrison: A Master-builder*. New York: Doran, 1924.

Cable, Mildred, and Francesca French. *Something Happened*. London: Hodder & Stoughton, 1934.

Crossman, Eileen. *Mountain Rain: A New Biography of James O. Fraser*. Southampton, UK: Overseas Missionary Fellowship, 1982.

Goforth, Rosalind. *Goforth of China*. Grand Rapids: Zondervan, 1937.

Latourett, Kenneth Scott. *A History of Christian Missions in China*. New York: Macmillan, 1929.

Pollock, J. C. *Hudson Taylor and Maria: Pioneers in China*. Grand Rapids: Zondervan, 1976.

Taylor, Dr. and Mrs. Howard. *J. Hudson Taylor: God's Man in China*. Chicago: Moody Press, 1978.

Thompson, Phyllis. *Desert Pilgrim*. Lincoln, NE: Back to the Bible, 1957.

08 | 태평양의 섬들

Bell, Ralph. *John G. Paton: Apostle to the New Hebrides*. Butler, IN: Higley, 1957.

Griffiths, Allison. *Fire in the Islands: The Acts of the Holy Spirit in the Solomons*. Wheaton, IL: Shaw, 1977.

Gunson, Neil. *Messengers of Grace: Evangelical Missionaries in the South Seas, 1797-1860*. New York: Oxford University Press, 1978.

Gutch, John. *Beyond the Reefs: The Life of John Williams, Missionary*. London: McDonald, 1974.

Kent, Graeme. *Company of Heaven: Early Missionaries in the South Seas*. New York: Nelson, 1972.

Lennox, Cuthbert. *James Chalmers of New Guinea*. London: Melrose, 1902.

Paton, John G. *The Story of Dr. John G. Paton's Thirty Years with South Sea Cannibals*. New York: Doran, 1923.

Pierson, Delavan L. *The Pacific Islanders: From Savages to Saints*. New York: Funk & Wagnalls, 1906.

Smith, Bradford. *Yankees in Paradise: The New England Impact on Hawaii*. New York: Lippincott, 1956.

Tippet, Alan R. *People Movements in Southern Polynesia: Studies in the Dynamics of Church-planting and Growth in Tahiti, New Zealnd, Tonga, and Samoa*. Chicago: Moody Press, 1971.

09 | 이슬람 세계

Bentley-Taylor, David. *My Love Must Wait: The Story of Henry Martyn*. Downers Grove, IL: InterVarsity Press, 1975.

Padwick, Constance E. *Call to Istanbul*. London: Longman, Green, 1958.

_____. *Henry Martyn: Confessor of the Faith*. New York: Doran, 1922.

_____. *Temple Gairdner of Cairo*. London: Society for Promoting Christian Knowledge, 1930.

Stenbock, Evelyn, *"Miss Terri": The Story of Maude Cary, Pioneer GMU Missionary in Morocco*. Lincoln, NE: Good News Broadcasting , 1970.

Wilson, J. Christy. *The Apostle to Islam: A Biography of Samuel M. Zwemer*. Grand Rapids: Baker, 1952.

_____. *Flaming Prophet: The Story of Samuel Zwemer*. New York: Friendship, 1970.

IO | 한국과 일본

Chung, Jun Ki. *Social Criticism of Uchimura Kanzo and Kim Kyo-Shin*. Seoul: UBF Press, 1988.

Cowman, Lettie B. *Charles E. Cowman: Missionary-Warrior*. Los Angeles: Oriental Missionary Society, 1939. (『동양선교회 창립자 찰스 카우만』 서울신학대학교출판부)

Davies, Daniel M. *The Life and Thought of Henry Gerhard Appenzeller(1858-1902)*. Lewiston, NY: Edwin Mellen, 1988.

Francis, Mabel. *One Shall Chase a Thousand*. Harrisburg, PA: Christian Publications, 1968.

Hunt, Everett N., Jr. *Protestant Pioneers in Korea*. Maryknoll, NY: Orbis Book, 1980.

Pearson, B. H. *The Vision Lives: A Profile of Mrs. Charles E. Cowman*. Grand Rapids: Zondervan, 1961.

Shearer, Roy E. *Wildfire: Church Growth in Korea*. Grand Rapids: Eerdmans, 1966. (『한국교회 성장사』 대한기독교서회)

II | 독신 여성 선교사

Allen, Catherine. *The New Lottie Moon Story*. Nashville: Broadman, 1980.

Beaver, R. Pierce. *American Protestant Women in World Mission*. Grand Rapids: Eerdmans, 1969.

Beets, Henry. *Johanna of Nigeria: Life and Labors of Johanna Veenstra*. Grand Rapids: Grand Rapids Printing

Company, 1937.

Burgess, Alan. *The Small Woman*. New York: Dutton, 1957.

Elliot, Elisabeth. *A Chance to Die: The Life and Legacy of Amy Carmichael*. Old Tappan, NJ: Fleming H. Revell, 1987. (『에이미 카마이클』복 있는 사람)

Houghton, Frank. *Amy Carmichael of Dohnavur*. London: Society for the Propagation of Christian Knowledge, 1954.

Hyatt, Irwin. "Charlotte Diggs Moon." In *Our Ordered Lives Confess: Three Nineteenth-Century American Missionaries in East Shantung*. Cambridge, MA: Harvard University Press, 1976.

Robert, Dana. *American Women in Mission: A Social History of Their Thought and Practice*. Macon, GA: Mercer University Press, 1996.

Stevens, Helen N. *Memorial Biography of Adele M. Fielde: Humanitarian*. New York: Fielde Memorial Committee, 1918.

Thompson, Phyllis, *A Transparent Woman: The Compelling Story of Gladys Aylward*. Grand Rapids: Zondervan, 1971.

Tucker, Ruth A. *Guardians of the Great Commission: The Story of Women in Modern Mission*. Grand Rapids: Zondervan, 1988.

Veenstra, Johanna. *Pioneering for Christ in the Sudan*. Grand Rapids: Smitter Book, 1926.

Warren, Leonard. *Adele Marion Fielde: Feminist, Social Activist, Scientist*. New York: Routledge, 2002.

I2 | 대학생 자원운동

Brockman, Fletcher S. *I Discover the Orient*. New York: Harper & Row, 1935.

Eddy, Sherwood. *Pathfinders of the World Missionary Crusade*. Nashville: Abingdon-Cokesbury, 1945.

Fairbank, John K., ed. *The Missionary Enterprise in China and America*. Cambridge, MA: Harvard University Press, 1974.

Grubb, Norman P. *C. T. Studd: Cricketer & Pioneer*. Fort Washington, PA: Christian Literature Crusade, 1972.

_____. *Once Caught, No Escape: My Life Story*. Fort Washington, PA: Christian Literature Crusade, 1969.

_____. *With C. T. Studd in Congo Forests*. Grand Rapids: Zondervan, 1946.

Hogg, William Richey. *Ecumenical Foundations: A History of the International Missionary Council and Its Nineteenth-Century Background*. New York: Harper & Row, 1952.

Hopkins, C. Howard. *John R. Mott, 1865-1955: A Biography*. Grand Rapids: Eerdamns, 1979.

Johnston, Arthur P. *The Battle for World Evangelism*. Wheaton, IL: Tyndale, 1978.

Jones, E. Stanley. *Along the Indian Road*. New York: Abingdon, 1939.

_____. *The Christ of the Indian Road*. New York: Abingdon, 1925. (『인도의 길을 걷고 있는 예수』평단문화사)

Mackie, Robert. *Layman Extraordinary: John R. Mott, 1865-1955*. New York: Association, 1965.

Mott, John R. *The Larger Evangelism*. Nashville: Abingdon-Cokesbury, 1944.

Tulga, Chester E. *The Case Against Modernism in Foreign Missions*. Chicago: Conservative Baptist, 1950.

Wheeler, W. Reginald. *A Man Sent from God: A Biography of Robert E. Speer*. London Fleming H. Revell, 1956.

13 | 믿음선교

David, Raymond. *Fire on the Mountains: The Story of a Miracle-The Church in Ethiopia*. Grand Rapids: Zondervan, 1975.

Elliot, Elisabeth. *Through Gates of Splendor*. New York: Harper & Rows. 1958. (『영광의 문』복 있는 사람)

Hitt, Russell T. *Jungle Pilot: The Life and Witness of Nate Saint*. Grand Rapids: Zondervan, 1973.

Hunter, J. H. *A Flame of Fire: The Life and Work of R. V. Bingham*. Scarborough, ON: Sudan Interior Mission, 1961.

Johnson, Jean Dye. *God Planted Five Seeds*. Woodworth, WI: New Tribes Mission, 1966. (『하나님 심으신 다섯 씨앗』가이드포스트)

Kane, J, Herbert. *Faith Mighty Faith: A Handbook of the Interdenominational Foreign Mission Association*. New York: Interdenominational Foreign Mission Association, 1956.

Richardson, Kenneth. *Garden of Miracles: The Story of the Africa Inland Mission*. London: Africa Inland Mission, 1976.

Spain, Mildred W. *"And in Samaria": A Story of More than Sixty Years' Missionary Witness in Central America, 1890-1954*. Dallas: Central American Mission, 1954.

Thompson, A. E. *The Life of A. B. Simpson*. New York: Christian Alliance Publishing, 1920.

Torjesen, Edvard P. *Fredrik Franson: A Model for Worldwide Evangelism*. Pasadena, CA: William Carey Library, 1883.

Tozer, A. W. *Wingspread: A. B. Simpson: A Study in Spiritual Altitude*. Harrisburg, PA: Christian Publications, 1943.

14 | 혁신과 창의력

Buckingham, Jamie. *Into the Glory: The Miracle-Filled Story of the Jungle Aviation and Radio Service*. Plainfield, NJ: Logos, 1974.

Buss, Dietrich G. and Arthur F. Glasser. *Giving Wings to the Gospel: The Remarkable Story of Mission Aviation Fellowship*. Grand Rapids: Baker, 1995.

Cook, Frank S. *Seeds in the Wind: The Story of the Voice of the Andes, Radio Station HCJB, Quito, Ecuador*. Opa Locka, FL: World Radio Missionary Fellowship, 1976.

Cowan, George M. *The Word That Kindles: People and Principle That Fueled a World-wide Bible Translation Movement*. Chappaqua, NY: Christian Herald, 1979. (『하나님의 사랑을 모든 언어로』한국해외선교출판부)

Freed, Paul E. *Towers to Eternity*. Nashville: Sceptre, 1979.

Hefley, James C. *The Cross and the Scalpel*. Waco, TX: Word, 1971.

Hefley, James, and Mati Hefley. *Uncle Cam: The Story of William Cameron Townsend, Founder of the Wycliffe Bible Translator and the Summer Institute of Linguistics*. Waco, TX: Word, 1974. (『모든 부족에게 성경을』 두란노)

Hitt, Russell T. *Jungle Pilot: The Life and Witness of Nate Saint*. Grand Rapids: Zondervan, 1973.

Kerr, J. Lennox. *Wilfred Grenfell: His Life and Works*. New York: Dodd, 1959.

Ledyard, Gleason H. *And to the Eskimo*. Chicago: Moody Press, 1958.

_____. *Sky Waves: The Incredible Far East Broadcasting Company Story*. Chicago: Moody Press, 1968.

Neely, Lois. *Come Up to This Mountain: The Miracle of Clarence W. Jones and HCJB*. Wheaton, IL: Tyndale, 1980.

Olsen, Viggo, with Jeanette Lockerbie. *Daktar: Diplomat in Bangladesh*. Chicago: Moody Press, 1973.

Peterson, William J. *Another Hand on Mine: The Story of Dr. Carl K. Becker of Africa Inland Mission*. New York: McGrow-Hill, 1967.

Pike, Eunice V. *Ken Pike: Scholar and Christian*. Dallas: Summer Institute of Linguistics, 1981.

Roddy, Lee. *On Wings of Love: Stories from Mission Aviation Fellowship*. Nashville: Thomas Nelson, 1981.

Steven, Hugh. *Wycliffe in the Making: The Memoirs of W. Cameron Townsend, 1920-1933*. Wheaton, IL: Harold Shaw, 1995.

Wallis, Ethel E., and Mary A. Bennett. *Two Thousand Tongues to Go: The Story of the Wycliffe Bible Translator*. New York: Harper & Brothers, 1959.

Wilson, Dorothy Clarke. *Dr. Ida: The Story of Dr. Ida Scudder of Vellore*. New York: McGrow-Hill, 1959. (『닥터 아이다』 좋은씨앗)

15 20세기의 순교자

Carlson, Lois. *Monganga Paul: The Congo Ministry and Martyrdom of Paul Carlson, M. D.* New York: Harper & Row, 1966.

Dowdy, Homer E. *Out of the Jaws of the Lion: Christian Martyrdom in the Congo*. New York: Harper & Row, 1965.

Hefley, Jame, and Marti Hefley. *By Their Blood: Christian Martyrs of the 20th Century*. Milford, MI: Mott, 1979. (『현대 순교사』 은성)

_____. *No Time for Tombstones: Life and Death in the Vietnamese Jungle*. Wheaton, IL: Tyndale, 1976.

Lyall, Leslie. *A Passion for the Impossible: The China Inland Mission, 1865-1965*. Chicago: Moody Press, 1965.

Marshall, Paul. *Their Blood Cries Out: The Untold Story of Persecution against Christians in the Modern World*. Dallas: Word, 1997. (『그들의 피가 부르짖는다』 두란노)

Partee, Charles. *Adventure in Africa: The Story of Don McClure*. Grand Rapids: Zondervan, 1990.

Taylor, Mrs. Howard. *The Triumph of John and Betty Stam*. Philadelphia: China Inland Mission, 1960.

16 | 제3세계의 선교

Adhav, Shamsundar Manohar. *Pandita Ramabai*. Madras: Christian Literature Society, 1979.

Bush, Luis, and Lorry Lutz. *Partnering in Ministry: The Direction of World Evangelism*. Downers Grove, IL: InterVarsity Press, 1990.

Davidson, Allan K., ed. *Semisi Nau: The Story of My Life: The Autobiography of a Tongan Methodist Missionary Who Worked at Ontong Java in the Solomon Islands*. Suva, Fiji: Institute of Pacific Studies, 1996.

Dowdy, Homer, *Christ's Witchdoctor*. Grand Rapids: Zondervan, 1973.

Dyler, Helen S. *Pandita Ramabai: Her Vision, Her Mission and Her Triumph of Faith*. London: Pickering & Inglis, n.d.

Harper, Susan Billington. *In the Shadow of the Mahatma: Bishop V. S. Azariah and the Travails of Christianity in British India*. Grand Rapids: Eerdmans, 2000.

Hefley, James, and Marti Hefley. *God's Tribesman: The Rochunga Pudaite Story*. New York: Holman, 1974.

Keyes, Lawrence E. *The Last Age of Missions: A Study of Third World Missionary Societies*. Pasadena, CA: William Carey Library, 1983.

Lyall, Leslie T. *Flame for God: John Sung and Revival in the Far East*. London: Overseas Missionary Fellowship, 1976. (『불타는 전도자』 생명의말씀사)

Seamands, John T. *Pioneers of the Younger Churches*. Nashville: Abingdon, 1967.

Schubert, William E. *I Remember John Sung*. Singapore: Far Eastern Bible College Press, 1976.

Yohannan, K. P. *The Coming Revolution in World Missions*. Altamonte Springs, FL: Creation House, 1986. (『다가오는 세계선교의 혁명』 죠이선교회)

17 | 새로운 방식과 전략

Allen, Roland. *Missionary Methods: St. Paul's or Ours?* 1912. (『바울의 선교 vs. 우리의 선교』 IVP)

Bavinck, J. H. *Faith and Its Difficulties*. (『신앙과 그 어려움들』 영문)

Elliot, Elisabeth. *Who Shall Ascend: The Life of R. Kenneth Strachan of Costa Rica*. New York: Harper & Row, 1968.

Hunsberger, George R. *Bearing the Witness of the Spirit: Lesslie Newbigin's Theology of Cultural Plurality*. Grand Rapids: Eerdmans, 1998.

Roberts, W. Dayton. *Revolution in Evangelism: The Story of Evangelism-in-Depth in Latin America*. Chicago: Moody Press, 1976.

_____. *Strachan of Costa Rica: Missionary Insights and Strategies*. Grand Rapids: Eerdmans, 1971.

Wainwright, Geoffrey. *Lesslie Newbigin: A Theological Life*. New York: Oxford University Press. 2000.

Winter, Roberta H. *Once More Around Jericho: The Story of the U. S. Center for World Mission*. Pasadena, CA: William Carey Library, 1978.

Brother Andrew. *Battle for Africa*. Old Tappan, NJ: Fleming H. Revell, 1977.

_____. *God's Smuggler*. Old Tappan, NJ: Fleming H. Revell, 1967. (『복음 밀수꾼』 생명의말씀사)

Burgess, Alan. *Daylight Must Come: The Story of a Courageous Woman Doctor in the Congo*. New York: Dell, 1975.

Dunker, Marilee Pierce. *Man of Vision, Woman of Prayer*. Nashville: Thomas Nelson, 1980.

Egan, Eileen. *Such a Vision of the Street: Mother Teresa-the Spirit and the Work*. New York: Doubleday, 1985.

Le Joly, Edward, S. J., *Mother Teresa of Calcutta: A Biography*. San Francisco: Harper & Row, 1983.

Muggeridge, Malcolm. *Something Beautiful for God*. Garden City, NY: Image Books, 1971.

Olson, Bruce. *Bruchko*. Carol Stream, IL: Creation House, 1978. (『밀림 속의 십자가』 복 있는 사람)

Pullinger, Jackie, with Andrew Quicke. *Chasing the Dragon*. Ann Arbor, MI: Servant Books, 1980. (『주룽』 쉴터 출판부)

Pullinger, Jackie. *Crack in the Wall: Life and Death in Kowloon Walled City*. London: Hodder & Stoughton, 1989. (『장벽을 부수고』 서로사랑)

Richardson, Don. *Peace Child*. Glendale, CA: Regal, 1974. (『화해의 아이』 생명의말씀사)

Roseveare, Helen. *Give Me This Mountain*. London: Inter-Varsity Press, 1966. (『이 산지를 내게 주소서』 IVP)

_____. *He Gave Us a Valley*. Downers Grove, IL: Inter-Varsity Press, 1976.

Sebba, Anne. *Mother Teresa: Beyond the Image*. New York: Doubleday, 1998.

찾아보기